한국 경찰사

개정증보판

지은이 이윤정

한국외대 불어과를 졸업(1988)하고, 프랑스 파리 쉬드 에스트대학교에서 현대문학석사 1(Maîtrise, 1992)
과 유럽교류학석사 2(DEA, 1994)를, 성신여대 대학원에서 문학박사(한국사, 2018)를 받았다. 현재 경찰
대학 경찰학과 교수로 재직하면서 한국 경찰사연구원장으로 있다. 논문으로 「한국전쟁기 경찰의 주민
감시와 계몽 – 전라북도 김제군을 사례로」(2019), 「금산경찰서 한 경찰관의 '교양수부'와 '교양자료집'
(1955~56년)을 통해 본 사찰 활동」(2020) 등이 있으며, 저서로 『경찰사, 발굴과 공개』(2020), 『식민도시
경성, 차별에서 파괴까지』(공저, 2020), 『한국 경찰사 연구 : 총론, 사료 그리고 함의』(2021) 등이 있다.

paris-12@hanmail.net

한국 경찰사 개정증보판

증보1판 인쇄 2021년 3월 5일 **증보1판 발행** 2021년 3월 15일

지은이 이윤정 **펴낸이** 박성모 **펴낸곳** 소명출판 **출판등록** 제13-522호

주소 서울시 서초구 서초중앙로6길 15, 2층

전화 02-585-7840 **팩스** 02-585-7848 **전자우편** somyong@korea.com **홈페이지** www.somyong.co.kr

값 41,000원

ISBN 979-11-5905-598-0 93910

ⓒ 이윤정, 2021

한 국

韓國警察史

경 찰 사

개정증보판

이윤정 지음

한국 경찰사 연구가 '한국사 속의 경찰사'로 자리매김하길 바라며 초판을 출간한 지 6년이 지났다. 그간 학계에서 경찰과 관련된 연구 성과가 전보다 많이 나와 큰 보람을 느낀다. 그럼에도 불구하고 근대 이전의 일부 경찰활동에 관해 여전히 논란이 있으며, 이에 대해 학계의 심도 있는 고찰이 필요한 실정이다. 하지만 근대에 들어서는 대한제국 순검의 일상적인 경찰활동과 정책사적 관점에서 고찰한 일제강점기 경찰 등이 있다. 또한 대한민국 임시정부 경찰활동이 경찰청 차원에서 대내외적으로 활발하게 연구된 바 있다.

저자는 이와 같은 점을 고려하여 다음과 같은 내용으로 수정·보완하여 합본으로 된 증보판을 내놓는다.

첫째, 초판에서 다소 소략했던 부분은 추가로 설명하였고, 고려시대 형사사법제도 등을 다시 기술하였다.

둘째, 고려시대 경찰의 성격을 군사경찰로 규정하였다. 물론 당대는 군사경찰과 정치경찰의 성격이 함께 존재하였으나 저자는 광범위한 군사경찰의 범위로 포함시켰다. 또한 논란이 되는 부분도 함께 서술함으로써 향후 활발한 토론이 이루어지도록 하였다.

셋째, 조선시대 경찰활동을 사료의 사진과 해석을 통해 당시 경찰상警察像을 구체적으로 알 수 있도록 하였다. 이는 독자에게 이미지를 통해 또 다른 지식의 세계로 이끌기 위함이다.

넷째, 갑오개혁 기를 전후로 한 사료도 공개하여 전근대 경찰활동에서 근대 경찰로 넘어오는 경찰사의 변천 과정을 생생하게 알 수 있게 하였다.

다섯째, 새로이 발굴한 미군정기 경찰관의 최초 흉장, 조선 경찰학교 교육생에 의해 최초로 게양된 태극기와 국립경찰 가 제정에 관한 기사와 함께 경찰 문화사적으로 중요한 『경찰신조』의 표지화 분석 등도 추가하였다.

그럼에도 불구하고 오늘날 우리가 보는 역사는 정답이 아니라 사료를 해석하는 과정에서 나타난 해답이다. 본서를 계기로 앞으로 더욱 많은 이들이 사료를 발굴하고, 연구하며, 검증하여 한국 경찰사가 새로이 써지는 파천황破天荒의 날이 오길 기대한다. 또한 초판과 마찬가지로 혹여 서술하지 못한 부분이 있다면 전적으로 저자의 역량 부족이다. 판을 거듭하며 수정·보완할 것을 다시 약속한다.

아울러 이 책을 출판하는데 큰 도움을 주신 소명출판의 박성모 사장님께 감사드린다. 그리고 본서를 자세하게 교정을 본 사랑하는 셋째 다정에게 한결같은 사랑과 깊은 감사를 전한다.

2021년 2월
연구강의동 518호에서

책머리에

한국 경찰사의 통사적 연구는 현재까지 대부분 '한국사 속의 경찰사'로 자리매김하지 못하고 경찰기관의 조직사를 중심으로 성과를 내고 있다. 학교에서도 그 사정은 크게 다르지 않다. 한국 경찰사를 강의하다 보면, 저자는 이 과목을 수강하는 학생들이 경찰기관에 대해서는 잘 이해하지만, 한국사와 연계한 전체적인 역사상歷史像을 보는 데에는 적지 않은 어려움을 겪고 있다는 현실을 마주해야 했다. 그 원인을 분석해 보니, 주된 원인은 '한국 경찰사'라는 과목이 한국사의 흐름과 함께 설명되지 못하고 있었고, 발간된 관련 서적 역시 제도사 중심으로 기술되어 있었기 때문이었다.

이것이 계기가 되어 저자는 5년 전 새로운 한국 경찰사를 집필하기로 결심하고 곧바로 작업을 시작하였으나 연구의 진행은 더디기만 했다. 왜냐하면 한국사 속에서 시대별로 정립되는 '경찰'의 개념, '경찰' 활동의 변천과 경찰기관의 설치·발전 과정, 정치·경제·사회·문화 등 각 방면에 미친 '경찰'의 영향 등을 종합적으로 고찰해야 하는 아주 방대한 작업이었기 때문이다. 단독 연구로 완성도 있는 결과를 기대하기는 벅찬 작업이었다. 이른바 '한국 경찰사 연구소'를 설립하여 각 시대·분야별 전문연구원들과 뜻을 함께 모아야만 만족할 만한 결과물이 나올 수 있겠다고 판단하는 가운데 시간이 흘러갔다. 그러다 지난 해 9월, 이쯤에서 그동안 진행된 연구 결과를 정리하여 세상에 내놓는 것이 좋겠다는 홍석률 교수님의 격려에 힘입어, 저자는 지금까지 연구한 성과를 다듬고 출간하기로 했다. 이로써 한국 경찰사에 관심이 있는 이들에게는 좀 더 폭넓은 지식으로 나아갈 수 있는 기회를 제공하고, 한국 경찰사 연구자들에게 새로운 연구 방향을 제시할 수 있기를 바란다.

저자는 근대 이전 편에서 한국 경찰사를 우리 역사의 흐름에 따라 자연스럽게 알 수 있도록 많은 노력을 기울였다. 경찰과 관련된 용어도 당시 시대상을 감안하여 호위扈衛·護衛 · 숙위宿衛 · 시위侍衛 · 순작巡綽 · 감순監巡 · 포도捕盜 · 금폭禁暴 · 금란禁亂 · 금화禁火 등으로 혼용하였다. 특히 근대사 이전 자료를 해체하겠다는 마음으로 기존 자료들을 다시 검토하여 기술하였으며, 빠진 부분은 추가했다. 그러나 '통사通史'라는 한계 때문에 관련된 모든 내용을 다 실을 수 없었다. 전체를 아우르다 보니 특정한 부분에 대해서는 연구 자료를 한두 가지만 참조한 경우도 있었다. 부득이 경찰제도 중심으로 기술할 수밖에 없었지만, 아무쪼록 이 책의 부족한 부분은 전문논문이나 서적으로 참고하기를 바란다.

　또한 근현대 편에서는 이 시기의 연구 성과를 먼저 살펴봤다. 근대경찰사 연구는 일제강점기를 중심으로 이루어져 왔다. 조선총독부 문서를 기반으로 경찰제도사를 정리한 연구들이 있으며, 여기에서 더 나아가 취체문서나 잡지, 신문 등을 참고하여 식민지기 주민들의 일상에 관여한 경찰의 모습까지도 연구되는 등 상당한 성과가 도출되었다. 하지만 일제 강점기를 전후한 시대에 대한 연구는 미미한 형편이다. 근대경찰제도의 기원이 될 수 있는 갑오개혁기의 경찰 연구와 해방 이후 현재까지 경찰제도의 형성과정을 정리한 연구는 자료의 부족이라는 이유로 개설적인 제도사 정리만이 이루어지고 있을 뿐이었다. 따라서 저자는 대학원에 입학하여 한국 근현대사를 망라하는 경찰제도를 연구해 보고자 했다. 요동치는 한국 근현대사 속에서 한국의 경찰이 어떻게 자리 잡고 성장하여 오늘에 이르렀고, 또한 그 영향이 무엇인지 구체적으로 조명해 보고자 하였다. 이에 따라 작년 9월부터 홍석률 지도교수님의 지도로, 그간 자료를 정리하여 이 책을 발간하게 되었다.

글을 완성하고, 다시 돌아보니 책을 쓰겠다고 마음먹었던 처음 포부와는 달리, 경찰제도사를 중심으로 기술된 부분이 많이 있다는 것을 발견하였다. 아울러 서술 과정에서 한국 근현대 경찰사와 관련되었지만 누락된 부분들도 있을 것이라고 생각한다. 혹여 한국 경찰사와 관련하여 기술하지 못한 부분이 있다면 전적으로 저자의 역량 부족이다. 판을 거듭하며 보완할 것을 약속한다. 그리고 이 책 발간을 계기로 경찰제도사는 물론 인물사·일상사·문화사·비교사 등 각 방면의 후속 연구가 활발하게 이어지길 기대한다.

이 책의 발간을 위해 도와주신 분들에 대해 언급하지 않을 수 없다. 우선 한국 경찰사에 대해 아주 꼼꼼하게 가르침을 주시는 성신여대 사학과의 홍석률 교수님, 오종록 교수님께 감사드린다. 또한 바쁜 와중에도 일제강점기 경찰제도의 이모저모를 알려주신 장신 교수님께 감사드린다. 그리고 자료정리에 큰 도움을 준 고려대 사학과 박사과정을 수료한 정유진 동학에게 고마움을 전한다. 아울러 이 책을 출판하게끔 해주신 소명출판의 박성모 사장님께도 감사드린다. 끝으로 천국에 계신 어머님과 경찰 간부로 정년퇴직하신 아버님, 아내 윤경, 아이들인 다은, 승진, 다정, 승우에게 한결같은 사랑과 깊은 감사를 전한다.

2015년 2월
황산荒山 자락에 있는 연구실에서

차례 한 국 경 찰 사

제1편 근대 이전 →

제2편 근현대 →

제1부 근대 경찰의 탄생

제1장 갑오개혁 이후 경찰제도

제2장 대한제국 경찰

제2부 일제강점기 경찰

제1장 헌병경찰기

제2장 보통경찰기

일러두기

- 본서의 수록 범위는 근대 이전 편에서는 선사시대부터 조선시대의 갑오개혁까지, 근현대 편에서는 갑오개혁부터 2020년까지를 다루었다.
- 본문 내용 중 각주가 없는 내용은 『한국경찰 제도사』(경찰 전문학교, 1955), 『경찰 10년사』(치안국, 1958), 『한국 경찰사』 I(치안국, 1972), 『한국 경찰사』 II, 1948~1961.5(치안국, 1973), 『한국 경찰사』 III, 1961.5~1979.10(치안본부, 1985), 『한국 경찰사』 IV, 1979.10~1993.2(경찰청, 1994), 『한국 경찰사』 V, 1993.3~2005.12(경찰청, 2006), 『한국 경찰사』 VI, 1996.1~20014.12(경찰청, 2015) 그리고 경찰청에서 작성한 연혁 등을 참고하였다.
- 위에 쓴 내용 중 통계 등 출처가 필요한 경우 발행기관, 제목, 발간년도와 쪽수를 명시하였다.
- 문장은 한글표기를 원칙으로 하였고 이해를 돕기 위하여 필요한 경우 한자·영문을 병기하였다.
- 용어의 경우 당시 용어를 우선적으로 사용하였고 필요한 경우 설명하였다. 또한 공식화되지 않은 용어, 견해에 따라 달리 사용되는 용어들에 대해서는 가능한 중립적으로 표현하였다.
- 본서에 실린 사진자료 가운데 '총순 구종명 영세불망비'를 제외한 모든 것은 저자가 소장하고 있는 것이며, '총순 구종명 영세불망비'의 사진도 저자가 촬영한 것이다.

서론

우리나라에서 '경찰'이란 용어는 『자치통감資治痛鑑』에 기술된 "고구려는 요수 서쪽에 라邏를 두어 요수를 건너는 사람을 경계하고 살폈다"[1]는 내용에서 처음 나타난다. 여기서 나오는 '경찰警察'은 단지 '경계하고 살피는 활동'을 말한다.

이러한 '활동活動'이 어떻게 오늘날 말하는 '국민의 생명과 재산보호 및 사회 공공의 질서를 유지하기 위해, 일반통치권에 기반해 국민에게 명령·강제함으로써 그의 자연적인 자유를 제한하는 행정작용'[2]으로 정착되었는가를 고찰하는 것은 한국사 연구의 한 분야로 아주 중요하다.

그렇다면, 지금까지 이루어진 '한국 경찰사' 연구의 성과를 살펴보자.[3]

일제강점기에는 조선사학회의 『조선사강좌 분류사』(1923~1924)에 아소 부키麻生武龜가 쓴 「군제사 부 경찰제도사軍制史 附 警察制度史」[4]와 「조선 중

---

1   高句麗 直邏於遼水之西 以警察渡遼者(고구려 치라어료수지서 이경찰도요자).

2   이종수, 『행정학사전』, 대영문화사, 2009, 42쪽.

3   현존하는 최초의 관찬 역사서인 『삼국사기』를 비롯하여 『삼국유사』, 『해동역사』 등에, 법전인 『경국대전』, 『대전회통』 등에, 그리고 왕조실록 등에 부분적으로 경찰 관련 내용이 실려 있으나 별도로 정리되어 있지 않아 여기서 제외하였다.

4   이 책은 '군제사'에서 조선시대의 '오위도총부'부터 대한제국의 '진위대'까지 비교적 상세하게 기술되어 있으나 '부(附) 경찰제도사'에서는 조선시대의 '포도청'과 '한성부', 그리고 대한제국의 경찰제도 등을 간략하게 다루고 있다. 따라서 이 책이 통사적 성격을 갖는 한국 경찰사의 범위에 들어가느냐에 대한 의문이 있지만, 저자는 조선

앙지방 급 제도연혁사「朝鮮 中央地方 及 制度沿革史」에 고대국가부터 조선시대까지 경찰활동에 관한 내용이 들어있다.[5]

해방 후에는 통사로 중앙에서 최초 발간된 치안국의『대한 경찰연혁사』(1954)를 비롯하여, 현규병의『경찰제도사』(1955), 치안국의『한국경찰 10년사』(1958)·『한국 경찰사I』(1972)·『한국 경찰사 1948~1961.5』(1973)·『한국 경찰사 1961.5~1979.10』(1985), 치안본부의『한국 경찰사 1979.10~1993.2』(1994), 경우장학회의『국립경찰 50년사(일반·사료편)』(1995), 경찰청의『경찰 50년사』(1995), 경찰청의『한국 경찰사 1993.3~2005.12』(2006)·『한국 경찰사 2006.3~20015.12』(2016)가 있다. 또한 개인이 발간한 것으로 서기영의『한국경찰행정사』(1976), 이현희의『한국 경찰사』(1979),[6] 박범래의『한국 경찰사』(1988), 허남오의『한국 경찰제도사(1998)』, 김성수·이운주·박기남·박영대·강욱·김석범·성홍재·백창현이 공동 저술한『한국 경찰사』(2015), 김형중의『한국 경찰사』(2020) 등이 있다.

지방경찰사로『해방 이후 수도경찰발달사』(1947),[7]『제주경찰사』(1990),『전남경찰사』(1992),『충남경찰사(상·하)』(1998),『부산경찰사』(2000),『경북경찰발전사』(2001),『강원경찰발달사(상·하)』(2002),『전북경찰사』(2005),『경기경찰사』(2008),『울산경찰사』(2009),『대구경찰 30년사 : 1981~2011』(2011),『서울경찰사』(2017) 등이 있다.

시대의 군제사에 대한 기술 내용을 감안하여 이에 포함하였다.

5   이외에 일제의 시각에서 1905년부터 1908년까지 경찰의 변화를 정리한 이와이 게이타로(岩井敬太郎)의『고문경찰소지(顧問警察小誌)』(1910)가 있으나 기술 연대가 너무 짧아 여기서는 제외하였다.

6   이 책은 최초로 1973년 7월 김순규와 이현희 공저로 예일출판사에서 단면으로 인쇄, 출판되었다.

7   수도관구경찰청이 발간하였기 때문에 지방경찰사나 내용이 한국시대 경찰제도(한국경찰 창시시대), 경무청의 창설, 외국경찰 고문용빙과 감사서 신설, 경부대신제도 창설, 왜정의 침략초기의 경찰, 고문경찰 당시의 경찰기관, 왜정의 경찰권 약탈, 한일합병과 경찰제도 급(及) 삼일운동, 왜정말기의 경찰기관, 왜정말기 경찰직원 정원표, 해방직후 시내 급(及) 군부 경찰직원의 현원 수, 해방 후 경찰 등으로 이루어져 있어 한국 근대경찰사를 이해하는 데 중요한 자료다.

경찰서사警察署史로『서울 성동경찰 60년사』(2001),『영동경찰 백년사』(2002),『보은경찰사』(2003),『음성경찰 60년사』(2006),『청주 상당경찰서사 1945.10.21~2006.12.31』(2007),『김제경찰 100년사』(2007),『괴산경찰 60년사』(2008),『제주 동부경찰서사』(2008),『진천경찰 60년사 1945.10.21~2008.12.31』(2009),『서귀포경찰 60년사 1945.12.24~2008.12.31』(2007),『장흥 경찰백년사』(2012),『고성경찰사』(2014),『수성경찰 30년사』(2014),『울주경찰사』(2014),『강릉경찰 70년사』(2015),『군산경찰 100년사』(2020) 등이 있다.

경찰전사警察戰史로 공간사公刊史인 치안국의『대한경찰전사 제1집 민족의 선봉』(1952), 강원도경찰국의『영광의 서곡 1·2』(1952, 1954), 충청남도 경찰청의『호국 충남경찰사』(2012), 전라북도경찰청의『전라북도 호국경찰사』(2012), 강원도경찰청의『강원경찰전사』(2013), 김평일·이윤정·임누리·신동재·원유만·김승혜·김규화의『구국경찰사 I : 편찬방향, 개관 그리고 자료』(2016) 등이 있으며, 개인이 발간한 서적으로 유관종의『한국경찰전사』(1982), 유장호의『호국경찰전사』(1995), 유영옥 외 10인의『구국경찰론』(2019) 등이 있다.

기타 경찰사로 경찰전문학교의『경찰교육사』(1956), 치안본부의『해양경찰대 30년사』(1984), 경찰종합학교의『경찰종합학교 50년사』(1994), 경찰청의『경찰반세기 그 격동의 현장』(2001), 경찰대학의『경찰대학 20년사』(2001), 경찰신문사의『사진으로 본 국립경찰 반세기』(2004), 중앙경찰학교의『중앙경찰학교 20년사』(2007), 해양경찰청의『해양경찰대 60년사』(2013) 등이 있다.

그리고 화보집으로『삼척경찰 70년사』(2015),『사진으로 보는 익산경찰사』(2016),『군민과 함께하는 임실경찰의 여정』(2017) 등이 있으며, 자료집으로 경찰청의『대한민국 임시정부 경찰 자료집』(2020)[8] 등이 있다.

이를 볼 때 한국 경찰사에 관한 자료가 분량 면에서 적지 않다고 볼 수 있다. 그러나 자료의 대부분이 경찰기관에서 발간돼 경찰의 활동과 공적 기록 등을 중심으로 기술되어 있다. 물론 일제강점기와 해방 후 1950년대까지 발간된 서적은 2차 자료로서 가치를 갖고 있지만 여전히 연대기 기술이라는 한계를 벗어나지 못하였다. 또한 현재까지 개인이 발간한 서적도 이현희의『한국 경찰사』(1979) 외에는 대부분 행정학적 입장에서 쓴 것이다.

이렇게 사학적 관점에서 한국 경찰사를 기술하기가 어려운 이유가 무엇일까?

첫째, 사학자가 쓴 '한국 경찰사'가 부족하여, 역사학적 방법으로 기술된 내용을 참고하기 어려웠다. 이현희의『한국 경찰사』(1979)도 발간 후 증보판이 나오지 않았기 때문에 새로운 사실史實이나 1980년대 이후의 내용이 추가되지 않았다. 그 외의 서적은 경찰사가 경찰학의 한 연구 분야[9]를 이루면서 한국사의 전체적인 맥락과 시대·시기별 특성의 고찰이 부족한 가운데 경찰의 업무영역을 중심으로 기술되어 있다. 또한 일부이지만 당시 시대상을 반영하지 않은 채 오늘날 경찰개념을 그대로 대입시킨 논문과 서적들이 나온 것도 이에 기인한다고 판단한다.

둘째, 전문연구자와 연구 성과의 부족이다. 한국 경찰사와 관련된 학위논문은 석사인 경우 적지 않으나 박사인 경우 강혜경의 「한국경찰의 형성과 성격 1945~1953년」(숙명여대 사학과, 2002), 이토 순스케伊藤俊介의 「갑오

---

8   경찰청은 2018년부터 2019년까지 '대한민국 임시정부 기념사업'을 추진하면서 2019년 10월 15일 백범 김구와 대한민국 임시정부 경찰' 제하의 국제학술 세미나 등을 개최하고, 『작은 불꽃 - 시대를 밝힌 항일 여성지사 인천경찰서장 전창신』(2019년 4월), 『만화로 보는 알기 쉬운 경찰역사 이야기』(2019년 11월) 등 서적을 발간하였다.

9   "경찰학의 연구범위는 경찰의 이념과 윤리, 경찰법제, 경찰행정, 경찰사, 외국경찰의 법제와 경찰행정의 비교, 경찰실무 등 경찰에 관한 학문적 관심대상을 포괄한다", 황현락, 『경찰학총론』, 청목출판사, 2009, 16쪽.

개혁기 경찰기구 연구」(경희대 사학과, 2010), 이윤정의 「한국전쟁기 경찰 지역사회와 경찰활동 : 전라북도 김제군을 사례로」(성신여대 사학과, 2018) 등 몇 명에 그치지 않는다. 그 외 역사학회지에 게재된 경찰관련 논문도 다른 사학분야에 비해 미미한 편이다.

셋째, 경찰자료 공개의 폐쇄성에 따른 연구의 한계이다. 저자는 한국 경찰사 연구의 모델로 민주화운동기념사업회와 한국민주주의연구소가 공동으로 발간한 『한국 민주화운동사』 I(2008), II(2009), III(2010)으로 본다. 이는 많은 학자들이 각각 전공한 분야에서 연구하여, 한국 민주화운동을 종합적이고 상세하게 보여주기 때문이다. 그러나 경찰사는 연구자들이 연구하고 싶어도 국가기관의 관련자료 공개거부로 성과물이 나오기 어려운 형편이다. 특히 현대사와 관련된 사건인 경우에는 더욱 그러하며, 이는 한국 경찰사 연구가 제도사 중심으로 집중될 수밖에 없는 결과를 낳고 있다.

넷째, 시대 또는 시기별 연구의 편중성이다. 한국 경찰사 연구는 현재 일제강점기를 중심으로 ① 식민지 경찰의 성격 ② 경찰제도 ③ 조선인 경찰관 ④ 식민지 권력과 일상생활로 크게 범주화시켜 볼 수 있을 정도로 활발하게 진행되고 있다. 이에 반해 근대 이전은 물론 해방 이후도 류상영의 「미군정 국가기구의 창설 과정과 성격(1994)」, 안진의 「미군정기 억압기구 연구」(2009) 등 몇 편에 지나지 않는다. 더욱이 1960년대 이후에 관한 연구 성과는 극히 찾기 힘든 형편이다.

다섯째, 연구의 광범위성과 복잡성이다. 오늘날 의미하는 '경찰'은 선사시대에 인류가 속한 사회에서 '내부 질서를 유지하는 활동'과 외부로부터 오는 각종 위험을 막아내는 전반적인 '집단보호 활동'으로 시작되었다. 또한 고대국가가 형성되면서 중앙집권적인 체제가 구축되고. 국가권력이 분화되면서, 당시 경찰활동은 일반행정, 사법행정, 군사행정 등이 혼합된 구조 속에서 '국가보위', '권력유지', '치안'을 위한 수단으로 복잡하게 발전하여 갔다. 이를 담당한 기관들도 당시 시대상에 따라 국왕, 군대, 중앙·지방 행정기관, 지방자치기관 등으로 다양하고 중첩되게 나타났다. 그에 따라 한 시대·시기의 경찰활동을 알기 위해서는 일반행정·군사행정·사법행정 제도와 법제사, 형사제도사 등도 함께 고찰하여야 하기 때문에 다양하고 전문적이며, 상호 연계되는 지식을 필요로 한다.

그러면, '한국 경찰사'의 연대를 어떻게 구분할 것인가?

이를 알기 위해 지금까지 통사로 발간된 『한국 경찰사』의 연대 구분을 보기로 한다. 너무 세세한 감이 있지만 '한국 경찰사'에 있어 시대구분은 상당히 중요하다. 왜냐하면 첫째, 어떤 연대 구분으로 경찰사를 전개하였는가를 아는 것이 한국사와의 연속 관계를 알 수 있는 기초자료가 될 수 있기 때문이다. 둘째, 경찰사도 한국사와 마찬가지로 크게 근대 이전과 이후로 나누어야 하기 때문이다. 셋째, 세부적으로 고려·조선시대의 전·후기, 일제강점기 경찰정책 전개과정 그리고 미군정기와 대한민국의 중앙 경찰기관 출범 등으로 구분하여야 하기 때문이다. 따라서 다음과 같은 선행연구를 참조해야 한다.

최초 발간된 치안국의 『대한 경찰연혁사』(1954)와 현규병의 『경찰제도사』(1955)[10]는 연대 구분이 동일하다. 그 내용은 '서론, 제1편 원시사회와 부족국가의 경찰제도(제1장 개설, 제2장 원시사회의 경찰제도, 제3장 부족국가의 경찰제도), 제2편 3국(고구려, 백제 및 신라)의 경찰제도(제1장 개설, 제2장 고구려, 제3장 백제, 제4장 신라, 제5장 발해), 제3편(제1장 개설, 제2장 정치조직의 개요, 제3장 경찰제도), 제4편 이조의 경찰제도(제1장 개설, 제2장 정치조직의 개요, 제3

---

10 이 두 책의 내용은 동일하다. 차이점은 『대한 경찰연혁사』는 철필본이고, 『경찰제도사』는 인쇄본이다. 이를 감안할 때 『대한 경찰연혁사』는 『경찰제도사』가 발간되기 전 수정하기 위해 인쇄된 것으로 추정된다. 『대한 경찰연혁사』는 현재 경찰박물관 수장고에 보관되어 있다.

장 경찰제도, 제4장 특기할 경찰행정, 제5장 경찰제도 운영의 실제), 제5편 근대경찰제도(제1장 개설, 제2장 갑오경장 후의 한국경찰, 제3장 일제하의 경찰제도), 제6편 군정경찰제도(제1장 개설, 제2장 경찰제도)' 등으로 구성되었다.

치안국의 『한국 경찰사 I』(1972)은 '제1편 고대의 치안제도와 율령(제1장 부족국가시대의 치안, 제2장 삼국시대의 형률, 제3장 통일신라시대의 치안제도), 제2편 고려시대의 치안제도(제1장 고려의 건국과 통치구조, 제2장 전기 경찰제도와 업무의 개요, 제3장 전기 경찰제도, 제4장 경찰업무, 제5장 통치기구의 변천, 제6장 후기의 경찰기관, 제7장 후기 경찰업무), 제3편 조선왕조시대의 경찰(제1장 조선왕조의 수립과 통치기구, 제2장 조선왕조의 경찰제도), 제4편 한말의 경찰(제1장 갑오경장의 관제, 제2장 건양·광무의 경찰조직, 제3장 말기의 경찰조직), 제5편 대한민국 임시정부와 경찰(제1장 3·1대운동과 임시정부 수립, 제2장 초기의 경찰제도, 제3장 말기의 경찰제도), [부록] 일제하의 경찰(제1장 한말의 일제경찰 설치, 제2장 헌병경찰시대 I, 제3장 헌병경찰시대 II, 제4장 보통경찰시대), 제6편 미군정하의 경찰(제1장 개설, 제2장 군정하의 경찰제도, 제3장 국립경찰의 발전)' 등으로 이루어졌다.

서기영의 『한국경찰행정사』(1976)는 '제1편 총설(제1장 서설, 제2장 경찰개념의 전개, 제3장 경찰행정에 대한 학문적 계보, 제4장 경찰국가), 제2편 경찰행정구조(제1장 서설,[11] 제2장 갑오경장후의 경찰행정구조, 제3장 일정하의 경찰행정구조, 제4장 미군정하의 경찰행정구조, 제5장 대한민국 국립경찰의 행정구조), 제3편 경찰행정구조의 변천단계와 그 특질(제1장 경찰행정구조의 변천단계, 제2장 경찰행정구조의 특질, 제3장 결론)' 등으로 구성되었다.

이현희의 『한국 경찰사』(1979)는 '제1편 한국경찰의 역사적 배경(제1장 경찰의 개념과 의의, 제2장 삼국시대의 경찰, 제3장 발해시대의 경찰, 제4장 고려시대

---

11 제1절 형률(선사시대와 원시사회의 형률, 삼국시대의 형률, 고려시대의 형률, 조선시대의 형률 등), 제2절 조선왕조의 사회와 행정, 제3절 조선왕조의 경찰기관.

의 경찰, 제5장 조선왕조시대의 경찰), 제2편 한국경찰의 암흑기(제1장 일본 헌병 경찰의 영향, 제2장 일제의 탄압과 한국경찰제도의 말살), 제3편 미군정하의 한국 경찰(제1장 민족광복의 배경과 경찰제도, 제2장 경찰제도의 발전), 제4편 민주경찰의 발전(제1장 대한민국의 수립과 경찰, 제2장 민주경찰의 발전), 제5편 민주경찰의 제시책(제1장 자유당 정권하의 경찰, 제2장 제3공화국의 민주경찰)' 등으로 이루어졌다.

박범래의 『한국 경찰사』(1988)는 '제1편 서설(제1장 경찰의 개념과 그의 변천, 제2장 외국경찰의 변천 개요, 제3장 경찰사의 의의), 제2편 한국경찰의 역사적 배경(제1장 원시사회와 부족국가의 경찰, 제2장 삼국시대의 경찰, 제3장 고려시대의 경찰, 제4장 조선왕조시대의 경찰, 제5장 한말의 근대경찰). 제3편 대한민국의 경찰과 그 발전과정(제1장 대한민국 임시정부와 경찰, 제2장 미군정시대와 경찰, 제3장 대한민국의 수립과 건국경찰, 제4장 6·25 전쟁과 구국경찰, 제5장 제2공화국과 경찰의 약화, 제6장 제3공화국과 경찰의 근대화, 제7장 제4공화국과 경찰의 발전)'으로 구성되었다.

허남오의 『한국 경찰제도사』(2013)는 '제1부 경찰개념과 경찰제도(제1장 경찰개념의 정립, 제2장 각국의 경찰제도), 제2부 근대 이전 경찰제도(제3장 고대국가의 경찰제도, 제4장 고려 경찰제도, 제5장 조선 경찰제도), 제3부 근대경찰제도(제6장 한말의 경찰제도, 제7장 일제하의 경찰제도, 제8장 대한민국 임시정부 경찰제도, 제9장 미군정 경찰제도), 제4부 현대 경찰제도(제10장 치안국 시대, 제11장 치안본부 시대, 제12장 경찰청 시대), 제5부 한국 경찰제도의 방향(제13장 경찰의 중립성과 독자성, 제14장 국가경찰과 자치경찰의 조화, 제15장 경찰수사권의 독자성)' 등으로 이루어졌다.

김성수 외 7인의 『한국 경찰사』(2015)는 '제1장 원시사회의 경찰, 제2장 고대부족국가의 경찰, 제3장 삼국시대의 경찰, 제4장 통일신라와 발해의 경찰, 제5장 고려시대의 경찰, 제6장 조선시대의 경찰, 제7장 갑오경장과 한국경찰의 근대화, 제8장 을사조약 이후의 경찰권의 침탈과정, 제9장 일제강점기시대의 경찰, 제10장 미군정시대의 경찰, 제11장 대한민국 정부 수립과 경찰 – 치안국시대, 제12장 경제발전과 경찰 – 치안본부시대, 제13장 민주화와 경찰 – 경찰청시대' 등으로 구성되었다.

김형중의 『한국 경찰사』(2020)는 '제1장 총설, 제2장 고대국가의 경찰제도, 제3장 삼국시대의 경찰, 제4장 남북국시대(통일신라와 발해), 제5장 고려, 제6장 조선, 제7장 갑오개혁과 한국경찰의 근대화 과정, 제8장 일제강점기의 경찰, 제9장 미군정기 시기의 경찰, 제10장 현대의 경찰' 등으로 이루어졌다.

이렇듯 저자들이 각자 다르게 연대구분을 하였다는 것을 확인할 수 있지만, 대체적으로 다음과 같은 공통점이 있다. 첫째, 사료의 부족으로 선사시대와 고대국가 또는 부족국가를 간략하게 다루고 있다. 둘째, 갑오개혁 이후를 근대경찰로 보고 있다. 셋째, 대부분 해방 이후를 현대경찰로 구분하고 있다.

따라서 저자는 깊은 고민 끝에 다음과 같은 구성으로 기술하였다.

먼저, 근대 이전 편에서는 원시사회에서 나타났을 최소한의 질서유지 '활동'부터 쓰기 시작하였고, 이어 점차 사회가 조직화되고 정비되면서 나타난 '군사경찰',[12] '정치경찰', '치안경찰'을 중심으로 써 나갔다. 그리고 각 시대·시기별로 사회나 국가 또는 중요한 사건 등을 간략하게 설명 한 후 정치·행정·군사·경찰·법령 등의 순서로 기술하였고, 다시 중앙·지방, 기타 중요사항 등의 순으로 구분하였다.

---

12 국방부가 2020년 2월 5일 「군사법원법」 개정을 통해 군의 사법업무를 수행하는 '헌병'을 '군사경찰'로 개칭한 것과 다른 의미이다.

이를 다시 보면 제1부는 경찰활동(제1장 선사시대, 제2장 고대국가의 형성, 제3장 고대국가의 발전, 제4장 남북국시대), 제2부는 고려시대 군사경찰(제1장 고려 전기, 제2장 고려 후기, 제3장 형정제도), 제3부는 갑오개혁 이전의 조선(제1장 경찰기관의 발전, 제2장 경찰활동의 발전)로 하여, 근대 이전편을 완성하였다.

그 이유는 먼저, 선사시대부터 남북국시대까지 이루어진 '사회, 국왕 또는 국가를 유지하는 광범위한 보위활동保衛活動'을 '경찰활동'으로, 고려시대는 이전보다 더욱 체계화·조직화된 내군內軍, 순검군巡檢軍, 순군만호부巡軍萬戶府 등을 통한 '군사경찰 활동'으로 구분할 수 있기 때문이다. 다음, 조선시대의 특징을 '경찰기관과 경찰활동의 발전'이라고 한 것은 당시 오늘날 경찰조직과 비슷한 포도청이 신설되는 등 경찰제도가 고려시대 보다 크게 변화하였기 때문이다. 그리고 경찰을 크게 근대 이전과 이후로 나누는 시점을 갑오개혁으로 한 것은 이를 계기로 종래 병조에 속했던 포도청의 업무가 내무아문의 경무청으로 이관되어 경찰과 군이 분리되고, 「행정경찰장정」 등 경찰작용법이 제정되는 등 근대경찰제도가 시행되었기 때문이다.

다음, 근현대 편에서는 지금까지 이루어진 한국 근현대 경찰사의 중요한 연구 성과를 살펴보는 것으로 시작하였다.

먼저 갑오개혁을 전후로 한 경찰연구를 보면 다음과 같다. 김효전은 「구한말 경찰의 이론과 실제」[13]에서 근대경찰의 조직을 설명하면서 당시 신문 기사를 분석하여 경무학교의 교육과정 등을 발굴하였다. 이토 순스케伊藤俊介는 「갑오개혁기 경찰기구 연구」[14]에서 갑오개혁 이후 경무청이 일본 정부의 주도로 이루어졌다는 것을 문헌자료를 통해 설명하였다. 김효전의 『법관양성소와 근대한국』[15]은 내용 대부분이 근대 법원사와 관련된 것이

---

13 『대학원논문집』, 동아대, 2001.
14 경희대 대학원 박사논문(사학과), 2010.
15 소명출판, 2014. 범죄자를 처벌하는 것이 사법제도의 중요한 측면 중의 하나라고 한다면, 경찰의 역할은 중요

지만, 당시 일부 재판과 관련된 경찰활동을 알 수 있게 한다. 또한 장경호는 「갑오개혁 이후 한성부 순검의 역할과 실무 활동(1895~1897)」[16]에서 경무청 「일보」를 통해 한성부 순검의 실무활동과 업무상 애로사항 등을 상세하게 밝혔다.

이어 일제강점기 경찰 연구는 미군정기, 제1·2공화국에 비해 상대적으로 많은 편이다. 그러나 연구 시기는 1919년 이후 문화정치 이후가 대다수를 이루고 있으며, 연구 분야도 경찰제도에 치중되어 있다. 이러한 연구의 성과는 ① 식민지 경찰의 성격 ② 경찰제도 ③ 조선인 경찰관 ④ 식민지 권력과 일상생활 등 크게 4가지 분야로 범주화시켜 볼 수 있다. 주요 연구 성과를 보면 다음과 같다.

첫째, 최경준은 「식민지 근대성 - 일제시대 경찰을 통한 근대성과 식민지 국가 특성 연구」(2003)[17]에서 식민지 상황 하에서 경찰이 어떻게 왜곡되고 착종된 모습으로 작동하였는가와 그에 따른 사회적 결과는 어땠는지를 살펴보았다.

둘째, 김민철은 「일제 식민지배하 조선경찰사 연구」[18]에서 경찰제도를 1910년대 식민지 지배구축기, 1920~30년대의 보통경찰체제, 전시체제 하로 나누어 통사적으로 연구하였다. 김상범은 「일제말기 경제활동의 설치와 그 활동」[19]에서 1937년 7월 중일전쟁의 발발 이후 조선총독부가 경제경찰을 출범시켜 물자배급·식량 공출 과정 등에 적극 개입하였다고 주장하였다. 김정은은 「1920년~30년대 경찰조직의 재편」[20]에서 경찰

하다고 할 수 있다. 따라서 저자는 이 책을 한국 근대경찰과 관련된 책이라고 판단한다.

16 『한국근현대사 연구』 제91집, 한국근현대사학회, 2019.
17 서울대 대학원 석사논문(외교학과), 2003.
18 경희대 대학원 석사논문(사학과), 1994.
19 서강대 대학원 석사논문(사학과), 1994.
20 『역사와 현실』 제39호, 한국역사연구회, 2001.

조직이 1920년대 재정비된 것은 '사회가 경찰의 민중화를 요구'하기 때문에 '경찰의 민중화'가 진행되어야 한다는 명분 때문이었으나 실제 목적은 민중의 저항을 사전에 방지하고 조선총독부의 시정방침을 일반 민중에게 관철시키기 위한 것이었다고 하였다. 크리스토퍼 리아오Christopher Liao는 「1920~1920년대 조선총독부의 경찰교육」[21]에서 당시 경찰 업무는 식민지 정책을 구체적으로 관철시키기 위한 것이었기 때문에 경찰 교육도 이를 위해 어학교육, 법령 지식 함양, 범법자 처벌을 위한 무술의 전수에 치중하였다고 보았다. 류상진은 「일제의 보통경찰제 실시 이후 경찰인력 양성기구」[22]에서 1919년 3·1운동 이후 경찰관 양성을 위한 교육을 상세하게 다루면서 이는 일본 본국의 '민중경찰' 정책이 이식·변형된, 새로운 형태의 침략과 억압수단의 도입 때문이라고 하였다. 그리고 이용식은 「일제강점기 조선인 경찰의 인식과 처우에 관한 연구」[23]에서 당시 사회 내 '경찰관'이라는 직업에 상반된 인식이 있었고, 경찰 조직 내 제한적인 승진과 처우 등이 있었음에도 많은 저학력 조선인들이 순사 직을 지원하였다고 주장하였다.[24]

셋째, 안용식은 「일제하 한국인 경찰 연구」[25]에서 1910년부터 1943년까지 중간간부 이상의 경찰관 930명을 분석하여 조선인 경찰관 인사의 특징을 다루었다. 장신은 「조선총독부의 경찰인사와 조선인 경찰」[26]에서 경찰 교육과 인사제도를 주제로 하여, 조선인 경찰관에 일제의 차별 문제를 다루었다. 이상의는 「일제하 조선경찰의 특징과 그 이미지」[27]를 통해 일제

---

21 서울대 대학원 석사논문(사학과), 2006.
22 건국대 대학원 석사논문(사학과), 2010.
23 한국외대 대학원 석사논문(사학과), 2015.
24 인용한 것 외에 다음과 같은 논문이 있다. 이용석, 「일제강점기 경찰의 은급제도 - 1923년, 1933년 은급법 개정을 중심으로」, 『사림』 제69집, 수선사학회, 2019.
25 『현대사회와 행정』 제18집, 한국국정관리학회, 2008.
26 『역사문제 연구』 제13호, 역사문제연구소, 2009.
27 『역사교육』 제115집, 역사교육학회, 2010.

경찰은 조선인의 삶 전반에 깊숙이 침투해 막대한 권한을 행사하고 영향을 미치면서, 그 생명과 재산을 보호하기보다는 감시하고 통제하는 권력으로 기능하여, '지배체제의 경찰상'과 '민중이 원하는 경찰상'이 혼합된 모습으로 나타났다고 주장하였다.

넷째, 장신은 식민지권력과 일상생활과 관련하여 「경찰제도의 확립과 식민지 : 국가권력의 일상 침투」[28]에서 식민지의 경찰은 민중의 일상생활의 모든 영역을 감시하고, 일상의 모든 행위를 규제할 수 있는 권한과 직무를 부여받았으나, 이를 통제하지 못하고 일방적으로 강요하였다고 주장하였다. 또한 김민철은 「식민지 조선의 경찰과 주민」을 통해 민족차별 구조하에 경찰조직에서 조선인 경찰관들이 많은 차별을 받았으며, 특히 일기를 통해 경찰이 주민사회의 일상에 깊숙이 관여했던 모습을 보여주었다.

다섯째, 조선시대 말 갑오개혁부터 일제강점기를 거쳐 해방까지 근대경찰의 흐름을 일본의 정책사적 관점에서 고찰한 마쓰다 토시히코松田利彦의 『일본의 조선식민지 지배와 경찰』이 있다.[29] 이 책은 한국과 일본 등에 소장되어 있는 많은 자료를 참조하여, 당시 '경찰'을 오늘날 '경찰작용'으로만 이해하는 개념에서 벗어나 일본의 이민족 지배를 위한 정책사적 관점에서 연구하였다.

그리고 해방 이후 경찰에 관한 주요 연구를 보면 다음과 같다. 류상영은 「미군정 국가기구의 창설과정과 성격」[30]에서 미군정 경찰이 처음에는 군정 확립을 위해, 나중에는 분단정권 창출을 위해 지속적으로 자신의 물리력을 증강하며 조직을 확대해 나갔고, 이러한 재편과정은 혁명적 민중세력

---

28 연세대 국학연구원, 『일제의 식민지배와 일상생활』, 혜안, 2004.
29 경인문화사, 2020. 이 책은 저자의 『日本の朝鮮植民地支配と警察 - 1905~1945年』(2009) 한국어판을 기본으로 하여, 그의 논문 「植民地警察はいかいにして生みだされたか - 日本の朝鮮侵略と警察」(2012)의 일부를 추가하였다.
30 『해방전후사의 인식 4』, 한길사, 1989.

과 민중운동의 파괴 과정이었으며, 한편으로는 단정세력에 분단정권을 수립하는 과정이었다고 보았다. 안진은『미군정기 억압기구』[31]에서 미군정의 기본적인 통치목표는 해방 직후 국내 혁명 세력을 누르고 친미적인 정부를 수립하는 것이었으며, 이를 위해 군정경찰이 가장 중요한 역할을 담당하였다고 하였다. 또한 강혜경은「한국경찰의 형성과 성격 1945~1953년」[32]에서 미군정기부터 한국전쟁기까지 경찰은 반공이데올로기에 기반한 극우적 국가체제를 형성하는 중요한 역할을 담당하였으며, 이 시기를 '경찰국가'의 시기였다고 주장하였다. 그리고 이윤정은「해방 후 경찰잡지 개관 – 대표적 경찰잡지『민주경찰』을 중심으로」[33]에서 해방 후부터 1950년대까지 발간된 경찰잡지인『민주경찰』,『경성』,『지리산』,『철경鐵警』 등을 실물을 분석하여 당시 경찰의 출판문화를 알 수 있게 하였고,「한국전쟁기 지역사회와 경찰활동 : 전라북도 김제군을 사례로」[34]에서 한국전쟁 당시 전라북도 김제군에서 행해진 경찰활동을 통해 지역사회에서 '반공'을 위하여 작동된 국가권력과 주민의 저항, 그리고 사회적 균열을 고찰하였다. 또한 그는「금산경찰서 한 경찰관의 '교양수부'와 '교양자료집'(1955~56년)을 통해 본 사찰 활동」[35]에서 당시 경찰의 사찰이 겉으로는 선거에 대한 경찰활동의 중립적인 태도를 보여주지만, 이면에는 이승만 정권의 무조건적인 충성과 자유당과의 밀접한 연관성이 있다고 주장하였다.

따라서 근현대 편에서는 위에 기술한 선행연구를 참조하여, 한국 근대사의 흐름에 따라 다음과 같이 경찰의 변천과정을 정리하고, 그 함의를 기술하였다.

---

31 새길, 1996. 안진은「미군정기 국가기구의 형성과 성격」(『해방전후사의 인식 3』, 1987)을 수정·보완하여 이 책을 발간하였다.
32 숙명여대 대학원 박사논문(사학과), 2002.
33 『근대서지』 제7호, 근대서지학회, 2013년 7월.
34 성신여대 대학원 박사논문(사학과), 2018.
35 『한국근현대사 연구』 제93집, 한국근현대사학회, 2020년 6월.

제1부는 근대경찰의 탄생 과정을 갑오개혁 이후 경찰제도의 변화부터 대한제국의 경찰까지 설명하였다. 제2부는 일제강점기 경찰을 헌병경찰기, 보통경찰기, 전시경찰기로 구분하여 기술하였다. 제3부는 현대경찰을 미군정 경찰과 대한민국 경찰로 나눈 후 다시 대한민국 경찰은 치안국기·치안본부기·경찰청기로 구성하였다. 그리고 각 장마다 최근 발굴된 사진 자료와 표를 추가하였다. 이는 해당 시기를 활자로만 접하는 것이 아니라 눈으로 확인하는데 적잖은 도움이 될 것이다.

한국 경찰사를 연구하기 위해서는 기본적으로 사료에 기반한 연구방식을 취해야 한다. 하지만, 사료의 확보는 경찰사 연구에서 어려운 문제이다. 경찰 부문과 관련된 기록물은 법률과 관공서에서 발간한 공식 문서들만 남아 있을 뿐, 나머지 자료들은 소실되었거나 찾기 힘들기 때문이다. 일제강점기 경찰의 문서는 해방 후 미군이 진주하기 전에 이미 대부분 소각되었다. 미군정기부터 제3공화국까지 문서도 '내부문서'라는 이유로 보존기간이 끝나자마자 폐기되었다. 이는 국가기록원에 있는 많은 이관자료가 보존기간이 영구인 '신분장'이라는 점으로 알 수 있다. 게다가 한국현대사의 어두운 부분이 되는 사건은 대부분 기록으로 남지 않는 '명命'이나 '전통電通'으로 실행되었기 때문에 관련 자료를 찾기란 더욱 어렵다.

그나마 남아있는 자료를 보자. 경찰기관이 작성한 문서는 1차 자료로 가장 가치가 있으나 앞에 쓴 이유로 찾기가 어렵다. 물론 경찰관이 문서를 집으로 가져간 후 상당기간이 지난 다음 유족에게 공개되어 세상에 나오는 경우가 있으나 이 역시 아주 드물다. 다음으로 경찰잡지가 있다. 『새벽종』, 『경성警聲』, 『민주경찰民主警察』, 『경찰신조警察新潮』 등이 이에 해당한다. 하지만, 『새벽종』과 『경성』은 1946년 지방의 관구경찰청이 발간한 것으로,

해방 후 혼란한 경찰의 모습을 알 수 있지만 그 영역이 지방으로 한정되어 있으며, 현재까지 발굴된 발행 호수도 극히 적은 편이다. 『민주경찰』은 추정 발간권수 116권 중 109권이 현존하기 때문에 부수 면에 있어서 큰 문제가 없다. 그렇지만 해방 후 정립한 경찰상警察像인 '민주경찰'을 지향하기 위한 교양지였기 때문에 경찰활동에 대한 외부의 비판적인 내용을 기대하기 어렵다. 『경찰신조』는 승진을 위한 수험서로 실무문제 풀이에 역점을 두고 있다. 그리고 각 기관이 발행한 경찰교과서, 지휘관 훈시 및 회의서류 등은 정식 인쇄본이든, 철필본이든 종류 여부를 떠나 중요하나 이 역시 경찰활동의 원론적인 내용이 주를 이루고 있다. 끝으로 '교양수부' 등 개인일지가 있지만 더욱 희귀하다. 게다가 문서를 접할 수 있는 곳이 박물관일 경우 접근 자체가 불허되는 어려움이 있다. 그러다 보니 지금까지 경찰사 연구가 제도사 중심으로 이루어질 수밖에 없음을 이해할 수 있다.

이와 같은 문제를 극복하기 위해서는 새로운 방식의 연구 방식을 병행해야 할 필요가 있다. 최근 역사학계에서는 목소리와 글을 통해 스스로의 역사를 온전히 전달하기 힘든 계급의 연구인, 서발턴 연구가 활발히 진행되고 있다. 아울러 현대사 분과에서는 사료에 등장하지 않는 민중들의 목소리를 찾아내는 연구 방법으로써 구술사라는 연구가 대두되고 있다. 그러한 역사학계의 새로운 연구방법론은 기존 사료 중심의 연구방법론이 드러내지 못했던 민중의 상像을 구체적으로 보여준다는 점에서 의의가 있다. 경찰사 연구에서도 이러한 방법을 활용하면 더욱 풍부해 질 수 있을 것이라고 기대한다. 특히 실제 민중들과 접촉하며 일상을 향유했던 하위직 경찰관의 활동상을 살펴보면, 기존의 제도사적 연구에서 드러나지 않았던 실제 경찰의 역사에 더 가까이 다가갈 수 있을 것이다.

끝으로 '결론'에서는 선사시대부터 오늘날 까지 한국 경찰사의 흐름을 각 시대·시기별로 요약하여 정리하였다. 또한 이상의 고찰을 바탕으로 '한국사 속의 경찰사'라는 거대한 한 부분에 대한 나름의 판단을 제시하였다.

제 1 편

근
대

이
전

제1부
경찰활동

제1장

선사시대

제1절
구석기시대

구석기시대 초기는 인류가 출현한 시기 또는 석기문화가 시작한 100만 년 전부터 10만 년 전까지 약 90만 년 동안 계속된 기간이다. 석기는 외날찍개, 주먹 도끼 등이 사용되었다. 이 시대 인류는 아직 농사를 지을 줄 몰라 손쉽게 음식물을 구할 수 있는 열매 따기, 뿌리 캐기 등의 방법으로 살았다. 생활 근거지는 양지바르고 동식물이 풍부하여 채집이나 사냥이 쉬운 곳으로, 그들의 주요 터전인 사냥터·고기잡이 장소는 공동 소유였다. 인류는 이러한 자연환경을 기반으로 사냥한 동물의 살코기는 식용으로, 가죽은 추위를 막기 위한 옷의 재료로 이용하였다. 이들의 가장 큰 걱정은 먹을거리를 구하는 일이었다. 그러나 동물을 사냥하는 일은 쉬운 일이 아니었으며, 혼자서는 할 수 없는 일이었다. 게다가 스스로 맹수의 위협에서 벗어나야 했다. 따라서 인류는 효과적으로 사냥하고, 외부에서 오는 각종 위험을 방지하기 위해 무리지어 살게 되었다.

구석기시대 중기는 약 10만 년 전부터 약 4만 5천 년 전까지 지속되었다. 당시에는 타제석기가 좀 더 가벼워져 돌의 날을 이용한 칼날석기가 만들어졌다. 이 석기는 짐승의 가죽이나 고기비늘, 열매 껍질을 벗기는데 용이하도록 긁개, 밀개, 톱니날석기 등 생김새가 다양해진 것이 특징이다. 남자들은 무리지어 돌날석기와 돌창 등의 무기로 매머드 등 큰 포유동물을 사냥하기도 하였다.[1] 그리고 먹을 것을 똑같이 나눠 가졌다. 그러나 여전히 자연물을 채집하거나 사냥을 하고 생활하였으므로 식량이 늘 부족하여, 가족이나 집단 단위로 다른 곳으로 옮겨 다녔다. 이에 따라 중요한 생활터전이었던 사냥터와 고기잡이 장소를 놓고 다른 집단과 싸움을 벌이기도 하였다. 사람이 죽으면 동굴에 매장할 줄도 알았다. 무엇보다 그들은 불을 사용할 줄 알았으며, 이는 더욱 진보할 수 있는 발판이 되었다.

구석기시대 후기는 약 4만 5천 년 전부터 1만 년 전까지다. 이 시기 석기는 중기에 비해 세련되고 소형화되어 손칼과 같은 여러 종류의 돌날이 제작되어 사용되었다. 이러한 석기 제작의 변천은 사냥의 비중이 점점 더 커지고, 채집생활도 더욱 활발해진데 따른 현상이라 할 수 있다. 공동 집단은 더욱 커지게 되었고, 계절에 따라 집을 지어 살게 되었다. 고기를 잡는데도 뼈를 깎아 만든 낚싯바늘을 사용하였다. 또한 그들은 물이 빠질 때 갇혀버린 고기를 잡기도 했으며, 배를 만들어 타고 나가 고래를 잡기도 하는 등 사냥을 위한 갖가지 방책들을 고안했다.

제2절
신석기시대

신석기시대는 기원전 6천 년 전쯤부터 1천 년 전쯤까지 발달하였다.[2] 기후는 빙하기 기후에서 벗어나 따뜻해졌다. 사람들은 물과 식량을 쉽게 구할 수 있는 큰 강변이나 바닷가, 가까운 도서지역에서 움집을 만들어 살았는데, 이 움집은 대체

---

1   이융조, 『한국 선사문화의 연구』, 평민사, 1980, 15쪽.
2   신석기시대의 연대는 남·북한 학자의 연구 결과에 따라 다르다. 임효재는 오산리 유적에서 검출된 절대연대와 토기형태를 바탕으로 전기(기원전 6천년~3천 5백년), 중기(기원전 3천 5백년~2천년), 후기(기원전 2천년~1

로 강변의 높은 평지나 해안가 언덕에 위치하였다. 그 형태는 일정한 깊이로 땅을 파고, 나무기둥을 세운 다음 갈대나 억새 등으로 이엉을 얹어 만들었으며, 크기는 직경 4~6m 정도인 원형 또는 네모꼴로, 깊이는 50~60cm 정도이다.

또한 이 시대에는 식량을 저장하기 위한 토기가 출현하였다. 사람들은 토기를 만들기 위해, 먼저 물에 개어 만든 진흙을 손으로 빚거나, 길고 둥근 진흙 띠를 감아 올려 형태를 만들었다. 다음으로 그늘에 말려 무늬를 넣고, 600~700°C의 온도로 구워냈다. 이러한 토기는 문양에 따라 구분할 수 있다. 즉, 토기 전면에 진흙 띠를 붙이거나 겉면의 바탕흙을 도드라지게 하여 무늬를 만든 덧무늬토기와 끝이 뾰족한 도구로 누르거나 그어서 만든 빗금을 가로 또는 세로로 밀집하거나 병렬하여 장식한 빗살무늬토기로 크게 나눌 수 있다.

이와 함께 돌을 갈아 만든 간석기도 등장하였다. 그 종류로 사냥을 위한 살촉·창, 고기잡이에 썼던 이음낚시·그물추·작살, 농사를 짓기 위한 돌도끼·끌·반달칼·갈돌과 갈판 등이 있다. 석기 외에는 사슴 뼈나 물고기 뼈로 만든 낚시 바늘, 송곳 등의 뼈뿔연모(골각기骨角器) 등이 있다. 이러한 유물들은 신석기인들이 구석기시대의 전통을 이어받아 사냥과 물고기잡이를 주로 하였다는 것을 보여준다.

신석기인들은 우주의 만물이 영혼을 지니고 있다는 애니미즘animism의 신앙을 가지고 있었다. 이들은 강이나 나무와 같은 모든 것이 영혼을 갖고 있고, 인간도 영혼을 지니며, 그 영혼은 멸하지 않는다는 영혼불멸을 믿었다. 그러므로 죽은 사람의 시체를 매장하는 데 여러 가지 주의를 기울였고,

---

천년)로 나눈다. 북한은 굴포리·궁산리 그리고 지탑리 유적의 층위를 편년의 근거로 채택하여, 전기(기원전 5천~4천년)·중기(기원전 4천년 후반~3천년)·후기(기원전 3천년 후반~2천년)로 나눈다. 김정배, 『한국고대사 입문 1 한국문화의 기원과 국가형성』, 신서원, 2010, 84쪽.

시체의 주위에 돌을 둘러 망자를 보호하기도 하였다. 혹은 살았을 때 쓰던 물건을 함께 묻어 주었고, 머리를 해가 떠오르는 동쪽으로 두기도 하였다.[3] 또한 당시 사람들은 암각화를 만들었다. 암각화에는 각종 동물이 개별적으로 산개散開되어 있거나, 서있는 사람·많은 사람이 탄 배 등이 새겨져 있는데, 기법은 쪼아파기가 대부분이지만 갈아파기도 있다.[4]

농경의 시작으로 사회의 모습도 달라졌다. 초기 농경은 농구나 기술면에서 원시적이어서 작물을 꺾어다 심거나 씨를 뿌린 후 그것이 저절로 잘 자라주기만 기다릴 수밖에 없었다. 때문에 한발(가뭄)이나 폭우와 같은 이상기후라도 맞게 되면 농사를 망치고 마는 것이었다. 설사 농사가 원만하게 지어졌다고 하더라도 그 생산량은 지극히 적었다. 따라서 부락사회 단계에서는 농경이 행해지면서 사냥·고기잡이·채집의 경제생활도 병행되었다.[5]

이들 부락사회를 이루는 기본 단위는 씨족이었다. 씨족은 혈연에 의한 집단으로 하나의 공동체를 이루고 있었다. 구성원들은 씨족장을 중심으로 사냥·고기잡이·채집 등을 함께 하였다. 그들은 중요한 일을 씨족 모임을 통해 결정하였고, 연장자는 큰 영향력이 있었다. 또한 씨족은 서로 폐쇄적인 독립사회를 이루고 있으면서 점차 큰 집단인 부족을 형성하여 나갔다.[6] 혼인 상대도 자기들 씨족 밖의 다른 씨족 집단에서 구하였다. 게다가 씨족은 각각 세력권을 갖고 있어 서로의 경계를 넘지 않았다. 이와 같은 사회는 처음에는 내부적으로 지배·피지배의 신분관계가 발생하지 않은 평등한 사회였다. 이후 농경의 발달로 잉여 생산물이 생기면서 점차 계급이 발

3   이기백, 『한국사 신론』, 일조각, 2005, 22쪽.
4   김원룡, 『한국 고고학연구』, 일지사, 1992, 176쪽.
5   윤내현·박성수·이현희, 『새로운 한국사』, 삼광출판사, 1998, 39쪽.
6   조태섭, 『한국사 통론』, 삼영사, 1990, 37쪽.

생하여, 지배계급과 피지배계급이 나누어졌다. 나아가 식량이 떨어진 한 집단이 다른 집단을 습격하여 약탈하는 일도 발생하였다. 그처럼 약탈이나 맹수의 출현 등 외부에서 오는 각종 위협을 방지하기 위하여 힘센 자들을 중심으로 한 무사집단이 생겨났다.

씨족사회의 지도자인 족장은 씨족 전체의 질서 책임자로서, 또는 대외적으로 씨족 전체 의견의 대표로서 족장권을 행사하였다. 어떤 족장은 재판권이나 처벌권을 가지지 못하고, 농경생활을 지도하거나 그들의 제사의식만 주관하는 경우가 있었다. 다른 족장은 대외적으로 자기 족속의 대표로서 생활하고, 전쟁·공공노동 등 공동 활동까지 지휘하기도 하였다. 또한 입법권·재판권·처벌권을 동시에 갖고, 조세 징수·노동력 동원·토지 분배·농산물 저장과 분배 등 광범위한 분야에 걸쳐 통솔권을 갖는 족장도 있었다.[7] 따라서 이 족장권도 종족에 따라 또는 부족에 따라 각양각색이어서 일정할 수 없었다.

한반도 족장들의 통솔권이 어떤 성질인지는 알 수 있는 사료史料는 없다. 그러나 신라 2대왕 남해南解는 차차웅次次雄이라 하여, 제사장을 의미하는 칭호를 갖고 있었으나 다른 족장은 그렇지 않았다. 또한 『위지魏志』 「한전韓傳」에는 정치적 군장 외에 '천군天君'이라는 제사장이 있다는 내용을 보면, 부족국가를 건설한 족장 가운데 일부는 제사 주관권은 없지만, 군사지휘권을 비롯한 상당히 넓은 분야에 걸친 권한을 갖고 있었던 것을 알 수 있다.[8]

---

7 김철준, 『한국고대사 연구』, 서울대 출판부, 1990, 16~17쪽.
8 앞의 책, 17쪽.

제2장

고대국가의 형성

　우리나라의 청동기문화는 신석기시대가 계속되는 동안 늦어도 기원전 10세기를 전후로 북방문화의 영향을 받은 것으로 알려져 있으나 현재는 대대적인 주민이동이 부인되는 추세이며, 최초의 전파시기에 대해서도 이견이 있다. 처음에는 중국의 요령식동검(비파형 동검)문화가 전파되었으나 후에 한국식 동검·창·꺽창·고운무늬거울 등의 청동기가 제작되었다. 특히 청동거울과 방울 등의 의기류儀器類에는 가는 빗금으로 이루어진 삼각집선문三角集線文과 십자일광문十字日光文 등이 결합된 아주 고운 기하학적인 무늬를 장식하여 주술적 효과를 보여주고 있다. 또한 종전의 돌칼을 정교하게 갈아서 칼날을 세운 마제석검이 있다. 이것은 일반 주민이 사용했기보다 당시 지배자만이 지닐 수 있었던 물건이거나 신분을 나타내던 제물祭物로 보인다.

　그리고 당시 사회에서는 농경과 목축이 본격적으로 이루어져 큰 변화가 있었다. 사람들은 강이나 바닷가에 인접한 넓은 들이나 야산에 정착하여 땅을 파고 만든 움집을 짓고, 집단 촌락을 이루어 살게 되었다. 이 촌락은 처음에는 가족 단위로 주거지를 만든 열 가구 전후의 작은 마을이었으나 점차 크게는 백 가구 이상의 대형 촌락으로 발전하여, 촌장 또는 군장의 지도하에 들어갔다. 또한 농업이 발달하여 생산력이 증가되고 교역이 증대되었다.

이와 같은 청동기시대의 사회 확대는 인구의 증가에 따른 계층 분화와 신분적 차이를 가져왔다. 풍요로운 농경생활은 개인의 재산 증식에 크게 기여하였고, 가진 자와 못 가진 자를 나누는 계급사회를 만드는데 중요한 계기를 제공하였다. 특히 한 부족이 일어나 다른 부족을 칠 경우 전쟁에 승리한 부족은 지배계급이 되었고, 패한 부족은 노비가 되었다. 그러한 정복전쟁은 자연스럽게 일부 우세한 부족에게 권력과 재산을 모아주는 결과를 가져와, 지배와 피지배의 계급관계를 성립하는데 큰 역할을 하였다.[1]

한편 요하 유역 남만주와 한반도 서부지방에 흩어져 살던 여러 부족들은 대동강 유역의 부족을 선두로 차차 소국가들을 형성해 나갔다. 이들 소국가는 혼인관계 등을 맺거나 통합되어 더 큰 규모로 변화하였고, 농경생활과 제정일치의 사회생활을 하였다. 고대국가의 형성과 발전은 바로 생산력과 군사력에 기초한 소국 자체의 확대·증폭과정을 말한다. 이때 중심부 소국에 의한 주변부 소국의 통합이라는 양적 변화는 소국으로 하여금 일찍부터 그 고유의 질서를 탈피하였다. 그리고 계급적 구조를 갖춘 새로운 단계의 사회, 즉 국가로 이행하는 질적인 전환을 수반하였다.[2]

제1절
고조선

철기문화는 기원전 3세기경 대동강 유역에 있던 낙랑군樂浪郡에서 이동한 유이민이 남부지방으로 점차 퍼져 나가면서 전파되었다.[3] 이어 남부지방에서 기원전 2

---

1   한영우, 『다시 찾는 우리역사』, 경세원, 2001, 63쪽.
2   한국역사연구회, 『한국역사 입문 1』, 풀빛, 1995, 115쪽.
3   기원전 3세기부터 기원후 3세기까지 한국 고고학의 시기구분에 관해 격렬한 논쟁이 있다. 이 시기는 청동기문화의 마지막 시기에 철기를 바탕으로 고대국가를 형성하는 시기이며, 또한 역사시대와 겹치는 시기이다. 김정배, 『한국고대사 입문 1 한국문화의 기원과 국가형성』, 신서원, 2010, 84쪽.

년경 야철 집단이라는 전문 집단이 출현하면서부터 본격적으로 철기가 생산되었다. 철기로 된 예리하고 단단한 여러 가지 무기류와 농기구 등의 보급은 사회 변화를 촉진시켰다. 철제 농기구의 활용은 농경지의 확대와 함께 농업생산력을 급속히 증가시켜 잉여 생산물을 나오게 하였다. 철기를 기반으로 한 부富의 집중은 더 넓은 지역을 차지하기 위한 정복을 통하여 강력한 군사력을 가진 집단으로 변화되었다. 이로써 기존 부족사회는 국가로의 발전이 가능하게 되었다. 중국의 진秦, 한漢이 강대국이 될 수 있었던 것은 철기를 바탕으로 한 강력한 군사력을 가졌기 때문이었다.

『전한서前漢書』「조선전朝鮮傳」에 의하면 위만은 동쪽에 위치한 조선[4]에 올 때 유이민 1천여 명을 거느리고 왔다. 그 후 청천강과 압록강 사이에 정착했던 북중국 및 요동 방면의 주민도 자신의 휘하에 결집시킨 뒤 기원전 194년 정변을 일으켜 조선의 왕위를 차지하였다. 이때부터 고조선은 우리나라에서 기록상으로 확실한 최초의 왕조로 세워졌다.[5] 그리고 유이민 집단을 바탕으로 한 왕실과 각각 휘하에 독자적인 집단을 거느리고 있던 고조선계의 수장들이 상하 관계를 맺으며 결합하였다. 물론, 유이민 집단과 고조선계 집단은 각각 내부 구성원간의 관계를 포함한 사회적인 측면에서 상이한 성격을 지녔다. 그러나 왕권의 일정한 통제 하에서 자치를 영위하고 있었다는 점에서 동일한 면을 지녔다. 그래서 그 장長을 동일하게 '상相'이라 하였다. 당시 왕은 초월적인 권력자는 아니었다. 그럼에도 불구하고 위만은 휘하에 자신의 직할 집단을 거느리고 있어, 상相 중에서 가장 세력

---

4 현재 '조선'이라는 국호의 어원은 확실치 않다. 기원전 7세기 초 중국 제나라 시대에 저술된 『관자(管子)』에 '발조선(發朝鮮)'이 제(齊)나라와 교역한 사실이 기록되어 있다. 고대 중국지리서 『산해경(山海經)』에는 조선이 발해만(渤海灣) 북쪽에 있었던 것으로 기술되어 있다. 그 외 한나라의 『사기』와 『전국책(戰國策)』에 나타난 기록을 보면 '조선'은 연(燕)의 변경과 멀지 않은 동방에 있었다고 한다.

5 『사기(史記)』「고조선(古朝鮮)」.

이 큰 존재였다고 볼 수 있다.[6] 4~5세기경에 이르러 고조선을 중심으로 각 부족국가들은 연맹체를 이루고 요하 유역에서 대동강 유역에 이르는 큰 세력권을 형성하였다.

『한서漢書』권28「지리지地理志」「연조燕條」에「범금팔조犯禁八條」[7]가 있다. 그 내용은 다음과 같이 3개 조만 알려져 있다.

> 낙랑조선에는 범금팔조犯禁八條가 있다. 남을 죽인 자는 곧바로 사형에 처한다.[8] 남에게 상처를 입힌 자는 곡식으로 배상한다.[9] 도둑질한 경우 남자는 그 집의 노奴가 되고 여자는 비婢로 삼는다. 노비에서 벗어나 민民이 되려고 하는 자는 50만 전을 내야 한다.[10] 비록 민이 되었다 하더라도 사람들이 이를 부끄럽게 여겨 혼인하기를 꺼려하였다. 부인들은 단정하여 음란한 일이 없었다. (…중략…) (한이 군현을 설치한 초기에 중국의) 관리들이 (고조선 유민들이) 대문을 닫지 않는 것을 보고, 또 상인들이 왕래함에 미쳐 밤에는 (그들이) 도둑으로 변하여 (물건을) 훔치매, 풍속이 점점 각박해져 지금은 범금犯禁이 점점 늘어나 60여 조가 되기에 이르렀다.[11]

「범금팔조」의 조항을 볼 때, 고조선시대에는 사형제도·노비의 존재·사적 소유의 보장·가족제도의 발달, 그리고 범금을 어겼을 때, 그것을 집행하는 국가권력의 실체가 존재했음을 보여준다. 또한 도둑질을 하여 노비가 된 자가 일정한 대가를 지불하고 민이 되었다 하더라도 고조선인은 그들과

---

6 노태돈, 『단군과 고조선사』, 사계절, 2001, 104~105쪽.
7 「팔조금법(八條禁法)」라고도 한다.
8 相殺以當時償殺(상살이당시상살).
9 相傷以穀償(상상이곡상).
10 相盜者男沒入爲其家奴女子爲婢 欲自贖者人五十萬(상도자남몰입위기가노여자위비 욕자속자인오십만).
11 전덕재, 『한국고대사회경제사』, 태학사, 2006, 30쪽.

혼인하기를 꺼려하였다. 그러한 풍속은 범법자로서 공동체성원에서 배제된 사람을 다시 같은 구성원으로 인정하기를 꺼려한 고조선인의 인식을 보여준다. 이는 고조선의 읍락사회에서 공동체적 관계가 여전히 중시되었음을 입증해주는 증거다. 다만 읍락구성원 사이에 계층분화가 이루어진 시기라면 범금팔조로 사회질서를 유지하기가 그리 쉽지 않았을 것이다. 한사군 설치 이후에 범금조항이 60여 개로 늘어난 정황은 고조선 멸망 후에 사회분화가 진전되었음을 말한다.[12]

한편 당시의 군사 또는 경찰활동에 관해서는 이를 전하는 사료가 많이 없어 자세하게 알 수 없다. 그러나 서기 3세기 초 연燕이 장수 진개秦開를 보내어 고조선을 침략하였을 때, 고조선이 일시 후퇴한 후 연의 군대를 축출하고, 연의 동부 영토를 확보하였던 사실을 미루어 볼 때, 고조선은 강력한 군대를 보유하였다고 볼 수 있다.[13] 또한 비왕장禆王長이 한사漢使 섭하涉何를 패수변浿水邊까지 호송한 사실을 보면 군이 방어임무와 함께 호위업무도 수행한 것을 알 수 있다.[14]

또한 관제를 보면, 왕·비왕[15]·상相·대신이 있었고, 체제유지를 위한 상비군의 지휘자로서 장군의 존재도 보인다. 이는 상설직의 관료로 볼 수 있다. 왜냐하면 고대국가의 관직 중에서는 군사관련 관직이 가장 먼저 분화하는 것이 보편적 현상이기 때문이다. 이들은 요하이동과 대동강 유역 일대의 덧널무덤에서 볼 수 있듯이 상당한 권력을 가지고 있었고, 전쟁포로 이외에 형벌노예를 재생산함으로써 자신의 경제기반을 확대하였을 것이다.[16]

---

12 앞의 책, 30~34쪽.
13 윤내현, 『한국고대사』, 삼광출판사, 1993, 89쪽.
14 『사기(史記)』 권(券)115 「조선전(朝鮮傳)」.
15 '비왕'은 왕의 보좌관 내지는 '부왕(副王)'이라는 의미로, 왕 다음으로 가장 높은 관직자로 보인다.
16 송호정, 「고조선의 지배체제와 사회성격」, 『한국사 1 : 원시사회에서 고대사회로 2』, 한길사, 1994, 321쪽.

기원전 108년 한의 무제는 고조선이 흉노와 연합하여 협공할 것을 두려워하여, 수륙양면으로 대군을 보내어 고조선을 침략하였다. 이에 고조선은 적극적으로 항전하였으나 1년 만에 왕검성이 함락되어 항복하였다. 이어 한은 기원전 108년 한반도에 낙랑樂浪, 진번眞番, 임둔臨屯을, 기원전 107년 현도玄菟를 두어 이른 바 한사군을 설치하였다. 그러나 이 한사군은 처음부터 전 지역을 토대로 질서정연하게 조직된 것이 아니었다. 원래는 한이 고조선을 평정한 후 중심 지역만을 군현으로 삼았었다. 그러나 후일 사방지배라는 중국적 천하관에 의하여 4군이 도식적으로 조합하던 중 토착주민이 조선과 큰 관련이 없는 현도군을 넣는 과정에서 '조선국'을 지칭한 '낙랑', 곧 '나라'를 지역명칭으로 오인하여 '낙랑'을 군현 명칭으로 삼았을 가능성이 높다.[17]

한의 통치방식은 군현제도이다. 중앙정부 혹은 그 소속인 유주자사幽州刺史[18]가 관원을 임명하여 파견하였다. 당시의 군郡은 지금의 도道, 현縣은 지금의 군郡에 해당하며, 군郡 밑에는 많은 속현屬縣이 있었다.

군에는 문관격인 태수太守나 무관직인 도위都尉를 두고, 그 밑에 각각 속관屬官인 승丞을 부설하여 이들을 보좌케 하였다. 변군邊軍에는 승 대신 병마兵馬를 담당한 장리長吏를 두었다. 인구가 20만 명인 경우 효렴孝廉 1명을 천거薦擧하여 군사업무를 담당시키고, 도적에 대비한 활동을 하게 하였다.[19] 또한 염관鹽官, 철관鐵官, 공관工官, 수관水官 등을 두어 소금, 철, 공工, 세물稅物, 어리魚利, 어세漁稅 등에 관한 행정을 담당케 하였다. 이와 함께 삼보도위三輔都尉 또는 관도위關都尉는 지역 내 출입을 살피고, 변군邊郡에 농도위農都尉

---

17 서영수, 「위만조선의 형성과정과 국가적 성격」, 『고조선과 부여의 제문제』, 한국 고대사연구회, 신서원, 1996, 115쪽.

18 군국(郡國) 내의 정치·경제·감옥 업무를 담당한 관리.

19 『한서(漢書)』 권(券)9상(上) 「백관공경표(白官公卿表)」; 『후한서(後漢書)』 권(券)38 「백관지(白官志) 28」.

를 두어 둔전屯田을 관장하였다. 이들은 또 속국도위屬國都尉를 두어 만이蠻夷의 투항자를 관장하며, 변현邊縣에 장한위障寒尉를 두어 오랑캐의 침입에 대비하였다.[20] 그 가운데 위尉, 유요游徼 및 정장亭長은 각 현·향·정에서 도둑질을 한 자를 체포하는 일을 담당하였기 때문에 부하가 필요하였다. 5병兵, 즉 궁노弓弩, 극戟, 순楯, 도검刀劍, 갑개甲鎧가 그들이었다. 그리고 위는 대현大縣에 2명左·右尉, 소현小縣에 1명을 두어 주로 도둑을 체포하였다. 게다가 고소·고발의 내용이 미비하면, 직접 조사하거나 전과 등을 파악하여 범죄의 단서를 포착하였다.[21]

현縣에는 규모에 따라 만 가구 이상인 경우 영令과 이하인 경우 장長을 두었다. 그 밑에는 장리長吏인 승과 위尉, 소리少吏인 두식斗食과 좌리佐史를 같이 두어 지방행정을 보좌하고, 도적을 잡아 가두는 일을 담당케 하였다. 향鄕[22]은 오늘날 읍·면에 해당하는 지역으로 교화를 담당하는 삼로三老, 청송聽訟과 수적세收賊稅를 맡아보는 색부嗇夫, 순찰과 도둑을 체포하는 유요를 두었다. 그 이하의 조직으로 오늘날 동洞에 해당하는 정亭[23]과 가장 작은 단위인 이里가 있었다. 정亭에는 정장亭長이 2척판二尺板을 소지하고 순찰을 하였다. 이里에는 1리백가里百家를 관장하는 이괴里魁, 10가구를 담당하는 십仕, 그리고 5가구를 담당하는 오伍가 있었고, 이들은 주민 간에 발생한 선한일과 악한 일을 상부에 보고하는 등 말단 행정을 담당하였다.[24]

---

20 『후한서(後漢書)』.
21 치안국, 『한국 경찰사 I』, 1972, 22쪽.
22 대개 1향은 10정(亭)으로 이루어져 있다.
23 대개 1정(亭)은 10리(里)로 이루어져 있다.
24 『한서(漢書)』.

제3절
부여

부여는 북만주 평원의 농안·장춘지방을 중심으로 주민이 농경과 목축에 종사하던 부족국가이다. 고조선 당시 송화강을 무대로 성장하였고, 그 지역에는 풍요로운 평야가 많았다.[25] 후한 이전에 이미 원형의 성채를 쌓아 외적과 치안에 대비하였고, 궁실·창고·감옥 등이 있는 시설이 발달하였다. 정치는 귀족정치로써 왕이 있었고, 그 밑에 6축畜으로 관명官名을 붙인 마가馬加·우가牛加·저가豬加·구가狗加 등의 귀족층과 대사大使, 대사자大使者·사자使者 등 계선 상 실무책임자를 두어 나라를 지배하였다.[26] 또한 행정단위는 중앙의 국왕직할지와 사출도四出道[27]를 포괄한 전국 5개로 이루어져 있었다.

부여는 지역 내 읍락을 다스리기 위해 대·소군장을 그 수장으로 하는 계서적·누층적 편제과정을 거쳐 성립한 국가다. 국가로 형성된 후 이들 대·소 군장들은 세력기반의 강약에 따라 '대가'와 '소가', 즉 '제가'로 편제되었다. 일반적으로 '군장사회' 수준의 정치체를 이루는 인구수가 1만~1만 2천명 이상이라는 견해를 감안할 때, 부여의 '대가'급 '제가'는 종래의 세력기반을 그대로 유지하고 있었음을 알 수 있다. 그에 따라 본래 '군장'급이었던 '제가'는 종래 자신의 세력기반이었던 지역에서 국가공권력의 관철을 책임지면서, 반대급부로 우월적 지위를 국가권력으로부터 공정公定받았다고 추단된다.[28] 이들 제가諸加는 필수적으로 정책결정과정에 참여하였고, 논의와 합의 안건으로 왕위계승문제, 사법에 관한 사항, 국내·외적 제반문제가 있었을 것이다. 그리고 지배계층 내에서 합의도출을 담보하는 제도적

---

25 국호인 부여는 본래 평야를 의미하는 '벌(伐, 弗, 火, 夫里)'에서 연유했다는 설이 유력하다. 이기백·이기동, 『한국사 강좌 I』, 일조각, 1983, 75쪽.

26 박경철, 「부여국가의 지배구조 고찰을 위한 일시론」, 『고조선과 부여의 제문제』, 한국고대사연구회, 신서원, 1996, 149쪽.

27 수도(首都)를 중심으로 동·서·남·북의 방위에 따라 지방을 4개 구역으로 분할한 것을 말한다.

28 박경철, 「부여국가의 지배구조 고찰을 위한 일시론」, 『고조선과 부여의 제문제』, 한국고대사연구회, 신서원, 1996, 153쪽.

장치로 제가평의회諸加評議會를 두었다. 제가평의회는 대가大加들을 중심으로 운영되었고, 최종적 결정권은 국왕에게 유보되었을 것으로 추정된다.[29]

그리고 국가정책을 직접 집행하는 계선系線상의 관리들이 바로 대사·대사자·사자들이었다. 이들은 국왕과 4가들을 중심으로 운영되던 제가평의회의 합의·결정사항을 전全국가적 차원에서 이행하였다. 그 외 궁실宮室, 창고倉庫, 뇌옥牢獄과 같은 국가공권력의 물적 기반이 되는 시설운영의 책임자로서의 역할도 수행하였다.[30]

사회구조는『삼국지三國志』「위지魏志」「동이전東夷傳」「부여조夫餘條」에 있는 "각 집家에 무기를 준비하고 있으며[31] (…중략…) 적이 있거든 제가諸加가 자진 출전하고 하호下戶는 군량과 마초馬草를 보급하였다."[32]는 내용을 볼 때 병농일치제로 추측된다. 또한 같은 책에 "용형用刑이 엄급嚴急하여 살인자는 사형에 처하고, 그 가족을 노비로 하였다. 절도범에게는 훔친 물건의 12배의 배상을 하고, 간음을 한 남녀와 투기하는 자는 모두 사형에 처하였다. 부덕婦德을 해하는 질투嫉妬를 한 사체를 남산위에 버려 썩게 한 다음 그 여자의 집에서 우마牛馬를 바쳐야 시신을 인도하여 주었다"[33]는 부분에서도 사유재산제 및 일부일처제가 확립되었다는 것을 알 수 있다.

법속法俗은 위거왕位居王때 계부 우가가 반역의 마음을 품고 있어, 왕이 계부와 그 아들을 사형에 처하고, 그 재물을 강제로 취한 것을 볼 때, 당시 형법이 모반에 대하여 각별히 엄격하였으며, 연좌제도 실시하였음을 알 수 있다. 나아가 제천행사인 영고迎鼓때에는 형사 재판을 행하거나 수인囚人을

---

29 앞의 책, 147쪽.
30 박경철,「부여사의 전개와 지배구조」,『한국사 2 : 원시사회에서 고대사회로 2』, 한길사, 1994, 116쪽.
31 家家自有鎧仗(가가자유개장).
32 諸加自戰 下戶俱擔糧飮食之(제가자전 하호구담량음식지).
33 用刑嚴急 殺人者死 沒其家人爲奴婢 竊盜一責十二 男女淫 婦人妬 皆殺之 尤憎妬 已殺 尸之國南山上 至腐爛
    (용형엄급 살인자사 몰기가인위노비 절도일책십이 남녀음 부인투 개살지 우증투 이살 시지국남산상 지부난).

석방하는 등 형사정책적 배려를 한 흔적도 보인다. 이와 같은 형사법적인 규범 이외에 형사처수제와 같은 친족상속법적인 규범, 왕위계승에 관한 규범 등 많은 법규범과 법관행이 종교·도덕규범 및 관습과 미분화된 상태로 혼재되어 있었을 것으로 추정된다.[34]

부여는 북방민족이나 고구려와 대항하기 위하여 중국과 우호적인 관계를 유지하였고, 이를 배경으로 왕권의 신장과 국가 유지를 도모하여 왔다. 그러다가 285년 요하 상류에서 일어난 유목민족 중 하나인 선비족 모용준 慕容廆의 침략을 받아 부여는 국가적 위기에 처하게 되었다. 이때 부여왕 의로는 자살하고, 아들들은 옥저로 망명하였다. 그 후 자주 모용씨慕容氏(연燕)의 침략을 받아 점점 호구가 줄어들었고, 진晋이 북방민족에게서 쫓겨 남천하게 되자(315년~317년) 완전히 고립무원의 상태에 빠지고 말았다. 게다가 남쪽으로부터 고구려, 서쪽으로부터 계속 모용씨의 침략을 받았다. 346년 전연왕前燕王 모용준이 보낸 기병 17,000여 명의 침략을 받아, 왕현玄 이하 50,000여 명의 백성이 포로로 잡혀가는 큰 사건이 발생하였다. 이후 전연왕은 현에게 진동장군鎭東將軍의 작위를 주고, 사위로 삼는 등 회유책을 쓰기도 하였으나 부여는 역사의 막을 내리고 말았다. 그 후 부여 왕족의 일파가 본거지로 돌아가 국가를 재건하였지만 370년 전연이 멸망한 뒤로 고구려의 보호하에 놓이게 되었다. 다시 부여의 변경지대에서 물길勿吉이 일어나 고구려의 서북경을 공격하게 되자 부여가 몰리게 되었고, 결국 494년 왕과 일족이 고구려에 망명·항복하였다.[35]

---

34 박경철, 「부여사의 전개와 지배구조」, 『한국사 2 : 원시사회에서 고대사회로 2』, 한길사, 1994, 126쪽.
35 이기백·이기동, 『한국사 강좌 I』, 일조각, 1983, 79~78쪽.

제4절
고구려

기원전 3세기경 압록강 중류 동가강 유역에서는 여러 성읍국가들이 결집되어 가고 있었다. 기원전 75세기 이 성읍국가들은 현도군을 몰아낸 후 통합운동을 활발하게 진행하였다. 이 때 고구려가 가장 우세한 비류국沸流國을 합병하여 주도권을 장악한 듯하다. 그 결과, 고구려 연맹왕국을 형성하게 되었고, 당시 유력한 성읍국가는 소노부消奴部, 절노부絶奴部, 순노부順奴部, 권노부灌奴部, 계루부桂婁部의 5부족으로 보인다.[36]

그 후 지도층의 견고함과 강력한 군사력에 의해 1세기 태조왕 때 고대국가로 형성되었다. 중앙에는 중심세력인 5부족 중 소노부의 적통대인適統大人이나 왕비족인 절노부는 왕실 종족의 상가相加와 함께 특별한 계층을 이루고 있었다. 수상 격으로 연맹장의 보좌역인 패자沛者, 또는 여러 연맹장의 추대로 왕족 이외의 가장 유력한 부족장이 취임하는 대로對盧가 있었다. 또한 왕이 거느리고 있는 가신으로 사자使者, 조의皁衣, 선인先人 등이 있었다. 이외에 주부主簿, 우대優臺, 승촌 등이 있었다.

지방에는 오부五部로 소노부, 절노부, 순노부, 권노부, 계루부가 있었고, 순노부가 상위上位에, 다음으로 소노부가 하위에 위치했다. 이는 천문오행사상天文五行思想에서 유래한 것으로 보인다. 또한 처음에는 국도國都를 중심으로 한 기내오행부畿內五行部가 실시되다가 영토가 점차적으로 확장됨에 따라, 도외都外에 대한 기외오부제畿外五部制로 변화된 것으로 보인다.

초기 고구려의 경찰활동을 알아내는 것은 매우 어려운 일이다. 그러나 『태평어람太平御覽』권783 「사이부四夷部」 「고구려조高句麗條」에 의하면, "절도자에게 12배의 배상을 과하였고, 범죄자가 있으면 제가諸加가 평의評議하여 사형에 처한 후 그 가족을 노비로 삼았다"는 기사에서 형률제도를 알 수 있다.

---

36 앞의 책, 85쪽.

제5절
옥저와 동예

강원도 북부·함흥평야에 동예와 옥저가 있었다. 이 지역은 단대령의 동쪽으로, 낙랑군 예하의 화려·옥저 등 7현 이상의 성읍국가가 존재했음을 짐작할 수 있는 곳이다. 중국의 기록[37]에 의하면 동예와 옥저의 호수戶數는 각각 2만과 5천으로 이루어진 사회였다. 이에 따라 동예와 옥저에는 왕이 없었고, 각 마을에는 거수渠帥가 있었다. 거수로서 동예에는 후侯, 읍군, 삼로 등이, 옥저에는 읍군邑君 또는 삼로三老가 하호下戶를 통주統主했다.

또한 『삼국지三國志』 「위지魏志」 「예조濊條」에 있는 "(동예의)습속은 산천을 중시했는데, 산천에는 각각 부분이 있어 서로 함부로 들어갈 수 없었다. 따라서 그 읍락을 함부로 침범하면 즉시 노비·소·말을 벌로 물어야 했는데, 이를 책화라고 불렀다"는 기사를 보면, 동예에는 각각의 읍락이 서로 고유한 생활권을 고집하여, 다른 집단의 구성원이 무단으로 침범할 수 없었다는 것을 알 수 있다. 또한 살인자는 사형에 처했고, 도둑이 적었으며, 사회질서를 유지하는 방법이 고구려와 같았다.

한편 동예의 군사력은 국가라는 집중적 군사통제장치가 결여되어 있다는 기본적 한계 외에도 주로 보병전력에 의존하는 치명적인 취약성을 갖고 있었다. 전투에 임하는 동예의 군사들은 일렬횡대로 전진하면서 여러 사람이 같이 쥔 삼장三丈의 긴 창으로 적을 격파하는 전술을 구사하였다. 그러나 이런 전력으로는 강고한 기병전력을 갖고 있던 고구려를 극복할 수 없었을 것이다.[38] 그 결과, 고대국가로 발전하지 못하고 고구려에 복속되었다.

---

37 『삼국지(三國志)』 「위지(魏志)」 「동이전(東夷傳)」.

38 박경철, 「부여사의 전개와 지배구조」, 『한국사 2 : 원시사회에서 고대사회로 2』, 한길사, 1994, 146쪽.

기원전 3~4세기경 한강 이남까지 전파된 철기문화는 기존 원시사회를 붕괴시키고, 족장의 권위를 세웠다. 이러한 사회 발전의 결과로 나타난 것이 진국辰國이었다. 또한 이 무렵 철기문화와 함께 들어온 이주민이 고조선지방으로부터 계속 진국으로 들어왔다. 이에 따라 한사군 설치 당시의 진국 사회는 점차 이주민과 토착민이 결합되어 사회적 발전을 이룩하게 되었다. 그 결과, 새로 나타난 부족국가는 마한馬韓, 진한辰韓, 변한弁韓의 삼한三韓으로, 수십 개의 소국이었지만 부족국가로 형성되어 있었다. 마한의 경우 대국이 만여 가이고, 소국이 수천 가이며, 진한에서는 대국이 4·5천 가이고, 소국은 6·7백 가로 되어 있었다.[39]

삼한의 정치적 성격은 국가형성을 지향한 여러 정치체의 복합체였다. 이점을 감안할 때 사회의 지배체제는 국가수준에는 이르지 못했지만, 국가와 유사한 통치형태였음을 예상할 수 있다. 즉 목지국을 통치한 진왕辰王과 같은 존재는 한정된 경우이고, 대부분 왕에 이르지 못한 거수渠帥를 중심으로 한 누층적 구조의 지배체계가 형성되어 있었다. 거수를 마한의 경우 신지臣智, 다음을 읍차邑借라 하였으며, 진·변한의 경우도 신지라 하고, 다음을 험측險測·번예樊濊·살해殺奚·읍차邑借 순으로 불렀다.[40]

또한 삼한의 국읍國邑은 토루와 환호·목책이 개별적으로 설치된 경우도 있었겠지만 상호 결합되었을 가능성이 높다. 토성의 바깥에는 해자를 돌린 경우가 많았을 것이고, 그 내부에는 지배층의 거주처와 공동창고·회의장이나 광장 등이 존재하였을 것이다. 인근에 거주하며 농경 등의 생산 활동에 종사하던 일반 국읍민國邑民도 비상시에는 입보入堡[41]하였을 것이다. 토

---

39 최광식, 『고대한국의 국가와 제사』, 한길사, 1995, 331쪽.
40 조법종, 「삼한사회의 형성과 발전」, 『한국사 2 : 원시사회에서 고대사회로 2』, 한길사, 1994, 195~196쪽.
41 보(堡)에 들어와 보호를 받음.

성이나 토루는 그 축조에 소요되는 막대한 노동력의 징발을 고려할 때, 국읍에 국한되었을 것으로 판단되며, 환호나 목책이 보다 광범위하게 이용되었을 것이다.[42]

삼한의 큰 마을에는 천신을 주재하는 제사장을 두어 '천군天君'이라 하고, 작은 마을에서는 '소도蘇塗'라는 '천군'이 주관하는 지역이 있었다. '소도'는 신성神聖 지역이므로, 죄인이 이곳으로 도망하여 오더라도 잡아갈 수 없었다.[43] 제천의례는 계급사회로의 이행을 의미하며, 그러한 계급사회에서 지배자의 권위를 나타내는 의례를 말한다. 즉 지배자의 정당성은 하늘天에서 얻고, 그러한 과정을 통해 권위를 확보해 나가는 것이었다. 그러나 부족사회의 유제인 귀신에 대한 제장인 소도를 청산하지 못한 것을 감안하면, 삼한은 국가를 이룬 것이 아니라 과도단계인 수장사회 단계에 있었다고 볼 수 있다.[44]

---

42 권오영, 「삼한사회 國의 구성에 대한 고찰」, 『삼한의 사회와 문화』, 한국고대사연구회, 신서원, 1995, 48쪽.
43 『삼국지(三國志)』 「위지(魏志)」 「동이(東夷)」 「한전(韓傳)」 「마한조(馬韓條)」.
44 최광식, 『고대한국의 국가와 제사』, 한길사, 1995, 333쪽.

제3장
고대국가의 발전

철기문화의 전파를 계기로 성장한 소국들은 그 중 우세한 집단의 족장을 왕으로 하는 연맹왕국을 형성하였다. 왕은 내부 영향력을 강화하면서 다른 집단의 지배력도 확대시켜 나갔다. 이러한 지배력은 주변 지역의 활발한 정복 활동으로 전개되었으며, 왕권 강화로 이어졌다. 그와 같은 고대국가의 발전은 중앙집권국가의 모습으로 완성되었다. 중앙집권국가는 활발한 정복 활동, 왕권 강화, 율령 반포, 관제 정비 등을 통하여 이전과 다르게 통치체제를 확립시켜 나갔다. 또한 이때 파견된 지방관은 사법권을 행사했을 가능성이 높다. 특히 초기에 파견된 지방관은 군주軍主와 같은 군 지휘관으로서, 군의 통솔을 위해 군법 집행권을 지니는 것이 보통이었다. 또한 초기 성주城主도 군사지휘관인 동시에 그 지역의 통치자로서 민정까지 간여했을 가능성이 높으므로, 사법권을 보유했다고 볼 수 있다.[1]

---

1 임용한, 「고려 후기 수령의 사법권 및 행형범위의 확대와 그 성격」, 『고려시대의 형법과 형정』, 국사편찬위원회, 2002, 243쪽.

고구려는 고대국가의 형성을 본 후 꾸준히 외민족과의 항쟁을 거치면서 국가체제가 정비되었다. 『삼국사기』「고구려 본기本紀」에 의하면, 기원후 373년(소수림왕 3년)에 비로소 율령을 공포하였다. 이 율령은 국가통치의 근본이 되는 성문법으로, 법전에 의해 왕권을 합법화하는 것을 목표로 삼고 있다. 제정은 전연前燕을 통하여 알게 된 진晉무제武帝 진시秦始 3년(267년)에 집대성된 이른바 진시율령을 모법으로 한데 따른 것으로 보인다.[2] 또한 태학大學의 설립은 새로운 관료체제의 운영상 필연적으로 요청되는 율령 관료층의 확보를 위하여 필요하였을 것이다. 기록과 공문서 없이는 행정기구를 유지할 수 없으며, 이와 같은 의미에서 태학의 설립은 관료의 양성과 배출이라는 시대적인 요청에 부응하기 위한 조치로써 매우 주목된다.[3]

그 후 비로소 정치, 경제, 군사 등 국가조직을 완비하고 전성기를 맞이하게 된 때는 5세기 장수왕長壽王대이다. 당시 관료체제는 과거 부족국가의 전통이 완전히 사라지지는 않았지만 과거의 복수로 이루어진 체제가 아닌 단일체제였다. 이를 다시 보면, 대대로待對盧(최고 관직), 태대형太大兄(기밀·병마징발·관직전수, 정2품), 울절鬱折(태대형과 유사한 업무, 종2품), 태대사자太大使者(정3품), 조의두대형皂衣頭大兄(종3품), 대사자大使者(정4품), 대형大兄(정5품), 발위사자拔位使者, 상위사자上位使者, 소형小兄, 제형諸兄, 과절過節, 부절不節, 선인先人으로 14등관계等官階가 있었으며, 이중 과절過節과 부절不節을 제외하고 12등관계로 보기도 한다.

또한 이들 가운데 대대로, 태대형, 울절, 태대사자, 조의두대형은 국가의 중요사무를 담당하고 있는 것으로 보아 군사경찰권의 권한을 가진 것으로 보인다. 특히 태대형, 조의두대형, 대형, 소형, 제형은 형兄이 연장자, 가부

장적 족장의 뜻을 갖고 있으므로 부족국가시대의 족장적인 성격을 지니고 있다. 이를 바탕으로 여러 형兄이 고대국가로 발전하는 과정에서 각기 상응하는 관직명으로 개편된 것으로 보인다. 태대사자, 대사자, 발위사자, 상위사자는 족장적인 형兄과 달리 일반 씨족원으로부터 등용된 것으로 보인다.

고구려의 도성은 상부(동부)·하부(서부)·전부(남부)·후부(북부)·중부(내부)로 된 5부제로 되어 있었고, 지방행정조직 역시 성을 단위로 하여 중층적으로 편제되었을 것으로 보인다. 이와 같은 조직은 초기 고대국가의 조직인 5족 부족연맹체에서 기내畿內(오성五城을 중심으로 사방 오백리)의 행정구역으로 바뀌었고, 각 부部에는 적통대인嫡統大人이라는 대가大加가 그 부장部長의 지위를 세습하였으며, 때로는 사병私兵을 가지기도 하였다. 기외畿外도 5부로 나누어 각부에 도독都督 또는 태수太守를 두어 다스리게 하였고, 관내의 모든 중요지역城鎭에는 자사刺史와 같은 처려근지處閭近支 혹은 도사道使를 두었다. 그 밑에 참좌분간參佐分幹과 무관인 대모달大模達(위장군衛將軍과 같은 조의대두형 이상으로 임명), 말객末客(중장군中將軍과 같으며 대형 이상으로 임명) 등을 두어 지방행정을 담당하였고, 이들이 각각 지방 군사경찰권도 행사한 것으로 보인다. 그리고 내평內評·외평外評의 제도가 있었는데, 내평은 수도 오부를 중심으로 한 기내이며, 외평은 기외의 지방오부를 의미한 것으로 보인다. 이외에 수도 평양 이외의 구도舊都인 국내성 및 한성(오늘날 재령)에 두 별도別都를 두었고, 이를 삼경三京이라 칭하여 특별한 관리에게 치안과 행정을 담당시켰다.

한편 중국의 율령격식에 따르면 법률에 있어 율律과 영令은 2대 근본법으로, 율律은 형벌법전이고, 영令은 비형벌 법전이었다. 즉 율律은 금지법이고, 영令은 명령법이었다. 또한 율律은 범인을 징계하기 위한 법이며, 영令은 일반 행정법적 규정이었다. 이 율령에는 가족이나 재산에 따라 법규가 다소 들어 있었다. 영에 규정이 없는 경우 위령違令이라는 일반규정에 따라 처벌되었다.[4] 『구당서舊唐書』 「동이전東夷傳」 「고려조高麗條」에 의하면 고구려의 법에는 모반죄謀反罪(내란죄)이나 모반죄謀叛罪(외환죄)를 범한 자가 있으면 민중을 모아 화형시킨 후 목을 베고, 그의 모든 재산을 몰수하도록 되어 있었다. 성을 지키다 적에게 항복한 자, 전투 중에 도망한 자, 살인자 및 행거죄行劫罪[5]를 범한 자도 극형에 처하였다. 또한 『주서』 「고려전」에 "도적질한 자에 대해서는 장물의 10여 배를 징수하였다. 만약 가난하여 능히 갚지 못하거나 공사의 부채를 진 자는 자녀의 값을 매겨서 노비로 삼아 갚도록 하였다"[6]는 기사에서 보듯이 부채에 의한 노비도 있었다.[7] 이들 노비는 최하위 신분층인 천민의 주류를 이루고 있었다. 그 주공급원은 전쟁포로 또는 형벌로 인해 처벌을 받은 자[8]들이었다.

한편 『자치통감資治通鑑』[9]에 기술된 "고구려는 요수 서쪽에 라邏를 두어 요수를 건너는 사람을 경계하고 살폈다"[10]는 부분에서 최초로 '경찰警察'이라는 용어를 발견할 수 있다. 이 '경찰警察'은 오늘날 경찰을 의미하는 것이 아니라 단지 '경계하고 살피는 활동'을 말한다. 그리고 『삼국사기』 「고구려 본기(26대 공양왕)」에 쓰인 "(수나라는 이 정벌에서)요수 서쪽에서 우리 무려라武厲邏를 함락시키고"라는 내용과 중국 역사서 『수서隋書』 「열전列傳」 「고려조高麗條」에 나온 "(철수할 때)요수 서쪽에 있는 적진敵陣 무려라武厲邏를 빼앗아"[11]라

---

4   조지만, 『조선시대의 형사법 – 대명률과 국전』, 경인문화사, 2007, 26쪽.

5   오늘날의 협박·공갈에 해당한다.

6   盜者十餘倍徵贓 若貧不能備及負公私債者皆聽評其子女爲奴婢以償之(도자십여배징장 약빈불능비급부공사채 자개청평기자녀위노비이상지).

7   노중국, 「삼국의 통치체제」, 『한국사 3 : 고대사회에서 중세사회로 1』, 한길사, 1994, 126~127쪽.

8   죄가 있으면 제가들이 평의하여 곧 죽이고, 처자는 몰수하여 노비로 한다.(有罪諸加評議便殺之 沒入妻子爲奴婢, 유죄제가평의편살지 몰입처자위노비), 『삼국지』 「동이전」.

9   중국 북송(北宋)의 사마광(司馬光, 1019~1086)이 1065년~1084년에 편찬한 편년체(編年體) 역사서이다.

10   高句麗 直邏於遼水之西 以警察渡遼者(고구려 치라어료수지서 이경찰도요자).

11   是行也 唯於遼水西 拔賊武厲邏(시행야 유어요수서 발적무려라).

는 부분에서 '무려라'가 나온다. 여기에서 '무려武厲'는 요서 서쪽에 있던 성읍을 말하며, '라邏'는 국경을 경비하기 위한 부대 또는 기관으로 추론된다.

제2절
백제

백제는 위치한 한강 하류 지역이 중국 군현과 인접해 있던 관계로, 일찍부터 이들 세력과 접촉하면서 성장하였다. 본래 이 지대는 농경생활을 하기 좋은 조건을 갖추고 있었고, 특히 낙랑군으로부터 야철기술이 전해짐으로써 사회발전에 커다란 활력소가 된 곳이었다.[12] 2세기 후반에 들어서 중국 내부의 혼란으로 말미암아 북방으로부터 많은 유이민이 한강유역으로 들어왔다. 이와 같이 백제는 북방 부여와 고구려계의 이민부족을 중심으로 크게 성장하여, 『삼국사기』에 따르면 8대 고이왕古爾王(234~286년)때 고대국가의 틀을 갖추었다. 그 후 근초고왕近肖古王(346~375)때 마한을 병합하고 북진하면서, 서쪽으로 동진, 남쪽으로는 왜와 통하여 국제적인 지위를 확보하여 고대국가의 체제를 다시 정비하였다.

　관제는 고이왕 때 육좌평六佐平을 두어 각기 직무를 나누어 맡게 하고, 16품의 관등을 제정함으로써 완성되었다. 육좌평六佐平은 내신좌평內臣佐平이 수상 격으로 왕명의 출납을, 내두좌평內頭佐平이 재무를, 내법좌평內法佐平이 예식를, 위사좌평衛士佐平이 숙위宿衛를, 조정좌평朝廷佐平이 형옥刑獄(사법업무)을, 병관좌평兵官佐平이 군무軍務와 국방을 관장하는 기구였다. 또한 16품의 관등은 1품 좌평에서 16품 극우克虞로 이루어져 있었다. 좌평은 아마도 최고 귀족회의체를 구성하였을 것으로 보인다. 그런데 사비시대 후기에 이르면 '대좌평大佐平' 등의 존재가 나타나는데, 이들은 1품 좌평 위의 상위

12　이기백·이기동, 『한국사 강좌 I』, 일조각, 1983, 130쪽.

관등으로 설치된 것으로 보인다.

다음 관등으로 달솔達率(2품), 은솔恩率(3품), 덕솔德率(4품), 간솔杆率(5품), 나솔奈率(6품), 장덕將德(7품), 시덕施德(8품), 고덕固德(9품), 계덕季德(10품), 대덕對德(11품), 문독文督(12품), 무독武督(13품), 좌군佐軍(14품), 진무振武(15품), 극우剋虞(16품)가 있었다. 이 가운데 2품 달솔達率에서 6품 내솔奈率까지 5관등은 솔率계 관등으로 한성시대에 분화하여, 사비시대에 와서 5등급으로 정비된 것으로 보이며, 달솔은 그 수가 30명으로 정해져 있었다. 그러나 은솔恩率 이하는 '관무상원官無常員'이라 하여 정원을 두지 않았다. 이유는 백제가 한성시대 및 웅진 도읍기를 거치면서 정국의 안정을 도모하기 위해 신진세력들을 대거 등용하였고, 그 결과 신진세력들의 진출로 귀족들의 수가 늘어나자 확대된 모든 귀족세력을 지배체제 내에 흡수하는 방책에서 나온 조처로 보인다.

그리고 7품 장덕將德에서 시덕施德, 고덕固德, 계덕季德, 대덕對德까지 11품인 덕德계 관등은 아마도 한성시대 이후 덕계 관등의 분화가 사비천도 후에 정리된 것으로 보인다. 12품 문독文督, 13품 무독武督은 이 '독督'이 감독·독찰督察의 의미를 갖는다고 하면, 문관업무와 무관업무를 감독하는 성격의 업무에서 관등화한 것이라 하겠다. 이러한 문독과 무독은 관등상에 있어 우리나라 최초로 문·무의 구별을 나타내주는 관등이다.[13]

이와 함께 복색제는 신분제와도 밀접한 관련을 갖는다는 의미에서 지배신분층을 크게 세 등급으로 구분할 수 있다. 먼저, 1품 좌평에서 6품 내솔까지로, 이들은 복색이 똑같이 자주색이어서 제1등급에 속하는 귀족의 관등이라고 할 수 있다. 다음, 진홍색 관복을 입는 장덕부터 대덕까지의 관등은 제2등급이 가지는 관등이라고 할 수 있다. 그리고 푸른색의 관복

---

13 노중국, 『백제정치사 연구 - 국가형성과 지배체제의 변천을 중심으로』, 일조각, 1994, 229쪽.

을 입는 문독부터 극우에 이르는 관등의 소지자들은 제3등급이라고 할 수 있다.[14]

이어 사비시대의 중앙관제로서 주목되는 22부의 관서를 보면 다음과 같다. 내관內官 즉 궁내관서宮內官署로 전내부前內部(국왕근지國王近侍와 왕명출납), 곡부穀部(곡물업무), 육부肉部(육류업무), 내략부內掠部(궁내 창고업무)·외략부外掠部(궁외 창고업무), 마부馬部, 어마御馬(관장), 도부刀部(검도 제작 및 관리), 공덕부功德部(사찰 관할), 낙부樂部(어의御醫 기능), 목부木部(토목공사 담당), 법부法部(예의 또는 의장관계), 후궁부後宮部(후궁 관련 업무)라는 12부가 있었다. 외관外官 곧 중앙정무관서로 사군부司軍部(병마관계), 사도부司徒部(교육과 예의 업무), 사공부司空部(토목과 재정관계), 사구부司寇部(형벌업무), 점구부點口部(호구 파악 및 노동력 징발 업무), 객부客部(외교관계 및 사신접대 업무), 외사부外舍部(관료의 인사), 주부綢部(직물의 제조 및 공급), 일관부日官部(천문기상과 점술관계), 도시부都市部(상업과 교역·시장업무)라는 10부를 두었다. 각 부의 장은 장리長吏·장사長史 또는 장장將長·재관장宰官長 등으로 표기되고 있다. 또한 그 임기는 '삼년일대三年一代'로 3년마다 교체되었다.[15]

군제軍制를 보면 위사좌평은 궁이나 국도國都의 경비를 담당하는 숙위병宿衛兵을 지휘하는 최고의 군사지휘관이었다. 그는 도내都內 5부의 각부에 있는 상비군 2,500명을 지휘하였고, 이 부대원들은 500명으로 편제된 개별 부대에 속해 있었다. 같은 1품인 병관좌평도 지방의 상비군마常備軍馬를 관장하던 최고책임자로 경비를 담당하였다. 국도인 사비성 밖에는 5개의 방성方城이 있었다. 각방各方에는 2품인 방령方領 1명과 방좌放佐 1명이 있었고, 그 휘하에 700명 이상 1,200명 이하의 상비군이 있었다. 또한 국내 37개 군郡마다 군장郡長 3명을 4품인 덕솔로 임명하였다.

---

14 노중국, 「삼국의 통치체제」, 『한국사 3 : 고대사회에서 중세사회로 1』, 한길사, 1994, 146쪽.
15 노중국, 『백제정치사 연구 – 국가형성과 지배체제의 변천을 중심으로』, 일조각, 1994, 229쪽.

한편 백제의 형사제도를 보면 관인수재죄를 범한 자와 절도한 자는 그 장물의 3배를 배상하여야 함과 동시에 종신토록 관직에 나갈 수 없었다.[16] 내란죄와 외환죄를 범한 자·전투에서 후퇴한 자·살인범은 참수형에 처하고, 절도범은 유형流刑에 처하는 동시에 도둑질한 물건을 배상케 하였다. 또한 유부녀가 간음을 범한 경우 그 남편의 비婢가 되게 하였다.[17]

제3절
신라

신라의 모체는 진한 12개 성읍국가중 하나인 사로斯盧였다. 신라는 지리적 위치의 특성으로 대륙문화와의 접촉이 삼국 중 가장 늦었다. 초기 국가의 모습을 갖추게 된 것은, 고조선의 멸망을 앞두고 고조선으로부터 유민이 내려와, 지금의 경주를 중심으로 동산 고허촌, 무산 대수촌, 취산 진지촌, 금산 가리촌, 명활산 고야촌, 알천 양산촌 등 낙동강 동쪽 경북일대에 부족사회를 이루면서부터였다. 이곳을 지배하는 큰 연맹국가를 만든 이는 내물마립간(356~402)으로 보인다.[18]

신라가 중앙집권적인 국가로 체제를 갖추게 된 때는 6세기 초이다. 502년(지증왕 3년) 우경牛耕 등 농사를 장려하는 왕명이 공포됨으로써 농업발전이 이루어졌다. 또한 국호를 '신라'로 정하고, '마립간' 대신 중국식으로 '왕'을 사용하였다. 그 후 505년(지증왕 6년) 지방제도로 주현제도가 시행되었다, 이는 점령지 확보책으로 아주 중요한 의미를 갖는 것이다. 이어 520년(법흥왕 7년)에 율령이 반포되었다. 구체적인 내용은 알 수 없으나 백관의 공복公服, 17관등, 골품제 등 중요한 것이 포함되었을 것으로 보인다. 이렇

---

16 『삼국사기(三國史記)』「백제본기(百濟本紀)」제(第)2.
17 『삼국사기(三國史記)』「주서(周書)」및 「북사(北史)」「백제전(百濟傳)」.
18 이기백·이기동, 『한국사 강좌 I』, 일조각, 1983, 149쪽.

게 율령이 제정된 의의는 매우 크다. 즉 신라처럼 많은 성읍국가 혹은 연맹왕국을 합병·연합함으로써 귀족국가를 완성한 경우, 서로 이질적인 단편들을 연결해 주는 접합제의 역할을 한 것이 바로 지방제도이다. 그리고 이를 하나의 전체 속에 흡수시키는 역할을 한 것이 율령이었다. 특히 신라의 영토 확장에 중추적인 역할을 맡게 된 병부兵部가 이 시기(516~517경)에 설치되었다. 또한 진골 귀족회의 대표자로서 상대등上大等 제도가 채택된 것이 531년(법흥왕 18년)이었다.[19] 이어 536년(법흥왕 23년) '건원建元'이라는 독자적인 연호를 세웠다. 그 의미는 신라가 대내적으로 왕권이 확립되고, 대외적으로 중국과 대등한 국가라는 자각을 갖고 있었다는 것이다.

관제는 17등관제로 경위京位인 경우 국사를 논의하는 상대등上大等을 시작으로 이벌찬伊伐湌, 이찬伊湌, 잡찬迊湌, 파진찬坡珍湌, 대아찬大阿湌, 아찬阿湌, 일길찬一吉湌, 사찬沙湌, 급벌찬級伐湌, 대나마大奈麻, 나마奈麻, 대사大舍, 사지舍知, 길사吉舍, 대오大烏, 소오小烏, 조위造位의 순이다. 이들 중 1~5등급인 이벌찬·이찬·잡찬·파진찬·대아찬은 자주색 관복을, 6~9등급인 아찬·일길찬·사찬·급벌찬은 비취색 관복을, 10~11등급인 대나마·나마는 푸른색 관복을, 12~17등급인 대사·길사·대오·소오·조위는 노란색 관복을 입었다. 지방의 외위外位인 경우 7등급부터 시작하여 악간嶽干, 술간述干, 고간高干, 귀간貴干, 선간選干, 상간上干, 간干, 일벌一伐, 일척一尺, 피일彼日, 아척阿尺이 있었다. 관복색도 경위京位와 같이 악간·술간·고간은 비취색 관복을, 귀간·선간은 푸른색 관복을, 상간부터 아척까지는 노란색 관복을 입었다. 또한 이들이 건축할 수 있는 규모는 상한을 두어 이벌찬·이찬·잡찬·파진찬·대아찬은 24척尺, 아찬·일길찬·사찬·급벌찬은 21척, 대나마·나마는 18척, 그리고 대사부터 조위까지는 15척이었다. 또한 외위外位도 악간·술

---

19 앞의 책, 153쪽.

간·고간은 21척, 귀간·선간은 18척, 상간부터 아척까지는 15척이었다.

그러나 이러한 17등관제는 혈통과 지위신분이 결합되어 이루어진 사회 신분 세습제도인 골품에 의해 제한이 있었다. 즉 왕위에는 성골이, 성골이 없을 때에는 진골이 나아갈 수 있었고, 제1위인 이벌찬으로부터 제5위인 대아찬까지에는 성골 또는 진골만이, 제6위인 아찬으로부터 제9위인 급아찬까지는 6두품만이, 제10위인 대나마 및 제11위인 나마에는 5두품만이, 그리고 제12위 대사 이하에는 4두품만이 될 수 있었다. 3두품 이하는 서민층이 형성하였다. 그러나 예외도 있었으며, 상벌로 골품이나 두품의 변화가 있었다.[20]

그 후 신라가 부족사회 초기였을 때 있었던 일종의 군신 회의장소였던 남당南堂은 점차 정무가 복잡해졌다. 이에 따라 행정기능과 그 소속관리를 분리하여 조주租主가 행정업무를 담당하였다. 그 대신 남당은 순수한 중대 회의나 의식을 행하는 반형식적인 존재로 변화하였다. 남당으로부터 조주가 분리된 때는 제20대 자비마립간慈悲麻立干(458~479) 전후로 보여 진다. 조주 역시 정무가 복잡해짐에 따라 여러 개의 부서가 분리되어, 국가기밀과 최고 행정기구로 변하게 되었다. 651년(진덕여왕 5년)에 이르러 이를 집사부執事部로 개칭되었다.

당시 중앙의 관부는 집사부(기밀 사무, 최고 행정부), 병부(군사, 국방), 조부(세금, 공부), 예부(의례, 교육, 외교), 창부(재정, 출납), 사정부(감찰, 규찰), 예작부(영선, 토목공사), 영객부(외빈 접대), 위화부(관리임명, 훈작), 이방부(법률, 소송)로 이루어져 있었다. 집사부에는 651년(진덕여왕 5년)에 중시中侍(후에 시중侍中) 1명을 두었고, 대아찬로부터 이찬에 이르는 자로 임명되었다. 565년(진흥왕 26년)에는 전대등典大等(후에 시랑侍郎) 2명을 두되, 나마로부터 아찬에

20   신형식, 『신라사』, 이화여대 출판부, 1985, 171쪽.

이르는 자로, 589년(진평왕 11년)에 대사(후에 낭중郎中) 2명을 나마 또는 사지로 임명되었다. 다시 685년(신문왕 5년)에 사지(후에 원외랑員外朗) 2명을 대사 또는 사지로, 대사로부터 조위에 이르는 자로 임명된 사史(후에 낭朗) 14명으로 구성되었다. 사史는 674년(문무왕 14년)에는 6명이 증원되어 총원 27명으로 이루어졌다. 또한 병부의 병부령兵部令은 그 위계位階가 대아찬으로부터 태대각간에 이르렀다. 이 관직은 재상이나 사신(내성內省의 장관)을 겸할 수도 있었고, 하대에는 상대등으로 진출하는 요직이 되었다. 그 수는 516년(법흥왕 3년) 영令 1명, 544년(진흥왕 5년) 1명을, 그리고 659년(태종무열왕 6년) 1명을 추가하여 총 3명이 되었다. 휘하에 대감大監 3명, 제감弟監 2명, 노사지弩舍知 1명, 사史 17명, 노당弩幢 1명 등의 관원이 있었다.

한편 진흥왕 대에 들어와 정복활동이 보다 본격적으로 진행되면서 군사조직도 확대·개편되었다. 당대 왕도에 있던 중앙군단으로서 가장 핵심이 된 부대는 대당大幢이었다. 대당은 후에 지방에 배치된 상주정上州停·신주정新州停·비열홀정比列忽停·하서정河西停·하주정下州停과 더불어 6정으로 불렸다. 이외 왕도에 두어진 군단으로는 귀당貴幢·낭당郎幢·삼천당三千幢 등의 부대들이 있었다. 이중에서 삼천당은 기병을 위주로 한 부대였다. 또한 왕도를 수비하기 위해 대성군大城郡과 상성군商城郡에 설치된 6기정六畿停은 여타의 군과는 달리 영현領縣이 없고, 대신 정停으로 구성되어 있었다. 기畿는 왕기王畿의 의미이고, 정은 군부대를 말하는 것이므로 6기정은 바로 군부대의 주둔지라 할 수 있다.[21]

---

21   노중국, 「삼국의 통치체제」, 『한국사 3 : 고대사회에서 중세사회로 1』, 한길사, 1994, 181쪽.

『삼국지』「동이전」「변진弁辰조」에 의하면 3세기 중엽 낙동강 중류 및 하류지역에 변한弁韓 12나라가 있었다. 이들 부족국가 중 하나는 구야국狗邪國으로, 아도·여도·피도·오도·유수·유천·신천·오천·신귀라는 9개의 작은 부족사회로 이루어진 작은 나라였다. 이곳은 오래전부터 벼농사가 발달되어 농업이 번창하였고, 그로 인해 여러 가지 제사가 행해졌다. 그 후 이들 부족사회는 주변의 작은 부족사회를 합쳐 김해에 도읍을 정하여 본가야 또는 금관가야라고 불러오던 것을 가락국으로 정하였다. 그리고 이 부족연맹은 다시 대가야(경북 고령), 소가야(경남 고성), 아라가야(경남 함안), 성산가야(경북 성주), 고령가야(경남 진주 또는 경북 함양 추정)로 분화되었다. 국경은 동쪽으로 지금의 양산 황산강, 서북쪽으로 지리산, 북쪽으로 가야산에 이르렀다.

가야 연맹은 일찍부터 철과 목재를 중국과 일본에 수출하는 등 교역이 활발하였고, 중국을 통해 금을 캐고 다루는 기술도 도입하여 화려한 '가야문명'이 펼쳐졌다. 그러나 신라와의 전쟁은 그칠 날이 없어 금관가야는 532년에, 대가야는 562년에 신라와 합쳐지게 되었다. 이들 부족연맹의 관제 및 법률 등은 현재까지 전해진 사료가 없어 당시의 군사경찰 활동을 알 수가 없다. 단지 대가야의 경우 부제部制가 존재하였다. 이는 대가야의 정치 발전이 삼국의 부체제와 비슷한 수준에 이르렀다는 것을 보여주며, 중앙의 지배자 집단을 재편제한 것을 의미한다. 그러나 이 부제는 지방통치조직을 말하는 것은 아니다. 왜냐하면 대가야는 중앙에서 지방관을 파견하여 지방을 통치할 만큼 중앙집권력을 형성하지 못하였기 때문이다.[22]

---

22 노중국, 「대가야의 정치·사회구조」, 『가야사연구 - 대가야의 정치와 문화』, 한국고대연구회, 1995, 168~169쪽.

제4장

남북국시대

신라는 당과 군사동맹을 맺어 660년 백제를, 668년 고구려를 멸망시켰다. 신라는 삼국통일을 완성함에 따라 강화된 왕권과 세력이 보다 커진 귀족을 중심으로 국가조직을 재편성하였다. 516년(법흥왕 3년)에 설치된 병부兵部로부터 686년(신문왕 6년)의 예작부例作府를 끝으로, 중앙의 14관부가 설치되기까지 170년이 소요되었다. 물론, 모든 관부가 일시에 정립된 것이 아니라 기존 관부가 국가의 발전과정에서 분화·정비되어 갔다.[1]

신라는 중앙행정관부에 있어 부部와 부府의 구분을 명확히 하였다. 14개의 중앙관부 중에서 부部로 집사부執事部(왕명 전달과 기밀 관리)·창부倉部(세금 징수와 재정 관리)·병부兵部(군사 지휘 및 관리)·예부禮部(교육과 의례)가, 부府로 사정부司正府(관리들에 대한 규찰과 탄핵을 담당)·위화부位和府(관리 인사를 담당)·조부調府(공물과 부역을 담당)·승부乘府(노부鹵簿[의장]와 마필馬匹·거승車乘[수레]에 관한 일을 관장)·영객부領客府(사신의 접대를 관장)·좌리방부佐理方府(율령을 담당)·우리방부右理方府(형률을 담당)·선부船府(선박·항해 업무를 관장)·공장부工匠府(사묘祠廟의 공사를 맡던 관청으로 추측)·예작부例作府(영선營繕 사무를

---

1   신형식, 『통일신라연구』, 삼지원, 1990, 162쪽.

관장)가 있었다. 위화부와 예작부는 집사부의 감독을, 선부와 승부는 병부의 통제를, 영객부와 공장부는 예부의 지휘를, 그리고 조부는 창부의 지휘를 받았다고 보인다. 그리고 칠사성전七寺成典을 비롯한 19전典과 상사서賞賜署 · 대도서大道署 등 6서, 좌우사록관左右司錄館 등이 각기 전문적인 직능을 맡고 있었다. 특히 병부령과 같은 중앙 최고의 관직자가 왕실의 원당願堂인 칠사성전의 책임자를 겸직함으로써 양자 간의 원만한 관계를 유지케 하였다. 다만 당의 6전제典制와 다른 점은 병부의 지위가 위화부보다 훨씬 높다는 것이다. 또한 병부령은 관등이 가장 높았고, 재상과 사신私臣을 겸할 수 있는 상신上臣의 위치에 있었다.[2]

기타 기관으로 예부禮部에 속한 국학國學, 수도를 관장한 전경부典京府, 우역郵驛은 경도역京都驛, 녹봉은 좌우사녹서左右司祿署, 도내都內의 각 시장을 관할하는 동시전東市典 · 서시전西市典 · 남시전南市典 등이 증설되었다. 이와 함께 수시계水時計 관측을 위한 우각전漏刻典, 기술관인 천문박사天文博士 · 의학박사醫學博士 · 율령전박사律令典博士가 있었다.

또한 신라는 확대된 영토를 통치하기 위하여 지방조직도 정비하였다. 먼저 백제와 고구려 유민에게 신라 골품제도에 따른 관등을 주어 신분질서를 재편성한 후, 685년(신문왕 5년)에 전국을 9주州로 나누고, 소경小京을 두었다. 그 후 80여 년(676~757년)이 지난 뒤에야 비로소 지방제도의 개편이 완성되었다.[3] 주州는 오늘날의 도道에 해당하며, 그 밑에 군郡 · 현縣이 있었다. 주에는 총관摠管(지증왕 때 도독都督으로 개칭)이, 군에는 태수太守가, 현에는 영令이 관할하였다. 소경에는 사신仕臣(일명 사대등仕大等)이 행정업무를 보았다.

---

2   앞의 책, 164쪽.
3   최근영, 『통일신라시대의 지방세력 연구』, 1993, 신서원, 101쪽.

그리고 통일신라의 군제는 이전에 비해 다음과 같은 차이가 있었다.[4]

첫째, 군사편제는 정치적으로 왕권 중심의 중앙집권화에 어울리게 조직되었다. 전통적인 군단이라 할 수 있는 6정에 대신하여 9서당을 핵심군단으로 삼았던 데서 이를 확인할 수 있다. 또한 국왕을 시위하는 시위부의 강화에서도 나타난다. 시위부는 3도徒로 구성되었는데, 23군호에 포함되지 않았으며, 「직관지」의 제일 첫 부분에 기록된 것으로 보아 그 중요도를 짐작할 수 있다. 시위부가 처음 설치된 것은 651년(진덕여왕 5년)이었으나 당시 지휘관은 감監으로서 그 지위가 낮았다. 그러다가 681년(신문왕 원년)에 이르러 감 대신 장군將軍을 설치함으로써 시위부의 위상을 격상시켰다. 물론 시위부 장군의 관등이 급찬에서 아찬까지로, 9서당 장군의 관등보다 낮았지만 강화된 왕권에 어울리는 조직편제였다.

둘째, 기병騎兵 중심으로 편제되었다. 이는 6정과 9서당의 군관조직을 비교해보면 분명하게 드러난다. 6정이 보병 중심이라면, 9서당은 기병을 강화한 조직을 갖추고 있었다. 지방군단의 중심인 10정이나 5주에서도 역시 기병이 중심이었다. 이처럼 기병 중심으로 강화된 것은 당제의 영향 때문으로 보인다. 아마도 당과 연합하여 작전을 수행하는 가운데 편제되었던 것으로 보인다. 다만, 명칭에서 신라적인 독자성을 강하게 갖고 있어, 병제상의 전통성이 견지되고 있었다.

셋째, 신라가 통일을 달성한 만큼 군사편제는 대외적인 면보다는 중앙집권력의 강화나 지방에서의 반란 방지 등에 중점을 둔 것으로 보인다. 군사적 요충지인 한산주에는 2정을 두거나, 북방 고구려지역에는 5주서를 설치한 정도였다. 그러므로 대외방비보다 내부 치안 등 복속민의 동향을

---

4   주보돈, 「남북국시대의 지배체제와 정치」, 『한국사 3 : 고대사회에서 중세사회로 1』, 한길사, 1994, 319~320쪽.

파악하는데 치중한 군사편제를 한 것으로 추측된다. 이처럼 통일기의 군사 제도도 중앙의 통치조직이나 지방제도의 개편처럼 국왕 중심의 집권화에 맞는 방향으로 정비되었다.

한편 신라의 율령은 여러 차례 개정되면서 발전하였다. 경덕왕景德王때 율령박사律令博士를 두었고, 혜공왕惠恭王은 관직명을 개칭하였으며, 애장왕 哀莊王은 일정한 공문서식을 정한 공식公式 20여 개조를 규정하였다. 또한 신라률은 형벌법전이며, 신라령은 비형벌 법전인 행정적 규정으로 나누어 졌다. 『삼국사기』「신라율」에 따르면 율에 있는 죄목으로 모반죄謀反罪(내란 죄)·모반죄謀叛罪(外患罪, 국가의 존립을 외부로부터 위태롭게 하는 점에서 내란죄 와 구별)·요언혹중죄妖言惑衆罪(요사한 말로 현혹시킨 죄)·사병이직죄詐病離職罪 (직무유기죄)·배공영사죄背公營私罪(관물횡령죄官物橫領罪)·지역사불고언죄知逆事 不告言罪(역모를 알면서도 신고하지 않은 죄)·기방시정제欺謗時政罪(정치를 거짓으 로 비방한 죄)·적전부진죄敵前不進罪 등이 있었고, 형벌로 족형族刑·거열형車 裂刑·사지해형四支解刑·기시형棄市刑·자진형自盡刑·육시형戮屍刑·사변형徙邊 刑·장형杖刑이 있었다.

<table>
<tr><td>제2절
발해</td><td>고구려가 멸망한 뒤 대동강 이남의 땅은 통일
신라의 지배에 들어갔다. 나머지 방대한 영토</td></tr>
</table>

는 유동적인 상황에 놓이게 되었다. 결국 요동지방은 당의 지배에 들어가 안동도호부 관할 하로 들어가게 되었다. 이에 주로 고구려 유민이 반항하 자 당은 보장왕을 요동도독으로 삼고, 조선왕으로 봉하였다. 또한 앞서 당 으로 데려간 28,000여 호를 요동으로 이주시켜 안집安集시켰다. 이런 가운 데 대조영이 689년 북만주에서 발해를 건국하였다. 발해의 영토는 고구려

의 발상지인 압록강 중류 지역을 위시하여, 송화강 유역 및 한반도의 동북부와 시베리아의 연해주까지 포함한 광범위한 지역이었다.

발해는 국가조직을 당 관제의 영향을 받아 왕 밑에 3성6부제로 구성하였다. 3성은 정당성政堂省·선조성宣詔省·중대성中臺省으로, 6부는 충부忠部 (이부)·인부仁部(호부)·의부義部(예부)·지부智部(병부)·예부禮部(형부, 사법업무)·신부信部(공부)로 나누었다. 이를 좀 더 자세히 보면, 정당성은 대내상大內相을 중심으로 먼저 좌사정左司政이 있고, 휘하에 충부·인부·의부가 있다. 다음으로 우사정右司政은 휘하에 지부·예부·신부가 있다. 그리고 선조성에는 좌상左相, 좌평장사左平章事, 시중侍中, 좌상시左常侍, 간의諫議가 있다. 끝으로 중대성에는 우상右相, 우평장사右平章事, 내사內史, 조고詔誥, 사인舍人이 있다. 또한 중정대中正臺가 별도로 감찰업무를 담당하였고, 사빈사司賓司(외교)·주자감胄子監(교육기관)·문적원文籍院(도서편찬 및 보관) 등이 있다.

지방은 5경京 15부府 62주州 107현縣으로 분할하여 통치하였다.[5] 가장 작은 행정지역인 현에는 현승을 파견하여 지방행정을 담당토록 하였고, 말단에 있는 촌락에는 수령이라 불리는 세력이 다스리고 있었다.

『신당서』「발해전」에 나와 있는 군제를 보면, 좌맹분위, 우맹분위, 좌웅위, 우웅위, 좌비위, 우비위, 남좌위, 남우위, 북좌위, 북우위라는 10위를 두었다. 또한 경, 부, 주, 현의 행정관들인 도독 혹은 절도사, 자사, 현승 등이

---

5 5경은 중요 요충지로, 상경(上京, 동경성東京城)·중경(中京, 길림성吉林城)·동경(東京, 혼춘성琿春城)·남경(南京, 함경북도 북청北靑)·서경(西京, 통칭通稱)이다. 15부는 지방행정부로 용천부(龍泉府), 현덕부(顯德府), 용원부(龍原府), 남해부(南海府), 압록부(鴨淥府), 장령부(長嶺府), 부여부(扶餘府), 막힐부(鄚頡府), 정리부(定理府), 안변부(安邊府), 솔빈부(率賓府), 동평부(東平府), 철리부(鐵利府), 회원부(懷遠府), 안원부(安遠府)이며 도독을 두었다. 그 외 62주는 용주(龍州), 용천부, 철주(鐵州), 용천부(고구려의 안시성安市城)), 경주(慶州), 용원부, 옥주(沃州), 남해부, 환주(桓州), 압록부(고구려의 중도성 中都城)), 하주(瑕州), 장령부), 부주(扶州, 부여부), 막주(鄚州), 막힐부), 정주(定州, 정리부), 안주(安州, 안변부), 개주(蓋州, 솔빈부(고구려의 개모성蓋牟城)), 이주(伊州, 동평부), 광주(廣州, 철리부), 달주(達州, 회원부), 영주(寧州, 안원부) 등으로 자사를 두었다.

동시에 해당지역의 군대 지휘관으로 되어 있었다.[6] 또한 발해의 군사 수는 초기에 10만 명이었고, 최전성기에는 20만 명에 가까웠다. 이들은 모두 발해의 국방뿐만 아니라 궁성의 수비나 치안을 담당한 것으로 추측된다. 다만 이들이 어떠한 방법을 통하여 충원되었는지는 자세히 알려지지 않았다. 당의 부병제府兵制를 모방하였을 것으로 보는 견해도 있다. 그러나 발해의 주민구성이 복잡했던 만큼 일률적인 형태의 충원보다는 다양한 형태의 방법으로 충원되었을 것으로 보인다.[7]

제3절
후삼국

신라는 8세기말 경부터 골품제의 동요와 귀족간의 정쟁으로 인하여 국력이 쇠퇴되고 말았다. 그러자 지방 각지에서 도적이 성행하고 흉년마저 들어 백성의 생활은 더욱 어려워졌다. 게다가 지방호족들이 봉기하였고, 그 와중에 완산完山(오늘날 전주)에서 후백제가, 송악松岳(개성)에서 후고구려가 세워졌다.

후고구려는 궁예가 송악을 중심으로 건국한 후 국호를 마진摩震으로 하였다. 그 후 수도를 철원으로 정한 후 다시 국호를 태봉奉封으로 변경하였다. 이후 행정기관으로 최고 의사결정기구인 광평성廣評省을 중심으로 병부, 대룡부, 수춘부 등을 두었고, 9관등의 관제를 통해 호족세력이 국사를 처리하였다. 후백제에는 이찬伊餐 · 파진찬波珍餐 · 아찬阿餐 · 일길찬一吉餐 · 시랑侍郎 · 우장군右將軍 · 좌장군左將軍 · 해장군海將軍 · 장군將軍 · 인가별감引駕別監 · 도독都督 · 비장裨將 · 술사術師 · 의사醫師 등의 관직이 있었다.[8]

6   박시형 저·송기호 해제, 『발해사』, 이론과실천, 1989, 135쪽.
7   주보돈, 「남북국시대의 지배체제와 정치」, 『한국사 3 : 고대사회에서 중세사회로 2』, 한길사, 1994, 356~357쪽.
8   신호철, 『후백제 견훤정권 연구』, 일조각, 1993, 54쪽.

이 기간 중 신라는 국가로서의 기능을 완전히 수행할 수 없어, 군사활동도 그 역할을 다하지 못했을 것으로 보인다. 후백제 역시 혼란한 정치·사회상황으로 인하여 군사경찰 활동이 실제 경찰활동으로 대체되었을 것으로 보인다. 다만 후고구려는 중앙집권적인 정치체제를 유지하면서 한반도에서 강력한 군사활동을 이어가고 있었다.

제2부
고려시대 군사경찰

· · ·

태조 왕건은 궁예의 부장(部將)으로서 여러 전선에서 혁혁한 공을 올리면서 세력을 더욱 다질 수 있었다. 그는 우세한 수군력을 가지고 서남해 방면을 공략하여, 금성(錦城, 나주)·진도 등을 점령함으로써 후백제의 중국·일본과의 통로를 막고, 또 북방에 대한 정면 공격을 견제하였다. 왕건은 그 같은 공으로 시중(侍中)의 자리까지 오르지만, 얼마 안 있어 궁예가 축출되면서 마침내 918년(경명왕 2년) 왕위에 올라 고려를 개창하였다. 이후 왕건은 935년 신라를 평화적으로 합병하고, 후백제도 내분으로 항복하여 후삼국을 해체하였다. 왕권이 확립되기까지 태봉(泰封)과 신라의 제도를 병용했으며, 왕권이 확립된 6대 성종(成宗)에서 11대 문종(文宗)에 이르는 기간(981~1083)에 당(唐)과 송(宋)의 제도를 수입하면서 관제를 정비하였다.

제1장
고려 전기

고려의 최고행정기관으로 국왕 밑에 중서성中書省·문하성門下省·상서성上書省의 3성을 두고, 그 밑에 이부吏部·호부戶部·예부禮部·병부兵部·형부刑部·공부工部가 있었다. 이 3성을 1061년(문종 15년)까지 내사문하성內史門下省으로 부르고, 간략하게 문하성이라 일컬었다. 그 후부터 정식으로 중서문하성中書門下省이라 부르고, 또 중서성으로 호칭하였다. 따라서 엄밀히 말하면 중서문하성과 상서성의 2성체제라고 할 수 있다. 중서문하성의 재신宰臣과 중추원의 추밀樞密은 같은 재상으로, 국가의 중요한 일을 의논하여 처리하였다. 그들은 도병마사都兵馬使(국방·군사문제)와 식목도감式目都監(법제·격식을 관장)이라는 공식기구를 통해 합좌하여 회의를 하였다. 이와 더불어 중추원中樞院(후에 추밀원樞密院)이 왕명의 출납과 군기軍機를 담당하였다.[1] 특별기관으로 어사대御史臺(감찰), 한림원翰林院(조명詔命 담당), 사관史館(후에 춘추관春秋館), 보문각寶文閣(장서와 경서 담당), 어서원御書院(왕실 도서관), 대리사大理寺(감옥을 담당,

---

1 박용운은 고려시대에는 재상이 발명권(發命權)을, 중추원이 발병권(發兵權)을 가지고 있었으며, 이 때 발명권은 군정(軍政), 발병권은 군기(軍機)의 범주에 속하지만 성재(省宰)와 추밀(樞密)이 같은 재상으로 자리를 함께하여 군사기밀을 포함한 국정전반을 의논 처리하였기 때문에 중추원은 군기를 관장하는 관부가 아니라고 주장한다. 박용운,『고려시대 중추원 연구』, 고려대 민족문화연구원, 2001, 39쪽.

후에 전옥사典獄寺), 경시서京市署(시장 담당), 공역서供驛署(도로와 역원驛院 담당) 등이 있었다.

국방기관으로는 6대 성종(981~997) 때 창설된 병마사兵馬使를 개칭한 도병마사都兵馬使가 있으며, 11대 문종(1046~1083) 때 확립되었다. 이 도병마사는 중앙부와 현지부로 구분되었다. 중앙부는 문하시중門下侍中·중서령中書令·상서령尙書令이 겸임하고, 합의에 따라 군사행동을 하였다. 현지에서는 병마사兵馬使, 지병마사知兵馬使, 부사副使, 판관判官, 녹사綠事 등 중앙관리가 파견되어 군사 임무를 담당하였다.

지방행정제도는 성종 초부터 정비되었으며, 전국이 크게 경기·10도·양계로 나누어져 있었다. 다시 이는 3경, 4도호부, 12목(후에 8목)을 비롯한 군·현·진 등으로 이루어져 있었다.

먼저, 경京은 왕경王京으로서의 개경開京(개성)[2], 태조 대에 설치한 서경西京, 987년(성종 6년)에 경주를 동경東京이라 하여, 중경·서경과 함께 삼경의 체제를 갖추었다. 현종 대에는 동경의 격格을 낮추어 경주라 하고, 동경유수東京留守를 폐하였다가 후에 다시 설치하였다. 1067년(문종 21년) 때 양주楊州에 남경을 설치하여, 실제로는 사경四京이 되었으나, 동경은 그 존폐가 잦았다. 또한 중요성도 잃게 되어 사경이라 하지 않고, 보통 삼경이라 하였다. 따라서 남경이 설치되기 이전의 삼경은 중경中京·서경西京·동경東京이다. 남경이 설치된 후에는 왕이 순행하던 삼경은 중경·서경·남경이며, 왕경으로서의 개성을 제외한 삼경은 서경·동경·남경을 말한다.

다음, 경기는 995년(성종 14년) 개주開州가 개성부로 개칭되고, 그 밑에 주州·부府·군郡·현縣을 두고, 다시 촌村 및 향鄕·부곡部曲·소所를 두었다. 1018년(현종 9년) 다시 전반적인 지방제도 개편이 있었다. 개성부를 혁파하

---

2   이하 개성이라고 기술한다.

는 대신 개성현과 장단현長湍縣에 현령縣令을 두고, 명칭을 경기京畿라 부르게 하였다. 1390년(공양왕 2년)에 이르러 경기는 좌도와 우도로 나뉘고, 각각 도관찰출척사都觀察黜陟使가 임명되었다. 이로써 경기는 일반 행정구획으로서의 도道로 바뀌게 되었다.[3]

이어, 도호부는 고려 초기 지방제도가 정비되기 전에 지방을 통제하려는 목적으로 설치된 군사적 성격의 행정기관이었다. 그 후 지방제도가 정비되어감에 따라 점차 군사적 성격을 잃고, 일반적인 행정구역으로 변해갔다. 최초로 설치된 도호부는 918년(태조 원년)에 설치된 평양대도호부平壤大都護府로, 곧 서경으로 승격하면서 폐지되었다. 하지만 일반적으로 4도호부라고 부르지만 사실상 5도호부였다. 이들 도호부는 안동安東도호부,[4] 안서安西도호부,[5] 안남安南도호부,[6] 안북安北도호부,[7] 안변安邊도호부[8]를 말한다.

또한 12목에 관해서는 상세한 설명이 필요하다. 고려의 지방관제는 건

---

3 앞의 책, 122쪽.
4 995년(성종 14년)에 김주(김해)에 처음 설치되었다. 1012년(현종 3년)에 상주로 옮기면서 대도호부가 되었고, 1014년(현종 5년)에 경주로 이전되었다. 1030년(현종 21년)에 길주(吉州, 안동)로 옮기면서 안동부가 되었다. 1197년(명종 27년)에 안동부가 안동도호부로 승격하고, 1204년(신종 7년)에 대도호부로 승격하였다. 1308년(충렬왕 34년)에 복주목(福州牧)이 되었다가 1361년(공민왕 10년)에 다시 안동대도호부가 되어 조선시대까지 이어졌고, 오늘날 안동시가 되었다.
5 995년(성종 14년)에 풍주(오늘날 황해남도 파일군)에 처음 설치되었다. 1018년(현종 9년)에 해주로 옮기고, 1122년(예종 17년)에 대도호부로 승격하였다. 1247년(고종 34년)에 해주목(海州牧)이 되면서 폐지되었다.
6 후백제가 멸망한 직후 그 수도였던 전주에 처음 설치되었다가 940년(태조 23년)에 폐지되었다. 995년(성종 14년)에 낭주(朗州, 영암)에 다시 설치되었고, 1018년(현종 9년)에 전주로 옮겼다가 1022년(현종 13년)에 폐지되었다. 1150년(의종 4년)에 수주(樹州, 오늘날 부평)에 다시 설치되었고, 1215년(고종 2년)에 계양도호부로 개칭했다가 1308년(충렬왕 34년)에 길주목(吉州牧)이 되어 폐지되었다.
7 941년(태조 14년)에 팽원군(彭原郡)에 안북부(安北府)를 둔 것이 시초이다. 983년(성종 2년) 영주(寧州) 안북대도호부(安北大都護府)가 되었다. 1256년(고종 43년) 원나라의 공격을 받고 창린도로 피했다가 후에 다시 돌아왔다. 1369년(공민왕 18년)에 안주만호부(安州萬戶府)가 되었다가 안주목(安州牧)이 되어 조선시대로 이어졌고, 오늘날 평안남도 안주시가 되었다.
8 995년(성종 14년)에 화주(和州, 함경남도 금야군)에 처음 설치되었다. 1018년(현종 9년)에 등주(登州, 삼국시대에 함경남도 안변군의 고구려 영토)로 옮겼다가, 원나라의 공격을 받고 양주(襄州, 양양)으로 옮겼다가 다시 간성(杆城)으로 옮기고, 1293년(충렬왕 19년)에 돌아와서 조선시대로 이어졌고, 오늘날 함경남도 안변군이 되었다.

국 초기에 지방 호족들의 득세로 중앙 권력이 지방에 미칠 수가 없어 관원을 파견할 수 없었다. 그렇다고 하여 중앙정부의 지방에 대한 지배력이 전혀 미치지 못했던 것은 아니었다. 건국 직후 금유今有·조장租藏이나 전운사轉運使 등과 같이 조세租稅의 징수·보관·운반을 담당한 관원이 각자의 임무를 수행하고 있었다. 하지만 이들은 지방에 상주하는 외관外官이 아니라 수시로 파견되는 일종의 임시직에 불과하였다. 그러다가 983년(성종 2년)에 이르러 조정이 중앙집권정책을 추진하면서, 우선 중요한 지역인 양주楊州·광주廣州·충주忠州·청주淸州·공주公州·진주晋州·상주尙州·전주全州·나주羅州·승주昇州·해주海州·황주黃州에 목牧을 설치하고, 목사牧使를 파견하여 중앙의 지방 통제력이 본격적이고 체계적으로 미치기 시작했다. 이후 12목은 995년(성종 14년)에 12군軍으로 개편되었다. 그 배경에는 993년(성종 12년)거란의 침입이 있다. 거란의 재침에 대비해야 했던 성종은 전국을 군사 방어체제로 조직하였다. 이는 절도사라는 군사적 성격이 강한 외관이 파견된 것에서 짐작된다. 또한 전국의 외관파견 상황을 볼 때 북방지역에는 군사적 성격이 강한 방어사가 집중적으로 파견된 반면, 중부지역에는 도단련사·단련사가, 그리고 남부지역에는 행정적 성격이 강한 자사가 파견된 점에서도 알 수 있다.[9] 이후 8대 현종(1009~1031) 때에 광주·충주·진주·상주·전주·나주·황주의 8목으로 정비하였다.

그리고 양계는 현종 대에 와서 전국을 5도道와 양계兩界로 나눌 때 편제된 지역을 말한다. 양계는 북계北界(평안도)와 동계東界(함경도)를 총칭하며, 북계를 다시 서북면, 동계를 동북면으로 나누어 부르기도 했다. 양계는 지방행정의 중심이 되어 군郡, 현縣, 진鎭을 다스렸다.

한편 일반적으로 진과 현의 일부에는 중앙에서 지방관을 파견하였으나

9   김갑동, 「고려 전기 정치체제의 성립과 구조」, 『한국사 5 : 중세사회의 성립 1』, 한길사, 1994, 159쪽.

그 이하 지역에서는 지방 토착민인 향리鄕吏가 세습적으로 다스렸다. 향리는 그 지방의 조세와 부역을 담당하여 주민에 대한 영향력이 컸으며, 이들의 횡포도 심하였다. 이에 중앙에서는 향리의 자제를 개성으로 와있게 하거나(기인제도其人制度), 개성에 있는 관리를 출신지의 사심관事審官으로 임명하여 향리를 감독케 하였다.

제2절
군사조직

군사조직은 크게 경군京軍과 지방군地方軍으로 구분할 수 있다. 경군은 수도인 개성에 주둔한 2군軍 6위衛로, 지방군은 국경지역인 양계의 주진군州鎭軍, 경기 및 남방 5도의 주현군州縣軍으로 편성되어 있었다.

호족연합적 성격이 컸던 고려는 초기에 부대를 지휘하는 장군 개개인이 반독립적으로 병권을 행사하다시피 하였다. 이후 광종이 즉위한 후 호족억압정책을 실시하면서 시위군侍衛軍을 강화하고, 국왕을 중심으로 군제를 개혁하였다. 그러다가 995년(성종 14년) 무렵에 6위가 편제되었고, 국왕친위대의 성격을 갖는 2군도 비슷한 시기에 조직된 것으로 보인다.[10] 이를 자세히 보면 다음과 같다.

먼저, 경군京軍인 2군은 응양군鷹揚軍(1영領[11]) · 용호군龍虎軍(2영), 6위는 좌우위左右衛(보승保勝 10영 · 정용精勇 3영) · 신호위神虎衛(보승 5영 · 정용 2영) · 흥위위興威衛(보승 7영 · 정용 5영) · 금오위金吾衛(정용 6영 · 역령役領 1영) · 천우위千牛衛(상령常領 1영 · 해령海領 1영) · 감문위監門衛(1영)로 구성되어 있었고, 총 45개의 영領이 소속되어 있었다. 이들 부대에는 상장군부터 대정까지의 지휘관이 있었다. 특히 경군 8개부대의 상장군上將軍(정3품)과 바로 아래 지휘관인

---

10 박용운 외, 『고려시대사의 길잡이』, 일지사, 2009, 122쪽.
11 1영은 1,000명으로 지휘관은 장군(정4품)이다.

대장군大將軍(종3품)들은 총 16인으로, 최고회의기구인 중방重房을 두었다. 중방은 문신들의 도병마사都兵馬使와 대비되는 무신들의 최고기관이다.

이들 부대의 임무를 보면, 2군은 국왕에 대한 의장과 경호를 맡은 친위군이었다. 그와 같은 점에서 6위보다 높은 대우를 받았다고 보인다. 또한 응양군이 용호군보다 상대적으로 우월한 위치에 있었다고 보인다. 이는 응양군이 용호군보다 먼저 기록되고, 응양군의 최고 지휘관인 응양군 상장군이 무반의 우두머리라는 반주班主라고 불리었기 때문이다. 6위는 전투와 개성의 치안·경비·의장을 담당하였다. 이 중 좌위와 우위·신호위·흥위위는 경군 전체 정원의 45령인 70%를 넘는 32령이 소속되어 경군의 주력부대를 이루고 있었다. 또한 이 부대들은 개성을 방어하고, 1년 교대로 변방을 지키다가 유사시 전투에 임하였다. 천오위는 국왕을 시종하는 의장부대였고, 금오위는 수도의 치안을 담당하였다. 감문위는 도성문과 주요 시설물을 지키는 임무를 담당하였다. 감문군의 수효는 75인으로 본래 감문위에 소속된 군인들 외에 병들고, 나이가 많이 든 무의탁 군인들도 70세까지 한시적으로 배속되어 있었다.[12]

다음, 지방군은 주현군으로 종래 호족들의 지휘 하에 있었던 30만의 광군光軍과 태조 때부터 지방 요지에 파견되었던 진수군鎭守軍을 바탕으로 하였다. 이 부대는 1018년(현종 9년)때 조직이 완성된 것으로 보인다. 주둔 지역은 교주도, 양광도, 경상도, 전라도, 서해도의 5도와 경기지역이었다. 그 수는 보승군 8,601인, 정용군 19,754인, 일품군 19,882인으로, 총 48,237인이었다. 주현군의 핵심을 이루는 보승군과 정용군의 주요 임무는 전투에 투입되고, 지역의 치안을 유지하는 것이었다. 부대원들은 1년 교대로 양계에 나가 국경을 수비하였다. 또한 일품군은 공역을 담당한 노동부대로, 주

---

12   김운태,『고려 정치제도와 관료제』, 박영사, 2005, 135쪽.

로 노역에 동원되었고, 향리의 긴밀한 통제 하에 있는 군대였다. 이외에 이품군과 삼품군이 있었고, 이들 부대도 노동부대로, 중앙정부의 직접적인 통제를 받지 않는 각 촌에 조직된 부대였다.

그리고 군사적 성격이 강한 특수행정구역인 서북지역인 북계北界, 동북지역인 동계東界에 배치된 주진군州鎭軍이 있다. 이곳은 북방의 거란·여진과 접경을 이루었기 때문에 영토방위를 위해 중요한 지역이었다. 따라서 부대원들은 대부분 농민으로 구성되어 있었고, 둔전군屯田軍[13]의 성격을 갖고 있었다. 또한 주둔한 양계에서는 장관인 병마사를 정점으로 하여 주의 장관인 방어사防禦使, 진의 장관인 진장鎭將이 각기 관할구역의 군무를 총괄하였다. 또한 부대를 직접 지휘하는 지휘관은 중랑장 이하 낭장·별장·교위·대정으로, 남방지역 주·현의 향리와 같이 토착 세력가였다. 최고 지휘관을 도령都領이라 하였으며, 주진군의 규모에 따라 중낭장 또는 낭장郎將이 임명되었다.

주진군의 정원은 140,000여 인이었다. 먼저, 북계의 각 주·진에는 도령 중랑장都領中郎將 이하 대정까지의 지휘관을 두고, 초군抄軍·좌군左軍·우군右軍 및 보창군保昌軍 등에는 지휘관 2,650인을 포함한 총 40,000인 내외를 배속시켰다. 또한 신기神騎·보반步班 2,000인 내외와 백정白丁 71,000인 가량까지 포함하여 총 113,000인 내외의 병력을 배치하였다. 다음, 동계에는 780인 내외의 장교와 초군·좌군 및 영색군이 약간 있었다. 그 밖에 기록에는 누락되었지만 신기·보반·백정 등이 있었을 것으로 추측되며, 그 수는 대략 17,000인 정도로 보인다. 이를 모두 합치면 대략 28,500인 가량의 병력이 동계에 배치되어 있었다. 이처럼 북계의 병력이 동계에 비해 4배 가까이 많았던 이유는 군사적으로 북계가 동계보다 더 중요했기 때문이다.

13 　변경이나 군사요지에 설치되어 군량을 충당하게 만든 둔전토지를 경작했던 군대를 말한다. 부대원들은 평시에는 경작을 맡아 군량을 마련하다가 전시(戰時)에는 군인으로 출전하였다.

그와 같은 지방 군제는 평상시 계속 유지되다, 유사시 중군·전군·후군·좌군·우군으로 이루어진 5군으로 개편되었다. 이 경우 원수와 부원수·도지병마사都知兵馬事가 5군 전체를 지휘하였다. 각 군에는 사使와 지병마사·병마부사兵馬副使·병마판관·군후사용약원軍候使用藥員·제색원諸色員·병마인리兵馬人吏·제색인리諸色人吏 등으로 이루어진 지휘부가 구성되었다. 중앙군과 지방군에 속해 있던 군인들도 징발되어 각 군에 배속되었다. 물론, 평상시에는 이들 지휘관이 임명되지 않았지만, 중군을 제외한 각 군에 언제나 병진도지유兵陣都知諭을 비롯한 신기도령神騎都領 및 지유, 신보도령神步都領 및 지유, 정노도령精弩都領 및 지유 등 군무를 보는 정규직 군인들이 상주하고 있었다.

제3절
군사경찰 활동

1. 중앙경찰 활동

1) 순군부循軍部

순군부는 최고 통수권자인 국왕의 명을 받들어, 호족 휘하군대의 동원을 담당하는 발병 업무와 지방군사력에 대한 순행·감독 업무를 담당한 군정기구이다. 설치시기는 학계에서 903년에서 904년 사이,[14] 909년,[15] 911년 무렵에 설치된 것으로 보고 있다. 필자는 궁예가 국호를 태봉泰封으로 고친 911년으로 본다.[16] 그 이유는 국왕이 911년 이전에 군령권을 친히 장악하였으나, 그 후 정복지역이 확대되고 귀부歸附하는 호족들이 늘어나면서

---

14 전경숙은 궁예가 천도를 위해 철원·부양 등지를 둘러보던 903년에서 904년 8월 사이에 청주사민업무를 담당하기 위해 설치한 것으로 본다. 「고려 초의 순군부」, 『한국중세사 연구』 제12권, 한국중세사학회, 2002, 12쪽.
15 한영철은 궁예가 왕권강화를 위한 핵심세력으로 청주세력을 대거 등용하면서, 이에 대한 반발세력을 통제하고 군부를 장악하기 위해 설치한 것으로 본다. 태봉말 고려 초 순군부의 정치적 성격, 서강대 석사논문(사학과), 1996, 13쪽.
16 권영국, 「고려 초 순군부의 설치와 기능의 변화」, 『한국사 연구』 제135권, 한국사연구회, 2006, 118쪽.

군령업무가 크게 늘어나자, 이를 담당하기 위해 설치하였다는 견해[17]에 동의하기 때문이다.

이 기구에 관한 선행연구를 보면 전경숙은 순군부가 병력의 파악과 징발을 담당하는 기구로서 호족에 대한 견제를 하였다는 점에서 국왕 직할의 왕권 강화 기구로 보고 있다.[18] 권영국은 순군부를 호족군사력의 협의체가 아닌, 병부와 대비되는 발병을 담당한 기구로, 근거로『고려사 절요』에 기록된 임춘길의 반역 모의, 현율의 순군낭중 임명 반대, 태조가 유금필에게 사신을 보낸 기사 등을 통해 볼 때 이 기관이 국왕의 명을 받아 지방호족 휘하의 군대를 관리하고 동원하는 역할을 하였을 것으로 보고 있다.[19]

이에 반해 하현강은 국초 호족들이 각각 독립된 단위의 군사적 기반을 가져 왕권이 약했다는 점에 주목하여, 순군부가 이들의 의견을 종합하는 기관이었다고 봤다. 이기백도 건국 초기 군대를 장악하는 권력이 호족들에게 분산된 시기였기 때문에 순군부는 당시 정치세력의 중심이었던 호족들의 권한을 대변하는 군사지휘권의 통수부라고 주장하였다.[20]

특히 김형중은 이기백, 이병도, 하현강 등의 견해를 검토한 후 국초 환선길, 이흔암, 임춘길의 반란을 볼 때 태조의 위상이 크게 약했고, 개국공신이 배현경과 신숭겸이 청주인 현율의 순군낭중 임명에 대해 반대한 것은 순군부가 왕권이 미치지 않는 기구인데다 반란의 위험성이 컸기 때문이었으며, 광종 대에 이 기관이 폐지된 이유는 왕권의 확립에 의한 것이기 때문에 이

17 권영국, 「고려 초기 병부의 기능과 지위」, 『사학연구』 제88호, 한국사학회, 2007, 488쪽.
18 전경숙, 「고려 초의 순군부」, 『한국중세사연구』 제12권, 한국중세사학회, 2002, 30쪽.
19 "여름 5월에 征南大將軍 유금필이 義城府를 지키는데 왕이 사신을 보내어 이르기를 '나는 신라가 후백제에게 침략당할까 염려하여 일찍이 장수를 보내어 지키게 하였는데, 지금 후백제가 槽山城과 阿弗鎭 등을 위협하고 약탈한다고 하니, 만약 신라의 國都까지 침공하거든 경이 마땅히 가서 구원하라'고 하였다. 금필이 드디어 壯士 80명을 뽑아 달려갔다(『고려사』 「열전」)" 권영국은 이 기사를 근거로 태조가 유금필에게 보낸 사신이 어떤 직책에 있는지 명확하지 않으나 발병 업무를 담당한 순군부 관원으로 추론하고 있다. 권영국, 「고려 초 徇軍部의 설치와 기능의 변화」, 『한국사 연구』 제135권, 한국사연구회, 2006, 120쪽.
20 이기백, 「고려경군고(高麗京軍考)」, 『고려병제사 연구』, 일조각, 1968, 55쪽.

전에 존재하였던 순군부는 모든 호족의 군사력과 연결된 군사지휘권의 통수부로 보는 것이 타당하다며,[21] 하현강의 주장에 동의하였다.[22]

그러나 김형중이 제시한 근거는 다음과 같은 점에서 문제가 있다.

첫째, 국초의 반란사례는 고려가 건국된 직후인 태조 원년이 정치적으로 가장 혼란스러운 시기였기 때문에 정권교체기에 흔히 일어난 기존 세력의 저항으로 볼 수 있다. 게다가 근거로 제시한 환선길, 이흔암, 임춘길의 반란을 보면, 환선길은 아내가 자신의 지위에 불만을 제기하며 부추기자 태조 즉위 4일 만에 반란을 일으켰다고 기록되었는데, 이 4일이라는 시간은 건국에 따른 논공행상이 제대로 이루어지기에는 너무 짧은 시간이다. 이흔암의 경우도 그의 처 환씨桓氏로부터 반란을 모의하고 있음이 알려져 참수되었지만 본래 궁예의 심복이었기 때문에 제거당한 것이 아닌가 하는 의문도 제기될 수 있다. 다만 임춘길은 궁예의 핵심 지지층인 청주인으로, 왕건에 대한 불만에서 반란을 일으킨 것으로 보인다. 따라서 이들의 역모 동기가 동일하지 않다고 판단된다.

둘째, 현율의 순군낭중 임명 반대 기사[23]에 관해서는 하현강이 순군부가 왕권의 영향력을 받지 않은 강력한 군사기관이어서 반란의 위험이 컸기 때문이라고 해석하였지만,[24] 전경숙은 왕건이 궁예의 핵심 지지기반이었던 청주지역에 대해 견제를 할 필요성을 느끼고 있었고, 이에 대한 명

---

21 김형중, 「고려국초(高麗國初) 순군부(徇軍部)의 실체에 관한 小考」, 『경찰학연구』 제13권, 경찰대학, 2013, 217~218쪽.

22 이와 같은 주장은 다시 한 번 김형중의 저서 『한국 경찰사』(박영사, 2020)에서 확인된다.(234쪽)

23 청주(靑州) 사람 현률(玄律)을 순군낭중(徇軍郎中)으로 삼았다. 마군장군(馬軍將軍) 배현경(裴玄慶)과 신숭겸(申崇謙) 등이 말하기를, "전에 임춘길(林春吉)이 순군리(徇軍吏)로 있을 때, 반역을 도모하였다가 일이 누설되자 죄를 자백하고 처형된 일이 있는데, 이는 병권(兵權)을 잡고서 청주를 믿었기 때문입니다. 이제 또 현률을 순군낭중으로 삼으시니, 신들은 저어기 의아스럽습니다"라고 하였다. 왕이 말하기를 "옳다"라고 하고, 이에 병부낭중(兵部郎中)으로 고쳐서 임명하였다. 『고려사 절요』 권1 「태조 신성대왕 태조1년」.

24 김형중, 「고려국초(高麗國初) 순군부(徇軍部)의 실체에 관한 小考」, 『경찰학연구』 제13권, 경찰대학, 217~218쪽.

분으로 일전에 있었던 같은 청주인 임춘길의 모반을 사용한 것으로 보고 있다.[25] 또한 권영국도 배현경과 신승겸이 현율의 임명을 반대한 것은 순군부가 강력한 권한인 발병권을 가진 기구였기 때문이라고 보고 있다.[26] 게다가 필자가 보기에도 현율이 순군낭중이 되었다고 해서 다른 호족들의 군사를 지휘할 수 있지 못하고, 청주에서만 병권을 행사할 수 있었을 것이다. 이에 따라 순군부가 국왕의 명에 따라 지방호족들의 군사를 장악한 군정기관으로 본다면, 개국공신인 배현경과 신승겸은 청주인 현율이 순군낭중이 되는 것을 왕권에 대한 위협으로 받아들여 반대한 것으로도 볼 수 있다.

셋째, 순군부가 호족세력의 협의체였으며, 광종 대에 왕권강화의 노력을 통해 이들의 세력을 성공적으로 약화시켰기 때문에 폐지되었다는 주장에 관해 권영국은 순군부가 광종 대에 폐지되지 않았으며, 단지 군부로 이름이 바뀌고 그 기능이 변화한 것뿐이라고 하였다.[27] 또한 권영국은 그 근거로 978년 사망한 경순왕을 상부尙父로 책봉하는 고문誥文에 군부령의 서명이 병부령의 서명 전에 있음을 제시한다.[28] 이는 광종 다음의 왕인 경종 때도 군부는 존재했을 뿐만 아니라, 군부가 여전히 병부보다 높은 권한을 지닌 군사기구, 즉 군정기구로 존속했음을 의미한다는 것이다.[29] 즉, 광종 대에 행해진 왕권강화로 지방호족의 군사를 순행감독할 필요성

25 김경숙, 「고려 초의 순군부」, 『한국중세사 연구』 제12권, 한국중세사학회, 2002, 19쪽.
26 권영국, 「고려 초 徇軍部의 설치와 기능의 변화」, 『한국사 연구』 제135권, 한국사연구회, 2006, 115~140쪽.
27 "태조 원년에 순군부령(徇軍部令)·낭중(郎中)이 있었으며, 태조 16년(933년)에 병금관(兵禁官)·낭중·사(史)가 있었다. 광종(光宗) 11년(960년)에 순군부(徇軍部)를 군부(軍部)로 고쳤으며, (이들의) 직장(職掌)을 자세히 알 수는 없으나, 아마 모두 군사를 관장하는 관청이었던 것 같으나, 뒤에 모두 폐지하였다." 『고려사』 권76 「백관 1 병부」.
28 『삼국유사 기이 2』, 김부대왕, 시중, 내봉령, 군부령, 병부령, 광평시랑, 내봉시랑, 군부경, 병부경의 순서로 서명이 등장한다.
29 권영국, 「고려 초 徇軍部의 설치와 기능의 변화」, 『한국사 연구』 제135권, 한국사연구회, 2006, 115~140쪽.

이 사라지자 순군부에서 순행의 기능을 제하고 순행을 의미하는 순徇자를 없애 군부가 되었다는 것이다.

그리고 태조가 순군부의 관리를 중앙관부의 관직자로 임명한 기사를 보기로 한다.

> 前 守徇軍部卿 能駿능준과 倉部卿 權寔권식으로 함께 內奉卿을 삼았다.[30]

> 徇軍郎中 閔剛민강으로 內軍將軍을 삼았다.[31]

> 己巳기사에 馬軍大將軍 伊昕巖이흔암이 모반하므로 기시하였다. 秋 7月 任申에 廣評郎 能寔능식으로 徇軍郎中을 삼았다.[32]

> 泰評태평은 監州人이니 널리 書史를 섭렵하고 吏務를 밝게 익혔다. 처음에 그 州의 賊帥적수 柳衿順유긍순의 記室이 되었다가 궁예가 衿順을 파하매 評이 이에 항복하였으나 궁예는 그가 오래 항복하지 않음을 노하여 卒伍졸오에 소속시킴으로써 드디어 태조를 따랐다. 개국할 무렵에 참여하여 힘씀이 있으므로 발탁하여 徇軍部郎中을 제수하였다.[33]

위 내용을 정리하면 다음과 같다.

첫째, 내봉경內奉卿에 임명된 능준이 왕건의 측근 기관인 내봉성內奉省의 고위직으로 등용되었다.

---

30 『고려사』 권1 「太祖 世家, 원년 6월 신유조」.
31 『고려사』 권1 「太祖 원년 6월 무진조」.
32 『고려사』 권1 「太祖 원년 6월 기사조」.
33 『고려사』 권92 「列傳5 泰評傳」.

둘째, 왕건은 내궁에서 근무한 친위부대인 내군內軍의 장군직에 순군랑 중직에 있던 민강閔剛을 전보시켰다.

셋째, 능식能寔은 광평랑직에 있다가 태조 원년 7월에 순군랑직으로 전 배되었다. 능식은 궁예 축출과 왕건 추대의 핵심인물들 중의 하나로 왕건 의 충복이다.

넷째, 태평은 황해남도 연안군에 있던 염주의 신흥세력인 유긍순에 투 탁하여 유긍순의 기실로 있었으나 유긍순이 궁예에 패망하자 궁예가 태평 을 문책하여 졸오에 편입시켰다. 따라서 순군부는 호족연합체로 이루어진 기구가 아니라 왕권이 직접 행사되는 기관이었음을 알 수 있다.

이어 김형중이 순군부가 군령을 담당하고 병부가 군정을 담당한 군사기 관이라는 견해를 비판한 근거로 제시한 군령과 군정의 이원화된 체제에 관 해서는 다음과 같은 권영국의 견해를 참조할 필요가 있다.

첫째, 군정과 군령의 권한이 분리된 지휘체계는 고대 중국과 한반도 국 가들에서 흔히 찾아볼 수 있는 모습이었다. 중국의 경우 춘추시대 이전에 는 군정과 군령이 일치하였으나, 전국시대에 이르러 군사의 수요가 증가하 고, 왕권이 강화되며 장수는 장병권掌兵權만을 지니고 국왕의 명령만이 군 대를 움직였다는 것이다.

둘째, 신라에서도 군령권은 국왕의 권한이고, 장수에게는 장병권만 주 어졌다는 것이다. 특히 당시 기록에는 병부가 군대를 동원하거나 작전을 지휘했다는 내용이 나타나지 않는다는 것이다. 그리고 궁예도 신라의 관제 를 계승하여 군령을 직접 담당하였다는 것이다.[34]

또한 김형중은 이기백의 주장[35]에 따라 금오위가 태조 2년(919년)에 창 설되었고, 이 시기를 기점으로 순군부가 역사 속에서 완전히 사라졌다고

---

34   권영국, 「고려 초기 병부의 기능과 지위」, 『사학연구』, 제88권, 2007, 486~489쪽.
35   이기백, 「귀족적 정치기구의 성립」, 『한국사 5』, 국사편찬위원회, 1975, 72~73쪽.

주장하였다.[36] 물론『고려사』「백관지」에 태조 2년 6위를 설치하였고, 목종 5년(1002년)에 6위의 관원들을 배치하였다는 기록이 있다. 그렇지만 6위의 중앙군제는 당나라의 12위병제를 바탕으로 한 병제로, 태조 대는 건국 초기로 정치·군사적으로 중국식 제도들을 수용할 만큼 안정되지 않은 시기였다.[37] 또한 6위가 설치되어 있었다면 출전 장수들 가운데 반드시 6위의 관직자가 있어야 하나 그런 기록이 보이지 않는 점을 볼 때 이와 같은 태조 2년이란 기록은『고려사』편찬자의 잘못이라는 주장도 있다.[38] 따라서 금오위의 창설 연도가 태조 2년이 아닌 성종 14년(995년)이라면 그가 주장한 순군부의 폐지연도는 수정되어야 한다.

한편 성종 대부터는 군부의 존재가 기록되지 않는 것으로 보아 이때 폐지된 것으로 보인다. 그렇다고 군부가 군정기구였다면 기능을 계승하는 기관 없이 폐지되는 것은 이치에 맞지 않는다. 이에 대해 권영국은 성종 대에 설치된 중추원이 군령의 기능을 담당한 것으로 보았다. 그 근거로 고려의 군사체제에 관한 조선 초의 기록에서 발병권자가 추밀로 기록된 점,[39] 중추원이 목종 대부터 중서문하성과 함께 재추라 불릴 정도로 중요한 기구였던 점, 그리고 고려가 본뜬 송의 추밀원이 군기사무를 주관하는 최고 기관이었다는 점을 들었다.[40]

이상의 내용을 검토한 결과, 순군부의 가장 중요한 업무는 군령기구로써 군대 동원을 담당하는 발병發兵 업무였다. 국초 호족은 자신의 무력기반인 군대를 징발·동원하고, 지휘하는 등 병권을 독자적으로 행사해왔었다.

---

36 김형중, 「고려국초(高麗國初) 순군부(徇軍部)의 실체에 관한 小考」, 『경찰학연구』 제13권, 경찰대학, 222~223쪽.
37 전경숙, 「고려 초의 순군부」, 『한국중세사연구』 제12호, 2002, 27~28쪽.
38 정영현, 「고려 전기 무직체계의 성립」, 『한국사론』 19권, 서울대 국사학과, 1988, 134~142쪽.
39 『정종실록 권4』「세가 2년 4월 신축(辛丑)」.
40 권영국, 「고려 전기 군정·군령기구의 정비」, 『역사와 현실』 제73권, 2009, 127~157쪽.

그러나 귀부함으로써 독자적으로 행사해 오던 일체의 병권은 일단 국왕에게 귀속되었고, 호족은 자신 휘하의 군대 지휘권을 비롯한 일부 병권만을 유지하게 되었다. 즉 그동안 호족이 마음대로 통솔하던 군대는 이제 국왕의 명에 의해서만 동원할 수 있게 된 것이다.[41] 이에 따라 순군부 관리들은 일정한 지역에 파견되어 군인 징발을 통해 중앙정부의 군사기반을 확대하였다. 그 방식은 태조가 정권을 안정시키면서 더 확대되어 갔을 것이다. 이들은 군인을 징발하기 위하여 우선 각 지역의 호구와 경제력 등 자료를 수집하였을 것이다. 또한 이를 토대로 선발된 군인들은 개성의 각 부대에 배속되어, 군역의 대가로 경제적 급부를 받으며 근무하였을 것이다.[42]

그와 함께 순군부는 새로 정복된 지역이나 귀부를 통해 고려의 지배체제하로 편입된 지역이 아직 중앙정부의 통제력이 제대로 미치기 어려웠기 때문에 지방 호족의 군사력과 관련된 순행·감독 업무도 수행하였다. 특히 지방 호족 중에는 정세의 변화에 따라 향배를 달리하는 자들이 나타나는 상황이었다. 그렇기 때문에 중앙정부는 이들 호족의 군사력 감독은 절대적으로 필요하였고, 순군부의 또 다른 중요한 업무가 되었다.[43]

그러나 순군부는 광종 대(4대, 949~975)에 들어와 군부로 개편된 이후 경종 대(5대, 975~981)까지 유지되었지만, 성종 대(6대, 981~997) 이후에는 보이지 않는다. 그 배경에는 후삼국 통일전쟁이 종식된 후 군대의 동원이나 지휘·통솔 등의 군령기능을 가진 순군부의 업무가 감소하고, 그 지위가 이전에 비해 낮아졌을 가능성이 있는데, 그렇다고 폐지되거나 다른 기관에 통합된 것으로 볼 수는 없을 것이다.[44]

---

41 권영국, 「고려 초 순군부의 설치와 기능의 변화」, 『한국사 연구』 제135호, 한국사연구회, 2006, 136쪽.

42 전경숙, 「고려 초의 순군부」, 『한국중세사 연구』 제12호, 한국중세사학회, 2002, 30쪽.

43 권영국, 「고려 초 순군부의 설치와 기능의 변화」, 『한국사 연구』 제135호, 한국사연구회, 2006, 127쪽.

44 권영국, 「고려 전기 군정·군령기구의 정비」, 『역사와 현실』 제73호, 한국역사연구회, 2009, 73쪽.

단지 순군부의 기능 일부가 변화한 상황과 관련이 있다. 그 상황은 먼저 시간이 지남에 따라 군적작성이나 광군光軍조직을 통해 지방호족 휘하의 군사력이 국가에 의해 장악되었다. 다음, 시위군侍衛軍의 강화 등으로 중앙의 개국공신이나 무장武將들이 가졌던 군사적인 권한이 박탈되어, 병권이 중앙으로 집중되었다. 이에 따라 종래 순군부가 담당하던 지방호족 군사력의 순행·감독의 기능이 불필요하게 되었다. 그 결과, 순행을 의미하는 '순徇'자가 없어지고, '군부軍部'가 되었고, 군사지휘관들의 협의기구로 기능하게 되었다.[45]

2) 내군內軍

내군은 국초 내궁에서 근무한 친위군·시위군侍衛軍으로 군 감찰 임무도 함께 수행하였고, 광종 대 개혁이 추진되면서 도성의 치안업무를 담당하는 등 권한과 활동이 크게 확대되었으나, 성종 대 6위 체제가 완성되는 등 군사제도가 정비되자 임무가 시위군의 의물儀物·기계機械 등을 관장하는 것으로 크게 축소된 군사기관이다.

태조는 궁예왕 대부터 설치되어 있던 이 기관에 경卿을 설치하고, 자신의 친위세력인 위사衛士 출신들을 배치하면서 본격적인 시위군侍衛軍으로써의 역할을 담당하였다. 근무 구역은 궁성을 내궁과 외궁으로 구분할 때 주로 금원禁苑이 있던 내궁이었다. 또한 군 내부 감찰을 담당하면서 언제 발생할지 모르는 변란에 대처하는 임무를 가졌다.[46] 이에 따라 내군은 당초 국왕에게 직속된 사병적私兵的인 성격이 강한 친위군의 성격을 갖게 되었다.

그 후 개성의 행정구역인 부部와 방坊·리里제가 정비되고, 중요한 건물들이 차례로 건립되며, 시전市廛이 설치되는 등 도성인 개성이 차츰 발전하

---

45 권영국, 「고려 초 순군부의 설치와 기능의 변화」, 『한국사 연구』 제135호, 한국사연구회, 2006, 135쪽.
46 김낙진, 「고려 초기의 내군과 금군」, 『역사학보』 제176집, 역사학회, 2002, 77쪽, 81쪽.

면서 행정·치안 수요가 증대되자 이 조직도 점차로 확대·강화되어 갔다. 특히 광종은 호족억압정책을 추진하면서 정치적 필요성에 의해 내군을 크게 강화하였다. 광종은 960년(광종 11년) 이 기관의 명칭을 장위부掌衛部로 변경하였다. 따라서 내군은 국왕의 경호와 궁성의 숙위만이 아니라 도성의 방어군으로서 역할과 도성내 순찰과 치안유지까지 담당하게 되어, 여러 기능과 권력이 집중된 기관으로 확대되었다.

하지만 중앙정부에 의해 984년(성종 3년) 군인의 복색이 제정되고, 987년(성종 6년) 주군州郡의 병기를 거두어 농기農器를 만드는 조치가 취해졌으며, 990년(성종 9년) 좌우군左右軍의 군영이 설치되고, 995년(성종 14년)경 6위체제가 완성되는 등 군사제도의 정비가 이루어졌다. 이에 따라 995년 기관명이 위위사衛尉寺로 개칭되면서 소속 병력 없이 단지 왕이 행차할 때 시위군이 지참하는 의물儀物·기계機械 등을 관장하는 기관으로 대폭 축소되었다.[47]

3) 순검군巡檢軍(내순금군內巡檢軍)

순검군은 내군의 후속 기관으로 수도 개성의 치안유지 활동을 담당하기 위해 창설되었으나, 점차 시간이 지나면서 지방에도 설치되었고, 임무도 무신정변 전까지 국왕의 경호와 변란 방지 등으로 확대된 군사기관이다.[48]

먼저, 치안유지 활동을 담당한 순검군을 보면 다음과 같다. 내군을 설명하는 내용에 쓴 데로, 995년(성종 14년)경 6위가 도성都城의 방어와 국왕의 친위군 역할을 새롭게 담당하게 되고, 종래 내군이 위위사로 변하면서 권

---

47 박진훈, 「고려시대 개경 치안기구의 기능과 변천」, 『고려시대의 형법과 형정』, 국사편찬위원회, 2002, 207~209쪽.

48 치안유지를 담당한 부대의 성격은 박진훈의 「고려시대 개경 치안기구의 기능과 변천(『고려시대의 형법과 형정』, 국사편찬위원회, 2002)을, 금군의 한 부대로서의 성격은 송인주의 『고려시대 친위군 연구』(일조각, 2007)를 참조하였으며, 필요한 경우 쪽수를 밝혔다.

한이 대폭 축소되었다. 따라서 이때 순검군이 야간에 도성을 순찰하며 도적 체포 등 치안을 유지하는 기능을 담당하기 위해 설치된 것으로 보인다.

대표적인 사례로, 인종(1122~1146) 대 음양회의소陰陽會議所가 "승속僧俗의 잡된 무리들이 떼를 지어 만불향도萬佛香徒라고 이름하여 허황된 짓을 하고, 사찰의 승도僧徒들이 술을 팔고, 무기를 지니며, 나쁜 짓을 하는 등 풍속을 파괴하고 있으니 어사대御史臺와 금오위金吾衛, 순검巡檢을 시켜 금지시키라"는 주청을 올리자 국왕이 받아들인 것이 있다.

그런데 이전인 1093년(선종 10년) 서해도(오늘날 황해도)안찰사의 보고에서 안서도호부[49] 관하의 연평도에 '순검군'이라는 부대가 있다는 내용이 나온다. 이 부대는 경계지역을 순찰하면서 도적, 특히 해적海賊을 소탕하는 역할을 담당하였다. 따라서 순검군은 다른 도호부에도 배치되어 도적의 체포를 주 임무로 하는 치안유지 활동을 담당한 것으로 보인다. 이처럼 지방에서 존재한 순검군은 도성인 개성의 치안유지를 위해 설치된 기존 군사기관을 참작하여 설치된 것으로 판단된다.

다음, 인종 대 이후 고려에서는 귀족세력이 분화·분열하였고, 지역세력 간의 갈등도 심화되는 등 정치적 불안정이 확대되고 있었다. 이자겸의 난과 묘청妙淸이 주도한 서경西京으로의 천도 운동 등이 그러한 대립과 갈등이 분출된 대표적인 사례이다. 또한 고려 전기 이래 계속된 거란·여진과의 전쟁, 서경 천도 세력의 진압 등 군의 영향력이 커져 하층민에서 장군으로 성장한 자도 나오게 되어, 기존 무반질서와는 다른 새로운 질서가 세워지고 있었다. 반면, 무반에 대한 문반의 차별과 그로 인한 문·무반의 반목은 더욱 악화되고 있었다. 무엇보다 일반 군인들도 경제적 상황이 악화되고, 고역苦役도 가중됨에 따라 이들의 불만이 증폭되고 있었다.

---

49 995년(성종 14년) 풍주(豐州, 오늘날 송화강松花江 상류 또는 압록강 상류)에 설치하였다가 이후 해주(海州)로 옮겼다.

이처럼 정치·경제적 상황이 악화됨에 따라 도성의 치안을 담당하는 순검군의 활동이 더욱 강화되었다. 특히, 도적의 체포, 사회 질서의 유지보다 정변의 방지 등 정치적인 역할이 더욱 중요하게 되었다. 대표적인 예로, 허위 날조한 익명서를 만들어 야밤에 어사대에 투서하려는 이숙李璹과 이온경李瑥卿을 순검군이 체포하거나 이자겸李資謙 일파를 숙청할 때 순검도령巡檢都領 정유황鄭惟晃이 무장한 100여 인을 지휘하여 이자겸 일당을 제압하였던 사실을 들 수 있다.

그럼에도 불구하고, 의종毅宗(1146~1170)은 갈수록 불안해지는 정치상황 하에서, 이러한 순검군의 역할과 중앙군인 6위군 또는 기존 시위 병력만으로 안심할 수 없었던 것으로 보인다. 의종은 1167년(의종 21년) 오직 자신만의 지휘통솔을 받으며, 국왕에게만 충성하는 새로운 조직인 내순검군內巡檢軍을 창설하였다. 내순검군의 가장 중요한 임무는 정치적 변란이 발생하기 쉬운 야간을 중심으로 순찰활동을 하여 궁성宮城의 안전 확보, 도성의 치안유지를 담당하는 것이었다. 하지만 그 임무는 야간순찰에만 한정되지 않았다. 어가를 호위하는 등 국왕의 신변보호를 담당하는 최측근 경호부대로서의 역할도 담당하였다. 1167년 의종이 봉은사에 행차하였을 때 순검군이 국왕의 호위를 담당하였으며, 유시流矢사건[50]이 발생하자 순검지유巡檢指諭 등 14명이 국왕의 호위를 태만히 하였다는 책임을 지고 귀양을 가기도 하였다. 이는 순검군이 국왕을 위해 배립과 경호를 수행한 금군禁軍

50　연등회(燃燈會) 날 저녁에 왕이 봉은사(奉恩寺)에 행차한 후 밤에 돌아오다가 관풍루(觀風樓)에 당도했다. 김돈중(김부식의 아들)의 말이 본래 길이 잘 들지 않은지라 징과 북 소리를 듣고 놀란 나머지 달리다가 한 기병과 부딪히는 바람에 화살통에서 화살이 튀어나와 임금의 수레 곁에 떨어졌다. 김돈중이 스스로 사정을 밝힐 겨를도 없이 왕은 경악하여 그것을 자신을 죽이기 위해 날아온 화살로 생각했다. 호위병의 일산과 큰 부채로 수레를 가린 채 궁궐로 급히 돌아와 궁성을 엄히 경계하는 한편, 해당 관청에 명하여 거리에 현상을 건 방을 붙이게 했더니 체포된 자가 대단히 많았다. 왕은 대령후(大寧侯) 왕경(王暻)의 집 종 나언(羅彦) 등이 한 짓으로 의심하여 혹독히 국문하였으며 고통에 못 이겨 거짓으로 자백하자 그를 참수했다. 또한 금위가 성실히 근무하지 않았다하여 견룡지유(牽龍指諭)와 순검지유(巡檢指諭) 등 열네 명을 유배보냈다. 『고려사 열전』 권11 「김돈중(金敦中)」.

이라는 성격을 확연히 나타낸다. 또한 의종이 주관하는 태묘의식에서 순검군이 대전大殿을 시위하는 부대와 더불어 국왕 곁에서 경계를 하고 있던 점 등도 금군禁軍의 한 계열임을 알 수 있게 한다.[51]

순검군을 통솔하는 기관으로 순검좌우부巡檢左右府가 설치되었고, 소속 군사는 양번兩番으로 나누어져 근무하였다. 예종 대(1105~1122) 서경·남경 순행시에 있었던 위장衛仗을 보면, 관원과 그 수는 최소한 도령장都領將 2명, 지유指諭 6명, 그리고 군사 150명으로 이루어져 있었다. 이 중 도령장과 지유는 자줏빛 군복을, 군사들은 청잣빛 군복을 입었다는 사실을 볼 때, 기존의 군사들과 달리 특별한 대우를 받았다는 것을 알 수 있다. 또한 순검군은 부병府兵 또는 부위병府衛兵, 부위군인府衛軍人 등으로 불리었다.

1170년(의종 24년) 무신정변이 발생하였을 때 당시 도성 내에서 가장 강력한 세력을 가진 무장조직은 순검군이었다. 그러므로 정변의 주도세력은 거사를 성공적으로 이끌기 위해서 순검군을 제거하거나 장악하여야만 하였다. 따라서 정변이 개시되었을 때, 이고李高와 이의방李義方이 가장 먼저 한 일은 왕의 유지諭志라고 하여 순검군을 집합시킴으로써 이 부대를 국왕의 지휘체계로부터 이탈시켰던 것이다. 이후 무신정변의 주체들은 무장병력인 순검군을 국왕으로부터 차단시킨 후, 국왕을 측근에서 모시던 모든 호종 문관과 대소 관료, 환신宦臣들을 제거하여 정변을 성공시킬 수 있었다.

그로부터 순검군은 도성 내를 순찰하고, 범죄를 예방하며, 치안을 확보하는 본연의 임무보다 정적을 제거하고, 정권의 안정을 도모하는 도구로 기능하기 시작하였다. 하지만 무신정권의 집정자들은 순검군이라는 공적인 성격을 가진 무력보다 더욱 확실하게 자신들이 장악하여 동원할 수 있는 무력기반을 구축하는데 주의를 돌리게 되었다. 그 결과, 경대승慶大升이

---

51 송인주, 『고려시대 친위군 연구』, 일조각, 2007, 79쪽.

집권하면서, 사사 백 수십 명을 모아 자기 집을 지키게 하는 '도방都房'이라는 대표적 사병집단이 조직되었다.

한편 몽골과의 항쟁이 끝난 후 조정이 개성으로 환도했을 때, 시급한 과제가 수도 개성의 치안을 유지하고 국왕을 호위하는 순검군의 정비였을 것이다. 그러나 이미 순검군은 그 정수도 채우지 못하는 상태였고, 또한 효용驍勇이 있는 사람으로 선발된 정예병력도 아니었다. 단지 문무산직文武散職, 백정白丁, 잡색雜色, 승도僧徒 등 여러 부류의 사람들을 끌어 모아 인원수를 채우는데 급급한 상황에 처해 있었다. 따라서 당시 순검군은 원래의 기능을 수행하는데 한계를 가지게 되었으며, 그 역할을 야별초夜別抄가 대신 담당하게 되었다.

4) 금오위金吾衛

수도 개성을 중심으로 궁궐과 도성을 수비하면서 치안을 담당한 군사기관이다. 이 기관은 6위六衛 중 하나로 때로 비순위備巡衛라고도 칭하였다. 소속 장병은 정용 6령과 역령 1령으로 총 7,000인이었다. 이 가운데 역령 1령(1,000인)을 제외한 정용군 6,000여 명이 실질적으로 임무를 수행하였다. 지휘부에는 상장군 1인·대장군 1인, 영領에는 장군 이하 대정隊正까지 78인이 배치되었다.

한편 개성의 일정한 장소를 수위守衛하는데 충당되었던 간수군看守軍은 주로 창고에, 위숙군圍宿軍은 각종 문門에, 검점군檢點軍은 주요 시가의 요지에서 근무하였다. 이 가운데 간수군과 검점군은 분명치 않으나 금오위 소속의 부대가 배치되었을 가능성이 크다.[52] 또한 검점군의 하나인 검점소군檢點所軍(초소에 주둔한 검점군)의 경우 그 명칭이 좌우경리검점左右京裏檢點·오

---

52 앞의 책, 36~37쪽.

부검점五部檢點 · 궁북점검宮北檢點 · 선군점검選軍檢點 · 옥직점검獄直檢點 · 지창점검地倉檢點 · 좌창점검左倉檢點 · 우창점검右倉檢點 · 금오위점검金吾衛檢點 · 오정점검午正檢點 · 송악좌우점검松岳左右檢點 · 대묘점검大廟檢點 등으로 다양한 점을 보면, 이 부대들이 도성 내 소방업무를 포함한 특정지역과 시설을 검점하기 위해 배치되었음을 알 수 있다.[53]

5) 금군禁軍[54]

금군[55]은 다양한 개별부대로 이루어져 있었다. 이들 금군의 역할 중 가장 중요한 기능은 숙위宿衛로, 시봉군 · 숙위군 · 근위 · 시위군 등 다양한 명칭으로 지칭되었다.

먼저, 견룡군牽龍軍(용호군龍虎軍)은 별칭이 견룡 · 견룡관 · 견룡군 · 견룡반牽龍班으로, 임무에 따라 어견룡반御牽龍班 · 호련견룡반護輦牽龍班 등 다양한 명칭으로 나타난다. 다음, 공학군控鶴軍(응양군鷹揚軍)이 있다. 공학군은 봉련공학군鳳輦控鶴軍 · 어련공학御輦控鶴 · 공학군控鶴軍 · 공학군拱鶴軍 등으로, 소속군인은 공군사控軍士 · 공학군사拱鶴軍士로 불렀다. 이들 공학군은 자주색 문양을 넣은 비단옷의 복장에다 절각복두折脚幞頭[56]를 쓴 채 조서詔書를 실은 수레를 받들었다는 점, 국왕이나 사신이 왕래했을 때 측근에서 대나무로 된 상자를 받들었다는 점, 황제의 신보信寶로 봉한 예물을 수령하는 과정에 4인이 동원된 점, 그리고 어서御書를 받들어 들고 간 점 등을 감안하여 볼 때,

---

53 『고려사』 권81 「형법지 1」 「직제 예종 13년(1118년)」을 보면 화재가 발생하여 검점군이 책임을 추궁당한 사례도 있다. 앞의 책, 83쪽.

54 송인주의 『고려시대 친위군 연구』(일조각, 2007)를 참조하여 정리하였다.

55 원래 금군(禁軍)은 역대 중국의 군사조직 가운데 찾을 수 있는 부대로, 수도지역 내 · 외곽의 방어와 치안 및 궁궐의 숙위를 수행하며, 황제의 명령을 받는 군사조직을 의미한다.

56 고려시대 국왕과 관원이 착용한 복두(사모의 원형으로, 모부가 2단으로 턱이 져 앞턱이 낮으며, 모두 평평하고 네모지게 만들어 좌우에 각을 부착)를 보면 관계에 따라 재료와 형태가 달랐다. 종류를 보면 양각이 평평인 전각복두, 각이 아래로 향한 절각복두, 그리고 채화복두가 있었다.

주로 의전과 관련된 역할을 수행하였다. 중금中禁 또한 중금군中禁軍·중금반中禁班이라고 하며, 국왕 측근의 군사력 가운데 하나였다. 이와 함께 도지都知도 의식이 거행되는 동안 어전御殿에서 비단옷을 입고, 좌우로 나뉘어서서 포진하고 있는 점 등을 보아 금군을 형성하고 있었다. 그 외 백갑白甲은 백갑군白甲軍·백갑대白甲隊·백갑장白甲杖이라고 일컬어지며, 왕의 호종임무를 수행한 의장군儀仗軍 계열의 부대였다.

6) 가구소街衢所

가구소는 수도 개성에서 도적이나 죄인을 잡아 치죄하는 일을 담당한 기관이다. 이 같은 업무의 필요성에서 둔 것이 가구옥街衢獄이며, 관원으로 가구사街衢使·가구별감街衢別監 등이 있었다.[57]

또한 1170년(의종 24년) 8월 정중부가 보현원普賢院에서 난을 일으키자마자 처음 습격하여 별감 김수장金守藏 등을 죽인 사건이나 충렬왕 때 공주의 사속史屬으로 높은 지위에 오른 차신, 장순룡 등을 여기에 가둔 것을 볼 때 잡범보다 중요인사를 인치했던 것으로 보인다.

7) 기타 관련기관

중앙 행정기관인 병부兵部는 궁예가 개국할 당시 여러 관부들 중에서 우선적으로 설치한 것이다. 병부는 무관의 선발, 일반 군사업무, 국왕의 의장儀仗과 보위保衛 업무, 교통행정, 공문서·관원의 왕복을 위한 역참 사무 등을 중요 업무로 하였다.[58]

형부刑部는 법률, 소송, 상언詳言(범죄자에 대한 심의) 등의 업무를 담당하였

---

57 박용운, 『고려시대사』, 일지사, 2011, 336쪽.
58 권영국, 「고려 초기 병부의 기능과 지위」, 『사학연구』 제88호, 한국사학회, 2007, 484쪽.

다. 이 형부에는 율관律官이 있었으며, 그는 국가체제를 이끌어 가는 율律을 집행하고, 영令을 시행하는 관원이었다.[59] 또한 형부의 예하기관으로 전옥서典獄署와 경시서京市署가 있었다. 전옥서는 감옥 관리를 담당하던 기관으로써, 건국 초기부터 설치되었다. 이 기관은 995년(성종 14년) 대리시大理寺라 개칭된 후 다시 문종 대 전옥서로 환원되었다. 경시서는 주로 수도 개성의 상인들의 부정행위를 단속하는 임무를 수행하였다. 이 경시서에는 정8품의 영令 1인, 정9품의 승丞 2인이 있었다.

어사대御史臺는 고려 초기 사헌대司憲臺라 칭해지다 성종 대에 명칭이 변경된 기관이다. 업무는 백관의 비위와 불법을 탄핵하고, 여러 관서의 근태를 감찰하면서 당시 정치나 시책 등의 잘잘못을 논하였으며, 백성의 풍속도 단속하여 바로잡는 것이었다. 또한 문·무 관리의 임명이나 법의 개폐에도 관여하였다.[60]

그리고 국초부터 있었던 '직숙 원리의 직'을 기구화한 중추원中樞院이 있다. 이 기관의 기본 기능은 왕명 출납의 체계적인 관리에 있었다. 그런데 '직숙 원리의 직'은 기본적으로 군사기능인 국왕과 왕궁을 시위·숙위宿衛하는 것을 가리킨다. 이를 잘 보여주는 기사가 1009년(목종 12년) 궁궐화재 후에 나타난 중추원 관원의 직숙 사실이다. 또한 현종이 피난 중에 신변 보호를 위해 중추원을 복치하고, 피난길을 수종한 주저周佇를 중추원 직학사로 임명하는 데에서 볼 수 있듯이 숙위 업무는 중추원의 주요 기능 가운데 하나였다.[61]

---

59 이미숙, 「고려시대 율관의 소임에 관한 일고찰」, 『한국사상과 문화』 제54집, 한국사상문화학회, 2010, 213쪽.
60 박용운, 「고려시대의 어사대」, 『감사제도의 역사와 교훈』, 감사원, 1998, 21쪽.
61 류주희, 「고려 전기 중추원의 설치와 그 성격」, 『역사와 현실』 제72호, 한국역사연구회, 2009, 109쪽.

2. 지방경찰 활동

1) 사병司兵

사병司兵은 지방에서 군사업무를 담당한 부서로, 무신정권기의 사병私兵과 다른 것이다. 당시 지방의 군사활동은 성종 대 지방 주목州牧이 설치되기 전까지 거의 자치적으로 운영되고 있었다. 즉 그때까지만 해도 지방 행정조직은 직명이나 향직鄕職의 품계를 중앙의 것을 그대로 사용하고 있었다. 향직은 최고 책임자인 당대등堂大等, 다음 위계인 대등大等, 그리고 낭중朗中·원외랑員外郞·집사執事 등으로 구성되어 있었고, 이들은 주州·군郡·현縣의 행정을 담당하였다. 군사와 재정에 있어서도 중앙과 마찬가지로 병부兵部·창부倉部가 있었고, 각 부에 병부경兵部卿과 창부경倉部卿이 있었다.

그러다가 983년(성종 2년) 12주목州牧이 설치되어, 주·현의 향직단체의 장인 당대등을 호장戶長으로, 대등을 부호장副戶長으로, 낭중을 호정戶正으로, 집사를 사史로 개칭하는 등 격을 낮추면서 지방행정의 중앙집권화가 이루어졌다. 이 가운데 호장은 지방 군현의 토착세력 중 수위首位 집단이었다. 당시 전국의 12주州에는 외관外官이 파견되어 어느 정도 호장층이 간섭과 통제를 받았겠지만, 외관이 파견되지 않은 지역에서는 호장층이 행정과 재정사무를 관장했을 것이다.[62]

또한 군사업무를 담당하던 병부를 사병司兵으로 개칭하여, 중앙의 관서명과 구분하였다. 이어 987년(성종 6년)에 대감을 촌장村長으로, 제감을 촌정村正으로 고쳐 신분과 직무를 명확히 하였다. 그러나 이렇게 칭호가 개칭되고, 실무에 있어 주州·목사牧使의 직접적인 관할 하에 들어갔다고 해서, 업무상 큰 변화가 있었던 것은 아니었다. 다만 같은 업무를 수행하면서도 주·목사의 감독과 통제를 받아서 종전에 거의 자치에 가까웠던 지방행정

62　김갑동, 「고려시대의 호장」, 『한국사학보』 제5집, 고려사학회, 1998, 204쪽.

이 좀 더 중앙에 예속되었던 것뿐이다.

1018년(현종 9년) 각 주州·부府·군郡·현縣·진鎭의 인구수에 따라 사병의 관원수가 정해졌다.[63] 그리고 호장은 유사시 전투의 지휘관이 되어, 자기 고을을 방어하고 외적을 물리치는 역할을 하였다. 부호장은 유사시 2군 6위의 하나로 노동부대인 1품군의 중앙무관직 중 정7품인 별장別將이라는 관직에 임명되었다. 따라서 호장은 지역민들을 통솔하여 평상시에는 노역을 감독하였으나, 국가에 큰일이 벌어지면 자신의 읍을 고수하는 역할을 하였다.[64]

2) 안찰사按察使(안렴사安廉使)

안찰사는 지방행정구획인 5도五道(양광楊廣·전라全羅·경상慶尙·서해西海·교주交州道)[65]의 장관으로, 후기 도관찰출척사都觀黜陟使로 승격된 관직이다. 5도는 예종 대(1105~1122) 윤곽이 드러나지만, 하나의 고정된 제도로 확립된 때를 논할 경우 학계에 이견이 있다.[66] 안찰사라는 관직명은 1276년(충렬왕 2년) 안렴사安廉使로 바뀌고, 1308년(충렬왕 34년) 제찰사堤察使로 개칭되었으며, 1344년 충목왕이 즉위했을 무렵 다시 안렴사로 환원되었다. 그리고 1389년(창왕 원년) 도관찰출척사로 승격되었다.

---

63 그 수는 장정(壯丁) 1,000명 이상의 경우 병정(兵正) 2명·부병정(副兵正) 2명·장사(兵史) 10명이며, 500명 이상의 경우 병정 2명·부병정 2명·병사 8명이며, 300명 이상의 경우 병정 2명·부병정 2명·병사 6명이며, 100명 이상의 경우 병정 1명·부병정 1명·병사 4명이었다. 또한 동서(東西)의 제방어사(諸方禦使), 진(鎭)의 진장(鎭將), 현령관(縣令官) 휘하에서는 장정 1,000명 이상의 경우 병정 2명·부병정 2명·병사 6명이며, 100명 이상의 경우 병정 2명·부병정 2명·병사 6명이며, 100명 이하의 경우 병정 1명·부병정 1명·병사 4명이었다.

64 앞의 논문, 209~210쪽.

65 지금의 행정구역을 보면 양광도는 지금의 경기 남부·강원 일부·충청의 대부분 지역이며, 서해도는 황해도, 교주도는 강원도 영서지방이다.

66 박용윤, 『고려시대사』, 일지사, 2011, 139쪽.

임무는 도내의 주현을 순안巡按⁶⁷하면서 ① 수령의 현부賢否를 살펴 출척黜陟⁶⁸하는 일을 위시하여 ② 민생의 어려움을 살피고 그 대책을 세우는 일, ③ 형옥刑獄 업무에 대한 감찰, ④ 조부의 수납 관여, ⑤ 군사지휘의 기능 등을 맡아 보았다.⁶⁹ 또한 전임관으로서의 외직이 아니라 사명지임使命之任이었다. 이들은 경직京職을 가진 채로 차사差使되었고, 임기는 춘추에 교대되어 6개월이었으며, 사무기구도 갖지 않았다. 게다가 안찰사로 임명되는 사람이 대부분 5품 내지 6품으로, 상급 수령보다 품계가 낮았다. 따라서 이와 같은 점을 들어 안찰사를 도의 장관으로 보려는데 반대하는 입장도 있다. 그러나 고려시대 도제가 지니는 미숙성이라는 측면에서 이해된다.⁷⁰

따라서 고려 후기에는 이를 시정하려는 정책이 있었다. 1379년(우왕 5년) 안렴사의 임기가 1년으로 연장되었고, 1388년(우왕 14년) 도관찰출척사로 승격되면서 재추宰樞⁷¹로 임명되었다. 그리고 1389년(공양왕 원년) 이 관직에 경력사經歷司⁷²가 설치되어 권한이 강화되었다. 다음해 양계지역에도 도관찰출척사가 설치되었는데, 이는 전국의 지방통치기구가 일원화되었음을 의미한다.

3) 현위縣尉

현위는 군사적 성격이 강한 최하급 지방 행정기관장이다. 이를 알기 위해 먼저 지방제도를 알아보기로 한다.

---

67 각 처를 돌아다니며 민정을 살핌.
68 관직을 삭탈하여 물리치거나 올려 줌.
69 앞의 책, 139~140쪽.
70 앞의 책, 140쪽.
71 재부(宰府) : 백규(百揆), 서무(庶務)를 관장한 중서문하성의 상층조직, 하층조직은 간쟁·봉박을 담당한 낭사(郎舍)에 속한 2품 이상의 재상(宰相 : 2품 이상의 벼슬)을 말하며, '성재(省宰)'라고도 한다. 이들 관직자는 국왕과 함께 백관을 통솔하고, 국가정책을 의논·결정하는 일을 담당하였다.
72 전곡의 출납을 감독하기 위해 중앙의 도평의사사와 지방의 각 도에 설치되었던 기관.

군현제는 태조 대부터 마련되기 시작하여 성종 대(982~997)에 이르러 대대적인 개편이 이루어 졌다. 983년(성종2년) 12목牧이 설치되고, 992년(성종 11년) 주·부·군·현·관關·역驛·강江·포浦의 이름이 고쳐지는 과정을 거쳐, 995년(성종 14년) 군현제가 완성되었다. 이후 1012년(현종 3년) 12절도사가 폐지되고, 대신 5도호·75도 안무사가 설치되면서 기존 군현제가 소멸되었다. 그리고 1018년(현종 9년) 지방제도가 다시 크게 개편되면서 여러 도道의 안무사가 폐지되고, 4도호都護·8목牧·56지주군사知州郡事·28진장·20현령이 설치되었다.[73] 이로써 국초 전국의 군현 580여 읍 가운데 995년 73개의 외관에 이어, 116개의 외관이 설치되었다. 하지만 지방제도가 성종 대에 비해 많은 진전을 보았음에도 364개 읍에 외관이 파견되지 않은 채 속현으로 남아 있었다. 이와 같은 속현에 1106년(예종 원년)부터 감무監務가 파견되기 시작하였다.[74] 감무는 현령縣令보다 한층 낮은 지방관[75]으로, 임무는 유망민 방지, 공부貢賦(나라에 바치던 물건貢物과 세금[전세田稅])의 조달 원활, 농상農桑(농업과 양잠) 권장, 임목林木 관리 등이었다. 이후 1115년(예종 원년)부터 속군현에 본격적으로 최하직 외관인 감무監務가 증치되었다. 그 수는 현縣 감무로 1115년(예종 원년) 17개, 1117년(예종 3년) 32개, 1172년(명종 2년) 22개, 1390년(공양왕 2년) 19개 등이었고, 군郡 감무로 1115년(예종 원년) 5개, 1172년(명종 3년) 32개, 1390년(공양왕 2년) 5개 등이었다. 이는 고려 조정이 속현까지 중앙의 행정력을 점차 침투시키고 있음을 보여준다.[76]

---

73 박용윤 외, 『고려시대사의 길잡이』, 일지사, 2009, 68~73쪽.
74 이수건, 『조선시대 지방행정사』, 민음사, 1989, 50~51쪽.
75 고려가 원의 지배에 들어간 시기부터 수령의 임용제도가 더욱 문란해졌으며, 이는 중앙집권화를 약화시키는 한 요인이 되었다. 공민왕은 이러한 폐단을 덜기 위해 1353년(공민왕 2년) 경관(京官) 7품으로서 현령·감무에 충당하고, 1359년(공양왕 8년)에 감무를 '안집별감(安集別監)'으로 고쳐 5·6품으로 승격시켰으나 폐단은 여전하였다. 1413년(태종 13년) 감무를 현감(縣監)으로 개칭하였다. 앞의 책, 54쪽.
76 박용운, 『고려시대사』, 2011, 일지사, 151쪽.

그 과정에서 문종 대(1046~1083) 현縣에 7품 이상인 영令 1인과 8품인 위尉 1인을 두었다는 기록이 있다.[77] 당시 현에 파견된 영 1명과 위 1명은 관리의 품질品秩에 있어 장將 1명(7품 이상)과 부장副將 1명(8품 이상)을 두었다는 '진鎭'과 같다고 볼 수 있다.[78] 그런데 일부 학계에서 현위縣尉를 오늘날 경찰서장 또는 경찰서장 격으로 보거나, 위가 근무하는 위아尉衙를 경찰서로 보는 견해가 있다.[79] 하지만 상식적으로 상급 고을인 주, 부가 아닌 최하급 행정단위인 현에만 경찰서와 경찰서장 또는 경찰서장격인 관직자를 두었다고 보는 것은 이해하기 어렵다.[80]

또한 『고려사』·『고려사절요高麗史節要』, 『세조실록世祖實錄』 등에 보이는 기록을 보면, 첫째 현위는 모든 현에 설치되어 있었던 것이 아니며, 둘째 현위가 설치된 지역은 대체로 군사적 중요성이 큰 바닷가 지역이거나 교통요충지 또는 중심지이고,[81] 셋째 문과에 급제한 사람들의 초입사직初入仕職

---

77 高麗史77卷 - 志31 - 百官2 - 外職 - 諸縣 - 001
   ○ 諸縣文宗定：令一人七品以上；尉一人八品. 睿宗三年諸小縣置監務. 高宗四十三年罷諸縣尉. 恭愍王二年縣令監務以京官七品以下充之. 後改諸道縣令監務爲安集別監以五六品爲之. 辛昌時復改爲縣令監務秩仍五六品. 제현(諸縣 : 여러 현) 문종 때 정하였다. 현령은 1명으로 7품 이상으로 하고, 현위는 1명으로 8품으로 하였다. 예종 3년 여러 작은 현에 감무를 두었다. 고종 43년 여러 현의 현위를 없앴다. 공민왕 2년 현령과 감무는 경관 7품 이하로 충당하였다. 뒤에 여러 도의 현령과 감무를 고쳐 안집별감이라 하고, 5·6품의 관리를 임명하였다. 창왕 때 다시 고쳐 현령·감무라 하고 품계는 그대로 5·6품으로 하였다.
78 하현강, 『한국 중세사 연구』, 일조각, 1988, 269쪽.
79 경찰대학, 『한국 경찰사』, 2015, 71쪽; 김형중, 『한국중세경찰사』, 수서원, 1998, 117~118쪽 : 임규손, 「고려왕조의 경찰제도」, 『동국대학교 제11집』, 1978, 215~216쪽; 치안국, 『한국 경찰사 I』, 1972, 101쪽; 허남오, 『한국 경찰제도사』, 지구문화사, 2013, 70쪽. 특히 김형중은 여전히 위아를 경찰서로 보고 있으며, 현위를 "오늘날의 경찰서장 격으로, 1개의 현에 행정관인 현령과 함께 치안을 담당했던 치안관이 분명하다"고 주장하였다.(『한국 경찰사』, 2020, 257쪽)
80 김형중은 앞에 쓴 「고려시대 현위제의 실체에 관한 소고(211쪽)와 『한국 경찰사』(2020, 257쪽)에서 "오늘날 한 구(區)에 구청장과 경찰서장 또는 군(郡)에 군수와 경찰서장 직책의 두 관청을 두고 운영하는 행정조직 체계의 기원점이 된다고 볼 수 있겠다"고 주장하였다.
81 高麗史80卷 - 志34 - 食貨3 - 祿俸 - 外官祿 - 002
   文宗朝定：二百七十石〔知西京留守官〕二百二十三石〔東京留守使〕二百石〔西京副留守南京留守八牧使安西大都護使〕一百二十石〔南京副留守八牧副使安西大都護副使〕一百石〔蔚禮金梁豐等防禦使〕八十六石十斗〔開城府使東西南京判官八牧判官安西大都護判官仁水原公洪俠春東交平谷等州使天安南原長興原山安東等府使古阜靈光靈岩寶城昇平等郡使〕六十六石十斗〔東京副留守〕四十六石十斗〔東西南京司錄叅軍事禮金豐等州防

으로 활용되었으며,[82] 넷째 조선 초기 집현전 직제학 양성지가 춘추 대사·

饗副使)四十石〔開城府副使東西南京掌書記八牧安西大都護司錄仁水原公洪俠春東交平谷等州副使天安南原京山安東長興等府副使古阜靈光靈岩寶城昇平等郡副使蔚州防禦副使白嶺鎭將〕三十三石五斗〔禮州防*御{饗}判官〕三十五石五斗〔梁*州防禦判官〕三十石〔開城府判官〕二十六石十斗〔仁水原公洪俠春東交平谷等州判官天安南原京山安東古阜靈光靈岩寶城昇平判官江東江西中和順和江華固城南海巨濟一善管城大*(??)(大丘)〕義城順安基陽遂安瓮津臨陂進禮金堤富城嘉林陵城耽津瓮津海陽等縣令白嶺鎭副使〕二十斗〔東西京八牧安西大都護蘐法曹江華一善管城大丘義城順安基陽遂安瓮津臨陂進禮金堤富城嘉林陵城耽津瓮津海陽等縣尉〕十六石十斗〔固城縣系尉〕十三石五斗.(강조는 인용자)

문종 조에 지방관의 녹봉을 다음과 같이 정했다.

270석【지서경유수사】223석【동경유수사】200석【(서경부유수, 남경유수), 8목의 목사, 안서대도호사】120석【남경부유수, 8목의 부사, 안서대도호부사】100석【울주·예주·금주·양주·풍주 등 방어사】86석 10말【개성부사, 동경·서경·남경의 판관, 8목의 판관, 안서대도호판관, 인주·수주·원주·공주·홍주·협주·춘주·동주·교주·평주·곡주 등 주사(州使), 천안부·남원부·장흥부·경산부·안동부 등 부사(府使), 고부군·영광군·영암군·보성군·승평군 등 군사(郡使)】66석 10말【동경부유수】46석 10말【동경·서경·남경의 사록과 참군사, 예주·금주·풍주 등 방어부사】40석【개성부사부, 동경·서경·남경의 장서기, 8목·안서대도호부의 사록, 인주·수주·원주·공주·홍주·협주·춘주·동주·교주·평주·곡주 등 부사, 천안부·남원부·경산부·안동부·장흥부 등 부사, 고부군·영광군·영암군·보성군·승평군 등 부사, 울주·양주의 방어부사, 백령진장】33석 5말【예주·금주 등 방어판관】30석 5말【울주·양주의 방어판관】30석【개성부판관】26석 10말【인주·수주·원주·공주·홍주·협주·춘주·동주·교주·평주·곡주 등 판관, 천안부·남원부·경산부·안동부·고부군·영광군·영암군·보성군·승평군의 판관, 강동현·강서현·중화현·순화현·강화현·고성현·남해현·거제현·일선현(경상도 선산)·관성현(충청도 옥천)·대구현·의성현·순안현(이상 경상도, 管城은 고려 말엽 전에는 경상도 경산부 소속)·기양현·수안현·옹진현·임피현·진례현·금산현(이상 전라도, 금산은 조선 건국 후 충청도 소속으로 바뀜)·김제현·부성현(충청도 서산)·가림현(충청도 임천)·능성현(전라도 화순)·탐진현(전라도 강진)·해양현·금구현 등 현령, 백령진부장】20석【동경·서경·남경·8목·안서대도호부의 법조, 강화현·일선현·관성현·대구현·의성현·순안현·임피현·진례현·김제현·부성현·가림현·능성현·탐진현·옹진현(황해도)·해양현(동계 길주) 등 현위】16석 10말【고성현의 현위】13석 5말.(강조는 인용자)

高麗史80卷 - 志34 - 食貨3 - 祿俸 - 外官祿 - 004

仁宗朝定

鎭溟 縣尉 26石 10斗

龍岡, 咸從, 通海, 永淸, 高城, 杆城, 金壤, 翼嶺, 三陟, 蔚珍, 瓮津, 固城 等 縣尉 23石 5斗

西京 六縣系尉, 嘉林, 富城, 臨陂, 進禮, 金堤, 海陽, 綾城, 耽羅, 管城, 大丘, 一善, 江華, 義城, 順安, 東萊, 遂安 等 縣尉 諸監務 20石.

인종 조에 지방관의 녹봉을 다음과 같이 정했다.

진명 현위 26석 10두

용강, 함종, 통해, 영청, 고성, 간성, 금양, 익령, 삼척, 울진, 옹진, 고성 등 현위 23석 5말(이상 모두 해안지역으로, 군사 요충지임, 강조는 인용자)

서경 육현위, 가림, 부성, 임피, 진례, 금제, 해양, 능성, 탐라, 管城, 대구, 일선, 강화, 의성, 순안, 동래, 수안 등 현위 제감무 20석.

82 高麗史98卷 - 列傳11 - 金守雌

○ 金守雌字翼甫舊名理尙州人少喪父負笈遊學四方中第調金壤縣系縣遷國學學諭弃去杜門不出理田園鬻蔬以自給日與兒童講習爲樂.

김수자는 자가 계보이며 옛 이름은 김리(金理)이다. 상주 사람으로 어릴 때 아버지를 여의고 책 상자를 짊어지

오경·문묘 종사·과거·기인 등에 관한 상소에서 현위를 군사적 성격의 직책으로 규정하고 있다는 점[83] 등을 고찰한 결과, 현위는 군사적 성격이 강한 지방 관직으로, 치안 임무는 부수적으로 수행하였을 것으로 판단된다.

한편 의종과 명종 이래 중앙에서는 권력 이동이 잦고, 기강에 문란해짐에 따라 지방에서는 민란이 자주 일어났다. 게다가 도적도 각 처에서 횡행하면서, 종래 지방 관리인 현령과 현위가 이에 적절히 대처하지 못했고, 소속관리들이 주민의 재산을 수탈하고, 괴롭히는 일도 발생하였다.[84] 특히 대

고 사방으로 돌아다니며 공부하였다. 과거에 급제하여 금양현위(金壤縣尉)가 되었다가 국학학유(國學學諭)로 자리를 옮긴 후 관직을 버리고 두문불출하였다. 논밭(田園)을 경작하고 채소를 팔아 스스로 풍요롭게 하였고 날마다 아동들과 배우고 익히는 것으로 즐거움을 삼았다.

高麗史101卷 - 列傳14 - 崔遇淸

○ 崔遇淸忠州吏仁宗朝登第調進禮縣尉.

최우청은 충주의 주리로 인종 조에 급제하여 진례현위가 되었다.

高麗史106卷 - 列傳19 - 李湊

○ 李湊字浩然金馬郡人. 高宗時登第調富城縣尉入爲都兵馬錄事選直史館以事落職尙書金敞愛其才薦補校書郞累遷起居舍人.

이주는 자가 호연이며 금마군 사람이다. 고종 때 급제하여 부성현위가 되었다가 내직으로 들어와 도병마녹사가 되었으며, 직사관에 뽑혔지만 어떤 일로 관직에서 물러났다. 상서 김창이 그의 재주를 아껴 천거하여 교서랑에 보임되었다가 여러 차례 자리를 옮겨 기거사인이 되었다.

83 世祖 3卷, 2年(1456 丙子 / 명 경태(景泰) 7年 3月 28日(丁酉) 3번째 기사

一, 諸鎭置尉. 蓋秦法每郡守以治民, 尉以治兵. 前朝於西北面, 設分道將軍, 以主兵事, 又有鎭將'有縣尉. 今八道六十一處, 稱某州道, 又稱某鎭, 或領左右翼, 或自爲一鎭, 皆置軍兵, 使之團鍊, 以戒不虞, 誠良法也. 然守令簿書期會'使客支待'出納錢穀' 聽理詞訟' 勸農興學, 一應民事, 尙未能辦, 亦安能專心治兵, 以備緩急乎? 乞於各鎭, 依例置尉, 若未能皆置, 則其有判官處, 又武交差, 無判官處, 特令置尉.

1. 제진(諸鎭)에 위(尉)를 두는 것입니다. 대개 진(秦)나라 법(法)에 매양 군수(郡守)는 치민(治民)을 하고 위(尉)는 치병(治兵)을 하였으며, 전조(前朝)에서는 서북면(西北面)에 분도장군(分道將軍)을 설치하여 병사(兵事)를 주관하고, 또 진장(鎭將)을 두고 또 현위(縣尉)를 두었습니다. 이제 8도(八道) 61처(處)에 모주(某州)·모도(某道)라 일컫고, 또 모진(某鎭)이라 일컬으며, 혹은 좌우익(左右翼)을 영도(領導)하고 혹은 스스로 한 진(鎭)이 되어, 모두 군병(軍兵)을 두고 단련(團鍊)하게 하여 불우(不虞)를 경계하니, 진실로 양법(良法)입니다. 그러나 수령은 부서(簿書)를 회계(會計)하고 사객(使客)을 지대(支待)하며, 전곡(錢穀)을 출납(出納)하고 사송(詞訟)을 청리(聽理)하며, 농사(農事)를 권장하고 학교를 일으키는 모든 민사(民事)를 오히려 판리(辦理)할 수 없는데, 또한 어찌 전심(專心)으로 치병(治兵)하여 위급(危急)한 때에 대비하겠습니까? 빌건대 각진(各鎭)의 예(例)에 따라 위(尉)를 두되, 만약 모두 둘 수가 없다면, 그 판관(判官)이 있는 곳은 또 무장(武將)으로 교차(交差)하고, 판관이 없는 곳은 특별히 위(尉)를 설치하게 하소서.

84 高麗史 20卷 - 世家 20 - 明宗 2-12-09-1182 (『고려사 절요』 12-1182 - 명종 12-02에도 같은 내용이 있다.)

管城縣令洪彦侵漁百姓*濫(淫)荒無度. 吏民殺彦所愛妓又殺妓母及兄弟遂執彦幽之. 有司按問流首謀者五六

몽항쟁이 전개되면서 삼별초가 지방까지 치안을 담당하면서 현위의 역할이 크게 축소된 것으로 보인다. 1256년(고종 43년)에 여러 현위가 폐지된 기록이 있으나 모든 직이 삭제되었는지는 알 수 없다.[85]

4) 순관巡官

순관은 도道별로 교통 연락의 임무를 주로 담당하는 역驛을 순찰·감독하는 병부兵部 소속의 관원이다. 1028년(현종 19년)에 순관을 관역사館驛使로 개칭했는데, 이는 순관의 '순巡'자 음이 현종의 이름 '순詢'과 같기 때문에 왕명을 피하기 위해서였다. 고려 말기 관역사의 호칭이 역승驛丞 또는 별감別監으로 개칭되었다.

순관이 근무하는 역참驛站은 공문의 전달·관물의 압송 및 출장 관원의 편의제공 등을 담당하는 기관으로, 역리驛吏·역정驛丁·역마驛馬 등이 배치되었다. 그 중에서도 군사정보의 전달이 중요했기 때문에 병부兵部에 속해 있었다. 또한 중앙기관에서 지방으로 가는 공문서는 반드시 청교역靑郊驛(오늘날 개성역)을 통하였고, 청교역 관역사는 그 시행여부를 상서성에 공식 문건으로 보고하였다.[86]

人彦亦廢錮終身. 又富城縣令與縣 尉不相能害及無辜一縣不堪苦. 逐殺尉衙宰僕及婢因閉令尉衙門使不得出入. 有司奏∶"二縣悖逆莫甚請削官號勿置令尉" 從之.

관성현령 홍언이 백성을 침탈하고 음탕하고 거칠기가 한도가 없었으므로 향리와 백성들이 홍언의 총애하는 기생을 죽이고 또한 기생의 어미와 형제를 죽이고는 마침내 홍언을 잡아다 가두었다. 해당 관청에서 죄를 조사하여 심문하고는 주모자 대여섯 명을 유배 보내고, 홍언에게도 관직을 박탈하고 종신토록 벼슬에 나가지 못하게 하였다. 또 부성현령은 현위와 사이가 나빠 폐해가 죄 없는 백성에게 미쳤다. 온 현의 사람들이 고통을 견디지 못하다가 마침내 현위와 남자종 및 여자종을 살해하고 현령과 현위의 아문을 폐쇄하여 출입하지 못하게 하였다. 해당 관청에서 아뢰기를, '두 현(관성현과 부성현)의 패역함이 막심하니 청컨대 고을 칭호를 삭제하고 영·위를 두지 마십시오'라 하였다. 왕이 그대로 따랐다.

85 節要(『고려사』) 17-1256 - 고종 43-09
    罷諸縣系尉.
    여러 현(縣)의 위(尉)를 파했다.

86 김은경, 「고려시대 공문서의 전달체계와 지방행정운영」, 『한국사 연구』 제122집, 한국사연구회, 2003, 47~48쪽.

이와 함께 그 기반이 되는 역驛은 중요한 교통수단이며, 동시에 국가의 명령을 전달하는 체계로, 성종 대에는 공해전公廨田이 지급되기도 하였다. 전국에 525개의 역을 두고 이를 22도道의 관할 하에 두었으며, 도로를 대·중·소의 3로路로 구별하였다. 역도 그 위치와 역사役事의 경중에 따라 6과科, 즉 6개 등급으로 나누고, 이 역로驛路의 구간을 획정하여 10개의 역을 한 도道로 묶었다.

한편 강에는 진津이 있어 진졸津卒이 배치되어 있었고, 순관 또는 역승이 이 진의 순찰 및 감독을 하였을 것으로 보인다.

5) 금화원禁火員

수도 개성과 각 지방 창고소재지에서 방화업무를 한 관원이다. 1066년 (문종 20년) 2월에 개성의 큰 창고인 운흥창雲興倉에 불이 나 여러 해 동안 보관하였던 곡식을 잃게 된 사건이 발생하였다. 이에 대한 대비책으로 방화업무를 전담하는 관원을 둔 것이 그 시초이다.

이들 금화원에 대해서는 어사대御史臺가 수시로 근무상태를 확인하였고, 만일 업무를 소홀히 하면 지위 고하를 불문하고 먼저 구류하는 조치를 취하였다.

6) 향리鄕吏

국가로부터 향리의 직역을 분장 받은 호부층豪富層[87]은 나말려초羅末麗初의 관반官班조직을 계승하면서 읍사를 구성하여 지역을 지배하였다. 읍사의 하부단위에는 촌장·촌정이라는 직임이 있어 촌성村姓이 분장되는 지

87　지방사회의 상층 계급을 말하며, 호족이 족단이라는 혈연집단을 상정하는 것과 달리 호세부민(豪勢富民) 즉 지방사회에서 사회적·경제적으로 지배적인 위치에 있는 집단을 말한다.

역촌 단위 영역에서 지배를 담당하였다. 이들의 임무는 답험손실법踏驗損失
法[88]의 운영이나 역역力役 부과와 관련이 있었다.[89] 따라서 조정에 의해 지
방관이 파견되었다 하더라도 향리의 자치적 지배가 이루어졌고, 지방관에
게는 이들에 대한 규찰임무가 있었다.

---

88 고려 말부터 조선 초기까지 농사 작황의 현지조사에 의한 답험법(踏驗法)과 작황 등급에 의한 손실법(損失法)
    을 병용한 수세법(收稅法)이다.
89 채웅석, 「고려시대 향촌지배질서와 신분제」, 『한국사 6 : 중세사회의 성립 2』, 한길사, 1994, 74쪽.

제2장
고려 후기

고려는 강력한 중앙집권제도를 확립하여 유교적인 통치기구를 정비하고 과거제를 실시해 나가면서, 유신儒臣을 중심으로 한 관료체제를 확립하였다. 이에 반하여 무신들의 지위는 저하되었고, 그 불만이 극에 달하였다. 결국 1170년 무신정변(의종 24년)이 일어났고, 1196년(명종 26년) 병진정변도 일어나 최충헌이 집권하면서 최씨정권이 수립되었다. 이후 1258년(고종 45년) 최의가 김준·임연 등에 의해 제거되자 비로소 무신의 전제정치가 붕괴기에 접어들었다.

그 과정에서 최우가 집권한 때인 1231년(고종 18년) 몽골이 침입해 왔다. 몽골은 고려와 화친을 하고서도 무리한 금품을 요구하는 등 끈질지게 괴롭혔다. 이에 최우는 단호한 결정을 내리고, 다음 해인 1232년 강화도로 천도하여 장기전인 대몽항쟁에 들어갔다. 하지만 국토는 피폐해졌고, 백성도 지칠 대로 지치게 되었다.

집권가의 경호를 위해 창설된 사설 무력기구인 도방都房은 큰 규모로 확대되었고, 최고 권력기관으로 군국軍國의 서정庶政을 관장하는 교정도감教定都監[1]이 설치되었다. 2군6위는 무신들이 세력유지를 위해 사병私兵을 양성

---

1   원래 1209년(희종 5년) 최충헌 부자를 살해하기 위해 모의한 청교역(靑郊驛 : 경기도 개풍군)의 역리와 승도

하자 빠르게 무너져갔다. 무신들은 국가國家 공병公兵을 허약하게 만들기까지 하면서 자신들의 무력기반을 확보하기 위해 노력하였다.

1257년(고종 44년) 몽골에서 강화요구 조건을 양보해 오고, 고려에서도 다음해인 1258년 대몽 항쟁을 주도해온 최씨 정권이 무너짐으로써 강화교섭은 직전을 보게 되었다. 그 후 몽골이 고려가 강화 조건으로 제시한 국가의 존속 보장과 몽골군의 즉각적인 철수 등 요구사항을 모두 수락함으로써 양국 간에 강화가 성립되었다. 하지만 1264년(원종 5년) 몽골에서 친조를 요구하자, 무신들을 중심으로 다시 반몽 여론이 일어났다.

더욱이 몽골이 일본 원정을 위해 군대와 물자를 지원해 줄 것을 요구하자 반대 여론이 크게 고조되어, 원종元宗을 중심으로 한 강화파와 충돌하게 되었다. 그런 가운데 새로운 무인집정인 김준이 살해되고, 1269년(원종 10년) 임연이 독단으로 원종을 폐위한 사건이 발생하였다. 이 사건으로 당시 몽골에 가 있던 세자(뒤의 충렬왕)가 몽골에 지원을 요청하여 원종은 복위되었지만, 결과적으로 몽골이 고려의 내정에 깊이 간섭하는 계기가 되었다.

1270년(원종 11년) 무신정권이 붕괴되고, 왕정이 복구되었으나 원으로부터 많은 압력을 받게 되었다. 먼저, 고려가 1274년(원종 15년)과 1281년(충렬왕 17년) 두 차례에 걸쳐 일본원정에 징발되었다. 이때 고려는 원의 요구에 따라 군량을 공급하고, 선박을 건조했으며, 직접 군사를 동원해 피해가 매우 컸다. 다음, 원은 일본정벌을 위해 고려에 원의 관청인 '정동행성征東行省'2을 설치하였다. 그러나 원은 일본정벌을 단념한 뒤에도 이 기관을

등을 수색·처벌하기 위해 영은관(迎恩館 : 개성 흥국사 남쪽)에 설치했던 임시기구였다. 그러나 이후 계속 존속하면서 최충헌의 반대세력을 제거할 뿐만 아니라, 국가의 비위에 대한 규찰과 전국의 공물과 특별세 등 세정(稅政)사무 및 인사행정을 담당하는 등 국정을 총괄하는 중심기관이 되었다. 다른 말로 교정소(敎定所)라고도 하며, 1270년(원종 11년) 당시의 집권무신 임유무가 피살됨과 동시에 폐지되었다.

2   원래 명칭은 '정동행중서성(征東行中書省)'으로, '정동'은 일본정벌을 뜻하는 것이고, '행중서성'은 중앙정부 중서성(中書省)의 지방파견기관을 뜻한다. 1280년(충렬왕 6년)에 처음 설치되었으며, 일본 원정이 실패하자 곧 폐지되었다. 두 번째 설치는 1283년(충렬왕 9년)이었고, 세 번째는 1285년(충렬왕 11년)이었다.

존속시켜 고려를 통치하기 위한 관부로 삼았다. 그러나 실제로는 정동행성의 장관인 승상은 고려 국왕이 겸하고, 그 밑의 관원도 고려 국왕이 임명한 고려인으로 채워져 명의상·형식상이었다. 임무는 고려와 원 사이의 의례적인 행사인 원으로 하정사賀正使를 파견하는 일이었다. 오히려 정동행성의 부속기구인 '이문소理問所'[3]가 원의 세력을 등에 업고, 불법적으로 사법권을 행사해 폐단이 많았다. 그리고 고려의 관제가 격하되었다. 3성6부의 체제는 중서문하성과 상서성을 합쳐 첨의부僉議府라 하고, 6부六部는 4사四司로 축소되었으며, 중추원은 밀직사密直司로 개칭되었다.

대몽항쟁이 끝날 무렵 군사제도는 주로 별초가 유지된 반면, 2군6위는 중앙 상비군으로서의 면모를 거의 상실하였다. 군인전이 제대로 지급되지 않으면서 군인의 경제적 기반은 박탈되었고, 무예가 뛰어난 군사는 앞에 쓴 데로 무신집권자의 사병私兵 조직에 편입되었다. 이후 무신정권이 붕괴되고, 고려가 원의 간섭을 받던 때에 2군6위를 강화하려는 노력이 있었다. 하지만 원의 정치적 통제와 국가재정, 그리고 권세가들의 군인전 탈점으로 인해 성공하지 못했다. 지방군도 12세기 이래 주현군 조직이 무너졌기 때문에 제 기능을 수행하지 못했다. 또한 일본 원정 후 해안지역에 만호부가 설치되면서 고려의 지방군제도 원의 영향을 받아 변모하였다.[4]

---

3 정동행성에는 이문소, 도진무사(都鎭撫司), 유학제거사(儒學提擧司), 의학제거사(醫學提擧司), 권농사(勸農司)라는 부속 관서가 있었다. 이 가운데 이문소는 대원관계 범죄를 다스리는 임무로 출발하였으나 차츰 부원세력(附元勢力)을 규합하고 대변하는 역할로 그 성격이 변질되었다. 소속관원으로 이문 2명(정4품), 부이문(副理問) 2명(종5품), 지사(知事) 1명, 제공안독(提控案牘) 1명이 있었다.

4 박용운 외, 『고려시대사의 길잡이』, 일지사, 2009, 133쪽.

1. 삼별초三別抄[5]

삼별초는 처음 포도捕盜와 금폭禁暴을 주요 임무로 창설된 부대로, 신의군神義軍 · 좌별초左別抄 · 우별초右別抄로 이루어졌다. 그러나 시간이 지남에 따라 정권에 반기를 드는 시도를 차단하는 사병 성격의 공병公兵부대, 그리고 몽골군에 대항한 전투부대로 변화되었다. 초기 부대의 지휘관은 중랑장 이하 하급 장교들로, 복잡한 지휘계통을 거치지 않고 집권자와 곧바로 연결되었다는 점에서 특별한 위상을 갖고 있었다.

삼별초를 처음 조직한 사람은 무인집정인 최우이며, 당시 명칭은 야별초夜別抄였다. 근거로『고려사』권81「병지1 병제兵制 원종 11년(1270) 5월」에 "처음에 최우가 국중國中에 도적이 많은 것을 근심하여 용사를 모아 매일 밤 순행巡行하여 폭행을 막게 했으므로 야별초夜別抄라 불렸는데, 도적이 여러 도에서 일어남에 별초를 나누어 파견하게 잡게 하였던 바, 그 군사가 심히 많아져서 드디어 좌우(별초)로 삼았다. 또 국인國人으로서 몽골에서 도망하여 온 자를 일부로 삼아 신의(군)이라 불렸으니, 이것이 삼별초이다"는 기록을 보면 알 수 있다. 또한 1232년(고종 19년) 6월 강화로 천도하는 문제가 논의되고 있을 때, 이를 반대하고 나선 김세충의 지위가 야별초지유夜別抄指諭였다는 것에서 이 야별초에 대한 편년이 처음 나타나고 있다. 따라서 최우가 1219년(고종 6년) 집권하였음을 볼 때, 1219년부터 1232년(고종 19년) 사이에 창설되었음을 알 수 있다. 그리고 삼별초의 하나인 신의군이라는 명칭은 1257년(고종 44년) 보이고, 좌별초와 우별초에 관한 기록은 다음 해인 1258년(고종 45년)에 찾을 수 있다.

---

5   박용운의『고려시대사』(2011, 일지사)에 나오는 삼별초 내용(507~511쪽)을 중심으로 정리하였다. 다른 참조는 출처를 밝혔다.

삼별초는 앞에 쓴 데로 포도捕盜가 주요 임무 중 하나였다. 이들에 의해 금제의 대상이 된 도盜는 남의 물건을 훔치는 순수 도적을 지칭하면서도, 당시 조정에 항거하여 각지에서 일어난 백성도 그 속에 포함되었던 것으로 보인다. 또한 지방에 파견되어 군사임무를 수행하기도 했다. 이 경우 조직과 소속은 어디까지나 경군京軍이었다. 삼별초를 따로 경별초京別抄로 부른 것도 그 때문으로 짐작된다. 따라서 그러한 임무와 역할은 종래 군사조직이 유명무실해져 제구실을 다하지 못하였기 때문이었다.

또한 『고려사』 권81 「병지1 병제兵制 원종 11년(1270년) 5월」에 "권신權臣[6]이 집권하자 이들(삼별초)을 조아爪牙[7]로 삼고, 그 봉록을 후하게 하며, 혹 사사로이 은혜를 베풀기도 하고, 또 죄인의 재물을 적몰籍沒[8]하여 주기도 하였으므로, 권신은 마음대로 부릴 수 있었고 (이들도) 앞을 다투어 힘을 다하였다. 김준이 최의를 주살誅殺[9]하고, 임연이 김준을 주살하며, (송)송례가 (임)유무를 주살함에 있어서도 모두 이들의 무력에 의하였다"라는 기사에서 정권에 반발하는 자들을 처단하는 등 사병 성격의 공병公兵부대 역할도 하였다.

한편 고려 조정이 원종 대에 이르러 몽골과의 강화를 급속도로 추진하자 몽골이 그 전제조건인 출륙환도出陸還都를 강력히 요구하였다. 몽골 조정에 친조親朝했던 원종은 1270년(원종 11년) 이를 수락하고, 모두 환도할 것을 명하였다. 이에 삼별초는 불복하고 개성정부와 몽골에 함께 대항하면서, 왕족인 승화후承化候 온溫을 국왕으로 받들고, 새 정부를 수립하였다. 이들은 사세事勢(일이 되어 가는 형세)를 감안하여 본거지를 남해의 요충인 진도

---

6 권세를 잡은 신하.
7 손톱과 어금니를 아울러 이르는 말로 매우 쓸모 있는 사람이나 물건을 비유적으로 이르는 말.
8 중죄인(重罪人)의 재산을 몰수하고 가족까지도 처벌하던 일.
9 죄를 물어 죽임.

로 옮기고, 주변의 거제·제주 등 여러 섬을 지배하는 한편, 남방 주민의 호응을 얻어 한 때 크게 세력을 펼쳤다. 그러나 1년여 만에 진도는 여·몽 연합군에게 함락되었고, 남은 군사들이 제주로 옮겨 김통정을 중심으로 항전했으나, 이들 역시 1273년(원종 14년) 평정되고 말았다.

2. 순마소巡馬所[10]

순마소는 고려 조정이 개성으로 환도한 후 개성 내 방도防盜, 순작巡綽 등 야간경비를 담당하기 위해 설치한 기관이다. 그러나 시위군侍衛軍 및 방수군防戍軍의 역할, 옥의 운영 및 신문, 일반 소송사건의 개입 등 막강한 권한으로 조정의 중추적인 기관으로 자리매김하였다.

몽골군이 고려 조정의 환도 후 점차적으로 물러가자 개성의 순찰활동·치안유지를 위한 조직의 정비가 이루어지게 되었다. 그 과정에서 몽골은 개성의 치안유지를 고려 국왕에게 직속되었던 순검군이 담당하는 것을 원하지 않았다. 따라서 몽골의 주도로 새로운 도성 치안기구가 창설되었고, 이 기관이 바로 순마소巡馬所로, 흔히 순군巡軍이라고 하였다.

창설 시기는『고려사 절요』권20에 1278년(충렬왕 4년) 4월 순군에 대한 기록이 나온 것을 감안하면, 이 연도 이전이라고 추정된다. 순마소는 달로화치達魯花赤에 의해 몽골의 제도를 참작하여 만들어진 것으로, 주로 정치적 변란이나 범죄행위가 발생하기 쉬운 야간에 순찰활동을 하고, 통행금지를 실시하는 것이 임무였다. 그리고 포도捕盜 활동을 비롯하여 민간의 싸움, 우마의 도살, 몰려다니면서 다른 사람의 재물을 탈취하고 부녀자들을 희롱하거나 또는 우마를 잡아먹는 등 질서를 문란 시키는 악소배惡小輩들에 대한 규찰 등 여러 가지 활동을 하는 것이었다. 이와 같은 활동은 최종적으로 궁

---

10 박진훈의 「고려시대 개경 치안기구의 기능과 변천(『고려시대의 형법과 형정』, 국사편찬위원회, 2002)을 정리하였다.

성과 국왕의 안전을 담보하는 것이었기 때문에 순군巡軍은 국왕의 시위군으로서의 역할도 담당하였다.

그러나 이전의 순검군과는 다른 점이 있었다.

첫째, 왜적이 남부 해안지대를 침범하여 노략질을 하자, 홀치忽赤 등과 함께 순마소에서 군사를 선발하여 왜적의 침입이 빈번한 경상도와 전라도를 수비하게 하였다. 즉, 순군은 방수군防戍軍으로서의 역할을 담당하였다.

둘째, 순마소는 범죄자를 투옥할 수 있도록 자체적으로 옥獄(순군옥巡軍獄, 순마옥巡馬獄)을 갖고 있었다. 순마소의 본래 임무가 도성 내 치안유지 기능을 담당하는 것이었으므로, 순군옥에는 도성 내 질서를 문란하게 한 자나 도적 등 일반 범죄자를 수용하였다. 따라서 순군옥은 원래 전법옥典法獄(전법사의 옥)보다 하위의 옥으로서, 죄질이 낮은 경범죄를 범한 사람들이 투옥되는 곳이었다. 그러나 순마소는 몽골이 주도권을 가지고 행사할 수 있는 무력기관이었고, 이를 통해 고려 조정에 정치적 압력을 행사할 수 있는 유효적절한 기구였으므로, 일반 형사범만이 아니라 관리들을 비롯하여 정치적 사건에 관련된 사람들도 투옥하였다. 고려 국왕이 순군을 통솔하게 된 뒤에도 마찬가지로 정치적 사건의 연루자들이 순군옥에 투옥되는 경우가 다반사였다. 이는 당시 불안정한 정정政情 하에서 국왕 자신이나 자신의 내료內僚[11] · 폐료嬖僚[12]가 통솔하는 무장병력인 순군이 관할하는 순군옥이 전법옥 보다 훨씬 안전하였고, 또한 정치 사범들을 처리하는데 있어 국왕이 주도권을 가지고 행사하는 데 훨씬 더 수월하였기 때문으로 보인다.

셋째, 순마소는 옥獄을 갖게 되면서 투옥된 사람들을 신문할 수 있게 되었고, 그 과정에서 고문을 시행하는 등 취조를 직접 담당한 것으로 보인다. 이에 따라 순군은 고려 조정의 중추적인 권력기관으로 자리 잡게 되었고,

---

11 궁중에서 전명(傳命) 등에 종사하던 관리.
12 총애하는 신하.

이해관계가 걸린 사건의 처리를 순마소를 통하여 해결하려는 사람들도 늘어나게 되었다.

넷째, 이와 같이 순마소가 도성의 치안유지를 담당하는 기관에 머물지 않고, 국왕의 시위군 및 방수군으로서의 역할, 옥의 운영 및 신문, 일반 소송사건에의 개입 등 막강한 권력을 행사하게 되면서 사적인 재원의 확보, 경제기반의 확보에도 주력하였다. 즉 조정이 순마소에 촌락을 분급하여 부세賦稅를 수취하도록 하였지만, 순마소는 막강한 권력을 배경으로 타인의 토전土田을 거집據執[13]하는 등 토지를 겸병하여 전장을 확대하였다. 게다가 주민을 영점影占[14]하였고, 제민濟民(일반 백성)도 초집招集[15]하였다. 이로써 국가의 공적인 조세기반과 재정기반의 약화가 초래되었고, 조세부담을 담당하는 지방민의 부담도 더욱 가중되는 결과를 가져왔다.

3. 순군만호부巡軍萬戸府(사평순위부司平巡衛府)[16]

순군만호부는 1300년(충렬왕 26년)에 기존 순마소가 개칭된 기관으로, 1369년(공민왕 18년) 사평순위부司平巡衛府로 명칭이 바뀌었다. 처음에는 주로 방도금란防盜禁亂을 위해 창설되었으나 고려 말기 중요한 정치적 사건을 처리하는 핵심 무력기관으로 변화되었다.

원래 만호부萬戸府는 고려 조정이 원元의 강요로 1274년(원종 15년) 제1차 일본원정에 참여하게 되어 사회 불안이 한층 더 고조되자 이에 대처하기 위하여 설치한 지방기관이었다. 그 이유는 고려 조정이 통치력의 회복과 치안의 유지가 시급한 과제라고 판단하였고, 또한 원정이 실패로 끝난

---

13 허위문서로 남의 것을 강점하고 반환하지 아니하는 일.
14 남의 명의나 문서 따위를 이용하거나 아무런 근거 없이 다른 사람의 물건·노비·토지 등을 억지로 차지하는 것.
15 원 뜻은 '사람을 불러서 모음'이나 여기서는 선별하여 달리 다루는 것을 말한다.
16 원영환의 「조선시대 한성부연구 – 행정·치안·방위를 중심으로」(성균관대 사학과 박사논문, 1985)와 박진훈의 「고려시대 개경 치안기구의 기능과 변천」(『고려시대의 형법과 형정』, 국사편찬위원회, 2002)을 정리하였다.

뒤 있을지도 모르는 일본의 반격을 사전에 차단할 필요성도 있었기 때문이었다. 이에 따라 군사적인 측면에서 고려 조정과 원은 요충지에 만호부를 두었고, 책임자로 만호萬戶를 임명하였다. 합포(오늘날 경남 창원[마산])·전라의 진변만호부는 1차적으로 왜적을 방어하기 위해, 탐라는 군민만호부로 제주도의 군민을 통할하기 위해, 또한 서경 등 처관수수만호부處管水手萬戶府는 선군船軍을 지휘하기 위해 설치되었다.

제1차 여몽의 일본원정이 실패로 끝나고, 1281년(충렬왕 7년) 제2차 원정도 막대한 손실을 입고 실패하였다. 이후 고려 국왕의 영향력이 강화되어 실질적으로 순군巡軍을 지휘하게 되었다. 1293년(충렬왕 19년)부터 순군의 지휘관들이 지유指諭 등 원래 직명을 되찾았고, 내료內僚가 순마巡馬를 겸하게 되었다. 또한 1293년을 전후로 나타난 개성의 '왕경만호부'는 순마소와 순군천호소 등으로도 불렸고, '변경 방어'나 '수군 관리'와는 무관하게 일종의 특별한 기능인 '치안유지'를 담당했다. 이는 원제국에서도 만호부·천호소들이 도적 체포 및 치안유지에 동원되곤 했는데, 이와 같은 기능이 고려로 전이된 것으로 보인다.[17] 또한 이들 원제국의 만호부는 여러 지역에 설치되어 해당 지역의 민정民政에도 자주 개입하였다. 게다가 도적 체포 임무를 맡은 만호가 이에 실패한 경우 그를 처벌한 사례들도 확인할 수 있는데, 고려의 왕경만호부 또한 그런 관행의 연장선상에서 이해될 수 있다.[18] 따라서 여기서 말하는 왕경만호부를 "(순군만호부는 : 인용자) 변천 과정에서 경찰상층부 구조와 하부구조체제가 완전히 이루어져 원시적이나마 오늘날과 유사한 경찰체제를 갖춘 최초의 경찰기구였다"[19]는 견해에는 동

---

17 이강한, 「고려 후기 만호부(萬戶府)의 '지역단위적' 성격 검토」, 『역사와 현실』 제100호, 한국역사연구회, 2016, 248쪽.

18 앞의 논문, 250~252쪽.

19 김형중, 「조선 초기의 순군만호부의 조직과 기능에 관한 연구」, 『역사와 경계』 제90호, 부산경남사학회, 2014년 3월, 155쪽.

의할 수 없다. 아무튼 확대·개편된 순군만호부는 고려 조정이 스스로 보호할 수 있도록 자체 무장력을 강화해 나간 것을 의미한다. 또한 몽골의 입장에서도 고려 왕실의 안전을 위해 동의한 것으로 보인다.

순군만호부는 점차적으로 도성 내 치안유지와 국왕의 시위侍衛, 감옥의 운용 등의 역할이 강화되었고, 1316년(충숙왕 3년) 전국의 중요한 33곳에 순포를 설치하였다. 이에 대해 "(순포는 : 인용자) 전국적인 규모로 체계화되어 오늘날의 경찰청과 근사한 경찰체제계가 형성되기 시작"하였고, "(순포가 : 인용자) 오늘날 지방경찰청의 원형"이며,[20] 순군만호부를 이루던 계층인 도만호·상만호·만호·부만호·진무·천호를 "오늘날 경찰청장·치안정감·치안감·경무관·총경·경정 계급 정도로 추정된다"는 주장[21]도 당시 시대상을 반영하지 않은 채 오늘날 경찰제도를 그대로 대입시킨 것으로, 명백한 오류라고 판단된다.

또한 이 기관은 당시 비슷한 성격을 가진 홀치 등과 경쟁관계를 유지하면서 서로 대립하기도 하였다. 이들 기관은 도성의 치안을 유지하거나 국왕의 숙위를 담당하는 등 상호 보완관계에 있었어야 했으나, 사적인 경제기반·세력기반의 확대를 도모하고, 이를 위한 권력의 확보·유지를 위해 서로 경쟁하고 있어 쉽게 충돌할 수 있었다. 심지어 순군과 홀치가 각기 대열을 지어 국왕을 호위하다가, 길을 다투어 순군이 홀치의 장군을 몽둥이로 때리는 무력 충돌사건이 발생하기도 하였다.[22]

고려 조정은 시간이 지남에 따라 권력이 집중되고, 여러 가지 폐단을 야기하는 이 기관을 제어하고, 본래의 임무로 충당忠讜하려는 노력을 시도하였다. 그 사례를 보면, 순군만호부가 1310년(충선왕 2년) 노비와 토지 등 이

---

20 앞의 논문, 159쪽: 김형중, 『한국 경찰사』, 박영사, 2020, 331쪽.
21 위의 책, 331쪽.
22 『고려사』 권131 「열전 44 반역 5 김용(金鏞)」.

권에 개입하는 것을 차단하고, 순찰활동 등 본래의 임무에 충실하라는 전지傳旨를 내리거나, 1316년(충숙왕 3년) 주민을 영점影占하거나 토지를 탈점한 순군만호부의 인물들을 원도遠島로 유배하도록 하는 조치를 내리는 것 등이었다. 또한 1356년(공민왕 5년) 소속된 정구丁口23를 추쇄推刷하여, 국가의 공병제를 강화하려 하였고, 궁극적으로 순군만호부를 폐지하려고까지 하였다.24 그 일환으로 1369년(공민왕 18년) 사평순위부司平巡衛府로 개편하기도 하였다.

하지만 고려 후기에 들어서, 고려 조정은 정치적 상황이 불안정한 상태에서 도성의 치안을 유지하고, 국왕을 호위하며, 사법기능까지 집중되어 있는 순군만호부를 배제하고는 쉽사리 정국을 운영할 수 없었다. 순군만호부는 당시 가장 확실한 무장력이었다. 1364년(공민왕 13년) 원으로 달아났던 최유崔濡가 공민왕을 폐하고, 충숙왕의 아우 덕흥군德興君을 받들기 위해 몽골군 1만 명을 거느리고 침입해 왔을 때 이성계 등이 순군을 지휘, 격퇴한 점을 보아 순군만호부가 군사적으로 막강한 힘을 가지고 있었음을 알수 있다. 또한 이성계李成桂가 위화도에서 회군한 후 최영을 순군옥에 가두고 국문하였고,25 정몽주를 제거할 때에도 이성계 일파는 김사형金士衡을 순군제조관巡軍提調官으로 임명하여 순군부를 장악하고, 정몽주 일파를 순군옥에서 신문하기도 하였다.26 이는 순군만호부의 정치적 성격을 단적으로 보여주는 것이다. 그러므로 이 기관은 도성의 치안유지라는 본래의 기능보다 고려 말기에는 중요한 정치적 사건을 처리하는 핵심 무력기관으로 기능하였다.

---

23 삼국시대부터 조선시대까지 각종의 조세와 국역을 부담하던 양인(良人) 남자를 통칭하는 말이다. 다른 말로 정남(丁男), 정인(丁人), 정부(丁夫), 인정(人丁) 등으로도 표기되었다.
24 『고려사』 권39 「세가(世家)39 공민왕 5년 10월조」.
25 『고려사 절요』 권33 「우왕 14년 7월조」.
26 『고려사 절요』 권35 「공양왕 4년 7월조」.

4. 사록司祿과 법조法曹

사록은 개성부開城府 · 서경西京(평양) · 동경東京(경주) · 남경南京(楊州, 오늘날 서울)과 도호부都護府 · 목牧에 부임한 수령을 보좌하던 7품의 외직外職인 관원이며, 법조는 앞에 쓴 지역 외에 방어진防禦鎮 · 주진군 등에서 근무한 8품 이상의 관리로, 이들 모두는 사법업무를 담당하였다.

사록은 1178년(명종 8년) 사록참군사司祿參軍事로 개칭된 관직으로, 1252년(고종 39년)에는 사록겸장서기司祿兼掌書記로 변경되었다. 사록은 품계가 그리 높지는 않았으나 반드시 과거를 급제한 학식 있는 문관의 초입사직으로써 신진 관리에게 행정 경험을 쌓게 하고, 지방관의 행정사무를 돕도록 하는 매우 중요한 직책이었다. 그는 관사에서만 머무르는 것이 아니라 관내를 순시하면서 참군參軍의 역할도 하였다. 또한 벌목伐木, 호랑이 사냥, 선박점검, 감창監倉, 수취 등 다양한 업무를 수행했고, 그 임무 중에는 사법업무도 포함되었다. 이규보李奎報가 전주목全州牧에서 사록겸장서기로 복무했을 때를 회상한 『동국이상국집東國李相國集 권23 기記』 「남행일기南行日記」에서, 그가 부서簿書와 옥송獄訟 때문에 도저히 시를 쓸 겨를을 가지지 못했다고 불평한 것을 보면, 그만큼 사록의 임무에서 재판이 차지하는 비중이 컸다는 것을 알 수 있다.[27] 1308년(충렬왕 34년) 때는 판윤判尹 · 판관判官 밑에 사록司祿만이 있었다. 그러다가 1116년(예종 11년) 이후 부사府使 · 목사牧使 밑에도 판관과 사록이 배치되었다. 이는 지방행정을 위해 좀 더 효과적이었을 것으로 보인다.

법조는 그 명칭으로 보아 법률사무와 율령律令 고찰을 전담한 것으로 추측된다. 이들은 과거출신은 아니었지만 전문적 능력을 요구하는 관원이었다. 그래서 법조를 잡과雜科 출신자들의 사로仕路로 보는 견해도 있다.[28] 이

---

27 윤훈표, 「고려시대 관인범죄와 행형 운영과 그 변화」, 『고려시대의 형법과 형정』, 국사편찬위원회, 2002, 260쪽.
28 앞의 책, 259쪽.

들은 외관 직속으로 옥송에 관여하거나 외관의 법률적인 자문을 맡았다.[29]

그러나 사록이나 법조는 유수관留守官(후에 부윤), 주·목, 도호부, 방어진 등 중요지역에 한하여 근무한 관리로, 고려 후기 현위 또는 별초 등이 폐지된 다음 작은 군·현에 배치되었다는 문헌이 없다. 따라서 관속官屬들이 주·부 이하의 작은 군현에서 현령縣令, 감무監務 등의 직접적인 지휘 하에 사법업무를 하다가 조선시대로 넘어 간 것으로 보인다.

5. 향리제鄕吏制의 개편

지방관은 11세기 중엽부터 권농사勸農使의 직임을 겸대兼帶하였으며, 향리의 중간수탈 규찰임무를 맡았다. 이들 중 일부는 변화된 농업조건 속에서 저습지 개발, 수로 개착開鑿 등을 주도하기도 하였다. 이렇게 지방관 주도로 향촌사회의 운영이 이루어지면서 향리제가 개편되었다. 개편된 시기는 분명하지 않지만, 늦어도 상호장제上戶長制는 인종 대(1122~1146), 조문기관제詔文記官制[30]는 고종 대(1213~1259)에 나타났다.

이는 삼반三班체제의 성립을 의미하는 것으로, 향리직임을 분화시켜 재지 지배층의 약화를 도모하고, 지방관의 보좌역할을 부각시키는 효과를 가져왔다. 특히 조문기관제가 신설된 것은 지방관이 조문기관을 시켜 행정실무를 직접 관장하는 방식으로 변화하였음을 의미하며, 조선시대 이방吏房 중심의 지방 실무행정체제로 발전하는 토대가 되었다는 점에서 주목된다.[31]

---

29 임선빈, 「조선 초기 외관제도의 운영구조와 특징 - 동반(東班) 외관직을 중심으로」, 『한국행정학회 하계학술발표 논문집』, 2005, 211쪽.

30 조고(詔誥 : 국왕 등의 명)와 윤음(綸音 : 국왕이 관리와 백성을 타이르는 내용을 담은 문서)을 적어서 문서를 작성하는 것.

31 채웅석, 「고려시대 향촌지배질서와 신분제」, 『한국사 6 : 중세사회의 성립 2』, 한길사, 1994, 101~102쪽.

제2절
특수 군사경찰 활동

1. 도방都房

도방은 무신집권기 집권가의 사병집단으로, 정치적·군사적 실력행사 조직으로까지 변화되었다. 도방은 원래 사병들의 숙소를 가리키는 것이었으나, 후에 시위대의 명칭으로 사용되었다.[32] 이 조직은 경대승慶大升이 정중부와 그 세력을 제거하고 집권한 후 만들어졌다. 당시 경대승은 대부분의 무신과 적대적 관계에 있었다. 따라서 그는 자신을 안전하게 보호하면서도 정권을 유지할 수 있도록 1179년(명종 9년) 사사射士 백수십 인을 모집하여 이 조직을 만들었다. 1183년(명종 13년) 경대승이 병사함으로써 도방도 해체되었다.

그러나 1200년(신종 3년) 최충헌崔忠獻에 의해 이전과는 비교가 되지 않을 정도의 큰 규모로 재건되었다. 그가 출입할 때 6번番의 모든 도방원이 경호하는 등 위세가 대단하였다. 이어 최우崔瑀가 조직을 내도방과 외도방으로 확대·개편하였다. 내도방은 그가 사는 저택의 호위를 맡았고 외도방은 그의 경호를 담당하였다.[33] 최우 때의 도방은 분번에 의해 교대로 숙위하는 것 외에 반도叛徒의 토벌 및 외적의 방어, 토목공사의 취역, 비상시 경비 등으로 크게 확대되었다.

이후 삼별초가 신설되자, 공적 임무는 삼별초가 맡게 되었고, 도방은 오직 사적 임무인 숙위만을 맡게 되었다. 최항崔沆 때는 분번제分番制가 더욱 확대되어 36번으로 되었고, 최씨정권이 무너지고 난 후에도 계속 존속되었다. 1258년(고종 45년) 반원파反元派인 김준金俊과 박유무朴惟茂의 부자가 제거되면서 결국 도방은 폐지되었다.

---

32 이권배, 「무신정권집권기의 사병집단 – 도방과 마별초를 중심으로」, 고려대 교육대학원(역사학), 1988, 11쪽.
33 앞의 논문, 43쪽.

2. 홀치忽赤

홀치는 친원왕실親元王室을 경호하기 위한 특별기관이다. 홀치Khorchi는 성중애마成衆愛馬[34]의 일원으로, 원래 몽고식의 명칭인 홀지忽只, 화리치火里赤, 치홀치赤忽赤로도 부른다.

『고려사』「병지兵誌」「숙위조宿衛條」에 의하면, 충렬왕이 원에서 돌아와 즉위하면서 이전에 함께 있던 문벌 있는 집안의 자제들을 번番으로 나누어 궁 안에서 숙위宿衛하게 하였는데, 그 칭호를 홀치라고 하였다. 처음 홀치를 설치하였을 때는 4번으로 조직하여, 각 번은 3일씩 숙위하였다. 1번의 인원은 유동적이었으나 평균 50여 명으로, 총 150명 내지 200명으로 보인다.[35] 또한 1282년(충렬왕 8년) 달달인(몽골인)이 홀치직에 편성되었다. 이어 1287년(충렬왕 13년)에는 3품 이하 관직자에게 무기를 주어 궁궐에서 수직하도록 하였다. 그 후 산견散見되는 사료에서 홀치장군, 홀치중랑장 등이 등장하는데, 이는 홀치에 장군이라는 직제도 편제되었음을 알 수 있게 한다.

점차 시간이 지남에 따라 홀치의 인원이 증가되었고, 업무도 확대·강화되었다. 1320년(충숙왕 7년) 10월 수도 개성에 무리배가 나타나 살인 등 폭력행위를 하자, 홀치가 따로 순찰하면서 검문 등의 활동을 하였다. 1325년(충숙왕 12년) 5월에는 순군巡軍과 홀치가 함께 순찰을 하면서 거리 단속도 하였다. 또한 대외적인 비상상태가 있을 때에는 홀치부대는 다른 부대와 함께 지방까지 출동하였다. 그러나 『고려사』 권82 「병지兵誌」「참역조站驛條」에는 홀치가 왕실과 무력을 배경으로, 지방에서도 그 위세가 상당하였고, 때로 관폐와 민폐가 되었다는 기록이 있다. 홀치 부대원들은 지방에 나

---

34 궁궐의 숙위(宿衛)와 근시(近侍) 임무를 맡은 관원의 총칭.
35 최선종, 고려 충렬왕 대의 홀치, 전남대 교육학석사(역사), 1992, 15쪽.

가면 순마巡馬를 마음대로 타고, 제도諸道에 다니면서 직접 토지를 탈점하기도 하였으나, 지방관은 이를 금하지 못하였다.[36]

---

36 앞의 논문, 18~19쪽.

제3장

형사사법제도

제1절
형법체제의 변천

1. 당률唐律의 수용

고려의 지배체제가 본격적으로 정비되는 시기는 성종 대였다. 성종 이전에는 후삼국의 통일과, 혜종·정종 대의 정변, 광종 대의 정치운영의 문제로 인하여 지배체제를 정비할 시간적인 여유가 없었다. 그러나 성종 대에 들면서 5품 이상의 관료들에게 시정時政의 득실을 논하라는 교서가 내려지면서, 본격적으로 체제정비가 이루어져 3성6부제를 근간으로 하는 지배체제가 세워졌다.

고려에서 3성6부제를 도입하게 된 것은 신라에서 고려로 넘어 오면서 골품제가 무너지고, 이에 따라 새로운 지배체제의 전환이 필요하였기 때문이다. 그와 같은 체제를 효과적으로 운영하기 위해서는 법률의 시행도 동시에 이루어져야 했다. 성종 이전의 고려율은 태조 대의 정치제도가 신라의 제도 위에 태봉의 제도를 혼용하여 쓰고 있었던 만큼, 신라율과 태봉률을 사용했을 것으로 추정된다. 하지만 정치체제를 3성6부제로 정비한 이상, 신라율과 태봉률을 함께 사용할 수는 없었다. 대신 고려가 당의 정치체제를 수용한 이상 법률도 당률을 수용해야만 했다. 왜냐하면 당률은 3성6부체제 하에서 만들어진 법률이고, 3성6부체제에 가장 적합한 법률이었기 때문이다. 『고려사』 권84 「형법지」의 찬자贊者는 고려가 수용한 당률의 내용이 옥관령 2조 등 모두 71조라고 하였다. 위의 서문에서 말하는 당률은 시기적으로나 법률의 완비 정도로 보았을 때, 개원연간에 만들어진 개원률開元律과 그것을 바탕으로 만들어진 「율소의律疏義(당률소의唐律疏議)」로 보인다. 당률의 수용으로 고려에서도 태笞·장杖·도徒·유流·사死의 5형 체계에 입각하여 형벌 집행이 이루어졌다.

다만 당률을 수용한다고 했을 때, 이전에 고려가 사용하던 법제를 모두 폐지하고, 전적으로 당률을 사용할 것이냐가 문제가 될 것이다. 『고려사』 권84 「형법지1」 「직제」를 보면 "관리가 감임監臨하면서 도둑질하거나, 법을 어기고 장물臟物을 취득한 경우 도徒와 장杖은 논하지 말고, 직전職田을 거두고 귀향歸鄕시키고, 승려가 사원의 곡식을 도둑질 한 경우 귀향시켜 편호編戶에 충당하며, 관리가 관물官物을 무역한 경우 귀향을 면제하고, 율에 따라서 죄를 부가한다"는 규정이 있다. 이러한 사료史料는 「당률소의唐律疏議」에 보이지 않으며, 직전職田 회수·귀향·편호 충당이라는 형벌도 역시 당률에 없는 것이다. 이것은 아마도 고려에서 필요에 의해 만든 규정이라 할 수 있다.

2. 송률宋律의 수용

성종 대에 고려의 형벌체계를 정비하다가 얼마 지나지 않아 거란의 제2차 침입(1010년, 현종 원년)이 있었다. 그 후 개성으로 환도한 현종은 곧바로 지배체제의 재정비에 들어갔다. 고공사考功司와 도관都官을 제외한 나머지 6부의 속사屬司를 폐지하고, 재상들로 6부판사를 겸임하도록 하며, 995년(성종 14년)에 설치한 12절도사를 폐지하고, 전국을 5도호 75도 안무사로 개편하였다. 또한 후속 조치로 1018년(현종 9년) 4도호 75도 안무사를 8목으로 개편하고, 지방 세력에 대한 정책으로, 정丁의 대소에 따라 각 주현州縣에 향리의 인원수와 향리의 공복을 제정하였으며, 1023년(현종 14년)에는 중추원의 조직을 확대·개편하였다.

이와 같은 정비는 거란과의 전쟁으로 당의 제도에 입각하여 만든, 기존 고려의 지배체제가 고려의 현실과 잘 맞지 않는다는 문제점에서 출발한 것이라 볼 수 있다. 방향 역시 기본 골격을 유지하는 가운데 불필요한 관서를 폐지하고, 재상들을 중심으로 하는 정치운영을 지향하며, 나아가 지방 세력을 일정 정도 통제하는 가운데 중앙의 행정력이 지방사회에 침투하도록 하는 것이었다. 이러한 정책의 기조는 문종 대까지 계속 추진되었다.

또한 지배체제의 정비와 함께 법률의 정비도 송률宋律을 수용하는 가운데 이루어졌다. 시기는 군률이 만들어진 1011년(현종 2년)에서 1018년(현종 9년)사이로 보인다. 그 배경은 거란과의 전쟁 이후 고려에서 군인 문제가 불거지면서, 군인을 통제할 수 있는 법제 정비가 필요하였던 상황과 관련이 있다. 게다가 당률에 군인에 대한 법률이 없어 새로운 법률의 도입이 필요하였고, 송률도 기본적으로 당률에 의해 만들어져, 전혀 새로운 법률이 아니었다는 점도 크게 작용하였기 때문으로 보인다.

그 결과, 기존의 고려율과 당률에 송률을 더하여 운영하였다. 사례로 '(태笞)일십 절장칠 속동일척一十 折杖七 贖銅一尺'이라는 규정에서, 태笞는 일반인, 절장은 군인이나 유형流刑에 해당하는 죄를 지은 사람이나 국왕과 특별한 관료가 사면령을 받아 죽음(참죄·교죄)을 면한 경우, 속동贖銅은 관료나 노인·어린이·심한 병을 앓고 있는 사람에게 적용한 점을 보면, 고려는 당률과 송률을 수용하여, 죄인의 신분과 죄질에 따라 구분하여 법률을 집행하였음을 알 수 있다.

3. 원률元律의 수용

고려는 몽골과의 40년에 걸친 전쟁의 결과, 원의 지배에 들어가게 되었다. 정치만이 아니라 경제·사회·문화 등 모든 분야에 걸쳐 원의 영향을 받게 되었다. 이에 따라 기존 법률은 3성6부체제에 맞게 구성되었기 때문에, 새로운 지배체제와는 맞지 않아 그에 맞는 법률의 개편도 동시에 이루어져야 했다. 그런데 원률元律의 수용은 새로운 지배질서에 맞는 법률의 개편이라는 고려의 필요성에서만이 아니라, 세계지배 구축이라는 원의 요구에 의해서도 이루어진 것이라 할 수 있다.

원은 정동행성을 통해 고려의 내정을 간섭하면서, 고려의 법 집행에도 간섭을 하였다. 또한 실제 형벌을 집행하는 과정에서도 실력을 행사하였다. 고려 조정이 국정운영을 잘못하였다고 판단될 경우, 원은 고려의 관리들을 정동행성으로 불러다가 직접 심문하고, 처벌을 행하였다. 기황후의 족제族弟인 기삼만이 순군옥에서 사망하자, 정동행성 이문소에서 관리를 파견하여, 기삼만을 처벌했던 관료들을 잡아다가 감금하고, 심문한 것은 대표적인 사례이다.

원률 중에서 고려에 많은 영향을 미친 것은 「대원통제大元通制」와 「지정조격至正條格」이다. 「대원통제大元通制」(1323, 충숙왕 10년)는 기존 몽골법과 중국법, 각 황제마다 반포한 조칙을 일괄적으로 정리한 법전이다. 따라서 「대원통제大元通制」는 세계 제국으로서의 원이 통치방식을 결정하고, 그에 따른 통치지역에서의 동일한 법을 적용하기 위해서 만들어진 것이다. 또한 「지정조격至正條格」(1346, 충목왕 2년)은 「지원신격至元新格」과 「대원통제大元通制」를 모법으로 한 법전으로, 「대원통제大元通制」의 체제를 따라 만들어진 것이다.

이곡李穀은 책간策間에서 「지정조격至正條格」과 「대원통제大元通制」를 열거하고, 고려율과 원률의 적용을 문제 삼은 것으로 보아, 이 두 법전은 고려에서 사용된 것으로 보인다. 그리고 1321년(충숙왕 8년) 5월 감찰사가 금주령을 내리면서, 자신이 이를 어길 경우 장杖 77대를 때리자고 한 것을 보면, 실제로 형법을 집행할 때에도 원률을 적용하고 있음을 알 수 있다. 이러한 가운데 고려 조정에서는 종래 당률과 송률을 수용하여 고려율로 정착시켰던 것처럼 원률을 수용하여 새로운 고려율로 창출한 것인가에 대한 논의가 벌어졌으나, 고려가 원의 지배를 벗어날 때까지 결론이 나지 못하였다.

4. 신진 사대부의 개혁추진기

1351년 공민왕이 즉위한 후 고려는 전환을 맞이하게 되었다. 원은 쇠퇴의 길을 가게 되었고, 이전처럼 고려 내정에 간섭할 수 없게 되었다. 이에 공민왕은 기철·권겸과 같은 부원세력을 숙청하고, 권문세족의 세력 기반이었던 정방을 혁파하였다. 또한 원 지배하에 원 관제에 맞추어 편제하였던 관제를 문종 대의 관제에 의거하여, 3성6부체제를 복귀하였다. 그러나 원 지배하에서 고려의 지배체제는 이미 변질되어 있었다. 게다가 토지와 노비를 중심으로 사회 경제적인 모순이 심화되고 있었으므로, 고려 전기의 지배체제로 돌아가는 것은 사실상 어려웠다. 3성6부체제로 복귀한다고 하였지만, 실제로는 도평의사사를 중심으로 하는 체제가 이루어졌다.

또한 법 집행에서도 원률을 배제하고 기존의 고려율을 사용하려고 하였다. 그럼에도 고려가 1세기에 가까운 기간 동안 원의 지배질서 속에 편입되어 있었던 만큼, 원률의 영향을 쉽게 배제할 수는 없었다. 게다가 권문세족들이 고려율과 원률을 필요에 따라 적용하면서 법 집행에 혼선이 생기고 있었다. 따라서 정상적으로 법을 집행하기 위해서는 형정刑政 자체만이 아니라 법 전반에 걸친 개편이 필요하였다.

사회모순을 개혁하려고 하는 신진사대부와 공민왕의 의도는 권문세족의 반발과 홍건족·왜구의 침입으로 성공하지 못했다. 이런 가운데 1388년 (우왕 14년) 중국을 통일한 명이 고려에 대해 철령위 지역 할양을 요구하고, 명과의 전쟁을 반대하는 우왕과 최영은 전쟁을 결정하고, 군사를 출동하였다. 명과의 전쟁을 반대하였던 이성계는 위화도에서 회군하여 개성으로 돌아와 우왕을 폐위하고, 창왕을 세우면서 정권을 장악하게 되었다.

이에 이성계와 연합하였던 신진 사대부들이 정국 전면에 대두하였고, 고려 사회 전반에 걸친 개혁안을 제시하였다. 그들은 형정문제에 대해서도 기존의 법률 집행을 강도 있게 비판하면서 개혁을 주장하였다. 이에 대해 전법사는 「대명률大明律」을 수용하여 고려에 맞게 수정을 가한 후에 사용하고, 형정을 집행할 때는 반드시 전법사에 보고하여 규정에 의한 지시가 내려간 후에 시행하도록 하고자 하였다.

그 후 개혁을 추진하는 과정에서 사대부들은 고려를 유지하려는 정몽주 등과 새로운 국가를 수립하려는 조준·정도전 일파로 분화되었다. 이들은 개혁노선에 차이를 보였다. 정몽주는 명률과 원률을 절충하여, 고려에 맞게 사용하기 위하여 「대명률大明律」과 「지정조격至正條格」, 그리고 고려의 법령을 참작하고 산정刪定하여, 신정률新定律을 편찬하였다. 이에 반하여 조준·정도전 일파는 「대명률大明律」을 수용하여, 고려에 맞게 사용하자는 입장이었다. 결국 조준·정도전 일파가 승리함으로 조선이 건국되고, 이성계는 「대명률大明律」을 의용依用하겠다고 함으로써, 「대명률大明律」에 입각한 법 집행으로 정리되었다.

1. 『고려사』 「형법지」

고려율高麗律로서의 형법은 앞에 쓴 데로 당률을 국가 실정에 맞게 발췌하여 만들었다. 그 구성을 보면, ① 옥관령獄官令(2조), ② 명례名例(12조), ③ 위금衛禁(4조), ④ 직제職制(14조), ⑤ 호혼戶婚(4조) ⑥ 구고廐庫(3조), ⑦ 단흥壇興(3조), ⑧ 도적盜賊(6조), ⑨ 투구鬪毆(7조), ⑩ 사기詐欺(2조), ⑪ 잡률雜律(2조), ⑫ 포망捕亡(8조), ⑬ 단옥斷獄(4조)으로 총 13장 71개조로 되어 있다. 주요내용은 모반·대역죄, 살인죄, 절도죄 등 전통적 범죄와 공무원범죄, 문서 손괴에 관한 범죄, 무고죄, 도주죄, 방화죄, 실화, 연소죄, 간범죄 등 성범죄, 도박죄, 유기죄, 인신매매에 관한 죄, 장물죄 등이다.

그리고 당시에는 오늘날 보석제도인 보방保放이 있었다. 보방은 첫째, 범죄를 범하여 옥중에 있는 자로서 악역惡逆 이상을 범하였던 것이 아니면, 부모상父母喪·부상夫喪·조부모상祖父母喪·장자상長子喪을 치러야 하는 자는 7일간 애훗를 발하게 하였고, 유죄流罪와 종죄從罪는 30일로 하여 보인保人을 세우고 나가게 하였다. 둘째, 옥중에 있으면서 산월産月에 임한 부인은 보인保人을 세우고 출옥함을 들어주되, 사죄死罪는 만 20일로 하고, 유죄流罪 이하는 만 30일로 하였다. 셋째, 월령 중 4월에는 보인保人을 세워 경수輕囚를 놓아주고, 5월에는 중수重囚의 칼을 늦추었다.[1]

2. 관인범죄와 처벌[2]

1) 전기

고려 전기의 관인 처벌은 전시과田柴科[3]의 수조지분급제收租地分給制[4]와 직

1 　이영균, 「현행 보석제도의 개선 방안」, 고려대 석사논문(법학), 2010, 13쪽.
2 　윤훈표의 「고려시대 관인범죄와 행형 운영과 그 변화」(『고려시대의 형법과 형정』, 국사편찬위원회, 2002)의 내용을 정리하였다.
3 　문무관료 및 직역(職役) 부담자에 대한 수조지(收租地) 분급을 규정한 토지제도.
4 　수조권자들에게 수조지를 직역에 따른 반급(頒給 : 나누어 줌)과 점유(占有)하는 제도.

결되는 것과 동시에, 당률과 연계시켜 마련했던 형법체계로 집행되었다. 그렇다고 해서 수조지분급제와 형법 중에서 어느 하나에 의거했던 것이 아니고, 이 두 가지가 기본적으로 동시에 적용되었다.

관인범죄 처벌에 대한 기본구조를 보면, 1031년(현종 22년) 5월 "공죄公罪로서 도형徒刑 이하의 죄는 사면하라"는 조치를 보면, '공죄'는 '공사公事'로 인한 죄, 즉 공무상의 과실로서 사적인 면이 없는 것을 가리키며, 이는 당률에서 이미 확립된 것으로 알려져 있다. 그리고 도형 역시 오형五刑에서 나온 것이며, 그 의미는 관인 중에서 공무상의 죄를 범하여 도형 이상의 처벌을 받은 자들을 사면하라는 뜻이다. 이때 당연히 그 이상의 죄, 유형 이상의 죄를 지은 자들은 대상이 되지 못했을 것이다. 그러나 관인범죄의 처벌이 당률에 입각했던 형법에 의해서만 집행된 것이 아니다. 직전職田을 몰수당한 관인들을 사면하라는 기사[5]를 통해 보면, 수조지분급제도 함께 집행되었다.

또한 형법을 집행할 때 이른바 주형主刑과 부가형附加刑이라고 해서, 기본적으로 주형으로 처리하되 죄질이 나쁘거나 무거운 자에 대해서는 특별히 부가형을 쓰기도 했다. 즉 오형五刑에 입각한 형법체계에 의해 처벌하는 것이 주형이고, 직전의 몰수를 부가형으로 볼 수 있다. 하지만 현종 대의 다른 조치를 보면, 반드시 그런 식으로 집행되었다고 보기 힘들다. 이는 고려에서는 중국식 법체계를 수용하되, 적절히 자체적인 관료제 운영원리와 결합시켜 놓고 사용했음을 보여 준다.

따라서 관인범죄자는 당률의 오형제五刑制에 입각하여 처벌하였다. 그렇지만 사소하거나 경미한 잘못으로 보이는 행위는 명확한 징계는 하되, 반성하여 재기할 수 있는 기회를 베풀어 주었다. 대신 사직社稷의 모위謀危나

---

5   교(敎)를 내리기를, "무릇 범죄로 직전(職田)을 회수 당한 자에게도 사면의 은전을 입게 하되 진도(眞盜)와 공사문서를 위조한 자, 수재왕법(受財枉法), 감임자도(監臨自盜), 첨곡간사소범(諂曲奸邪所犯) 외에는 모두 직전을 돌려주게 하라"고 하였다. 『고려사 절요』 권3 「현종 16년 9월」.

모반대역謀叛大逆의 연좌에 버금갈 정도로 중죄에 해당되는 것, 즉 관리의 감임자도지監臨自盜者나 수재왕법자受財枉法者 등은 고려 특유의 수조지분급 제와 연계시켜 엄하게 처벌하였다. 가벼운 것이라도 한번 적발되면, 경제 기반은 물론 관인 자격의 영구박탈까지 당하도록 만들었다.

2) 후기

고려 후기 정국의 급변은 정치운영의 방식 자체를 변화시켰으며, 관인 범죄의 처벌 체계도 사회·경제적 질서의 혼란으로 인한 수조지분급제의 마비, 신분제의 혼동 등으로 크게 변환되었다. 가장 주목되는 것은 공사죄 公私罪의 구분이 모호해졌다는 점이다. 앞에 쓴 데로 고려 전기에서 공사죄 의 개념이 적용이 적용되었다는 것은 특히 사면령의 반포를 통해 확인된 다. 기록상 처음 보이는 1031년(현종 22년) '공죄 도형徒刑 이하를 사면하라' 는 기사를 시작으로, 공도사장公徒私杖 이하, 즉 공죄 도형·사죄 장형 이하 의 사면, 공장죄公杖罪, 곧 공죄 장형 이하, 그리고 공유사도公流私徒 이하, 즉 공죄 유형·사죄 도형 이하의 사면이 종종 베풀어졌다.

무신정권이 수립되고 난 후 얼마 지나지 않은 1173년(명종 3년) 4월 "공 도사장公徒私杖 이하를 사면하라"는 것을 끝으로 더 이상 기록상에 나타나 지 않는다. 물론 그 이후 사면령이 계속해서 반포되었으나, 공죄와 사죄의 어느 형벌을 기준으로 삼아서 실시하라는 사례는 발견되지 않는다. 다만 1275년 충선왕의 즉위교서에서 "공사잡죄자公私雜罪者에게 직전職田을 환급 해주고, 종신토록 불서不敍되었거나 정직되어 산직散職에 속한 자들을 헤아 려 등용하라"는 조치에서 보일 뿐이다. 그렇다고 해서 무신정권, 특히 최씨 정권이 수립된 이후 관인범죄에 대해 공사죄로 나누어 처벌하는 체계가 실 행되지 않았다고 단정 짓기는 곤란하다. 단지 관인범죄가 무신정권 수립

이전처럼 공사죄를 구별해서 처벌하는 체계가 제대로 운영되지 못했음을 반영하는 것으로 볼 수 있다.

공죄와 사죄의 구분이 모호해지면서, 관인들의 범죄 중에 사회적 파장이 큰 경우 비록 사소하더라도 무조건 중벌에 처하는 경향이 날로 확산되었다. 이와 함께 대토지겸병의 확산으로 수조지의 침탈이 가속화되는 가운데 이를 둘러싼 관인들 사이의 다툼이 치열하게 전개되었다. 게다가 정국 운영의 혼란과 이에 편승한 관인범죄에 대한 불공정 처리는 사태를 더욱 악화시켰다. 결국 종전의 행형체제보다 더욱 가혹한 경형黥刑[6]을 가하기도 했고, 적몰가산籍沒家産을 단행하였다. 이러한 처벌은 오형제五刑制에는 없던 것들이었다.

그리고 이성계의 위화도 회군 이후 급진 사대부들에 의하여 형법체계 개혁이 시도되었다. 이들의 개혁안 핵심은 토지, 즉 사전개혁과 연계시키는 것이었다. 기존의 사전을 혁파하고, 이를 새로운 분급기준에 따라 관인·군인·국역자들에게 신분과 지위에 맞추어 지급하되, 수전자受田者가 죄를 지으면 이를 국가에 반납하며, 등급이 오르면 가급加給해 준다는 것이었다.

또한 이들은 사전 개혁을 전제로 형법의 조문을 통일시키고, 연좌제 및 적몰籍沒 등 부적절한 법규를 폐지하거나 적용을 엄격히 제한하고자 하였다. 1391년(공양왕 3년) 5월 과전법의 공포로 개편안들이 본격화되었다. 이에 따르면 시산時散[7]과 산관散官[8]을 막론하고, 관인에게 지위에 따른 과전을 분급하면서, 장형杖刑 이상의 언도를 받아 사령장인 사첩謝貼을 수취收取 당한 관인은 그의 과전도 몰수하도록 하였다. 하지만 장형 이상이라도 죄의 종류 및 죄질에 따라 몰수하지 않도록 하는 별도의 규정을 두어, 무분별한

---

6   얼굴에 입묵(入墨)하는 형벌.
7   시관(時官)이라고도 하며, 현직에 있는 관리를 말한다.
8   일정한 관직이 없고 관계(官階)만을 보유한 관리를 말한다.

남용을 차단하였다. 그 후 왕조교체 등 정국상황으로 인하여 이러한 행형 개혁은 조선시대로 이어지게 되었다.

제3절
지방의 사법행정[9]

1. 전기

고려시대 지방에서의 사법행정 주체는 외관外官이었다. 초기에는 후삼국시기라는 내전상황의 여파로 상설적인 외관은 없었고, 전운사轉運使, 금유今有 · 조장租藏과 같은 임시로 파견된 관원들만 있었다. 이들은 외관이라기보다는 조세수취와 수송을 주임무로 하여, 임시적 · 한시적으로 파견된 사신使臣으로 추정되고 있다. 그리고 금유 · 조장은 외읍사자外邑使者라고 표현되고, 12목牧의 설치(983년, 성종 2년)와 함께 폐지된 것으로 보아, 읍邑을 단위로 파견한 사신使臣이며, 전운사는 보다 광역의 단위로 파견된 사신으로 보인다.

그런데 12목이 설치되기 이전인 전운사 단계에서부터 이미 외방사신에게 사법권이 부여되어 있었다. 이는 조세수취라는 업무를 집행하기 위해서는, 할당액을 채우지 못하였거나 부정을 저지른 관원과 향리를 독촉하거나 처벌하여야 했기 때문이다. 또한 이런 업무에서는 할당액의 재분정再粉定이나 불공정성, 부정 탄원, 지역별 · 개인별 사정을 수리하고 처리하여야 했기 때문이다. 그 과정에서 전운사는 형벌을 가하거나 시비를 판별하지 않을 수 없었을 것이다. 따라서 외관이 사명을 제대로 감당하려면 사법권을 보유하지 않고서는 곤란하였다고 판단된다. 이처럼 전운사가 사법기능을 보유했다면, 금유나 조장도 사법권을 가졌을 가능성이 크다고 볼 수 있다.

---

9   임용한의 「고려 후기 수령의 사법권 및 행형범위의 확대와 그 성격」(『고려시대의 형법과 형정』, 국사편찬위원회, 2002)의 내용을 정리하였다.

983년(성종 2년) 12목의 설치를 필두로 외관의 상설화가 진행되면서, 외관의 사법기능과 업무범위는 더욱 확대되고 구체적으로 되었다. 여기서 주목되는 내용은, 판지判旨에서 전운사·외관들이 직접 소송을 처리하지 않고, 경관京官으로 이관하고 있다는 것이다.

판지에 따르면 ① 모든 소송은 해당 지방에서 반드시 1심을 해야 하고, 그 다음에 경관으로 이첩하여 2차심을 진행하며, 이를 어길 경우 처벌하는 체제는 이미 만들어져 있었다. 또한 만약 지방에서 1차심을 하지 않고 경관으로 이 첩할 경우, 피고인과 1차심을 수행하지 않은 주현州縣의 장리長吏까지 처벌하는 내용이 있었다. 이것은 판지判旨가 처음 제도를 정하는 명령이 아니라 법제는 만들어져 있었으나, 그 법이 잘 준수되지 않아 처벌대상을 확대적용하기 위해 내린 것으로 보인다. 그러므로 경사京司와 외관을 연결하는 사법행정체제는 이미 그전부터 제정된 것이라고 볼 수 있다. ② 1차심을 담당하는 주체는 주현의 장리들이었다. 당시 외관 파견지역이 늘고 있었지만, 그래도 외관을 파견하지 않은 군현郡縣이 압도적으로 많았다. 그렇다고 해서 1차는 반드시 장리, 2차는 외관 혹은 주현州縣은 외관이·속현屬縣은 장리가 1차심을 담당하였거나 반드시 1차심을 거친 후에 외관이 2차심을 하였다는 식의 규제가 있었던 것 같지는 않다. 아마도 1차·2차심의 주체는 외관과 장리가 다양한 상황, 즉 역모·강도 사건·지역분쟁 등은 외관이 담당하는 등 사안에 따라 나누었을 것으로 보인다.

그런데 지방관은 사법업무만을 담당한 것이 아니라 조세, 군사, 산업 등 국가행정 전반을 관장하였다. 그중에서도 수취업무가 가장 중요하였고, 사법권은 수취나 군사적 기능을 수행하기 위한 수단이나 수취과정에서 발생하는 불만이나 불법을 해소하는 수단으로써의 의미가 강하였던 것으로 보인다. 그러므로 조정에서는 수령이 필요 이상으로 사법업무에 얽매어, 다른 업무 수행에 장애가 발생하는 것을 제도적으로 막을 필요가 있었다. 이를 위하여 만든 규정이 정송停訟 규정으로, 이 역시 외관을 파견하는 초기에 제정되었다.

또한 외관의 사법업무에는 소송의 처리만이 아니라 형법의 집행과 수금囚禁과 같은 행형 업무도 있었다. 1018년(현종 9년)의 상소[10]를 보면, 관사에서 시행하는 행형제도를 언급하고 있다. 주요 내용은 내외의 관사에게 월령月令의 준수를 촉구하고 있으며, 당의 옥관령獄官令을 인용하고 있다. 이는 당시 감옥관리, 형구수선과 형집행, 사형에서 작은 범죄에 이르는 처벌규정 등에 관한 법규들이 이미 구체적이고, 세세하게 행해지고 있었으며, 그만큼 외관의 사법권과 행형제도가 복잡하고 다양해졌음을 의미한다.

다만 구체적으로 외관外官과 장리長吏가 어느 정도의 형량까지 형을 집행할 수 있었는지는 알 수 없다. 또한 외관의 경우라도 품계에 따라 권한에 차이가 있었을 수 있으며, 피고의 신분에 따라 제한이 있었을 것이다. 구체적인 기준은 알 수 없으나, 형량의 경우는 도형徒刑 이상은 중앙에 이첩하여 재심을 받은 후, 경관京官이 집행한 것으로 보인다.

2. 중기

문종(1046~1083) 대부터 예종(1105~1122) 대까지 지방의 사법제도와 행형제도의 운영방식이 정리되었다. 『고려사』 권84, 「형법 1」을 보면 "신문訊問은 세 번을 채우라"는 내용이 나오는데, 이는 당시 신문은 의례히 고문을 포함하기 때문에, 한번 신문에 20일의 거리를 두고 3번만 하라는 것을 의미한다. 즉 신중을 기해 신문을 3번 하라는 뜻도 있지만, 피의자의 치사致死나 피해를 방지하기 위한 의도도 있었다.

---

10 『고려사』 권94 「열전 7」; 『고려사 절요』 권3 「현종 9년 윤 4월」.

또한 『고려사』권85, 「형법2」에서는 삼심제 시행을 보여준다. 여기서 삼심제는 모든 재판이 아닌 사형의 경우 꼭 삼심을 거쳐야 하는 것을 의미한다. 단지 삼심이 어떤 관서를 거치는 것인지 알 수 없다. 이 기사에서는 형부상서刑部尙書가 사형을 복주했다는 것으로 보아, 사형판결이 일단 형부刑部를 거쳐 국왕에게 가는 경로를 상정할 수도 있다. 그러나 고려 후기의 기록을 보면 세 번의 심의는 국왕과 신하가 함께 의논한다고 표현되어 있다. 이것은 소관부서에서 사형에 관한 재판서류를 올리면, 국왕이 신하와 의논하되 두 번 반송하여, 항상 세 번의 재심이 이루어지게 한 것이다. 이 때 반송하는 곳은 반드시 형부가 아니라 사헌부司憲府 또는 이외의 관서일 것이다.

그와 함께 경외관사에서 송사를 결정하는 처리기간도 규정하였다. 이 규정을 정한 연대는 예종 원년 이전이라는 것만 알 수 있는데, 그 기한은 소사小事는 5일, 중사中事는 10일, 대사大事는 20일, 도형徒刑 이상일 경우 30일로 하였다. 다만 소사小事, 중사中事, 대사大事의 기준을 알 수 없다. 이 규정은 관리의 근무태만을 경계하는 뜻도 있지만, 관리가 한쪽의 청탁을 받아 고의적으로 송사를 지연시키거나, 또는 판결이 어렵거나 권세가의 이해가 걸렸을 때 재판관이 권세가를 두려워하거나 책임회피를 위해 재판을 미루는 행위를 방지하기 위한 것이었다. 또한 당시에는 농민이나 노비가 소송을 위하여 오랫동안 집을 떠나 있을 수 없다는 약점도 있었다. 게다가 권세가와 재판관들은 이 약점을 이용하여 일부러 송사를 지연시켜, 그들이 포기하고 돌아가도록 하는 수법을 사용하기도 하여, 이를 방지하기 위한 목적도 있었다.

그리고 국문이나 재판을 할 때에는 반드시 복수의 관원이 모여 운영하는 합심제가 창안되었다. 『고려사』에 의하면 1062년(문종 16년) 이 제도가 처음 시행되었다. 시행된 이유는 여러 사람의 지혜를 빌려 신중한 재판을 하기 위한 목적이 있었을 것이다. 그러나 소수의 귀족가문이 권력의 정점에 있고, 혼인·학연 등으로 이들이 서로 얽혀 있었던 시기라는 점을 감안하면, 법관이 소송당사자와 관련이 있을 가능성도 높고, 단독으로 판결의 책임을 질 경우 권세가의 보복이 두려워 공정한 판결을 내리지 못할 가능성도 있었다. 따라서 합심제가 이러한 폐단을 완전히 막을 수는 없었겠지만, 그래도 중요하고 의미 있는 제도라고 할 수 있다.

이와 같은 운영규정들은 대부분 경관京官만이 아니라 지방에서도 함께 적용되어야 하는 것이었다. 그럼에도 외관에서는 실행이 불가능한 제도가 있었는데, 바로 삼심제였다. 외방에서는 수령 1명이 모든 행정을 전담하므로, 이와 같은 합심제를 운영할 수 없었다. 그래서 고안한 방식은 관원이 여러 명인 목牧과 도호부都護府 등에서는 합심제를 시행하고, 이하 관에서는 계수관界首官의 관원을 파견하여, 수령과 함께 재판하게 하는 것이었다. 그리고 외관이 한 명 뿐인 주현州縣에서는 외관이 독단으로 재판할 수 없었고 계수관 한 명을 초빙하여 재판하게 했다. 이때 계수관에서 파견하는 관원은 의사醫師나 문사文士는 제외해야 할 것이므로, 목사에서 법조 사이의 관원이었을 것이다.

하지만 중앙의 법사法司나 목牧, 도호부 같은 곳에서 합심에 참여한 관리들은 일정한 자질과 전문성을 가진 관료들인 반면에, 수령의 품계와 자질은 천차만별이었다. 품계가 낮을수록 수령의 자질도 떨어질 가능성이 높았다. 특히 12세기 이후 증설된 수령파견 지역이 주로 감무監務로 충당되었다. 또한 무신정권 수립 이후 정쟁이 치열해지고, 이들이 자신들의 하수인을 수령이나 감무로 파견하기 시작하면서, 수령의 자질은 더욱 떨어져 사회 문제화 될 정도였다. 따라서 초기에 계수관원의 임무는 휘하 외관外官과

장리長吏의 사법활동을 감찰하는데 중점이 있었다. 그러나 중기로 접어들면서 수령을 파견하는 군현이 늘어가고, 점차 수령의 자질이 하락함에 따라 이런 감찰만으로 사법제도를 운영하기가 어려웠을 것이다. 그러므로 계수관원을 파견한 방식은 명목은 합심제이지만, 실제로는 상급관청에서 전문 지식과 능력을 가진 관원을 파견하여, 수령의 재판을 대행하게 했다는 데 의미가 크다.

3. 후기

이 시기는 고려의 사전문제, 즉 고려의 전통적인 수조권분급제의 동요로 인해, 전지田地와 노비소송이 급증하여 사법업무가 폭증하였다. 수조권분급제는 집권층 내부의 권력균형이 유지되고, 향촌사회 내부에서 전주田主·향촌세력·향리들 간의 세력균형이 유지되었을 때, 안정적으로 유지될 수 있는 것이었다. 그러나 12세기 무신정권 이후로 이러한 균형이 깨어지기 시작하였다. 고려 후기가 되면서 국가의 수조지 운영 자체가 혼란에 빠지고, 향촌사회 내부의 토지 소유나 수조지, 노비소유 관계가 대단히 복잡해졌다. 게다가 정계의 혼란과 정변, 사회적 혼란과 지배층의 권력구조도 매우 복잡해졌다. 이런 상황에서 기존의 사법제도가 제 역할을 다 할 수가 없었다.

이에 대한 개선방안으로 고려 조정이 내놓은 것이 사법제도의 강화였다. 1286년(충렬왕 12년)에 일단 임지의 수령과 안렴사가 반드시 먼저 지방의 재판을 처리하고, 함부로 경관京官으로 옮겨 재판하지 못하게 하였다. 그 목적은 수령의 사법적 책임과 역할을 강조하는 동시에, 경관으로 이첩하는 방법을 통해 권세가와 결탁하거나 유리하게 사법제도를 악용하는 폐단을 방지하기 위한 것이었다. 또한 당시 지방 수령이 현지의 사정을 상대적으로 잘 알고 있어 재판을 공정하게 처리할 수 있으며, 외관을 활용하여 소송의 처리용량을 높이자는 의도도 있었을 것이다.

그러나 소송은 1차적으로 해당 고을에서 처리해야 하며, 그렇지 않을 경우 월고越告[11]로 처벌한다는 규정은 이미 고려 전기부터 있던 법령이었다. 다만 이때는 전기前期에 비해 수령의 파견지역이 증가하였고, 상대적으로 강화된 안렴사 제도가 운영되고 있었으므로, 이러한 판지判旨의 실행력과 범위는 증가했을 것이다. 그럼에도 불구하고 이때는 이미 국가의 수조지 분급 및 관리체계가 심하게 동요하던 시기였다. 그리고 이를 이용한 전지田地와 노비 탈점이 지배층에 의해 자행되고 있던 시기였다. 그러므로 이 판지判旨가 효력을 발휘할 리가 없었다.

또한 전지와 노비 탈점이 지속되는 상황에서 소송이 줄어들 리가 없었고, 외관과 안렴사가 재판을 통해 권세가의 부정을 막기는 버거웠다. 이어 소송이 벌어지면 권세가와 이해 당사자들은 자신에게 유리한 곳에서 재판을 받게 하는 등의 폐단도 발생하였다. 게다가 외관의 권력과 자질이 떨어졌고, 대부분의 경우 그들이 가진 사법권이 권문세가의 부정에 저항할 수 있게 하지도 못했다. 이에 따라 향리나 일반 백성들이 외관보다는 왕실이나 사심관, 연고가 있는 권세가에게 억울함을 직접 하소연하거나 재판을 청원하는 경우도 있었을 것이다.

그래서 조정은 1279년(충렬왕 5년) 자문교수咨門教授가 판결하는 관행을 중지시켰고, 1318년(충숙왕 5년) 수령의 통치력과 사법적 기능을 향상시키기 위해 사심관을 혁파하는 조치를 취하기도 하였다. 그럼에도 사법제도를 변화시키기에는 너무나 역부족이었다.

당시 지방 사법제도의 특징은 합심제와 순찰제였다. 이 제도 운영의 중

---

11 순서를 밟지 않고, 바로 상급 관아에 고소하는 것.

심축은 군현 수령이 아닌 계수관界首官에 둔 것으로 한계가 있었다. 그것은 계수관원이 개별 군현을 잘 알 수 없고, 무엇보다 소송의 처리능력과 효율성이 매우 떨어진다는 것이었다. 따라서 이 시기에 군현郡縣 수령 개인에게 사법권 행사를 일임하는 제도가 시행되었다. 그리고 1308년(충렬왕 34년)과 1310년(충선왕 2년) 외관의 직제를 개정하여, 유수관留守官 이하 각 관官에서 부유수副留守·부사副使·사록史錄·참군사參軍事·장서기掌書記·현위縣尉 등과 보조관원을 축소시키고, 가능하면 모든 수령을 백관지百官志 규정대로 파견한다는 조치가 시행되었다.

하지만 소송이 급증하는 시기에 부사나 사록 같은 보조관을 줄인 조치는 이해하기 어렵다. 그러므로 개별 군현 수령의 업무범위와 역할을 높인다는 정책과 연계해서 볼 때만 그 의미를 이해할 수 있다. 즉 외관이 증설됨에 따라 이들의 업무는 줄어들고, 외관에 대한 재정 지출은 늘었을 것이므로, 가능하면 불필요한 관원은 도태시켜야 했기 때문이라고 봐야 한다. 또한 이러한 조치는 과거 순회관에게 맡겼던 역할을 개별 군현 수령에게 이양하기 위해, 먼저 우수한 자원을 확보해야 하는 것으로, 쉬운 일이 아니었다.

그래서 이 시기 지속적으로 거론되었던 수령제 개혁안의 하나가 수령의 품계를 높이고, 등과사류登科士類를 수령으로 파견해야 한다는 것이었다. 그와 같은 논의는 조정이 수령의 권한과 품계를 높이고, 사법뿐만이 아니라 행정체제 전반에 걸쳐 군현 수령에게 많은 권한을 부여하기 위한 것이었다. 하지만, 권세가들은 이런 개혁안을 반대하거나, 더욱 자신의 하수인을 수령으로 파견함으로써, 강화된 수령권을 이용하여 지방사회에서의 자신의 권력과 이익을 훨씬 더 확충하려고 하였다. 그러므로 조정에서 수령 자원을 확보하는 문제는 개혁을 시도하는 측이나 각 정파 간의 이해에 있어 대단히 중요한 문제였다.

그 결과, 이러한 개혁시도는 거의 성공하지 못했다. 지방의 사법행정체제를 외관外官으로 일원화하는 시도가 실패되었고, 사심관 제도의 폐해는 근절되지 않았으며, 공양왕(1389~1392) 대까지도 사문私門에 가서 쟁송爭訟하는 관행은 계속되었다. 그렇지만 이때의 문제의식과 개혁론은 고려 말의 개혁파 사류에게로 전승되었다. 이들 개혁파 사류들은 기존 개혁론을 더욱 확장시켜, 군현 수령의 사법적 기능과 역할을 더욱 강화하였다. 대표적인 조치의 하나가 1375년(우왕 원년) 수령오사守令五事[12]를 새로 정하고, 이를 기준으로 수령을 평가하게 한 것이다. 이후 수령오사는 1389년(창왕 원년)에 올린 조준趙浚의 수령오사에도 반영되었고, 조선 건국 후 『경제육전經濟六典』을 거치면서, 수령칠사守令七五[13]로 재편되어 『경국대전經國大典』에 수록되었다.

---

12 전야벽(田野闢, 전지를 개척함), 호구증(戶口增, 인구를 늘림), 부역균(賦役均, 역의 부과를 균등하게 함), 사송간(詞訟簡, 소송을 간명하게 함), 도적식(盜賊息, 도적을 그치게 함).

13 존심인서(存心仁恕, 마음은 인仁과 노恕에 둠), 행기염근(行己廉謹, 몸소 청렴과 근신을 행함), 봉행조령(奉行條令, 조칙과 법령을 받들어 행함), 권과농상(勸課農桑, 농상을 권장해 맡김), 수명학교(修明學校, 학교를 수리하고 학문 풍토를 밝게 함), 부역균평(賦役均平, 역의 부과를 균등하고 공정하게 함), 결송명윤(決訟明允, 소송에 대한 판결은 공명하고 진실하게 함).

제3부
갑오개혁
이전의 조선

제1장 **경찰기관의 발전**

제2장 **경찰활동의 발전**

• • •

14세기 말 고려 정치는 내부적으로 귀족 세력인 권문세족과 신진 사대부 간의 대립으로 혼란에 빠졌다. 대외적으로 홍건적과 왜구의 약탈, 원명 교체기에 따른 외교적 혼란 등이 가중되고 있었다. 게다가 조정에서는 철령위 문제로 친원파와 친명파가 대립하고 있었다. 그 결과, 고려는 요동을 정벌하기 위해 최영을 중심으로 요동 정벌군을 편성하기로 하였다.

그러나 당시 왜구, 홍건적, 몽골족, 여진족의 침입을 물리치고 조정에서 실권자였던 이성계가 평양에 있던 최영에게 회군을 청했다. 최영이 거부하자 이성계는 1388년 6월 위화도에서 회군하여 최영 세력을 몰아내고, 우왕을 폐위한 뒤 창왕을 국왕으로 옹립하였다. 다음해 이성계는 공양왕을 왕위에 올린 후 사전개혁(私田改革)을 단행하여, 과전법(科田法)을 시행하였다.

이에 따라 고려의 권문세족은 농장을 몰수당하여 그들의 경제적 토대가 붕괴되었다. 공전(公田)의 증대 또한 국가의 수입확대로 이어져, 조선 건국의 경제적 기초가 확립되었다. 1392년 이성계의 아들 이방원이 정몽주를 제거하고, 같은 해 8월 5일 개성에서 공양왕에게 왕위를 받은 이성계가 조선(朝鮮)을 건국했다. 이성계는 1394년(태조 3년) 한양으로 천도했다. 태조는 고려 때 큰 폐단이 되었던 불교 대신에 유교를 존중하여, 이를 정치·교육의 근본이념으로 삼았다.

한편 왕자의 난에서 승리한 태종은 왕권을 강화하면서 관료 제도를 정비하였다. 그는 사병을 혁파하였고 양전 사업과 호구 조사를 통해 조세 제도와 호적 제도를 개혁하였다. 그리고 도평의사사를 폐지하는 대신 조선시대 최고의 행정기관인 의정부를 설치하였으며, 왕실의 외척과 공신의 세력을 크게 약화시켜 정치를 안정시켰다.

제1장
경찰기관의 발전

제1절
일반 행정기관

1. 중앙 행정기관

조선은 중앙행정조직(경직京職)으로 의정부議政府를 두었다. 의정부는 국왕을 보좌하여, 정무政務를 총괄한 국가 최고의 기관을 말한다. 조정은 1392년(태조 원년) 7월 문무백관의 관제를 정하였는데, 이때 고려의 제도를 본받아 도평의사사都評議使司[1]라는 회의기관을 두었다. 도평의사사는 문하부門下府[2]·삼사三司[3]·중추원中樞院[4]의 종2품 이상 관원으로 이루어져, 국가의 중대한 일을 의논하였다. 그리고 1400년(정종 2년) 4월 관제를 개편하면서 도평의사사를 의정부로 개칭하였다.

---

1 고려 전기 도병마사(都兵馬使)의 후신으로, 다른 말로는 도당(都堂)이라고도 한다. 도병마사는 중서문하성(中書門下省)과 중추원(中樞院)에서 임명된 판사(判事)와 사(使)·부사(副使)·판관(判官)으로 구성되어, 양계(兩界)의 국방·군사 문제만을 논의하던 임시 회의기관이었다. 이러다가 고려 중기에는 변경(邊境) 뿐만 아니라 백성을 위한 구휼 방법까지 의논하는 등 기능이 확대되었다. 고종 말년에는 도당이라 칭하고, 재추(宰樞) 전원이 회의에 참석해 국정전반에 걸친 대사를 의논하고, 결정하였다. 1279년(충렬왕 5년) 도평의사사로 개편되면서 재추 이외의 삼사(三司) 관원 뿐만 아니라 정식 직사자(職事者)는 아니지만 재상으로 국정에 참여하는 상의(商議)까지도 포함하는 등 구성과 기능이 더욱 확대·강화되었다.

2 고려후기 최고 정부기관으로 중서문하성의 후신이다. 1275년(충렬왕 원년) 중서문하성과 상서성이 합쳐져 첨의부(僉議府)로 일원화되었다가, 이후 1293년(충렬왕 19년) 도첨의사사(都僉議使司)가 되고, 1356년(공민왕 5년) 중서문하성과 상서성으로 환원되었다가, 1362년(공민왕 11년) 도첨의부로 이름이 바뀌었다. 그리고 1369년(공민왕 18년) 문하부가 되었다. 관원으로는 영문하(領門下), 문하좌우시중(門下左右侍中), 문하찬성사(門下贊成事), 참지문하부사(參知門下府事), 지문하부사(知門下府事), 좌우산기상시(左右散騎常侍), 좌우간의대부(左右諫議大夫), 문하사인(門下舍人), 좌우사간(左右司諫), 문하녹사(門下錄事), 문하주서(門下注書) 등이 있었다.

3 고려시대 국가 전곡(錢穀)의 출납과 회계를 관장하던 기관.

4 고려시대 군사기무(軍事機務)와 왕명출납(王命出納)·숙위(宿衛)를 담당하던 중앙기관으로, 중서문하성(中書門下省)과 함께 양부(兩府)라 불리었다.

이 과정에서 의정부가 삼군三軍에 관한 직무를 담당하는 도총제都摠制 이하 무관을 구성원에서 제외하여, 주로 문하부와 삼사로 이루어진 합의체로 변하였다. 다음 해 1401년(태종 원년) 7월에는 문하부를 혁파하고, 사간원司諫院을 독립시키면서 문하부의 재신宰臣으로 하여금 의정부의 관원으로 충당하였다. 이로써 의정부는 종래 합의기관의 성격을 탈피하고, 문하부의 직능을 계승하여, 백사百司를 맡아보는 행정기관이 되었다. 그러나 사평부司平府(전곡錢穀에 관한 사무를 관장)와 승추부承樞府(전前 의흥삼군부義興三軍府[5]로 갑병甲兵[무장한 군사]에 관한 일을 담당)가 각자 업무를 관할하였기 때문에 국사 전체를 담당한 기관은 아니었다.

의정부의 육조六曹가 사무를 분담하게 된 때는 1405년(태종 5년) 1월 사평부가 호조로, 승추부가 병조로 귀속되면서였다. 하지만 실제로는 1414년(태종 14년) 4월에 이르러 육조가 사무를 분장分掌하고, 직계直啓제도[6]가 시행되었다. 다만 당시 관장사항은 오직 사대문서事大文書와 중범重犯을 다시 안핵(커覈)[7]하는 것뿐이었다.

1436년(세종 18년) 4월 육조가 소관 사무를 먼저 의정부에 보고하고, 의정부에서 임금에게 계문啓聞[8]하여 그 뜻을 받은 다음, 육조로 하여금 시행

---

5 조선 초기에 군령(軍令)과 군정(軍政)을 총괄하던 기관으로. 약칭해서 삼군부로 부른다. 고려 말기인 1391년(공양왕 3년) 종래 오군체제를 삼군체제로 바꾸어 삼군도총제부(三軍都摠制府)를 두었는데, 이를 조선 초기인 1393년(태조 2년) 9월 개칭되었다.

6 국왕에게 계주(啓奏 : 신하가 글로 국왕에게 아뢰던 일)할 때 중간에 상급 관아를 경유하는 절차를 밟지 않고 문서로 직접 아뢰는 제도이다. 조선시대에 국왕에게 직계할 수 있는 경우는 2품 이상의 아문(衙門)과 승정원(承政院)·장례원(掌隷院)·종부시(宗簿寺), 그리고 지방에 나가 있는 관찰사(觀察使)·절제사(節制使)·제장(諸將) 등으로 제한되어 있었다. 그러나 다른 관사(官司)에서도 긴급한 사안(事案)이 있을 때에는 제조(提調)를 통해 직계할 수 있었다. 이러한 경우를 제외하고는 대체로 상급 기관을 거쳐야 했다.

7 매우 자세히 조사하여 살핌.

8 조선시대 지방장관이 중앙에 상주(上奏)하던 일을 말하며, 이를 계품(啓稟)·계달(啓達)·계주(啓奏)라고도 한다. 상주하는 관리는 관찰사·어사·절도사 등으로 서장(書狀)을 사용하지 않고 계목(啓目)이나 계본(啓本)을 올렸으며, 때로는 목사(牧使)가 하는 경우도 있었다. 국왕에게 올리는 문서로는 상소(上疏)·차자(箚子)·초기(草記)·계본·계목(啓目)·장계(狀啓)·서계(書啓) 등 다양한 양식이 있었으며, 작은 일로 계할 때는 계목으로, 큰 일로 계할 때는 계본으로 하였다.

하도록 하는 서사제도署事制度가 실시되면서 의정부의 권한이 강화되었다. 이후 이조·병조의 제수, 병조의 용군用軍, 형조에 있어서 사형수 이외의 판결은 그 조曹에서 직계할 수 있게 되었다. 1452년에는 단종 즉위와 더불어 육조의 모든 공사公事는 다시 의정부를 통하여 국왕에게 상주上奏[9]하게 하였다. 세조 대(1455~1468)에 다시 육조 직계로 바꾸어졌으며, 왕권의 강화로 말미암아 승정원承政院의 기능이 커지자, 중신重臣이 승정원에 항시 근무하는 원상院相이라는 제도가 신설되었다. 이 원상은 예종·성종·명종·선조 대에는 원상이 어린 국왕을 보좌하는 역할을 하기도 하였다. 세조 대에 폐지되었던 의정부의 서사제도는 1516년(중종 11년)에 부활되었다.

이어 의정부의 속관屬官은 『경국대전經國大典』에 의해 성문화되어, 영의정領議政 1인 정1품, 좌우의정 각 1인 정1품, 좌우찬성左右贊成 각 1인 종1품, 좌우참찬左右參贊 각 1인 정2품을 두었다. 그 좌석에 의하여 좌우찬성을 동벽東壁, 좌우참찬을 서벽西壁이라 불렀으며, 그 외에 사인舍人 2인 정4품, 검상檢詳 1인 정5품, 사록司錄 2인 정8품 등의 관원이 있었다. 명종 대(1545~1567)에 비변사備邊司가 설치되어 군국軍國의 모든 중대사를 이 기관에서 상의하게 되었으며, 삼의정三議政은 도제조都提調로서 이에 참가하였다. 이때 의정부의 실권은 대부분 비변사로 옮겨지고, 좌우찬성左右贊成 이하의 버슬은 한직閑職으로 변하였다.

그러나 의정부는 권한의 신축에도 불구하고, 국가의 최고기관으로서의 지위를 유지하였다. 1864년(고종 원년) 2월 비변사와의 사무 분장을 책정할 때 외교·국방 및 문부文簿의 거행을 비변사 소관으로 하고, 기타 정무는 의정부에 귀속케 하였다. 1865년(고종 2년) 3월 비변사를 합부合府하여 공사색公事色이라는 기관을 설치하였다. 1884년(고종 21년) 10월 통리군국사무아

9   국왕에게 아뢰는 일.

門統理軍國事務衙門을 의정부에 합하였고. 1894년 갑오개혁(고종 31년)때 의정부에 총리대신總理大臣 1원員, 좌찬성左贊成 1원, 우찬성右贊成 1원, 사헌司憲·참의參議·주사主事 등을 두었다가 같은 해 12월 내각內閣으로 개편하였다.

영의정領議政은 의정부의 모든 관리를 통솔하고, 행정을 총괄하였다. 최고 정무기관인 도평의사사都評議事司가 의정부로 개편하면서, 최고관직을 영의정부사라 하였다. 점차 의정부의 기능이 강화되고 관제가 개편됨에 따라, 영의정부사는 영의정으로 개칭되어 직제로서 확립되었다. 영의정은 대개 좌의정을 역임한 원로대신이 임명되었으며, 좌의정左議政과 우의정右議政[10]과 함께 삼의정三議政 또는 삼정승이라 하였다. 1436년(세종 18년) 4월까지 좌의정이 판이조사判吏曹事, 우의정이 판병조사判兵曹事를 각각 겸임해 문·무반의 인사를 관장하였다. 따라서 영의정은 외교문서의 고열考閱이나 사형수를 복심하는 정도의 업무를 관장하는 우대직으로 존속되었다. 그러나 세조가 즉위하자 영의정은 전과 비교할 수 없을 정도로 실권 없는 무력한 지위로 전락하였다. 이는 단종 대 영의정 황보인皇甫仁과 좌의정 김종서金宗瑞 등이 세조의 행동을 크게 제약하였기 때문이었다. 이후 성종과 중종 대에 여러 번 의정부의 서사를 회복하자는 의논이 있었으나 회복하지 못하였다. 1555년(명종 10년) 비변사가 설치되고, 나라의 중대사를 여기서 심의하면서부터 삼정승은 도제조都提調로서 참가하기도 하였다. 하지만 실질적인 권한은 왕권, 의정부와 육조의 역학관계, 원상·비변사·규장각의 운영, 영의정·우의정·육조의 판서·승정원 승지의 자질, 당쟁·세도정치의 진행,

---

10 1401년(태종 원년) 문하부(門下府)를 혁파하고, 의정부를 설치하면서 문하부의 좌·우정승을 의정부의 좌·우정승으로 하였다. 이후 1414년(태종 14년) 의정부판사(議政府判事)로 고쳐 정원 2인을 두었고, 같은 해에 좌·우의정으로 나누어 개칭되면서 확립되었다. 좌의정은 대개 우의정을 역임한 원로대신으로 임명하였고, 우의정은 대개 좌찬성이나 영중추부사(領中樞府事) 등을 역임한 원로대신으로 임명되었다. 또한 좌의정은 문소전(文昭殿)·인수부(仁壽府)·사재감(司宰監)·승문원(承文院) 및 비변사의 도제조(都提調)와 영경연사(領經筵事) 등을, 우의정은 광효전(廣孝殿)·승문원(承文院)·군자감(軍資監)·성문도감(城門都監)의 도제조와 영경연사(領經筵事) 등을 당연직으로 겸임하였다.

각종 변란으로 인한 정치 분위기 등과 연관되면서 강약强弱이 반복되었다.

그리고 의정부에는 이吏·호戶·예禮·병兵·형刑·공工의 육조六曹가 있었다. 이를 자세히 보면 다음과 같다.

이조吏曹는 충익부忠翊府(원종공신原從功臣을 우대하기 위한 기관), 내시부內侍府(궁중 안의 식사감독, 왕명 전달, 궐문 수문守門 및 수직守直, 청소 등 궐내 잡무를 담당), 상서원尙瑞院(국왕의 새보璽寶·부신符信 등을 관장), 종부시宗簿寺(왕실 족보의 편찬과 종실의 비위를 규찰), 사옹원司饔院(국왕의 식사와 대궐 안의 식사 공급을 관장), 내수사內需司(왕실 재정을 담당), 액정서掖庭署(국왕과 왕족의 명령 전달, 알현 안내, 문방구 관리 등을 관장)로 이루어져 있었다.

호조戶曹는 내자시內資寺(왕실에서 소용되는 쌀·국수·술·간장·기름·꿀·채소·과일 및 내연직조內宴織造 등 각종 물자를 관장), 내섬시內贍寺(각 궁宮과 각 전殿에 대한 공상供上과 2품 이상 관리에게 주는 술, 왜인과 야인에 대한 공궤供饋, 직조織造 등을 관장), 사도시司導寺(궁중의 쌀과 곡식 및 장醬 등을 관장), 사섬시司贍寺(저화楮貨[닥나무 원료의 종이로 만든 지폐]의 발행과 노비가 공납하는 면포를 관장), 군자감軍資監(군수품의 저장과 출납을 관장), 제용감濟用監(진헌하는 포물布物과 인삼人蔘, 하사하는 의복 및 사紗·나羅·능綾·단段·포화布貨·채색입염綵色入染·직조織造 등을 관장), 사재감司宰監(궁중의 어류, 육류, 소금, 땔나무, 횃불炬火 등을 관장), 풍저창豐儲倉(국용國用으로 쓰이는 쌀·콩·자리·종이 등을 관장), 광흥창廣興倉(백관의 녹봉을 관장), 전함사典艦司(선박관리 및 조선造船·운수運輸를 관장), 평시서平市署(시전市廛과 도량형度量衡·물가 등을 관장), 사온서司醞署(궁중에서 쓰이는 술과 감주 등을 관장), 의영고義盈庫(궁중에서 쓰이는 기름·꿀·밀랍·소찬素饌·후추 등을 관장), 장흥고長興庫(돗자리, 유둔油芚[두꺼운 종이에 기름을 먹여서 방석처럼 깔고 앉게 만든 물건], 종이 등을 관장), 사포서司圃署(왕실 소유의 원포園圃와 채소재배 등을 관장), 양현고養賢庫(성균관 유생들의 식량·물품 공급을 담당), 오부五部(한성의 관내 각 동리에 거주하는 사람의 범법犯法 사건과 교량·도로·분화頒火[불씨를 나누어 주는 것]·금화禁火와 이문里門의 경계 수비와 집터의 측량, 검시檢屍 등의 사무를 관장) 등으로 구성되었다.

예조禮曹는 홍문관弘文館(궁중의 경서經書·사적史籍의 관리와 문한文翰의 처리 및 국왕의 각종 자문 등을 관장), 예문관藝文館(국왕의 말이나 명령을 대신하여 짓는 것을 담당), 성균관成均館(인재양성을 위하여 한성에 설치한 교육기관), 춘추관春秋館(시정時政의 기록을 관장), 승문원承文院(외교문서를 담당), 통례원通禮院(국가 의례儀禮를 관장), 봉상시奉常寺(국가의 제사 및 시호 등을 의논하여 정하는 일을 관장), 교서관校書館(경적經籍의 인쇄와 제사 때 쓰이는 향과 축문·인신印信[도장] 등을 관장), 내의원內醫院(궁중의 의약을 담당), 예빈시禮賓寺(빈객의 연향燕享과 종실 및 재신宰臣들의 음식물 공급 등을 관장), 악학樂學(음악에 관한 일을 관장), 관습도감慣習都監(음악에 관한 행정사무를 관장), 악학도감樂學都監(궁중음악을 관장), 장악원掌樂院(궁중에서 연주하는 음악과 무용에 관한 일을 관장), 관상감觀象監(천문·지리학·역수曆數[책력]·측후測候·각루刻漏 등을 관장), 전의감典醫監(궁중 내 의약공급과 국왕 하사 의약을 관장), 사역원司譯院(외국어의 통역과 번역을 관장), 세자시강원世子侍講院(왕세자의 교육을 담당), 세손강서원世孫講書院(왕세손의 교육을 관장), 종학宗學(왕족의 교육을 담당), 소격서昭格署(도교道敎의 보존과 도교 의식을 관장), 종묘서宗廟署(종묘宗廟의 수위守衛를 관장), 사직서社稷署(사직단社稷壇과 그 토담의 관리를 담당), 빙고氷庫(얼음을 저장하고 지급하는 일을 관장), 전생서典牲署(제물祭物에 쓸 가축家畜을 기르는 일을 관장), 사축서司畜署(잡축雜畜을 기르는 일을 관장), 도화서圖畵署(궁정에서 회화를 담당), 혜민서惠民署(의약과 서민을 구료救療하는 업무를 관장), 활인서活人署(도성 내 병인을 구료하는 업무를 관장), 귀후서歸厚署(관곽을 만들고 장례葬禮에 관한 일을 관장), 사학四學(한양의 중앙中學·동쪽東學·서쪽西學·남쪽南學에 설치한 성균관의 부속학교) 등을 두었다. 또한 문소전文昭殿(태조의 비妃 신의왕후神懿王后 한씨韓氏를 모신 사당), 연은전延恩殿(경복궁 안에 있었던 덕종의 위패봉안소),

기자사箕子祠(기자箕子의 제향을 위한 사당) 등으로 구성되었다.

병조兵曹는 오위五衛,[11] 훈련원訓鍊院(군사의 시재試才, 무예의 훈련 및 병서의 습독習讀 등을 관장), 사복시司僕寺(여마輿馬·구목廐牧 및 목장에 관한 일을 관장), 군기시軍器寺(병기兵器의 제조를 관장), 전설사典設司(장막帳幕 등을 치는 일을 관장), 세자익위사世子翊衛司, 세손위종사世孫衛從司 등으로 이루어져 있었다.

형조刑曹는 일반범죄의 사법감독기관인 동시에 하급기관의 판결에 관한 재심기관으로, 장례원掌隸院(공사노비 문서의 관리 및 노비소송을 관장), 전옥서典獄署(옥수獄囚에 관한 일을 관장) 등으로 구성되었다.

공조工曹는 상의원尙衣院(국왕의 의복과 궁중의 재화財貨, 금은보화 등 물품을 공급하는 일을 관장), 선공감繕工監(토목과 영선營繕에 관한 일을 관장), 수성금화사修城禁火司, 전연사典涓司(궁궐의 수리와 청소를 관장), 장원서掌苑署(대궐내 정원의 꽃과 과실에 관한 일을 관장), 조지서造紙署(종이 만드는 일을 관장), 와서瓦署(기와·벽돌을 제작하는 일을 관장) 등으로 이루어져 있었다.

한편 의정부와는 별도로 승정원承政院(왕명의 출납을 관장하는 기관으로 의정부·육조·사헌부司憲府·사간원司諫院과 함께 조선의 중추적인 정치기구), 삼사三司[12]로 불린 홍문관弘文館(궁중의 경서經書·사적史籍의 관리, 문한文翰의 처리 및 국왕의 자문을 담당)·사헌부司憲府(시정施政 논의·백관 규찰·기강과 풍속 정립·백성의 억울한 일 해결 등을 업무로 하였으며, 서경권署經權을 갖고 있음)·사간원司諫院(국왕에 대한 간쟁諫諍과 논박論駁을 관장)이 있었다.

---

11 중앙군으로 1457년(세조 3년) 삼군부를 오위로 개편하고, 오위진무소(五衛鎭撫所)가 이를 총괄케 했으며, 그 후 오위진무소는 오위도총부(五衛都摠府)로 개칭되었다.

12 조선 중기(15~17세기)에 국가적 의사소통의 중심축 구실을 하였다. 조선의 삼사는 국가재정을 관할한 기구였던 고려의 삼사와 구분하여 '언론삼사'라 부르기도 한다. 삼사의 언론활동에서 가장 높은 권위를 행사했던 홍문관의 관원들은 경연을 담당하는 것이 주된 임무였다. 이들이 조강에서 얻는 경험은 곧 국가운영을 담당할 동량이 될 교육으로 간주되었다. 때문에 홍문관 관원 후보가 된 것만으로도 당상관에 오를 자격을 갖춘 것으로 인식되었다. 사헌부와 사간원은 각각 관원의 비리 감찰과 국왕에 대한 간쟁이 주된 임무였으나, 관원의 인사에도 관여했다. 오종록, 「조선시대 정치·사회의 성격과 의사소통」, 『역사비평』 제89호, 역사문제연구소, 2009, 27쪽.

또한 한성부漢城府, 의금부義禁府, 집현전集賢殿(궁중에 설치한 학문 연구기관), 규장각奎章閣(왕실 도서관), 종친부宗親府(역대 국왕의 계보와 초상화를 보관하고, 국왕과 왕비의 의복을 관리하며 선원제파璿源諸派를 감독), 충훈부忠勳府(공신에 관한 사무를 관장), 의빈부儀賓府(공주·옹주·군주郡主·현주縣主 등과 혼인한 부마駙馬에 관한 일을 관장), 돈녕부敦寧府(종친부宗親府에 들어가지 못하는 국왕 친척과 외척을 위한 예우기관), 중추부中樞府(특정한 관장사항이 없이 문무의 당상관으로서 소임이 없는 자들을 소속시켜 대우하던 기관), 내금위內禁衛, 겸사복兼司僕, 훈련도감訓鍊都監(수도의 수비를 맡아보던 군영으로 선조 대 임진왜란 후에 창설), 포도청捕盜廳, 한성부漢城府, 사산참군四山參軍 등이 있었다.

이러한 제도는 조선의 관료체제가 국왕을 정점으로 하여 중앙집권체제를 완비하는 것을 목표로 삼아 여러 차례에 걸쳐 정비되어, 앞에 쓴 데로 『경국대전經國大典』으로 완성되었다. 그 과정에서 ① 국초에 종전의 도평의사사와는 달리 합의기구로서의 성격이 크게 약화된 의정부가 국왕 밑의 최고 관부로 정착하고, ② 6조가 중앙 행정부서로서 국왕과 직접 연결되는 지위로 올라서 왕권의 행사나 그에 관한 견제장치로 기능하는 관서를 제외한 중하급 관서를 총괄하게 되고, ③ 8도체제 아래 대부분의 군현에 중앙에서 수령이 파견되어 지방통치를 담당하게 됨으로써 강력한 중앙집권체제가 갖추어졌다. 이에 따라 한성은 조선에서 유일한 대도시로 자리잡았고, 지방에는 주요 관아도시가 성장하게 되었다. 그 기반에는 이들 관서와 소속 관리가 행사하는 권한이 대단히 강력하였기 때문이라 할 수 있다.[13]

---

13   오종록,「조선시기의 관료제도 및 그 운영의 특성 - 부정부패의 구조적 원인과 관련하여」,『한국사 연구』제130호, 한국사연구회, 2005, 16쪽.

2. 지방 행정기관[14]

1) 관찰사觀察使(감사監司)

관찰사는 국왕을 대리하여 일도一道의 정치·군사를 총관하고, 수령을 지휘·감독한 관직이다. 관찰사는 개국과 함께 계승된 경기좌·경기우[15]·서해[16]·교주강릉[17]·양광[18]·경상·전라도의 안렴사[19]와 동북[20]·서북면[21] 도순문사都巡問使[22]에서 기원되었다. 이후 1466년(세조 12년) 도순문사 1직과 1470년(성종 원년) 7도의 안렴사까지 관찰사로 개칭되었고, 그 관직이 1467년(세조 13년) 함길도가 남·북으로 분도分道되면서 9직으로 되었다가, 1469년(예종 원년) 북도가 폐지되면서 8직으로 정립되었다.[23]

관찰사는 관제가 확립되면서 중앙의 행정관서와 지방 수령 사이에서 연계적 역할을 담당한 매우 중요한 행정장관이자 군사지휘관으로 자리 잡게 되었다. 즉 수령이 군국軍國 중대사를 제외하고 의정부를 거치지 않고, 국왕에게 직접 보고하는 직계권은 세종 초까지 존속하였고, 이후 직계권은 박

---

14 이수건의 『조선시대 지방행정사』(민음사, 1989) 가운데 「제4장 지방행정조직과 행정체계」와 이존희의 『한국사 6 : 중세사회의 발전 1』(한길사, 1994) 가운데 「조선시대 지방행정사」를 참조하였다. 특별한 설명이 필요한 경우 개별적으로 출처를 밝혔다.

15 1390년(공양왕 2년) 처음으로 경기를 좌도·우도로 나누고, 도성에서 바라볼 때 경기의 오른쪽 지방을 경기우도라 하였다. 당시 경기좌도에 속한 지역은 장단·임강·토산·임진·송림·마전·적성·파평의 8현과 양광도의 한양·남양·인주·안산·교하·양천·금주·과주·포주·서원·고봉과 교주도의 철원·영평·이천·안협·연주·삭녕 등이었다. 양광도에 속했던 양주 역시 이때 경기좌도에 속하게 되었다. 경기우도는 강음, 개성, 덕수, 우봉, 해풍이었다.

16 오늘날 황해도의 옛 지명이다.

17 고려시대 강원도의 이름이다.

18 양주(楊州)와 광주(廣州)에서 비롯된 지명으로, 오늘날 경기도 남부지역과 강원도 일부, 그리고 충청남북도의 거의 대부분 지역이 포함된다.

19 1276년(충렬왕 2년)의 관제개정에 따라 안찰사(按察使)를 개칭한 것이다.

20 오늘날 평안북도 박천군의 옛 지명이다.

21 오늘날 황해남도 연안군의 옛 지명이다.

22 고려시대의 외관직으로 원래 군사관계의 임무를 띠고 재추(宰樞)로서 임명되어 지방에 파견되던 임시관직이었다. 그러나 양계(兩界)에 있어서는 공민왕 후년까지 그 지방장관의 임무를 맡고 있던 존무사(存撫使)의 민사적 업무까지 흡수하여, 군사·민사를 모두 관장하는 지방장관으로 권한이 확대되었다. 1389년(공양왕 원년) 도절제사(都節制使)로 개칭되었다.

23 한충희, 『조선 초기 관직과 정치』, 계명대 출판부, 2008, 118~119쪽.

탈되고 관찰사에게만 부여되었다.[24] 그는 휘하에 부·목·군·현을 두고, 각기 부윤·목사·군수·현령 또는 현감 등의 관리를 두었다. 그러나 겸직이 많아 전주·함흥·평양에는 관찰사가 겸하였고, 약간의 변동은 있었으나 공주·해주·원주에서도 겸하였다.

권한은 원 직함인 '道觀察 黜陟 兼 監倉 安集 運輸 勸農 管學士, 提調 刑獄 兵馬公事(도관찰 출척 겸 감창 안집 운수 권농 관학사, 제조 형옥 병마공사)'에 모두 포괄되어 있다.[25] 그는 도내의 모든 정사政事를 관찰하고 관내 외관外官을 출척黜陟[26]하였다. 또한 도내의 모든 창고에 보관된 관곡官穀을 감독하고, 도민의 민생안정과 유이민流移民의 안집, 조사·공부貢賦의 수송, 농상農桑·수리·재식栽植, 도내의 인재양성과 지방 교육 및 교화업무 등을 겸임하였으며, 군정軍政의 경우 왕명과 중앙정부의 지시를 받아 품계稟啓하거나 협의·처리하였다.

이와 함께 관찰사는 지방민이 장형杖刑 이상의 죄를 범하였을 때 지방 수령으로부터 보고를 받아 이를 시행할 수 있었다. 근거는 지방 수령이 태형笞刑 이하의 죄인 경우 율에 의하여 직단直斷할 수 있었으나 그 이상의 죄는 관찰사에게 보고한 후 명을 받아 처리할 수 있다는 규정에 의한 것이다. 사형수는 삼복법三覆法으로 처리하였는데, 이때에는 국왕의 허가를 받아서 처리할 수 있었다. 이를 위해 그는 차사원差使員을 정하여 그 읍의 수령과 함께 추문推問[27]케 하고, 이어 차사원 2명을 정하여 고복考覆[28]케 하였다.

---

24 임선빈, 「조선 초기 외관제도의 운영구조와 특징 – 동반(東班) 외관직을 중심으로」, 『한국행정학회 하계학술발표논문집』, 2005, 218쪽.
25 이러한 직함은 1465년(세조 11년) 9월부터 '관찰사'로 약칭되었다.
26 원 뜻은 '못된 사람을 내쫓고 착한 사람을 올리어 씀'으로, 여기서는 '인사권 행사'를 뜻한다.
27 죄상을 추궁하여 심문함.
28 죄인의 옥안(獄案)을 재심케 한 후, 마지막 단계로 친문(親問)한 다음, 계달(啓達 : 신하가 글로 임금에게 아뢰던 일)하는 것.

그리고 관찰사는 직무를 수행함에 있어서 각별히 중요한 사항을 제외한 일반사항은 규정의 범위 내에서 직권으로 처리할 수 있었으나 제한도 있었다. 그는 직권을 남용하거나 직무를 태만히 하여 도정道政을 바로 수행치 못하였을 때에는 조정의 유관기관으로부터 탄핵이나 소속 관원으로부터 견제를 받았다. 또한 주민과 관찰사간의 관계에 있어서도 관찰사는 지방민의 비행을 조정에 보고하였던 반면, 지방민도 관찰사의 비행을 어사에게 정장呈狀[29] 내지 조정에 상소함으로써 탄핵을 받게 할 수도 있었다. 하지만 이 경우 「부민고소금지법部民告訴禁止法」이 적용되어 고소자가 오히려 처벌당하기도 하였다. 이와 같이 탄핵으로 혐의가 들어나면, 당해 관찰사에게 죄과의 경중에 따라 개차改差[30]·파직·정배定配[31] 등이 집행되었다.

또한 관찰사는 감사監司·방백方伯·도백道伯 등으로 불렸으며, 고려의 안찰사按察使(안렴사按廉使)와는 다른 점이 많았다. 안찰사(안렴사)가 아직 지방조직의 제도적 정비가 갖추어지기 전에 지방 세력과의 마찰 및 진통을 겪는 과정에서 순행사로서의 기능이 컸던 반면, 관찰사는 새 왕조의 지방제도 정비과정에서 지방행정장관의 역할을 담당했다. 물론, 안찰사와 관찰사는 지방의 통치조직이 갖추어지는 과정에서 활약한 관직이라는 점에서 그 성격상 맥을 같이하고 있으나, 양자 사이에는 기능이나 구조면에서 많은 차이가 있었다. 안찰사(안렴사)가 5·6품의 낮은 관리로서 순찰기능을 주로 행사한데 반해, 관찰사는 직품이 높은 양부의 대신으로 임명되어, 감영에 머물면서 한 도道의 행정·군사·사법 등을 책임진 지방장관으로, 부윤 이하의 각급 지방관을 직접 지휘·감독하였다.

특히 관찰사는 일도지주一道之主로서 학식과 덕망이 높고, 강직·공정·청

---

29   소장(訴狀)을 관청에 내는 것.
30   관직자를 교체하는 것.
31   죄인을 지방이나 섬으로 보내 정해진 기간 동안 그 지역 내에서 감시를 받으며 생활하게 하는 형벌.

렴한 자여야 했다. 임용배제 요건으로는 장리贓吏[32]의 자손이나 행실이 옳
지 못하거나 재가한 여자의 소생에게는 감사직이 제수되지 않았다. 감사
의 상피규정도 타 관직보다 광범위하게 제약을 받아 병사兵使·수사水使·수
령·우후虞候(각 도에 둔 병마절도사와 수군절도사를 보좌하는 일을 맡아보던 무관
벼슬, 병마우후가 종3품, 수군우후가 정4품)·평사評事·도사都事·찰방·기타 변장
邊將 등과 친척관계가 되는 자는 관찰사에 제수되지 않았고, 병사·도사와
함께 원칙적으로 본인의 출신 도에 갈 수 없었다. 감사의 품계는 종2품 이
상을 원칙으로 하였다. 그러나 도道와 시기에 따라 정2품 이상과 정3품이
제수되는 예도 많았다. 또한 관찰사의 임기는 양계와 이남 6도 또는 겸윤목
솔권兼尹[牧]率眷[33]하느냐의 여부에 따라 2년 또는 1년이었다.

게다가 관찰사를 임명할 때는 원칙상 시산관時散官 중에서 적임자를 택
해 후보자로 삼되, 반드시 의정부·육조·대간의 천거를 받아 국왕이 임명
하였다. 또한 특별한 경우를 제외하고는 모두 과거에 급제해야 임명되었
다. 여기서 중시되는 것은 문과출신이라는 사실보다 과차科次, 즉 과거 급
제 시 성적이 고려되어 비교적 과거 성적이 우수한 인재가 제수되었다. 8
도 관찰사 가운데 경기·전라·평안·함경도 관찰사는 경상도 감사와 비슷
한 수준의 문과출신이 선임되었고, 충청·강원·황해도 관찰사는 음관蔭官[34]
출신도 많았던 것으로 보인다.[35]

한편 관찰사가 근무하는 감영의 인적 구성을 보면 관찰사 밑에 수령관
인 경력經歷(종4품) 또는 도사都事(종5품, 일도를 규찰하는 감찰업무), 판관判官, 교
수敎授(종6품) 및 종9품의 훈도訓導·심약審藥, 검률檢律을 각 1인씩 두었다.

---

32 뇌물을 받거나 나라나 민간의 재산을 횡령한 관리.
33 집안 식구를 거느리고 가거나 옴.
34 과거를 거치지 아니하고 조상의 공덕에 의하여 맡은 벼슬이나 그런 관직자.
35 이수건, 『조선시대 지방행정사』, 민음사, 1989, 194쪽.

또한 중군中軍은 순군중군巡營中軍이라 하여 정3품 무관으로 도내 군사사무를 담당하였고, 관련사항을 병조로 보고하였다. 이외에 행정실무를 담당하는 영리營吏와 천역賤役을 지는 영노비營奴婢 등이 있었다. 그리고 물적 시설로는 관찰사의 관아를 비롯하여 속료屬僚의 아사衙舍, 이례吏隷의 거소 및 관루·창고 등이 있었다.

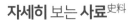 

| 비婢 월상月尙의 소지所志 |

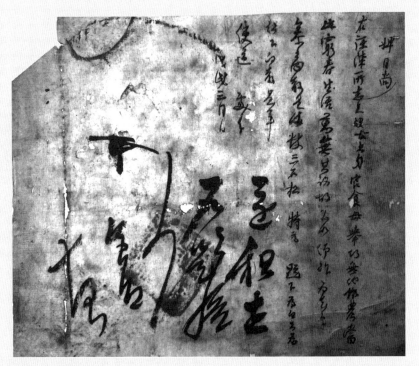

〈사진 1〉 **소지**(무술년, 33cm×42cm)

원문

婢月尙

右謹陳所志矣段, 女矣身宿食無擧行, 無他作農, 當

此窮春, 生活萬無其路, 故玆以仰訴爲去乎,

參商敎是後, 數三石租, 特爲 題下爲白只爲,

行下向教是事,

使道__處分.

戊戌三月日.

還租壹

石題給

事.

十四日,

〔行使〕〔署押〕.

번역

비(婢) 월상(月尙)

위의 사람이 삼가 아뢰는 뜻한 바는 저의 몸이 자고 먹는 것을 거행할 수 없고 달리 지을 농사도 없는데 이번에 궁핍한 봄을 만나서 생활을 이어갈 길이 전혀 없습니다. 그러므로 이에 우러러 호소하오니 살펴보신 후에 몇 섬(石)의 곡식을 특별히 내려주실 것을 일러주시기 바랍니다. 사또(使道)께서 처분해주시기를 바랍니다.

무술(戊戌)년 3월 일.

제사

환곡(還穀)의 곡식 한 섬을 줄 것이다.

14일에 행사(行使)[1](서압)[2].

해제

비(婢) 월상(月尙)이 먹을 양식이 없어서 자신이 사는 지방관에게 양식을 좀 내려달라고 청원한 소지(所志)이다. 제사에서는 환곡(還穀) 한 섬(石)을 내려주라고 하였다.

---

1   행부사(行府使)일 가능성이 높다.
2   어떤 특정한 단어, 예를 들어 일편단심(一片丹心)의 생략인 일심(一心)을 초서로 간략하게 적는 것으로, 9품 이상의 관인이 문서를 내려줄 때 사용한다.

2) 지방관(수령守令)

조선은 전대前代의 군현제를 근간으로 지방제도를 정비하여, 위로는 8도 체제와 아래로는 면리제面里制를 확립시켜 나갔다. 그래서 지방통치는 군현을 중심으로 전개되었고, 지방행정은 수령을 중심으로 행해졌다. 행정구역인 군현은 그 읍세邑勢의 규모에 따라 주州·부府·군郡·현縣으로 구획되었다. 읍관邑官인 수령은 거기에 대응하여 관계상 종2품에서 최하 종6품에 걸쳐 있는 부윤府尹·대도호부사大都護府使·목사牧使·군수郡守·현령縣令·현감縣監이 파견되었다. 이들 수령은 행정체계상으로는 모두 병렬적으로 직속상관인 관찰사(감사) 관할 하에 있었다. 그러나 이들 수령이 겸하는 군사직으로 말미암아 수령 간에도 상하관계와 명령계통이 세워졌다. '대도호부-목-도호부-현' 또는 '유후사留後司-대도호부-목' 등 체계는 행정절차보다는 군사적인 위계관계로 이루어졌다. 따라서 주·부·군·현은 순수 행정계통이고, 대도호부·도호부는 군사적 성격이 강한 계통이라 할 수 있다.[36]

조선 초기의 수령은 일반 행정뿐만 아니라 지방의 군사권도 장악하고 있었기 때문에 반드시 문무겸비자를 선임해야만 했다. 세종 초에는 종래와 같이 양계와 각 도 연변沿邊의 수령은 필히 무재武才가 있는 자로 임명하였고, 변방의 군사적 요지는 상·중·하간上·中·下緊(중요성에 따른 상중하)으로 구분하여 적임자로 임용케 하였다. 따라서 선임과정은 이조와 병조가 협의했으며, 그들의 고과에도 감사·병사가 협의하였다. 수령에 대한 선임의 경중은 서경署經(인사이동이나 법률 제정 등에서 대간臺諫의 서명을 받는 제도)에도 반영되었다. 사헌부·사간원의 관원이 회합하여 수령후보자에 대한 서경을 철저히 행하고, 그 결과를 참조하여 수령으로서의 적임판정이 된 후에야 정식 제수하였다.

---

36 이존희, 「조선 전기 지방행정제도의 정비」, 『한국사 7 : 중세사회의 성립 1』, 한길사, 1994, 154쪽.

그리고 고급 외직이 대부분 경관직을 겸대兼帶하였고, 중소군현의 수령에는 부사서도府使胥徒 출신이 많이 임명되었다. 태종 대부터 등과사류登科士流의 증가와 인재양성으로 인해 인적 자원이 많이 확보되었지만, 그래도 전국 140여 현의 현감에는 비사류의 무음계武陰系가 많이 선임되었다. 세종에서 성종 대까지 수령의 엄선, 구임久任(오랫동안 근무함), 내외적 순환근무제가 보장되면서 지방행정에 있어서도 비교적 선치善治시기를 맞이하게 되었다. 그러나 이러한 사정은 16세기 전반까지 계속되다가, 1545년(명종 원년)에 발생한 을사사화乙巳士禍를 계기로, 척족정치戚族政治가 시작되자 많은 문제가 발생하였다. 집권세력이 하급수령직을 매관賣官대상으로 간주하여, 척신戚臣(국왕과 성이 다르나 일가인 신하)·권신權臣(권세를 잡은 신하)들의 문객門客·식객食客 중에서 군수·현감으로 보내는 예가 많아지면서 민폐를 유발하기 시작하였다.

한편 수령의 임기는 태종·태조 대 30개월, 단종 대 60개월, 세조 대 다시 30개월로 실시되다가『경국대전』에서는 1,800일로 규정되었다. 미솔권수령未率眷守令은 900일이 지나면 이임이 가능하였다. 수령의 치소治所 주위는 성곽으로 둘러싸여 있었고, 그 안에는 전패殿牌가 봉안된 객사와 동헌·향교·향청·군관청·읍사·작청作廳·병방청兵房廳·공방청·사령방·통인방·관노청·선무청選武廳·훈도방·약방·형옥·읍창邑倉·군기고·대동고大同庫·진휼고·사창 등 시설이 있었다. 이 모두가 통치행정에 필요하였기 때문에 없어서는 안 될 구조물들이었다.[37]

---

37 앞의 책, 155쪽.

자세히 보는 **사료**史料

| 첩정牒呈 |

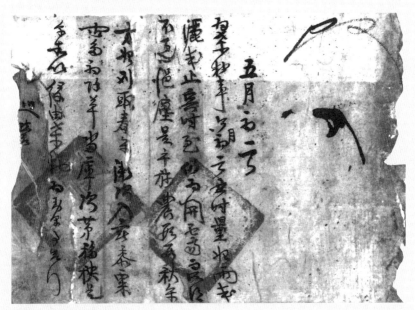

〈사진 2〉 **첩정**(연도 미상, 28cm×18cm)

원문

官(署押)

五月初二日

爲牒報事. 今月初二日丑時量始雨, 或

灑或止, 寅時至, 仍爲開霽, 而所得

不過浥塵是乎旀, 農形段, 秋乎

方始刈取, 春乎漸次入實, 黍粟

間多初除草, 畓庫次第移秧是

乎等以, 緣由牒報爲臥乎事, 合行,

巡營

관(서압)

5월 초2일[1]

첩보(牒報)하는 일이다. 이번 달 초2일 축시(丑時) 무렵에 비로소 비가 와서 혹은 뿌리기도 하고 혹은 그치기도 하다가, 인시(寅時)에 이르러 그대로 개었는데, 얻은 것이라고는 먼지를 적시는데 불과할 뿐이며, 농형(農形)은 가을에는 바야흐로 비로소 곡식을 베어들이고, 봄에는 점차 열매가 열리고, 기장과 조(黍粟)는 그 사이에 처음으로 제초(除草)를 많이 하였고, 논(畓)이 있는 곳은 차례로 이앙(移秧)을 하였기에, 까닭을 첩보(牒報)하는 일입니다. 마땅히 이행(移行)합니다.

해제

지방관에서 순영(巡營)에게 강우(降雨)와 농형(農形)을 보고하는 첩정(牒呈)이다. 첩정이란 조선시대 하급관서가 상급관서에 보고할 때 사용하는 문서이다. 이 문서는 전체의 일부분만이 남아 있다.

---

1   조선시대에는 일(一)에서 십(十)까지는 앞에다 초(初)자를 붙였다. 아마도 문서의 위조를 방지하려는 목적 때문으로 보인다.

3) 향리鄕吏

조선시대의 경京·외外관서官署는 관리직인 양반출신의 관료와 행정실무 담당층인 중인계의 이속吏屬으로 구성되어 있었다. 양자는 본래 사성士姓이란 같은 뿌리에서 나왔으나, 15세기 이래 양반사회가 확립되는 과정에서 사족士族과 이족吏族으로 명확히 구분되어 갔다. 즉 조선시대에는 국왕을 정점으로 경중각사京中各司마다 사족인 '관官'과 이족인 '이吏'가 중앙정부를 구성했듯이, 지방행정도 전적으로 사족인 외관外官과 이종인 향리와 재지사족在地士族에 의하여 운영되었다.[38]

초기의 군현향리는 고려시대 이족吏族의 후예들이며, 전신이 여말선초麗末鮮初 지방의 호족에서 유래한 것이다. 특히 고려 후기에 사회적 변동과 지방제도의 정비로 인해 군현간·지역간 사성士姓들이 대규모로 이동하였다. 이에 따라 종래의 촌성村姓이나 향·소·부곡이 군현에 흡수되어 비사성 향리층이 증가하였다. 그래서 당시 사성호족을 '향리鄕吏'라 하는데 반해, 비사성 이속吏屬을 '가리假吏'로 구분하였다. 이러한 '가리'는 '향리'의 지위가 급격히 격하된 조선 후기에 와서 급격히 증가하였으나. 양계지방이나 사성이족의 유망流亡이 심했던 경기·황해도 및 연해沿海·도서지방을 제외한 열읍향리列邑鄕吏의 주체는 역시 '사성향리士姓鄕吏'였다.

'향리'의 직무와 권한 및 기능은 주읍主邑과 임내任內,[39] 경내境內에 따라 달랐으며, 지역과 시기에 따라 상이하였다. 외관이 파견되기 전의 군현향

---

38 중앙의 경우 각 관아에 소속되어 행정사무를 담당하던 녹사(綠事)와 서리(書吏 : 동반경아전), 나장(羅將)과 조례(皂隷 : 서반아전)이라는 중인이 있었다. 이들을 경아전(京衙前)이라 하며, 『경국대전』의 완성을 전후로 제도화되었다. 조선 전기 경아전에 사령의 인원규모가 가장 컸으며, 이중에서도 의금부 소속이 가장 많았다. 이는 사령이 구사(驅使)로서 주요 관서와 관원 아래 호위기능을 하도록 딸린 조예 이외에 법사(法司)로 기능하는 관서에 많은 수가 형리(刑吏)로 구실하도록 소속되었기 때문이었다. 의금부의 경우를 보면, 아직 순군(巡軍)이던 1401년(태종 원년) 당시 소속 나장(螺匠) 및 도부외(都府外)의 수가 1,500명을 상회한 것으로 나타난다. 오종록, 「조선 전기 경아전과 중앙행정」, 『고려 - 조선 전기 중인연구』, 신서원, 2001, 215쪽.

39 특수 행정구역으로 일체의 부역·과세·공납 등을 위임 집행하는 곳으로, 구역은 호장(戶長)이 다스리고 중앙의 행정관(行政官)이 파견되지 못한 지역이다.

리는 읍사를 중심으로, 수령과 비슷한 지위를 보유하고, 실질적인 지방통치자로서 군림하였다. 외관이 설치된 대읍大邑(주州·부府)에는 많은 임내를 보유하여, 이곳 호장은 임내 이속과 관리 이정里正[40]들을 통솔하고 있었다. 또한 '향리'의 정원은 법전에 규정되어 있었으나 잘 지켜지지 않은 것으로 보이고, 결국 읍세와 이족의 형세에 따라 향리수가 정해졌다.

하지만 이들은 지역에서 양반과 지방수령들로부터 비록 멸시와 천대를 받았지만, 실제로는 그 행세가 대단하였다. 특히 군현의 각종 장부와 공문서가 이들의 장중掌中에 있어, 호적이나 신분관계 자료를 개변改變하는데 용이하였다. 대체로 삼남三南[41]의 내지군현內地郡縣과 같이 사성이족이 중기까지 온존한 고을에서는 호장戶長과 기관記官, 六方층을 이들이 독점하였다. 반면에 사성이족이 유망流亡한 고을에서는 '가리'들이 그 세계를 장악하고 있었다.

그런데 왜란과 호란을 겪으면서 모든 군현이 읍멸민폐邑滅民弊한 지경에 이르면서 '향리'의 수가 기하급수적으로 증가하였다. 이에 따라 그들 자체 내에서 치열한 자리다툼이 생기면서, 향리세계에서도 자기도태 작용이 활발하게 되었다. 게다가 중앙의 붕당정치가 지방사회에까지 미치게 되고, '향리'들도 당색과 연결되었다. 그리고 집권세력의 교체는 군현이족의 세력초장勢力哨長으로 이어지게 되었고, '향리'라는 자리가 치부致富의 수단이 되기도 하였다. 결국 몰락한 사족의 후예가 생계의 수단으로, 향역鄕役을 자임自任하거나, 양인 층에서도 새로 이역吏役을 담당하는 이른 바 새로운 '가리'들이 증가해갔다.

그리고 군현향리의 지위 저하는 무엇보다 외관外官의 설치가 큰 원인이 있었다. 외관이 설치된다는 것은 '향리'가 이제까지의 군현지배권을 외관

---

40 지방 행정 조직의 최말단인 이(里)의 책임자로 수령의 통제를 받는 면임(面任)의 아래 직위이며, 다섯 집을 통괄하는 통주(統主) 위에 위치하였다.
41 충청도, 전라도, 경상도 세 지방을 통틀어 이르는 말.

에게 넘겨주고, 자신들은 한낱 수령의 하수인으로 전락해야 함을 의미하기 때문이다. 이에 따라 군현향리의 임면권은 수령에게 일임되었고, 때로는 호장이 되기 위하여 중앙의 상서성에 청탁하는 사례가 생겼다. 15세기 이래 임내가 면리제로 개편되고, 향리의 지위가 격하되면서 '향리'의 상층부인 호장의 권한도 축소되어, 단순히 1읍 향리의 수반에 불과하게 되었다. 이러한 군현향리의 지배자적 지위는 16세기 이후에 접어들면서 점차 소멸되어 갔다.

17세기부터 종전 호장戶長·서관書官, 장교將校라는 삼반三班체제가 이·호·예·병·형·공방으로 이루어진 육방六房을 중심으로 변하면서, 호장 층도 육방에 매몰되어 수령의 하부 행정체계 속으로 흡수되었다. 이방吏房은 향리의 인사문제와 군현민 전반에 대한 직역차정 업무를, 호방戶房은 군현 재정의 출납에 관한 업무를, 예방禮房은 공·사의 의례 혹은 학교와 관련된 업무를, 병방兵房은 병무나 군역의 차정 등 군사에 관한 업무를, 형방刑房은 범법자의 체포·구금 등 군현의 치안문제를, 공방工房은 관아에서 관리하는 각종 물품의 출납에 관련된 업무를 담당하였다.[42]

이 가운데 이방·호방·형방은 행정의 중심을 이루었다. 호방의 수석인 호장은 수령 부재 시에 그 직무를 대행하였다.[43] 또한 그는 향리세계의 수반으로써 수령유고 시 권한 대행, 민호총찰民戶總察, 관노비 주관, 관용 시탄柴炭(땔나무와 숯 또는 석탄)·거화炬火(횃불)·고초藁草(볏짚), 빙정氷丁(얼음을 뜨거나 나르는 일꾼) 등의 업무를 담당하였다. 그러나 시간이 흘러 조선 후기의 호장은 이방·형방 또는 조문기관詔文記官·호방 등과 함께 삼공형三公兄을 구성하고, 6방의 행정실무를 다른 방임房任들과 함께 분장하는데 불과하게 되었다.

42　권기중, 『조선시대 향리와 지방사회』, 경인문화사, 1994, 28~37쪽.
43　이존희, 「조선 전기 지방행정제도의 정비」, 『한국사 7 : 중세사회의 성립 1』, 한길사, 1994, 175쪽.

4) 지방의 하부 행정조직

한성부·개성·평양에는 부방제部坊制를 설정하여 운용하였다. 부방제는 도시지역을 4부四部 혹은 5부로 나누고, 그 밑에 방坊을 두는 것이었다. 부에는 부령部令이, 방에는 관령管領이 있었고, 방에는 이里 혹은 동洞이 있었으며, 이에는 이정里正이 있었다. 이 가운데 현실적으로 운용의 중심단위가 된 것은 방이었다. 이러한 부방제는 향촌사회에서 군현제 및 그 하부기구로써의 면리제가 지배체제의 기초를 이루듯이, 한성부·개성·평양에서 각종 행정의 시행 사항 및 법규의 준용 여부에 대한 검찰 등을 통해 주민을 통제하는 행정조직이었다.

이정장里正長은 이정里正·이정별감里正別監·방별감方別監·이장里長이라고도 했다. 이정장은 색장色掌[44]이라고도 불렀는데, 간혹 색장과 이정장을 구별하여 사용하는 경우도 있었다. 이정장은 당연히 수령에게 직접적인 명령을 받아, 군현통치에 관한 여러 부문의 일을 수행하였다. 때로는 이정장을 향리 밑에 두지 않고, 향리조직 이외에 별개의 이중적 조직으로 이용하기도 하였다. 업무는 이동하는 자 및 출생자 혹은 사망자에 대해 파악하고, 촌락사회에서 과거응시자를 관에 고하였으며, 해당 지역의 주민에 대한 단속과 규제 검찰 등을 수행하였다. 또한 처벌받은 도적이 생업에 안착하지 못하여 도망하면 과죄되었고, 도망간 자를 잡아 고하지 않으면, 관령[45]·이정장·감고[46]

---

44 색장(色掌)은 원래 고려시대 도평의사사에서 육조(六曹)의 실무를 맡아보던 벼슬아치로, 우왕 때 녹사(錄事)로 개칭되었던 관직이었다. 조선 초기에는 병조의 군령(軍令)을 전하던 각 도(道) 군영(軍營)의 무관직 군속(軍屬)으로, 각도의 절제사(節制使)의 지휘를 받았고, 1408년(태종 8년) 진무(鎭撫)로 명칭이 바뀌었던 관직이다. 일반적으로 조선시대에 관청 내 제반 부서의 실무담당자를 말한다. 색(色)은 관청의 업무에 따라 나눈 부서로, 그 실무담당자를 색장이라 한다. 김무진은 '색장'을 '어떠한 일을 맡고 있는' 사람을 가리킨 것으로, 이정장을 색장이라 한 것은 이정장이 일을 맡고 있는 존재라는 의미에서 그렇게 불렀을 것으로 보고 있다. 김무진, 「조선 전기 촌락사회의 구조와 농민」, 『한국사 8 : 중세사회의 성립 2』, 한길사, 1994, 88쪽.

45 한성부·개성·평양의 각 부(部)에 소속된 각 방(坊)의 책임자.

46 재정부서에서 전곡(錢穀) 출납의 실무를 맡거나 지방의 전세·공물징수를 담당하던 하급관리로, 중앙에서는 서리, 지방에서는 향리들이 이 일을 맡았으므로 감고서원(監考書員) 혹은 감고색리(監考色吏)·감고색장(監考色

는 물론 이웃도 문죄를 당했다.[47]

또한 향촌의 말단 행정구역으로 면面과 이里가 있었다. 18세기 말에 편찬된 『목민대방』은 면·이 및 향리의 행정체계를 이해할 수 있는 좋은 자료이다. 이에 의하면 각 이에 이감과 이정 각 1인씩을 두어, 이감은 문보文報·금령禁令·권농勸農 등의 일을 맡고, 이정은 검납檢納·차역差役 등을 맡았다. 그리고 하부조직으로 조선 전기처럼 5호가 1통을 구성하여, 각 통마다 통수統首 1인을, 매 2통마다 패장牌長 1인을 두는 '오가작통'이 있었다.

통수와 패장은 통내의 인물·생산·물고·도망·출가·수재·화재·도적 등의 일을 항시 조사·파악하여 이감에게 고했고, 이감은 이를 풍헌風憲(면面이나 이里의 한 직임)에게 보고하였다. 통수는 또 통내의 도박·인명살상 등 범죄사실을 이감에게 고발했다. 만일 고발하지 않고 은닉한 경우에는 강등되고 벌을 받았다. 패장도 10호 내에 범법자가 있거나 외부의 수상한 인물 유입사실, 그리고 길흉사에 대한 협조 여부 따위의 세부사항을 수시로 이감에게 보고했으며, 이감은 이를 즉시 풍헌에게 고하고, 매월 책으로 만들어 관에 보고하였다.[48]

掌)이라고도 하였다.

47 김무진, 「조선 전기 촌락사회의 구조와 농민」, 『한국사 8 : 중세사회의 성립 2』, 한길사, 1994, 88~89쪽.
48 이존희, 「조선 전기 지방행정제도의 정비」, 『한국사 7 : 중세사회의 성립 1』, 한길사, 1994, 171쪽.

| 이정里正 서목書目 |

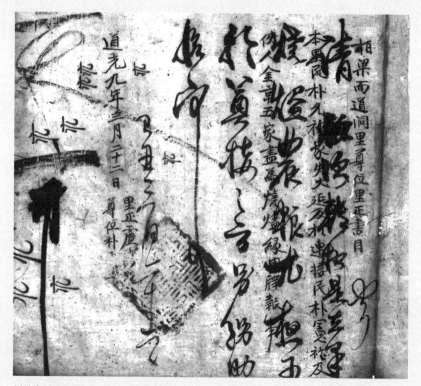

〈사진 3〉 **이정 서목**(1829년, 33cm×31cm)

원문

栢梁面道洞里尊位里正書目

本里民朴允祚家失火, 延接民朴憲祚及

俠人金京五家, 盡爲燒燼緣由牒報事.

道光九年三月二十二日. 里正盧(着名)

尊位朴(着名)

請恤次, 轉報是在果,

燒盡農粮, 尤極可

矜, 奠接之旨, 另飭助

給向事.

己丑三月二十二日.

行使(署押)

번역

백량면(栢梁面) 도동리(道洞里) 존위(尊位)[1]와 이정(里正)의 서목(書目)

본 리(里)의 백성(民) 박윤조(朴允祚)의 집에 불이 나서, 붙어사는 백성 박헌조(朴憲祚) 및 끼어 사는 사람 김경오(金京五)의 집이 모두 타버린 까닭을 알리는 일입니다.

도광(道光) 9년(1829) 3월 22일에 이정(里正) 노(盧)(착명)[2]

존위(尊位) 박(朴)(착명)

제사[3]

휼전(恤典)[4]을 청하기 위하여 다시 보고 하였거니와, 타버린 농량(農粮)[5]은 더욱 안타깝다. 터를 잡고 살라는 뜻으로 별도로 신칙[6]하여 도와줄 일이다.

기축년(1829) 3월 22일에,

행사(行使)(서압)

해제

이정(里正) 노(盧)와 존위(尊位) 박(朴)이 행사(行使)에게 자신들의 리(里)에 불이 난 까닭을 알리고 그 처분을 받은 문서이다. 서목(書目)이란 조선시대 각 관아의 아전이나 서리 혹은 마을의 이정(里正) 등이 상관에게 올리는 문서를 말한다.

---

1   이(里) 또는 동(洞)의 어른을 말한다.
2   자신의 이름(名)을 초서로 흘려 쓰는 것은 착명(着名)이라 하고, 관부(官府)나 사인(私人) 간에 공통으로 사용하였다.
3   관부에서 백성이 제출한 소장이나 원서에 쓰던 관부의 판결문이다.
4   조정에서 이재민 등을 구제하기 위하여 내리는 특전.
5   농사지을 동안 먹을 양식.
6   단단히 타일러 경계함.

5) 향촌 자치기구(향청鄕廳)

지방의 수령을 자문·보좌하던 자치기구로, 조선 초기에 설치된 유향소留鄕所[49]를 임진왜란 이후 대개 향청이라 불렀다. 향청은 원래 고려 말과 조선 초 지방 군·현의 유력인들이 악질 향리鄕吏를 규찰하고, 향풍鄕風을 바르게 하기 위하여 자발적으로 조직한 것에서 유래한다. 그러나 이들이 점차 위엄을 세우는 기구로 활용하여 작폐가 많았고, 수령권과 충돌을 일으켜 여러 차례에 걸쳐 폐지와 설치를 거듭하였다.

본격적으로 활동을 하게 된 때는 사림파士林派의 정계 진출로 성리학적 향촌 질서가 확립되면서부터다. 1488년(성종 19년) 지역 내 유력인들이 자신들의 세력 기반을 강화하기 위해 다시 유향소를 설치하였다. 이 유향소는 향사례鄕射禮·향음주례鄕飮酒禮를 실시하는 기구로써, 향촌내의 불효·부제不悌(연장자에 대한 예를 벗어남)·불목·불임휼不任恤(구휼의 임무를 소홀히 함)한 자 등 향촌 질서를 어지럽히는 자들을 통제하여, 향촌을 교화하는 운영방침을 두었다. 그 후 이들이 중앙의 현직 관리를 경재소당상京在所堂上으로 삼아, 그들의 입향入鄕 유향소의 좌수座首를 임명하게 하고, 통제하도록 하였다. 이에 따라 훈구파勳舊派 재상들이 대부분의 유향소를 장악하게 되었지만 비리가 속출하였다. 하지만 사림이 중앙 정계를 완전 장악하게 된 선조 대부터 훈구세력이 자연 도태되었고, 대대적으로 정비되었다. 그 결과 1603년(선조 36년) 경재소가 혁파되었고, 좌수 임명권도 수령이 갖게 되었다.

이로써 유향소는 수령 휘하에서 그를 보좌해 행정 실무의 일부를 집행하는 기구가 되었다. 명칭도 향청 또는 이아貳衙라 하였다. 또한 좌수는 수령의 수석보좌관 역할을 하면서 면·이 향임들의 인사권을 갖고, 각종 송사를 처리하였으며, 환곡을 취급하는 등 지역 민생의 안위를 좌우하는 중요

---

49 조선 초기 악질 향리(鄕吏)를 규찰하고, 향풍을 바로잡기 위해 지방의 품관(品官)들이 조직한 자치기구.

한 임무를 갖게 되었다.

한편 효종 대부터 향청 좌수에 대한 처우를 향리로 격하시키자 문벌을 자랑하는 집안에서는 좌수 취임을 사양하였다. 따라서 향리 대접을 감수하면서도 실리를 추구하려는 향원鄕員이 아닌 자들이 향청을 차지하였으며, 이들을 비향원 향족鄕族이라 하였다. 그러나 지방 토호들은 여전히 의중의 인물들을 향소鄕所로 추천·임명하게 하여, 계속 영향력을 행사하였다. 이에 대해 향족이나 향리들은 교체가 빈번한 수령보다 이들을 두려워하였다. 게다가 이들은 지방 세력자로서 중앙 정부의 제시책을 부정한 방법으로 침식하여 공동화空洞化시키기도 하였다.

제2절
경찰 행정기관

1. 중앙 경찰기관

1) 의용순금사義勇巡禁司

의용순금사는 고려의 순군만호부를 계승한 기관으로 1392년 태조 즉위 직후에 등장하였고, 1414년(태종 14년) 의금부로 개편되었다.

순군만호부는 이성계의 위화도 회군 이후 원래 포도금란의 기능 이외에 이성계 일파의 반대파 제거를 위한 옥사 업무를 담당한 것을 계기로, 조선 건국 직후에도 여전히 많은 사졸士卒로 이루어져, 포도순직捕盜巡綽·관원의 형옥·간쟁諫諍의 봉쇄 등을 담당하였다. 이와 같은 부작용으로 인해 태종 대에는 간관諫官들이 순군만호부의 혁파를 주장하기도 하였다. 그러나 혁파론에도 불구하고, 이 기관의 기능은 오히려 강화되었다. 1402년(태종 2년) 순위부巡衛府로 개칭되었다가, 다음해 1403년 의용순금사義勇巡禁司로 고쳐지고, 직제도 상호군·대호군·호군·사직司直·부사직副司直의 병직兵職으로 개편되었다. 또한 최고 지휘관인 판의용순금사사判義勇巡禁司事로 참지의 정부사參知議政府事 등 고위관리가 겸임하였다. 그리고 이들 순군관 밑에 8품 거관去官인 영리令吏가 배속되었고, 아래에 경기지방의 민정民丁으로 충역된 1,000여 명의 도부외都府外 사졸과 수백 명의 나장螺匠이 있었다.

1409년(태종 9년) 충무순금사忠武巡禁司[50]와 함께 서로 교대하면서, 순작·감순監巡의 업무를 맡도록 되었다.[51] 이후 의용순금사는 1414년(태종 14년) 의금부로 개편되었다.

2) 포도청捕盜廳

포도청은 한성과 경기 일부지역에서 도적의 포획, 죄인의 검거와 심문, 화재 예방 등을 위해 순찰을 중심으로 임무를 수행한 경찰기관이다. 15세기 말 이후 조선은 당시 사회경제적으로 사적소유의 발달로 새로운 단계에 접어들게 된다. 가장 대표적인 것은 기존 농경지 외에 삼림과 늪 등이 사유화되어, 조선에서도 자본주의 사회로의 변화가 시작된 점이다. 이러한 변

---

50 건국 초기 중앙군의 개편은 1393년(태조 2년) 고려 말 이성계가 병권을 장악하기 위하여 설치하였던 삼군총제부를 의흥삼군부로 개칭함으로서 본격화되었다. 의흥삼군부(일명 삼군부)는 오위제도 성립 이전의 중앙부대인 동시에 왕권과 수도를 방위하는 병력을 지휘·감독하는 최고군부였다. 이 삼군부에 분속되어 있던 10위는 1394년(태조 3년) 10사로 개칭되었다. 이를 자세히 보면 의흥친군좌위(義興親軍左衛)는 의흥시위사(義興侍衛司)로, 의흥친군우위(義興親軍右衛)는 충좌시위사(忠佐侍衛司)로, 응양위(鷹揚衛)는 웅무시위사(雄武侍衛司)로, 금오위(金吾衛)는 신무시위사(神武侍衛司)로, 좌우위(左右衛)는 용양순위사(龍驤巡衛司)로, 신호위(神虎衛)는 용기순위사(龍騎巡衛司)로, 흥위위(興威衛)는 용무순위사(龍武巡衛司)로, 비순위(備巡衛)는 호분순위사(虎賁巡衛司)로, 천우위(天牛衛)는 호익순위사(虎翼巡衛司)로, 감문위(監門衛)는 호용순위사(虎勇巡衛司)로 이루어졌으며, 이러한 사(司)들은 4개의 시위사(侍衛司, 궁궐 수비)와 6개의 순위사(巡衛司, 궁성 시위)로 구분되었다. 이는 중앙군이 궁성 시위와 수도 경비의 중심병력으로 개편된 것을 의미한다. 이후 1400년(정종 2년) 사병이 혁파되자 이들 사병이 삼군부로 분속되었다. 이후 10사가 1409년(태종 9년) 충무시위사(忠武侍衛司) 1개와 용양순위사(龍驤巡衛司) 등 9개의 순위사로 재편되었다. 같은 해 충무시위사는 충무순금사(忠武巡禁司)로 개칭되었고, 용양순위사(龍驤巡衛司), 호분순위사(虎賁巡衛司) 등 6개 순위사(巡衛司)도 시위사(侍衛司)로 개편되었다. 이어 10사는 1418년(태종 18년) 12사로, 1422년(세종 4년) 10사로, 1445년(세종 27년) 12사로 증감을 계속하였다. 이러한 군제는 1451년(문종 원년) 6월에 오영(五領, 중中·좌左·우右·전前·후後)과 오사(五司, 중군中軍의 의흥시위사義興侍衛司·충좌시위사忠佐侍衛司·충무시위사忠武侍衛司[신무시위사神武侍衛司], 좌군左軍의 용양순위사龍驤巡衛司, 우군右軍의 호분순위사虎賁巡衛司)로 개편되었다.

51 민현구,『조선 초기의 군사제도와 정치』, 한국연구원, 1983, 122쪽.

화는 토지소유를 둘러싼 사회·경제적 모순을 심화시켰고, 농민층이 이탈하는 등 각종 문제를 수반하였다. 그로 인해 도적이 경향 각지에서 횡행橫行하여 사회문제화되었다. 이를 해결하기 위하여, 조정은 처음 1471년(성종 2년) 2월 「포도사목捕盜事目」을 정하고, 5월 황해도 포도장捕盜將에 조한신曺漢臣을, 경기도 포도장에 홍이로洪利老를 임명하여 기·보병 40명을 각기 거느리고 포도捕盜에 임하도록 하였다. 그 후 계속 임시기구로써 운영된 포도장들이 때로는 권력을 남용하는 작폐를 유발하였다. 이에 따라 조정은 도적이 적어져 사회가 안정되면 포도장을 없애고, 다시 도적이 성행하면 임명하는 일을 반복하였다. 그 후 포도기관을 강화하기 위하여 1481년(성종 12년)에 좌우포도장을 두고, 한성부 각처와 경기도 일대를 관할하게 하였다. 하지만 여전히 종전과 같이 포도장들이 무고한 백성들을 함부로 구속하는 등 폐단이 많아 폐지와 복설을 반복하였다. 결국, 1541년(중종 36년)에 포도장을 책임자로 하는 포도청이 상설되었고, 직제가 완성되었다.[52]

『속대전』에 의하면 좌우포도청의 소속 관원은 각각 대장大將(종2품) 1인, 종사관從事官(종6품) 3인, 부장部將 4인, 무료부장無料部長 26인, 가설부장加設部長 12인, 서원書員 4인으로 이루어져 있다. 그러나 『만기요람』에는 대장과 종사관은 이전과 같지만, 부장部將은 없고, 군관軍官 각 70인, 군사軍士 각 64인으로 되어 있다. 포도대장은 포도청을 지휘·감독하는 책임자로 다른 군사 지휘관을 겸할 수 없었고, 왕의 행차 때 수행하였으며, 『대전회통』에는 좌우윤左右尹을 지낸 사람으로 임명한다고 규정되어 있다. 종사관은 문무당하관文武堂下官으로 임명해 포도대장을 보좌하고, 죄인의 심문을 주관하는 등 실무를 담당하였다. 부장·무료부장·가설부장은 군사를 지휘해 포도나 순라에 임하였고, 서원은 중인신분으로 사무기록을 담당하였다.

52　원영환, 「조선시대 한성부연구 - 행정·치안·방위를 중심으로」, 성균관대 박사논문(사학과), 1985, 77~78쪽.

포도청은 좌·우포도청으로 나누어져, 각기 8패牌로 이루어진 관원이 관할구역을 순찰하였다. 좌포도청은 한성부 정선방貞善坊 파자교把子橋 북동쪽(서울 종로구 돈화문로 26 단성사 자리)에 소재지를 두고, 군관 8인이 군사 22인을 거느리면서 한성부의 동·남·중부와 경기좌도京畿左道 일원을 기찰譏察[53]하였다. 우포도청은 서부 서린방瑞麟坊 혜정교惠政橋 동쪽(서울 서대문로 충정로 29 동아일보사 인근)에 소재지를 두고, 군관 8인이 군사 16인을 인솔하여 한성부의 서·북부와 경기우도京畿右道 지역을 구역별로 순찰하였다.

이와 같이 포도청이 순찰을 16구역으로 나누어 시행한 것은 당시 한성부가 갖고 있던 공간적 특성을 반영하였기 때문으로, 그 내용을 상세히 보면 다음과 같다.[54]

첫째, 조선의 경복궁의 정문인 광화문과 창덕궁 정문인 돈화문의 연장선이 종로와 만나는 지점에 좌우포도청이 각각 배치되었다. 이는 포도청이 궁궐의 호위 및 방비에 활용할 것을 고려하여 배치한 것이라고 할 수 있다. 즉 우포도청은 북쪽으로 경복궁의 광화문 앞 육조의 거리가 종로에 교차되는 지점에 위치함으로써, 주요 관청 및 궁궐에서 발생하는 각종 범죄에 신속히 대처하는데 용이하였다. 또한 서쪽으로 경희궁의 흥화문과 직선도로에 배치되어 서궁西宮의 호위 기능도 하였다. 좌포도청은 창덕궁의 돈화문과 일정한 거리를 두고 설치되어, 동궁의 관문과 경호역할을 했다고 할 수 있다. 또한 종묘의 출입구인 외삼문과도 인접하여, 종묘에서 발생하는 각종 소란을 방비할 수 있었다. 게다가 경복궁이 임진왜란 때 소각된 이후 복원되기까지 여전히 궁지宮址에 대한 경계를 늦추지 않을 수 없었다.

둘째, 포도청의 좌우 배치가 도성의 중심지에 위치함으로써 전 지역에

53　행동 따위를 엄중히 감시하거나 범인을 체포하려고, 수소문하고 염탐하며, 행인을 임검(臨檢)하는 일.
54　차인배, 「조선 후기 포도청의 치안활동의 특성 연구 - 공간배치와 기찰구역을 중심으로」, 『사학연구』 제100호, 한국사학회, 2010, 614~615쪽.

대한 포도군의 접근을 쉽게 하였다. 좌우포도청사는 도성의 중앙로인 종로를 중심으로 동서 좌우 대칭 및 남북 상하로 대칭되었다. 이는 도성 내 지형과 행정망 등 공간적 특성을 고려하여 배치된 것임을 알 수 있다. 특히 치안체계를 이원화하는 좌우 배치는 업무를 분담하고 경쟁도 야기하여, 도성 내 균형적 치안망을 강화시켰다. 결국 중앙간선도로인 종로가 도성의 곳곳에 미치는 지선과 연계되었기 때문에 포도청 관원이 범죄 현장에 접근하는 것이 비교적 용이하였다.

3) 순청巡廳

순청은 도성都城의 행순行巡, 금화禁火, 전루傳漏(시간을 알리는 것) 등을 담당하였던 기관이다. 조선 초기에 설치되었으며, 1894년(고종 31년) 혁파되었다.

관원으로 중추부中樞府의 지사知使·동지사同知使·첨지사僉知使들이 겸임하는 순장巡將, 선전관宣傳官·병조兵曹 또는 도총부都摠府의 당하관들이 겸임하는 순청감군巡廳監軍 등이 있었다. 이들은 매일 공좌부公座簿에 착명着名[55]했으며, 병조에서 공좌부를 열람하여 고공考功[56]하였다. 또한 이 기관에는 77인의 순군巡軍이 있었는데, 모두 기병騎兵이었다.

1465년(세조 11년) 순청을 좌우순청으로 나누었으며, 순장巡將은 일야一夜의 당상관으로 각각 1명이었다. 원칙적으로 지중추부사知中樞府事(정2품), 동지중추부사同知中樞府事(종2품), 첨지중추부사僉知中樞府事(정3품)중에서 매일 병조에서 무정수無定數로 추천해 올리면, 국왕이 지명하였다. 이들 순장은 매일 신시申時(오후 4시)에 입궁하여 숙배肅拜하고, 패牌를 받았다. 순장 이하 순청감군巡廳監軍인 선전관宣傳官, 병조당하관兵曹堂下官, 오위도총부 당하

---

55 문서에 이름을 적는 것을 말하며 착서(著署), 서명(署名)이라고도 한다.
56 관리의 공과(功過)와 근만(勤慢)을 상고하는 것.

관五衛都摠府 堂下官들도 같은 절차로 지명되어 패를 받았다.[57]

『만기요람』「군정편軍政篇」에 따르면 각 순청은 순장과 감군監軍이 역원役員 1인과 군사軍士 2인을 데리고 자내字內(순찰구역)를 순찰하였다. 자내는 좌순청(중부 정선방貞善坊[오늘날 종로구 익선동] 소재)의 경우 종각鐘閣에서 동쪽으로 혜화문惠化門·홍인문興仁門·오간수문五間水門·광희문光熙門 등이었고, 우순청(중부 징청정방澄淸貞坊 소재)의 경우 종각에서 서쪽으로 숭례문崇禮門·돈의문敦義門·창의문彰義門·숙정문肅靖門 등이었다.

4) 경순국警巡局(순경부巡警部)

1883년 박영효의 건의에 의하여 짧은 기간 한성부에 설치되어 도성안의 순작巡綽(순찰과 경계)을 하였던 기관이다.

박영효는 1882년 8월 임오군란의 사후 수습을 위해 일본 정부와 협의차 특명전권대신 겸 제3차 수신사로 임명되어 종사관 서광범 등 14명의 수행원을 데리고 일본으로 건너갔다. 그곳에서 머물면서 일본 정계의 지도자 및 구미 외교 사절들과 접촉하면서 국제 정세를 파악하고, 명치일본明治日本의 발전상도 살펴보았다. 다음 해 1883년 초 귀국한 뒤 한성판윤에 임명되어, 고종에게 박문국博文局·경순국警巡局·치도국治道局의 설치, 신문 발간·신식 경찰제도의 도입·도로 정비 사업 등 일련의 개화 시책을 건의하였다.

이에 고종은 앞에 쓴 삼국三局을 신설하였고, 특히 경순국警巡局은 당시 순찰활동이 잘 이루어지지 않고, 각종 절도 사건이 빈발하자 순경부巡警部라는 명칭으로 재설치되었다.[58] 그러나 박영효의 개혁안이 곧 민태호閔台

---

57 『경국대전(經國大典)』「병전(兵典) 순행조(巡行條)」.

58 통리군국사무아문이 아뢰기를 '근래에 순찰이 해이해져 도적의 우환이 없는 곳이 없으므로 특별히 잡아내지 않을 수 없습니다. 먼저 한성부에 순경부를 설치하게 하고, 그 절제와 규모는 본 아문에서 충분히 토의하여 좇아 시행하는 것이 어떻겠습니까?' 하니 윤허하였다. (統理軍國事務衙門啓 : 近來巡綽解弛, 竊發之患, 無處無之, 以不得不別浦戢, 始令漢城府設置巡警部, 其節制規模, 使之擾欄本衙門, 以爲遵行如何(통리군국사무아문계 :

鎬·김병시金炳始 등 수구파의 반대에 부딪치고, 결국 그가 1883년 3월 광주유수 겸 수어사廣州 留守 兼 守禦使로 좌천되면서 이 기관은 바로 폐지되었다.

5) 기타 경찰기관

(1) 금화도감禁火都監(수성금화사修城禁火司)

금화도감은 1426년(세종 8년) 화재를 예방하기 위하여 설치된 기관으로, 1481년(성종 12년) 수성금화사修城禁火司라는 이름으로 재 설치되었다.

1426년(세종 8년) 한성에 큰 화재가 발생하여, 경시서京市署 및 북쪽의 행랑 116칸과 중부의 인가 1,630호·남부의 350호·동부의 190호가 연소되었고, 노약자를 제외한 남자 9명과 여자 23명이 희생되었다. 그리고 다음 날 전옥서의 서쪽에서도 불이 일어나 전옥서典獄署와 행랑 8칸까지 연소되었다. 이틀간에 걸쳐 행랑 124칸을 비롯하여 인가 2,400여 호가 소실되었다.[59] 이에 따라 조정은 10일이 지난 후 금화도감을 설치하였다. 소속 관원으로 제조 7인, 사使 5인, 부사副使, 판관 6인 등 24인을 두었고, 구성원 가운데 병조판서·의금부 도제조·판한성부사判漢城府事가 제조를 겸직하고, 의금부 진무·군기감 판사·선공감 판사·삼군 호군 등이 사와 부사를 겸직하며, 병조정랑, 공조정랑, 한성부 판관 등이 판관을 겸직하여 권한이 강력하였다. 근무방식은 의금부 관원이 화재를 감시하기 위해 교대로 종루에 올라가서 밤낮으로 살피고 있다가, 관부나 그 외의 기관에서 불이 나면 종루에 있는 대종을 치게 하였다. 화재가 발생하였을 때는 병조가 각처의 군인을, 한성부가 각사의 노비를 관리하였다. 화재예방책으로 구화인救火人에게

근래순작해이, 절발지환, 무처무지, 이부득부별포집, 시영한성부설치순경부, 기절제규모, 사지확란본아문, 이위준행여하),「고종실록」「고종 20년(1883.1.23)」.

59 유승희,「조선 초기 한성부의 화재발생과 금화도감의 운영」,『서울학 연구』제19호, 서울학연구소, 2001, 9∼10쪽.

야간에 통행할 수 있는 신패信牌를 발급하는 등 소화대책을 강구하였다.[60]

그러나 설치 4개월 만에 1426년 6월에 성문도감城門都監과 병합하여, 수성금화도감修城禁火都監으로 변경되어 공조에서 관장하였다. 이로써 금화업무만을 전담하는 기구의 성격보다 도성수축이나 하천의 관리, 도로의 개통 등이 주 임무가 된 것으로 보인다. 그 후 관사官司의 기구 축소로 1452년(문종 2년) 정원이 축소되었다가 1460년(세조 6년) 폐지되어 한성부로 합속되었다. 다시 1481년(성종 12년) 화재방지의 기여도에 대한 건의가 받아들여져 수성금화사修城禁火司라는 이름으로 다시 설치되었다.[61]

한편 화재 발생 시 와가 3간, 초가 5간 이상을 실화失火한 경우 인정人定[62]시부터 파루罷漏[63]시까지는 즉시 상부에 보고했고, 피해자가 다쳤을 경우에도 1간이라도 마찬가지였다. 또한 창고 및 세곡을 저장한 창고에서 실화한 자는 장 80의 형에 처하였다.[64]

(2) 경시서京市署(평시서平市署)

경시서는 1392년(태조 원년) 시전市廛[65]과 도량형, 그리고 물가 등에 관한 일을 관장한 기관으로, 1466년(세조 12년) 평시서平市署로 개칭되었다.

---

60 서울특별시 시사편찬위원회, 『서울 2천년사 14 : 조선시대 한성부의 역할』, 2013, 45쪽.

61 유승희, 「조선 초기 한성부의 화재발생과 금화도감의 운영」, 『서울학 연구』 제19호, 서울학연구소, 2001, 12~19쪽.

62 매일 밤 10시경 28번의 종을 쳐서 성문을 닫고 통행금지를 알리는 시간.

63 새벽 4시경 종을 33번 쳐서 통행금지가 해제가 해제되어 도성의 8문이 열린다고 알리는 시간.

64 『전률통보(典律通補)』 「병전(화재방지)」.

65 한양천도 후 물화교역의 편의와 수요·공급의 원활을 도모하기 위하여 6개의 주비전을 설치하였다. 이를 '육주비전(六注比廛)'이라 한다. '육주비전'은 그 규모의 대소에 따라 국역(國役, 노동력이 아니고 주로 관부의 수요에 따르는 임시 부담금, 궁중·부중의 수리·도배를 위한 경비, 왕실의 관혼제기, 중국에 파견되는 사절의 세폐〔歲幣〕 및 수요품 조달 등을 말함)의 부담능력을 정하였다. 이 주비전은 비단전, 면포전, 명주전, 종이전, 모시전, 내어물전으로 이루어져 있었다. 이중 비단전은 국역 10부, 면포전은 국역 8부, 명주전은 국역 8부, 종이전은 국역 7부, 모시전은 국역 6부, 내어물전은 국역 5부(외어물전은 4부)를 부담하였다. 그 외 청포전과 연초전은 국역 3부, 잡곡전과 생선전은 국역 3부, 놋그릇전과 옷전은 국역 2부, 시저전(수저를 파는 가게)과 연죽전(담뱃대를 파는 가게)은 국역 1부 등이었다.

관원은 제조提調 1인(종2품 이상), 영令(종5품), 주부注簿(종7품), 직장直長(종7품), 이서吏胥(서원 7인·장무서원 1인·고직 1인), 도예徒隸(사령·군사 각 13인)로 이루어져 있었다. 1867년(고종 4년)에 편찬한 『육전조례』를 보면, 경시서를 운영하기 위해 전세塵稅 2,526량 2전, 이식利殖 1,764량 4푼을 수납하였다. 이중 제조의 구채驅債 10량, 낭관의 구채 각 13량, 서원 월급 9량, 장무서원 월급 9전, 통신서리 월급 6량 6전, 고직·사령 월급 각 9량, 군사 월급 각 6량, 다모·군사 월급 8량, 분발군사[66] 월급 각 3량 5푼이었다.

또한 경시서 낭관은 각 싸전이 매 5일 시장의 시세를 보고하여 오면, 이를 승정원에 올려야 했다. 만약 국왕이 거둥하여 유숙하게 된 때를 만나면 유숙하는 곳으로 가서 올려야 했다. 산릉의 행차 또는 성내의 거둥 때에 대가大駕(국왕이 타는 수레)가 지나는 길이 종각鐘閣을 경유하게 되면, 당해 사무를 관장하는 관원이 각전의 3소임所任(임원)을 인솔하여 대령하여야 했다. 또한 국왕이 민폐를 물어보라는 명이 있으면, 수레 앞에서 전교傳敎를 청취하여야 하고, 연초의 거둥 때에도 소회素懷[67]가 있는 주민을 인솔하여 등대하는 업무를 하였다.[68]

(3) 사산참군四山參軍(참군參軍)

사산참군은 한성부 내 소나무 도벌盜伐 등을 단속하는 일을 관장하던 종7품從七品 무관직이다.

이 관직은 조선 초기에 도성都城의 각 동·서·남·북 내외산內外山인 북악산北岳山·인왕산仁王山·목멱산木覓山·타락산駝駱山을 관리하기 위해 설치된

---

66 중앙관청에서 각 지방관서에 공문을 사송하기 위하여 각 주요도로에 역참을 두고, 이 역참에 배치되어 있는 전달부를 '발군', 또는 '파발군'이라 하며, 각 역참에 분송하는 군사를 '분발군사'라 한다.

67 하고 싶은 말을 품고 있는 것.

68 『육전조례(호전)』「경시서」.

사산감역관四山監役官 4인이 1754년(영조 30년) 사산참군으로 개칭된 것이다. 그들의 업무는 훈련도감 등 소속된 군영이 맡고 있는 교량 등을 순찰하면서 특이상황을 발견하였을 때는 준천사浚川司에 알려 조치를 취하도록 하는 것 등이었다.

한편 조선 후기 수목도벌 금지구역으로, 동쪽은 대보통大菩洞, 수유현, 우이천의 상·하, 벌리伐里, 장위, 송계교로부터 중량포에 이르는 개천까지, 남쪽은 중량포, 전관교, 신촌, 무도포毛浦로부터 용산에 이르는 개천까지, 북쪽은 대보동의 보현봉, 저서현猪曙峴, 아미산, 연서관延曙館의 옛터, 대조리부터 석관현 서·남쪽 합류처合流處에 이르기까지, 서쪽은 석관현·시위동時威洞·사천도沙川渡·성산 망원정으로부터 마포에 이르는 천강川江까지로 정해져 있었다.[69]

2. 특별 경찰기관

1) 중앙 특별기관

(1) 의금부義禁府

건국 초기 순군만호부(후에 의용순금사)가 전신으로, 1414년(태종 14년) 의금부로 개칭된 후 전제 왕권을 옹호하는 최고의 사법기관으로, 강상죄綱常罪·반역 사건 등 중범죄와 외국공관과 외국인 감시, 왕명에 의한 실정 파악, 고사장考査場의 금란임무 등도 담당하였고, 1894년(고종 31년) 의금사義禁司로 변경되었다.

사법기능으로 먼저, 왕권의 확립과 유지를 해치는 일체의 반란 및 음모, 난언亂言[70]이나 요언妖言[71]을 한 자를 처단하였다. 즉 왕권에 도전하거나 왕

---

69 위의 책, 「사산(四山)」.
70 정사(政事)와 관련된 것을 꺼리지 않고 되는 대로 말함.
71 민심을 어지럽히는 요사스러운 말.

명을 거역하거나 국왕의 심경을 거스르는 경우, 의금부가 동원되어 냉혹하게 응징하였다. 다음, 조선시대의 기본 윤리인 유교 도덕에 어긋나는 행위, 즉 강상죄를 전담해 치죄하였다. 이어, 다른 법사에서 추핵推劾[72]하던 사건을 재심 혹은 시정하거나 이관 받아 재판하였고, 국왕의 교지를 받들어 추국推鞫[73]하였다. 그리고 양반관료의 범죄를 취급하였고, 신문고도 주관해 실질적인 삼심기관三審機關의 역할을 하였다.

이 외의 기능으로 외국 공관의 감시·밀무역사범의 단속·외국인의 무례한 행위·외국인의 범죄 등 담당, 왕명에 의한 실정 파악과 민폐를 금지하는 임무, 죄인의 몰수 재산 처리, 고사장考査場의 금란임무 및 나례의식儺禮儀式 주관, 그리고 의금부 관원의 금화도감禁火都監 구성 등이 있었다.

한편 이 기관은 1894년(고종 31년) 갑오개혁으로 의금사義禁司로 개칭되면서 법무아문에 소속되었고, 같은 해 12월 법무아문 권설재판소法務衙門 權設裁判所로 변하면서, 지방 재판을 제외한 법무아문의 재판 일체를 관할하였다.

(2) 사헌부司憲府 감찰監察

사헌부 소속의 정6품正六品 관직으로, 관리의 비위 규찰 등 감찰 실무와 의례 행사 때의 의전 감독 등을 담당하였으며, 전중어사殿中御史라 불렸다.

관원 수는 1392년(태조 원년) 20명이었다가, 1401년(태종 원년) 25명으로 늘었다. 그러나 세조 이후 정원을 줄여 문관 3인, 무관 5인, 음관蔭官 5인, 총 13명으로 하였다. 이들 가운데 대사헌 이하 집의執義·장령掌令·지평持平까지를 통칭 대관臺官이라 하였고, 다시 장령과 지평을 별칭 대장臺長이라

---

72 탄핵을 추진함.

73 추국이란 왕명으로 수행한 중죄인의 심문 또는 그 절차를 말한다. 추국에는 금부단독추국, 국왕주재추국, 삼성교좌추국으로 나뉜다. 금부단독추국은 관원의 범죄를 다스리는 상대적으로 가벼운 절차이고, 국왕주재추국은 국가적 차원에서 가장 큰 범죄로 인식된 반역 사건을 재판한 가장 중한 절차이며, 삼성교좌추국은 반역 사건에 준하는 관심을 받은 강상범죄를 주로 담당한, 국왕주재추국에 버금가는 중한 절차이다.

하였다. 또한 학문學問과 덕행德行이 뛰어나 이조吏曹에서 대관으로 추천推薦한 사람을 남대南臺라 하였다.

이들은 관직자를 감찰하기 위해, 일종의 각거벌各擧罰이라고 할 수 있는 서죄書罪의 권한을 갖고 있었다. 서죄란 권리 남용·편의 제공·특혜 부여·수뢰 등 부정행위가 있는 관료에게 법의 제재에 앞서, 사회적인 금고禁錮를 가하는 수단을 말한다. 사례로, 감찰들은 밤에 해당 관료의 주택 근처에서 다시茶時[74]를 가진 후 흰 목판에 그 죄목을 써서 그 집 대문에 단단히 붙이고, 대문에 먹칠을 한 다음 서명署名하고, 돌아간 것을 들 수 있다.[75] 이러한 방법은 해당 관료로 하여금 사회적인 체면에 먹칠을 하여, 세상의 이목이 두렵고 부끄러움을 알게끔 하는 사회적인 매장을 함으로써, 부정을 막는 관기官紀 숙정肅正의 수단으로 사용한 것이다.

또한 사헌부 감찰은 문관·무관·음관이 모두 조하朝賀[76]할 때나 동가動駕[77] 때에 압반押班[78]을 담당하였고, 제향祭享(나라의 제사) 때에는 제감祭監이 되었다. 그러나 시소試所(과거를 치르는 곳)에서는 문관文官만이 대감臺監이 될 수 있었다.

(3) 암행어사暗行御史

암행어사는 왕명을 받은 후 비밀리에 지방을 순행하면서, 수령의 선정과 악정을 물론 백성들의 제반사를 파악하여, 그 자리에서 판결[79]하고, 국왕에게 보고한 관리로, 수의繡衣 또는 직지直指라고도 한다.

자격은 보통 과거에 급제한 자 중 성품이 강직하고, 신체가 건강한 인물

---

74 사헌부 감찰들이 차를 마시며 일을 의논하는 것.
75 홍혁기, 「사헌부의 감찰기능」, 『월간법제』, 1984년 10호, 1984, 90쪽.
76 조정에 나가 국왕께 하례하는 일.
77 왕이 탄 수레가 대궐 밖으로 거둥하는 일.
78 백관이 자리할 위치를 정돈하는 일.
79 규문재판관(糾問裁判官 : 스스로 절차를 개시하여 심리·재판하는 관리)과 같다.

로 당하관이었다. 그러나 당상관이나 과거에 급제하지 않은 자도 어사로 임명되었으며, 무의무직인 유생을 백의어사白衣御史라 하였다.[80]

태조~태종 대는 수령의 권한을 강화하고, 중앙집권적인 체제를 정비하던 시기로, 이들은 수령보다 토호 등 지방세력의 불법을 집중적으로 규찰하였다. 반면, 세종~단종 대는 「부민고소금지법部民告訴禁止法」의 시행과 더불어 수령의 권한이 확대되고, 집권체제가 정비되면서 수령의 무능과 비리를 적발하는 것이 추가 되었다. 그 후 성종 대까지 지속적으로 파견되면서 지방제도 정비와 왕권강화정책의 일환으로, 이 제도를 더욱 보완·발전시켜 나간 것으로 보인다. 또한 세조~성종 대에는 행대어사의 품계가 수령과 같은 6품이어서 불법수령을 직단直斷할 수 없는 한계를 시정하였다. 즉, 5품 이상의 관료에게 대관직臺官職을 겸임시켜, 3품 이하의 관원에 대한 직단권을 발휘할 수 있는 분대어사제도分臺御史制度를 시행해, 수령규찰의 임무를 강화시켰다. 또한 어사가 규찰한 대상이 지방 수령이 아니라 관찰사가 그 대상이 된 적이 있었다. 사례로 1486년(성종 17년) 9월 사헌부 상소로 평안도 관찰사가 고의적으로 풍년을 흉년이라 보고한 사실을 확인하기 위하여 어사가 파견된 것이 있다.[81]

암행어사라는 성어成語가 실록에 처음 보이는 것은 1509년(중종 4년) 11월 정묘조에 부원군府院君 김수동金壽童이 "근일 암행어사를 분견해 수령의 범죄를 적발하는 것은 편치 못한 일이오"라고 한 발언 속에 나타난다. 이 말은 중종이 당시 암행어사를 비밀리에 파견했다는 사실을 뒷받침하고 있다. 이후 암행어사 파견에 대해 반대의견이 있었으나, 역대의 국왕들은 이를 꾸준히 시행하였다. 그리고 임진왜란과 병자호란으로 왕조정치가 점점 쇠미해지자 더욱 빈번히 파견되었으며, 제도적으로 정비되고 발전되었다.

---

80 황호인, 『조선의 삼사와 암행어사』, 정문사, 1988, 31~31쪽.
81 김순남, 「조선 성종 대 어사의 파견과 지방통제」, 『역사학보』 제192집, 역사학회, 2006, 120~121쪽.

1462년(세조 8년) 각도에 보낸 분순어사分巡御史에게 보낸 사목에는 어사의 임무와 활동 방식이 쓰여 있다. 이를 보면 "파종과 관개상태를 확인 할 것, 수령이 칠사七事[82]를 거행하는지 규리糾理[83]할 것, 유서諭書[84]와 호조에 내린 금령조건을 규리할 것, 수륙장수·수령·만호·찰방 등의 탐묵貪墨[85]을 염찰廉察[86]할 것, 만일 위 사항을 범한 자가 있으면 3품 이하는 본부의 소송에 따라 구문句問[87]하고 불복 시 고신을 거두어 국문鞫問[88]하되 3품 이상은 사전 보고 후 조치할 것, 위 사람들이 탐묵하고 백성을 침학한 일과 자신의 원통하고 억울한 일을 백성이 고소할 수 있도록 허락할 것, 세세하고 긴요하지 않은 작은 일은 규리하지 말 것"으로 쓰여 있다.

또한 1681년(숙종 7년) 암행어사에게 내린 「가정절목假定節目」에 "지방 수령의 출척黜陟이 공정하지 않은 감사, 군졸을 침학하는 병사나 수사와 불우하게 임용되지 않고 있는 인재가 있는지 등을 염문廉問[89]할 것, 오륜五倫[90]과 오상五常[91]을 깨뜨려 민속을 파괴하는 자·유언비어로 백성을 미혹하거나 어지럽게 하는 자와 강제로 민간인을 사역하는 자 등을 적발하여 보고할 것, 인륜대죄를 치죄治罪[92]하지 않거나 억울한 옥사를 해결치 못한

---

82 조선시대 수령의 전최(殿最 : 관찰사가 각 고을 수령의 치적을 심사하여 중앙에 보고하던 일. 전(殿)은 맨 아래 등급을, 최(最)는 맨 위 등급을 말하는데, 고과 평정의 뜻으로 썼으며, 해마다 음력 유월과 섣달에 시행)에 평가 기준이 된 일곱 가지 조항을 말한다. 이는 농상(農桑)이 성한 가, 호구(戶口)가 늘었는가, 학교가 흥한 가, 군정(軍政)을 닦았는가, 부역이 고른 가, 사송(詞訟)이 간결한 가, 간활(姦猾 : 간사하고 교활한 것)이 끊어졌는 가이다.
83 두루 감독하고 살펴 처리함.
84 관찰사, 절도사, 방어사들이 부임할 때 국왕이 내리던 명령서.
85 탐오(貪汚)와 같은 말로 욕심이 많고 부패함.
86 몰래 사정을 살핌.
87 의견을 물음.
88 피의자에게서 자백을 받기 위해 형장(刑杖)을 가하는 심문.
89 사정, 형편 따위를 남모르게 물어 보는 것.
90 유학에서 사람이 지켜야 할 다섯 가지 도리, 부자유친(父子有親), 군신유의(君臣有義), 부부유별(夫婦有別), 장유유서(長幼有序), 붕우유신(朋友有信)을 말한다.
91 인(仁), 의(義), 예(禮), 지(智), 신(信)의 다섯 가지 덕.
92 잘잘못을 가려내어 벌을 주는 것.

수령을 파악할 것, 옥의 죄수를 신속히 처결하지 않은 관리, 농장을 강점하고 전결田結을 숨긴 자, 양민 여자를 겁탈하여 종이나 아내로 삼거나 인호人戶를 사사로이 사역한 토호, 전결을 다점多占하고 그들의 용역을 징수하는 호수戶首, 관官을 속이고 백성을 해롭게 하는 완악한 향리, 진상물을 대신 바치고 배로 거두는 등 이익을 취하는 영리營吏와 읍리邑吏 및 군병을 토색하는 장관將官이나 색리色吏 등을 엄히 징치할 것, 효행과 청렴이 뛰어난 자와 천인으로 행실이 지극한 자를 찾아내 표창할 것, 가난하고 의지할 곳이 없는 늙은 홀아비·늙은 홀어머니·고아 및 자식 없는 늙은이와 사민士民 중 100세 이상인 자를 방문할 것"을 보면, 당시 암행어사가 상당히 광범위한 권한을 갖고 있음을 알 수 있다.[93]

암행어사가 소임을 마치고 귀환하면 서계書啓(보고서)와 별단別單(부속문서)을 각 한 통씩 작성해 국왕에게 복명하는 날에 제출하였다. 서계는 수계繡啓라고도 불렀으며, 생읍시찰生邑視察에 관한 특별지시사항과 봉서에 지시된 특별사항 등을 채록·탐문해 서한형식으로 조목조목 기술하였다. 별단은 서계에 담지 못한 미진한 사항, 연도제읍沿道諸邑에 관한 시찰사항,「어사재거사목」에 규정된 일반적인 사항에 대한 개선책 등을 담은 의견서로써, 어사 자신의 교양과 정치적 식견을 개진한 것으로 간주되었다. 서계는 필수적 복명요건이지만 별단은 임의사항이었다.

그러나 영조와 정조 대에는 서계와 별단의 내용 여하로 어사의 인물이 평가되었으며, 출세에 영향이 미쳤다고 전해진다. 암행어사가 귀환하고도 장기간 서계를 제출하지 않거나 서계를 대필시킨 것이 알려지면 추고推考[94]·처벌되었다.

---

93   임병준,「암행어사의 운영 성과와 한계」,『법사학연구』제24호, 한국법사학회, 2001, 45~46쪽.
94   벼슬아치의 죄과(罪過)를 추문(推問)하여 고찰함.

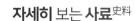
| **상서문**^{上書文} |

원문

庇仁幼學李麟儀, 謹再拜上書于

繡相閤下. 伏以, 褒其烈而勳其孫, 表其閭而復其家, 惟我 國典之尊且重也. 生雖不敢自薦於孝

行之家而謀避

是乎, 旣有所關飭之截嚴是白只, 玆敢帖聯, 仰達於薦善樹風之下爲去乎, 垂燭後, 特爲處分,

使此

不肖之孫, 勿入於烟戶還上諸般雜役之意, 論理 題下, 以爲立完之地, 千萬屛營,

繡相閤下__處分.

　　　　甲戌十月 日.

題辭

依禮曹立

案, 施行事.

本官, 十六日.

暗行御史(署押)

번역

비인(庇仁) 유학(幼學) 이인의(李麟儀)는 삼가 두 번 절하고 수상합하(繡相閤下)[1]에게 글을 올립니다. 삼가 생각하건대, 그 공열을 기리어 그 자손에게 훈공을 주고, 그 마을을 표상하고 그 집에 세금을 받지 않는 것이 오직 우리나라의 법전이 높이고 중요하게 여기는 것입니다. 저(生)는 비록 효행(孝行)이 있는 집안이라고 감히 자천(自薦)했다는 것을 피할 수는 없지만, 이미 관문(關文)으로 신칙

1　암행어사의 존칭.

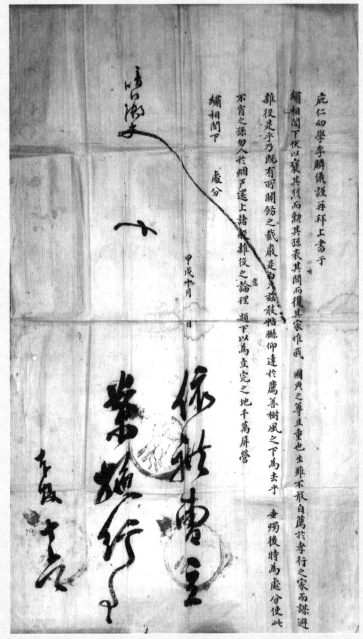

〈사진 4〉 **상서문** (1874년, 54cm×94cm)

　　　　　　　　　제3부 ─ 갑오개혁 이전의 조선

한 것이 매우 엄하여 이에 감히 문서를 붙여서 선한 효행을 천거하는 아래에 우러러 바칩니다. 살펴 보신 후에 특별히 처분하시어 이러한 불초한 후손으로 하여금 연호(烟戶)[2]와 환자(還上)[3]와 여러 가지 잡역(雜役)에 들어가지 말게 하라는 뜻을 이치를 따져서 제사(題辭)를 내려주시어 완문(完文)[4]으로 세우게 해 주시기를 천만 번이나 바랍니다.

수상합하께서는 처분해 주시기 바랍니다.

갑술년(1874) 10월 일

제사

예조(禮曹)의 입안(立案)에 의해서 시행할 일이다.

본관(本官)에게 16일에.

암행어사(暗行御史)(서압)

해제

비인(庇仁) 유학(幼學) 이인의(李麟儀)가 자신의 집안의 효행(孝行)을 암행어사(暗行御史)에게 올려, 연호(烟戶)와 환자(還上)와 여러 가지 잡역(雜役)을 면제해 달라고 청원한 소지(所志)이다. 제사에 이르기를 예조(禮曹)의 입안(立案)을 받아서 시행하라고 하였다.

---

2 연호(烟戶)란 말 그대로 '불을 때는 집'이라는 뜻으로, 조선시대에는 세금을 내야하는 일가(一家)를 이렇게 불렀다. 따라서 여러 가지 잡역(雜役)을 면제해 달라는 것이다.

3 각 고을의 사창(社倉)에서 백성들에게 꾸어 주었던 곡식을 가을에 이자를 붙이어 받아들이는 곡식.

4 어떠한 사실의 확인 또는 권리나 특권의 인정을 위한 확인서로 인정서의 성격을 가진다.

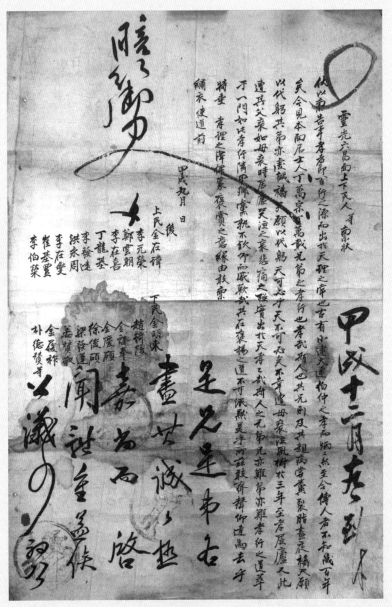

〈사진 5〉 **품장** (1874년, 54cm×82cm)

靈光六昌面上下民人等稟狀

伏以稟告事. 孝者卽百行之源, 而出於天理之常也, 古有小連大連伯仲之孝, 而炳炳然至今傳人者, 不知幾百年

矣. 今見本面居士人丁萬宗·丁萬載兄弟之孝行也, 孝哉斯人也. 其兄則及其親病, 嘗糞裂脂, 晝夜禱天, 願

以代躬. 其弟亦虔誠禱天, 願以代躬, 天可必乎, 天不可必矣. 不幸遭母喪, 泣風樹於三年, 至孝居廬. 又此

遭其父喪, 如母喪時, 居廬哭泣之哀, 悲痛之極, 實出於天孝. 孝哉斯人之兄弟, 兄亦難, 弟亦難, 孝行之道, 萃

于一門, 如此孝行, 隣里鄕黨, 孰不欽仰而感歎哉. 其在褒揚之道, 不可泯默是乎所, 玆敢齊聲仰達爲去乎,

特垂__孝理之澤, 俾蒙褒賞之意, 緣由敢稟

繡衣使道前.

　　　　甲戌九月 日.

後

上民金在璋·李元榮·鄭雲朝·李在喜·丁龍基·李發遠·洪永周·李在燮·崔基豊·李伯榮

下民金明東·趙琦煥·金啓奉·金慶碩·徐俊碩·梁發蓮·姜贊敬·金履祚·朴德贊 等.

甲戌十二月十九日, 到付.

是兄是弟, 各

盡其誠, 誠極

嘉尙, 而__啓

聞體重, 益俟

公議事. 初八日.

暗行御史(署押)

영광(靈光) 육창면(六昌面) 상하민인(上下民人) 등 품장(稟狀)

삼가 품고(稟告)하는 일입니다. 효(孝)란 백행(百行)의 근원으로 천리(天理)의 상도(常道)에서 나오는 것입니다. 옛날에 소련(小連) 대련(大連)과 같은 백중지세의 효가 있어서 빛나고 빛나게 지금까지 사람들에게 전해 온 지 몇백 년이나 되었는지 모릅니다. 지금 우리 면(面)에 사는 사인(士人) 정만종(丁萬宗) 정만재(丁萬載) 형제의 효행이 있으니, 효성스럽구나! 이러한 사람이로다. 그 형은 부모가 병이 들자 똥을 맛보고 손가락을 베고, 밤낮으로 하늘에 빌면서 자신의 몸으로 대신하겠다고 하였습니다. 그 아우 또한 정성으로 하늘에 빌며 자신의 몸으로 대신하겠다고 하니, 하늘이 반드시 그렇게 할 것인가, 하늘은 반드시 그렇게 하지 않았습니다. 불행하게도 어머니의 상을 당해서 3년 동안 풍수(風樹)[5]의 회포로 울며 지극한 효성으로 여묘(廬墓)에 거처하였습니다. 또 이때 아버지의 상을 당하여 어머니의 상과 같이 여막에 거처하며 곡하고 울면서 슬퍼하고, 비통함을 끝까지 하였으니 참으로 하늘이 낸 효도라고 할 수 있습니다. 효성스럽구나! 이러한 사람들이 형제가 되었으니, 난형난제로구나! 효행의 도가 하나의 집안에 모였으니 이와 같은 효행은 이웃 마을의 향당까지 누가 우러러서 감탄하지 않을 수 있겠습니까? 이를 포양(襃揚)[6]하는 길이 있으니 묵묵히 있을 수 없어서 이에 감히 일제히 소리를 내어 우러러 알리옵니다. 특별히 효행에 대한 은택을 내려주시어 포상을 입게 하는 뜻으로 까닭을 감히 수의사또(繡衣使道)[7]에게 아룁니다.

갑술(甲戌)년(1874) 9월 일.

뒤[後]

상민(上民) 김재장(金在璋), 이원영(李元榮), 정운조(鄭雲朝), 이재희(李在喜), 정용기(丁龍基), 이발원(李發遠), 홍영주(洪永周), 이재섭(李在燮), 최기풍(崔基豊), 이백영(李伯榮)

하민(下民) 김명동(金明東), 조기환(趙琦煥), 김계봉(金啓奉), 김경석(金慶碩), 서준석(徐俊碩), 양발연(梁發蓮), 강찬경(姜贊敬), 김이조(金履祚) 박덕찬(朴德贊) 등.

---

5 춘추 시대 공자가 길을 가는데 고어(皐魚)라는 사람이 나무를 안은 채 슬피 울고 있기에 까닭을 물었더니, "나무는 고요하고자 하여도 바람이 그치지 않고 자식이 봉양하고 싶어도 어버이는 기다려 주지 않는다." 하고는 서서 울다가 말라 죽었다 한다.(『韓詩外傳』) 이를 풍수의 정이라 하여 일반적으로 어버이 생전에 모시지 못하고 사후에 슬퍼하는 마음을 뜻하는 고사로 쓴다.

6 칭찬하여 알림.

7 암행어사.

갑술년(1874) 12월 19일에 도부(到付)함.[8]

제사

그 형에 그 아우로 각각 그 정성을 다하였으니 참으로 가상하다. 그러나 계문(啓聞)[9]은 사체(事體)가 무거우니 더욱 공의(公議)를 기다릴 일이다.[10] 초8일.

암행어사(서압)

해제

영광(靈光) 육창면(六昌面) 상하민인(上下民人) 등이 정만종(丁萬宗) 정만재(丁萬載) 형제의 효행을 포상해 달라고 암행어사에게 올린 소지(所志)이다.

---

8 공문(公文)이 도달함.
9 국왕에게 아룀.
10 사안(事案)이 중대하므로 (하나로는 부족하니) 더 많은 추천(품장)이 필요하다.

(4) 내금위內禁衛

내금위는 국왕을 호위하고, 궁궐을 수비하는 금군禁軍의 하나로, 연산군 대 충철위衝鐵衛로 개칭되었으나 중종 대 다시 이름을 찾았으며, 1894년 통위영統衛營에 통합되었다.

국초에는 금군의 역할을 내금위절제사內禁衛節制使의 지휘를 받는 정예 부대가 담당하였다. 군사의 수는 불과 60~90인이었으며, 이들은 모두 국왕으로부터 절대적인 신임을 받았다. 그 뒤 국가의 기틀이 잡히고, 왕권이 강화되면서 1407년(태종 7년) 10월 정식으로 이 부대가 설치되었다. 이후 1409년(태종 9년)에 설치한 내시위內侍衛와 함께 국왕의 측근에서 입직入直·숙위宿衛를 담당하였고, 삼군부三軍府의 중군中軍에 속하여 3명의 절제사節制使에 의해 통솔되었다.

세조 대에는 최고지휘관인 절제사가 내금위장內禁衛將(종2품)으로 개칭되면서 독립아문獨立衙門으로 승격되었다. 그 후 내금위장은 조선 후기에 금군청禁軍廳(금군禁軍의 군영)에 합쳐진 뒤에 정삼품正三品으로 격하되었으며, 정원도 3인에서 1790년(정조 14년) 2인으로 줄었다. 병력은 성종 대 이전까지 100~200인으로 변동이 심했으나, 1476년(성종 7년) 『경국대전』이 완성된 후 체아직遞兒職[95] 190인으로 고정되었다. 이들은 번차番次의 교대 근무가

---

95 정해진 녹봉이 없이 연중 몇 차례에 의해 평가된 근무평정에 따라 교체되며, 복무기간 동안에는 녹봉을 받는 관직이다. 체아직은 고려 말기에 생긴 것으로 보이나, 세조 대부터 성립해 『경국대전』에 의해 제도화되었다. 조선시대 관계조직(官階組織)은 양반의 벼슬인 동반(東班)과 서반(西班)의 관계와, 양반이 아닌 사람의 벼슬인 잡직(雜職)과 토관(土官)의 관계가 따로 설정되었다. 체아직에는 동반체아·서반체아·잡직체아 등이 있었는데, 대부분의 체아직 직과(職窠)는 서반체아다. 서반체아는 양반특수군을 비롯해 비양반의 군인·습독관(習讀官)·의원 등이 받았다. 이를 자세히 보면, 선전관(宣傳官)·겸사복(兼司僕)·별시위(別侍衛)·내금위(內禁衛)·친군위(親軍衛)·족친위(族親衛)·충의위(忠義衛)·갑사(甲士)·충찬위(忠贊衛) 등 양반특수군, 장용위(壯勇衛)·취라치(吹螺赤)·태평소(太平簫) 등 비양반 군병, 공신적장(功臣嫡長), 사역원·훈련원·관상감·전의감의 습독관, 의정부·육조·종친부·충훈부·도총부의 의원, 상의원(尙衣院)·군기시(軍器寺)의 궁인(弓人)과 시인(矢人), 승문원(承文院)·상의원·사옹원(司饔院)·사복시(司僕寺)·전설사(典設司)의 제원(諸員), 제주자제(濟州子弟), 동몽(童蒙), 훈도(訓導) 등이다.

없는 장번군사長番軍士[96]로 다른 병종보다 후대 받았다. 품계는 종2품 또는 정3품부터 종9품까지로, 108일 복무하면 승급하였고, 최고 품계에 오르게 되면 퇴관退官하였다. 특히 세종 대부터는 5품 이하의 의관자제衣冠子弟 중 무재武才와 지략이 뛰어나고, 용모가 단려端麗하며, 키가 큰 자를 뽑는 등 엄격한 선발절차를 거쳐 임명되었다.

또한 주된 임무는 국왕을 직접 호위하고, 궁궐을 지키는 것이었으나, 무재武才가 뛰어나 때로는 양계兩界에 부방赴防[97]하기도 하였다. 이에 따라 조선 전기 무장 중에는 내금위 출신이 많았다. 그러나 빈번한 부방 등으로 국왕 호위의 약화를 가져와, 이를 보충하기 위해 연산군·중종 대에는 예차내금위預差內禁衛제도를 실시하였다.

한편 연산군 대에는 내금위를 충철위衝鐵衛로 개칭했고, 예차내금위는 소적위掃敵衛로 이름이 변하면서 그 수가 700인에 이른 때도 있었다. 이후 중종 때 다시 내금위로 환원하고, 1510년(중종 5년) 실차實差 190인·예차預差 200인·가예차假預差 100인으로 정해지면서 그 수가 감소하였지만 정예군으로 재편성됨으로써 금군의 중추를 이루었다. 후기에 와서 내금위는 겸사복兼司僕·우림위羽林衛와 함께 금군청禁軍廳에 속하였다. 그 후 1775년(영조 51년) 용호영龍虎營에 속했으며, 당시 인원은 300인으로 금군 700인 가운데 가장 많은 수를 차지하여, 핵심을 이루었다. 이후 1892년(고종 29년) 무위영武衛營에 속했다가 1894년 통위영統衛營에 통합되었다.

---

96   궁중에서 유숙하며 교대 없이 장기 근무하던 군사.
97   서북 변경을 방어하기 위하여 파견 근무를 하는 것.

| 교지敎旨 |

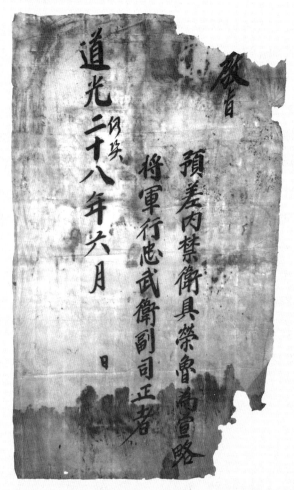

〈사진 6-1〉 **교지 1** (1848년 6월, 30cm×52cm)

教旨

預差內禁衛具榮魯, 爲宣略

將軍·行忠武衛副司正者.

    仍資

道光二十八年六月 日.

번역

교지(敎旨)

예차내금위(預差內禁衛) 구영로(具榮魯)를 선략장군·행충무위부사정(宣略將軍·行忠武衛副司正)으로 하라.

자급(資級)[1]은 그대로 하라.

도광(道光) 28년(1848) 6월 일.

해제

도광(道光) 28년(1848) 6월 예차내금위(預差內禁衛) 구영로(具榮魯)를 선략장군·행충무위부사정(宣略將軍·行忠武衛副司正)에 임명하는 고신(告身)[2]이다.

---

1 관료의 직품(職品)과 관계(官階). 조선시대는 문무(文武) 각 9품(品)을 정(正)·종(從)으로 나누고, 정1품부터 종6품까지는 각 품을 다시 상(上)·하(下)로 나누어 총 30개의 자급이 있었다.
2 오늘날 임명장.

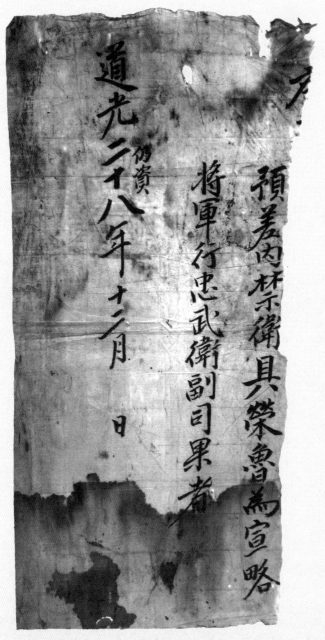

〈사진 6-2〉 **교지 2**(1848년 12월, 30cm×52cm)

원문

敎旨

預差內禁衛具榮魯, 爲宣略

將軍·行忠武衛副司果者.

　　　　仍資

道光二十八年十二月 日.

번역

교지(敎旨)

예차내금위(預差內禁衛) 구영로(具榮魯)를 선략장군·행충무위부사과(宣略將軍·行忠武衛副司果)로

하라.

자급(資級)은 그대로 하라.

도광(道光) 28년(1848) 12월 일.

해제

도광(道光) 28년(1848) 12월 예차내금위(預差內禁衛) 구영로(具榮魯)를 선략장군·행충무위부사

과(宣略將軍·行忠武衛副司果)에 임명하는 고신(告身)이다.

〈사진 6-3〉 **교지 3** (1850년, 30cm×52cm)

제3부 — 갑오개혁 이전의 조선

敎旨

內禁衛具榮魯, 爲宣略將

軍·行忠武衛副司直者.

      仍資

道光三十年十二月 日.

교지(敎旨)

내금위(內禁衛) 구영로(具榮魯)를 선략장군·행충무위부사직(宣略將軍·行忠武衛副司直)으로 하라.

자급(資級)은 그대로 하라.

도광(道光) 30년(1850) 12월 일.

도광(道光) 30년(1850) 12월 내금위(內禁衛) 구영로(具榮魯)를 선략장군·행충무위부사직(宣略將軍·行忠武衛副司直)에 임명하는 고신(告身)이다.

(5) 겸사복兼司僕

겸사복은 금위禁衛[98]의 군사로 이루어진 금군禁軍의 하나로, 국왕에 대한 시립侍立·배종陪從[99]·의장儀仗 및 왕궁 호위를 위한 입직立直·수문守門과 부방赴防·포도捕盜·포호捕虎·어마御馬 점검 및 사육·조습調習·무비武備·친병親兵 양성 등을 임무로 하였다.

기원은 고려시대 내사복시제도內司僕寺制度에서 비롯되어, 1409년(태종 9년) 처음 창설되었다. 그 뒤 1464년(세조 10년)에 정비된 조직을 갖추었고, 「내금위시취례內禁衛試取例」에 의해 군사를 임용하였다. 그러나 임용은 업무의 특수성 때문에 북계인北界人을 우대하는 규칙을 제정하여 임용하거나, 국왕의 신임으로 수시로 임용하는 등 여러 차례 변경되었다. 또한 사회적인 신분보다 무재武才가 더 중시되었다. 따라서 양반으로부터 서얼·양민·천인, 심지어 향화인向化人(귀화인)·왜인倭人까지 포함되어 여러 계층으로 구성되었다. 또한 친위병이었던 관계로, 용모·학식·신장·시수矢數[100] 등이 중요한 임용자격이었다. 『경국대전』에 따르면, 정원이 50명으로 장번복무長番服務를 했으며, 전원에게 정3품~종9품의 체아직遞兒職이 부여되었다. 만기 복무 연한은 대체로 7년이었으나, 향화인 및 북계인은 2년 혹은 2년 반에 교대로 복무하는 것을 원칙으로 하였다. 고과考課는 매년 정월과 7월 두 차례에 걸쳐 겸사복장兼司僕將과 병조가 동의하여 실시해서 관직을 올리고, 내리는 출척黜陟을 정하였다. 사仕(근무일수)가 180일이 되면 품계를 올려 정3품까지 이르도록 하였다.

이외에도 매년 정기·부정기적인 교열校閱[101]과 연재鍊才[102]에 합격해야

---

98 대궐(大闕)을 숙위하는 일.
99 국왕이나 높은 사람을 모시고 뒤에 따라가는 것으로, 유사어로 배호(陪扈)가 있다.
100 과녁에 맞은 화살의 수효.
101 열병의식(閱兵儀式) 및 군사훈련 검열.
102 활쏘기·말타기 등의 무예에 재주가 있는 군사들을 훈련하거나 시험하는 것.

만 그 직을 유지할 수 있었다. 그러나 대가로 녹봉祿俸 · 직전職田[103] 및 복호復戶[104]의 혜택을 주어졌고, 또 직을 떠난 뒤에는 다른 직으로 영전할 수 있는 길을 열어주었다.

(6) 우림위羽林衛

우림위는 1492년(성종 23년) 4월 무재武才가 특출한 서얼 가운데 시취試取한 50인을 정원으로 하여, 신설된 금군禁軍의 하나로, 1504년(연산군 10년)에 폐지되었다가, 1506년(중종 원년) 복설되었다.

설치 절목節目에 따르면, '지배계층 첩의 자손이 무재武才가 뛰어나도 갑사甲士 이외는 속할 곳이 없어 따로 1위衛를 설치한다'고 되어 있다. 이는 무예에 뛰어난 서얼庶孽을 흡수하고, 당시 금군禁軍인 내금위內禁衛와 겸사복兼司僕의 군사가 다수 변방으로 파견되어, 국왕 시위와 궁궐 수비에 발생할 수 있는 문제를 예방하기 위한 방안에 따른 것이었다.

조직은 10인을 1영領으로, 다시 3영을 1정正으로 편제되어, 번장番將이 정正을 거느리고, 별장別將이 다시 번장 5인을 통솔하였고, 최고 지휘관은 우림위장羽林衛將(종 2품) 3인이었다. 군사는 초기에 모두 체아직遞兒職으로 3교대로 근무하였으나, 뒤에 가서 장번長番으로 복무하였다. 단지 다른 금군과는 달리 체아록 이외에 급보給保의 혜택이 주어져 1보保가 지급되었고,

---

103 현직 관리만을 대상으로 분급한 수조지(收租地)와 급보(給保 : 직접 군역(軍役)을 담당하는 정군(正軍)에게 일정한 생계 보조인 보(保)를 딸리게 하여 군사 활동비에 충당하게 한 제도)를 말한다. 조선 전기에는 군사경비의 분급을 호(戶) 단위의 봉족(奉足)으로 부여하였다. 그러다가 1464년(세조 10년) 보법(保法)이 제정되어 2정(丁)을 1보로 정하고, 이를 단위로 삼는 급보제도가 확립되었다. 갑사(甲士)에게는 2보(4인), 기정병(騎正兵) · 취라치(吹螺赤) · 대평소(大平簫) · 수군(水軍)은 각각 1.5보(3인), 보정병(步正兵) · 장용위(壯勇衛) · 파적위(破敵衛) · 대졸(隊卒) · 팽배(彭排) · 파진군(破陣軍) · 조졸(漕卒) · 봉수군(烽燧軍) · 차비군(差備軍)은 각각 1보(2인)를 주어, 병종(兵種)마다 급보수(給保數)가 정해졌고, 보인(保人)이 이들 군사에게 책임지는 경제적 보조는 매달 포(布) 1필 이하로 규정되었다.
104 국가가 호(戶)에 부과하는 요역(徭役 : 국가가 백성의 노동력을 무상으로 징발하는 수취제도) 부담을 감면하거나 면제해 주던 제도.

180일에 가계加階되었다. 그렇지만 이들이 서얼이었기 때문에 한품서용限品敍用의 제약을 받았다. 따라서 금군으로서 지위가 겸사복이나 내금위보다는 낮았지만, 그래도 갑사甲士보다 상위에 위치하였다.

한편 효종 대 왕권이 강화되면서 1652년(효종 3년) 겸사복·내금위·우림위를 내삼청內三廳으로 통합·일원화되어 군영으로 발족되었으며, 대개 기병으로 편제되었다.[105] 또한 1666년(현종 7년) 금군청禁軍廳이 설치되면서 모든 금군은 이 군영軍營에 속하게 되었다. 이때 우림위의 정원은 200명이었고, 우림위장羽林衛將(정3품) 2인이 각각 100인을 통솔統率하였다. 1755년 (영조 31년) 금군청이 용호영龍虎營으로 개칭되었을 때도 여전히 모든 금군은 이 군영에 소속되어 있었다.[106]

(7) 세자익위사世子翊衛司와 세손위종사世孫衛從司

세자익위사는 왕세자를 모시고 호위하는 임무를 맡았던 기관으로 계방桂坊이라고도 한다.

조선 건국 초 세자관속世子官屬이 설치되어 세자에 대한 강학講學과 시위侍衛의 일을 함께 관장하였다. 그 뒤 강학에 관한 것을 맡는 세자시강원과 호위를 맡는 세자익위사로 분업되었다. 이 기관은 병조의 속아문인 정5품 아문으로『경국대전』에 나타난다. 관원은 좌우익위가 각각 1인으로 정5품, 좌우사어左右司禦가 각각 1인으로 종5품, 좌우익찬左右翊贊이 각각 1인으로 정6품, 좌우위솔左右衛率이 각각 1인으로 종6품, 좌우부솔左右副率이 각각 1인으로 정7품, 좌우시직左右侍直이 각각 1인으로 정8품, 좌우세마左右洗馬가 각각 1인으로 정9품이었다. 그 밖에 이속으로 서리書吏가 2인, 사령使令이 7

---

105 당시 모든 금군의 군사 수는 1,000명에 이르렀으나 현종 대에 축소되었다. 이후 영조 대에 700명을 유지하였다.
106 이후 용호영이 1882년(고종 19년)에 혁파되었다가 다시 복설되었고, 1894년(고종 21년) 용호영이 폐지되고, 통위사(統衛使)가 관할하였다.

인, 군사軍士가 4인이 배치되었다. 그들은 세자가 밖에 거둥할 때는 앞에서 인도하고, 회강會講할 때는 섬돌 아래에서 시립侍立하였다. 또한 무반이지만, 왕세자 가까이에서 보도輔導[107]하기 위해 경술經術이 있는 사람으로 충당되는 경우가 많았다.

세손위종사는 왕세손王世孫을 모시고 호위하는 임무를 맡았던 기관이다.

조선시대에 왕세손을 위한 강학講學이나 시위侍衛를 맡는 기관이 설치된 것은 1448년(세종 30년), 1649년(인조 27년), 그리고 1751년(영조 27년) 등 몇 번의 사례가 있다. 그런데 1759년(영조 35년) 산祘이 새로이 영조의 왕세손으로 책봉되고, 뒤이어 사도세자思悼世子가 죽음을 당하였다. 이에 따라 산祘이 바로 왕위계승의 후보자가 됨으로써, 종래 왕세손이 가지던 의미와는 달리, 그 지위와 중요성이 더욱 높아지고 커지게 되었다. 그래서 『경국대전』에는 규정되어 있지 않은 왕세손을 위한 배위陪衛[108]기관으로서 세손위종사가 『대전통편』에 오르게 되었다. 이 기관은 종6품 아문으로서 좌우장사左右長史가 각각 1인, 좌우종사左右從史가 각각 1인으로 종7품이었다. 세자익위사에 비하여 기관의 중요성이 낮고 인원수도 적었지만, 세자익위사와 마찬가지로 왕세손을 가까이에서 보도輔導하기 위해 덕행과 경술經術이 중시되었다.

2) **지방 특별기관**(토포사討捕使, 겸임토포사兼任討捕使)

토포사(겸임토포사)는 조정에서 도적 등을 수색·체포하기 위하여, 필요에 따라 지방 수령이나 진영장鎭營將에게 임시직으로 겸임시킨 특별 관직이다.

1561년(명종 16년) 남치근이 임꺽정林巨正의 무리를 진압하기 위하여 임시로 이 직책에 임명된 적이 있다. 선조 대도 도적이 극심한 고을의 수령을

---

107 도와서 올바른 데로 이끌어 간다는 뜻으로, 유사어로 보익(輔翊), 익찬(翊贊)이 있다.
108 왕세자나 왕세손을 모심.

겸직시킨 사례가 있으나, 정식으로 제도화된 것은 1638년(인조 16년) 전국에 확대 실시되면서 부터였다. 이후 현종 대 홍명하의 건의로 수령이 겸직하던 토포사討捕使의 직임을 영장이 겸임하도록 하여 날로 증가하는 도둑을 잡도록 하였다. 「영장절목營將節目」에 따르면, 이들은 반드시 당상관 이상으로 차출하되, 때로는 문관文官·음관蔭官이 선발되는 경우도 있어, 군병을 통솔하는 데 능하지 못할까 하여 지극히 엄선하였다. 그렇지만 진영장의 대부분은 수령들이 겸직하였고, 이에 따라 보통 '겸임토포사'로 호칭되었다. 따라서 『속대전』 이후부터 정식으로 나타나는 진영장鎭營將을 통해 토포사를 알 수 있다.

진영장은 1627년(인조 5년) 각 도의 지방군대를 관할하기 위하여 설치한 진영鎭營의 정3품 당상직 장관將官으로, 영장營將·진장鎭將이라고도 한다. 이 관직은 중앙의 총융청摠戎廳·수어청守禦廳·진무영鎭撫營 등에 속한 것과 각 도의 감영監營·병영兵營에 속한 것으로 나누어진다. 모두가 겸직이었으며, 중앙 소속은 판관判官·중군 및 인근 주州·목牧의 부사府使·목사牧使가 겸임하였고, 각 도 소속은 주·군을 적당한 관할구역으로 나누어 진영을 설치한 후 그 지방의 부윤府尹·부사·목사·현감縣監 등이 겸하였다. 또한 첨사僉使·만호萬戶 등도 포함하였다. 각 도의 진영은 전·후·좌·우·중의 5영장이 있었으며, 필요에 따라서 별영別營을 설치하고, 별영장別營將을 두기도 하였다.

한편 효종실록에 의하면, 경기도 진영장의 편제는 전영前營은 광주廣州부윤府尹, 좌영左營은 남양南楊(경기도 화성)도호부사都護府使, 중영中營은 양주楊洲목사牧使, 별중영別中營은 수원水原도호부사都護府使, 후영後營은 장단長湍[109]부사府使, 우영右營은 죽산竹山(안성)도호부사都護府使로 배치되어 있었다.

---

109 경기도 서북부에 위치한 군으로, 동쪽은 연천군, 서쪽은 개풍군, 남쪽은 파주군, 북쪽은 황해도 금천군과 접하고 있다.

3. 지방 경찰기관

1) 한성부漢城府

한성부는 수도 한성의 행정업무를 담당한 기관이나 삼법사三法司110중의 하나로 포도청과 함께 주간 순찰 등 수도 치안의 업무와 금화禁火, 검시檢屍, 경제사무 등 일반 행정 외에 다양한 업무를 수행하였다. 또한 민사소송과 분쟁에 대한 재판을 담당하는 사송아문詞訟衙門이자 죄수를 직권으로 체포하여 구금할 수 있는 직수아문直囚衙門이었다.

조선이 건국된 후 태조는 즉위 3년인 1394년 10월 한양으로 도읍을 옮기고, 다음해 6월 한양부를 한성부로 개칭하며, 판부사判府事 1인을 두었다. 다음해 6월 판부사를 판윤判尹으로 개칭하고, 2인의 윤尹을 각각 좌윤左尹·우윤右尹으로 세분하였다. 이어 정2품 판윤 1인, 종2품 좌우윤 각 1인, 종4품 서윤庶尹 1인, 종5품 판관判官, 종7품 참군參軍으로 확대되었다. 한성부의 하위조직인 오부五部111에는 개성부의 관제를 그대로 계승하여, 오부의 장을 영令으로 하고, 하급관원으로 녹사綠事 2인을 두었으며, 각 방에는 관령管領112을 두었다. 1867년(고종 4년) 정2품 판윤 1인, 종2품 좌우윤 각 1인, 종4품 서윤庶尹 1인, 종6품 주부主簿 2인, 검률檢律 1인의 정직正職 관원과 서리書吏 41인, 호적청戶籍廳 서원書員 11인, 서사 1인, 소차서리疏箚書吏 3인, 대령서리待令書吏

---

110 형조, 사헌부, 한성부를 말한다.

111 한성의 행정구역은 동부·서부·남부·북부·중부의 5부로 나누고, 다시 동부는 12개 방(榜), 서부는 11개 방(榜), 남부는 11개 방(榜), 서부는 11개 방(榜), 남부는 11개 방(榜), 북부는 10개 방(榜), 중부는 8개 방(榜)으로 세분하였다. 각 방에서는 두 곳에 물독을 두어 화재를 예방하였고, 불효·불제(不悌)한 자·술을 마시고 싸우는 자·이웃과 불화한 자 등을 오부에 보고하였으며, 무당의 적발·규정을 어겨 호화주택을 지은 자·허위 입적자 및 무적자·살인 사건 보고·금주 및 금지된 도살에 대한 감사·좌경과 경수소에 대한 감독·도적이나 강도 발생을 막기 위한 순검 활동·주민에 대한 호적 파악 등을 하였다.

112 오부의 관원처럼 방민의 분쟁을 처결하거나 사소한 범죄자를 처벌하는 권한은 없었다. 주로 치안과 교화, 주민 동태 보고 등 자치적인 업무를 수행하였다. 그러나 방내에 치안관련 사건이 발생했을 때 이를 은폐하거나 또는 보고하지 않거나, 방 내 주민 중 5명 이상이 도주하였을 때는 일반관원과 마찬가지로 제서유위율(制書有違律 : 제서에 적힌 국왕의 명령을 어긴 행위를 처벌하던 법규)에 의해 처벌받았다.

1인, 고직庫直[113] 등 이서吏胥와 구종驅從[114] 14인, 군사 7인 등 도예徒隷를 두었고, 모두 134인이 근무하였다.[115]

　　조선 전기의 업무는 도로청소 및 다리 보수 등 도로관리, 금화禁火, 변사자 처리 및 검시, 호적작성 및 호패발행, 도망한 노비 추쇄, 오가작통제 운영, 법으로 금지된 양천교혼良賤交婚의 감시, 농상農桑권장, 환과고독鰥寡孤獨[116]에 대한 파악과 지원,[117] 의창義倉 운영, 도성 수축, 병충해 방제 등이었다. 후기에 들어와서 이·호·예·병·형·공방의 체제로 변화하였다. 이방은 장長이 서윤으로, 포폄褒貶[118] 등 업무를 담당하였다. 호방은 장長이 판관으로, 호적과 시전市塵, 가사[119] 등 업무를 담당하였다. 예방은 장長이 일주부一主簿로, 간택揀擇[120]과 산송山訟 등 업무를 담당하였다. 병방은 장長이 일주부一主簿로, 좌경坐更, 궁성·도성의 순심巡審, 금화 업무 등 업무를 담당하였다. 형방은 장長이 이주부二主簿로, 검험檢驗,[121] 여가탈입閭家奪入[122] 감시 등의 업무를 담당하였다. 공방은 장長이 이주부二主簿로, 도로·구거·차량·오부의 방민坊民 동원 및 사역 등 업무를 담당하였다.[123]

113　창고를 지키고 출납을 맡아본 관리.
114　관원을 모시고 따라다니는 하인이나 혹은 말을 탈 때 고삐를 잡거나 뒤에 따라다니는 하인, 유사어로 구솔(丘率)이 있다.
115　서울특별시 시사편찬위원회, 『서울 2천년사 14 : 조선시대 한성부의 역할』, 2013, 22~23쪽.
116　외롭고 의지할 데 없는 사람.
117　유기아의 양육을 원하는 자는 본주 혹은 부모·친족이 3개월 전에 찾아가는 경우에는 그 양육비의 배액을 징수하여 주고, 3개월이 지난 후에는 계속 양육하는 사람에게 주어 사역하게 한다. 흉년으로 걸식하는 사람은 보리 가을에 한하여 구호하며, 공·사천(公·私賤 : 관공서와 사인의 노비를 통칭)을 막론하고 12세 이하는 영영 노비로 만들고, 13세 이상은 그 일신에 한하여 고공(雇工 : 고용되어 있는 직공으로 당시의 '고공'은 일정한 보수를 지급하지만 노비와 동일한 역무를 시킴)으로 하였다. 『육전조례』「한성부 구활(救活)」.
118　관리의 근무성적을 평가한 후 그 벼슬을 올리거나 내리는 일.
119　집터를 지급하고 가옥 건축을 관리하는 것.
120　국왕이나 왕자·왕녀가 혼인할 때 배우자를 선택하는 것.
121　검시를 요하는 살인 사건이 발생한 경우 사인을 밝히기 위하여 시체를 조사하는 것.
122　원래는 '권세 있는 사람이 백성의 집을 함부로 빼앗아 들어감'이나 여기서는 '남의 집에 침입하는 것'을 의미한다.
123　고동환, 「조선 후기 한성부 행정편제의 변화 – 방·리·동계의 변동을 중심으로」, 『서울학 연구』 제11호, 서울학연구소, 1998, 41쪽.

또한 도성 안전을 위하여 조선 초기에는 십가작통+家作統의 방식이 있었다. 사례를 보면, 도성 내 화재방지를 위해 1438년(세종 20년) 10가를 1통으로 묶어 1통마다 급수통 5개와 불을 끄는데 사용되는 불채 5개를 비치하게 한 후, 화재가 발생한 경우, 다섯 집은 물을 긷고, 나머지 다섯 집은 불채를 가지고 불을 끄도록 하였다. 또한 1574년(선조 7년)에도 마찬가지로 10가를 1통으로 만들어 황당인荒唐人[124]을 잡도록 하였다. 이러한 십가일통의 사례는 대부분 금화, 범죄예방, 주민동태 감시 등 주민을 동원하고, 통제하는 것이었다.[125]

이와 함께 봄과 가을에는 한성부의 관리들이 병조 주관 하에 공조·오부의 관리들과 함께 궁궐과 도성 순찰을 위한 순심巡審에 참여하였다. 순심에는 병조의 당상관, 한성부의 당상관과 낭청, 공조의 당상관과 낭청, 사산참군, 오부의 관원 등이 참여하였다.[126] 이는 해당 지역에 대한 기본적인 순찰을 병조와 훈련도감·어영청·금위영의 삼군문三軍門이 담당한데 따른 것이다.

한편 한성부는 앞에서 쓴 데로 단순히 수도를 관할 지역으로 하는 일반 행정관청에 그친 것이 아니라 민사·형사재판과 입안立案[127]의 발급 등을 담당한 기관이기도 하였다. 이와 같은 사법기능은 다양하면서도 예외가 있었고, 시기에 따라 변화도 있었다. 즉 민사재판은 원칙적으로 전답과 가옥의 소송만 한성부에서 관할하도록 되어 있었다. 또한 산림소유권 등을 둘러싼 산송山訟, 채무와 각종 동산動産에 관한 소송 등 개인 간의 민사 분쟁에 대한 재판도 관장하였다. 이에 반해 노비소송은 한성부가 담당하지 않고 장예원에서 관장하였고, 전답과 가옥·노비 등에 대한 재판도 형조가 관할

---

124 국적 불명의 외국인.
125 고동환, 『조선시대 서울도시사』, 태학사, 2007, 305쪽.
126 『육전조례』「한성부」.
127 관아에서 어떠한 사실을 인증하는 문서.

하였다. 형사소송도 좀 더 복잡하다. 건국 직후에는 모든 형사 사건은 형조가 담당하였지만, 1413년(태종 13년)부터 한성부에서 형사 사건을 처리할 때 죄수를 수감하여, 칼과 쇠사슬과 같은 형구를 착용하게 하거나 고문을 가할 수 있게 되었다. 그리고 1427년(세종 9년)에는 당시 형조에서 맡고 있던 사망자 검시업무가 한성부로 이관되었다.[128]

2) 경관京官과 지방관地方官

한성부에는 경관京官인 한성부윤, 수원·광주廣州·개성·강화의 4유수留守와 지방관으로 8관찰사 하에 부윤府尹, 대도호부사大都護府使, 목사牧使, 도호부사都護府使, 군수郡守, 현령縣令, 현감縣監이 있었다. 관찰사 소재지에는 판관判官(평양은 서윤庶尹) 1인을 두고 있었다. 이들의 경찰 사무에 관해서는 '제1절 행정기관의 발전'에 있는 '지방 조직'의 관찰사와 수령守令 부분을 보길 바란다.

다만 지방관 중의 하나인 수령守令의 경찰사무는 주로 군교軍校 가운데 포교捕校인 토초제장討捕諸將과 사령使令·나졸癩卒 등 문졸門卒이 담당하였다. 일례로 목천현木川縣(오늘날 천안)의 읍지邑誌에 의하면, 현縣에 현감 1인, 군관軍官 30인, 사령使令 17인, 면면에 토포장討捕將 7인을 두었다.

3) 찰방察訪

찰방은 역참驛站을 관리하던 종6품 외관직으로, 역민의 관리, 역마 보급, 사신 접대 등을 총괄하였고, 북방지역에서는 부방赴防의 임무도 수행하였다.

조선 초기에는 역승驛丞과 정역찰방程驛察訪이 함께 설치되었다. 정역찰방은 1402년(태종 2년) 경기지방의 역로를 감찰하려고 파견된 것이다.

---

128 서울특별시 시사편찬위원회, 『서울 2천년사 14 : 조선시대 한성부의 역할』, 2013, 283~285쪽.

1433년(세종 15년) 이전까지도 전라·경상도를 제외한 전국의 각 도에 1, 2 인이 파견되었다. 정역찰방의 임무가 역승의 잘잘못을 규찰하거나 주군州郡 수령의 탐학과 민간의 고통을 살펴 엄히 다스리는 것이라고 한 사실을 감 안하면, 정역찰방이 곧 찰방의 전신前身으로 추측된다.

1457년(세조 3년) 7월 최초로 전국의 역승을 혁파하고, 찰방으로 대체하 였다. 이러한 조처는 조정에서 서리거관자書吏去官者로 임명된 역승이 사사 로이 이익을 도모하고, 민폐를 끼칠 뿐만 아니라, 역승의 관품이 낮아 사신 왕래자의 작폐가 심하다고 거론되었기 때문이다. 또한 1462년(세조 8년) 1 월 찰방이 관할하는 역이 많으므로, 찰방도察訪道에 역승 1인을 더 설치하 자는 논의에 따라 역로를 크게 개편하였다. 이에 따라 같은 해 8월 충청· 전라도에 찰방과 역승 각 3인을, 경상도에 찰방과 역승 각 5인을, 강원도에 각 2인을, 황해도에 찰방만 2인을 두게 되었다. 그 후 『경국대전』에는 경 기·충청·전라도에 찰방 각 3인, 경상도에 찰방 5인과 역승 6인, 강원도에 찰방 2인, 황해도에 찰방 2인과 역승 1인, 영안도(함경도)에 찰방 3인, 평안 도에 찰방 2인으로 정해짐으로써 법제화되었다. 1535년(중종 30년)에는 역 승이 완전히 폐지되고, 찰방체제로 전환되었다. 또한 『속대전』에서는 이미 역승을 혁파해 찰방으로 대치했으므로, 찰방 수가 크게 늘어나 경기도에 6 인, 충청도에 5인, 경상도에 11인, 전라도에 6인, 황해도에 3인, 강원도에 4 인, 평안도에 2인이 배치되었고, 『대전회통』에서도 그 수가 변함이 없었다.

찰방은 역리驛吏를 포함한 역민의 관리, 역마 보급, 사신 접대 등을 총괄 하는 역정驛政의 최고책임자였다. 또한 북방지역에서는 유사시 합배合排[129] 를 순행하면서, 부방赴防의 임무도 수행하였다. 또한 행정면에서는 대간臺諫 이나 정랑직正郎職에 있는 명망 있는 문신을 차출해 찰방으로 발령하여, 수

---

129 함경·평안도 연안에 설치한 군사적 성격의 역촌.

령의 탐학과 민간의 질병까지도 상세히 고찰하게 함으로써 민생 안정에도 크게 기여하였다.

그러나 역리는 심한 차별대우를 받으면서, 직역과 함께 거주지에 얽매여 있었다. 역촌은 독립된 구획으로 존재하면서 역사驛舍·관우館宇 등의 시설과 역장·역리·역민·역노비 등이 있었다. 이들은 조선 후기까지 동족부락을 형성하여 거주했는데, 이곳은 천민의 대표적인 거주지이기도 하였다.[130]

---

130 이존희, 「조선 전기 지방행정제도의 정비」, 『한국사 7 : 중세사회의 성립 1』, 한길사, 1994, 155쪽.

| 해유 문서解由 文書 |

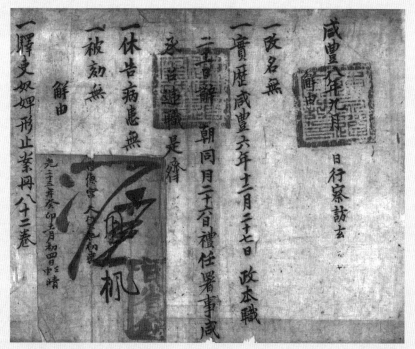

〈사진 7〉 **해유 문서**(1858년, 34cm×29cm)

원문

咸豊八年九月 日, 行察訪玄(着名)

一, 改名無.

一, 實歷, 咸豊六年十二月二十七日政本職,

二十一日辭＿朝, 同月二十六日禮任署事, 咸

承 召遞職是齊.

一, 休告病患無.

一, 被劾無.

　　　解由

一, 驛吏奴婢形止案冊八十二卷.

昌德宮大行王妃初喪

〔道〕光二十三年癸卯十一月初四日壬申晴

憑, 楓.

번역

함풍(咸豊) 8년(1858) 9월 일 행찰방(行察訪) 현(玄)(착명)

하나, 개명(改名) 없음.

하나. 실제 역임(歷任), 함풍 6년(1856) 12월 27일 정사(政事)로[1] 본직(本職)에 제수되고, 21일에 사조(辭朝)[2]하고, 같은 달 26일에 예임서사(禮任署事)[3]가 되었으니, 모두 승소(承召)[4]를 받아 체직(遞職)[5]하였다.[6]

하나, 휴고(休告)와 병환(病患) 없음.

하나, 탄핵을 받은 일은 없음.

　　　해유(解由)

하나, 역리노비형지안책(驛吏奴婢形止案冊) 82권.[7]

창덕궁(昌德宮) 대행왕비(大行王妃) 초상(初喪)

1　임명에 의하여.
2　관직에 새로 임명된 관원이 부임하기에 앞서 임금에게 하직함.
3　『경국대전』「禮典」의 규정에 따라 임시직을 맡김.
4　임금의 부름을 받음.
5　원래 있던 관직에서 다른 관직으로 바뀜.
6　날자 순이 안 맞으며, 이는 문서를 작성할 때 오류가 발생한 것으로 추정된다.
7　다음에 나오는 목록으로 뒷부분이 남아 있지 않다.

도광(道光) 23년(1843) 계묘 11월 초4일 임신 맑음(晴)

증험함, 풍(楓).

해제

행찰방(行察訪) 현(玄)이 보낸 해유문서(解由文書)이다. 해유문서란 조선시대 관원이 해임될 때 작성하는 인수인계문서이다. 이 문서는 전체의 문서 중에 일부분만이 남아 있다. 그리고 이 문서에 붙어 있는 소첩지는 이 문서의 내용과는 관계가 없이 나중에 붙여진 것이다.

제2장

경찰활동의 발전

1. 순라^{巡邏}와 방도^{防盜}

1) 도성 순라

(1) 임진왜란 이전

『태종실록』 원년(1401년)에 순찰과 관련된 순군장^{巡軍將}인 백호^{百戶} · 영사^{令史} · 나장^{螺匠}(후에 나장^{羅將}) 등 직명이 나오며, 나장과 도부외^{都府外}를 포함한 총 1,500여 인이 순작^{巡綽} · 포도^{捕盜} · 금난^{禁亂}을 하였다는 내용이 있다.

또한 1413년(태종 13년) 의용순금시^{義勇巡禁司}가 설치되었을 때는 대호군^{大護軍}, 감순총제^{監巡摠制} · 순관^{巡官}이라는 순라에 종사했을 직명도 보인다. 순찰 사례는 "각 경更[1]에 순관^{巡官}들이 종래의 면전지법^{面傳之法}을 써 왔는데, 당시 국가가 승평^{昇平}하니 걱정할 바가 없으나, 만일의 사변을 대비하여 이를 개량^{改良}해서 감순총제^{監巡摠制}와 각 경更의 순관^{巡官}은 다 같이 행랑^{行廊}에 직숙^{直宿}하여, 초경^{初更}[2]순관과 이경^{二更}[3]순관이 면전^{面傳}하고, 이러한 방식으로 오경^{五更}에 이르며, 평상시에 감순총제가 그 궐부^{闕不}를 조사한 후 파罷하

---

1   경(更)은 일몰부터 일출까지 하룻밤을 다섯으로 나누어 부르는 시간의 이름으로, 밤 7시부터 시작하여 두 시간씩 나누어 각각 초경, 이경, 삼경, 사경, 오경이라고 한다.

2   19시에서 21시 사이.

3   21시에서 23시 사이.

고, 다시 병조가 규리糾理하는 제도를 쓰면 좋겠다"는 순군사대호군의 최관崔關이 올린 상소를 통해 알 수 있다.

그 후 1425년(세종 7년) 의금부의 당시 임무는 삼경순작三更巡綽, 주순晝巡, 금란禁亂 및 교하수인추각敎下囚人推刻으로 하고 있었다. 병력은 백호百戶 80인, 영사令史 40인, 나장螺將 100인, 도부외都府外 1,000인이며, 도부외都府外 1,000인을 삼번三番으로 나누어 10일씩 교대 근무를 하였다.[4] 이어 1439년(세종 21년)에는 도성 내외의 검찰檢察을 한성부와 같이 맡고, 산야유벽처山野幽僻處에는 군사를 출동시켜 삼군진무三軍鎭撫와 공동으로 순행하여, 수포搜捕케 하도록 확대되었다.[5]

또한 1452년(문종 2년) 6월 상소와 국왕의 재가에 의하여, 경첨법更籤法(목패법木牌法)이 시행되었다. 상소의 내용은, 종래 경복궁의 성외城外에서는 초경순작初更巡綽 후 각 경更에 탁鐸(목탁)만 흔들고, 순작을 하지 않는 결점이 많아, 병조가 의정부를 통하여, 앞으로 각 경마다 순작하고, 광화문·연춘문·영추문迎秋門·북성문北城門에 경첨更籤[6]을 두면, 순작관이 이를 거두어 병조에 바쳐 점검하도록 하는 것이었다.

1452년 강원도와 황해도에서 역병으로 인해 주민이 많이 떠나자, 부득이 이 지방의 도외부가 축소되면서 소속 병력 950인 중 강원도 70인과 황해도 258인이 감소되어 주병력이 약화되었다. 또한 종래 형조나 삼군에서 맡고 있던 사법경찰과 행순行巡을 순군만호부(후에 의금부)가 중복하여 맡고 있다는 반대론이 일자, 같은 해 12월 의금부의 순라 임무가 위령衛領으로 이관되었다. 이후 1485년(성종 16년)에 발간된 『경국대전』에는 의금부는 반역 사건 등을 담당하는 국왕 직속 특별기관으로 변하여, 순작·포도·

---

4   『세종실록(世宗實錄)』 7년 9월.
5   『세종실록(世宗實錄)』 21년 5월.
6   나무로 만든 것으로 시간, 경수소, 문의 표시가 있다.

금란의 활동은 보이지 않는다. 이에 따라 원래 개국 초부터 중군中軍이 왕궁을 윤번시위輪番侍衛하고, 좌·우군이 서대문을 분할경순分轄更巡하여 윤번입직輪番入直을 하던 군부의 삼군진무소三軍鎭撫所가 도성 내외의 순라권까지 갖게 되었다.

그러나 순라업무가 오위五衛로 넘어간 후 1453년(단종 원년) 감순절제사監巡節制使, 순작관巡綽官, 포도군사捕盜軍士라는 관직명이 나온다. 또한 병조兵曹가 의정부에 올린 계啓에서 "종래 구법에서 당직 당상관이 불시에 낭관郎官과 진무鎭撫를 보내어 도적을 잡게 하였는데, 그 군사들이 무리를 이루며 순행巡行하는 고로, 도적이 이를 멀리 보고 망을 보다가 숨어 잡을 길이 없고, 도적은 도성 내외를 마음대로 다니니, 지금부터 감순절제사監巡節制使는 경첨更籤을 포도군사에게 나누어 주고, 순작관을 보내서 경첨更籤을 거두어, 병조兵曹에 바쳐 검찰檢察에 증거가 되게 하며, 병조에서는 낭관郎官과 진무鎭撫에게 적간摘奸[7] 케 하자 하여 재가裁可를 받았다"는 것을 보면, 종래 의금부가 맡던 순작과 포도 등 실무는 병조가 총관總管하고, 책임은 감순절제사監巡節制使가 맡고 있던 것으로 보인다.

그 후 순라제도는 『경국대전經國大典』을 참조할 때 다음과 같다.

오궁五宮[8] 안은 오위五衛의 위장衛將 또는 부장部將이 군사 10인을 데리고 경更을 나누어 순행行巡하고, 무사여부를 국왕에게 직접 보고하였다. 도성 내외는 병조에서 유청군有廳軍[9]과 외위五衛의 각 위 일부를 동원하여 2개소로 나누어 순찰하였다. 왕궁 대문 밖의 외랑外廊에서는 오위의 상호군上護軍·대호군大護軍·호군護軍 중 1인이 정병正兵 5인을 데리고, 각각 숙직宿直하였다. 광화문 숙직의 호군은 병조에서 탁약柝鑰과 군호軍號를 받아, 인정人

---

7 죄상이 있는지 없는지를 밝히기 위하여 캐어 살피는 것.

8 경복궁, 창덕궁, 창경궁, 경희궁, 덕수궁.

9 충의부(忠義衛), 충찬위(忠贊衛), 족친위(族親衛), 내금위(內禁衛).

定10이후 정병 2인으로 하여금 탁탁鐸을 사용하면서 궁성을 돌고, 그 다음 경수소警守所나 궁문에 탁탁鐸을 전달하고, 이것을 다시 순라 군사에게 전달하여, 04시五更까지 쉬지 않고 계속하였다.

또한 순관巡官[11]은 매경每更 궁성을 돌면서 경수소와 궁문에서 순청巡廳이 전달한 경첨更籤을 회수하여, 아침에 병조에 바쳤다. 순장巡將[12]은 가끔 친히 근무 상태를 확인하였다. 도성 내외의 경수소에는 정병 2인이 궁弓·검劍·장杖 등으로 무장한 가운데 주민 5인을 데리고, 경첨更籤을 갖고 숙직하였다. 산곡경수소山谷警守所에는 정병 5인이 숙직하였고, 이들은 불시에 근무를 감독하기 위해 방문한 순장巡將에게 경첨更籤을 제출하였다.

(2) 임진왜란 이후

임진왜란 이후 중앙 군영이 도성을 수비하는 체제로 전환되었다. 1682년(숙종 8년) 금위영禁衛營이라는 새로운 군영이 창설됨으로써, 훈련도감訓鍊都監·금위영禁衛營·어영청御營廳·총융청摠戎廳이 통합되어, 5군영체제가 완성되었다. 1746년(영조 22년)에 이르러 그동안 궁성의 호위扈衛에 참여해 온 총융청이 한성 외곽의 방위를 책임지게 됨으로써, 5군영은 도성을 직접 방어하는 훈련도감訓鍊都監·금위영禁衛營·어영청御營廳의 삼군문三軍門과 도성 외곽을 방위하는 총융청·수어청으로 구분되었다.[13] 궁궐 안에는 위장衛將과 부장部將이 각각 군사 5인을 거느리고, 경更을 나누어 순행하였다. 병조와 도총부의 순번 낭관은 밤마다 순행을 검찰하고, 대문의 잠금 상태를 점검하였다. 궁성 밖에는 훈련도감·금위영·어영청에서 각 영의 순번 초관 1

---

10 22시경, 2경(更).
11 각 군의 영관(領官) 또는 호군 이상의 장관(將官).
12 좌·우 순청의 장(長).
13 오종록, 「조선 후기 수도방위체제에 대한 일고찰 – 오위영의 삼수병제와 수성전」, 『사총』 제33권, 고려대 역사연구소, 1988, 30쪽.

인과 군사 20인이 경更을 나누어 순행하였다.[14]

자세한 순라 방식은 다음과 같다.

오궁五宮 내는 전과 다름없이 오위장五衛將과 부장部將이 각각 군사 5인을 데리고 순라하였다. 위장衛將이 초경初更에 명례문明禮門에서 통화문通化門까지 관장하는 동소東所를 맡으면, 부장部將은 서소西所를 맡았다. 2경更에 부장이 남소南所를 맡으면, 위장衛將이 북소北所를 순라하는 식으로 윤회輪回하였다. 또한 병조 입직 낭관兵曹 入直 郞官은 건양문建陽門 서쪽을 밤새도록 순검하였고, 오위도총부五衛都摠府의 낭관郞官은 건양문建陽門 서쪽을 순검하였다.

도성 내외는 훈련도감, 금위영禁衛營, 어영청御營廳의 삼군이 3일에 한 번씩 교대로 순라하였다. 훈련도감은 초일(인寅·신申·기己·해일亥日), 금위영은 중일(자子·우午·묘卯·유일酉日), 어영청은 종일(진辰·술戌·축丑·미일未日)에 각각 순라하였다. 인원은 훈련도감이 패장 8인과 군사 80인, 금위영이 패장 8인과 군사 78인, 어영청이 패장 8인과 군사 64인이었다. 또한 순라 자내는 훈련도감이 돈의문·숭례문·흥인문을 기점으로 주로 성 외곽을, 금위영이 흥인문과 돈의문을 중심으로 성곽 외부와 한강유역을, 어영청이 오간수문과 흥인문과 숭례문을 기점으로 한 성곽 외부였다.[15] 이 가운데 훈련도감의 순라 사례를 보면, 당번 일에 도감군을 인솔하는 도감장관은 기밀유지를 위하여 훈련도감에서 장관將官의 명단을 올려, 국왕의 수점受點을 받아 임명되었다. 그리고 병조로부터 매일 새로이 입직 당상관이 정한 군호軍號[16]를 받아, 휘하로 하여금 순라시 만난 통행인들에게 이를 확인하였는데, 군호를 물어 대답하지 못하면 야범인夜犯人으로 체포하였다. 군호는 대체로 두

---

14 차인배, 「조선 후기 포도청의 치안활동의 특성 연구 – 공간배치와 기찰구역을 중심으로」, 『사학연구』 제100호, 한국사학회, 2010, 626~627쪽.

15 앞의 논문, 626~627쪽.

16 언적(言的)이라고도 한다.

글자로 작성되었는데, 성패成敗 · 흥망興亡 등과 같은 불길한 글자는 사용하지 못하도록 하였다.[17] 이와는 별도로 좌우포도청이 16구역 8패로 순라하였다. 단지 차이점은 포도청이 8패 순라를 매일 한 것에 반해, 삼군문은 앞에 쓴 데로 날을 나누어 돌아가면서 담당한 것이다.

2) 지방 순라

각 지방관이 주야를 불문하고, 자체 순라에 대한 책임을 졌을 것이다. 그러나 조직과 방법은 지방의 규모와 시기에 따라 달랐을 것이다. 개성이나 수원 및 각 관찰사 소재지 등 대읍大邑은 예하 군관과 군사를 시켜 주야간 순라를 상당한 규모로 분경分更하여, 자내字內[18]를 나누어, 중앙의 예에 따라 했을 것이다.

「목민대방牧民大方」은 "수령守令은 마땅히 순라절목巡邏節目을 마련하여, 성내城內 각리各里를 패장 및 순군巡軍 수인을 정하여 번番을 나누어 경야警夜하고, 관부官府와 창고를 순호巡護하며, 읍내邑內도 기찰하여 비상에 대對하고, 화금火禁을 경계시켜 매경每更에 무사 여부를 수령 문門지기에게 알리면, 문지기는 북을 쳐서 이에 응하되, 북은 경수更數에 맞추어 치게 할지어다"라고 나와 있다.

한편 촌리村里에 있어서는 "외부의 창고와 촌리는 따로 수직법守直法을 정定하라"고 되어 있어, 실정에 맞게 향약鄕約 등에 따라 행해졌을 것으로 보인다.

3) 통행금지 제도

한성에서는 통금 시작을 인정人定이라 하여, 그 신호를 종로대종鐘路大鐘

---

17 김종수, 『조선 후기 중앙군제 연구 - 훈련도감의 설립과 사회변동』, 혜안, 2003, 242~243쪽.

18 원래 도성 안을 각 영(各營)에서 분장(分掌)하여 경호나 순라 등 임무를 수행하는 구획을 의미한다.

을 28번 쳐서 알렸다. 해제는 파루罷漏라고 하여, 다시 종을 33번 쳐서 주민에게 알렸다.

이 시간 내에 긴급한 공무라든지, 질병·사망·출산 등 부득이한 일이 있어 출행해야 할 사람은, 인근 경수소警守所나 순관巡官에게 직접 신고하면, 근무자가 목적지까지 안내하였다. 그러나 야간통행금지를 위반한 자는 경수소警守所에 가두고, 다음 날 그 구역을 관할하는 영에서 곤장형을 집행하였다. 이 때 1경과 5경에 위반한 자는 태笞 30의 형에, 2·3·4경에 위반한 자는 태 50의 형에 처하되 지방의 성城·진鎭에 거하는 자는 각각 1등식을 감하였다. 또한 액정서掖庭署[19]의 하례들이 홍색 옷을 입지 아니하고 야간통행을 위반한 자도 바로 곤장형을 집행하였다. 다만 위반자가 3품 이하의 관官은 바로 가두고, 당상관이나 사헌부司憲府·사간원司諫院 관원이면 그 종자從者를 가두었다. 그리고 비어있는 궁궐을 야간에 침입한 자는 장杖 1백·도徒[20] 3년의 형에 처하였다. 이들은 한성 외의 경우 경수소에 가두었다가 새벽에 순장에게 보고하였다. 다음날 병조에서는 허위신고를 하고 통행한 자나 뇌물을 받고 석방시킨 자는 모두 군률軍律로써 처벌하였다. 특히 근무자가 야간통행 위반자를 체포하지 않거나 위반자를 구타하여 재물을 탈취한 경우 장 1백의 형에, 절상折傷 이상에 이르게 한 경우 교형絞刑에, 사망하게 한 경우는 참형斬刑에 처하였다.[21]

한편 물금첩勿禁帖은 관아에서 금지한 일을 하도록 허가하여 준 것을 기록한 문서이다. 여러 종류 가운데 비변사備邊司에서 매 식년마다 공무상 야간통행이 필요한 관리를 위하여 발급한 것이 있다. 신청서에는 사전에 삼

---

19 내시부에 부설되어 왕명 전달, 궁궐 열쇠 보관, 대궐 정원 관리, 국왕이 쓰는 붓·벼루·먹 등의 조달을 담당한 관청.
20 5형(五刑) 중 하나로 도형(徒刑)이라고도 한다. 복역 기간은 1년에서 3년 사이로, 이것을 다시 5등급으로 나누어 국가가 정한 장소에서 중노동을 하는 형벌이었다.
21 『전률통보(典律通補)』「병전兵典 (행순行巡)」.

군문과 좌·포도청의 수결手決을 요하고, 좌·우순청이라고 쓰기만 하면 되었다. 만일 분실한 경우 장杖 50의 벌을 받았다.

4) 경수소警守所(복처伏處)

경수소警守所(복처伏處)는 한성부 치안업무를 담당한 처소이다. 이 처소가 언제 만들어졌는지 확실하게 알 수 없으나 세종 대 이전에 설치되었다. 15세기 전반에는 자연적인 재해의 영향에 의해 유리민들이 주로 도적으로 전화轉化한 경우가 많았다. 그러나 15세기 후반에는 사회경제적 모순으로 인해 도적의 활동이 더욱 활발해졌다. 유통경제가 발달함에 따라 한성으로 다양한 물산이 모이게 되자 한성 주변의 양주, 광주, 지평(양평의 옛 이름), 과천, 금천 등지에 많은 도적이 몰려들어 사회문제를 일으켰다. 한성의 경우 도심에 대한 각종 재정비정책으로 인해 인구의 유동이 심한 상태에 있었고, 도성 외곽지역의 경우도 농촌에서 이탈한 인구와 한성에서 밀려난 계층의 유입으로, 이런 경향은 더욱 심했다. 이로 인해 조정에서는 한성의 가로街路에 다수의 경수소를 두어, 방범을 담당하게 하였다. 1456년(세조 2년) 5월 한성 내외에 경수소 106개가 설치되었다.[22]

설치된 장소는 종宗·사社·묘廟·궁宮 등 중요한 곳과 각 궁방宮房, 전곡아문錢穀衙門과 가로街路에 위치하였다. 여기에 각각 2명의 수직守直이 담당하였으며, 이들을 좌경군坐更軍이라 한다. 좌경坐更은 하룻밤을 오경五更으로 나눈 일정한 장소에서 숙직을 하면서, 도둑과 화재를 예방하는 것을 말한다. 좌경군들은 민간에서 징발하였고, 홀로 사는 여자 이외에는 비록 종신宗臣이라 하더라도 정1품 경재卿宰·보국輔國·판서判書 이하는 모두 일률적으로, 가좌家座의 차제次第에 따라 순차적으로 응하도록 되어 있었다. 처

---

22 노영구, 「조선 전기 한성의 정비와 이문의 설치」, 『서울학 연구』 제11호, 서울학연구소, 1998, 24~25쪽.

음에는 다섯 집이 한 조가 되어 서로 교대하면서 숙직을 하였으나, 1493년 (성종 24년)부터 열 집을 하나의 통統으로 묶고, 하나의 통에서 두 집이 일경 一更을 숙직하였다. 좌경장소는 중부의 경우 승문원承文院·어의궁於義宮 앞 문과 뒷문·전옥서·의금부·호조 대문 등 13개소, 동부의 경우 종묘 대문· 동관왕묘 등 7개소, 서부의 경우 사직서·내수사·선혜청 대문 등 20개소, 남부의 경우 서소문 대문·균역청 대문 등 14개소, 북부의 경우 경우궁·문 희묘 대문과 후문·선희궁 대문 등 13개소였다.[23]

또한 성외 산곡 등에 있는 경수소에는 대체로 정병正兵이 숙직하였다. 성 내 궐항闕巷에는 방리인이 숙직하였으며, 이들 방리인 중에는 건강한 장정 이 아닌 노약자가 숙직하여, 도적을 만나도 추포追捕하지 못하고, 오히려 피 해를 입는 일이 많았다. 따라서 1462년(세조 8년) 6월부터 갑사甲士·별시위 別侍衛·별병別兵·기병·보병 등을 동원하여, 매 경수소마다 2인을 배치하여, 방리인과 함께 숙직케 하였고, 이들은 3일마다 교대되었다.[24]

5) 이문里門

이문은 동구洞口에 설치하여 동리인洞里人이 번갈아 숙직한 곳으로, 한성 부의 관원이 감독하였다. 1466년(세조 12년) 도성의 이문이 설치되었고, 당 시 도성 내 방범 상황을 상당히 개선시킨 성과가 있었다. 이는 도성의 안팎 에서 횡행하던 도적의 무리가 이문이 설치된 이후 한성에서 벗어난 외곽의 군현이나 도성으로 들어오는 주요 간선도로변으로 이동한 것에서 잘 알 수 있다. 그 후 1489년(성종 20년) 각 방坊과 이里에 10가를 1통으로 만들어 돌 아가면서, 이문里門을 지키도록 개선되었다.[25]

23 서울특별시 시사편찬위원회, 『서울 2천년사 14, 조선시대 한성부의 역할』, 2013, 320쪽.
24 원영환, 조선시대 한성부연구 – 행정·치안·방위를 중심으로, 성균관대 박사논문(사학과), 1985, 88쪽.
25 고동환, 『조선시대 서울도시사』, 태학사, 2007, 305쪽.

형태에 대해서는 현재 정확히 파악할 수 있는 자료는 없다. 다만 너비에 관해서는 추측이 가능하다. 이문里門으로 진입하는 길은 아마 당시 소로小路 정도의 규격으로 개설되어 있던 것으로 보아, 이문의 너비는 그 정도로 예상된다. 그리고 이문에는 직숙인들이 직숙을 하는 자그마한 방이 붙어 있었던 것으로 보인다. 1466년(세조 12년) 이문 안에 10호 이하는 2인이, 20호 이하는 3인이, 30호 이하는 4인이, 그 이상이면 5인이 차례로 돌아가며 직숙하도록 상소한 기록과 당시 한성의 호수를 대체로 2만호 전후로 파악되고 있는 점을 감안할 때, 약 500여 개의 이문里門가 있었을 것으로 추정할 수 있다.[26]

2. 형사활동[27]

조선은 건국 직후 일반형법으로 「대명률大明律」을 포괄적으로 계수하였다. 성종 대에는 통일법전인 「경국대전經國大典」을 제정함으로써 고려에 비해 완비된 형사사법체계를 이루었다. 이에 따라 중앙의 의금부, 형조, 한성부 등을 비롯하여 각 지방의 관찰사, 수령 등에 이르기까지 각 행정·사법·군사기구 등의 조직과 권한 등에 관한 규정이 갖추어졌다.

1) 형사법규

조선시대의 형사 법규는 「대명률」을 일반법으로 하고, 「경국대전」과 이후 편찬된 법전의 법규를 특별법으로 하여 구성되었다. 「대명률」은 사회적 신분과 가족 간의 위계서열에 따라 형량의 차이가 인정되었다. 즉 「대명률」에는 동일한 범죄행위라 하더라도, 범죄자와 범죄 대상의 관계가 어떠

---

26 노영구, 「조선 전기 한성의 정비와 이문의 설치」, 『서울학 연구』 제11호, 서울학연구소, 1998, 22~23쪽.

27 『전률통보(典律通補)』 「형전」, 심재우의 『조선 후기 국가권력과 범죄 통제 : '심리록' 연구』(태학사, 2009)의 「제1장 조선시대 처벌 체계와 사건의 처리 절차」와 조지만의 『조선시대의 형사법 ─ 대명률과 국전』(경인문화사, 2007)을 참조하였다. 필요한 경우 개별적으로 출처를 밝혔다.

한가에 따라, 범죄의 형량 규정에 상당한 차이를 보이고 있었다. 또한 관리의 민民에 대한 남형濫刑은 민의 관리 침해행위에 비해 비교적 관대하게 처벌한 것도 형법 속에 반영되어 있는 관존민비의 가치체계를 보여준다.

「대명률」속에 규정된 '십악十惡'28과 '팔의八議'29는 앞에서 기술한 형법의 신분형법적 특징과 함께 형법전 내부에 깊숙이 침투한 삼강오륜으로 대표되는 유교적 덕목을 잘 보여준다. 십악 속에 국왕권에 도전하는 중대한 반역 행위와 함께 가족 및 사회윤리의 침해 행위가 포함되어 있다는 점은 삼강오륜을 중시하는 유교적 이념이 형법전에 반영되어 있음을 의미한다. 또한 왕족, 외척, 공신, 당상관 이상 고급관료 등이 팔의에 해당했다. 이들은 범죄 행위를 하더라도 그 범죄에 해당하는 형법으로 처벌받지 않고, 죄를 경감 받을 수 있는 등 형법상의 여러 특권을 부여받았다. 이러한 점들은 형사법에 강한 유교·윤리적 성격과 신분형법적 특징을 집약적으로 보여준다.

2) 형사처벌

처벌은 「대명률」에 규정한 이른바 '오형五刑'으로 표준화되어 나타난다. 오형이란 태형笞刑, 장형杖刑, 도형徒刑, 유형流刑, 사형死刑이라는 다섯 가지 유형의 처벌을 말한다.

태형은 비교적 가벼운 죄를 범한 자에게 집행하는 신체형이다. '태笞'라는 형장으로 볼기를 치는 처벌로, 죄의 경중에 따라 10대에서 50대까지 치도록 되어 있었다. 장형은 태형과 동일한 신체형으로, 태보다 약간 굵은 '장

---

28 의친(議親), 의고(議故 : 왕실의 오랜 친구로서 특별히 은대를 입은 자), 의공(議功), 의현(議賢), 의능(議能 : 재지와 학식이 높은 자), 의근(議勤 : 큰 공로가 있는 자), 의귀(議貴 : 문무직사관 3품 이상 및 산관 2품 이상인 자), 의빈(議賓 : 전대 군왕의 자손으로 선대의 봉사를 받는 자)을 말한다.

29 모반(謀反), 모대역(謨大逆), 모반(謀叛), 악역(惡逆), 부도(不道), 대불경(大不敬), 불효(不孝), 불목(不睦), 불의(不義), 내란(內亂)이라는 10가지 범죄를 말한다.

杖'으로 60대부터 100대까지 치도록 규정되어 있었다. 도형은 장형을 집행한 후 1년에서 3년까지 일정 지역에서 노역에 종사하도록 하는 처벌이다. 죄질에 따라 장육십杖六十 도일년徒一年에서 장일백杖一百 도삼년徒三年까지 다섯 등급으로 나누었다. 유형流刑은 무거운 죄를 지은 중죄인의 처벌로, 사형 바로 아래의 형벌이다. '귀양'이라는 용어로 잘 알려진 것으로, 생활 근거지로부터 격리되어 죽을 때까지 유배생활을 해야 하는 종신형으로써, 장일백의 신체형이 함께 부과되었다. 그리고 사형은 집행 방법에 따라 목을 매는 교형絞刑과 목을 베는 참형斬刑 두 가지로 나뉘며, 공개적으로 집행되었다. 집행 방법은 능지처사陵遲處死, 효시梟示 등이 있었다. 능지처사는 수레에 몸을 결박하여 팔다리와 목을 찢어 죽이는 거열車裂로 대신했다. 효시는 효수梟首라고도 한다. 효시는 베어낸 머리를 성문에 매달거나 장대에 꽂아 걸어두는 것으로, 군법軍法에서 집행하는 사형 방식이었다. 다만 사약은 법전에 등장하는 사형 집행 방법은 아니다. 왕이 내린 약이라는 뜻으로, 숙종 대 송시열을 비롯하여 정국 변동 과정에서, 사약을 받은 자들이 종종 있었다.

한편 90세 이상 7세 이하는 비록 사죄死罪을 범하였더라도 형벌을 가하지 않았다. 그럼에도 모반대역죄인 경우 90세 이상은 처벌하였다. 또한 팔의인八議人, 15세 이상 70세 이하의 대상자, 폐질자 등으로 고신이 불합리한 경우, 증언에 의거하여 죄를 결정하였다.[30]

3) 형사범죄
(1) 살인
① 개념

살인죄는 「대명률」에 대체로 모살謀殺, 고살故殺, 투구살鬪毆殺, 희살戱殺,

---

30   불합고신 거중증정죄(不合拷訊 據衆證定罪), 『전률통보(典律通補)』 「형전(용순)」.

오실誤殺, 과실살過失殺로 구분하고 있다. 사람을 모살하거나 고살한 자는 참형에 처하도록 했고, 싸우다가 사람을 구타하여 죽인 투구살의 경우도 흉기를 사용했는지 여부에 관계없이, 모두 교형에 처했다.

특히 '위핍치사威逼致死'에 관한 규정은 오늘날과 구별되는 독특한 조항이다. 이것은 살인과는 관련이 없는 행위에 대한 규정으로, 자살한 피해자에게 자살의 원인을 제공한 자를 처벌하는 것이다. 사례로 간음(姦淫)이나 도둑질이 원인이 되어 피해자의 자살을 유발하게 한 자는 극형에 처하도록 하였다.

② 살인 사건의 처리 절차

세종 대에 살인 사건이 발생하였을 때 검시 절차를 상세히 규정한 법의학서인 『무원록無冤錄』의 주석본을 반포하고, 세 차례에 거쳐 반복 심리하는 삼복三覆제도를 정비하였다. 이 때 살인 사건 처리방법의 기본 골격이 마련되었고, 성종 대까지 삼복은 비교적 철저히 준수되었으며, 종합법전인 「경국대전」에 수록되었다.

숙종 대에 와서도 삼복을 행하는 시기를 추분 이후로 고정하는 등 삼복의 규정과 절차가 잘 준수되었다. 1682년(숙종 8년)에는 삼복 및 사형 집행기간을 명확히 설정한 법규가 마련되었다. 즉 '계복은 추분 후에 승정원에서 계문하고, 9월과 10월 사이에 일자를 선정하여 거행하되, 사형 집행은 반드시 계동을 기다려서 한다. 계복한 다음부터 입춘 이전에 만약 추가로 적발된 죄인이 있으면, 수시로 보고하여 추가로 삼복을 거행한다'는 규정이 그것이다.

이후 영조 대에는 11월과 12월에 거의 빠지지 않고, 삼복을 시행하였다. 영조는 삼복을 '절목節目'에 비유할 만큼 삼복 과정을 매우 중시하였다.

정조 역시 사형 죄수들에 대한 심리에 매우 큰 관심을 표명했고, 당시 사형 대상 범죄인에 대해 세밀하고도 주의 깊은 검시와 심리가 이루어졌다. 다만 정조가 사형 죄수를 심리하는 방식이 이전 국왕과 차이가 있었다. 그것은 사형 죄수 심리를 연말에 몰아서 하는 삼복 방식을 생략하고, 필요한 경우 수시로 옥안을 모아서 사건 심리를 진행했다는 것이다. 정조는 거의 매달 사건 심리를 진행하여 판부를 내림으로써, 사건에 대한 수사·재수사·심리 과정이 좀 더 빨리 진행될 수 있도록 하였다.

특히 1784년(정조 8년) 상세한 검시 관련 지침인 「경옥검험사목京獄檢驗事目」이 새로이 마련되었다. 그 내용을 바탕으로 당시 살인 사건의 검시 및 심리 절차를 살펴보면 다음과 같다.

우선 살인 등 변사 사건이 발생하여 관에 신고가 들어오면, 사망 장소의 관할관은 아전들을 대동하여 검험 절차를 주관하였다. 검관이 아전들과 함께 시체가 있는 곳에 도착하여, 제일 먼저 응문각인으로부터 진술을 받는 것을 '초초初招'라고 한다. 검관이 관련자들로부터 공초를 받은 후에는 사망자의 사망 원인을 밝히기 위한 검시가 이루어졌다. 이 검시 과정에는 앞서 이야기했듯이 『무원록』을 활용했다. 『무원록』에 의해 수령은 사망 원인 즉 실인實因을 판정해야 했다. 당시 검시에는 여러 가지 검시용 자료가 활용되었다. 이를 응용법물應用法物이라 하며, 그것은 술·지게미[31]·초초醋·소금·초椒·파·매실·감초·토분·망치·탕수기·목탄·백반·백지·솜·거적자리·닭·가는 노끈·재·분기와 상처를 재는 관척·독살을 판정하는 데 사용되는 은비녀 등이었다. 수령은 이들을 지휘하여, 자살과 타살 여부를 비롯하여 익사, 구타사, 중독사, 병사, 동사, 아사 등 여러 사망의 원인을 밝혀내야 했고, 검시 결과를 시장屍帳에 기록하였다. 검관은 검시가 끝난 후에 다시

31　재강에 물을 타서 모주를 짜내고 남은 찌꺼기.

한 번 응문각인에게서 공초를 받아야 했으며, 이를 '갱초更招'라고 하였다.

그 과정에서 살인 사건에 대한 직단권이 없는 검관은 시신에 대한 검시와 관련자들의 초사를 종합하여 상급관청에 보고하고, 수사지휘를 받아야 했다. 이를 위해 검관이 검험 결과를 상급관청에 보고하는 문서를 '검안檢案'이라 하였다. 검안에는 사건의 개요와 조사 경위, 관련자들에 대한 심문 기록, 수령의 종합적인 의견서에 해당하는 '발사跋辭', 시신의 상태를 기록한 '시장屍帳' 등의 내용이 담겨 있다. 초검이 완료되면 지방에서는 인근 고을의 수령이, 한성에서는 한성부 낭관이 2차 검시를 행하며, 이를 '복검覆檢'이라 하였다. 즉 지방의 경우 초검관은 사망자가 놓인 장소의 관할 수령이 맡았고, 인근 고을의 수령이 복검관이 되었다. 한성의 경우 초검은 사망자가 위치한 오부 가운데 해당 부의 부관이 맡았고, 복검은 한성부의 낭관이 맡았다. 시신에 대한 검사는 대개 2번 실시하는 것이 원칙이었지만, 두 차례의 통해서도 사망원인이 분명하지 않거나, 초검과 복검의 사망원인이 서로 차이가 날 때, 세 번이나 네 번까지 검시를 행하기도 하였다. 이 때 삼검은 지방에서는 관찰사가 별도로 인근 고을 수령을 선정하여 시행했으며, 한성에서는 형조의 낭청이 맡았다.[32]

검험이 끝나면, 피의자를 본격적으로 심문하는 절차인 '회추會推'가 진행되었다. 범인이 자백을 하지 않거나 의심스러운 점이 있는 경우에는 검관을 중심으로 계속해서 한 달에 3회 합동 조사, 즉 동추同推과정을 거쳤다. 모든 과정을 통해 사건의 전말 조사를 완료하고, 범죄 사실과 수사 전 과정을 국왕에게 보고하였다. 이를 한성에서는 '완결完決'이라 하고, 지방에서는 '녹계錄啓'라 하였다. 그리고 심리를 종료하는 최종 결과보고서인 '결안結案'을 작성하여, 형조를 거쳐 국왕에게 보고하였다. 끝으로 국왕은 판부判付를

32 　서울특별시 시사편찬위원회, 『서울 2천년사 14 : 조선시대 한성부의 역할』, 2013, 308~310쪽.

통해 형을 확정하였다. 이렇게 국왕의 확정 판부가 내려지면 모든 재판은 종료되었다.

(2) 강도와 절도

강도와 절도는 조선시대에 일상적으로 벌어지는 범죄 행위 가운데 하나로, 오늘날에 비해 처벌 형량이 높았다.

강도범에 대해서는 매우 무겁게 처벌하여, 조금이라도 재물을 빼앗은 자는 주범, 종범 관계없이 모두 참형으로 다스렸다. 강도 살인, 강도 강간 등도 그 죄가 동일하였다.

절도범의 경우도 국왕과 관련 있는 물건을 훔쳤을 때에는 참형에 처해졌다. 다만 일반 절도범에게는 최저 장육십에서 최고 장일백 유삼천리의 형을 부과했고, 장물의 양에 따라 형량에 차등이 있었다. 또한 절도범에게는 처벌과 별도로 '절도竊盜'라는 글자를 팔에 자자刺字하였고, 절도 삼범三犯인 경우 극형인 교형으로 처벌했다.

(3) 성 관련 범죄

조선시대의 성 규범은 혼외婚外의 성관계를 일체 범죄로 규정하였다. 또한 미혼 남녀의 화간도 기혼의 경우보다 처벌이 가벼울 뿐 간통으로 함께 취급되어 처벌받았다. 이처럼 화간과 강간이 동일하게 성 관련 범죄 행위에 포함된다는 점에서 당시 성에 대한 인식을 알 수 있다. 단순한 간통 행위 역시 사형으로 처단하는 경우가 있었다. 하지만 다른 범죄와 마찬가지로 신분이 다른 남녀 사이의 간통은 그 신분에 따라 형량의 차이가 있었다. 그리고 조선 후기에 오면서 평천민과 사족 부녀자간의 성 관련 범죄 행위에 대한 처벌 법규를 추가로 제정하여 규제를 강화하였다.

(4) 폭행과 상해

일반적인 폭행과 상해죄는 폭행으로 인한 상처의 정도, 폭행에 사용한 흉기 유무에 따라 처벌이 결정되었다. 때에 따라서는 치료를 위해 폭행에 가담한 범인의 재산 절반을 피해자 측에 주도록 한 경우도 있었다. 폭행 사건에서 가장과 남성 중심적 가족윤리를 강조한 당시 가치규범을 보여주는 사례로, 부부간의 폭행 사건에 대한 처벌 규정을 볼 수 있다. 즉, 처가 남편을 구타한 경우는 장일백으로, 남편은 본인의 의사에 따라 이혼을 결정할 수 있었다. 반면 남편이 처를 구타했을 때, 절상斫傷 이상의 중상이 아니면 죄를 묻지 않았으며, 절상 이상의 중상이라 하더라도 일반인끼리의 구타보다 죄를 2등 경감하였다. 또한 폭행 가해자와 피해자의 관계에 따라 처벌 정도가 크게 달랐다. 자손이 직계존속을 구타한 경우 극형인 참형에 처했고, 노비가 가장과 가장의 친척을 구타하여 상처를 입힌 경우도 마찬가지였다.

(5) 위조

관인官印 등에 대한 위조 행위는 「대명률」에 최고 장일백·유삼천리의 처벌 법규가 마련되어 있었지만, 조선시대에서는 『경국대전』에 별도의 조문을 마련해 처벌을 강화하였다. 즉 인신印信을 위조한 자는 위조문안을 완성하지 못하고, 미수에 그친 경우라도 참형에 처하고, 죄인의 처자는 영구히 각 고을의 노비로 삼는다는 것이다. 공문서 위조 행위를 이처럼 중형으로 다스린 것은 이러한 행위를 관의 권위에 대한 도전으로 여겼기 때문이다.

(6) 고소와 무고

고소는 자손, 처첩, 노비가 부모 혹은 가장을 대상으로 한 경우 모반이나 반역과 같은 중대 사안이 아니면 고소한 자를 교형이라는 극형에 처했다.

이는 부모, 상전에 대한 고소 행위 자체를 원천적으로 금지한 것을 의미한다. 또한 삼강오륜과 유교적 명분론에 입각하여, 가장과 양반 사족에 대한 형사상 특권을 그대로 보여준다.

무고는 「대명률」에 일반적으로 무고한 정도에 따라 처벌되었다. 타인을 사형의 죄로 무고한 경우, 그로 인해 억울하게 처형되었으면, 무고한 사람을 사형에 처하도록 하였다. 아직 처형되지 않은 경우라면 장일백 유삼천리의 형에 그치도록 했다. 또한 무고와 별도로 고소 행위 자체만으로도 고소인을 사형에 처할 수 있었다.

(7) 기타 범죄

앞서 언급한 범죄 외에 요언·요서를 유포하여, 사람들을 현혹하게 한 행위는 주범·종범과 관계없이 모두 참형으로 다스렸다. 이 밖에 관을 열어 시체를 드러낸 경우도 무겁게 처벌하여, 극형인 교형에 처하도록 했다. 또한 나라 제사에 소용되는 중포中脯[33]에 고을 이름을 새기지 않은 행위도 「속대전」에 규정되었다. 그 이유는 중포를 만드는데 소 한 마리가 쓰이므로, 흉년이나 전염병이 돌 때에는 수급이 어려워, 소를 쓰지 않고 다른 짐승의 고기로 대체하는 경우가 있어 고을에서 직접 바치게 되어 있었기 때문이다.[34]

4) 형사재판

형사재판은 경찰업무와 직접적인 관계가 없으나 범죄와 관련된 절차이기 때문에 기술한다. 최고의 재판관이자 사회 통제의 주재자는 국왕이었

---

33 얇게 저미어서 양념하여 말린 고기로 나라 제사에 사용하는 것.
34 조지만, 『조선시대의 형사법 - 대명률과 국전』, 경인문화사, 2007, 314~315쪽.

다. 조선시대에는 국왕이 기존의 모든 판결을 뒤집고, 판결을 확정지을 수 있는 최종 판결권을 가졌다. 또한 국왕만이 사형을 판결할 수 있었으며, 형이 확정된 범죄인을 사면해주는 권한도 가졌다.

국왕 아래에 범죄 행위를 통제하는 중앙의 핵심적 사법 전담기관은 의금부와 형조다. 의금부는 현직 관리들의 처벌과 정치범을 주로 담당한 특별사법기관으로, 왕옥王獄의 성격을 가진 기관이었다. 형조는 중죄수를 포함한 주요 형사범죄와 사법행정을 총괄하였다. 이처럼 범죄의 내용과 범죄인의 신분에 따라 처리 기관을 달리 설정한 점은 관료적 위계와 신분 질서를 강조한 조선왕조 사회의 구조적 특징을 반영한 것이기도 하다.

의금부와 형조 외에 중요 사법기구로는 사헌부와 한성부를 들 수 있다. 원래 사헌부는 모든 관원의 기강 확립과 감찰 활동을 주 임무로 하는 기관이었지만, 오늘날의 감사권, 경찰권, 검찰권, 재판권 등을 복합적으로 행사했으며, 한성부는 서울의 행정기관인 동시에 사법기관이었기 때문에 제한적으로 재판사무를 관장하였다.

한편 감옥 기구로는 형조에 소속된 전옥서典獄署가 대표적이다. 이 기관 외에도 중앙에는 의금부의 금부옥禁府獄, 포도청의 부속 옥사가 있었다. 지방에서도 감영과 군현에서 죄수를 직접 구금하고, 심문하기 위해 자체 마련한 옥이 있었다.

3. 사법경찰활동

　한성에서는 좌우 포도대장이 병조 예하에서 어느 정도 분리 독립되어 있었으나, 지방에서는 일도지주一道之主인 관찰사가 수령을 지휘하여 사법경찰활동을 지휘·감독하였다. 그런데 휘하의 영장營將이 수령보다 높은 위차位次에 있는 경우 군감軍監, 집행執行 등에게 사무를 분장시켜 수령을 지휘할 수 있었다. 다시 수령은 토포討捕, 병방兵房을 통하여 범죄수사를 하였다. 하지만 토포·병방은 정식 향리가 되지 못하였고, 관리에 준하는 지위에 있어 탕건도 쓰지 못하였으며, 뒷문으로만 출입하였다. 아주 작은 고을에서는 토포, 병방이 수령의 치안권을 단독으로 행사하기도 하였다.

　또한 행정관리가 동시에 사법관리가 되는 경우도 많았으며, 이들을 국초에는 '포도捕盜'라고 하다가, 조선 후기에 '순교巡校'로 변칭되었다. 지방에서는 수교首校, 수순교首巡校, 수별순교首別巡校, 순교장巡校長, 별순교別巡交, 장교將校, 토포討捕, 도토포都討捕, 포교捕校, 포사砲士, 병무兵務 등 명칭이 달랐다. 이 가운데 수별순교와 별순교는 오늘날 사복을 입은 사법경찰관리로, 포사砲士는 도내의 유지有志들이 둔 자치조직원의 일원으로 보인다.

　한편 이들의 정원은 일정하지 않았고, 봉급 또한 정해진 기준이 없었다. 지역에 따라 범인 체포 시 상금 이외에는 급료가 전혀 없는 곳도 있었고, 봉급 역시 미소微少하여 민폐도 많았을 것으로 보인다.

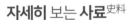

| **차정첩**差定帖 |

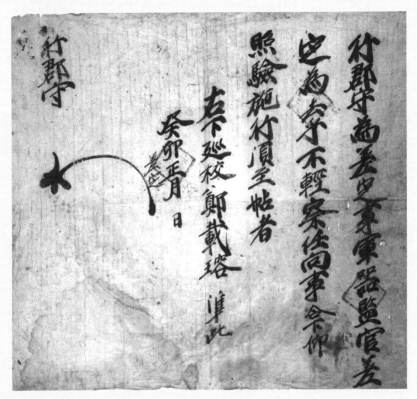

〈사진 8〉 **차정첩** (1843년, 52cm×48cm)

원문

行郡守爲差定事. 軍器監官差

定爲去乎, 不輕察任向事. 合下仰

照驗施行, 須至帖者.

右下巡校鄭載瑢, 準此.

癸卯正月 日.

差定

行郡守(署押)

번역

행군수(行郡守)가 차정(差定)하는 일이다. 군기감관(軍器監官)을 차정하오니, 가볍게 여기지 말고 직임(職任)을 살필 일이다. 합당히 살펴서 시행하도록 모름지기 첩(帖)을 이르게 한다.

위(右)는 순교(巡校) 정재용(鄭載瑢)에게 내리니, 이를 따르라.

계묘(癸卯)(1843)년 정월(正月) 일(日).

차정(差定)

행군수(行郡守)(서압)

해제

행군수(行郡守)가 순교(巡校) 정재용(鄭載瑢)을 군기감관(軍器監官)으로 차정(差定)하는 첩(帖)이다. 첩(帖)은 『경국대전(經國大典)』「예전(禮典)」의 '용문자식(用文字式)'에 규정되어 있는데, 7품 이하의 관원을 임명할 때 사용하는 문서식이다. 차정(差定)이란 정규의 직임이 아닌 임시의 직임에 관원을 차출하는 것을 말한다. 행군수(行郡守)에서 행(行)은 행수법(行守法)[1]을 나타내는 것이다. 품계가 높지만 맡은 관직이 낮은 경우에 행(行)자를 붙이고, 수(守)자는 이와 반대의 경우이다.

---

1   직위를 나타내는 방법으로, 품계가 높더라도 낮은 관직의 직위에 있을 수 있었고, 품계가 낮아도 높은 관직의 직위에 있을 수 있었는데, 관직명의 앞에 행(行)과 수(守)를 써서 나타냈다.

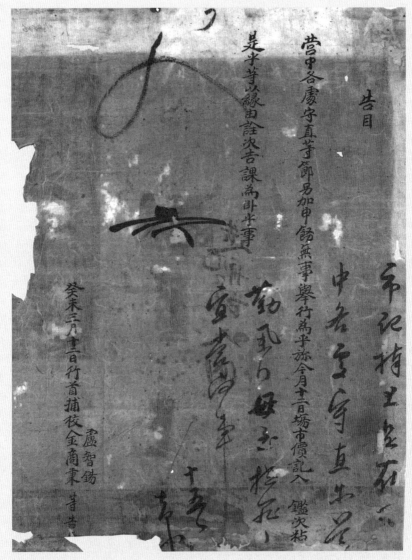

〈사진 9〉 **고목** (1883년, 30cm×40cm)

告目

營中各處守直等節, 另加申飭, 無事擧行爲乎㫆, 今月十二日, 場市價記入 鑑次, 粘

是乎等以, 緣由詮次告課爲臥乎事.

癸未三月十二日, 行首捕校盧智錫

　　　　　　　金商秉等告目.

市記捧上是在果, □(營)

中各處守直等節, □

勤擧行, 毋至抵罪之

宜當向事.

十五日,

在營.

行使(署押)

고목(告目)

　감영(監營) 여러 곳을 수직(守直)하는 절목(節目)[2]은 특별히 신칙(申飭)[3]하여 무사히 거행하오며, 이번 달 12일에 장시(場市)의 값을 기입(記入)하여 보시도록 붙여놓고 그 까닭을 차례를 갖추어 알리는 일입니다.

　계미(癸未)년(1883) 3월 12일에 행수포교(行首捕校) 노지석(盧智錫)과 김상병(金商秉) 등 고목(告目).

2　항목.
3　단단히 타일러 경계함.

시기(市記)[4]는 받았거니와 감영 각처의 수직(守直)하는 절목은 근면하게 거행하여 죄를 짓는데 이르지 않도록 하는 것이 마땅한 일이다.

15일에 감영에서 행사(行使)(서압).

해제

행수포교(行首捕校) 노지석(盧智錫)과 김상병(金商秉) 등이 감영의 수직(守直)과 장시(場市)의 값을 적어서 행사(行使 : 行觀察使兼巡察使)에게 보고한 고목(告目)이다. 고목이란 조선시대 각사(各司)의 서리 및 지방관아의 향리가 상관에게 공무를 보고하거나 문안할 때 올리는 문서이다.

---

4   장시와 관련한 보고 사항.

4. 수사경찰활동

　범죄가 발생하면 수교, 순교장 등은 먼저 그 지역을 관할하고 있는 최고 관직자에게 보고하였다. 지방인 경우 최고 관직자가 다시 진영장이나 지방 관(수령)에게 수사를 지시하였다. 최하위 기관에서 수사를 맡은 포도, 포교 등은 동탐調探, 동찰調察, 기동譏調, 기찰譏察이라는 범죄 내사를 하면서 변언 邊言이라는 은어를 사용하였다. 다음, 사건이 발생한 지역의 수사를 책임진 관직자는 지명수배를 하기 위해 '인상서人相書'를 작성하여 배부하였다. 그리고 순교 등 실무자는 범죄수사를 위하여 '나부拿付(오늘날 체포영장)'를 받았고, 이 나부를 소지하면 어느 군에 가든지 숙박료·식대 등을 무료로 제공받았다. 즉 이 나부는 오늘날 영장과 같은 성질의 것이며, 특권이 대단하였다.

　수사를 위한 단서에는 당연히 주민의 신고도 포함되었다. 그런데 미풍양속 유지라는 측면에서 신고는 제한이 있었다. 자손·처첩妻妾·노비가 부모·가장家長·주인의 범죄사실을 신고한 때에는 모반죄 이외에는 신고자를 교살하는 등 극형에 처하기도 하였다. 또한 노奴의 처, 비婢의 부夫가 가장을 밀고했을 경우에는 장杖 100대를 가한 후 고도孤島 등으로 유형流刑을 받게 하였다.

　이외에 추전追錢, 헐장금歇杖金, 차사례差使例가 있었다. 예를 들어 부잣집에 절도 사건이 발생하면 수사비용의 전부는 물론, 순교 등 실무자의 유흥비까지 피해자가 부담하였는데, 이를 추전이라 하였다. 헐장금은 범인을 체포·인치하는 경우 범인으로부터 미맥米麥·금전 등을 받는 것으로, 일종의 고문경감의 대가로 받는 것이었다. 차사례는 범인으로부터 재물을 징수하는 규정으로, 관리의 신분에 따라 금액의 차이가 있었다.

5. 기타 활동

오늘날 경찰용어로 사용하지 않는 '풍기경찰'이 있다. 이 업무는 기생·창기, 투전·골패·마전馬田·토전討錢 등을 단속하는 것이었다. 사례로 태종대 미신행위를 엄금하면서, 한성에 거주하는 무녀들을 모아 교외로 퇴출하였다. 그 외 '영업경찰'로 주막·객주·여각旅閣·도선장渡船場 등을 담당하였고, '위생경찰'로 혜민서가 의약과 서민을 구료救療하는 임무를, 활인서가 도성 내 병인을 구료하는 업무를 관장하였다.[35]

<table>
<tr><td>

제2절
경찰 관련제도

</td><td>

1. 호패제도

오늘날의 주민등록증제도이다. 실시 목적은

</td></tr>
</table>

호구戶口를 명백히 하여, 민정民丁의 수를 파악하고, 계층과 직업을 분을 분명히 구분하는 한편, 신분을 증명하기 위한 것이었다. 그 중에서 가장 중점을 둔 것은 군역軍役과 요역의 기준을 밝혀, 백성의 유동과 호적 편성상의 누락·허위를 방지하는 데 있었다.

1413년(태종 13년) 처음 시행된 후 숙종 대 초까지 5차례나 중단되었다. 이와 같이 호패의 사용이 여러 번 중단된 것은 백성이 호패를 받기만 하면, 바로 호적과 군적軍籍에 올려지고, 동시에 군정軍丁으로 뽑히거나 그 밖의 국역國役을 져야만 했으므로, 되도록 이를 기피하여 실질적인 효과가 없었기 때문이다. 또한 백성이 국역을 피하기 위하여 양반의 노비로 들어가는 경향이 늘고, 호패의 위조·교환 등 불법이 증가하여 국가적 혼란도 격심하였기 때문이다. 따라서 조정은 호패의 위조자는 극형에, 호패를 차지 않은

---

35 천병학, 「이조경찰 운영의 실제 – 공인된 노비제도 및 형벌의 등차등을 들어서」, 『경찰』 추계호, 치안국 경무과, 1966, 27쪽.

자는 엄벌에 처하는 등 강력한 조치를 하였다. 세조 대에 호패청을 두어 사무를 전담하게 하였고, 숙종 대에 호패 대신 종이로 지패紙牌를 만들어, 소지하기 쉽고 위조를 방지하는 등 편리한 방법을 취하기도 하였다.

그러나 이 같은 정책에도 불구하고, 실제로 큰 효과를 얻지 못하고 사회적 물의만을 일으켰다.『세종실록』에 의하면, 호패를 받은 사람은 전체 인구의 1~2할에 불과하다 하였으며,『성종실록』은 호패를 받은 자 중 실제로 국역을 담당할 양민은 1~2할뿐이라고 하였다. 호패는 왕실·조관朝官으로부터 서민·공사천公私賤에 이르기까지 16세 이상의 모든 남자가 소지하였는데, 재료와 기재내용은 신분에 따라 구분되었다.

호패의 관할기관은 서울은 한성부, 지방은 관찰사 및 수령이 관할하고, 이정里正·통수統首·관령管領·감고監考 등이 실제사무를 담당하였다. 지급방법은 각자가 호패에 기재할 사항을 단자單子로 만들어 제출하였다. 신청자 가운데 2품 이상 관직자와 삼사의 관원은 관청에서 만들어 지급하였고, 그 외는 각자가 만들어 관청에서 단자와 대조한 뒤 낙인烙印을 받았다.

『속대전續大典』의 규정에 의하면, 호패를 차지 않은 자는「제서유위율制書有違律」[36]로 처벌하였고, 위조·도적한 자는 사형에 처하였다. 빌려 차는 자는「누적률漏籍律」을 적용하고, 이를 빌려준 자는 장杖 100에 3년간 도형徒刑에 처하도록 하였다. 그리고 본인이 사망하였을 때에는 가족이 관아에 호패를 반납하였다.

2. 오가작통제五家作統制

오가작통은 다섯 집을 한 통統으로 묶은 행정자치조직을 말한다. 최초의 기록은 1428년(세종 10년) 한성부가 "주周·당唐의 제도를 모방하여 서울의

---

36 임금의 교지(敎旨)와 세자(世子)의 영지(令旨)를 위반한 자를 다스리는 율.

5부五部 각 방坊에는 다섯 집을 비比로 하여 비장比長을 두며, 성 밑 각 면面에는 서른 집을 이里로 하여 권농勸農 한 사람을 둘"라고 조정에 건의한 내용에서 찾아볼 수 있다.

그러나 이 건의는 받아들여지지 않았다. 이후 1455년(단종 3년) 조정은 강도와 절도의 방지를 위하여 유품儒品과 유음자제有蔭子弟를 제외하고, 평민의 다섯 집을 한 통으로 조직하여, 통내에서 강도·절도를 은닉하는 것이 발각되면, 통 전체를 변방으로 이주시킬 것을 입법하였다. 그 후 1457년(세조 3년) 저수관개를 감독하기 위하여 8도 각 고을에 통주統主가 설치되었다. 따라서 오가작통은 1428년(세종 10년) 이후 단종 연간에 처음 실시된 것으로 추측된다.

이 제도는 『경국대전經國大典』의 완성과 더불어 정비되어 법제화되었다. 즉, '한성과 지방 모두에 다섯 집을 한 통으로 하여, 통에는 통주를 두었으며, 지방에는 매 5통마다 이정里正을, 매 면마다 권농관을 두며, 한성에는 매 일방一坊마다 관령管領을 둔다'는 것이다.

그러나 시행하는데 많은 어려움이 있었던 것으로 보인다. 결국 1675년(숙종 원년) 윤휴尹鑴의 건의에 따라 비변사에서 「오가작통사목五家作統事目」 21개조를 제정하여 전국적인 실시가 강행되었다. 내용은 다섯 집을 한 통으로 하여 통수의 관장을 받고, 5~10통을 소리小里, 11~20통을 중리中里, 21~30통을 대리大里로 하여, 이里에는 이정과 이유사里有司 각 1명을 두도록 하였다. 그리고 이里의 행정을 면에 귀속시켰으며, 면에는 도윤都尹과 부윤副尹 각 1인을 두어 이정을 지휘하게 하였고, 면윤面尹은 수령의 감독을 받도록 하였다. 기능은 강도·절도방지, 풍속의 교화와 유민방지, 호적작성에 있어서의 탈루자脫漏者 방지 등이었다.

오랫동안 논의의 대상이 되었던 오가작통법은 17세기에 이르러 정착된 면리제面里制와 밀접한 관계를 가지면서, 확실하게 정착되었다. 하지만 실제로는 유민의 발생을 억제하고, 각종 조세租稅의 납부를 독려하는 제도에 불과하였다. 게다가 19세기에 이르러서는 일부 집권층에 의하여 천주교와 동학에 대한 금압과 이들 교도의 색출을 위하여 악용되기도 하였다.

3. 연좌제緣坐制

조선시대에는 중한 범죄 행위를 저지른 자의 경우 그 자신과 가족·친족을 함께 처벌하도록 하는 연좌제를 마련해 두고 있었다. 바로 이 연좌제야말로 국가권력이 가족과 친족을 통해 개인의 일탈을 통제하는 전형적인 예다. 대표적인 사례로 모반죄나 대역죄를 들 수 있다. 이 죄를 범한 자는 수범首犯과 종범從犯을 구분하지 않고, 모두 능지처사에 처하고, 범인의 16세 이상 부자父子는 교형絞刑, 15세 이하와 모녀·처첩·조손 등은 노비로 삼으면서 재산을 몰수하고, 백숙부와 형제의 아들도 모두 유삼천리 안치형에 처하는 것이 원칙이었다.

또한 벌목이나 밀도살 등을 가족이 범한 경우 가장에게도 책임을 물어, 처벌하는 법령을 마련하여 가장이 가족의 범법 행위를 억제하고, 감독할 의무를 간접적으로 부과하기도 하였다. 이는 가족 성원의 일상에 대한 가장의 영향력을 보여주는 사례이다. 이처럼 조선이라는 국가는 가족과 친족에 대한 연좌제를 통해서 개인의 일탈을 방지하고, 범죄를 예방하는 효과를 유도하였다.

제 2 편
근현대

제1부
근대 경찰의 탄생

제1부_근대 경찰의 탄생

제1장
갑오개혁 이후
경찰제도

제1절
제1차 갑오개혁

1884년 12월 4일 조선에서 발생한 갑신정변이 3일 천하로 끝나 실패하였다. 일본 정부는 조선 정부에 정변의 여파로 전소된 공사관 건물의 배상을 요구하며, 공사관 직원들과 일본인 거류민단의 희생에 책임을 물었다. 그 결과, 1885년 1월 9일 조선이 일본에게 사의를 표명한다는 내용의 '한성조약'이 체결되었다. 조선은 이 조약으로 일본 정부에게 배상금 10만원을 지불하고, 일본 공사관을 재건하는 비용을 부담하게 되었다. 또한 일본은 1885년 4월 18일 청나라와 일본과 '텐진조약'을 체결하였고, 주요 내용은 조선에서 청·일 양국군이 철수하고, 장래 조선에 변란이나 중대 사건이 일어나 청·일 어느 한쪽이 파병할 경우 그 사실을 상대국에게 알릴 것 등이었다. 일본은 이러한 사건들을 통해 조선에 파병권을 얻게 되면서, 조선 조정을 간섭할 수 있는 길을 열어두게 되었다.

갑신정변으로 청과 일본이 대립하자 서구 열강들도 한반도에 큰 관심을 가지면서 1885년 2월부터 1887년 2월까지 영국이 러시아의 남하에 대비한다는 명목으로 거문도를 불법 점령하는 사건이 발생하였다. 그 결과, 청이 러시아와 일본의 군대가 들어올 것을 우려해 중재에 나서 영국이 철수하였다. 이로써 청의 간섭이 강화되었지만 일본 역시 한반도에서 영향력을 행사하기 위해 만반의 준비를 하고 있어 양국이 언제든지 충돌할 수 있었다. 1894년 3월 동학농민운동이 발생하였다. 동학농민운동은 농민들이 2차에 걸쳐 봉기한 반봉건 외세배척운동이었다. 조선 정부는 이 농민운동이 거세지자 진압할 목적으로 청에게 원군을 요청하여 5월 청나라 군대가 아산만에 상륙하였다. 일본군도 청나라 군의 개입을 빌미로 텐진조약에 따라 바로 조선에 군대를 파견하였다. 이러한 가운데 6월 1일 일본 공사 오토리 게이스케大鳥圭介는 조병준과 회합하였고, 이어 6월 8일 노인정회담에서 독변내무부사督辯內務府事 신정희·협변내무부사協辯內務府事 조인승과 일본공사 오토리 게이스케大鳥圭介가 이 문제를 상의하였다. 여기에서 조선 정부는 교정청의 독자적인 개혁이 이미 추진되고 있다는 이유로 거절하였다. 또한 일본군 철수를 먼저 보장하라고 요구하였다. 그러나 일본은 철병 요구를 거부하고, 무력으로 경복궁을 점령한 후 6월 21일 대원군을 입궐시켜 명성황후를 축출하였다. 이어 조선 조정에서는 대원군의 섭정이 다시 시작되면서 제1차 김홍집 내각이 성립되었다.

그리고 같은 해 7월 3일 일본측 오토리 게이스케는 '내정개혁방안강령 5개조'를 제시하였다. 그 내용은 다음과 같다.

1. 중앙정부의 제도와 지방제도를 개정하고 인재를 채용할 것
2. 재정을 정리하고 부과의 균등을 기하고 부원富源을 개발할 것
3. 법률을 정돈整頓하고 재판법을 개정하여 재판을 공정하게 할 것
4. 병비兵備·경찰警察을 충실히 하고 국내의 민란을 진정하고 안녕을 유지할 것
5. 학제를 완비完備하여 교육의 제도를 확립할 것

마침내 조선에서는 갑오개혁이 시작되었고,[1] 이를 위한 중추적인 역할을 담당한 최고정책기관으로 군국기무처軍國機務處가 조직되었다. 이 기관은 같은 해 7월 29일 23개 조의 개혁안을 결의하고, 30일 신관제를 채택하였다. 개혁안의 주요 내용은 다음과 같다.

3조. 문벌·양반·상민 등의 계급을 타파하여 귀천에 불구하고 인재를 선용選用할 것

5조. 죄인 자신 이외에 일절 연좌의 법을 베풀지 말 것

9조. 공사노비의 법전을 혁파하고 인신을 판매함을 금할 것

10조. 평민 중에 하모何某(아무)라도 국리민복國利民福이 될 의견이 있으면 기무처에 상서하여 회의에 부附케 함을 허許할 것

12조. 각 아문衙門의 관제와 직장職掌(담당하는 직무의 분담)은 7월 30일까지 정할 것

13조. 경찰관제와 직장職掌은 내무아內務衙에 속할 것

19조. 장리贓吏(뇌물을 받거나 나라나 민간의 재산을 횡령한 벼슬아치)의 율律은 구전舊典에 의하여 징판懲判을 엄히 하며 장금贓金은 변상하게 할 것

21조. 역인驛人(역리와 역졸)·창우倡優(광대)·피공皮工은 다 면천免賤할 것

이에 군국기무처는 중앙과 지방의 제도·행정·사법·교육·사회 등 제반문제에 걸친 사항을 심의·의결하는 개혁의 주체세력이 되었다. 그 활동을 자세히 보면 먼저, 개국기원을 사용하여 청과의 대등한 관계를 나타냈

---

1 1894년 7월부터 1896년 2월까지 약 19개월 동안 3차에 걸쳐 추진된 일련의 개혁을 갑오개혁(甲午改革)이라고 하며, 그 중 제3차 갑오개혁을 을미개혁(乙未改革)이라고도 한다. 이를 자세히 보면 다음과 같다. 이른바 1기(1894.7.27~12.17) 김홍집·이준용 내각, 2기(1894.12.17~1895.5.21) 김홍집·박영효 내각, 3기(1895.5.21~7.6) 박정양·박영효 내각, 4기(1895.7.6~8.23) 박정양·유길준 내각, 5기(1895.8.24~10.8) 김홍집·박정양 내각, 그리고 6기(1895.10.8~1896.2.11) 김홍집·유길준 내각이다.

다. 다음, 관료제도를 정비하기 위하여 중앙관제를 의정부와 궁내부宮內府로 구별하고, 기존 6조六曹를 의정부 직속 8아문八衙門으로 개편하고, 종래 과거제를 폐지하였다. 이어, 경제적으로 ① 제정 사무를 일체 탁지아문度支衙門에서 관장하도록 하여 제정의 일원화를 도모하였고, ② 신식화폐장정新式貨幣章程에 따른 은본위제도를 채택하면서 조세의 금납화金納化를 실시하였으며, ③ 도량형度量衡을 통일하였다. 그 외에 문벌·반상제도와 문무존비文武尊卑 구별의 폐지, 노비의 매매 금지, 연좌률 폐지, 조혼금지, 과부 재가 허용 등을 통해 오랫동안 조선사회의 폐단으로 지목된 여러 제도와 관습을 혁파하였다.

하지만 1884년 6월 아산만에서 일본군이 청의 군함을 공격함으로써 청일전쟁이 발발하였다. 이어 성환 전투에서 일본군이 압승하자 양국은 8월 선전포고를 하고 전면전으로 돌입하였다. 그 후 일본군이 평양, 뤼순旅順, 산둥반도의 웨이하이웨이威海衛을 거쳐 유공도劉公島의 함대를 격파하면서 북양함대를 전멸하고, 평후섬澎湖島까지 점령하였다. 결국 청일전쟁은 일본의 압도적인 승리로 끝나게 되어, 1895년 4월 17일 '시모노세키조약'이 체결되었다. 그 결과, 일본이 수년간 추구해온 목적의 하나인 '조선에서의 청의 종주권 부인'이 실현되었다.[2]

1. 「행정경찰장정行政警察章程」 제정

「행정경찰장정」은 1894년 7월 14일 칙령 제85호로 제정된 최초의 경찰작용법이다.[3] 주요 내용은 행정경찰의 업무와 목적, 과잉단속의 엄금, 총

---

2 앙드레 슈미드, 『제국 그사이의 한국』, 휴머니스트, 2007, 97쪽.
3 '경찰(警察)'이란 용어는 처음으로 「각아문관제(各衙門官制)」(1894.7.1)에 나온 '법무아문은 사법·행정경찰·면유(赦宥 : 사면赦免)를 관장하며 고등법원 이하 지방재판을 감독한다'는 내용과 의안(議案) 「경찰관제·직장을 의정(議定)한 뒤 내무아문에 소속시키는 건」에 나온다.

순총巡·순검巡檢의 근무방법, 위경죄 즉결違警罪 卽決 요령, 순검 채용과 징계 등이다. 그 내용을 자세히 보면 다음과 같다.

1) 경찰 목적

행정경찰의 목적은 '백성에게 닥친 모든 위험을 방지하고 평안한 생활을 영위하도록 하는 것'[4]이라고 규정하였다.(제1조) 이를 위해 '위민방해爲民妨害의 방호사무防護事務, 위험 방지, 건강을 보호하는 일(위생사무), 방탕放蕩·음일淫逸(음란하고 방탕하게 놂)을 제지하는 일(풍기단속), 국법을 범犯하고자 하는 자를 은밀하게 체포하는 일(수사와 범인체포)'로 구별하였다.(제3조)

또한 사법경찰활동과 관련하여 행정경찰이 수사를 함에 있어 검색·체포 사항은 「검찰장정 및 사법경무규칙」에 따라야 하고(제4조), 백성의 사생활에 불간섭하며 공정한 직무를 하여야 한다(제5조)"고 명시하였다.

2) 총순總巡의 근무 방법

총순은 수시로 본청에서 개최되는 회의에 참석하여 지시를 받고, 포고布告나 명령을 부하 직원인 순검에게 주지시키며, 관내를 수시 순라巡邏하여 순검을 감독하였다. 그는 인구, 호수戶數, 영업사항 등을 기록하며 관내 상황을 상부에 보고하였다.

또한 경찰범을 즉결하고, 상부에 보고하여 지시를 받았다. 그럼에도 당시 신분제도가 불식拂拭되지 않아 피의자를 신문할 경우 대상자가 칙임관勅任官·주임관奏任官이면 직접 문초問招하지 못하여 그 집사자執事者(비서격)를 대신으로 하여 신문하였다. 이에 반해 판임관判任官 이하의 사족士族이나 평민에게는 직접 신문할 수 있었다.

---

4   원문은 "민(民)의 재해(災害)를 막고 정밀(靜謐 : 고요하고 편안함)을 순치(馴致 : 점차 어떠한 목표의 상태에 이르게 하는 것)하는데 있다."

3) 순검巡檢의 근무방법

순검은 관내 거민居民 또는 행인의 곤란구호困難救護 시나 노약·부녀·폐질인老弱·婦女·廢疾人 보호, 관내거민의 선악파악善惡把握, 관官의 시달示達사항 전파, 신복여부파악信服與否把握, 순경巡警 후의 기록 보고, 가로街路·장시場市의 풍기단속風紀團束, 미아의 보호와 귀가, 방실우마放失牛馬 단속, 주자醉者·병자의 보호, 광견狂犬 단속, 방치 호체放置 尸體 단속, 수축獸畜의 사체 제거, 민가의 야간 문단속 지도, 가로잠행자街路潛行者 단속, 구화요령救火要領 전파 등을 담당하였다.

특히 「행정경찰장정」 제3절 순검의 근무방법에는 순검의 임무가 "관내 거민 또는 행인이 곤란한 상황에 빠져 구호를 요청하면 언제든지 이를 해결해주어야 하며, 생명과 관계되는 위급한 경우 인근 의원醫員에게 데려가 치료를 해야 한다.(2조) 또한 노약·부녀·폐질인이 있을 시 극력極力(있는 힘을 아끼지 않고 다함) 보호保護하여야 한다(3조)"고 명시된 점을 감안하면, 당시 경찰활동은 적극적인 대국민 보호활동과 직결되어 있음을 알 수 있다.

그러나 실제 활동에서는 외국인을 처결할 권한이 없어 이들과 갈등이 있었고, 당시 군인이 속한 기관과 경무청 간에는 서로 우위를 선점하기 위한 다툼이 발생하였으며, 인가 호수와 거주인을 축호逐戶(한집을 거르지 않음)하며 파악하는 과정에서도 양반과 부딪치는 일이 발생하였다.[5] 이는 근대 경찰제도가 처음 시행되는 과정에서 발생한 법적인 미비 또는 양반층을 비롯한 주민이 갖고 있는 근대경찰관에 대한 인식 부족 등에 따른 것이었다.

---

5   장경호, 「갑오개혁 이후 한성부 순검의 역할과 실무(1895~1897)」, 『한국근현대사 연구』 제91집, 2019, 30~34쪽.

4) 위경죄 즉결 요령

경무지서 관내에서 일어난 위경죄는 서장署長이 즉결하여 본인에게 통지하였다. 이에 위경범이 불복하면 서장은 위경죄재판소에 정식재판을 청구할 수 있었다. 이 경우 경무지서는 모든 문서를 위경죄재판소 검사에게 송치送致하여야 했다. 따라서 위경죄재판소를 거치지 않고서는 고등법원에 상고上告할 수 없었다.

5) 순검 채용

순검의 채용은 23세에서 40세로 건강하고, 단정하며 중죄重罪의 전과가 없는 자 중에서 시험 또는 정근증서精勤證書를 받은 자 중에서 채용하였다. 시험은 경무사가 총순 2명 이상과 함께 경무청에서 시행하였으며, 시험 과목은 『형법』·『송법訟法』·『경찰법 개략槪略』·『국한문 왕복서식』으로 되어 있다.

그리고 순검은 5년 이상 근무하여야 정근증서精勤證書를 받을 수 있었고, 근무 성적이 좋으면 총순으로 진급할 수 있었다.

2. 경무청警務廳 창설

경무청은 갑오개혁으로 신설된 경찰기관이다. 1894년 7월 14일 군국기무처가 「경무청 관제」 제정을 결의한 후 7월 20일 신관제가 시행되면서 창설되었다. 제1차 갑오개혁 때 신설된 기관이 군국기무처, 도찰원都察院,[6] 중추원中樞院(국왕의 자문기관), 의금사義禁司(의금부를 개칭한 기관), 회계심사원會計審査院, 경무청으로 모두 6개임을 볼 때, 당시 경찰개혁이 상당히 시급하

---

6   내외백관의 선악과 공과를 규찰하여 의정부에 알리고, 상벌을 공정하게 행하기 위하여 설치되었던 의정부 신하 관서.

고 중요한 것이었음을 알 수 있다. 또한 의안議案 「각부各府·각아문各衙門·각군문各軍門의 체포·시형施刑을 불허하는 건」(1894.7.2)에 따라 각 관청에서 관할 업무 내에서 위반한 자를 체포·처리하였던 것이 폐지되어, 더욱 경무청의 역할이 커지게 되었다.

경무청은 수도 한성의 치안을 책임지면서 한성부가 아닌 내무아문內務衙門에 소속되었다. 경무청의 장長인 경무사警務使는 그 지위가 정2품으로 승격되었다. 이는 갑오개혁 이전 좌·우포도청이 병조兵曹에 소속된 것과 포도대장이 종2품이었던 것에서 비해 승품陞品된 것이었다. 경무청 창설로 경찰이 병조판서가 아닌 내무대신內務大臣의 지휘를 받게 되면서, 문관경찰제로 변하게 되었다. 또한 종래 포도청이 재조선외국공사관을 파수把守·보위保衛하기 위해 배치한 종사관, 군관, 사영표하군四營標下軍 각 30명의 업무도 승계하였다.[7]

경무사는 그 임무가 「경무청 관제」[8]에 "내무대신의 지휘·감독을 받아 한성 5부 관내의 경찰, 감금사무監禁事務, 범인의 체포·취조, 죄의 경중을 가려 법무당국에 이송하는 일을 총괄한다(제1조, 5조)"고 되어 있어 한성의 치안유지 뿐만 아니라 종래 전옥서典獄署의 수장首長도 겸하였다. 게다가 "경무사는 중대한 임무는 총리대신에 품신稟申, 청후聽候하여 핵시劾施한다(제6조)"고 되어 있어, 그는 내무대신을 거치지 않고 직접 총리대신에게 지휘를 요청할 수 있는 강력한 권한을 가졌다.[9] 다만 한성부윤과는 관계는 서로 협

---

7   이현희, 『한국 경찰사』, 덕현각, 1979, 76쪽.

8   「경무청 관제」는 총 22개조로 이루어져 있다. 주요 내용은 인원(제1조), 지휘·감독(제2~3조), 경무사 권한(제4~9조), 경무사 관방 설치(제10~11조), 총무국·총무국장·과장(제12조~14조), 경무사 감독(제15~16조), 경무서 설치(제17조), 경무서장 임명(제18조), 감옥서 사무(제19조), 감옥서장(제20조), 감옥서기(제21조), 순검·간수에 관한 별도 규정(제22조)이다.

9   군부협판 및 경무사인 김영준의 사례를 보면 경무사의 권한을 잘 알 수 있다. 1899~1900년에 친러파·친미파의 압력에 의해 친일파가 실각하고 있던 시기에 김영준이 황제의 총애를 받고 있던 시종원 신석린에게 정부대신들을 죽이고 정권을 전단하여 부귀를 함께 하자고 유혹하였으나 거절당하였다. 그러자 김영준은 신석린이 일

의하여 처리하는 위치에 있었다.(제8조) 그렇다고 해서 독립된 권한이라고 볼 수 없다. 같은 날 제정된 「각부各府 각아문各衙門 통행규칙通行規則」으로 각 대신(의정부, 내무, 외무, 탁지, 군무, 법무, 농상, 학무, 공무)은 "경무사와 각 지방 장관을 감독할 수 있으며 경무사·지방장관의 행정이 성규成規에 위반되거나 공익을 침해하거나 월권연행越權挻行이 있으면 정지를 명하거나 전폐全廢"할 수 있었다.(제10조) 다음해 7월 14일 개정된 「경무청 관제」에서도 "경무사는 각부 주무에 관하는 경찰에 당當하여 각부대신의 지휘를 승承함(제3조)"이라는 규정에 따라 다른 대신의 지휘와 감독을 계속 받아야 했다.

경무청의 업무는 장場·시市·제조소·교당敎堂·강당·도장道場·연예·유희소遊戱所·휘장徽章·장식葬式·도박·선박·하안河岸·도로·교량·철도·전선·차마·건축·산야·어획·인명상이人命傷痍·군집群集·훤훤(소란)·화총砲嘩銃砲·화약·발화물·도검·수재·화재·표파선漂破船·유실물·매장물埋藏物·전염병 예방·소독·검역·종두·식물·의약·가축·도장屠場(도살장)·묘지·기타 위생에 관계되는 사무, 죄인체포, 증거물 수집, 미아, 결사·집회, 신문·잡지·도서·기타 판인判印 등 경찰사무를 하도록 되어 있었다.(제3조) 이를 위해 소속 직원은 경무부관警務副官(후에 부사副使로 개칭, 3품 칙임관,[10] 1894.12.10 폐지) 1명, 서기(판임관), 경무관(주임관 3품에서 6품)·총순(판

본으로 망명한 안경수·윤효정과 몰래 서신을 왕래하였다고 1899년 10월 중순경 그를 체포하여 유3년형에 처하게 만들었다. 도면회, 『한국 근대형사재판제도사』, 푸른역사, 2014, 266쪽.

10 1894년 갑오개혁 이후 관료의 등급이 기존 1품에서 9품까지 정·종(正·從)을 합하여 18품급(品級)이던 것을 1·2품에는 정·종을 두되, 3품에서 9품까지는 이를 없애 모두 11개의 품급으로 축소하였다. 또한 1품에서 9품까지를 당상(堂上)·당하(堂下)·참상(參上)의 세 직계로 나누던 것을 없애고, 칙임·주임(奏任)·판임(判任)으로 대별히였다. 이 때 징1품에서 종2쑴까지를 칙임관이라 하였다. 이를 자세히 보면 적왕손(嫡王孫)·총리대신·왕손·종친은 정1품, 각 아문대신과 의정부 좌우찬성(左右贊成)은 종1품, 도찰원 도헌(都察院都憲)과 궁내부 및 각 아문협판, 경무사 등은 정2품 내지 종2품으로 임명하였으며, 이들을 칙임관이라 하였다. 무관의 경우 대장·부장(副將)·참장(參將) 등 장관급(將官級)이 칙임관이었다. 칙임관의 임명절차는 중앙관의 경우 총리대신이 각 아문대신, 의정부 좌우찬성, 도헌과 만나서 협의한 다음, 후보자를 3배수로 천거하면 국왕이 이 중에서 임명하였다. 지방관의 경우 역시 총리대신이 각 아문대신 및 협판·도헌과 협의하여 후보자를 2배수 천거하면 국왕이 임명하였다. 1895년 3월 관료제도가 다시 대폭 개편되어 11품급으로 나누던 관료의 등급을 칙임

임관), 순검, 감금監禁(감옥사무의 장) 1명, 부감금副監禁(감옥차장) 1명, 감옥서기 1명, 감수監守 1명(옥무 검찰獄務 檢察과 압뢰 지휘押牢 指揮)으로 구성되었으며, 이 가운데 감금·부감금·감옥서기는 총순이 겸직하였다. 같은 해 8월 6일에는 각 항港에 배치된 경찰관을 경무관으로 개칭하고 소속 직원으로 하였다.[11] 그와 같이 지방에서 근무하는 감리서 경무관을 수도를 담당하는 경무청 소속으로 한 것은 경무청이 '신식경찰기관'이라는 의미와 함께 감리서의 장長인 감리監理가 관찰사와 같은 직급임을 감안할 때, 그 위상이 수도청 이상의 중요한 위치에 있었기 때문으로 보인다.

또한 경무청은 한성5부(중부中部·동부東部·서부西部·남부南部·북부北部)에 오늘날 경찰서의 효시인 경찰지서警察支署를 설치하였다. 서장은 법률·규칙·명령에 따라 관내의 경찰사무를 담당하면서 수시로 관내를 순시하였다. 유고시 수석총순이 대리하였다. 총순은 매일 아침 순검의 복장 점검과 직무교양을 하고, 입직 총순은 주야간에 관내를 순시하였다. 순검은 내·외근으로 나누어 내근 순검은 문서처리·회계업무 등을 하고, 외근 순검은 행순行巡 등의 업무를 담당하였다. 특히 하위직 직원들에 대해서는 의안議案 「관원이 사사로이 경무청 소속 인원을 초거招去하는 것을 금하는 건」(1894.8.6)을

관 1~4등, 주임관 1~6등, 판임관 1~8등으로 모두 18등급으로 개정하였다. 이 때 총리대신·각 부 대신·궁내부대신·태자경(太子卿)은 칙임관 1등으로, 중추원의장 및 부의장은 칙임관 2등으로, 궁내부 협판·시종원경(侍從院卿) 및 내각 각 부 협판·특명전권공사·경무사(警務使)는 칙임관 2등 내지 3등으로 임명하였다. 내각총서(內閣總書)와 중추원 1등 의관·궁내부 중승(中丞)·장례원경(掌禮院卿)·회계원장·시강(侍講)·일강관(日講官)·규장원경(奎章院卿)·내장원장(內藏院長)·제용원장(濟用院長)·각 궁 대부(大夫)·첨사(詹事)는 칙임관 3등 내지 4등으로, 관찰사는 칙임관 3등 내지 주임관으로, 궁내부 묘궁제(廟宮提)는 칙임관 4등으로, 각 부 1등국장과 변리공사는 칙임관 4등 내지 주임관으로 각각 임명하였다. 무관의 경우 장관급 및 그 상당관(相當官)이 칙임관이었다. 그리고 의정부제가 폐지되고, 내각제가 시행됨에 따라 칙임관의 임명 절차도 개정되어, 내각회의를 거친 뒤 국왕이 임명하도록 하였다.

11 강화도조약(1876) 이후 부산·원산·인천 등을 개항하면서 외국조계가 생기자 무역과 조계 사무를 처리하기 위하여 1883년 8월부터 감리서(감리서의 장인 감리監理는 관찰사와 동격)를 설치하였다. 그리고 1885년 10월 29일 인천의 예에 따라 부산과 원산에 경찰관을 두기로 하고, 부산항에는 부산 첨사(僉使) 최석홍(崔錫弘)을, 원산항에는 서기관 박의병(朴義秉)을 겸임시켰다.

제정하여 이전과 다른 제도적인 보완이 있었지만, 당시 전근대적인 국가 분위기로 성과가 크지는 않았을 것으로 보인다.

이와 함께 경무청이 전옥서[12] 업무를 인수한 후 1894년 11월 25일 「감옥규칙」이 공포되었다. 주요 내용은 피의자를 미결감未決監과 기결감旣決監으로 나누고, 재판관과 검사는 감옥을 순시하는 것이었다. 감옥에는 감수장監守長이 있으며, 재판소 또는 경무서의 문서에 의해서만 입감자 신병을 인수하였다.

한편 경무청이 신설되기 전 앞에 쓴 데로 1894년 6월 일본은 조선의 보호국화와 이권 획득을 목적으로 한 '내정개혁방안강령 5개조'에는 조선의 경찰 개혁에 관한 내용이 있다.(제4조) 이러한 경찰개혁은 일본에게 유리한 경찰권을 조선에 확립하는 것이었다. 일본은 조선에서 위 개혁에 반발하는 모든 사태에 대비하기 위하여 같은 해 8월 14일 경시, 경부와 순사 103명으로 이루어진 경관대를 편성하여 조선에 입국시켰다.

하지만 당시 조선에서는 경찰제도를 개혁하기 위한 준비가 진행 중이었기 때문에 이미 외무대신 김윤식이 8월 8일 일본 경찰의 파견을 요청한 상태였다. 따라서 타케히사 카츠조武久克造 경시가 자연스럽게 경관대 뒤를 이어 교관으로 8월 23일 경무청에 파견되었다. 그리고 일본 정부는 타케히사 카츠조에게 자국의 대對조선정책을 진행시키는 데 있어 조작하기 쉬운 경찰기구를 만들어 내도록 요구하였다.[13]

이에 대해 조선 정부에서는 타케히사 카츠조가 입국한 후 그의 불신감으로 반발이 있었다. 그럼에도 타케히사는 경무고문으로서 경무청을 자신의 지휘 하에 놓아 각종 경찰행정을 장악하였다. 게다가 박영효의 정계

---

12 김옥은 갑오개혁 이전에 형조 소관의 전옥서(典獄署)가 형조·한성부·사헌부의 피의자(미결감未決監)을 수감하였다. 공판이 있을 때는 피의자를 압송하고, 신문이 끝나면 다시 수감하였다.

13 이토 순스케(伊藤俊介), 갑오개혁기 경찰기구 연구, 경희대 대학원 박사논문(사학과), 2010, 51~56쪽.

복귀는 경무청의 영향력이 급격히 강화되는 계기가 되었다. 이후 정부 내에서 내정 개혁을 위한 의견 차이로 대립관계가 심화되면서 경무청은 점차 시간이 지남에 따라 정권 쟁탈을 위한 중요한 기관으로 자리매김하게 되었다.

3. 관복 변경[14]

조선 정부는 1895년 4월 19일 칙령 제81호 「경무사 이하 복제」를 통해 경무청의 복제를 제정하여, 기존 관복을 서양식 제복으로 바꾸었다. 이 칙령의 주요 내용은 경무사·총무국장·경무관·총순·순검의 상복常服과 하복夏服, 제등堤燈에 관한 사항 등이다. 그 내용을 자세히 보면 다음과 같다.

최초의 상장常裝인 웃옷은 짙은 감색 융으로 되어, 수장袖章을 달았다. 수장은 대선과 소선으로 나누었다. 대선은 폭 1촌 2분(약 3.63cm)의 흑모연이었으며, 소선은 사복형으로 짠 흑모黑毛로 1분(약 0.3cm) 폭이었다. 수장은 계급에 따라 그 선의 색깔과 수가 달랐다. 경무사는 대선 1줄·소선 4줄, 총무국장은 대선 1줄·소선 3줄, 경무관은 대선 1줄 ·소선 2줄, 총순은 대선 1줄·소선 1줄로 장식하였다. 그러나 순검은 수장이 없었으며, 동으로 된 이화梨花단추가 가슴 좌우에 각각 5개씩 달려 있었다. 바지는 웃옷과 마찬가지로 짙은 감색 융의 소재로 만들었다. 그러나 근위경무관과 근위총순은 황색 융을 사용하였다.

경무사는 폭 7분(약 2.1cm) 선 2줄과 폭 2분(약 0.6cm)선 1줄로 장식하였다, 경무관은 7분 선 2줄, 총순은 7분 선 1줄을 사용하였고, 순검의 것에는 선 장식을 하지 않았다. 하복夏服도 상복常服의 일종으로, 백색이었다. 상복

---

14 김정민의 '구한말 경찰복 연구'(이화여대 석사논문, 의류학과, 2011)와 박선희의 '대한제국기 의례반차도의 경찰제복 고증'(단국대 석사논문, 전통의상학과, 2019)을 참조하였다. 이후 대한제국의 경찰복제에 관해서도 이 논문들의 내용을 정리하여 기술하였다.

바지와 달리 하복 바지에는 선 장식이 없었다. 따라서 계급에 관계없이 동일한 바지를 착용하였고, 1897년 순검 하복의 규정이 추가되었다.

상모常帽는 투구형으로 짙은 감색의 융으로 만들었고 높이는 5촌이었다.

Seoul (Coree)

34. — Agent de police coréen ayant conservé les chaussures des civils.

〈사진 10〉 **전통 난모** (暖帽) **위에 투구형 상모를 쓴 순검**[15]

---

15   1900년을 전후로 발행된 엽서이다. 이 엽서는 프랑스학교 사를 알라베크(Charles Alévêque) 교사가 찍은 사진을 토대로 프랑스에서 제작하여 판매되었다. 이 엽서에 나온 순검의 복장은 1895년 4월 19일 「칙령 제81호」에 의해 제정된 것으로, 신발이 양반층이 신었던 것임을 볼 때 연출된 것으로 보인다.

Séoul (Corée)

23. — Kim-Ong-Niouck, Grand Maréchal de la Noblesse, puis tombé en disgrâce, fut accusé d'avoir voulu empoisonné l'Empereur, fut pendu, on le traîna dans les rues, arrivé sur la

〈사진 11-1〉 **근무 중인 순검**[16]

〈사진 11-2〉 **순검 확대 부분**

안비眼底(모자 챙)는 흑색이며 정상의 문
양은 이화梨花로 지름 2촌으로 경무사·
총무국장·경무관·총순은 은색, 순검은
백색의 동銅으로 제작되었다. 이어 1897
년 1월 14일 제정된「칙령 제130호」에
의해 근위경무관, 근위총순, 근위순검의
횡장이 백융白絨에서 황융黃絨으로 변경
되었다.

---

16 대례복을 입은 고관(高官) 김홍륙은 원래 천민출신으로, 러
    시아 블라디보스톡에서 러시아어를 배워 고종황제의 통역
    관이 된 후 학부 협판까지 지냈으나 비리로 흑산도로 귀향을
    가게 되었다고 한다. 그는 귀향가기 전에 고종황제와 순종
    을 독살하려고 하였으나, 발각되어 처형되었다. 도면회,『한
    국 근대형사제판제도사』, 푸른역사, 2014, 134쪽.

한편 제등에 관한 것은 1895년에는 도식으로만 표현하였는데, 1897년 이와 관련된 규정이 명시되었다. 이 제등은 정복正服을 착용하고 공무를 볼 때만 휴대할 수 있었다. 또한 1895년 4월 경무청의 복제를 제정할 당시 제등에는 선 장식만 있었으나, 1906년의 규정에서 이화 2개를 추가하였다. 이는 같은 시기 군軍에서는 제등에 별 2개를 그려 넣어 경찰과 구별한 것이다.

제1차 갑오개혁은 흥선대원군을 비롯한 수구적인 입장을 고수하는 반대파로부터 거센 반발을 받았다. 흥선대원군은 고종高宗과 명성황후明成皇后를 폐하고, 그의 적손자인 이준용을 왕위에 앉히려는 음모를 꾸미면서 동학농민군 및 청국군과 내통하여 일본군을 축출하려는 계획을 비밀리에 추진하였다. 그러나 이노우에 가오루井上馨 일본공사가 부임한 직후 흥선대원군이 정계에서 물러나면서 군국기무처도 폐지되었다. 또한 갑신정변을 주도한 후 일본으로 망명하였던 박영효와 서광범이 각각 내부대신과 법부대신으로 임명되어 연립내각이 수립되었다. 고종은 이러한 정국 속에서 「홍범 14조」를 반포하였다. 그 내용은 다음과 같다.

1. 청에 의존하는 생각을 끊고, 자주독립의 기초를 세운다.
2. 왕실전범을 제정하여 왕위계승은 왕족만이 하고, 왕족과 친척의 구별을 명확히 한다.
3. 임금은 각 대신과 의논하여 정사를 행하고, 종실·외척의 정치 관여는 용납하지 않는다.
4. 왕실사무와 국정사무를 나누어 서로 혼동하지 않는다.

5. 의정부와 각 아문衙門의 직무·권한을 명백히 규정한다.

6. 납세는 모두 법으로 정하고, 함부로 세금을 거두지 못한다.

7. 조세의 징수와 경비지출은 모두 탁지아문에서 관장한다.

8. 왕실의 경비는 솔선하여 절약하고, 이로써 각 아문과 지방관의 모범이 되게 한다.

9. 왕실과 관부官府의 1년 회계를 예정하여 재정의 기초를 확립한다.

10. 지방관제를 개정하여 지방관리의 직권을 제한한다.

11. 우수한 젊은이를 외국에 보내 학술·기예를 익히도록 한다.

12. 장교를 교육하고, 징병제를 실시하여 군제의 기초를 확립한다.

13. 민법·형법을 제정하여 인민의 생명과 재산을 보호한다.

14. 문벌을 가리지 않고 널리 인재를 뽑아 쓴다.

「홍범 14조」는 우리나라 최초의 근대적 정책백서와 최초의 헌법적 성격을 지닌 것이다. 비록 일본공사의 권고에 의한 것이나 당시 개화파 관료들의 개혁의지를 그대로 담고 있다. 이후 이노우에 가오루공사는 내정 개혁을 빌미로 일본인 고문관들을 다수 기용하여 조선의 보호국화를 시도하였다. 하지만 일본 차관의 도입이 지연되고 러시아·프랑스·독일의 3국 간섭에 따른 조선왕실의 거일인아책拒日引俄策(일본을 배격하고 러시아를 끌어들이는 정책) 등으로 순조롭지 못하였다.

따라서 제2차 개혁도 일본의 영향으로 시작되었지만, 조선의 내각대신들을 중심으로 추진된 개혁이었다고 볼 수 있다. 이 개혁을 통해 의정부와 각 아문의 명칭이 '내각內閣'과 '부部'로 각각 바뀌면서, 농상아문과 공무아문이 농상공부農商工部로 통합되어 모두 7부가 되었다. 내각은 각종 법률안, 세입·세출의 예산 및 결산, 국채國債, 국제조약 체결 등에 관한 국가의 중대사를 심의·의결하는 합의제 정책심의기관이었다. 또한 내무대신은 내부대신內部大臣으로 개칭되어, 산하기관인 주현국州縣局·토목국土木局·판적국版籍局·위생국·회계국의 업무를 관장하였다. 그는 지방행정 사무와 함께 경찰·감옥·위생 업무를 관리하였기 때문에 경찰의 최고 관청이었다. 이를 위해 지방관과 경무사를 감독하는 권한이 명문화되었다. 1895년 5월 5일 주현국이 지방국으로 개칭되었고, 8월 6일 「칙령 제151호」로 지방국의 담당 사무에 경찰과 감옥 사무가 추가되었다. 그러나 각 부대신은 여전히 소관사무로 지방관과 경무사를 감독하여 지령指令·훈령訓令을 내릴 수 있었고, 지방관과 경무사의 결정을 취소할 수 있었다.

경무청은 관방에 1과(관인官印·청인廳印 관리, 인사, 문서관리, 통계, 순검 채용, 교육 등)와 2과(경리, 물품관리)를 두었다. 관방에는 감독관 3명이 있어, 관내 경찰사무를 순시하고, 내무대신의 명을 받아 지방의 경찰사무를 시찰하였다.「경무청 처무세칙警務廳處務細則」(1895.5.5, 훈령 제1호)에 의해 총무국은 행정경찰, 정치·풍습·출판물, 외국인·무적자 사무, 실종자·미아, 호구민적, 총포·화약·도검, 도로·소방, 영업·풍속·위생경찰 등 광범위한 업무를 별도의 과·계가 없는 가운데 담당하였다. 총무국장은 경무사를 경유하지 않고 바로 경무서장이나 감옥서장에게 지시할 수 있었다. 사법경찰 업무는 따로 설치된 신문계訊問係에서 중죄重罪·경죄輕罪, 위경죄, 범죄수사, 영장 사무, 고소·고발, 검증·범죄 사용물, 장물·유류품, 변사상자 및 검시, 유치장 근무 파악 등을 담당하였다. 또한 소속된 한성 5부의 경무지서는 경무서警務署로 그 명칭이 변경되었고, 궁내경무서가 신설되었다.

경무서장은 「경무서 처무규정警務署 處務規程」(1895.5.28, 훈령 제4호)에 의해 법률·규칙 및 명령에 따라 관내 경찰사무를 담당하고, 공공의 안녕질서를 유지하며, 부하를 지휘·감독하였다. 그는 수시로 관내를 순시하여 민정을 파악하고, 부하에게 경무법규를 주지시켰으며, 유고 시 수석총순이 대리하였다.

총순은 매일 아침 근무 교대시간에 순검들의 복장을 점검하고, 입직 총순의 경우 주야간에 관내 순시를 하였다. 그리고 순검은 내근과 외근으로 나누어 근무하였다. 내근은 일반 경찰행정 업무를 담당하였고, 외근은 갑·을반으로 나누어 격일제로 행순行巡하였으며, 교대시간은 3월부터 9월까지 08시·10월부터 2월까지 09시였다. 숙직은 총순 1명과 서기 2명이 담당하였다.

이들의 근무방식도 근대적으로 변화되었다. 「경무청 처무세칙」에 주민을 대할 때 "온화溫和하게 대하며 위권威權 행사해서는 안 된다"고 명시(제23조)되었다. 경무지서 입구에도 접수처가 설치되어, 방문자 또는 소환자를 맞이하거나 각종 문서를 접수하였다. 또한 순검들은 야간에 당직일지, 「경무청 관제」·「경무청 처무세칙」 등 서류와 법령집이 비치된 숙직실에서 근무하였으며, 신임직원이나 탈상·출장에서 귀청한 자도 3일간 숙직이 면제되었다.

1885년 5월 26일 「칙령 제98호」로 지방관제가 발포되어, 전국 도道·부府·목牧·군郡·현縣의 행정구역이 23부府 337군으로 개편되면서 일원화되었다. 이로서 종래 부윤·목사·군수·서윤庶尹·판관·현령·현감은 모두 폐지되었고, 읍의 명칭을 군郡으로 하면서 그 장長을 군수郡守로 하였다. 한성부에는 이미 경무청을 두고 있었기 때문에 경찰관이 배치되지 않았고, 인천부 등에는 관찰사 1명, 주사 약간 명, 경무관 1명, 경무관보 1명, 총순 2명 이하, 그리고 순검 다수를 두었다. 그러나 갑산부(함경도)에서는 부근의 관찰사가 겸하였고, 다음 해 5월 30일에 본직을 둘 때까지 경무관 이하를 두지 않았다. 또한 한성부와 갑산부를 제외한 부府의 경무관(보)은 「재판소

처리규정 통칙」(1895.3.25, 칙령 제50호)에 따라 해당 지방재판소에 검사가 없을 때 검사직을 대행하였다. 이는 당시 경찰관과 검사의 업무한계가 불분명하였기 때문이다.

그 후 다시 1886년 8월 4일 「칙령 제36호」에 의해 지방제도가 1부府(한성) 13도道[17]로 변경되었다. 이에 따라 지방관제도 개정되어, 한성부는 판윤判尹이 부윤府尹으로 격하되어 한성 5부를 관장하도록 되었고, 각 도는 관찰사가 지방관을 통할統轄하게 되었다. 관찰사는 내부대신의 지휘와 감독을 받도록 되어 있었으나, 각 부 주무主務에 관한 사무는 여전히 각 부 대신의 지휘·감독을 받아 관내의 행정사무를 총리總理하였다. 군수는 각 군에 주임 1명을 두고 관찰사의 지휘·감독을 받아 행정사무를 처리하였다. 부윤은 광주廣州·개성·강화·인천·동래·덕원(함경도 지방)·경흥에 두었고, 목사는 제주에 두었다. 지휘계통은 내부대신 − 관찰사로 변함이 없었으나 제주목사는 관찰사와 같은 권한을 가졌다. 각 도의 관원은 같은 해 9월 3일 「내부령內部令 제7호」에 의해 23부에 배치되었던 경무관과 경무관보는 없어지고, 관찰사 1명·주사 6명·총순 2명·순검 30명·서기 10명·통인通引·사령使令 15명·사용使傭 8명·사동使童 8명으로, 경찰관의 경우 그 수가 전년에 비해 절반으로 감소되었다.

한편 1895년 3월 25일 개혁법률 제1호로 「재판소구성법裁判所構成法」이 제정·공포되어, 법원을 지방재판소·한성 및 인천 기타 개항장재판소(부산, 원산)·순회재판소·고등재판소·특별법원의 5종으로 하였다. 한성재판소의 경우 관할 내 일체의 민사·형사 소송과 외국인·자국민간의 민사·형사 사건을 재판하기 위해 중부 징청방澄淸坊의 혜정교惠政橋가에 설치되었다. 관할구역은 한성부와 인천·개성을 제외한 경기도 일원이었다. 또한 법

---

17   경기도, 황해도, 강원도, 충청 남·북도, 경상 남·북도, 전라 남·북도, 함경 남·북도, 평안 남·북도.

률 제7호와 제8호에 따라 법원의 관할이 규정되어, 감영·유수영留守營 및 지방재판소의 판결에 따른 상소는 고등재판소에서 수리·심판하였다. 다만 칙임관과 주임관의 범죄는 고등재판소가 제1심으로 심판하였다. 또한「법부령 제3호」로 각 지방관이 재판 직무를 행하였다. 1896년 1월에는 칙령 제5호「각군各郡 군수의 해관내該管內에 있어서의 소송청리訴訟聽理의 건」이 정해졌고, 다시 같은 해 6월「칙령 제29호」에 의해 광주廣州, 개성, 강화의 부윤 및 군수가 해당 관내의 모든 송사訟事를 맡아 심리하였다.[18]

제3절
을미개혁 이후 경찰 변화

1895년 10월 8일 을미사변 전후로 성립한 김홍집 내각이 1896년 2월 초까지 추진한 일련의 개혁을 을미개혁이라고 한다. 이 개혁의 주요 내용은 태양력 사용, 종두법 시행, 개성·수원·충주·안동·대구·동래에 우체사郵遞司 설치, 소학교 설치, 1세 1원一世一元의 연호 사용(1896년 1월 1일부터 '건양建陽'이라는 연호 사용), 군제 개혁, 단발령斷髮令, 외국의복 착용 허용 등이었다. 그러나 을미개혁은 명성황후 시해 사건이 일어난 직후에 국민의 반일감정이 극도에 이른 상황에서 강행된 것이었다. 또한 강제적으로 시행된 단발령으로 인해, 전국 유림이 일제히 들고 있어났으며, 결국 반일·반개화 의병운동으로 이어졌다. 조선정부는 중앙의 친위군과 일본군 파견을 통해 전국적인 의병운동을 진압하고자 하였다.

이렇게 혼란한 시기에 경찰관련 규정이 세분화되어 제정되었다. 먼저, 「경무관리승차陞差 규칙」(1896.1.11, 내각제정 의주議奏)에 의해 총순이 경무관으로 진급하기 위해서는 2년 이상, 총순은 권임에서 1년 6개월 이상 근무

---

18   서일교,『조선왕조 형사제도의 연구』, 한국법령편찬회, 1968, 16~17쪽.

하여야 승진할 수 있었다. 특별한 공적이 있는 경우 그 기간을 단축하여 특별 승진할 수 있었다. 다음, 「지방부 관내 및 경무서내 여비」(1896.2.5, 내부령 제3호)에 의해 계급과 거리에 따라 출장비가 차등 지급될 수 있었다. 이어, 「순검직무세칙」(1896.2.5, 내부령 제4호)에 의해 구체적으로 순검의 직무가 정해졌다. 주요 내용은 지리교시(제10조), 집회 정리(제11조), 시민 구호조치 (제12조), 변사체 보고(제13조), 야간순찰 중 개문開門 발견 시 주인에게 고지 (제14조), 순찰 시 행인이나 영업인에게 방해되지 않도록 주의(제16조), 보고 (직속)상관의 명령 복종(제17조), 성실한 직무 수행(제19조), 지득한 업무사 항 누설 금지(제20조), 온화한 대민접촉(제21조), 노기怒氣 표현 금지(제22조), 정보수집(제23조), 업무시간 외 자기학습(제26조), 품위유지(제27조), 교우관 계(제28조), 언어 순화(제29조), 지나친 부채 금지(제30조), 건전한 가정생활 (제31조), 지나친 음주 금지(제32조), 송사 관여 금지(제33조), 직무상 금품 수 수금지(제34조), 퇴근 후 외출 시 행처 고지(제35조) 등이다. 그리고, 「순검 · 간수 사상휼금규칙巡檢·看守 死傷恤金規則」(1896.4.19, 칙령 제19호)이 제정되어 복지와 관련된 규정도 신설되었다. 이 규칙에 의해 순검과 간수가 근무 중 에 다치거나 순직했을 경우 치료비와 장례비가 지급되었다. 치료비의 경우 부상 정도에 따라 20원元에서 50원 이하, 50원 이상 100원 이하로 구분되 었다. 즉 중상으로 사망에 이르게 되었거나 사망한 경우 유족에게 부인과 자식이 있는 경우 50원 이상 100원 이하, 부인과 자식이 없고 부모 · 조부 모 · 20세 미만의 형제 · 남매가 있는 경우 20원 이상 50원 이하로 지급하였 다. 치료비는 상태에 따라 지급되었으며, 장례비는 10원 이상 20원 이하로 책정되었다. 그와 함께, 「순검 · 간수 퇴직적금규칙」(1896.4.19, 칙령 제20호) 에 의해 퇴직금 제도가 마련되었다. 그 내용은 순검과 간수의 근무연수가 8 년 · 11년 · 14년 · 17년 · 20년 이상인 경우 최종 봉급의 5분의 1을 각각 10

개월·20개월·30개월·40개월·50개월 동안 지급되는 것이었다.

계속 「한성부외 각부 경찰관에 관한 규정」(1896.6.3, 내부령 제3호)에 의해 지방에 근무하는 순검의 정원이 정해졌다.[19] 이어 다음 날 제정된 「각부 순검정원에 관한 건」(1896.6.4, 칙령 제128호)에 따라 전국 순검의 정원이 1,540명으로 정해졌다. 그와 함께 「순검채용규칙」(1896.8.8, 내부령 제7호)에 의해 순검의 채용 연령이 20세 이상 25세 미만으로 조정되었다. 또한 징계로 인하여 면직된 자는 2년이 경과해야 재지원할 수 있었고, 채무관계가 있거나 주벽과 폭력성이 있는 경우 채용되지 못하였다. 채용시험과목은 『경무요서 대의警務要書 大意』, 『지리』, 『논문(국한문)』이었다. 순검은 원칙적으로 경무학교생으로 충용充用되었으나, 예외적으로 1896년 1월 13일 폐지된 호분위虎賁衛와 무예청 소속 군인 등이 순검으로 특별 채용되었다. 또한 계급은 경무관·총순·권임·순검 순으로, 권임은 순검들의 합의로 선출된 후 경무사가 임명하였다. 다시 권임은 과실 없이 1년 이상을 근무하면 총순으로 승진할 수 있었고, 총순으로 2년 이상 근무하면 승진할 수 있었다. 물론 순검이 특별한 공을 세웠으면 바로 총순으로 특별 승진할 수 있었고, 총순도 마찬가지였다.

그리고 지방에서 인천·부산·원산의 감리서가 폐지되었지만 이 개항장에 배치되었던 경무관을 그대로 두어 각 관찰사의 지휘·감독을 받게 하였다.[20] 그 외에는 특이 사항 없이 여전히 관찰사가 경무관을, 경무관은 총순을, 총순은 순검을 지휘·감독하였다. 최하위직인 순교巡校·서기는 주사의 지휘·감독을 받았다. 그런데 「군수와 세무에 관한 규정」(1886.9.5)에서 '장

---

19 인천부 70명, 개성부 70명, 공주부 70명, 충주부 70명, 홍주부 50명, 대구부 50명, 안동부 50명, 진주부 50명, 동래부 70명, 전주부 70명, 나주부 50명, 남원부 70명, 제주부 50명, 해주부 80명, 춘천부 50명, 강릉부 50명, 함흥부 100명, 경성부(鏡城府) 100명, 갑산부 100명, 평양부 70명, 의주부 100명, 강계부 100명이다.

20 1886.5.26, 「칙령 제100호」.

校將校'라는 명칭이 보인다. 이 명칭은 당시 지방군대가 사실 상 해체되고 중앙에 훈련대訓練隊 등으로 신제군대가 개편되는 과정에 있었다는 것을 고려해 볼 때, 지방경찰이 새로운 경찰제도로 바뀌기 전에 있었던 마지막 명칭으로 보인다.

한편 행정벌 규정도 신설되었다.「부·경무청·부령 위반에 관한 벌칙 제한령部 警務廳 府令 違反에 關한 罰則制限令(1895.10.6)이 그것으로 오늘날 경범죄 처벌에 관한 규정이 마련되었다. 이 영에 따르면 경무사와 모든 관찰사는 명령을 위반하는 자에게 10원元 이내의 벌금과 10일 이하의 구류를 처분할 수 있었다. 물론 이보다 높은 관직인 각 부 대신은 법률·칙령으로써 특별한 경우를 제외하고, 발포한 부령部令을 위반한 자에게 30원元 이하의 벌금 또는 30일 이내의 구류를 처분할 수 있게 하였다. 이후「도적처단례盜賊處斷例」(1896.4.1, 법률 제2호)와「형률명례刑律名例」(1896.4.4, 법률 제3호)가 제정되어 형률도 정비되었다.

대한제국 경찰

　　1897년 2월 고종이 아관파천俄館播遷 후 환궁하자 개화파와 수구파가 칭
제건원稱帝建元을 추진하였다. 그 결과, 고종은 8월 16일 건원을 '건양建陽'에
서 '광무光武'로 고쳤다. '건원'에 성공한 개화파와 수구파는 연합하여 '칭제
운동'을 벌였다. 그 해 9월 농상공부 협변協辦 권재형權在衡이 상소하면서 국
제공법의 한문역본을 첨부하여 칭제하는데 국제법적 이론을 제공하였다.
또한 외부外部 협변 유기환兪箕煥과 유학幼學 심노문沈魯文을 비롯한 선비들의
상소와 백관白官의 정청庭請 등에 따라 환구단을 세우고, 10월 12일 황제즉
위식을 거행하여 대한제국이 건국되었다.

　　1899년 8월 대한제국은 「대한제국제大韓帝國制」 9개조를 공포하여, 자주
독립국임을 천명하였다. 또한 황제의 권한은 무한하며, 구체적으로 육해군
통수권과 계엄선포권, 법률제정 및 공포, 대사大赦·특사特赦·감형減刑·복권
에 관한 명령권, 관제 및 칙령 제정권, 문·무관의 임면 및 영예 수여권, 외
교사절 파견과 선전宣傳·강화講和·조약 체결권을 가지는 것 등을 명시하였
다. 이로써 대한제국은 강력한 전제국가로서 체제를 정비하게 되었다.

1. 경무청

경무청에서는 1898년 4월 14일에 관제를 개정하여, 총순 정원을 기존 30명에서 40명으로 증원한 것 외에는 큰 변동이 없었다. 이 기관의 당시 경찰활동은 1898년 3월 9일자 독립신문에 게재된 서울 5서 관내의 금지사항 14개조를 보면 잘 알 수 있다. 그 내용은 다음과 같다. ① 천능존踐陵尊(천한 이가 귀한 이를 능멸함), ② 소능존少陵尊(젊은 사람이 어른을 능멸함), ③ 강천멸존强踐陵尊(강한 이가 약한 이를 능멸함), ④ 노상 장죽 끽연路上 長竹 喫煙, ⑤ 노상중소路上衆騷(노상에서 여러 사람이 방자히 떠들어댐), ⑥ 취중 시비醉中是非, ⑦ 논상투전路上投錢, ⑧ 빙상굴로憑商掘路(길과 바닥을 매개로 돈을 받음), ⑨ 노상우마불단속路上牛馬不團束(소와 말이 왕래할 때 고비를 놓거나 길게 끎), ⑩ 경찰관리 기주점 상점警察官吏 寄酒店 商店(경찰관리의 주점과 상점 출입), ⑪ 비결기인秘訣欺人(떳떳치 못한 말을 함), ⑫ 무당·판수의 기도 혹세惑世(무당과 점치는 일을 직업으로 삼는 맹인이 기도하며 세상을 혹하게 함), ⑬ 조언造言, ⑭ 선동煽動(서로 거짓말을 하여 선동함)으로 모두 14가지다. 즉 사회적으로 전근대적인 부분이 많이 남아 있는 가운데 경찰활동이 이루어졌다.

한편 감옥관리를 위한 법제를 정비하여 1898년 1월 19일 「감옥세칙監獄細則」을 공포하여, 면회·사식私食·사물私物에 관한 규정이 추가되었다.

2. 지방경찰

1) 「지방경찰장정地方警察章程」 제정

1894년 7월 14일 칙령 제85호로 「행정경찰장정」이 제정된 지 4년이 지난 후 1898년 7월 28일 내부령 제15호로 「지방경찰장정」이 공포되었다. 이 장정은 제1관款 「지방관리임면규칙」, 제2관 「처무세칙」, 제3관 「순검채용규칙」, 제4관 「순검징벌규칙」, 제5관 「감옥규칙」, 제6관 「경찰일기규칙」으로 이루어져 있다. 그 주요 내용은 다음과 같다.

(1) 처무세칙

먼저 '경무警務'의 개념을 '위해를 방어防禦하고 공동으로 비익裨益을 모계謀計하므로 요지要旨을 만드는 일'로 규정하였다.(제2관 제2조) 이를 위한 주요사항은 다음과 같다. 직무와 관련된 모든 사건은 성실하게 처리하고 거짓이 없어야 한다.(제3조) 직무상 보고 들은 것은 누설하지 말아야 한다.(제4조) 상관의 명령은 직무에 의하여 복종하여야 하고(제5조), 상관을 존중하며 속료屬僚를 친애親愛한다.(제7조) 인민을 대우함에 있어 온화하여야 하며(제7조), 노기怒氣로 대응하지 않아야 한다.(제8조) 그 외로 정보수집(제9조), 직무상 보고 의무(제10조), 긴급한 사건 발생 시 상관에게 직보(제11조), 경찰관의 각종 물의 야기 금지(제12조), 직무 시 또는 퇴근 후 음주·도박 등 유흥 금지(제13조), 뇌물 수수 등 금지 및 (장기)외출 시 거주처去住處를 서署에 보고(제14조), 기타 행정경찰사무와 위생경찰 사항(제15조) 등이다.

(2)「순검채용규칙」

기존「순검채용규칙」(1896.8.8, 내부령 제7호)에 의한 순검의 채용 연령이 20세 이상 25세 미만에서 20세 이상 35세 미만으로 변경되었다. 그 외는 이전과 같다.

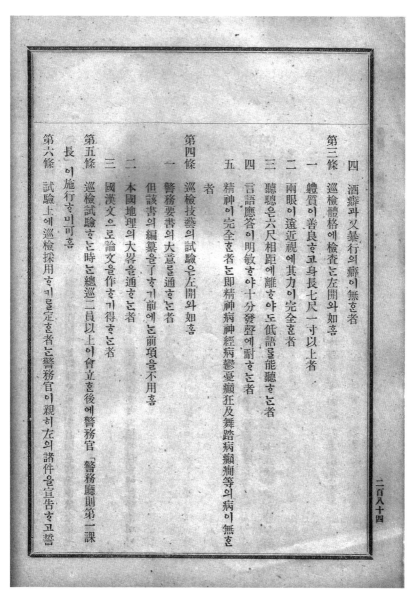

第六條　試驗上에巡檢採用ㅎ기로定흔者는警務官이親히左의諸件을宣告ㅎ고誓

第五條　巡檢試驗ㅎ는時눈總巡二員以上이會立흔後에警務官「警務廳則第一課長」이施行ㅎ미可홈

三　國漢文으로論文을作ㅎ기得ㅎ는者

二　本國地理의大畧을通ㅎ는者

第四條　巡檢技藝의試驗은左開와如홈

一　警務要書의大意믈通ㅎ는者

但該書의編纂을了ㅎ기前에 눈前項을不用홈

五　精神이完全흔者눈即精神病神經病鬱憂癲狂及舞踏病癲癎等의病이無홈

四　言語應答이明敏ㅎ야十分發聲에耐ㅎ는者

三　聽聽은六尺相距에離ㅎ야도低語믈能聽ㅎ는者

二　兩眼이遠近視에其力이完全흔者

一　體質이善良ㅎ고身長은七尺一寸以上者

第三條　巡檢體格에檢查는左開와如홈

四　酒癖과又暴行의癖이無흔者

〈사진 12〉『순검채용규칙』(부분)

(3) 「순검징벌규칙」

순검의 징계 등급은 견책, 강급降級, 벌금, 파면으로 정하였다.(제4관 제1조) 순검의 징계사유는 직무상 청탁 수수(제3조 1항), 상관의 명령 불복종(제3조 2항), 고의적인 부실 신고(제3조 3항), 직권의 남용과 인민의 권리 침해(제3조 4항), 인민의 재산 약탈(제3조 5항), 직무상 비밀 누설(제3조 6항), 직권을 이용한 사리私利 경영(제3조 7항), 근무 태만(제3조 8항), 방탕유희(제3조 9항), 직무수행을 치욕으로 여기는 자(제3조 10항)이다.

(4) 「감옥규칙」

감옥 사무는 재감인在監人의 출입 명부, 급여품 등 일반 행형사무 내용으로 되어 있다.

(5) 「경찰일기규칙」

경찰일기에는 전일에 처리하였던 사건과 견문한 내용 등을 기록하고, 다음 날 오전 10시에 이를 경무청에 보고하였다. 강도, 절도, 방화, 도박, 도로 파손, 인명구조 등 특별한 사건은 총순을 통해 내부에 직접 보고하였다.

2) 지방경찰제도 변화
(1) 전근대적인 경찰제도 존속

1897년 10월 12일 대한제국이 건국되었지만 경찰제도는 다른 행정제도와 마찬가지로 이전 시대의 것을 계승하였다. 지방에서는 여전히 총순은 관찰사의 지휘·감독을 받으며 관내 경찰사무를 수행하였다. 이들은 「각부各府·목牧 판임관 이하 임면규례任免規例」(1897.3.7, 칙령 제44호)에 따라 현지 순검 중에서 선발된 후 내부에 내신內申되어, 임명되었다. 또한 승급昇給

은 「지방관리임기」(1897.8.7, 칙령 제48호)에 따라 만 1년을 열심히 근무하면 1급級씩 올려 1등에 이르고, 이를 넘으면 중앙의 각 부의 주임관奏任官이나 지방의 주임관이 되었다. 그러나 봉급은 고정적으로 증액되지 않았다. 다음해 7월에는 「지방경무장정」(1898.7.28, 칙령 제15호)에 따라 순검을 1등·2등·3등으로 구분하였고, 1등 순검은 권임權任이라 칭하면서 정원을 2명으로 하였다.

그런데 부·목·군에 1897년 순교巡校라는 새로운 직명을 가진 경찰관이 처음으로 배치되었다. 이 순교는 전년까지 있었던 장교將校의 가칭으로 보인다. 순교 정원은 부府 8명, 목牧 8명, 1·2등군郡 6명, 3등군 5명, 4등군 4명, 5등군 2명이었다. 또한 부에 순솔巡率 8명이 배치되었으며, 이는 순교에 다음가는 계급으로 보인다. 사령使令도 부 10명, 목 8명, 1·2등군 8명, 3·4등군 6명, 5등군 4명이 있었다.

1897년 9월 12일 경기도 개성부·강화부·여주군·남양군·과천군에 도적 퇴치를 위하여 순교, 별순교別巡校, 청사聽使가 증치增置되었다. 개성·강화부는 별순교 12명, 청사 5명, 남양·과천·여주군에는 각각 순교 5명이 증치되었다. 또한 1898년 7월 3일 도적이 출현하는 경기도 광주부·양주군·파주군·안성군, 충청북도 제천군·옥천군, 충청남도 홍주군·천안군, 황해도 평산군·안악군·곡산군, 강원도 철원군·횡성군·강릉군에 각각 별순교 10명, 청사를 증치增置하였다. 이 별순교는 기존 순교와 같은 급으로, 관찰사와 군수의 명을 받아 도적을 잡는 업무를 하였다.

한편 1897년 8월 4일 칙령으로 제정된 「지방관리 사무장정」은 지방에서 근무하는 모든 관리가 지켜야 할 임무를 명시하고 있다. 당시 지방경찰이 행정관청에서 독립하지 못한 점을 볼 때, 이 장정은 지방경찰관들에게도 그대로 지켜야 했을 조항으로 보인다. 경찰과 관련된 내용은 ① 인민을 근진勸診하여 선행을 닦고 악습을 하지 못하게 하는 일, ② 인민이 식산殖産하면 유리한 방법을 권장하고 방해를 예방하는 일, ③ 인민을 효유曉諭(깨달아 알아듣도록 타이름)하여 국법을 준행遵行하되 범과犯科함이 없게 하는 일, ④ 관내에 범죄 발생을 엄방嚴防하고, 부랑자를 은애恩愛로 효유하여 더 이상 만연蔓延되지 않게 할 것 등이었다.

(2) 개항시장의 경무서 증설

원래 감리서는 조선정부가 1883년에 처음으로 인천仁川·덕원德源(원산)·동래東萊(부산)에 설치한 기관이다. 1895년에 지방제도를 개편하면서 이를 폐지하고, 각각 소재지의 관찰사나 부사가 그 업무를 하게 하였다. 그리고 같은 해 지사서知事署를 설치하고, 감리서 임무를 맡게 하였다. 그러다가 1896년 다시 감리서를 부활하여 웅기雄基(함경북도 경흥군에 있는 항구 도시)·목포·진남포鎮南浦·군산·마산·성진·용암포龍巖浦·신의주 등의 항구와 평양에도 설치하였다.

다음해 1897년 9월 12일 무안(목포)·삼화(증남포 : 현 평안남도 남포시)에 감리서가 설치되면서 1900년에는 감리서와 경무서의 수가 인천·동래·옥구(군남포)·창원(마산포)·덕원·성진·함흥(경흥)·평양을 포함하여 총 10개로 늘었다. 이때 경무서는 칙령 제52호「각 개항장의 경무서 설치에 관한 건」에 의해 수도의 경무서에 준하여 경무관, 총순, 순검, 청사聽使, 압뢰押牢(간수)가 근무하였다. 이 칙령을 보면 인천·동래·삼화·무안·옥구·창원은 1급서로, 각 서에 경무관 1명·총순 2명·순검 60명·청사 3명·압뢰 3명으로 총 69명이 있었다. 덕원·성진은 2급서로, 각 서에 경무관 1명·총순 1명·순검 40명·청사 2명·압뢰 2명으로 총 46명이 있었다. 함흥·평양은 3급서로, 각 서에 총순 1명·순검 20명·청사 2명·압뢰 2명으로 총 25명이 있었다.

경무서의 장인 경무관은 해당항의 감리의 지휘를 받아 부하직원을 감독하였다. 그러나 내부內部에 관한 사항은 감리를 거치지 않고 바로 보고하였는데, 이는 개항시장 경무서가 내부 직속이기 때문에 당연하였다. 총순도 감리의 명과 경무관의 지휘에 따라 경찰업무를 하였다. 경무관이 없는 함흥, 평양에서는 직접 감리의 명을 받아 소속 직원을 감독하였다. 이 경우 총순이 서장이 된 것으로 추정된다. 또한 순검 이하에 대한 징계는 서장이 하고, 경무관과 총순은 내부內部에서 하였으며, 감리監理는 이들에 대한 감독권만 있었다.

한편 개항지의 형사재판에 있어 대개 그 소재지의 판윤府尹이 재판소 판사를 겸하였고, 각 개항지 경무관이 초심의 검사역을 담당하였다. 재심의 경우 해당 도내의 군수를 지정하여 검사역을 담당케 하였다. 이는 당시 개항지 이외 지방에서 형사 사건 발생 시 군수가 초심 검사역을 맡고, 재심에는 타부군他府郡의 군수가 검사역을 맡는 예에 맞추기 위한 것으로 보인다.

3. 경찰복제 개정

대한제국 정부는 1899년 「칙령 제6호」를 제정하여 경찰 최초로 예복禮服을 규정하였다. 웃옷에는 짙은 감색 융의 소재로, 수구袖口에는 홍색 융으로 만든 선을 댔는데, 길이가 3촌(약 9.09cm)이었다. 수구는 가운데가 뾰족하게 솟아 그 형태가 '山산'자와 같았고, 어깨선과 삼각형의 정점이 일직선상에 놓였다. 수장은 길이 5촌(약 15.15cm), 너비 3촌 5분(약 10.59cm)이었으며, 금사편직 선 1줄과 금사로 수놓은 '又우'자형 곡선 여러 줄로 구성되어 있었다. '又우'자형 선 상단에는 금선으로 수놓은 이화를 놓았다. 계급에 따라 곡선의 개수만 달리하여, 경무사는 4줄·경무관은 3줄이었다.

〈사진 13〉 **개정된 제복을 입은 총순**(왼쪽)**과 순검**(오른쪽)

이와 함께 1899년 3월 26일 「칙령 제9호」도 제정하여 기존 투구형 상모를 케피형으로 변경하였다. 또한 단추의 문양을 이화에서 무궁화로 바꾸고, 모자 상반부와 정수리가 만나는 곳을 둥글게 백색의 선으로 둘렀다. 하반부에는 횡장橫章을 가로로 대면서 일반 경찰은 백융白絨을, 근위 경찰은 황융黃絨을 둘렀고, 경무사는 대선 2줄·소선 1줄, 경무관은 대선 2줄·소선 1줄, 총순은 대선 2줄, 권임순검은 대선 1줄, 순검은 소선 1줄이었다.

| 소장訴狀1 |

경북 영천에 사는 김제하는 같은 군의 신녕면에 거주하는 권치한에게 그의 며느리가 임신할 경우 300냥을 받기로 하고 태약을 지어주었다. 그 결과, 권치한의 며느리는 쌍둥이를 낳았으나 김제하는 아무런 대가를 받지 못해 약을 지어준지 3년이 지난 후 대구부 경무서에 소장을 제출하였다.

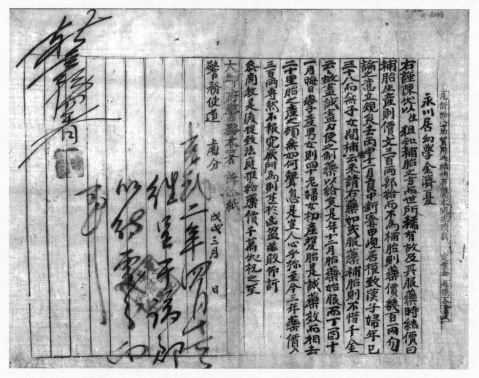

〈사진 14-1〉 **김제하의 소장**

---

1   크기는 38.7cm×30.3cm이다.

永川居幼學金濟夏

右謹陳, 伏以, 生粗知補胎之方, 而世所希有, 故及其服藥時結價曰,

補胎生産, 則價文三百兩卽給, 而不爲補胎, 則藥價幾百兩, 勿

論之意立規矣. 去丙申十一月良中, 新寗甲峴居權致漢子婦, 年已

三十八, 而無子女. 間補胎云來請, 右藥如或服藥補胎, 則不惜千金

云云, 故盡誠力, 使之制藥, 以給矣. 是年十二月, 胎藥始服, 而丁酉十

一月晦日, 孿生男女, 則四十老婦女, 初産雙胎, 是誠藥效, 而相去

二十里, 胎之産之, 頓無如何聲息, 是豈人心乎旀, 至今三年, 藥價

三百兩, 專然不報, 究厥所爲, 則甚於凶盜. 玆敢仰訴,

參商敎是後, 捉致法庭, 推給藥價, 千萬伏祝之至,

警務使道 處分. 戊戌三月 日.

영천(永川)에 사는 유학(幼學) 김제하(金濟夏)

위의 사람이 삼가 아룁니다. 생각하건대, 저는 아이를 배는(補胎) 방법을 조금 알고 있는데 세상에는 드물게 있는 것입니다. 그러므로 약(藥)을 복용할 때 값을 매기면서 말하기를, 아이를 배게 되어 낳는다면 값으로 3백량을 곧 주고, 아이를 배지 못한다면 약값이 수 백량이라도 따지지 않겠다고 법규를 세웠습니다. 지난 병신년(1896) 11월에 신녕(新寗) 갑현(甲峴)에 사는 권치한(權致漢)의 며느리가 이미 38세인데 자녀가 없었습니다. 그러다가 아이를 배고 싶다고 와서 청하기를, "이 약을 만약 복용하여 아이를 배게 된다면 천금(千金)이 아깝지 않습니다"라고 하였습니다. 그러므로 정성과 힘을 다해 약을 지어 주었습니다. 이 해 12월에 태약(胎藥)을 복용하기 시작하여 정유년(1897) 11월 회일(晦日)[2]에 쌍둥이로 남녀를 낳았습니다. 그러하니 40세의 늙은 아녀자가 초산(初産)으로 쌍둥이를 배어 낳았으니 이것은 참으로 약의 효과입니다. 그런데 서로 20리나 떨어져 있어서 아이를 배었는지 낳았는지 전혀 어떠한 소식도 없었으니, 이 어찌 사람의 마음이랄 수 있겠습니까. 지금까지 3년이 되어도 약값은 전혀 갚지 않으니 그 행위를 살펴보면 흉악한 도적보다 심합니다. 이에 감히 우러러 호소하오니 살펴보신 후에 법정(法庭)에 잡아다가 약값을 받아 주시기를 천만 번 바라옵니다.

경무사또(警務使道)께서는 처분해 주시기 바랍니다. 무술년(1898) 3월 일.

---

2 음력으로 그 달의 마지막 날.

또한 그는 아무 한지에다 소송 내용을 기록한 것이 아니라, 대구부 경무서용 소송지를 사용하였다. 이는 당시 국가가 소송지의 크기, 지질 등 소송양식을 제정한 것을 의미한다.

다음으로 이 소송지를 사기 위해 인지대에 해당하는 1푼 5리를 지불해야 했다.

그렇다면 1푼 5리는 오늘날 얼마에 해당될까? 일반적으로 화폐가치는 금으로 환산하지만 이 금액은 크지 않아 물건으로 계산하기로 한다. 당시 1푼은 장작 또는 과일의 한 지게 분 값이기 때문에 1푼 5리는 이와 같은 물건의 한 지게 반에 해당한 가격으로 추정된다.

〈사진 14-2〉
양식 사항

〈사진 14-3〉
소송지 대금

〈사진 14-4〉 **제사(題辭)**[3]

'김제하'는 이와 같은 금액을 지불하여 소장을 구입, 1898년 3월 소장을 제출하였고, 같은 해 4월에 경무관이 경무사의 권한을 위임받아 다음과 같이 처결하였다.

---

3   관부에서 백성이 제출한 소장이나 원서에 쓰던 관부의 판결문이다.

往呈于該郡,

以待處分向

事.

光武二年四月十一日.

警務署(印章)

해당 군(郡)에 올리고 처분(處分)을 기다릴 일이다.

광무(光武) 2년(1898) 4월 11일

경무서(警務署)(인장)

즉 영천군수에게 이 서류를 보여주면 후속절차가 이어진다는 것이다.

한편 당시 관(官)에 제출하여 처분을 받은 각종 서류는 관청에서 보관하는 것이 아니라 신청인에게 돌려주었다. 따라서 민원인은 현재 우리가 사용하는 복사기가 없었기 때문에 처분 받은 서류를 그대로 돌려받은 다음, 해당 부서에 가서 제시한 후 본인이 영구 보존하였다.

1. 경부警部 신설

1900년 6월 12일 고종황제의 전적인 명命에 따라 의정부에 경부가 신설되었다. 그 과정을 보면 같은 해 6월 9일 고종황제는 "경장초更張初에 경무청이 내부內部 직할에 속했으나 현금現今에는 국내의 경찰사무가 점차로 단번段繁하여 시제時制가 소완少緩을 불격不啻하므로 경부를 부설하되 관제를 신정新定하여 정부가 불일不日에 회의하여 드리도록 하라"[1]는 조칙을 내렸다. 그 후 3일 뒤에 「경부 관제警部 官制」로 재가裁可되어 신설되었다.

조직은 경부대신·관방(비서과, 감독과[기밀·인사·관인 등을 담당])·협판協辦·경무국(경찰과, 신문과訊問課 : 경무·행정·사법경찰 업무)·서무국(문서과, 기록과)·회계국(회계과)·감옥서·한성 5부서·각 개항시장 경무서로 이루어졌고, 지방에 관찰사(함북변계 경무서, 수령)·판윤(한성, 경무서·경무분서), 그리고 궁내경무서(후에 경위원警衛院)로 구성되었다.

경부대신은 의정부에서 토론과 표결을 행사하는 찬정贊政[2]으로, 전국 경찰사무를 관장하였다. 따라서 그 권한은 강력하였다. 경부의 예산 또한 군부, 내부, 황실비, 향사비享祀費, 탁지부에 이어 다섯 번째로 많았다. 특히 1901년 12월 경부가 폐지되기 전까지 1년 7개월간 임명되었던 경부대신 또는 서리의 수는 11명이었다. 이들의 경력을 보면 탁지부 대신 서리·외

---

1   『고종실록(高宗實錄)』, 1900년(광무 4년) 6월 9일 조(條).

2   1896년부터 1905년까지의 의정부 소속 회의원이다. 1896년 9월 신설되었고, 전임 찬정과 각 부대신이 당연직으로 겸임하는 찬정으로 나누어진다. 전임 찬정은 5인이고 겸임 찬정은 각부 대신 7인(1898년 6월까지는 6인으로 각부 대신 중 내부대신이 찬정을 겸함)으로 칙임관이다. 참찬을 경유하여 의정·의정대신에게 의안을 제출할 수 있고, 의안에 대하여 토론과 표결을 행사하였다. 의안을 제출한 찬정은 회의에서 제안 이유를 설명하여야 하고, 제출하지 않은 찬정은 의정이 배부하는 의안 부본을 검토한 뒤, 자기의 의견을 첨부하여 회의에 참석하여야 했다. 또한, 동료의 의견에 반대할 경우 회의 후 1주일 이내에 특별심사보고서를 제출할 수 있었다. 의정부 회의는 찬정 3분의 2가 출석하여야 열릴 수 있었다. 찬정이 사고가 있을 때 찬정 중에서 임명되어 임시로 업무를 맡았고, 겸임 찬정, 즉 각부 대신의 유고시 서리대신(협판)이 찬정이 되었다. 참찬이 사고가 있을 때는 찬정 중 연소자가 참찬의 업무를 임시로 대행하였다. 이와 같은 찬정은 1905년 2월 폐지되었다.

부대신 서리·평리원 재판장·원수부 군무국 총장 등으로, 당시 이 직이 얼마나 선호되었는가를 알 수 있다.[3] 그러나 경부대신의 자리가 정권쟁탈을 위한 방편으로 이용되는 바람에 대부분 재직기간이 상당히 짧았다. 그렇지만 처음으로 경찰기관이 독립하여 독자적인 행정을 실시하였다는데 큰 의의가 있다.

경부가 신설되고 난 후 경부령 제1호로 나온 것이 「순검채용규칙」이다. 주요 내용은 순검을 20세에서 35세까지의 경무학도警務學徒 중에서 시험으로 채용하고, 정원 외 채용을 금지하며, 일가친척으로 대신 근무함을 금하는 것[4] 등이다. 여기서 중요한 것은 '학도'이다. '학도'는 오늘날 경찰관이 되기 위하여 채용시험 준비를 하는 이들을 말한다. 따라서 당시 각 개항·시장경무서가 경찰관직을 희망하는 이들을 선발하여 교육시켰다는 것을 알 수 있다. 앞에 쓴 「순검채용규칙」 제4조는 "각 도와 각 항의 경무서에는 순검을 채용할 때 학도가 없으면, 희망자에게 복무심서를 회강한 후 우수한 이를 뽑아 충원하고, 만약 인순因循(내키지 아니하여 머뭇거림)하여 실력에 따라 준행遵行하지 않으면 해당 총순을 엄중 징계한다"고 되어 있어 당시 경부가 순검 채용에 큰 관심을 가지고 있었음을 알 수 있다. 또한 현직 순검에게도 복무심서服務心書를 주어 시험을 치고, 회강會講을 하며, 기期를 나누어 성적을 매겨, 1차에 과락하면 감등減等 또는 감봉하고, 계속 낙제하면 파면한다고 되어 있다. 그리고 출장자도 귀환한 후 시험을 치러 우수한 자로 충용充用하도록 되어 있었다.

---

3 조병식(탁지부대신으로 서리, 1900.6.12 임명), 박제순(외부대신으로 서리, 1900.8.17 임명), 이종건(원수부 군무국 총장으로 경부대신 겸직, 1900.9.22 임명), 조병식(의정부 참정으로 서리, 1900.11.13 임명), 민영철(학부협판으로 서리, 1901.2.11 임명), 김정근(평리원 재판장으로 서리, 1901.3.15 임명), 이종건(원수부 군무국장 총장을 겸직, 1901.3.19 임명), 이근택(군무협판으로 서리, 1901.6.12 임명), 이종건(원수부 군무국장 총장을 겸직, 1901.11.9 임명), 이종건(원수부 군무국장 총장으로 서리, 1901.12.2 임명), 이지용(원수부 기록국 총장으로 서리, 1902.1.19 임명) 경부가 실제 폐지된 날은 1902년 2월 16일이다.

4 종래 군역제도 시행시 일가친척이 대신하던 유풍(遺風)을 말한다.

지방에서는 한성부 경무분서警務分署로 경무서서警務西署에 마포·서호 경무분서麻浦·西湖 警務分署를, 경무남서警務南署에 한강 경무분서漢江 警務分署를 두었다. 또한 1901년 2월 16일 국경지역인 함경북도의 주민을 보호하기 위하여 변계경무서邊界警務署가 신설되었다. 이 경무서는 경무관 2명, 총순 4명, 순검 200명, 청사 3명, 압우 3명 등 총 212명으로 이루어졌다. 이는 경무서 중에서 가장 많은 인원이 배치된 것으로, 당시 국경지역의 치안확보가 타 지역보다 더욱 중요했기 때문으로 보인다.

한편 한성에서는 종래 경무청이 경찰·소방·감옥의 사무를 담당하여 왔다. 그 후 경부가 내부로부터 독립하자, 한성판윤漢城判尹은 경무감독소警務監督所를 신설하여, 부내府內 경무 동·서·남·북·중서警務 東·西·南·北·中署 등 5개 경무서를 지휘하도록 하였다. 구성원은 경무관 1명, 총순 2명이었다. 이는 기존 경무청이 한성부의 1개 국局으로 되었음을 보여주는 것으로, 한성판윤도 근대 이전과 마찬가지로 경찰기관으로 회귀했다고 볼 수 있다.

2. 경위원警衛院 신설

경부警部는 1901년 11월 궁내에 경위원을 설치하였다. 이 경위원은 1895년 창설한 경무청 관하 궁내경무서의 후신으로 보인다. 또한 그 소속을 궁내부로 하였으며, 이는 당시 궁중과 부중府中의 사무를 구별하기 위한 것으로 보인다. 경위원은 황궁 내외의 경비와 수위守衛를 담당하고, 황궁 내의 거동 수상자를 단속·체포하는 업무 등을 맡았다.

경위원장警衛院長은 총관摠管(칙임관勅任官)으로, 군의 장관將官 또는 영관領官이 임명되었다. 그 밑에 총무국장 1명, 경무관 7명, 총순 16명 등 상위 계급의 경찰관들이 많이 배치되었다. 소속 부서로 경위과警衛課, 문서과, 신문과訊問課, 회계과가 있었으며, 특히 신문과에 기찰별순검譏察別巡檢이 보이는데,

이는 사복경찰관으로 보인다.

이후 1905년 3월 4일 경위원이 폐지되고, 대신 주전원主殿院에 황성경위국皇城警衛局이 신설되었다.

1. 경부 폐지와 경무국警務局 신설

1901년 3월 15일 고종황제는 조칙詔勅 제11호「경부관제를 전前 경무청에 시행하는 건」을 내려 경부警部의 모든 사무를 경무청에 이관하도록 하였다. 이 건은 같은 해 12월 8일 황제의 재가를 받았고, 다음해 1902년 2월 16일 신경무청 관제가 시행되어, 이날 실제로 경부가 폐지되었다. 이로써 경무청은 다시 내부內部 소속으로 환원되었다.

그러나 경무청의 업무는 한성부만이 아닌 전국 경찰과 감옥사무를 관장하게 되어, 이전에 비해 크게 확대되었다. 물론 경무청의 장長인 경무사는 사법경찰 사무에서 법부대신의 감독·지휘를 받았지만, 그 외는 각 부府·부部·원院의 장長과 대등하게 업무를 처리하였다. 조직은 경무사 직속으로 관방(비서과, 경무감독소)을 두었고, 산하에 경무국警務局을 두어 경무과·문서과·기록과·회계과를 관할하게 하였다.

소속 직원은 경무사 이하 경무국장 1명, 경무관 12명 이하, 주사 8명, 총순 34명 이하, 기수技手 1명으로 전보다 인원이 약간 줄었으나, 감옥서장 1명·주사 및 간수장 2명은 종전과 같았다. 아울러 한성에 경무 5서와 3분서를 그대로 두고 경찰사무를 보았다. 또한 죄수의 질병치료를 위해, 내부대신의 재가로 광제원廣濟院 의사를 부를 수 있었다.

2. 일부 지방의 토포영제 부활

대한제국 정부는 당시 경찰력으로 치안을 확보하기 힘든 경우 황제의 재가를 받은 관리들이 직접 문제를 해결하는 조치를 취하였다. 사례로 1903년 전년의 흉작으로 전국에 절도가 횡행하면서, 당시 경무청 인력만으로는 이를 단속하는데 어려움이 있었다. 이에 7월 내부대신 서리인 김규홍金奎弘이 황제의 재가를 받아 갑오개혁 이전에 진영鎭營[5]과 토포영討捕營[6]을 겸한 읍邑가운데 중요한 곳을 선정하여 포도捕盜에 임하게 하였고, 8월에는 경기·충청·전라·경상도의 17개 부府와 군郡의 수령에게 별순교別巡校 12명과 청사廳使 5명을 증치增殖하여, 본읍本邑 뿐만 아니라 부근의 부·군의 순찰과 포도사무를 관장하게 하였다. 이는 경무청의 역량만으로 당시 전국의 치안을 확보하는 데 한계가 있었음을 보여 준다.

---

5   경기 : 전영(前營, 광주廣州부사 겸직)·좌영(左營 : 남양부사 겸직)·중영(中營 : 양주목사 겸직)·별중영(別中營 : 수원부사 겸직)·우영(右營 : 수원부사 겸직)·후영(後營 : 죽산부사 겸직), 충청 : 전영(홍주)·좌영(해미현감 겸직)·중영(청주)·우영(공주)·후영(충주), 경상 : 전영(안동)·좌영(상주)·중영(대구)·별중영(김해부사 겸직)·우영(진주)·후영(경주), 전라 : 전영(순천, 후에 순천부사 겸직)·좌영(운봉(남원)현감 겸직)·중영(전주)·우영(나주)·후영(여산(익산)부사 겸직), 황해 : 전영(봉산군수 겸직)·좌영(풍천부사 겸직)·중영(안악군수 겸직)·별중영(산산蒜山)·우영(곡산)·후영(평산), 강원 : 좌영(춘천부사 겸직, 후에 철원부사 겸직)·중영(횡성현감 겸직, 후에 원주목사 겸직)·우영(삼척).

6   경기(개성부·남양군·죽산군), 충청(해미군·보은군), 경상(안동군·상주군), 전라(순천군·운봉군·나주군·여산군·장수군·장성군).

| 겸직 포관의 보고報告 |

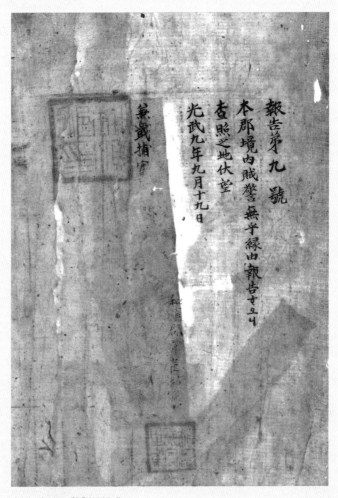

〈사진 15〉 **보고 제9호**(1905년)

報告第九號

本郡境內賊警無乎緣由報告ᄒ오니

査照之地, 伏望.

光武九年九月十九日,

兼職捕官.

(印章)

指令, 從悉無事.

보고(報告) 제9호

본 군(郡) 경내에 적경(賊警)[1]이 없다는 까닭을 보고하오니 살펴주시기를 삼가 바랍니다.

광무(光武) 9년(1905) 9월 19일,

겸직포관(인장)

지령(指令). 무사(無事)함을 다 알았다.

겸직포관(兼職捕官)이 자신의 상급 관서에 적경(賊警)이 없다는 것을 알린 보고서(報告書)이다. 보고서는 갑오개혁(1894) 이후에 사용된 문서의 양식이다. 국한문혼용체를 사용하였고, 조선시대 서압(署押)[2] 대신에 인장(印章)을 사용하였고, 종이는 규격화된 인찰지(印札紙)를 사용하였다. 원래 보고서는 상관의 회답이 필요하지 않은 문서인데, 위의 예처럼 지령(指令)이라는 명목으로 지시사항을 내리는 경우도 있다. 이것은 조선시대의 제사(題辭)와 같은 용도이다.

---

1   도적(盜賊)이 일어날 기미(幾微)가 보임.
2   어떤 특정한 단어, 예를 들어 일편단심(一片丹心)의 생략인 일심(一心)을 초서로 간략하게 적는 것으로, 9품 이상의 관인이 문서를 내려줄 때 사용한다.

1. 러일전쟁과 일본의 고문경찰관 파견

1904년 2월 8일 일본함대가 뤼순군항旅順軍港을 기습적으로 공격하여 러일전쟁이 발발하였다. 대한제국은 사전에 중립을 선언하였으나, 일본은 이를 무시하고 파병하여 2월 9일 인천 앞바다에서 러시아 군함 2척을 침몰시켰다. 2월 23일에는 대한제국 정부에 압력을 가하여, 공수동맹攻守同盟을 전제로 한 '한일의정서'를 체결하였다. 일본은 이 의정서에 따라 전 국토를 군용지로 활용하고, 통신망을 접수하였으며, 경부선·경의선의 철도부설권, 연해의 어업권, 전국의 개간권 등을 획득하였다.

일본으로 전세가 기울자 대한제국은 1905년 5월 18일 러시아와 체결하였던 일체의 조약·협정을 폐기한다고 선언하였다. 그리고 러일전쟁이 끝나기 직전 8월 22일 대한제국의 대표인 외부대신 서리 윤치호와 일본의 대표인 하야시 곤스케林權助 공사 간에 '제1차 한일협약韓日協約(한일 외국인 고문용빙에 관한 협정서韓日外國人顧問傭聘에 關한 協定書)'이 체결되었다. 그 내용은 다음과 같다.

1. 대한정부大韓政府는 일본정부日本政府가 추천하는 일본인 1명을 재정 고문으로 하여 대한정부에 용빙하고, 재무에 관한 사항은 일체 그의 의견을 물어 실시할 것

2. 대한정부는 일본정부가 추천하는 외국인 1명을 외무 고문으로 하여 외부에 용빙하고, 외교에 관한 요무는 일체 그 의견을 물어 실시할 것

3. 대한정부는 외국과의 조약 체결이나 기타 중요한 외교 안건, 즉 외국인에 대한 특권 양여와 계약 등의 처리에 관해서는 미리 일본정부와 토의할 것

이에 따라 일본은 재정고문으로 메가다 슈타로目賀田種太郎, 외교고문으로
는 미국인 스티븐스를 추천했다. 그 밖에 경무警務고문에 마루야마 시게토
시丸山重俊, 군부軍部고문에 노즈 시즈타케野津鎭武, 궁내부宮內部고문에 가토
마스오加藤增雄, 학정참여관學政參與官에 시데하라 다이라幣原坦 등을 추천·임
명하게 했다. 이처럼 일본은 대한제국 정부에 많은 고문을 파견하여 이른바
고문정치를 실시하였고, 대한제국 정부의 권한은 유명무실화되었다.

또한 일본은 1905년 7월에 '가쓰라 - 데프트 비밀협정'을 체결하여 미
국의 필리핀 지배를 인정하는 대신 대한제국에 대한 독점적 지배권을 인정
받았고, 8월에는 영국과 제2차 영일동맹을 체결하여 대한제국의 주권 간섭
을 승인받았다. 이어 9월 5일 일본의 전권全權 수석대표 고무라 주타로小村壽
太郎 외상과 러시아의 전권 수석대표 세르게이 율리예비치 비테Sergei Yulievich
Vitte 재무장관이 러시아의 배상금 지불과 사할린섬 할양割讓 등을 내용으로
한 '포츠머스 강화조약'을 체결하였다. 그 결과, 일본은 대한제국의 지배권
을 확립하게 되었고, 만주침략을 위한 확실한 교두보를 확보하게 되었다.

한편 러일전쟁 발발 후 일본은 대한제국 경찰에 대한 불신을 계속 유지
하면서, 러일전쟁 수행을 위한 헌병경찰활동을 강화하였다. 이렇게 일본
의 압력이 계속되자, 대한제국 정부는 일본에 1904년 12월 경찰고문(경시
1명, 순사 4명) 파견을 의뢰하였다. 그 결과, 1905년 2월 3일 조병식 내부대
신과 일본 동경경시청의 제1부장 마루야마 시케토시丸山重俊간에 '경찰고문
용빙계약警察顧問傭聘契約'이 체결되었다. 이 계약에 따르면 일본의 경찰고문
은 대한제국 경찰사무의 모든 제도를 심의·기안하고, 사무 일체의 동의권
을 갖고 있었다. 또한 경찰과 관련된 의견을 내부대신을 경유하여 의정부
에 제의할 수 있었다. 이에 따라 3월 고문경찰단원 7명이 내한하여, 경무청
과 산하 3개 경무서에 배치되어 활동하였다. 그러나 활동은 미미하였고, 주

로 도로업무·위생경찰·행형사무 등의 고문역할을 하였다.

2. 내부內部의 경무국 독립

대한제국 정부는 1905년 2월 26일 칙령 제15호「내부 관제」를 개정하면서, 기존 내부內部에 있던 경무청 산하기관인 경무국을 독립시켰다. 그러나 내부에 있는 지방국·경무국·회계국 중 지방국 만이 1등국으로, 경무국과 회계국은 3등국으로 되었다. 이는 경찰사무를 관장하는 경무국의 지위가 격하된 것을 의미한다. 업무는 행정경찰과 고등경찰, 각 항시장과 지방경찰 사무, 도서출판, 감옥 등에 관한 사항이었다.

다음 해인 1906년 1월 10일「내부 관제」가 개정되면서 경무국이 1등국으로 승격되었다. 이와 함께 지방국地方局이 담당하였던 보건·위생 사무가 경무국으로 이관되었다. 따라서 경무국의 업무는 행정 및 사법경찰, 각 항시장 및 지방경찰 업무, 도서출판, 감옥사무, 전염병 예방과 종두 접종 등 공중위생에 관한 사항, 검역檢疫, 정선停船, 의사·제약사·약제사의 개업시험과 약품조사 등으로 크게 확대되었다. 다시 같은 해 2월 28일 분과규정分課規程이 개정되어 경무국에 경보과警保課와 위생과가 설치되었다. 경보과는 도서·출판 및 감옥사무를 포함한 모든 경찰사무를, 위생과는 수역예방獸疫豫防과 위생경찰 사무를 담당하였다.

한편 1905년 대검제도를 보면 도끼의 손잡이는 무궁화 잎에 도금 장식을 하고, 앞뒤 정중앙에 경무사 이하 간수장은 태극으로 조각하였다. 또한 계급에 따라 태극 문양수가 경무사는 3개, 경무관과 감옥서장은 2개, 총순과 간수장 2개였고, 권임순검과 순검은 무궁화 대신 이화문이었다. 이와 함께 도대刀帶의 소재는 모두 가죽이었으나 도서刀緒는 경무사 이하 권임순검용은 흑사로, 순검용은 가죽으로 되었다.

3. 수도首都를 관할하는 경무청으로 환원

앞에 쓴 데로 1905년 2월 26일 칙령 제16호「경무청 관제」가 개정되면서, 경무국이 독립하면서 경무청의 관할지역이 전국에서 한성으로 축소되어, 수도경찰기관으로 환원되었다.

개정된「경무청 관제」에 따르면, 소속은 내부內部 직속기관으로, 한성 내 경찰·소방 사무를 관장하며, 각 경무서와 감옥서를 총괄總括하였다. 직원은 경무사 1명, 국장 1명, 경무관 12명 이하, 주사 8명 이하, 총순 34명 이하, 기수 1명, 감옥서장 1명, 감옥서 주사 2명, 감옥서 간수장 2명, 감옥서 의사 2명이었다. 부서로 관방과 경찰국을 두었다. 관방은 제규制規 정칙定則, 기밀機密, 직원 임면, 각 사무집행 준수 여부 파악, 공문서 생산·보존·접수·발송, 통계 관리, 경리 회계, 보유 재산 및 물품 등의 업무를 맡았다. 또한 경무관 3명을 두어 관내 경찰사무를 감독監督·순시巡視하게 하였다. 소속 기관으로 비서과, 문서과, 회계과가 있었다. 경찰국은 행정·사법경찰, 위생·풍속경찰, 도로·영업경찰, 정사政事 또는 풍속에 관한 출판물 및 집회 결사에 관한 사항, 외국인에 관한 경찰사무, 무적無籍·무뢰도無賴徒·변사상變死傷 기타 공공안전에 관한 사항, 실종자·풍진자風癲者·불량자제·엽아葉兒 또는 호구·민적조사, 유종물遺縱物·매장물埋葬物, 총포·화약·도검 등 관사管査, 수화재水火災·소방消防 등의 업무를 담당하였다. 소속과로 경찰과警察課와 신문과訊問課를 두었다. 이 가운데 신문과의 업무는 모든 황실범 또는 국사범·중죄·경죄·위경죄의 범과犯過 사항, 사법관의 나부拿付(오늘날 체포영장) 사항, 범죄수사 및 범인 체포, 고소·고발, 영장 집행, 검증檢證 또는 범죄 이용 물품, 관몰품官沒品·장물臟物·기타 유류품, 기찰순검譏察巡檢 관파管派 등이었다.

또한 관할 경무5서장警務五署長은 경무관으로 임명되어 경찰사무를 총괄하였다. 유고 시 수석 총순이 직무대행을 하였고, 순검은 내근과 외근으로 구분하여 직무를 수행하였다. 내근은 총순 1명·권임 1명·서기 1명·순검 5명이 한 조를 이루어 근무하고, 다음날에 교대하였다. 외근은 갑·을부로 나누어 24시간 근무하고, 교대시간은 3월부터 9월까지 08시, 10월부터 2월까지 09시였다.

한편 1906년 2월 12일 칙령 제8호로 「경무청 관제」가 개정되어, 경찰국이 경찰과로 변경되었고, 경무학교가 신설되었다. 이에 따라 경무청의 조직이 경찰과, 서무과, 신문과로 변경되었다. 이 가운데 경찰과는 비서계(기밀機密, 직원 임면, 관인 및 청인 관수管守), 경찰계(경찰구역 및 경무서·경무분서의 처무사항, 고등경찰, 경무서 및 경무분서의 직원 배치, 순검의 근태조사·시상·처벌, 경위警衛, 의식儀式, 외국인에 관한 경찰사무, 영업·위생·풍속·교통·전야田野·산림·토석 채굴, 총포·화약·도검·기타 위금물違禁物 등 관사管査, 호구 민적, 수화재水火災·소방消防, 실종자·풍진자風癲者·불량자제·엽아葉兒, 순검채용, 순검교습, 외국어 교습 등), 경무학교로 나누어 졌다. 서무과는 문서계(제규制規, 공문서 생산·보존·접수·발송, 복제服制·기장旗章, 경무관 회의, 도서 및 서류 간행, 타과 분장 사항에 속하지 않은 것), 회계계(경비예산 결산 및 금전출납, 금전 물품, 출납 검사, 물품용도 및 소유 건물 사항, 관몰官沒 및 보관 금전물품·불용품, 유실물·매장물)로 구성되었다. 신문과는 사법경찰, 고소·고발, 전과자·무뢰자 및 변사 상에 관한 사무, 행정 상 인신검속人身檢束 등을 담당하였다.

4. 지방경찰의 변화

1906년은 지방의 경찰조직이 점차적으로 경무서 – 분서 – 분파소로 세분화·체계화되어 의미가 큰 해이다. 같은 해 7월 6일 「내부령 제4호」에 의해 강원, 충청남·북도, 전라남·북도, 경상남·북도의 도道소재지에 경무서가 설치되면서 1도1서제—道—署制가 실시되어 경무관은 각 도道에서 경찰업무를 담당하는 장長으로서 그 입지가 굳어지게 되었다. 또한 종래 경무관이 없던 곳에서는 총순이 관찰사의 지휘 하에 도내 경찰사무를 관장하였다.

이와 함께 종래 한성부에서만 실시되던 경무분서가 지방에서도 신설되었다. 경무서가 설치된 지역 중 중요한 곳에는 분서(분서장 : 총순)를 두었다. 이 때 설치된 분서는 홍주(홍성), 대전(충남), 청주(충북), 안동, 경주(경북), 강릉(강원), 장흥(전남), 남원(전북) 8개로, 인근 군郡을 관할하였다. 그 인원은 홍주에는 권임 2명·순검 20명, 대전에는 권임 2명·순검 14명, 청주에는 권임 2명·순검 18명, 안동에는 권임 2명·순검 22명, 경주에는 권임 2명·순검 14명, 강릉에는 권임 2명·순검 14명, 장흥에는 권임 2명·순검 30명, 남원에는 권임 2명·순검 14명 등이었다.

그리고 10월 1일 「내부령 제10호」와 「내부령 제12호」에 의해 경무서와 분서가 없는 군郡에는 1개 분파소分派所를 두었다. 하지만 예외로 경기도의 시흥군에는 영등포분파소, 장단군長湍郡에는 고랑高浪분파소, 경남의 통영분서 및 평안북도의 신의주분파소가 설치되었다. 따라서 1906년에는 전국적으로 13개 경무서[7]·26개 분서[8]·299개 분파소[9]가 설치되었으며, 그

---

7   경기도(수원), 충청북도(충주), 충청남도(공주), 전라남도(광주), 전라북도(전주), 경상남도(진주), 경상북도(대구), 강원도(춘천), 함경남도(함흥), 함경북도(경성鏡城), 평안남도(평양), 평안북도(영변), 황해도(해주).

8   경기도(개성, 여주), 충청북도(청주, 청산), 충청남도(대전, 홍주), 전라남도(장흥, 영광), 전라북도(남원, 고부), 경상남도(울산, 통영), 경상북도(경주, 안동), 강원도(강릉, 금성), 함경남도(북청, 영흥), 함경북도(길주, 종성), 평안남도(영원, 성천), 평안북도(의주, 정주), 황해도(단흥).

9   299개 분파소는 다음과 같다. 경기도(경무서(용인, 시흥, 영등포, 과천, 안성, 죽산, 진위, 양성, 남양, 안산, 김포, 양천, 부평, 통진), 개성분서(고랑포, 풍덕, 파주, 적성, 고양, 교하, 양주, 포천, 연평, 강화, 교동, 삭령, 마전, 연천, 장단), 여주분서(음죽, 파평, 양근, 가평, 광주廣州, 이천, 양지)), 충청북도(경무서(음성, 청풍, 연풍, 제천, 영춘, 단양, 괴산), 청주분서(청안, 문의, 회인, 진천), 청산분서(보은, 옥천, 영동, 황간)), 충청남도(경무서(홍산, 임천, 서천, 한산, 은진, 석성, 부여, 노성, 연산, 나포, 비인, 오천鰲川), 태전분서(진잠, 연기, 온양, 천안, 목천, 괴산, 전의), 홍주분서(결성, 해미, 대흥, 덕산, 청양, 정산, 보령, 아산, 신창, 예산, 평택, 서산, 태안, 면천, 당진)), 전라남도(경무서(화순, 구례, 창평, 영암, 남평, 나주, 능주, 동복, 담양, 곡성, 옥과), 장흥분서(강진, 보성, 순천, 광양, 여수, 돌산, 흥양, 낙안, 해남, 완도, 진도, 대정, 제주, 정의旌義), 영광분서(함평, 지도, 장성)), 전라북도(경무서(금구, 고산, 여산, 익산, 용안, 임피, 함열, 금산, 진산, 무주, 진안, 용담) , 남원분서(운

인원은 경무관 13명,[10] 총순 40명,[11] 권임 82명,[12] 순검 1,995명[13]으로 총

봉, 장수, 순창, 임실), 고부분서(부안, 무장, 정읍, 고창, 태인, 흥덕, 김제, 만경)), 경상남도(경무서(단성, 곤양, 사천, 하동, 함양, 안의, 산청, 거창, 합천, 초계, 의령, 삼가, 영산, 창녕, 칠원漆原, 함안, 진해, 웅천, 김해), 울산분서(언양, 양산, 기장, 울도, 밀양), 통영분서(진남, 거제, 고성, 남해)), 경상북도(경무서(칠곡, 인동, 군위, 비안, 자인, 경산, 청도, 현풍, 금산, 지례, 성주, 고령, 영천, 신령, 하양), 경주분서(연일, 장기長鬐, 흥해, 영덕盈德, 청하, 영해), 안동분서(의성, 의흥, 예안, 봉화, 영천榮川, 풍기, 순흥, 청송, 진보, 영양), 상주분서(함창, 문경, 예천, 용궁, 선산, 개령)), 강원도(경무서(화천, 홍천, 원주, 횡성, 정선, 평창, 영월, 인제, 양구), 강릉분서(고성, 통천, 흡곡歙谷, 양양, 간성, 삼척, 울진, 평해), 금성분서(금화, 회양, 철원, 평강, 이천伊川, 안협)), 함경남도(경무서(장진, 홍원, 정평), 북청분서(이원, 단천, 갑산, 삼수), 영흥분서(고원, 안변, 문천)), 함경북도(경무서(부령, 무산), 길주분서(명천), 종성분서(은성, 경원, 회령)), 평안남도(경무서(중화, 상원, 순안, 숙천, 영유, 함종, 강서, 용강, 중산甑山, 안주, 개천价川, 순천, 은산, 자산), 영원분서(맹산, 덕천), 성천분서(강동, 삼등, 양덕)), 평안북도(경무서(박천, 희천, 태천, 운산, 강계, 자성, 후창), 의주분서(삭주, 신의주, 창성, 벽동, 초산, 위원渭原), 정주분서(곽산, 가산, 선천, 철산, 구성龜城)), 황해도(경무서(연안, 백천, 옹진, 강령, 장단, 송화, 신천, 은율, 풍천, 장연, 안악, 문화, 재령), 단흥분서(신계, 평산, 금천, 토산, 곡산, 수안, 황주, 봉산, 용산))이다.

10 이들은 경기도(수원)·충청북도(충주)·충청남도(공주)·전라남도(광주)·전라북도(전주)·경상남도(진주)·경상북도(대구)·강원도(춘천)·함경남도(함흥)·함경북도(경성鏡城)·평안남도(평양)·평안북도(영변)·황해도(해주)경무서장이다.

11 이들은 경기도(수원, 개성, 여주)·충청북도(충주, 청주, 청산)·충청남도(공주, 회덕, 홍주)·전라남도(광주, 장흥, 영광)·전라북도(전주, 남원, 고부)·경상남도(진주, 울산, 통영)·경상북도(대구, 경주, 안동, 상주)·강원도(춘천, 강릉)·함경남도(금성, 함흥, 북청, 영흥)·함경북도(경성鏡城2, 길주, 종성)·평안남도(평양, 영원, 성천)·평안북도(영변, 의주, 정주)·황해도(해주, 단흥)경무서에 근무하였다.

12 이들은 경기도(수원2, 개성4, 여주2)·충청북도(충주2, 청주2, 청산2)·충청남도(공주2, 회덕2, 홍주2)·전라남도(광주2, 장흥2, 영광2)·전라북도(전주2, 남원2, 고부2)·경상남도(진주2, 울산2, 통영2)·경상북도(대구2, 경주2, 안동2, 상주2)·강원도(춘천2, 강릉2)·함경남도(금성2, 함흥, 북청2, 영흥2)·함경북도(경성鏡城2, 길주2, 종성4)·평안남도(평양4, 영원2, 성천2)·평안북도(영변2, 의주2, 정주2)·황해도(해주2, 단흥2)경무서에 근무하였다.

13 『한국 경찰사 I』(치안국, 1972)의 529~536쪽을 참조하여 재작성 하였다. 이 통계에는 밀양·진남분파소의 순검 인원수가 누락되어 있다. 따라서 이 분파소에 근무한 순검 8~10명일 것을 감안하면, 총 2,000여 명으로 추정된다. 이 책에 나와 있는 순검의 수는 다음과 같다. 경기도(경무서(수원)21, 경무분서(개성23, 여주9) 분파소(용인4, 시흥4, 영등포6, 과천4, 안성5, 죽산4, 진위6, 양성4, 남양6, 안산4, 김포6, 양천4, 부평4, 통진4, 고랑포6, 풍덕4, 파주6, 적성4, 고양4, 교하4, 양주6, 포천4, 영평4, 강화6, 교동4, 삭령6, 마전4, 연천4, 장단6, 음죽4, 파평4, 양근4, 가평6, 광주廣州6, 이천6, 양지4)), 충청북도(경무서(충주)21, 경무분서(청주9, 청산9), 분파소(음성4, 청풍4, 연풍4, 제천6, 영춘4, 단양4, 괴산6, 청안4, 문의4, 회인4, 진천6, 보은4, 옥천6, 영동6, 황간4, 홍산6, 임천4, 서천4, 한산4, 은진6, 석성4, 부여4, 노성4, 연산4, 나포4, 비인6, 오천鰲川)), 충청남도(경무서(회덕)9, 경무분서(홍주9), 분파소(진잠4, 연기4, 온양4, 천안6, 목천4, 괴산4, 전의4, 결성4, 해미4, 대흥4, 덕산4, 청양6, 정산4, 보령4, 아산6, 신창4, 예산4, 평택4, 서산6, 태안4, 면천4, 당진4)), 전라남도(경무서(광주)21, 경무분서(장흥9, 영광13, 고부9), 분파소(화순4, 구례4, 창평4, 영암6, 남평4, 나주6, 능주6, 동복4, 담양6, 곡성4, 옥과4, 강진4, 보성4, 순천6, 광양4, 여수6, 돌산4, 흥양6, 낙안4, 해남6, 완도4, 진도6, 대정4, 제주6, 정의旌義4), 함평4, 지도4, 장성4)), 전라북도(경무서(전주)25, 경무분서(남원9, 고부9), 분파소(금구4, 고산4, 여산6, 익산4, 용안4, 임피6, 함열6, 금산6, 진산4, 무주4, 진안6, 용담4, 운봉6, 장수4, 순창6, 임실6, 부안4, 무장6, 정읍6, 고창6, 태인6, 흥덕6, 김제6, 만경4)), 경상

2,130명이었다.

다음 해인 1907년 11개 항港·시市에 분서가 설치되고(평양과 의주는 이미 설치), 강계江界분파소가 분서로 승격되어 위원渭原(자강도)·자성慈城(평안북도) 및 후창厚昌(김형직군[평안북도 북동단])분파소를 관하에 두게 되었다.

이로서 전국의 경찰조직은 13경무서·37분서·298분파소로 이루어졌으며, 1907년 6월 30일 경무서·분서·분파소에 근무하는 경찰관의 정원은 총 2,407명이었다.[14] 또한 경찰기관은 1도道·1서署(10개 항港·시市 경무서는 제외)·2분서分署(경북은 3분서·황해도는 1분서)·2처處(경북은 3처, 황해도는 1처)로 이루어졌다.

한편 1906년 9월 20일 「칙령 제50호」에 따라 부·군에도 순검이 배치되었다. 이는 종래 도道에만 순검이 있었고, 부府·군郡에는 순교가 있었던 인력배치를 변경한데 따른 것이다. 이후 순교의 명칭은 사라지게 되었다.

남도(경무서[진주]29, 경무분서[울산13, 통영9], 분파소[단성4, 곤양6, 사천4, 하동6, 함양6, 안의4, 산청4, 거창6, 합천6, 초계4, 의령4, 삼가6, 영산4, 창녕6, 칠원漆原4, 함안4, 진해6, 웅천4, 김해4, 언양4, 양산6, 기장4, 울도4, 밀양(통계 없음)), 진남(통계 없음), 거제6, 고성6, 남해6]), 경상북도(경무서[대구24], 경무분서[경주,9, 안동9, 상주9], 분파소[칠곡6, 인동4, 군위6, 비안4, 자인6, 경산6, 청도6, 현풍4, 금산6, 지례4, 성주6, 고령6, 영천6, 신령4, 하양4, 연일6, 장기長鬐4, 흥해4, 영덕盈德6, 청하4, 영해4, 의성6, 의흥4, 예안6, 봉화4, 영천榮川6, 풍기4, 순흥4, 청송6, 진보4, 영양4, 함창6, 문경4, 예천6, 용궁4, 선산6, 개령4]), 강원도(경무서[춘천]21, 경무분서[강릉9], 분파소[화천4, 홍천4, 원주6, 횡성4, 정선6, 평창4, 영월4, 인제6, 양구4, 고성6, 통천4, 흡곡歙谷4, 양양4, 간성6, 삼척4, 울진6, 평해6]), 함경남도(경무서[금성]9, 경부분서[북청9, 영흥13], 분파소[금화4, 회양4, 철원6, 평강4, 이천伊川6, 안협4]), 함경남도(경무서[함흥]21, 경무분서[북청9, 영흥13], 분파소[장진6, 홍원4, 정평4, 이원6, 단천6, 갑산6, 삼수6, 고원6, 안변6, 문천4]), 함경북도(경무서[경성鏡城]21, 경무분서[길주13, 종성31], 분파소[부령6, 무산6, 명천6, 은성6, 경원4, 회령4]), 평안남도(경무서[평양]38, 경무분서[영원9, 성천9], 분파소[중화6, 상원6, 순안6, 숙천4, 영유4, 함종6, 강서4, 용강4, 중산甑山4, 안주6, 개천价川4, 순천6, 은산4, 자산4, 맹산4, 덕천6, 강동4, 삼등6, 양덕6]), 평안북도(경무서[영변]21, 경무분서[의주9, 정주9], 분파소[박천4, 희천4, 태천4, 운산6, 강계6, 자성4, 후창4, 삭주4, 신의주4, 창성6, 벽동4, 초산4, 위원渭原4, 곽산4, 가산4, 선천6, 철산4, 구성龜城4]), 황해도(경무서[해주]21, 경무분서[단흥]9, 분파소[연안6, 백천4, 옹진6, 강령6, 장단6, 송화4, 신천6, 은율6, 풍천6, 장연4, 안악6, 문화4, 재령6, 신계4, 평산6, 금천4, 토산4, 곡산6, 수안6, 황주6, 봉산6, 용산6]).

14 「각 도 경무서, 동 분서, 동 분파소의 관할지역 및 경찰관리 배치정원에 관한 건」(1907.6.30, 내부령 제3호).

5. 경무학교警務學校 신설

앞에 쓴 데로 최초의 근대경찰 교육기관인 '경무학교'가 1906년 2월 한성에 신설되었다. 지방에서는 1906년 7월 경부령 제3호 「순검교육규칙」에 따라 각 관찰부나 각 부府에 교습소가 설치되어 총순 또는 권임이 신임 순검을 대상으로 실무교육을 실시하였다. 필요에 따라 외부인사가 강의를 하였다. 교육과목은 『경찰법규 개요』, 『조련調練』, 『일본어』, 『실무연습』으로 모두 4과목이었다. 교습기간은 2개월을 원칙으로 하고, 수업시간은 매주 24시간이었다.[15]

또한 '경무학교'는 한성 내 5개 경찰서에서 근무하는 우수한 순검 30명을 선발하여, 3개월 동안 매일 5시간동안 『경찰대의警察大意』를 교육시켰다. 강의는 경찰 고문 마루야마 시케토시丸山重俊가 담당하였으나 언어장벽으로 인하여 소기의 목적을 달성할 수 없었다. 따라서 일본어 교습이 '경무학교'의 주요과목으로 추가되었다.[16]

6. 을사늑약의 체결과 경찰제도의 변화

1) 을사늑약 체결 전후 정치상황

일본은 러일전쟁이 발발한 후 1904년 5월 31일 내각회의에서 대한제국의 국방과 재정에서의 실권을 확립하고, 외교의 감독과 조약 체결권의 제약 등을 통해 대한제국의 보호권 확립이라는 기본 방침을 결정하였다. 이를 위해 이토 히로부미伊藤博文를 특명전권대사로 임명했으며, 주한일본 공사 하야시 곤스케林權助는 11월 2일 서울로 돌아와 주한일본군사령관 하세가와 요시미치長谷川好道와 함께 이완용 등을 매수하였다. 이와 함께 일진

---

15 경찰전문학교, 『경찰제도사』, 1955, 149쪽.
16 Christopher Liao, 1910~1920년대 조선총독부의 경찰교육, 서울대 대학원 석사논문(사학과), 2006, 25쪽.

회—進會로 하여금 늑약에 찬성하는 선언서를 발표하게 하는 등 국내 분위기를 유리하게 만들어나갔다. 게다가 일본정부는 1905년 7월 미국과 '가쓰라 – 데프트 비밀협정'을, 8월에는 영국과 제2차 영일동맹을 체결하고, 9월 러일전쟁을 종식시키기 위한 '포츠머스 강화조약'을 체결하여, 대한제국을 식민지화하기 위한 국제적인 용인을 받아 냈다.[17]

1905년 11월 10일 대한제국에 온 이토 히로부미 특명전권대사는 한반도를 일본의 보호국으로 한다는 자국정부의 신협약인新協約案을 외부대신 박제순을 통해 대한제국 정부에 전달하였다. 그 후 이토 히로부미는 하세가와 요시미치와 함께 3차례에 걸쳐 고종을 만나 압박하였으나, 고종의 거부로 성공하지 못하였다. 11월 17일 일본군이 경운궁을 에워싸고 위협하는 상황에서 어전회의가 열렸지만, 한규설 등이 반대 의사를 강하게 주장하여 이 역시 결론을 내리지 못하고 폐회되었다.

그러나 이토 히로부미와 일본공사 하야시 곤스케, 주한일본군사령관 하세가와 요시미치 등은 대신들을 강제로 다시 소집하였다. 한규설 참정대신·민영기 탁지부대신·이하영 법부대신은 반대하였고, 이완용 학부대신·이근택 군부대신·이지용 내부대신·박제순 외부대신·권중현 농상공부대신은 고종에게 책임을 떠넘기며 늑약 체결에 찬성하였다. 이에 이토 히로부미는 8명의 대신 가운데 5명이 찬성하였으므로 조약 안건이 가결되었다고 선언하였다. 그리고 늑약 체결에 찬성한 다섯 대신만으로 회의를 다시 열어, 박제순과 하야시 곤스케를 한일 양국의 대표로 하여 늑약을 체결하고, 다음날 18일 이를 공포하였다.

을사늑약[18]의 내용은 다음과 같다.

---

17 서영희, 『일제침략과 대한제국의 종말』, 역사비평사, 2012, 70~72쪽.
18 '제2차 한일협약'이라고도 한다. '제1차 한일협약'은 1904년(광무 8년) 8월 일본이 내정개선(內政改善)이라는 명분으로, 고문정치(顧問政治)를 실시하기 위해 대한제국을 강압하여 체결한 협정으로, 공식명칭은 '외국인

제1조. 일본국 정부는 금후今後 외무성外務省을 경유하여 한국의 외교를 감리監理, 지휘指揮하며, 일본의 외교 대표자와 영사領事는 외국에 있는 한국인과 그 이익을 보호한다.

제2조. 일본국 정부는 한국이 타국과 맺은 조약의 실행을 완수하며, 한국은 금후 일본의 중개 없이는 타국과 조약이나 약속을 맺어서는 안 된다.

제3조. 일본국 정부는 한국 황제 아래에 통감統監을 두고, 통감은 외교를 관리하기 위해 경성京城에 주재하여 한국 황제와 친히 내알할 수 있도록 한다. 또한 일본은 한국의 개항장開港場 등에 이사관理事官을 둘 수 있다. 이사관은 통감의 지휘 아래 종래 한국에서 일본 영사가 지니고 있던 직권職權을 완전히 집행하고, 또한 본 협약을 완전히 실행하기 위한 모든 사무를 담당한다.

제4조. 일본과 한국 사이에 체결된 조약이나 약속은 본 협약에 저촉하지 않는 한 계속 효력을 지닌다.

제5조. 일본국 정부는 한국 황실의 안녕安寧과 존엄尊嚴의 유지를 보증한다.

이 늑약으로 대한제국은 국권을 강탈당한 채 형식적인 국명만을 가진 나라로 전락하였다. 고종은 을사늑약의 무효를 선언하고, 대한제국의 주권 수호를 호소하기 위해 1907년 6월 헤이그 평화회의에 특사를 파견하였다. 이 헤이그밀사의 파견에는 고종의 근신近臣으로서 러시아에 망명한 전 러시아공사 이범진과 헐버트 등이 관계하였다. 고종 자신도 러시아 황제에게 이들이 회의에 참가할 것을 주선하고, 밀사의 활동비도 지출하였다.

그러나 헤이그밀사 파견이 실패로 끝나자 이토 히로부미는 고종에게 책

용빙(傭聘)협정'이며, 또한 '한일협정서'라고도 한다.

임을 추궁하며 퇴위를 강요하였다. 이토 히로부미는 7월 18일 외무대신 하야시林董를 서울로 불러 함께 고종을 협박하였고, 밤을 새워가면서 항거하던 고종은 결국 '대사를 황태자에게 대리시킨다'는 황태자 섭정을 내용으로 하는 조칙詔勅을 승인하였다.

일본은 고종을 퇴위시키고 순종을 즉위시킨 4일 후인 1907년 7월 24일 대한제국의 국권을 완전히 장악할 수 있도록 작성된 협약서의 원안原案을 제시하였다. 이완용 내각은 즉시 각의를 열고 일본 측 원안을 그대로 채택하여, 순종의 재가를 얻어냈다. 그날 밤 이완용이 전권위원全權委員의 자격으로 이토 히로부미의 사택에서 7개 조항의 '한일신협약(정미7조약)'을 체결하고, 조인하였다. 이 조약의 내용은 다음과 같다.

> 제1조 한국정부는 시정개선에 관하여 통감의 지도를 받을 것
> 제2조 한국정부의 법령제정 및 중요한 행정상의 처분은 미리 통감의 승인
>   을 거칠 것
> 제3조 한국의 사법사무는 보통 행정사무와 이를 구분할 것
> 제4조 한국고등관리의 임면은 통감의 동의로써 이를 행할 것
> 제5조 한국정부는 통감이 추천하는 일본인을 한국관리에 용빙할 것
> 제6조 한국정부는 통감의 동의 없이 외국인을 한국관리에 임명하지 말 것
> 제7조 1904년 8월 22일 조인한 한일외국인 고문용빙에 관한 협정서 제1
>   항을 폐지할 것

이 조약은 을사늑약보다 더 강력한 것으로 조선통감부가 입법·사법·행정 전반에 걸쳐 대한제국의 통치권을 전담할 수 있게 하였다. 따라서 통감이 임명한 일본인 관리가 국정을 장악하게 되었다. 1909년의 통계를 보면

일본인 고등관高等官 466명, 판임관判任官 1,614명, 순사 1,548명 등으로, 대한제국 정부의 중요한 관직에는 대부분 일본인이 임용되었고, 전국의 관청에도 일본인 관리가 근무하게 되었다.

그러나 정미조약의 핵심내용은 본문이 아닌 첨부된 각서에 있었다. 이토 히로부미와 참정대신 이완용이 합의형식으로 비밀리에 작성한 이 각서에는, 본문에서 전혀 언급되지 않은 '대한제국 군대를 해산하고, 대한제국 정부의 각 부차관에 일본인 관리를 임명한다'는 이른바 '차관정치次官政治'의 구상과 '경찰권 및 사법권의 이양'이라는 극히 중요한 사항들이 포함되어 있었다. 이 점에서 정미조약은 기만적인 형식 속에 매우 독소적인 내용을 담고 있는 것이었다.

일본은 정미조약의 비밀 합의에 따라 우선 군대의 해산을 추진하였다. 당시 대한제국의 군인 수는 한성에 주둔한 시위대侍衛隊 병력 약 4,000여 명, 지방 각지에 배치된 진위대鎭衛隊 병력 약 4,800여 명으로 총 8,800여 명이었다. 일본의 군사력에 비할 수는 없었지만 나름대로 무장력을 가진 대한제국군은 이미 고종의 축출과정에서 보여주었듯이 반일적 색채가 강하였다. 이에 반해 일본은 통감정치의 목적인 한반도의 완전한 식민지화를 위해서는 대한제국군의 해체는 병합을 단행하기에 앞서 반드시 해결해야 할 과제였다.[19] 을사늑약이 체결된 직후부터 9월까지 한성의 시위대와 일부 지방의 진위대는 격렬하게 저항하였다. 그러나 최신병기로 무장한 일본군에 밀린 대한제국군은 결국 해산되고 말았다.

---

19 박만규, 「보호국체제의 성립과 통감정치」, 『한국사 14 : 근대민족의 형성 1』, 한길사, 1994, 214쪽.

2) 통감부統監府 설치

일본은 일본칙령 제267호「통감부統監府 및 이사청理事廳 관제官制」를 공포하여, 주한일본공사관을 1906년 1월 31일자로 폐쇄하고, 그 다음날 2월 1일 한성에 통감부를 설치하였다. 이 칙령으로 통감統監은 천황에 직예直隷된 친임관으로서 일본을 대표하면서 주한외국영사관 및 외국인에 관련된 사무를 통할하였다. 또한 대한제국의 안녕과 질서유지라는 명목으로 주한 일본군사령관에게 출병을 명할 수 있어, 유사 시 군사행정도 펼 수 있었다. 게다가 그는 1년 이하의 금고형과 200원 미만의 벌금형을 가할 수 있는 사법권을 갖고 있었고, 대한제국 정부의 고위관리에 대한 동의권은 물론, 관청에서 발하는 명령 또는 처분을 정지 또는 취소할 수 있는 권한도 있어, 그 영향력이 상당히 컸다. 초대 통감으로 이토 히로부미伊藤博文가 부임하였다.

처음 통감부가 설치되었을 당시 소속 기관은 총무부(장長은 총무장관), 농상공부(장長은 농공상공총장), 경무부(장長은 경무총장, 고등경찰과·경무과·보안과·위생과)가 있었다. 이후 통감부가 고종의 헤이그 밀사 파견에 대한 책임을 물어 1907년 7월 4일 '한일신협약'이 체결되자 통감의 절대권이 다시 인정되었다. 같은 달 대한제국의 사법 및 감옥의 사무는 통감부에 위탁한 각서에 따라 대한제국의 법무사무와 감옥 및 재판소가 폐지되고, 통감부의 사법청, 감옥 및 재판소가 설치되었다. 이어 9월 통감부의 조직이 개편되어 부통감직을 신설하고, 농공상부와 경무부를 폐지하는 대신 감사부와 지방부를 두었다. 또한 경무총감부를 설치하여 그 산하에 경무과, 보안과, 위생과를 두었다. 그 후 1909년 10월「통감부 훈령 제10호」에 의해 다시 직제를 개편하여, 관방(문서과, 인사과)·외무부·지방부를 두었다. 이 가운데 지방부는 전국 지방의 생산, 금융, 교육, 사법, 경찰 등에 관한 사무를 담당하였다. 그와 같은 직제는 1910년 8월 한일병합이 될 때까지 지속되었다.

이와 함께 통감부가 설치되면서 전국의 주요지역에 이사청理事廳도 신설되었다. 이사청은 통감부가 설치된 날인 1906년 2월 1일 한성(경기 동부, 강원 서부, 충북 동서부, 황해 동남부)·부산(경남 남부, 경북 동부 해안, 강원 연해안)·마산(경남 서부 일대지역 중 부산, 대구 이사청 관할 이외 지역)·군산(전북, 충남 남부)·목포(전남)·인천(경기 서부, 황해 남부)·평양(평양 동부, 황해 동부)·진남포(황해 서북부)·원산(함경남도, 강원 동북부)·성진(함경북도 서남부)에, 1906년 8월 대구(경북 연해안을 제외한 일대 지역, 충북 동남부) 11월 신의주(평안북도), 1907년 12월 청진(함경북도)에 설치되었다. 이들 이사청은 대구 이사청을 제외하고, 모두 개항지 도시에 설치되어, 신설 목적이 이사청을 통해 개항지에서 일본인을 보호함과 동시에 대한제국의 지방내정을 지배하고자 하는 의도임을 알 수 있다.[20]

1906년 9월에는 대한제국 내의 지방행정을 쇄신한다는 명분으로, 이사청 관할 내에 지청支廳을 개설하였다. 1906년 11월 한성이사청 수원지청을 시작으로, 해주(관할 본청 : 인천이사청)·공주(관할 본청 : 군산이사청)·전주(관할 본청 : 군산이사청)·광주(관할 본청 : 목포이사청)·진주(관할 본청 : 마산이사청)·함흥(관할 본청 : 원산이사청)·경성鏡城([함경북도], 관할 본청 : 성진이사청)이 설치되었고, 1907년 6월 충주(관할 본청 : 한성이사청)와 신의주(관할 본청 : 신의주이사청), 7월 청진지청(관할 본청 : 성진이사청)이 개설되었다. 그러나 이러한 지청은 1908년 12월 31일자로 모두 폐지되었다. 이는 1908년 '한일신협약'이 체결되어, 대한제국 내정의 모든 부분에 일본인이 관리로 임용되어, 지청 기능이 필요 없어졌기 때문이다.[21]

---

20 강창석, 『조선 통감부 연구』, 국학자료원, 1995, 63쪽.
21 앞의 책, 61~64쪽.

제1부 ― 근대 경찰의 탄생

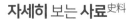

| 총순 구종명 영세불망비|總巡 具鍾鳴 永世不忘碑 |

〈사진 16-1〉 **총순 구종명 영세불망비**(앞면)

〈사진 16-2〉 **뒷면**

전라남도 목포시 수문로 35번길 5에 위치한 주택 담벼락에 불망비 하나가 있다. 정확한 명칭은 '총순구공종명영세불망비(總巡具公鍾鳴永世不忘碑)'이다. 크기는 높이 165cm, 너비 44cm, 폭 20cm로, 건립연도는 1906년(광무 10년)이다.

목포 지역의 정치·사회적 배경을 보면, 1876년 강화도조약[1]이 체결된 후 무안이 목포라는 이름으로 1897년 10월 개항되었다. 이에 따라 외국 상인들이 머물 수 있는 조계가 설치되었고, 조계지에는 모든 외국인이 상업 활동을 할 수 있었다. 하지만 입주한 외국인은 대부분 호남지방의 곡물을 본국에 판매하기 위해 내한한 일본인이었다. 그들은 자국의 근대화과정에서 밀려난 전근대적 영세상인이거나 중상주의적 약탈무역을 적극적으로 뒷받침해준 일본정부에 의해 하루아침에 만들어진 투기상인·모험상인들이었다.[2] 또한 일본 정부는 목포의 영사관 안에 경찰서를 두어 일본인 거류지의 치안을 담당하게 하였다. 이는 강화도 조약의 제8조와 제10조에 있는 '개항장에서의 일본인 범죄자는 현지에 파견된 일본영사가 재판한다'는 치외법권의 조항에 따른 것이었다.[3]

당시 이 지역은 노적봉을 경계로 왼쪽은 초가집이 붙어 있는 조선인 거주지였으며, 오른쪽은 바둑판 모양의 반듯한 시가지로 대부분 목조 2층 건물로 되어 있는 조계지로 분리되어 있었다. 항구에서는 부두 노동자들이 역할에 따라 미곡을 계량하고 포장하는 두량군(斗量軍), 부두에서 운반을 담당하는 지계군(支械軍), 화물을 싣거나 내리는 노동을 하는 칠통군(七桶軍)으로 분류되었다. 이들은 시간이 지남에 따라 열악한 노동조건과 저임금 문제 등을 해결하기 위하여 도중(都中)이라는 노동단체를 조직하였고, 기능에 따라 두량군 도중, 칠통군 도중, 지계군 도중을 결성하였다. 도중에는 전체를 관장하는 검찰(檢察)과 그 밑에 십장(什長)이 있었다.[4]

이러한 가운데 목포에서는 조선인 부두노동자들과 일본인 상인들 간에 분쟁이 자주 일어났다. 1898년 2월 임금 지불 및 청구방식을 통일하려는 일본인 상인들의 요구에 반대하기 위하여 임금인하 반대투쟁이 7일간 발생하였다. 이어 같은 해 9월 다시 임금 인상을 위한 동맹파업이 발생하였다. 1900년 3월 일본 상인들이 부두 노동자의 단결을 약화시키기 위한 조선인 노동자 매수사건에 따른 노동거부 투쟁이 일어났다. 그 결과, 1901년 1월 당시 7문(文)이었던 임금을 8문(文)으로 인상시키는 성과를 거두었다. 이에 일본인들은 조선인 노동자들의 단결력을 약화시키는 것이 중요하다고 인식하여, 갖은 수단을 동원해 노동자들의 결집을 막고자 하였다. 그 일환으로 일본인들은 1903년 조선인 부두 노동자들을 효과적으로 통제하기 위하여 일패착용을 강요하였다. 하지만, 이와 같은 일본인들의 시도는 같은 해 11월과 12월 반일패·반십장운동이 발생함으로써 실패로 끝났다.[5]

본 영세불망비에 나온 구종명의 이름은 무안부윤 안기현(安基鉉)이 1906년 10월 29일 법부(法

1 　'한·일수호조약 (韓日修好條約)' 또는 '병자수호조약(丙子修好條約)'이라고도 한다.

2 　강만길, 『한국근대사』, 창작과비평사, 1985, 52쪽.

3 　이선근, 『대한국사 6』, 신태양사, 1976, 178~179쪽.

4 　박찬승·고석규 공역, 『무안보첩』, 목포문화원, 2002, 551~552쪽.

5 　앞의 책, 8~9쪽.

部)에 제출한 '보고서 제4호'에 등장한다.[6] 그 내용은 다음과 같다.

이달 26일 본부(俯) 총순 구종명(具鍾鳴)의 보고를 받아본 즉 보고 내용에 의하면, 본부 삼향면 남악리에 거주하는 오명거(吳明擧)라는 사람이 발고한 내용으로, 6촌 동생 오경오(吳敬五)가 섭눌리에 사는 일본인 등목홍조(藤木弘助)에게 빚을 져 갚아야 할 일이 있었던지, 무수히 두들겨 맞아 그 자리에서 죽었다고 하였습니다. 이에 권임 양인식(梁麟植)으로 하여금 순검 7인을 거느리고 그 곳으로 달려가 살펴보게 하였더니, 일본경찰서 경부와 부장순사가 일제히 와서 모여 있기로, 등목의 간사인 김순녀(金淳汝)를 불러 근본 원인을 물어보았더니, 아뢰는 바에 따르면, 본인이 일본인 등목의 집간사가 된지 지금까지 4년인데, 갑자기 이달 25일 삼향 오룡촌(五龍村) 오경오를 그 집에 가서 붙잡아와 이전의 빚을 갚지 않는다는 이유로 무수히 난타하고, 뒤이어 서까래나무 한 개를 등 뒤에 깍지 끼듯 결박하고, 받침돌 두개로 숨통을 눌러놓기로 여러 시간에 목숨이 경각을 다투는지라 풀어주기를 애걸하였지만 끝내 듣지 않더니, 시간이 지난 후에 비로소 풀어주기를 허락함에 방으로 옮겨놓았으나 오늘 4시에 사망하였는 바, 죽은 자인 오경오의 친족들이 그 아들 오수민(吳守敏)을 거느리고 와서, 범죄자 등목을 난타하고, 경오의 아들 수민이 칼을 빼어, 등목의 배를 갈라 오장을 끄집어내어 볏짚에 싼 다음 버렸다고 하기에 먼저 신고하고, 이에 신속히 보고하게 된 것입니다라 하였습니다. 이 일은 외국인과의 교섭문제 일뿐만 아니라 두 사람이 모두 다 죽었다는 것을 듣자니 지극히 놀라지 않을 수 없는 일이므로, 즉시 사람들에게 질문하여 조사한 것을 바탕으로 보고하도록 지령하였습니다. 이에 처음 검관(檢官) 구종명이 보고한 내용에 따르면, 사망자 오경오의 얼굴은 머리털이 흐트러지고, 두 눈은 약간 벌려져 있고, 오른쪽 뺨의 껍질이 벗겨졌는데, 그 상처 색은 붉은 색으로 굳어 단단했고, 우측 귓바퀴는 마찰의 흔적으로 모래와 진흙이 달라붙어 있고, 오른쪽 아래턱 껍질이 벗겨져 상처의 색이 붉고 단단했는데, 이는 도착하기 이전의 흔적이었으며, 좌우 옆구리에 한 갈래 동아줄 흔적 또한 뒤로 묶인 증거이며, 복부가 팽창하여 검푸른 색으로 굳고 단단한 것은 반드시 내부에서 피가 터졌다는 증거이며, 얼굴과 등골과 뒷 갈비 및 늑골 허리 등에 푸르고 붉은 빛으로 단단히 굳어 있고, 척촌(尺寸) 만큼 넓게 크진 여러 증거들이 분명하니, 얻어맞은 것이 죽게 한 실제 원인이오며, 치사 내용을 발고한 남자 오경오의 족인(族人) 오명거를 불러서 물었더니, 경오가 일본인 등목의 손에 피살됨으로 인해 경오의 아들 수민이가 칼로 등목의 배를 갈라서 복수한 것입니다라고 하였습니다. 또 오경오의 아들 어린

6   앞의 책, 511~512쪽.

아이 오수민의 말은, 아버지가 일본인 등목의 손에 사망하게 되었으니, 사람의 자식 된 도리로 복받치는 정성과 격분으로 인하여 할복하여 복수한 것이라고 하였습니다. 또 사건을 목격하였던 증인 일본인 집 간사 김순녀의 말은, 당초 등목이 오경오를 붙잡아와 무수히 난타하고, 뒤이어 몽둥이와 받침돌 등으로 등 위에서 묶어 눌러서, 이내 명이 다하게 되었는 바, 경오의 아들 수민이가 그 가족들과 함께 와서, 먼저 등목을 난타한 후 이내 칼로 배를 갈라 오장을 끄집어내어 볏짚으로 싼 다음, 발고할 의향으로 관부로 갔다고 하는 바, 오경오가 일본인 등목에게 맞아 죽게 된 일과 일본인 등목이 오경오의 아들 수민에게 배를 갈리어 죽게 된 일을 이사청(理事廳) 및 일경부(日警部)에 교섭하였더니, 경부 및 헌병이 조사하러 가서 살필 때, 오경오가 두들겨 맞아 죽게 된 일과 일본인 등목의 배가 갈리어 피살된 것을 일경부 모두가 모두 목격하고 말하기를, 등목의 시체와 머리는 이내 수거하여 불살라 버렸으니, 이 사건의 판결은 피아 모두 다 사망하였으며, 실제 원인이 확실하니, 재조사를 할 필요가 없다고 하였습니다. 오 씨의 시체는 일본 이사관과 경부가 즉시 내어 묻는 것이 좋다고 누차 만나서 교섭하는 까닭에, 오 씨의 시체를 이내 그의 부모에게 내어주어 묻게 하였고, 법부(法部)에 그 연유를 이에 보고하오니 살펴 주시기 바랍니다.

광무 10년 (1906) 10월 29일
무안부윤 안기현(安基鉉)
의정부 참정대신 육군부장 훈일등 박제순(朴齊純) 각하

이 사건은 당시 충격적인 것이었다. 그러나 이 보고서에 나오는 "이사청(理事廳) 및 일경부(日警部)에 교섭하였더니"라는 구절에서 보듯이 구종명 총순이 직접 교섭에 나섰으며, "오씨의 시체는 일본 이사관과 경부가 즉시 내어다 묻는 것이 좋다고 누차 만나서 교섭"했다는 점에서도 그가 적극적으로 중재에 나섰다는 것을 확인할 수 있다.

또한 검시 부분에 있어서도 구종명 총순이 검관으로 검시한 내용은 경찰의 과학수사 분야에서도 역사적으로 큰 가치가 있다. 이를 분석하면 다음과 같다.[7]

① "무수히 난타하고, 뒤이어 서까래나무 한 개를 등 뒤에 깍지 끼듯 결박하고, 받침돌 두개로 숨통을 눌러놓기로" 구절은 자세성 질식(positonal asphyxia : 목이 심하게 꺾이거나 눌리는 등 호흡하기에 부적절한 자세 때문에 질식하여 죽은 경우)으로 사망에 이를 수 있는 현상이며,

---

7   강원지방경찰청 수사과 과학수사계에 근무하는 이미정 검시조사관이 분석하였다.

② "사망자 오경오의 얼굴은 머리털이 흐트러지고, 두 눈은 약간 벌려져 있고" 구절은 눈을 뜬 채로 사망한 것으로 추정되고,

③ "오른쪽 뺨의 껍질이 벗겨졌는데, 그 상처 색은 붉은 색으로 굳어 단단했고" 구절은 '표피박탈(abrasion or excoriation)'을 말하며, 이 면적이 넓고 단단하다면 '압박성 표피박탈(imprint excoriation)'로 추정 할 수 있는데, 이는 피부가 둔체에 따른 직각, 혹은 비슷한 방향으로 압박되어 피부가 벗겨졌던 흔적으로 받침돌로 얼굴을 바닥 등에 눌러놓았을 가능성이 있으며,

④ "우측 귀바퀴는 마찰의 흔적으로 모래와 진흙이 달라붙어 있고" 구절은 '귀바퀴(이개 : auricle)'는 귀의 전체적인 형태를 이루는 테두리들을 말하는 데, 이는 찰과상을 표현한 것으로, 아마 방향성을 가진 여러 줄의 '표피박탈(선상 표피박탈)'이 관찰되었을 것이므로 땅에 쓸린 흔적으로 여겨지는 한편,

⑤ "오른쪽 아래턱 껍질이 벗겨져 상처의 색이 붉고 단단했는데" 구절은 앞에 쓴 '표피박탈'이고,

⑥ '좌우 옆구리에 한 갈래 동아줄 흔적 또한 뒤로 묶인 증거이며' 구절은 '삭구(furrowor groove : 끈 고랑)'로 끈의 압박에 의하여 피부가 함몰된 상태이고, 이 흔적이 목에 있을 경우 '삭흔(ligature mark)'라고 하며, '압박성 표피박탈'을 동반하는 경우가 대부분이며,

⑦ '복부가 팽창하여 검푸른 색으로 굳고 단단한 것은 반드시 내부에서 피가 터졌다는 증거이며" 구절은 내부 출혈(피하, 피내출혈 포함)이 있을 경우 검푸른 멍으로 표출되지만, 이 표현만으로는 복강내(내부장기)까지 출혈이 있을지 확실치 않으나, 그 면적이 넓고 색이 짙을수록 깊게 손상받은 것으로 추정할 수 있으며, 여기에 덧붙여 전체적인 피부색이 창백하고, 안검(눈꺼풀)을 뒤집어 봤을 때 창백하다면 내부(피하, 복강 내, 장기 등)에 출혈이 많은 것을 뒷받침할 수 있고, 특히 '굳고 단단한' 이유는 혈종(피가 고여 이룬 덩어리)을 촉지했을 것으로 보이고,

⑧ "얼굴과 등골과 뒷갈비 및 늑골 허리 등에 푸르고 붉은 빛으로 단단히 굳어 있고" 구절에서는 '푸르고 붉은 빛'은 색깔이 여러 가지로 관찰되는 것으로, 멍(피하, 피내출혈)이 시간적 간격을 두고 생겼다는 말일 수 있거나 혹은 내부 출혈의 깊이와 넓게 퍼진 정도가 각각 다르다는 의미일 수도 있는 바, 매를 맞았다면 지속성 있게, 여러 번 맞았다는 의미로 해석이 가능하며,

⑨ '척촌(尺寸) 만큼 넓게 커진 여러 증거들이 분명하니" 구절에서 멍이 척촌의 넓이만큼 퍼졌다는 뜻으로 보이는 바, 이는 시간이 좀 경과한 멍과 최근의 멍이 함께 있는 것을 의미하므로 오경오가 시간적인 간격을 두고 맞았을 가능성이 있고, 또한 얇은 피부층과 피부 깊은 곳, 예를 들면 복강 내부에서도 터졌다고 보이므로 발·주먹·몽둥이 등 여러 가지 강도의 외력이 사용되었을 것으로 추측된다.

따라서 접사인은 '다발성 장기손상사 혹은 실혈사' 일 것으로 추정되며, 현대 검시조사관이 결과

를 보고하게 되면, 외표검시상 '외력에 의한 다발성 손상사'라는 추정사인을 썼을 것이다. 또한 부검까지 해서 법의관이 최종 의견을 낸다면 '구타와 관련된 다발성 장기 손상사 혹은 실혈사'라고 기재했을 것으로 보인다.

이상의 분석을 보면, 구종명 총순이 검시한 순서가 머리부터 순차적으로 내려온 점, 색깔까지 표현하고 의견이 명확한 점 등 현재의 검시와 극히 유사하여, 당시 검관도 객관적이면서 날카로운 안목을 가졌다는 것을 알 수 있다. 따라서 일본인을 살해한 오수민과 그 일가족이 별다른 처벌 없이 무마된 것으로 보이며, 이를 높이 산 목포 주민들이 '총순 구종명 영세불망비'를 세운 것으로 판단된다.[8]

8　민족문제연구소가 발간한 『친일인명사전1』(2018)에 구종명의 이름이 올라가 있다. 그 이유는 "1900년 경부 주사, 1901년 11월 경위원 주사, 1904년 9월 경상북도관찰부 총순, 1906년 2월 무안항 경무서 총순, 1908년 1월 경상북도관찰도 대구경찰서 경부를 거쳐, 1908년 11월 경상북도관찰도 경상북도 영해군수(오늘날 영덕군수)에 임명되었다. 병합 후 1910년 10월 유임되었고, 1911년 6월부터 1914년 2월까지 현풍군수(대구광역시 달성군 서남부의 옛 행정 구역의 장)로 근무하였다. 퇴임 후 1923년 2월부터 1930년 5월까지 경상북도 달성군 현풍면장(주임관 대우)을 지냈다. 그리고 1928년 11월 쇼와(昭和) 천황 즉위기념 대례기념장을 받았다(192쪽)"이다. 그가 어떠한 친일 행위를 했는지에 대해 상세한 연구가 필요하다.

3) 대한제국 경찰과 재한 일본경찰의 통합

통감부는 1906년 2월 자체 조직이 설치되자 대한제국의 당해 연도 예산 가운데 경무정리비警務整理費 165,000여 원을 확보하여, 종래 경무청의 국을 폐지하고 인원을 줄이는 한편 각 도와 개항시장 경무서 소속의 직원도 감축하였다. 또한 '제1기 경무확장계획'을 수립하여 대한제국 정부로부터 223,000여 원을 추가로 확보하고, 1906년 6월 각 도관찰부에 경무고문의 보좌기관으로 보좌관·보좌관보(이상 경부)·보조원(순사)을 두었다. 그리고 '경무고문 지부'를 설치하여, 각 도에 총 26개의 '경무고문 분견소分遣所' 또는 122개의 '경무고문 분파소'를 설치하여 보좌관 이하를 배치하였다. 이러한 수는 당시 각 도에 설치된 13개 경무분서·122개 분파소 수와 비슷하다.

그 후 7월 3일 통감 이토는 고종에게 종래 황궁 경위국警衛局의 궁내 경위를 일본 고문경찰이 담당하기로 허락받았다고 주장하여, 보좌관보 5명·통역관 1명·보조원(순사) 63명(후에 42명을 감소)을 황궁에 배치하였다. 이는 표면상 황궁 경위를 일본 고문경찰이 담당한 것으로 보이나 실제로는 황궁의 동태를 감시하는 활동을 한 것이다. 또한 한성·부산·인천·원산 및 평양 이사청 소재지에는 경찰서를 두고 경시를 배치하였고, 순사주재소巡査駐在所 중 큰 곳은 분서分署로 승격시켰으며, 새로이 여러 곳에 순사주재소를 설치하였다. 이에 따라 일본경찰의 영향력이 황궁부터 지방까지 미치게 되었다.

1907년 3월 통감부는 기존 영사경찰과 고문경찰이 대립하여 발생한 업무의 중복, 연락의 결여 등 폐단을 없애기 위하여 이 2개 경찰을 통합하였다. 그 내용을 자세히 보면, '① 통감부 및 이사청경찰은 경무고문(고문경찰)의 보좌기관을 겸한다. ② 대한제국의 고문경찰관은 직장소재지를 관할하는 이사청의 경찰사무를 집행한다. ③ 대한제국 정부의 고문경찰관과 이사청경찰관은 상호간에 지시와 보고를 주고받는다. ④ 지방의 소시읍小市邑 가운데 양 조직이 중첩된 경우 하나를 폐한다' 등이다. 이는 고문경찰이 영사경찰의 직무를 수행하도록 정리된 것으로, 4월 이사청 경찰분서와 고문경찰의 분견소가 통폐합되었다. 그 후 7월 '제2기 경무확장계획'을 수립하여 경무정리비 313,000여 원을 추가로 확보하여, 고문경찰관 수를 증가하였다.

이러한 가운데 7월 24일 '한일신협약'이 체결되었고, 이 협약의 제5조 '한국 정부는 통감이 추천하는 일본인을 한국관리로 임명할 것'이라는 조항에 따라 1907년 8월 2일 마루야마 시게토시가 경시총감에 임명되었다. 그 후 9월 13일 마츠이 시게루松井茂[22]가 내부의 경무국장에 임명되었다. 또한 통감부는 이러한 경찰력을 지휘·감독하기 위하여 1907년 10월 29일 대한제국 정부와 경찰사무 집행에 관한 취극서取極書를 조인하였다. 여기에 '한국경찰관은 당해 일본관헌의 지휘·감독을 받고 재한국 일본신민의 경찰사무를 집행할 것을 확약한다'는 조항이 명시되어 통감부가 대한제국의 경찰권을 실질적으로 장악할 수 있게 되었다. 그리고 11월 1일에는 칙령 제29호 「경찰관리 임용에 관한 건」에 따라 일본 고문경찰관 중 보좌관은 경시로, 보좌관보는 경부로, 보조원은 순사로 자연스럽게 임용되었다.

---

22 마츠이 시게루는 1909년 『경찰학(警察學)』을 발간하였는데, 이 책은 제1장 경찰 법학, 제2장 경찰의 연혁, 제3장 경찰의 분화, 제4장 경찰의 법원, 제5장 경찰의 성질, 제6장 경찰의 정의, 제7장 경찰의 분류, 제8장 경찰의 기초, 제9장 경찰권의 범위, 제10장 경찰권의 제한, 제11장 경찰과 내무행정, 제12장 경찰과 사법의 관계, 제13장 경찰과 군대의 관계로 구성되어 있다. 이 책은 영인본으로 발간(『경찰학·주해 형법연구』, 일조각, 2014)되었다.

| 칙명 |

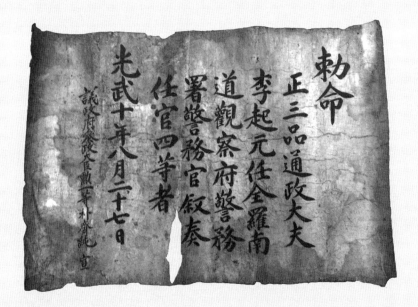

〈사진 17〉 **칙명**

먼저, 이 사료(史料)는 황제가 내리는 칙명(勅命)으로, 국왕이 내리는 교지(敎旨)와는 다르다. 다음, 주목해야 할 부분은 1906년 8월 27일 전라남도관찰부(광주) 소속 경무서장으로 발령받은 '이기원' 경무관이 바로 정3품 통정대부라는 것이다.[1] '통정대부'는 사법적으로 큰 특권을 누리는 계층

---

1   민족문제연구소가 발간한 『친일인명사전2』(2018)에 구종명의 이름이 올라가 있다. 그 이유는 "1906년 8월부터 전라북도관찰부 경무서 경무관을 지내다 1907년 12월 사직했고, 1909년 10월 충청남도 해미군수로 임명된 후 병합 후 유임되었으며, 1911년 3월 충청남도 서산군수로 부임했다. 1912년 3월 한국병합기념장을 받았고, 1913년 4월 충청남도 결성(오늘날 홍성군)군수로 옮겨 근무하다가 1914년 2월 퇴직했다.(794쪽)" 이다. 그가 어떠한 친일 행위를 했는지에 대해 상세한 연구가 필요하다.

이다. 전통적으로 조선시대에는 대부(大夫)이상인 경우 반역죄와 강상죄(삼강오륜을 범한 죄)를 저지르지 않으면, 형벌권으로부터 면제되었다.[2] 이 점을 감안하면 당시 경찰서장의 직급은 상당히 높았으며, 그 위세도 대단하였다고 볼 수 있다.[3]

하지만 이 칙명을 보면 역사의 어두운 면도 볼 수 있다. 발령권자가 '참정대신'으로 바로 을사오적 중 1명인 '박제순'이 그것이다. 참정대신은 의정부의 의정·의정대신이 신병이 있거나 사고가 있을 때 그를 대신하여 의정부 회의를 주관하고, 필요한 경우 의정부의 사무를 대신 처리하였던 관직을 말한다. 따라서 '박제순'이 의정대신이 부재한 상태에서 고종황제를 대신하여 칙명을 내린 것이다.

---

2   도면회,『한국근대 형사재판제도사』, 푸른역사, 2014, 39쪽.
3   당시 경찰관의 위상은 총 28명의 이름이 새겨져 있는 진주 남강의 남쪽 절벽을 통해 알 수 있다. 여기에는 김세진 경무관(1895~1897.4)과 이석구 총순(1900.1~?)의 이름이 있다. 하강진, 「진주 남강 절벽의 바위글씨로 읽는 근대 인물의 사회문화사」,『근대서지』제8호, 근대서지학회, 2013, 143쪽.

당시 대한제국의 경찰에 통합된 이들의 수는 경시 26명(경무총감부 및 이사청 경찰관 5명, 고문경찰관 21명), 경부 120명(경무총감부 및 이사청 경찰관 42명, 고문경찰관 78명), 순사 2,205명(경무총감부 및 이사청 경찰관 500명, 고문경찰관 1,705명)이다. 또한 재한일본경찰관서의 수는 경찰서 12개·경찰분서 3개·순사주재소 59개로 총 74개이며, 이 기관들은 그대로 대한제국의 경찰관서 소속으로 되었다.

이로서 일본고문경찰과 통감부 및 이사청경찰은 모두 내부대신 산하 경무국에 흡수되었다. 하지만 내부 차관·경무국장·경시총감이 모두 일본인이었기 때문에, 모든 경찰행정은 이들에 의해 이루어졌다. 또한 재한일본인에 따른 경찰권 행사는 1907년 10월 29일 조인된 '대재한 일본신민 경찰사무 집행에 관한 협정對在韓 日本臣民 警察事務 執行에 關한 協定'에 의해 재한일본인경찰관들이 이사관의 지휘를 받으며 대한제국의 경찰권을 행사하였다.[23]

한편 통감부統監府는 1908년 10월 한성 광화문 앞에 있는 중추원 내 학부 건물 세 개 동을 빌려 주한 일본인 교육기관인 '경찰관연습소'를 개설하였다. 이 '경찰관연습소'는 신임 일본인 순사의 교습, 지방 순사의 보수교육, 순사부장의 사무연습 등의 교육을 담당하였고, 교육 인원은 한 학기에 50명이었다. 이 교육기관은 1910년 6월 조선인 순사를 위한 '경무학교'와 통합되었다.[24]

---

23 당시 경찰관수는 1909년 4,991명(한인 3,128명, 일본인 1,863명), 1910년 5,336명(한인 3,259명, 일본인 2,077명)이었다.
24 Christopher Liao, 1910~1920년대 조선총독부의 경찰교육, 서울대 대학원 석사논문(사학과), 2006, 26~27쪽.

제5절
일본식으로 변한 대한제국 경찰

1. 전반적인 경찰제도의 변화

경무청은 1907년 7월 27일 칙령 제2호인 「지방관 관제 개정」으로, 그 이름이 일본의 동경경시청과 같이 경시청警視廳으로 변경되었다. 경시청의 장長인 경무사도 경시총감警視總監으로 개칭되었고, 그 밑에 경시부감警視副監 1명을 두었다. 초대 경시총감에는 마루야마 시게토시丸山重俊 경무고문警務顧問이, 경시부감에는 전前 경무사 구연수具然壽가 임명되었다. 또한 관할지역이 황궁皇宮과 경기도[25]로 확대되었고, 산하에 민적과民籍課가 추가되었다. 다만 감옥사무가 칙령 제52호 「감옥관제」에 따라 법부法部로 이관되어, 공소원控訴院의 검사장이 법무대신의 명을 받아 관할지역의 감옥을 감독하게 되었고, 위생사무도 위생국衛生局(내부內部에 신설)으로 이관되었다.

이와 함께 모든 경무서가 경찰서로, 분파소分派所가 순사주재소巡査駐在所로 개칭되었다. 경찰서는 대체적으로 그 도道의 정치·행정의 중심지로서 일본이 대한제국을 지배하기 위해 장악해야 할 필요가 있는 지역이거나 개항장과 같이 과거부터 일본인의 이익이 잔존되어 있어, 이를 보호해야 할 필요가 있는 지역에 설치되었다. 또한 분서와 순사주재소도 각각 군소재지와 면소재지에 위치하여, 전국을 체계적으로 지배하려는 말단 경찰기관으로 기능하였다.[26] 이러한 경찰기관들이 1907년 12월 27일 내부령 제4호 「경찰구획 개정」에 따라 경기도, 전라남·북도, 경상남도 등에 있던 10개의 분서가 경찰서로 승격되어 전국의 경찰관서 수가 28개 경찰서[27]·43개 분

---

25 한성군(漢城郡), 양주군, 광주군(廣州郡), 적성군(積城郡), 저천군(抵川郡), 영평군(永平郡), 가평군, 연천군, 고양군, 파주군, 교하군(交河郡).

26 강창석, 『조선 통감부 연구』, 국학자료원, 1995, 91쪽.

27 경기 8(한성 중부·동부·남부·서부·북부, 수원, 개성, 인천), 충북 1(충주), 충남 1(공주), 전북 2(전주, 군산), 전남 2(광주, 목포), 경남 3(진주, 마산, 부산), 경북 1(대구), 강원 1(춘천), 함경남도 2(함흥, 원산), 함경북도 2(경성鏡城, 성진), 평안북도 2(영변, 신의주), 평안남도 2(평양, 진남포), 황해도 1(해주).

서[28]·337개 순사주재소[29]로 늘어났다. 다음해 1908년 6월 함경북도에 1개 분서도 경찰서로 승격되었다. 이는 종전에 유지되었던 '1도道 1서署'라는 원칙이 무너지고 있음을 보여준다. 이후 경시청은 1908년 4월 23일 직속으로 경시 3명을 두어, 그 중 1명은 보안과 소관의 고등경찰 사무와 서무 업무를, 다른 2명은 과거 관방에 두었던 감독과 유사한 순열巡閱사무를 하게 하였다. 그러나 8월 4일 순열巡閱사무는 폐지되고, 보안과保安課가 고등경찰 사무를 다시 담당하였다.

그리고 경무관의 계급도 일본식으로 경시警視로 변경되었다. 총순과 순검은 같은 해 12월 13일 「내부관제 개정」으로 각각 경부警部와 순사巡査로 개칭되었다.

한편 한일병합이 되기 직전 1908년 7월 20일 칙령 제49호로 「지방관 관제」가 개정되어, 각 도에 내무부內務部와 경찰부警察部가 신설되었고, 같은 날 발령된 칙령 제48호 「경시청관제 개정」에 따라, 경기도가 경시청의 관할지에서 제외되었다. 이 관제에 따르면 내무부는 지방행정 사무, 구휼 및 자선, 향제享祭, 종교 및 사사祠社, 토목, 지적 및 토지 수용, 교육 학예, 권업勸業, 외국인에 관한 사무 등을 담당하였다. 또한 경찰부는 경찰, 위생, 민적, 이민移民 등에 관한 사무를 담당하였다. 경찰부장은 경시로 임명되어, 관찰사를 보좌하면서 휘하 경찰서장을 지휘하였다. 이를 위해 경시의 서열이 사무관하에서 사무관상으로 승격되었다.

---

28 경기 4, 충북 3, 충남 4, 전북 3, 전남 4, 경남 3, 경북 5, 강원 4, 함경남도 3, 함경북도 2, 평안북도 4, 평안남도 2, 황해도 1.

29 경기 40, 충북 15, 충남 40, 전북 28, 전남 30, 경남 36, 경북 36, 강원 22, 함경남도 14, 함경북도 9, 평안북도 22, 평안남도 20, 황해도 25.

2. 경찰제복의 변경

1907년 개정된 경찰제복 상의의 형태는 종래 앞 중심의 일자형 여밈에서 더블브레스트형으로 변경되면서 길이가 길어지고, 단추도 무궁화형으로 매듭단추로 여미던 방식에서 둥근 금속단추로 바뀌었다. 소재는 짙은 감색 융으로 도금한 이화형 단추는 좌우에 각 7개씩 부착하였다. 또한 뒷자락의 정중앙 하단에 트임을 줬고, 그 양쪽 옆에 흑융을 붙였다. 그 위는 뾰족하고 아래는 넓은 모양으로 길이 5촌에 폭 1촌이며, 그 위에 도금한 이화형 단추를 양쪽에 각 3개씩 부착하였다. 그리고 권임순검權任巡檢이 예복을 착용할 경우 상복에 견장肩章을 부착하였다.

3. 일본헌병대의 주둔과 활동

일본헌병대는 1896년 1월 25일부터 '임시헌병대臨時憲兵隊'라는 명칭으로 군용전화를 경비한다는 명분하에 처음 주둔하였다. 이 헌병대는 1903년 12월 '주한주차헌병분대駐韓駐箚憲兵隊'로 개칭되었다. 다음해 2월 러일전쟁이 발발하고, 4월 3일 한국주차사령부가 서울에 설치되면서 부대의 중요성이 커졌다. 따라서 이 헌병대는 7월 2일 경원京元 · 경부京釜 · 경인京仁 · 경평京平간 전신노선상과 군용철도 노선 상에 있는 곳을 군율軍律 시행지역으로 정하였다.

이 「군율軍律」은 8개조로 조선 국민이 한성 인근이나 함경도에서 일본군의 작전을 방해하는 것을 금지하기 위한 것이었다. 조항에는 사형조死刑條가 있었고, 전선 · 철도가 통과하는 각 촌에서는 촌장이 책임자가 되어, 자치적으로 이를 보호해야 한다는 내용이 포함되어 있었다. 게다가 가해자가 체포되지 않은 경우 촌장 하에 있는 당직 보안위원을 태형笞刑 또는 구류에 처하고, 구류 시 침구와 음식을 본인 부담으로 한다는 조항 등도 있었다.

그럼에도 불구하고 11곳의 전선단절과 무기 및 탄약의 손실이 발생하자 곧 그 시행지역이 확대되었다. 7월 20일 하라구치原口 사령관이 군사훈령을 내려 한성과 그 인근에 군사경찰 행정을 시행하고, 10월 9일에는 작전지역인 함경도에 군정을 실시하였다. 군사훈령의 내용에는 일본에게 불리한 문서작성이나 송달을 금지하고, 집회 및 신문발행의 제한이나 금지, 총포·탄약·병기·화구 등 위험 물품의 단속, 우편 전보의 검열과 통행인 단속 등이 있어, 주민의 자유가 크게 제한되었고, 공포분위기도 조성되었다.

또한 군정시행을 위한 내훈內訓에도 대한제국의 현지 지방관이 그들에게 불리하다고 인정될 때에는 퇴거를 강제집행하거나 신임 지방관도 그들의 군사령관 승인장을 갖고 있지 않으면 그의 취임을 거절한다는 등의 조항이 있었다. 그리고 철도·전선·도로·교통기관 등의 보호를 지방민의 책임으로 하고, 군사행동에 필요한 도로·교량의 보수는 해당 지방비에서 지출하는 것으로 하였다.

1904년 8월 15일 남대문 밖 도동 남쪽 남산에 걸쳐 동쪽으로 이태원, 서쪽으로 욱천旭川에서 한강에 이르는 넓은 용산지역이 군용지로 강제 수용되어, 이 지역 안에 있는 토지 매매를 일체 정지한다는 통첩이 발하였다. 같은 해 이 지역이 위수지역으로 선포되었고, 헌병 부대가 필요한 군사 설비를 갖추기 시작하였다.[30] 그 후 일본은 1905년 7월 5일 러일전쟁이 자국에게 유리하게 돌아가자 대한제국 정부에 일방적으로 한성 및 그 인근의 치안경찰을 담당하겠다고 통보하였다. 그리고 같은 달에 군율을 개정하여 단속범위를 11조 7항목으로 확대하였다.

1906년 2월 통감부가 개설되자 헌병은 일본정부의 칙령으로 군사경찰

---

30   차문섭, 『조선시대 군사관계 연구』, 단국대 출판부, 1996, 129쪽.

외에 행정경찰과 사법경찰을 담당하였다. 이는 통감부가 행정 및 사법경찰을 지휘하고, 사령관이 군사경찰을 담당하면서 소위 헌병경찰제가 사실상 시작되었음을 의미한다. 같은 해 8월 사령부가 한성 용산에 상주하고 난 후 군율을 발포發布하여, 위반자에게 감금·추방·태笞·과료를 벌칙으로 가하였다. 게다가 당시 고문경찰단의 활동이 본격화되자 8월 13일 헌병은 한성 및 인근의 고등경찰 사무를 담당하고, 보통경찰은 될 수 있는 한 간섭치 말라는 명령을 내리기도 하였다.

1907년 7월 헤이그밀사사건으로 고종이 퇴위하고, 민심이 동요하면서 의병이 봉기하자, 일본은 이를 진압하기 위하여 10월 9일 기존 부대를 '한국주차헌병대'로 승격하여, 그 장을 육군 소장으로 임명하였다. 또한 본부를 이전과 마찬가지로 한성 용산에 두었고, 그 밑에 한성·천안·간도·평양·부산·함흥·영산포에 분대를 두었다.[31] 또한 「한국 주차헌병에 관한 건」을 제정하여, 헌병이 치안유지에 관한 경찰업무를 맡도록 명문화하였다. 이어 8월 말 의병진압을 위하여 제12여단이 도착하고, 10월에는 기병 1개 연대가 도착하였다. 이들 부대는 6개분대로 재편되어, 전국 각 지방에 분견소를 두고 주둔하였다. 그 병력은 통감부 설치 후 782명, 1907년 말에는 2,000명으로 대폭 증가하였다. 1909년 6월 중순에는 조선인 헌병보조원을 모집하여 1차로 4,065명을 뽑았다. 이로써 대한제국 전역에 배치된 헌병부대원 수는 6천여 명에 이르렀고, 분견소도 두 배로 증가하였다.

1909년 헌병분대는 한성·평양·천안·대구·영산포·함흥에 주둔하여, 전국을 39개 관구로 나누어 분견소 441개·파견소 9개를 두었다. 이어 1910년부터 51개 관구로 세분화하였다. 또한 4월부터 의병이 강하게 저항하자, 천안·영산포 분대에 45개 임시파견소를, 5·6월 한성·평양·

---

31 앞의 책, 137쪽.

영산·함흥 분대에 14개의 분견소와 출장소를, 7·8월 나남羅南에 경성鏡城 분대를 두어, 전국 7개 헌병대를 57개 관구로 나누어 대처하도록 하였다. 따라서 1910년 전국에는 헌병조직이 1개 본부·7개 헌병대·457개 분견소·31개 파견소·4개 출장소가 있었고, 부대원 수는 일본인 2,369명·조선인 4,392명이었다.

이들은 한일병합을 전후로 저항하는 조선인을 강력하게 진압하였다. 대한제국의 군대가 해산된 1907년에 봉기한 의병 수는 약 5만 명 그리고 충돌 건수는 304회, 1908년 약 7만 명 그리고 1,450여 건, 1909년 약 28,000여 명의 의병과 950여 건의 충돌, 그리고 1910년에는 1,900여 명과 147건의 충돌 건수가 있었다. 피해 내용을 보면, 1907년부터 1910년까지 의병 사망 16,700여 명·부상 36,770여 명이고, 일본군 사망 130여 명·부상 270여 명, 한인 사망 1,250여 명·일본인 120여 명, 그리고 68,800여 호戶의 가옥이 소실되었다. 여기서 약 4년간 사망한 한인수가 17,950여 명에 이를 만큼 일본군의 진압이 강력했고, 그만큼 한국인의 저항도 치열했음을 알 수 있다.[32] 일본이 공식적으로 인정하는 의병의 사상자만 해도 2만 명을 넘는다. 조선주차군사령부가 발표한 『조선폭도토벌지』에 따르면, 1907년부터 1910년까지 살해 17,776명·부상 3,706명·포로 2,139명이었다. 당시 한성의 치안은 간신히 4대문 안에 그쳤으며, 의병은 한성 동대문 밖까지 출현하였다.[33]

---

32 강창석, 『조선 통감부 연구 2』, 국학자료원, 2013, 188~189쪽.
33 김효전, 『법관양성소와 근대한국』, 소명출판, 2014, 68쪽.

4. 대한제국 경찰권의 상실

일본은 1907년 6월 헤이그밀사 파견을 이유로 고종을 퇴위 시킨 후 순종을 등극시켰다. 이어 같은 해 7월 24일 대한제국과 체결된 '한일신협약'에 첨부된 비밀각서에 있는 "장차 징병법을 시행하여 보다 정예한 새 군대를 양성하기 위한 준비 단계로 현 군대를 정리하여야 한다"는 내용을 구실로 7월 31일 순종으로 하여금 대한제국의 군대를 해산한다는 조칙을 내리게 하였다. 그리고 다음날 8월 1일 이를 시행하여 나라를 무력화하였다. 이후 1910년 7월 군부軍部를, 9월에는 법부法部마저 폐지하여, 정부에는 내부內部 · 탁지부度支部 · 학부學部 · 농상공부農商工部만 남게 되었다.

초대 통감 이토 히로부미 후임으로 1909년 6월 부통감 소네 아라스케曾根荒助가 2대 통감이 된 후 대한제국의 사법권과 감옥사무를 일본정부에 위탁하는 기유각서가 체결되었다. 이후 1910년 5월 30일 3대 통감으로 일본 육군대신인 데라우치 마사타케寺内正毅가 부임하였다. 그는 자국에서 무단파의 대표로 알려진 자로, 내한 후 아카시 겐지로明石元二郎를 한국주차헌병대사령관로 임명하였다. 그리고 같은 해 6월 16일 통감부 총무장관 서리인 이시쿠라 에이쿠라石塚英藏에게 아카시 겐지로와 협의하여, 대한제국의 경찰권 침탈을 위한 교섭을 마치라고 지시하였다. 그 주요 안案은 ① 경찰사무를 일본정부에 위탁할 것, ② 통감부에 새로운 경무총감을 두되 전국의 경찰사무를 관장하고 헌병사령관으로 임명할 것, ③ 경무청과 경시청을 폐지하고 그 사무를 경무총감부가 담당할 것, ④ 각 도 헌병대장을 도경찰부장에 임명할 것, ⑤ 경찰서 또는 순사주재소가 없는 곳에서는 헌병대 또는 분견소分遣所가 그 사무를 집행할 것, ⑥ 경찰에 관한 비용은 대한제국 정부가 부담할 것, ⑦ 종전의 헌병보조원은 헌병대의 부속원으로 할 것, ⑧ 재한 거류일본인에 대한 경찰권 행사 협정(1907년 10월 29일 체결)은 폐지할 것,

⑨ 새로운 순사보巡査補들 두어 헌병보조원과 동일한 업무를 시킬 것, ⑩ 종래 대한제국의 경찰관서가 사용한 토지·건물은 그대로 일본 정부에 넘기고, 건축 중인 건물이나 건축 계획과 관련된 예산은 건축이 끝난 후 일본정부에 귀속시킬 것 등이었다. 이에 대해 이시즈카 에이쿠라는 아카시 겐지로와 상의한 결과, 현지 헌병보조원 모집이나 군부 폐지의 예에 따라 조회照會 형식을 취하여 간편하게 처리하기로 결정하였다. 그는 당시 요양 중이던 이완용 전前총리에게 사람을 보내고, 6월 22일 박제순 총리서리와 조중응 농상공부대신을 불러 일방적인 조회문과 경찰권 침탈에 따른 칙령안을 제시하고 수락을 강요하였다.

이 칙령안은 6월 23일 각의에서 논의되어 탁지부대신·궁내부대신·학부대신은 반대하였으나 대세를 이기지 못하고 통과되었다. 다만 경찰이 국체國體상 매우 중요하므로, 조회照會가 아닌 각서覺書 형식으로 취하고, 그 내용은 대한제국의 경찰제도가 완비됐다고 인정될 때까지 경찰사무를 일본정부에 위탁하고, 황궁경찰 사무는 필요에 따라 궁내부대신이 담당 관리와 임시 협의하여 처리 할 수 있다는 것 등으로 하였다.

결국 위의 내용으로 경찰권 침탈이 1910년 6월 24일 각서형식으로 조인되었다. 이어 6월 30일 내부內部 업무의 하나인 경찰사무가 삭제되고, 칙령 제33호「내부관제 개정」(경무국과 소속 경찰관 삭제), 칙령 제34호「경시청 관제 폐지」(경시청 전면 폐지), 칙령 제35호「지방관관제 개정」(전국의 경찰사무 삭제와 경찰부 및 경찰서 이하 관서·경찰관직 폐지), 칙령 제36호「경찰비용에 관한 건」(경찰예산을 전액 일본 정부에 제공), 그리고 칙령 제37호「일본국경찰관서 직원급여에 관한 건」(대한제국 정부가 일본인 경찰관 급여를 지급)이 동시에 공포, 7월 1일 발효됨으로써 마침내 대한제국의 경찰권이 상실되었다.

제2부
일제강점기 경찰

제1장

헌병경찰기

일제는 1910년 8월 29일 한일병합을 단행하여 대한제국의 국권을 피탈하여 한반도를 자국의 식민지로 편입하였다. 이때부터 일제는 대한제국을 '조선'으로 불렀다. 일제는 칙령 제319호 「조선총독부 설치령」을 공포하여 종래의 통감부보다 강력한 통치기구를 두었다. 이 조선총독부는 1910년 9월 30일 「총독부 및 소속관서의 관제」가 공포되면서, 10월 1일부터 그 기능이 가동되었다. 초대 총독으로 이미 통감으로 있던 육군대장 데라우치 마사타케寺內正毅가 취임하였다.

한반도의 최고 통치기구인 조선총독부의 장長인 총독은 일본 육·해군 대장 가운데서 선임되었다. 총독은 천황에 직속되어 위임받은 범위 안에서 조선 주둔 일본 육·해군을 통솔하여 조선의 방위를 맡았다. 그는 모든 정무를 총괄하여 내각총리대신을 경유해서, 천황에게 상주上奏하여 재가를 받을 권리가 있었다. 전속부관으로 육·해군 소장 또는 대좌로 충원되는 총독부 무관 2명을 두었다.[1] 또한 특별한 위임에 따라 총독부령을 발하고, 여기에 벌칙을 부가할 권한이 있었다. 게다가 법률을 요하는 사항은 총독의 명령으로 규정할 수 있는 등 극히 폭이 넓고 강력한 권한이 부여되었다.[2]

---

1 이태일, 「식민지 통치기구의 정비와 운용」, 『일제의 한국 식민통치』, 정음사, 1985, 58쪽.
2 일제강점기 조선총독은 제령 제정권을 갖고 있었다. 제령은 '법률을 요하는 사항'을 규정한 조선총독의 '명령'이

총독의 보좌기관으로는 친임관인 정무총감이 있어 총독부 사무를 총괄하고, 각 부국을 감독하였다. 중앙행정의 조직은 관방, 총무·내무·탁지·농상공·사법부로 구성하고, 다시 총무부는 문서과·인사국·외사국·회계국을, 내무부는 서무과·지방국·학무국을, 탁지부는 서무과·세관공사과·사세국司稅局·사계국司計局을, 농상공부는 서무과·식산국·상공국을, 사법부는 서무과·민사과·형사과를 두었다. 이 밖에 기능별 관서로 취조국·경무총감부·재판소·감옥·철도국·통신국·전매국·임시토지조사국 등이 있었다. 총독의 자문기관으로는 정무총감이 의장이 되는 중추원이 있었다.

지방은 경기도, 충청남·북도, 전라남·북도, 경상남·북도, 강원도, 황해도, 함경남·북도, 평안남·북도로 나누고, 도 밑에는 부·군·면을 두었다. 도의 수장首長을 장관이라 하고, 도의 조직을 장관 관방, 내무·재무부로 하였으며, 주요도시에 둔 부府에는 부윤, 농촌지방에 둔 군郡에는 군수, 그 밑의 면面에는 면장을 두었다. 그리고 각 도에 참여관·참사를 두어 지방장관의 자문에 응하도록 하였으나, 이들은 친일인사를 우대하는 명예직으로, 실질적으로는 형식적인 것에 불과하였다. 물론 한국인은 특별 임용령에 의해서 총독부 소속 관서의 문관에 임명되기도 하였으나, 구성 비율은 미미하였고, 일본 관리와는 현격하게 차별되어 모든 관서의 실권은 일본인이 독점하였다.

다. 이 제령 제정권에 대한 제약은 ① 내각총리대신을 거쳐 일왕의 칙재를 얻어야 한다는 것과 ② 조선에 시행된 법률과 특히 조선에 시행할 목적으로 제정된 법률과 칙령에 위배되어서는 안 되는 것 두 가지였다. 또한 조선총독은 임시긴급을 요하는 경우에는 먼저 제령을 제정하고, 사후에 천황의 칙재를 구할 수 있었으며, 천황의 칙재를 얻지 못한 때에는 즉시 그것이 장래에 효력이 없다고 공포해야 했다. 그러나 조선총독이 한반도의 사정에 상대적으로 더 잘 알고 있었다고 인정되었을 것이고, 특별한 사정이 없는 한 그의 판단이 존중될 수밖에 없었으리라는 점을 고려한다면 위 ①의 제약은 실질적인 의미를 상실한다. (…중략…) 결국 한반도의 법률 제정권은 거의 조선총독에 의해 장악되어 있었다고 할 수 있다. 조선총독의 이러한 강력한 권한은 그것이 일제의 제국의회나 중앙정부의 간섭의 배제를 의미한다는 점에서, 식민지 지배의 효율성=자의성의 극대화를 추구하기 위한다는 점은 쉽게 이해할 수 있다. 김창록, 「제령에 관한 연구」, 『한국 근현대의 법사와 법사상』, 민속원, 2008, 145~146쪽.

일제가 이와 같이 무관총독을 내세우고 군사력을 동원하여 한국을 직접 통치하게 된 데에는 다음과 같은 요인이 있었다.[3]

먼저, 한국병합이 일본 정계에서 군벌의 영향력이 막강했던 군부의 주도로 이루어졌다는 점을 들 수 있다. 당시 일본의 자본주의는 한국 경제를 경제적인 힘으로 완전히 예속·지배할 만큼 발전된 단계에 이르지는 못했다. 그러므로 그들의 경제적 침략은 자연히 약탈적인 성격을 벗어나지 못했으며, 이는 군사적 침략으로 뒷받침되지 않을 수 없었다. 상황이 그러하므로 일제의 한국 병합과 지배는 군사력을 동원하지 않고는 더욱 불가능한 일이었다. 따라서 러일전쟁의 승리에 힘입어 정치적 영향력을 급속히 증대시키고 있던 일본 군부가 군사력을 바탕으로 한국 병합을 앞장서 추진시켰던 것이다.

다음, 일본 군벌에게 무력에 의한 한국 병합이란, 한국을 일본의 영토로 확실하게 편입시킬 수 있다는 점뿐만 아니라, 군사력에 따른 대륙진출의 전진기지를 마련한다는 점에서 일본제국주의의 사활이 걸린 일이었다. 일제가 한국을 병합한 뒤 그들이 내세운 무관총독에게 조선의 안녕질서를 유지하기 위하여 필요할 때는 조선에 배치된 육군부대와 해군방비대를 사용할 수 있으며, 또 필요에 따라 조선에 주둔한 군인·군속을 만주·북청北淸·노령露領·연해주沿海州에 파견할 수 있는 권한을 부여한 것을 보면, 그들에게 한반도는 대륙진출의 교두보가 되기도 했다는 점을 쉽게 알 수 있다. 이처럼 병합이 일본 군벌의 주도로 진행되었다는 사실은 조선총독부에 무관 출신 총독이 임명되고, 식민지 조선에 군사적 성격의 지배정책을 추진하게 되었던 주요한 배경이 되었다.

다음으로 일제의 침략에 따른 우리 민족의 격렬한 저항으로 군사 통치

---

3 박만규, 「보호국체제의 성립과 통감정치」, 『한국사 14 : 근대민족의 형성 1』, 한길사, 1994, 214쪽.

를 통하지 않고는 식민지 지배가 불가능한 상황이었다는 점을 들 수 있다. 일제는 병합을 추진하는 과정에서 대한제국 정부에 갖은 협박과 회유를 가하여 굴복시켰으나, 한국 민중의 전국적인 저항에 직면하게 되었다. 그에 따라 강력한 군부의 대처 능력이 필요하게 되었다.

이러한 저항은 의병전쟁으로 전개되었다. 의병전쟁에는 제국주의의 침탈과 각종 봉건적 수탈로 몰락하였던 모든 계층이 참여하였다. 제국주의 침략과 개화파 정부의 개혁사업이 유교적 명분을 침해한 것으로 판단한 보수적 유생층으로부터 사회경제적으로 몰락하였던 농민층·소상인층·임노동층·화적·포수 등은 물론, 군대해산 이후에는 대한제국의 군인·관료들까지 망라되었다.[4]

제1절
경찰조직

1. 중앙조직

조선총독부는 최고 경찰기관으로 경무총감부를 두어, 그 장長을 칙임관인 경무총장으로 하였다. 그러나 이러한 직제는 한일병합이 되기 직전 1910년 6월 29일 칙령 제39호인 「통감부 경찰서관제」가 이미 제정되어 시행되고 있었다. 경무총장은 전국의 경찰사무와 전 직원을 지휘·감독하였다. 또한 주조선헌병사령관이 겸직하였으며, 부령部令을 발령할 수 있었다. 소속기관으로 관방(직원계·문서계·회계계), 기밀과(고등경찰계·첩보계), 경무과(경무계·위생계·민적계·경찰관연습소警察官練習所), 보안과(행정경찰계·사법경찰계·소방계)가 있었으며, 과장은 경무관 또는 경시로 임명되었다.

---

4   김도형, 「농민항쟁과 의병전쟁」, 『한국사 12 : 근대민족의 형성 2』, 한길사, 1994, 230쪽.

조선총독부가 설치된 후 1918년
까지 당시 경찰관들은 1910년 8월
에 일본에서 제정된 제복을 입은 것
으로 보인다. 헌병 또한 육군 군복을
착용한 것으로 보인다. 이후 1918
년 칙령 제295호로 「조선총독부 경
찰관 복제」가 제정되어, 모자에 부
착된 금색 약일장은 동일하였으나,

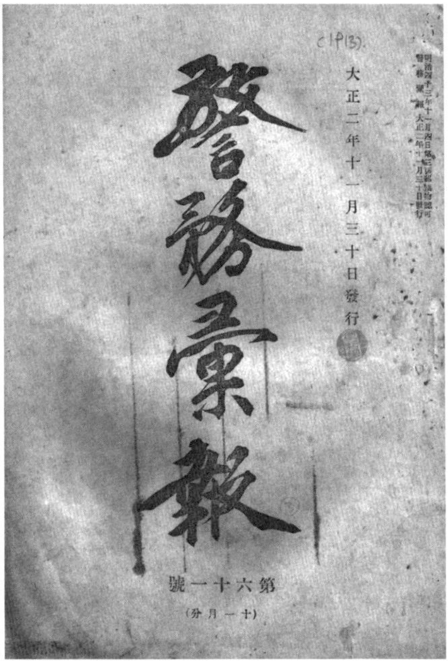

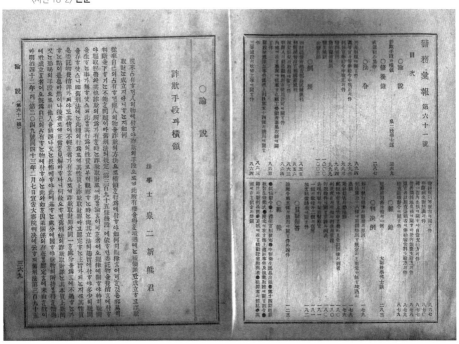

〈사진 18-1〉
『경무휘보(警務彙報)』
(한글판, 1913.11.30)[5]

〈사진 18-2〉 **본문**

---

5   본서는 경무총감부의 지시사항, 법령 개정 소식, 경찰 소식, 기타 교양 사항 등으로 구성된 정기 간행물이다.

선장[6] 개수·수장·계급장 등으로 계급을 구분하였다.[7]

2. 지방조직

각 도道에는 경무부警務部를 두었다. 그 장長은 칙임관인 경무부장으로 도내의 경찰사무와 관내 경찰서를 관장하였으며, 그 지역을 관할하는 헌병대장이 겸직하였다. 경무부 또한 독자적으로 부령을 발령할 수 있었다. 도내에는 경찰서장으로 전임관인 경부가 임명되었다. 그리고 경찰관서에는 순사와 순사보라는 계급의 경찰관이 근무하게 되었다. 이와 함께 경찰서 직무를 수행하는 헌병분대가 있었으며, 헌병보조원이 함께 근무하였다.

헌병보조원은 복무연한이 2년이나 본인의 희망에 의하여 50세까지 연장할 수 있었다. 이 헌병보조원은 각 지방에 배치되어 헌병을 도와 의병을 진압하는 등 일제경찰의 앞잡이로 협력하였다. 1911년 10월 13일 조선총독부는 의병진압이 종료되었다는 이유로 종래 밀집제에서 분산제로 변경하였다.[8]

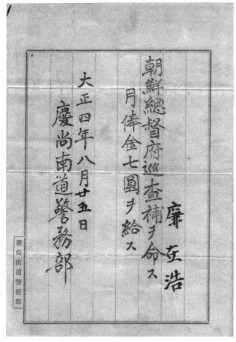

〈사진 19〉 **순사보 임명장**(1915년)

---

6 모자에 있는 선으로 경시는 7푼 2리 2줄이 있고 그 사이에 1푼 1줄이 있으며 경부는 7푼 2리 2줄, 순사 이하는 1치 5푼 1줄이 있다.

7 노무라 미치오(野村美千代), 조선총독부와 일본 근대경찰복 연구, 한국학중앙연구원 박사논문(한국학), 2014. 153~154쪽.

8 이현희, 『한국 경찰사』, 대현각, 1979, 109쪽.

헌병의 경찰활동은 한일병합이 되기 전부터 이미 강화되어 있었다. 항일운동에 대응하기 위하여 1910년 8월 5일 「경찰서의 직무를 다하는 헌병분대의 명칭·위치 및 관할구역의 건」이 제정되어, 작전지역에 76개의 분대가 배치되었다. 또한 같은 날 경찰도 「경무부 및 경찰관서 명칭·위치 및 관할 구역의 건」과 「순사파출소 및 순사주재소의 명칭·위치 및 관할구역의 건」에 따라 각 도와 철도 연변에 경찰서와 순사주재소의 배치가 정해졌다.

헌병의 경찰활동은 군사경찰(의병진압, 첩보수집 등), 정치사찰(신문 및 출판물 단속, 집회 및 결사 단속, 종교 단속, 기부금 단속 등), 사법권 행사(범죄 즉결, 민사소송 조정, 검사업무 대리, 호적 사무 등), 경제경찰(납세독촉, 국경 세관업무, 밀수입 단속, 국고금 및 공금 경호, 부업·농사·산림·광업 등 단속), 학사경찰(학교 및 서당 사찰, 일본어 보급 등), 외사경찰(여권발급, 일본행 노동자 및 재조선 중국인노동자·체류금지자 단속, 국내외 거주 이전 사항 등), 조장행정(법령보급, 농사식목개량, 부업 장려 등), 위생경찰(종두 보급, 해로운 짐승 박멸, 전염

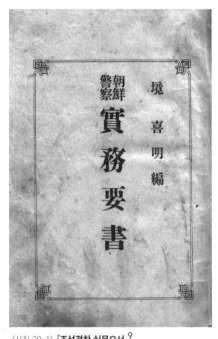

〈사진 20-1〉 『**조선경찰 실무요서**』[9]

병 예방, 도살 단속 등), 기타 업무(해적 경계, 우편 호위, 도로 수축, 묘지 매장, 화장 단속, 강우량 측량, 도박·무당·기생·매춘·풍속 등 단속)[10] 등 일반경찰의 업무와 동일하였다.

9   아카시 겐지로(明石元二郎)가 한일병합 전에 발간한 경찰실무서로, 1910.1.12. 초판이 발행되었다.
10   이상열, 「일제 식민지시대하에서의 한국 경찰사에 관한 역사적 고찰」, 『한국행정사학』 제20호, 2007, 85쪽.

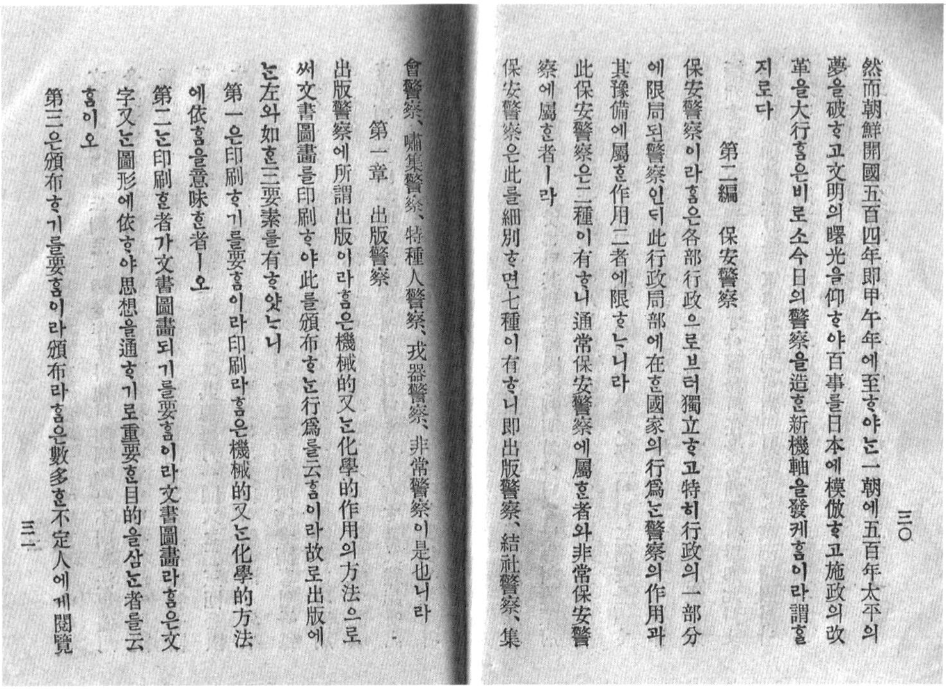

三〇

然而朝鮮開國五百四年即甲午年에至ᄒᆞ야ᄂᆞᆫ一朝에五百年太平의夢을破ᄒᆞ고文明의曙光을仰ᄒᆞ야百事를日本에模倣ᄒᆞ고施政의改革을大行ᄒᆞᆷ은비로소今日의警察을造ᄒᆞᆫ新機軸을發케ᄒᆞᆷ이라謂ᄒᆞᆯ지로다

第二編　保安警察

保安警察이라ᄒᆞᆷ은各部行政으로브터獨立ᄒᆞ고特히行政의一部分에限局된警察인ᄃᆡ此行政局部에在ᄒᆞᆫ國家의行爲ᄂᆞᆫ警察의作用과其豫備에屬ᄒᆞᆫ作用二者에限ᄒᆞᄂᆞ니라

此保安警察은二種이有ᄒᆞ니通常保安警察에屬ᄒᆞᆫ者와非常保安警察에屬ᄒᆞᆫ者ㅣ라

保安警察은此를細別ᄒᆞ면七種이有ᄒᆞ니即出版警察、結社警察、集會警察、嘯集警察、特種人警察、戎器警察、非常警察이是也니라

第一章　出版警察

出版警察에所謂出版이라ᄒᆞᆷ은機械的又ᄂᆞᆫ化學的作用의方法으로써文書圖畫를印刷ᄒᆞ야此를頒布ᄒᆞᄂᆞᆫ行爲를云ᄒᆞᆷ이라故로出版에ᄂᆞᆫ左와如ᄒᆞᆫ三要素를有ᄒᆞ얏ᄂᆞ니

第一은印刷ᄒᆞ기를要ᄒᆞᆷ이라印刷라ᄒᆞᆷ은機械的又ᄂᆞᆫ化學的方法에依ᄒᆞᆷ을意味ᄒᆞᆫ者ㅣ오

第二ᄂᆞᆫ印刷ᄒᆞᆫ者가文書圖畫되기를要ᄒᆞᆷ이라文書圖畫라ᄒᆞᆷ은文字又ᄂᆞᆫ圖形에依ᄒᆞ야思想을通ᄒᆞ기로重要ᄒᆞᆫ目的을삼ᄂᆞᆫ者를云ᄒᆞᆷ이오

第三은頒布ᄒᆞ기를要ᄒᆞᆷ이라頒布라ᄒᆞᆷ은數多ᄒᆞᆫ不定人에게閱覽

三一

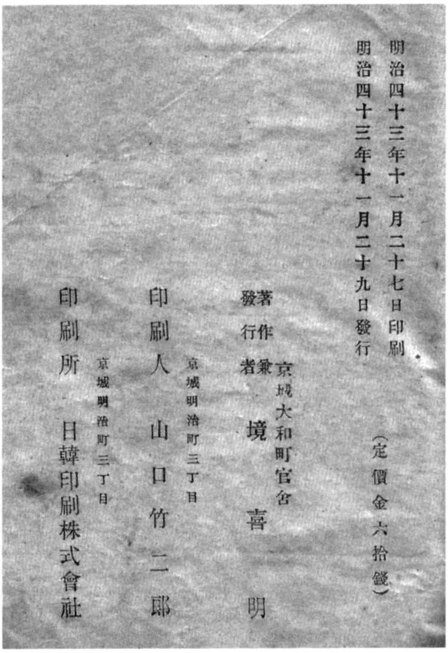

明治四十三年十一月二十七日印刷
明治四十三年十一月二十九日發行
（定價金六拾錢）
著作兼發行者　京城大和町官舍　境　喜明
印刷人　京城明治町三丁目　山口竹二郎
印刷所　京城明治町三丁目　日韓印刷株式會社

〈사진 20-2〉 **본문**

〈사진 20-3〉 **판권지**

이중 민사조정 사무, 징세활동 지원, 묘지·장례·화장장·화약 단속사무 등은 이미 병합 전에 담당하던 것이었다. 반면, 집달리 사무, 위생 사무, 항만검역, 이출우검역移出牛檢疫, 어로 단속, 항칙집행港則執行 사무는 1912년 4월부터 새로 담당한 것이었다. 또한 같은 해 3월 23일에는 증가된 사무를 원활하게 처리하기 위해 헌병장교를 경시, 준사관 하사를 경부, 상등병을 순사, 헌병보조원을 순사보에 준하여 복무하도록 조치되었다.[11]

1913년 6월 강원도에서 개최한 '경찰기관회의 관내상황보고 자문개요'에는 헌병대장과 강원도 내 각 지역에 배치된 헌병분대장 및 경찰서장과의 지역상황에 따른 문답이 기록되어 있다. 그 내용을 보면 호구조사에서 관내의 민심동향과 그것에 영향을 미치는 요소들, 생존과 관련된 화전문제 등 삼림감시와 조사, 종교, 사립학교 시찰, 도박, 위생조합의 설립 등 경찰의 일상적 업무 외에도 세금징수, 적십자 및 애국부인회 가입권유 등 조장행정사무도 열거되어 있다. 특히 주목되는 점은 경찰이 법에 규정된 업무 외에도 조선강점의 정당성을 홍보하기 위해 일본어 교육과 일장기 보급 등 동화정책과 관련된 일들을 주요업무로 보고한 것이다.[12]

---

11 신주백, 「일제의 강점과 조선주둔 일본군(1919~1937년)」, 『일제 식민지지배의 구조와 성격』, 경인문화사, 2005, 279쪽.

12 장신, 「경찰제도의 확립과 식민지 국가권력의 일상 침투」, 『일제의 식민지배와 일상생활』, 혜안, 2004, 567~568쪽.

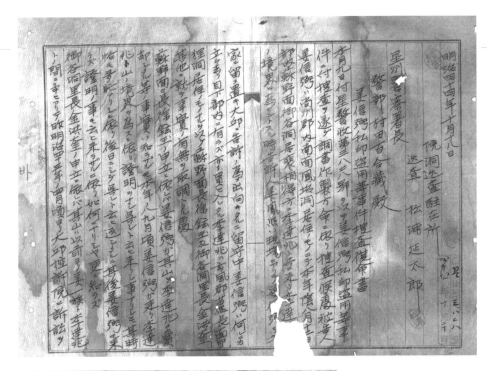

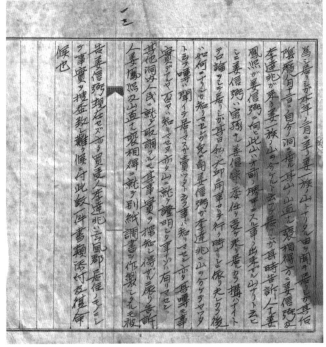

제2부 — 일제강점기 경찰

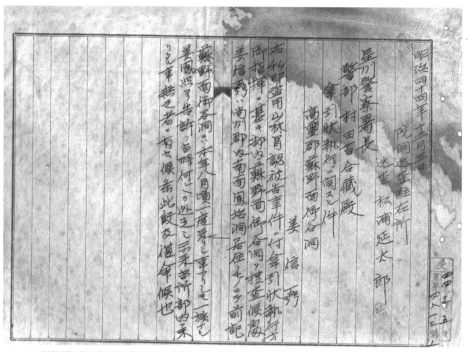

〈사진 22〉 **경북 성주경찰서의 토지매매 사건 관련 나인장**(拿人狀) **집행의 건**(1911.12.3)

제3절
경찰관련 법규의 제정

1. 「범죄즉결례犯罪卽決例」

일제는 대한제국을 병합할 당시 경찰활동을
위한 법규를 완비하지 못하였다. 그래서 우선 조선총독부 경무총장 및 각
부장관에게 각자 법규를 발發할 수 있는 명령이 부여되었다. 이 명령은 범
죄자에게 3월 이하의 징역 또는 금고·구류·백원 이하의 벌금 또는 과료의
벌칙을 가할 수 있는 강력한 권한이었다.

가장 먼저 공포된 것은 12월 15일 제정된 제령 제10호 「범죄즉결례」였
다. 이 명령에 따라 경찰서장 또는 그 직무를 행하는 자(헌병대장, 분견소장)
는 각기 관할구역 내에서 경미한 범죄를 즉결할 수 있는 권한을 갖게 되었
다. 즉결은 3월 이하의 징역이나 백원 이하의 벌금 또는 과료에 해당하는
죄를 지은 자 등을 대상으로 벌금 또는 과료 1원을 1일로 치는 등 비인간

적인 처벌을 가할 수 있는 것으로, 피고인의 진술만으로 증빙證憑을 갖추어 구류·태형·과료를 언도할 수 있었다. 또한 피고인의 궐석재판을 가능토록 하고, 피고인이 정식재판을 청구할 시 언도일로부터 3일 밖에 유예기간을 주지 않아 사실상 정식재판의 기회를 받지 못하게 하였다.

따라서 주민에게는 그들이 비록 경미한 범죄를 저질렀다하더라도 경찰이 언제라도 자의적인 판단에 따라 벌금·태형·구류를 가할 수 있는 대상이 되었다. 조선인이 「범죄즉결례」에 따라 처벌된 건수를 보면 1911년에 18,100건, 1913년 21,400건이던 것이 1918년에는 82,121건으로 급증하였다.[13] 이로 인해 「범죄즉결례」에 대한 조선인의 불만도 쌓여 갔을 것으로 보이며, 3·1운동이 일어난 여러 원인 중 하나가 되었을 수가 있다.

2. 「경찰범 처벌규칙警察犯 處罰規則」

1912년 3월 25일에는 부령府令 제40호로 「경찰범 처벌규칙警察犯 處罰規則」이 제정되었다. 이 규칙의 위반자는 구류되거나, 과태료를 물도록 조치가 내려졌으며, 처벌항목은 조선인의 일상생활과 관련된 것으로 87개 항목에 이른다. 그렇지만 처벌은 그 사정을 감안하여 형을 면제할 수 있었다.(제2조)

그 내용은 빈집·건조물·선박 등에 잠복한 자(1항), 일정한 주거 또는 생업 없이 이곳저곳을 배회한 자(2항), 매음을 하거나 용인한 자(3항), 이유 없이 면회를 강요하고 또는 협박을 한 자(4항), 협력·기부를 강요하고 억지로 물품의 구매를 요구하며, 혹은 노래나 춤 등 재주를 보이거나 노동력을 공급해서 보수를 요구한 자(5항), 이익을 얻을 목적으로 억지로 물품·입장권 등을 배부한 자(6항), 구걸을 하거나 또는 시킨 자(7항), 단체 가입을 강

---

13 김경택, 「일제의 한국침략정책」, 「한국사 13 : 식민지시기의 사회경제 2」, 한길사, 1994, 119쪽.

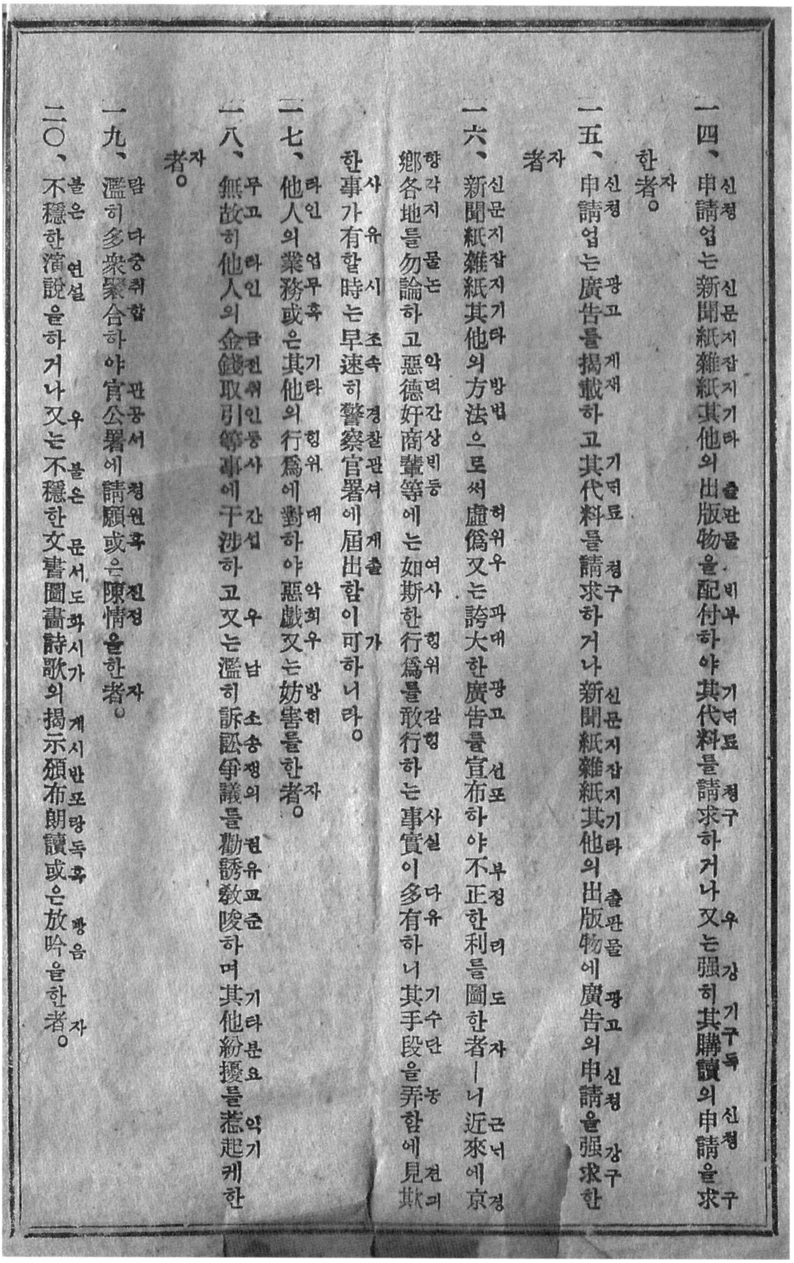

一四、申請업는 新聞紙雜紙其他의 出版物을 配付하야 其代料를 請求하거나 又는 强히 其購讀의 申請을 求한者。

一五、申請업는 廣告를 揭載하고 其代料를 請求하거나 新聞紙雜紙其他의 出版物에 廣告의 申請을 强求한者。

一六、新聞紙雜紙其他의 方法으로써 虛僞又는 誇大한 廣告를 宣布하야 不正한 利를 圖한者ㅣ 너 近來에 京鄕各地를 勿論하고 惡德奸商輩等에는 如斯한 行爲를 敢行하는 事實이 多有하니 其手段을 弄함에 見其

한事가 有할時는 早速히 警察官署에 屆出함이 可하니라。

一七、他人의 業務或은 其他의 行爲에 對하야 惡戲又는 妨害를 한者。

一八、無故히 他人의 金錢取引等事에 干涉하고 又는 濫히 訴訟爭議를 勸誘敎唆하며 其他紛擾를 惹起케한者。

一九、濫히 多衆聚合하야 官公署에 請願或은 陳情을 한者。

二〇、不穩한 演說을 하거나 又는 不穩한 文書圖畵詩歌의 揭示頒布朗讀或은 放吟을 한者。

〈사진 23〉『**경찰범 처벌규칙**』(부분)

요한 자(8항), 시장 등 장소에 함부로 물건을 내어 놓거나 시설을 갖추어 입장을 강요하거나 팔 물건을 위탁한 자(9항), 입찰을 방해하거나 낙찰인에게 이익의 분배 또는 금품 강요 등을 한 자(10항), 입찰자와 공모하여 경쟁 입찰의 취지를 방해한 자(11항), 재물을 매입하거나 노력을 제공받음에 있어 부당한 대가를 청구하거나 또는 상당相當한 대가를 지불하지 않은 자(12항), 타인의 사업 등에 관하여 신문·잡지 등에 게재하지 않을 것을 약속하거나 신문·잡지 기타 출판물에 허위사실을 게재하거나 또는 게재할 것을 약속한 자(13항), 신청하지 않은 신문·잡지 기타의 출판물을 배부하고 그 대금을 요구하거나 또는 억지로 그 구독 신청을 요구한 자(14항), 허락 없이 광고를 하여 그 비용을 청구하거나 억지로 광고를 요구한 자(15항), 허위 광고를 하여 이익을 도모한 자(16항), 타인의 업무 또는 기타 행위에 대하여 악희惡戲(못된 장난을 함) 또는 방해를 한 자(17항), 고의로 타인의 금전을 취득하기 위한 등의 일에 간섭하거나 함부로 소송제기를 권유하여 기타 분란을 야기한 자(18항), 함부로 대중을 모아서 관공서에 청원 또는 진정을 남용한 자(19조), 불온한 연설을 하거나 또는 불온 문서·도서·시가를 게시·반포·낭독하거나 큰소리로 읊은 자(20항), 유혹하는 유언流言을 하거나 허위로 전한 자(21항), 길흉행복을 설교하거나 기도 등을 하여 사람들을 유혹한 자(22항), 병자에 대하여 기도 등을 하거나 부적을 주는 정신요법 등이나 신부神符·신수神水 등을 위하여 의료를 방해한 자(23항), 함부로 최면술을 한 자(24항), 고의적으로 거짓 통역을 한 자(25항), 자기 또는 타인의 업무에 대하여 관허官許가 있다고 작칭作稱한 자(26항), 공무원의 직급·훈작勳爵·학위·칭호 등을 허위로 사용하거나 법령에 따른 공무원의 복장이나 징장徽章 등을 차용하거나 허위로 사용한 자(27항), 관공서에 부실不實한 진술을 하거나 의무 있는 자로서 이유 없이 진술을 긍정·부정하거나 이를 알고 부실하게 대

서한 자(28항), 본적·주소·성명·연령·신분 등을 속여 투숙이나 승선한 자(29항), 고의로 관공서의 소환에 불응한 자(30항), 관공서가 붙인 방을 오염하거나 제거하거나 관공서가 방을 붙인 것과 관련한 사항을 위반한 자(31항), 경찰관서에서 특별히 지시하거나 명령하는 사항을 위반한 자(32조), 부정한 목적으로 사람을 숨긴 자(33항), 도제·직공·비복婢僕 등 기타 노역자 또는 피고용자를 고의로 자유를 방해하거나 가혹하게 취급한 자(34항), 함부로 타인의 신변을 입한立寒하거나 추수追隨한 자(35항), 제사·장의·축의 등 행렬 등을 방해한 자(36항), 23시부터 일출 전까지 가무음악을 하거나 타인의 안면安眠을 방해 한 자(37항), 극장 등 공중장소에 있어 모인 사람을 방해한 한 자(38항), 공중이 자유로이 통행하는 장소에서 소란이나 주취 등의 행위를 한 자(39항), 공중이 자유로이 통행하는 장소에서 함부로 차마(車馬) 등을 두어 통행을 방해한 자(40항), 공중이 자유로이 통행하는 장소에 위험한 일이 발생할 우려가 있을 때 이를 예방하지 않고 태만히 한 자(41항), 관리의 독촉을 받고 붕괴의 위험이 있는 건조물의 수선 등을 하지 않은 자(42항), 혼잡한 장소에서 지시를 부정하고 혼잡을 더하게 한 자(43항), 출입금지 장소를 함부로 출입한 자(44항), 수재·화재 등에 관한 통제를 부정하고 그 장소를 출입 또는 퇴거치 않거나 관리자로부터 원조 요구를 받았음에도 불구하고 고의로 불응한 자(45항), 야간에 가로를 통행할 때 등화 없이 차 또는 우마를 사용한 자(46항), 허가 없이 도로나 하안河岸에 노점 등을 벌인 자(47항), 불허함에도 길가에 음식물 등 상품을 진열한 자(48항), 전선電線에 방해가 될 행위를 하거나 이를 시킨 자(49항), 돌 던지기 같은 위험한 놀이를 하거나 시키는 자 또는 길거리에서 공기총류를 갖고 놀거나 시키는 자(50조), 함부로 개犬 등 동물을 놀라게 한 자(51항), 맹수·맹견 등 사람을 다치게 할 수 있는 짐승의 관리를 태만히 한 자(52항), 투견鬪犬이나 투계鬪鷄를 한

자(53항), 공공장소에서 우마 기타 동물을 학대한 자(54항), 위험한 일을 할 수 있는 정신병자에 대한 감호를 태만히 하여 옥외에서 배회하게 한 자(55항), 공공장소에서 나체로 있거나 위부胃部·복부腹部를 노출하는 등 추태를 벌인 자(56항), 노상에서 소변을 보거나 하게 한 자(57항), 타인의 신체·물건 또는 공공장소에서 물건을 던지는 등의 행위를 한 자(58항), 동물의 사체나 오염물 처리 등을 태만히 한 자(59항), 사람이 마시는 음료수를 오염하거나 그 사용을 방해하거나 또는 수로에 방해를 끼친 자(60항), 하천·하수로 등의 소통을 방해한 자(61항), 하수로 등을 훼손하거나 관서의 독촉을 받고 수선 등을 태만히 한 자(62항), 관서의 독촉을 받고도 도로청소를 하지 않거나 제지에도 불구하고 결빙기에 물을 뿌린 자(63항), 관서의 독촉을 받고도 굴뚝의 개조, 수선 또는 청소를 소홀히 한 자(64조), 함부로 타인의 표등標燈 또는 사찰, 도로, 공원 등 기타 공용물의 상등常燈을 껜 자(65항), 신사·불당·예배소·묘소·비표碑表·형상 등 이와 유사한 것을 오염한 자(66항), 함부로 타인의 가옥이나 건조물에 있는 표찰 등 방표榜標를 오염 또는 제거한 자(67항), 함부로 타인의 전야·과수원에 있는 과일 등을 따는 행위를 한 자(68항), 타인이 소유 또는 점유한 땅에 공작물을 설치하거나 짐승을 기르는 등의 행위를 하여 그 땅에 변경을 준 자(69항), 전주·교량·게시장소 등 건조물에 함부로 우마를 묶은 자(70항), 교량 또는 제방이 손상되어 붕괴될 우려가 있는 장소에서 던지기 놀이를 한 자(71항), 타인이 묶어 놓은 우마 또는 동물 등을 풀어 준 행위를 한 자(72항), 타인의 채마밭을 함부로 통행하거나 우마 등을 통행시킨 자(73항), 자기 점유 장소에서 노약·질병 등을 이유로 원조가 필요한 자 또는 사람이 죽은 것을 경찰관리 또는 그 직무를 행할 자에게 신고하지 않은 자 그리고 그 현장을 변경한 자(74항), 사람의 사체나 사태死胎를 은닉 등을 한 자(75조), 허가를 받지 않고 사람의 사체 또는 사태를 해부하거나 이를 보존한 자(76항), 일정한一定 음식물에 다른 것을 넣어 이익을 도모한 자(77항), 병사한 짐승의 고기 또는 익지 않은 과일, 부패한 음식물 등 기타 건강을 해할 물건을 음료수로 하고 영리를 취득하거나 제공한 자(78항), 매장한 소·말·양·돼지·개 등 사체를 발굴한 자(79항), 익히거나 씻지 않고는 음식물로 할 수 없음에도 가게에 진열을 하거나 판매한 자(80항), 자기 또는 타인의 몸에 글자를 새긴 자(81항), 가옥·건조물 또는 인화하기 쉬운 물건 등의 근방이나 산야에서 함부로 불을 피운 자(82항), 석탄 또는 기타 자연발화의 우려가 있는 물건취급을 태만히 한 자(83항), 함부로 총포를 발사하거나 화약 등 기타 폭발할 물건으로 장난을 한 자(84항), 허가 없이 연화煙火를 제조하거나 판매한 한 자(85항), 허가를 받지 않고 극장 등 흥행장을 연 자(86항), 도선·교량 기타 장소에 있어 정액 이상의 통행료를 청구하거나 통행료를 지불하지 않고 통행하거나 또는 이유 없이 통행을 방해하거나 통선通船의 요구에 불응한 자(87항)이다.[14]

3. 「조선형사령朝鮮刑事令」

한일병합 직후 조선인은 형사에 관하여 일본 형사법의 적용을 받았다.[15] 그 후 1912년 3월 「조선에 시행할 법령에 관한 건」에 근거한 조선총독부 제령 11호로 「조선형사령」이 제정되었다.

이 법령에 따라 사법경찰관은 조선총독부의 경무총장, 경무부장, 경시, 경부 및 헌병장교, 준사관, 하사로 되었다. 또한 경무총장은 범죄수사에 있

---

14 조선총독부 경무총감부 보안과, 『사법경찰법규류집』, 1912, 181~190쪽.
15 이후 1911년에 제정된 법률 제30호 「조선에 시행할 법령에 관한 법률」에서는 조선의 입법사항을 조선총독의 명령으로 정할 수 있도록 하였다. 다만 '법률'의 전부 혹은 일부를 조선에 시행할 필요가 있을 때는 제령 또는 칙령으로 정하도록 하였다. 이 법률에 따라 일본의 법령은 조선에 연장되어 직접 실시하는 것이 아니라 제령 또는 칙령의 형식으로 실시되었다. 이로 인하여 조선과 일본은 서로 법령의 형식과 내용을 달리하는 이법지역(異法地域)이 되었다. 이승일, 『조선총독부 법제정책』, 역사비평사, 2008, 144쪽.

어 지방법원 검사와 동일한 권한을 가졌고, 기타 사법경찰관은 검사의 보좌로서 검사의 지휘를 받아 수사하였다. 또한 같은 해 7월에는 「사법경찰사무 및 영장집행에 관한 건」이 제정되어 순사와 헌병상등병도 사법경찰관의 직무를 행할 수 있게 되었다.

「조선형사령」은 「조선민사령」과 마찬가지로 「형법」·「형사소송법」 등 일본의 12개 법률 의용과, 그것을 조선에 적용하는 데 따른 세부사항 등을 규정하고 있다. 처음에는 그 부칙에 조선인에 대해서는 당분간 일부의 죄목을 제외하고, 대한제국의 형법대전刑法大全을 적용하도록 규정하였으나 1917년의 개정으로 이 규정은 삭제되었다.[16]

4. 「조선태형령朝鮮笞刑令」

「조선태형령朝鮮笞刑令」은 1912년 3월 18일 제령 13호로 제정된 것으로 조선인에게만 차별적으로 적용된 악법이다. 그 주요 내용을 알기 위해 「조선태형령 시행규칙」(1912.3.19, 조선총독부령 제23호)을 보면, 태형은 징역·구류·벌금형에 대신하고(1, 2, 3, 4, 5조), 1일 또는 1원을 태 1대로 계산하면서 태는 다섯 대 이하로 내려갈 수 없으며(4조), 그 대상은 조선인에 한하고(13조), 태는 길이 1척 8푼, 두께 2푼 5리, 넓이는 윗부분 7푼, 아랫부분의 4푼 5리로 정하였다. 또한 「태형집행심득」(1912.3.30, 조선총독부령 제40호)에 나온 태형 방법을 보면, 수형자를 형판위에 엎드리게 하고, 형판에 그 자의 양팔을 좌우로 벌려 묶고 양다리도 같이 묶은 후 볼기 부분을 노출시켜 태로 치며, 형장에 물을 준비하여 수시로 수형자에게 물을 마실 수 있게 하고, 집행 중에 수형자가 비명을 지를 우려가 있을 때에는 물에 적신 천으로 입을 막았다.

---

16 김낙년, 「일본제국주의 식민지 지배의 특질」, 『한국사 13 : 식민지시기의 사회경제 2』, 한길사, 1994, 80쪽.

일제는 처음 「조선태형령」을 시행한 해에 「범죄즉결례犯罪卽決例」를 위반한 18,897명을 처벌했는데, 이중 무려 14,443명(76.43%)을 태형에 처하였다.[17] 1916년에는 태형이 집행된 52,546건 중 70%에 해당하는 36,960건이 즉결처분의 결과였다. 또한 태형이 전체 행형의 47%를 점하여 징역형을 능가했다. 이 수치는 정식재판의 결과만을 반영하는 것이므로 즉결처분의 결과까지를 감안하면 태형의 활용이 압도적이었음을 짐작할 수 있다.[18] 이 역시 3·1운동을 일으킨 여러 원인 중 하나가 되었을 것으로 보인다.

조선총독부는 1917년 말부터 1918년 초 태형집행의 범위를 확장하려고 한 것으로 보인다. 그러나 이러한 구상은 1918년 9월 성립한 하라原敬 내각의 내지연장주의 방침과는 충돌하는 것이었다. 오히려 당시 일본 내의 역학구도상 태형과 같은 식민지 특례의 형벌은 폐지가능성이 더 높았다고 할 수 있다. 이러한 가운데 실제 태형제도 폐지의 직접적인 계기가 된 것은 1919년 3·1운동의 발발이었다. 하라는 1919년 9월 부임하는 총독 사이토 마코토齋藤實와 미즈노 렌타로水野錬太郎 정무총감에게 조선에서 긴급히 시행해야 할 내지연장의 방침 15가지를 '조선통치사건'이라는 비밀문건으로 제시했으며, 여기에 「조선태형령」 폐지가 포함되어 있었다. 이에 대해 조선총독부 사법관료들은 폐지시기가 너무 이르고, 폐지될 경우 감옥비가 격증한다는 것을 이유로 반대하였으나 사이토가 직권으로 태형 폐지를 결정하였다. 1919년 10월 16일 조선총독부는 「조선태형령」 폐지 제령안을 일본 내각으로 송부했으며, 이듬해 3월 24일부로 이것을 폐지한다는 각의 결정이 내려졌다.[19]

---

17 Christopher Liao, 「1910~1920년대 조선총독부의 경찰교육」, 서울대 대학원 석사논문(사학과), 2006, 37쪽.
18 이철우, 「일제지배의 법적 구조」, 『일제식민지 시기의 통치체제 형성』, 혜안, 2006, 170쪽.
19 염복규, 「1910년대 일제의 태형제도 시행과 운용」, 『역사와 현실』 제53권, 한국역사연구회, 2004, 213~214쪽.

제4절
경찰교육[20]

한일병합이 되기 전 1909년 통감부는 경찰관 연습소의 교육과정을 교습과와 연습과로 나누어 교육을 실시하였다. 연습과는 주로 간부를 위한 과정이나 법령에 관한 교육이 추가되었다는 점을 제외하고, 교습과와 별 차이가 없었다. 교습과의 교과목은『복무심득』,『제법령 대의』,『위생법 및 구급법』,『조선어』·『한문』·『조선사정』,『점검』,『예식과 조련』,『무술·포승술』이었다. 교육생들은 하루 7시간씩 3개월간 약 630시간 동안 전과정을 수료하였다. 연습과는 간부 또는 각도에서 근무한 경력을 가지고 있는 순사와 교습소 졸업생을 대상으로 하였으며, 교과목은『국제공법』·『행정법』·『일조경찰법규日朝警察法規』·『조선형법』과 기타『형사에 관한 제법령』·『위생학』·『일조어日朝語』와『일한문』,『조련』등으로 구성되었다. 이 과정의 교육생들은 5개월 동안 하루 7시간 총 1,050시간을 교육을 받았다. 특히 당시 어학교육의 중요성에 따라 각 도에서는 매일, 격일 또는 일주일에 2, 3일 동안 한두 시간씩 조선어 교육을 시켰다. 1909년 일본인과 조선인의 외국어(조선어와 일본어) 실력을 보면 일본인은 조선어에 숙달한 자 25명(4.12%), 경찰통역관의 도움이 필요 없는 자 65명(10.83%), 경찰통역관이 필요한 자 26명(4.33%), 조선어를 구사하지 못하는 자 484명(80.67%)이였으며, 이에 반해 조선인은 일본어에 숙달한 자 100명(11.01%), 경찰통역관의 도움이 필요 없는 자 238명(26.42%), 경찰통역관이 필요한 자 35명(3.88%), 일본어를 구사하지 못하는 자 528명(58.60%)이었다.[21]

헌병은 1913년까지 경찰교육을 받지 않았다. 헌병들은 1896년부터 주로 군사작전, 즉 의병을 진압하는 활동을 하였으므로 군사경찰 외에 보통

---

20 Christopher Liao의 '1910~1920년대 조선총독부의 경찰교육(서울대 대학원 사학과 석사논문, 2006)'을 참조하였다. 필요한 경우 쪽수를 밝혔다. 26~31쪽.

21 앞의 논문, 29쪽.

경찰사무와 위생사무, 범죄즉결, 민사조정, 검사사무 및 집달관 사무 등을 할 능력이 없었다. 이에 대해 조선총독부는 연보에서 교육을 통해 위 문제를 해결할 수 있다고 주장하였다. 그러나 조선총독부는 헌병 교육을 경찰 교육과 동일한 수준으로 중시하지 않았으며, 1913년이 되어서야 헌병 교육을 실시하였다.

구체적인 헌병 교육내용은 없으나 1913년 2월 17일 발표된 '헌병대 교육강령'에 의하면, 장교는 「군인정신」·「전시 헌병실무」·「평시 헌병실무」·「법령」·「군사학」 등을 배웠다. 또한 하위직들은 꾸준히 승진을 위하여 높은 교육 수준을 유지한다고 되어 있다. 그러나 조선인 헌병보조원에 대해서는 상등병과 하사처럼 승진을 중심으로 한 교육이라기보다는 헌병대의 일원으로 업무를 실행하는 헌병보조원의 역할과 상사의 복종을 강조하였다. 제26조에 따르면 이들은 '채용 당초의 교육' 및 '일상교육'으로 나누어 교육을 받았다. '채용 당초의 교육'은 헌병대 본부 또는 분대에서 약 2개월, 하루에 7시간 동안 받았다. 특히 이 교육은 "보조원 복무의 기초이며 (보조원)육성을 위해 특히 기율과 복종의 관념을 양성하며 공정, 청결, 성실, 정성, 근면, 치밀, 민첩과 같은 제반의 자질을 갖도록 한다"는 부분에서, 이들 조선인 헌병보조원들을 일제 헌병이 원하는 충직한 실무자로 양성하는데 그 목적이 있음을 알 수 있다.

1. 행정경찰

1) 고등경찰

고등경찰은 국가의 존립의 직접적인 위해를 방어하는 행정작용으로, 집회·정치결사·비밀결사 등을 감시하고 단속하는 활동을 말한다. 따라서 고등경찰은 집회·다중운동, 출판, 신문·잡지, 정치적 이유로 인한 폭동 및 유언비어, 상서上書·격문·투서 등 다수를 자극할 수 있는 표현물, 해외도항자, 불량 학생 및 무뢰한 청년 등을 단속하고, 양반·유생 등 특별한 사회계층, 학교 등 교육시설, 종교시설, 외국인, 관공리, 사회주의자 등 특별 대상을 사찰하였다.

2) 보안경찰

보안경찰은 화재, 총포·화약류, 인화물질, 연화煙火, 발동기 등 기계류, 건축, 도량형, 노동자, 기부금 모집, 걸인·유랑자, 무뢰한, 제전祭典 시 폭음자 등을 단속하고, 수난구조, 유실물 관리, 유기되었거나 길을 잃은 아이 업무, 변사자 검시 등의 업무를 담당하였다.

---

22   이와 같이 구분된 경찰활동은 헌병경찰기, 보통경찰기 그리고 전시경찰기 동안 큰 변화 없이 계속되었다.

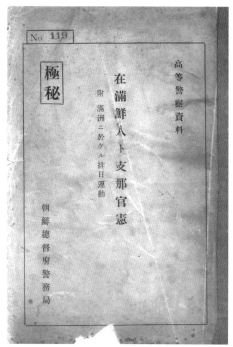

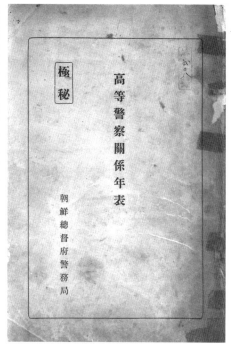

〈사진 24〉 『**재만선인과 지나관헌**』
 (1930년, 관리번호 119)

〈사진 25〉 『**고등경찰관계연표**』
 (1930년, 관리번호 308)

〈사진 26〉 **총기소지 허가증**
 (1919.3.26, 경성 본정경찰서 발급)

〈사진 27〉 **문표게양 및 도로수선 등에 관한 건**(예천경찰서 용궁경찰관주재소, 1930.5.22)

3) 교통경찰

도로, 하천, 도선渡船, 인력거, 마차, 수레, 자동차, 자전거, 정차장 등을 단속하고 출입선박 사무를 하였다.

4) 풍속경찰

요리점·음식점, 기예·작부·예기가 있는 유흥집, 창기, 밀매음, 형상形象(장승·동물 등을 금속이나 목재로 만들어 우상으로 삼는 것), 흥행장(극장·활동사진 등을 이용), 사행행위, 광고 및 간판 등을 단속하였다.

5) 영업경찰

금전대부업, 고물상, 숙박업소, 목욕탕, 토지측량업, 대서업, 신용고지업, 노동자 모집, 유기장遊技場, 인쇄업, 도정업, 기타 영업장 및 영업행위 등을 단속하였다.[23]

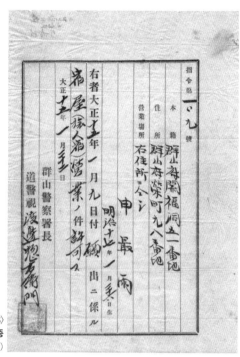

〈사진 28〉
여인숙 허가증
(군산경찰서, 1926년)

---

23 1915년 경찰이 영업허가와 취소권을 가지고 있던 업종·직업의 수가 88종이었다. 그 내용을 보면 다음과 같다. 〈보안 경찰〉 호구조사, 경라(警邏)사찰, 화재, 수난(水難) 구호, 제전(祭典), 기부·모집, 외국여권, 관세, 강연회, 계, 변사인, 기아, 미아, 시장, 도량형, 삼림, 광업, 어업, 노동자, 도로, 하차(荷車), 수상(水上), 도선, 수렵, 제영업(총포, 화약류, 인화물질, 대서업, 용인傭人 주선업, 흥업, 유기장, 토지측량업, 인쇄업, 고물상, 숙박, 요리점, 목욕탕, 인력거, 마차, 자동차) 〈위생 경찰〉 여인숙, 요리집, 음식점, 유곽, 이발업, 청량음료수, 팥빙수(氷雪)영업, 우유영업, 도축장, 수육(獸肉)판매, 어물전, 생선묵, 두레박 제조업, 과자제조 및 판매, 과실판매, 술양조장, 주류판매, 양주 판매, 장유·식초·제조 및 판매, 야채절임 제조 및 판매, 방앗간(麩屋), 두부집, 건어물 가게, 야채가게, 완구제조 및 판매, 화장품 제조 판매, 서양장신구, 땜장이, 생철장이, 동세공, 철물점, 의사, 치과의, 의생, 한지(限地)개업의, 약제사, 산파, 안마, 침술영업, 인치(人齒)영업자, 간호부, 제약자, 약종상, 매약업자, 매약청매업자, 오물 청소, 청결방법, 수(水)·하수, 묘지, 화장장 및 매·화장, 정신병자, 행려병인 및 동사망인, 전염병, 소독약 사용법, 수역(獸疫). 장신, 「경찰제도의 확립과 식민지 국가권력의 일상 침투」, 『일제의 식민지배와 일상생활』, 혜안, 2004, 564~564쪽.

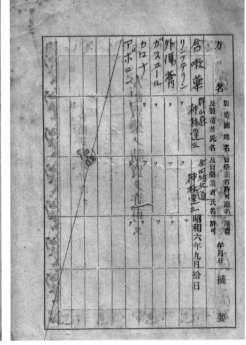

〈사진 29-1〉 **매약청매 허가증**(이리경찰서, 1931년, 앞면)　　〈사진 29-2〉 **뒷면**

6) 산업경찰

임야·광업·어업·시장 등을 단속하고, 해충 박멸 및 예방도 하였다.

7) 위생경찰

의사·치과의사·의생醫生 업무, 약제사, 산파, 간호사, 치기공사, 침술사,

안마·침술, 제약업, 약종상, 매약업, 매약청매업, 이발업, 청량음료수 영업,

빙수영업, 우유영업, 도살업, 소·말·양고기 등 판매업, 상하수도 등을 단속

하고 오염물질, 묘지·화장장, 전염병, 가축 접종 등의 업무를 하였다.

특히 위생경찰 담당자는 건강진단 및 사체검안, 교통차단 및 격리의 실

시, 집회 금지, 수송 정지, 음식물 판매 금지 또는 폐기, 의사의 고용, 우물이

나 상하수도의 폐지 또는 사
용정지, 어로漁撈나 수영의 정
지, 쥐 박멸사무 등 각종 조치
를 취할 수 있었다. 그리고 이
러한 규정들을 위반했을 경
우 벌금이나 과태료 부가 등
으로 처벌할 수 있었다.[24]

2. 사법경찰

사법경찰관은 앞에 쓴 데
로 조선총독부 제령 11호 「조
선형사령」에 따라 경무총장,
경무부장, 경시, 경부 및 헌병
장교, 준사관, 하사가 있었다.
사법경찰의 활동은 1912년 4
월 1일 조선총독부 훈령 제5
호로 제정된 「사법경찰관 집

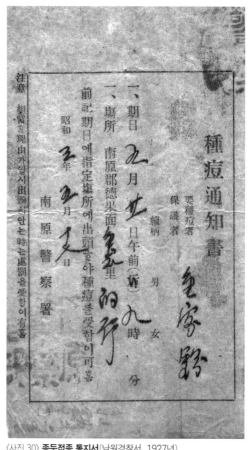

〈사진 30〉 **종두접종 통지서**(남원경찰서, 1927년)

무규정」에 따라 이루어 졌다. 이 규정에는 벌금 이상의 형에 해당하는 현행
범과 준현행범을 신속하게 처리해야 할 경우, 사건 발생지의 관할 검사에
게 통지하여 현장에 임검할 수 있는 가예심제도가 있었다.

---

24 박윤재, 「한말·일제 초 방역법규의 반포와 방역체계의 형성」, 『일제의 식민지배와 일상생활』, 혜안, 2004,
    546~547쪽.

제2장

보통경찰기

조선총독부는 3·1운동을 계기로 1919년 8월 19일 칙령 제386호 「조선총독부관제 개정」을 공포하여 조직을 관방, 총무부(문서과·인사국·외사국·회계국, 감사실), 내무부(서무과·지방국·학무국·경무국), 탁지부(서무과·세관공사과·사세국·사계국), 농상공부(서무과·식산국·상공국), 사법부(서무과·민사과·형사과·특수수사과)로 개편하여, 이른바 '문화정치'를 시행하였다. 이중 내무부 산하에 경무국이, 각 도道에서는 3부部가 경찰업무를 담당하도록 되어 보통경찰제가 실시되었다. 이 3부는 1921년 2월 지방관제 개정으로 경찰부로 개칭되었다.[1] 그러나 경찰은 헌병사령부와 맺은 「헌병과 경찰관과의 경찰집무집행 구분과 상호원조에 관한 건」(1920.7.21, 경비警秘 제1239호)과 「경찰관 헌병 협조 연락의 건」(1925.1.13, 경비警秘 제11호)에 따라 신속한 출동, 정보교환, 수사 협조 등을 함께 하면서 상호보완적인 경찰활동을 하였다.

지방에서는 도장관을 지사知事로 개칭하고, 자문기관으로 민선民選으로 구성된 도평의회道評議會 및 부·면협의회 등을 두었다. 이들 자문기관은 도·부·읍회로 세분화되어 지방자치제로서의 결의기관으로 변하였다. 중

---

1   제1부는 내무부로, 제2부는 재무부로 변경되었다.

앙의 중추원도 기존 고문·찬의·부찬의를 참의參議로 통합하고, 정원을 65
명으로 정하였다. 또한 관리임용에서는 조선인 임용범위를 늘리고 대우도
개선하였다. 가장 큰 회유책으로 언론·집회·출판에 따른 정책을 완화하였
으나 음성적인 탄압은 더욱 강화되었다. 그 후 1931년 만주사변滿洲事變 발
발로 일제는 한반도를 대륙진출의 전진기지로 삼고 총독정치도 이에 중점
을 두게 되었다.

  '문화정치'란 경찰제도나 지방제도 등의 제반 개혁을 통하여 헌병 중심
의 노골적인 무단통치를 보다 세련된 모습을 갖춘 경찰 중심의 정보정치로
바꾸는 것이었다. 또한 친일세력을 육성해 탄압과 회유를 강화하는 한편,
개발정책과 민족분열정책을 통하여 수탈과 지배를 심화시키는 것이었다.
궁극적으로는 일제로의 동화를 달성하는 것이었다. 문화정치를 내걸고 부
임해온 사이토 마코토齋藤實 총독이 발표한 시정방침인 ① 치안의 유지 ②
교육의 보급개선 ③ 산업의 개발 ④ 교통·위생의 정비 ⑤ 지방제도의 개혁
등은 바로 이러한 목표를 수행하기 위한 방편에 지나지 않았다.[2]

  '문화정치'의 배후에 있는 핵심인물인 미즈노 렌타로水野廉太郎 정무총감
도 '문화정치'가 강조하는 다섯 가지 주요한 사항을 치안유지, 교육의 확산,
경제발전, 기반시설 및 공공의료시설의 건립, 그리고 지방 행정의 개혁으
로 하였다. 이러한 주요 측면들은 국가의 팽창, 즉 모든 억압적 국가기구와
이데올로기적 국가기구를 확대하는 것을 필요로 했다.[3]

---

2   김경택, 「일제의 한국침략정책」, 『한국사 13 : 식민지시기의 사회경제 2』, 한길사, 1994, 143쪽.
3   Michael D. Shin, 「'문화정치' 시기의 문화정책, 1919~1925」, 『일제식민지 시기의 통치체제 형성』, 혜안,
     2006, 275~278쪽.

1. 경찰기관 변화

조선총독부의 종래 외청이었던 경무총감부가 부내府內 1개국인 경무국으로 개편되었다. 산하 부서로 경무과, 고등경찰과, 보안과, 위생과를 두었다. 이러한 업무는 기존에 담당하였던 것에서 크게 벗어나지 않은 것으로, 위생업무도 그대로 존속되었다. 부속기관으로 종래 조선경찰관연습소가 조선경찰관강습소로 변경되었다. 각 도에서는 3부部에 경무국과 마찬가지로 경무과·고등경찰과·보안과·위생과가 설치되었고, 앞에 쓴 데로 이 3부部가 1921년 2월 경찰부警察部로 개칭되었다.

그리고 1932년 칙령 제380호에 따라 경찰관 복제가 전면 개정되었다. 경찰관의 복장은 예장禮裝(정모, 구鈕[금색 약일장]⁴, 정견장, 수장袖章, 칼, 정서正緒, 윗옷, 바지, 장갑, 단화), 정장正裝(정모, 구鈕, 약견장, 수장袖章, 칼, 약서略緒, 윗옷, 바지, 장갑, 단화), 상장常裝(약모, 구鈕, 약견장, 수장袖章, 칼, 약서略緒, 윗옷, 바지, 장갑, 단화)로 구분되었다. 다만 순사부장과 순사의 경우 정장시 약모와 약서略緒를 착용하였다. 또한 모자에 부착되어 있는 기존 금색 약일장이 일장日章을 벚꽃으로 감싼 문양으로 바뀌고, 선장 개수(경찰부장은 금선 6mm 2줄, 경시는 금선 6mm 1줄·3mm 1줄, 경부·경부보는 금선 6mm 1줄, 그 이하는 없음), 수장, 경찰도의 문양 등으로 계급을 구분하였다.⁵

2. 계급제도 변경

1919년 8월 20일 「조선총독부 도순사 배치 및 근무규정」에 따라 경부와 순사 사이에 경부보가 추가되고 순사보가 폐지되었다. 따라서 외형상 조선인 순사보의 다수는 순사로 승진하였다. 그러나 이 경부보 신설로 인해

---

4   제복 상의 깃에 부착하는 것으로, 좌·우 각각 1개씩 부착하였다.
5   노무라 미치오(野村美千代), 조선총독부와 일본 근대경찰복 연구, 한국학중앙연구원 박사논문(한국학), 2014, 184~189쪽.

많은 일본인 경찰관도 승진되어 민족 차별의 또 다른 장치가 마련되었다.[6]

3. 경찰인력의 대폭적인 충원

1910년대 중반까지 경찰사무를 담당한 순수 경찰관은 5,767명이었다. 이들만으로 전국적인 경찰사무를 담당하기에는 역부족이었고, 경찰관의 충원이 불가피하였다. 1919년에는 인원의 대부분을 일본 현지에서 구하는 방법을 선택하였다. 모두 3,000명을 모집하기 위해 나고야, 오사카 등에 지부를 두어 모집관 40여 명을 파견하였다.[7]

제7대 경무국장을 역임했던 마루야먀 쓰루기치丸山鶴吉의 회고를 통해 보면, 조선에서는 1차로 헌병이었던 자를 경찰로 인계하고, 일본 각 부현의 현직 경찰관 1,500명을 조선에 불러들였다. 그리고 다시 신임경찰관 3,000 명을 모집하고자 하였다. 그러나 이 계획은 사실상 현실적으로 불가능하였다. 따라서 조선의 헌병보조원과 순사보를 전직시키거나 승진시켰다고 한다. 이렇게 해서 1919년 경찰제도 개정 후 조선에서는 기존 일본인 경찰관과 새로 모집한 일본인경찰관을 4,500여 명, 그리고 조선 내 헌병·헌병보좌관 등에서 순사로 교체된 인원과 원래의 순사·순사보 등을 합해 모두 10,000여 명 정도의 경찰관 수를 확보할 수 있었다고 한다.[8]

---

6   김정은, 「1920~30년대 경찰조직의 재편 - 내용과 논리」, 『역사와 현실』 제39호, 한국역사연구회, 2001년 3월, 301~302쪽.

7   장신, 「경찰제도의 확립과 식민지 국가권력의 일상 침투」, 『일제의 식민지배와 일상생활』, 혜안, 2004, 571쪽.

8   김정은, 「1920~30년대 경찰조직의 재편 - 내용과 논리」, 『역사와 현실』 제39호, 한국역사연구회, 2001년 3월, 303~304쪽. 『조선경찰개요』에 나온 1921년 경찰정원은 이와 같은 마루야마의 말을 입증해주고 있다. 그 인원은 경찰부장 13명(경무총감직은 1919년 폐지), 경시 54명(일본인 40, 조선인 14), 경부 509명(일본인 369, 조선인 140), 경부보 986명(일본인 718, 조선인 268), 순사 19,610명(일본인 11,028·조선인 8,582)으로 총원 20,750명(일본인 12,168·조선인 8,582)으로 증원되었다.

4. 현장 경찰력 강화

　3·1운동 이후 일제는 경찰서를 전년도 99개에서 251개로 늘리고, 경찰관주재소[9]를 전년도 532개에서 2,354개로 크게 증가시켰다. 이는 경찰서의 경우 헌병대 78개와 헌병분견소 98개가 합쳐 조정된 것이고, 경찰관주재소의 경우 헌병파견소 877개와 헌병출장소 43개, 총 920개를 통합한데 따른 것이다. 그러나 이외에 경찰관주재소가 902개가 신설되었기 때문에, 3·1운동 이후 전국적으로 경찰력을 들어가지 않은 곳이 없게 되었다. 이를 위해 일제는 1918년도 경찰비 800만원을 1920년도 2,394만원으로 약 3배 증가시켜 경찰력을 강화하였다.[10] 따라서 병합 이후에는 종래 주재소 하나에 일본인 순사 1명 또는 2명에 대해 조선인 순사보 2명 내지 4명이 배치된 것에서 일본인 순사 5명에 대해 조선인 순사 2명 내지 3명으로 증가되었다.

〈사진 31-1〉 **종로경찰서**(정면)[11]

9　1919년을 기준으로 이전은 '순사주재소', 이후는 '경찰관주재소'로 명명(命名)되었다.
10　김경택, 「일제의 한국침략정책」, 『한국사 13 : 식민지시기의 사회경제 2』, 한길사, 1994, 143~144쪽.

1921년 5월 7일자 영자신문 「재팬 크로니클」은 조선총독부의 3·1운동 이후 대외 선전효과에 대해 "총독부 고관은 하급경찰관의 교육에는 관심이 없이, 일본인 순사의 수만 늘렸다. 일본인 순사는 인종적 우월감을 가지고 민중을 자기 자신에 복종시키려고 횡포를 부리는 것이 예사가 돼 있기 때문에 아무런 선전효과도 오르지 않는다"고 논평하고 있다. 이 같은 기사는 일본인 순사의 자질이 전과

〈사진 31-2〉 **입초 경찰관**(확대)

비교하여 큰 변화가 없었음을 보여주고 있다.[12]

일제강점기 경찰활동을 위한 최말단 기관인 경찰관주재소는 각 면에 두는 것을 원칙으로 했다. 파출소는 경찰서가 있는 지역을 관할하였기 때문에 장長인 수석이 없었고, 경찰서의 외근 감독이 매일 순시했다. 경찰관주재소도 본서의 감독을 받지만 일주일에 한번 정도였다. 그러나 수석은 반드시 순사부장만으로 임명되지는 않았다. 순사부장이 부족한 경우 선임 순사가 수석 역할을 수행했다. 또 경부보가 맡는 경찰관주재소도 있었다. 1925년 충청남도는 강경경찰서 논산경찰관주재소 등 5개소를 경부보를 배치하는 곳으로 지정했다.

---

11 이 건물은 1901년 한성전기회사 사옥으로 지어진 후 1909년 일한와사회사로 쓰이다가 1915년 9월부터 종로경찰서로 사용되다가 1928년 경성지방법원과 경성복심법원이 정동으로 옮겨가자, 1929년 9월 그 자리로 이전하였다. 바로 옆에 YMCA가 있다.
12 강동진, 『일제의 한국침략정책사』, 한길사, 1985, 69쪽.

THE SHORO STREET, KEIJO. (Y. M. C.

（左は米國靑年會舘）　路　通

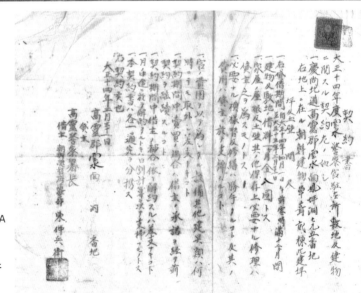

〈사진 32〉
종로경찰서와 YMCA

〈사진 33〉 **고령경찰
서 운수경찰관주재소
부지 및 건물 계약서**
(1925년)[13]

경찰관주재소 수석은 '면총독'으로 불릴 정도로 위세가 대단하였다. 1925년에 조선인이 수석으로 등용되었다. 경기도와 전남은 꾸준히 조선인을 등용한데 비해 충남, 전북, 경남, 황해, 평남, 함남, 함북 등은 인색했다. 1929년에 17명의 조선인이 경찰관주재소 수석으로 근무했지만, 전체 경찰관주재소 2,311개 소를 감안하면 상징적인 의미밖에 없다.[14]

또한 1927년 경찰관서의 총수 2,879개 중에서 경찰관주재소가 2,306개를 차지하고 있었다. 경찰관주재소는 전국 각지에 분포되어 민중통제의 기점이 되고 있었다. 1940년에는 총 경찰관서가 3,168개로 증가하지만, 경찰관주재소는 2,389개로 큰 증가를 보이지 않는다. 이들 경찰관주재소 중에서 소장으로 경부보가 배치된 곳은 43개뿐이고, 그 이하로 배치된 곳이 2,346개였다.

〈사진 34〉 **지방의 한 학교에서 찍은 기념사진**(연도 미상)

---

13 임차인의 성명과 도장은 있으나 임대인의 기재사항과 도장이 없다.
14 장신, 「조선총독부의 경찰인사와 조선인 경찰」, 『역사문제 연구』 제22호, 역사문제연구소, 2009년 10월, 167~169쪽.

이는 대민통치에서 순사의 역할이 여전히 높은 비중을 차지하였음을 보여준다. 당시 부군에는 일본인이 다수 거주하였고, 면에는 조선인이 거주하였기 때문에 조선인에 대한 통치는 대부분 경찰관주재소를 통해 이루어졌다. 이 경찰관주재소에는 조선인 순사가 다수를 차지하고 있었다.[15]

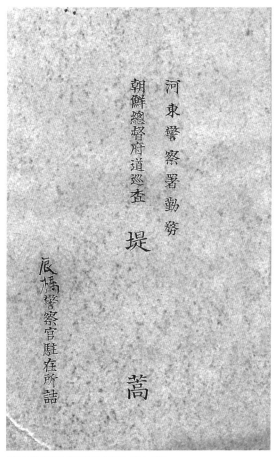

〈사진 35〉 **경찰관 명함**(하동경찰서, 연도 미상)

---

15 김정은, 「1920~30년대 경찰조직의 재편 – 내용과 논리」, 『역사와 현실』 제39호, 한국역사연구회, 2001년 3월, 307쪽.

자세히 보는 **사료**史料

| 대검제도帶劍制度와 발검拔劍 |

1911년 5월 칙령 「조선총독부와 소속관서 직원복제」로 관료의 복제가 상하의와 모자, 패검, 검대와 우비까지 직급에 따라 상세히 규정되었다. 일상적인 제복에 나타난 칙임관, 주임관, 판임관 등의 신분은 식민지 주민에게 제국의 권위를 보여주기 위한 효과적인 방법이었다. 그러나 1919년 3·1운동 이후 문관의 제복은 폐지되었고 그 범위는 경찰과 헌병 등으로 축소되었다.

규정상으로는 경찰이 발검할 수 있는 경우는 ① 흉기를 소지하고 있다고 사료되는 사람이 타인의 신체 재산에 대하여 폭행하거나, 총기를 사용할 우려가 있어 부득이 칼을 빼거나 총기를 사용하지 않으면 타인을 보호 할 수 없을 시, ② 폭행인이 흉기를 소지하여 저항하고 범인이 발검하거나 총기를 사용해서 자신과 타인을 방어하기 위해 부득이 할 경우, ③ 범죄인을 체포할 시 또는 범인이 도주

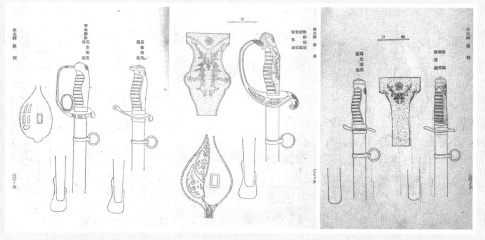

〈사진 36-1〉 **경찰도**(왼쪽 : 승마순사·순사   〈사진 36-2〉 **경찰도**(경부보 - 경찰부장)   〈사진 36-3〉 **단도**(왼쪽 : 순사·순사부장,
부장, 오른쪽 : 순사, 순사부장)   오른쪽 : 경부보 - 경찰부장)[1]

---

1   하위직 경찰관의 경우 교통 업무를 할 때 패용하였다.

해서 긴급 체포해야 하거나 상대방이 흉기를 사용해서 대항함으로 급히 자신을 방어할 필요가 있는 경우로 한정되어 있었다. 또한 발검하거나 총기를 사용했을 시 어떠한 경우를 막론하고 신속히 소속 상사를 경유하여 그 상황을 경무총감부(1919년 3·1운동 이후 경무국)에 보고하도록 되어 있었다.[2]

하지만 현실은 언제라도 마음대로 조선인을 향하여 발검하여 큰 피해를 입힐 수 있었다. 이를 경성에서 일어난 발검사례를 통해 보기로 한다.

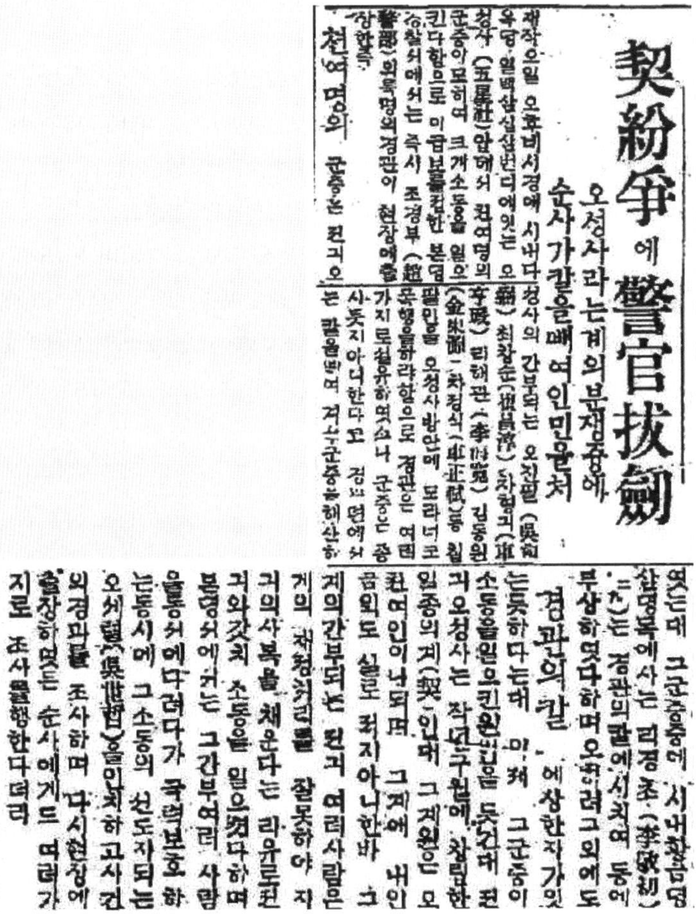
契紛爭에 警官拔劍

오성사라는계의분쟁중에

순사가칼을빼여인민을처

재작오일 오후비시경에 시내다
욱당 일백삼십삼번디에잇는 오
성사(五星社)압에서 쳔여명의
군중이모히며 크게소동을 일으
킨다함으로 미급보를접한 본뎡
경찰서에서는 즉시 조경부(趙
警部)외륙명의경관이 현장에출
장한즉
천여명의 군중은 퀀긔오
청사의 간부되는 오진팔(吳[illegible]
[illegible]) 최창순(崔昌淳) 차형긔(車
[illegible]) 리해관(李[illegible]) 김동원
(金東[illegible]) 차정식(車正軾)등 칠
팔인을 오청사방안에 모라너코
폭행을하라함으로 경관은 여러
가지로설유하엿스나 군중은 좀
사-돗지아니한다고 경관 면예서
는 칼을빼며 저사군중을해산하
엿는데 그군중중에 시내황금뎡
삼뎡목에사는 리경조(李[illegible])
=え)는 경관의칼에서치여 동에
부상하엿다하며 오히려그외에도
경관의칼 에상한자가잇
는듯하다는데 미처 그군중이
소동을일으킨원인은 듯건대 퀀
긔오청사는 작년구월에 창립한
일종의계(契)인데 그계원은 모
쳔여인이나되며 그계에 내인
금익도 실로 적지아니한바 그
계의간부되는 퀀긔 여러사람은
계의 자청긔를 잘못하야 지
긔의사복을 채운다는 리유로퀀
긔와갓치 소동을 일으켯다하며
본뎡서에서는 그간부여러 사람
을통서에다려다가 극력보호하
는동시에 그소동의 선도자되는
오세텹(吳世[illegible])을인치하고사건
의경과를 조사하며 다시현장에
출장하엿든 순사에게드 여러가
지로 조사를행한다더라

〈사진 37〉 **계 분쟁에 경관 발검**(『조선일보』, 1922.5.7)

2 1911년 4월 21일 통감부훈령 갑 제16호 「순사 급 순사보 대검 대총 심득방(巡査 及 巡査補 帶劍 帶銃 心得方)」.

위 기사의 주요 내용은 소설가 박태원의 작품인 『소설가 구보씨의 일일』의 배경인 경성 다옥정에서 '오성사'라는 계의 분쟁으로 인해 천여 명의 가입자들이 소동을 일으키자 경찰관들이 출동하여 진압하면서 발검을 하였고, 그 과정에서 주민 여러 명이 칼에 찔렸다는 것이다. 이는 주민이 많이 모였을 경우 경찰은 언제라도 칼을 이용하여 진압할 수 있었음을 보여준다. 게다가 더욱 폭력적인 기사도 발견할 수 있다.

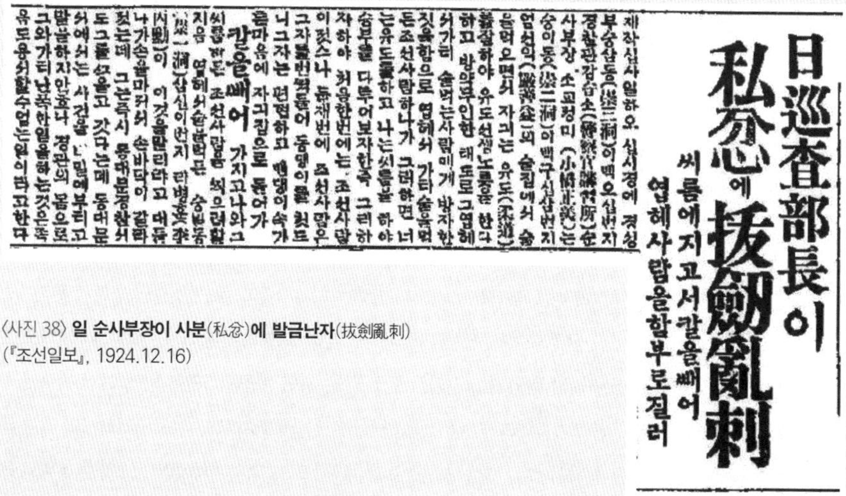

〈사진 38〉 **일 순사부장이 사분**(私忿)**에 발금난자**(拔劍亂刺)
(『조선일보』, 1924.12.16)

위 기사의 내용은 경성 숭삼동에 사는 조선경찰관강습소의 순사부장인 코와시 마사미小橋正美가 술집에서 술을 마시며 자신이 유도 사범을 한다고 자랑을 하다가 결국 조선인과 씨름을 하게 되었다. 그 결과, 조선인이 한 번에 그를 들어 동댕이치자 "편협하고 밴댕이 속가튼 마음에" 자기 집으로 들어가 칼을 빼어 들고 나왔다. 그리고 씨름을 한 조선인을 찌르려고 할 때 옆에 있던 조선인이 이를 말리려고 하다가 손을 베였다는 것이다. 게다가 일본인경찰관의 신병을 인수한 동대문경찰서는 이 사실을 비밀에 붙이고 있다는 것이다. 그리고 언제 어디서나 칼을 찬 순사의 모습은 조선의 일상생활에서 나타난 폭력성 그 자체였다.

〈사진 39〉 **남량풍경**(『조선일보』, 1930.8.30)

더위도 이제는 마루턱을 넘는 때이라 그러한지 참 긔막히게 더웁다 돈만 잇스면 추어서 못견듸일 곳도 가겟지만 하로에 죽 한 끼도 간데 업는 이들이야 고남아 피를 빠라먹으려는 물것과 싸호고라도 사라가면 조흔 때가 잇스리라 함인지 모깃불을 놋코 잠을 자도 눈꼽재기만한 방에 여러 식구가 자니, 길거리가 오히려 락텬지이다. 그래서 길거리에 돌벼게를 베고 자면 모기도 모기려니와 딱금 나리의 구두발길이 또한 성가시렵다. 『오소 오소! 두로가 자! 고노 빠사기사라미!』 그러면 더위와 물것 업는 곳을 맨드러 노코 드러가란 말인가?

이처럼 일제강점기 경찰의 대표적인 이미지인 대검제도는 경찰뿐만 아니라 초기에는 관료, 교사에게도 시행되어 제국주의적 위압과 무단성을 선명하게 보여주는 것이었다. 3·1운동 이후 일제는 그 대상을 경찰 및 헌병 등에게 축소, 시행하였지만 여전히 과도한 경찰력 집행과 주민에 대한 사적인 발검 등으로 인해 각종 사회적 문제를 야기하였다.

5. 「치안유지법」과 「폭력행위 등 처벌에 관한 법률」 시행

「치안유지법」은 1925년 5월 12일 일제가 반정부·반체제운동을 막기 위해 제정·시행한 법률로, 일본에서 1923년 관동대지진 직후 공포되었던 「치안유지법」을 기본으로 하였다. 「치안유지법」의 제1조 "국체를 변혁 또는 사유재산제도를 부인할 목적으로 결사를 조직한다든가 또는 사정을 알고 이에 가입하는 자는 10년 이하의 징역 또는 금고에 처함. 전항의 미수죄는 이를 벌함"에서 보듯이 이 법은 민족해방운동세력, 특히 사회주의운동 세력에게 결정적인 위협이 되었다.[16]

「폭력행위 등 처벌에 관한 법률」도 주로 소작쟁의 등 집단적인 농민운동을 탄압하기 위한 법이었다. 1926년 4월에 공포된 이 법의 핵심내용은 "단체 혹은 다중多衆의 위력을 빌려 재산상 부정한 이익을 얻거나 또는 얻을 목적으로 폭력·문서파기, 면회요구·협박 등의 행위를 한 자를 처벌한다"는 것이었다. 일제하에서 전개된 집단적인 소작 쟁의, 그리고 도로부역·화전정리·수리조합설치 등에 반대하는 대중적 시위 투쟁은 대부분 이 법률에 따라 처리되었다. 1931년 4월부터 1932년 3월까지 1년간 이 법률을 위반한 혐의로 검거되어 검사국에 수리된 사건은 무려 337건, 관련자는 3,273명이었다.[17]

---

16   임대식, 「사회주의운동과 조선공산당」, 『한국사 15 : 민족해방운동의 전개 1』, 한길사, 1994, 172~174쪽.
17   지수걸, 「일제하 농민운동」, 『한국사 15 : 민족해방운동의 전개 1』, 한길사, 1994, 270쪽.

1919년 8월 20일 칙령 제388호에 따라 경무 총감부 소속 '조선경찰관연습소'가 폐지되면서 '조선경찰관강습소'가 조선총독부 직속으로 설치되었다. 조선경찰관강습소의 과정은 크게 신규 채용된 일본인경찰관을 교육하는 '교습과'와 일본인경찰관을 재교육하는 '강습과'로 나누어 운영되었다. 강습과는 다시 순사부장 이상을 대상으로 하는 강습본과와 고등경찰·회계·총포·원동기 등 특수직 근무자를 교육하는 강습별과로 나뉘며, 교육기간은 보통 2주~3개월이었지만 어학의 경우에는 1년이었다. 조선인(순사)의 경우 지방 각 도에서 운영하는 순사교습소에서 2주~4개월간 교육을 받았다.[18]

〈사진 40〉 **당시 조선경찰관강습소**

신임순사의 학력은 제한이 없었으므로, 다른 관직에 비해 낮은 편이었다. 조선인이든 일본인이든 대체로 70~80%는 초등학교 졸업 정도의 학력을 갖고 있었다. 이를 자세히 보기 위해 1921년 조선인과 일본인의 학력을 보면 조선인은 총 7,776명 중 보통학교 중퇴 1,029명·졸업 4,884명, 중등

---

18 류상진, 「일제의 보통경찰제 실시 이후 경찰인력 양성기구 개편」, 건국대 대학원 석사논문(사학과), 2010, 10쪽.

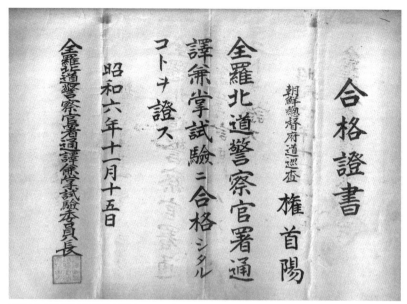

〈사진 41〉 **통역겸장 시험합격증서**(1931.11.15)

학교 중퇴 27명·졸업 111명, 전문학교 중퇴 9명·졸업 15명으로 대학 이상은 없었고, 일본인은 총 9,587명 중 보통학교 중퇴 501명·졸업 7,239명, 중등학교 중퇴 1,372명·졸업 394명, 전문학교 중퇴 48명·졸업 31명으로 대학 이상은 마찬가지로 없었다.[19]

　1930년 말 조선인 순사 6,574명 중 5,061명(70%), 일본인 순사 9,961명 중 7,682명(75%)이 소학교 및 보통학교를 졸업하였다. 중학·고보高普·기타 중등학교 졸업 및 중퇴자는 조선인 순사 857명(13%), 일본인 순사 2,011명(20%)이었다. 전문·고등·대학 졸업 및 중퇴자는 조선인 순사 33명, 일본인 순사 166명으로, 이는 조선인 순사 1,000명 중 5명·일본인 순사 166명 중 16명으로 고등교육을 받은 경찰관은 드문 편이었다.[20]

19　이상의, 「일제하 조선경찰의 특징과 그 이미지」, 『역사교육』 제115호, 2010년 8월, 181쪽.

20　이계형·전병무, 『숫자로 본 식민지 조선』, 역사공간, 2014, 62~63쪽.

| 교과서를 통해 보는 보통경찰기 경찰교육 |

지금까지 남아있는 가장 오래된 일제강점기 경찰교과서는 1922년 조선경찰관강습소가 발간한 『경찰교과서』이다. 이 교과서의 가장 큰 특징은 『법학대의(法學大意)』, 『조선경찰법대의(朝鮮警察法大意)』, 『형법(刑法)』, 『조선사법경찰(朝鮮司法警察)』, 『위생경찰(衛生警察)』, 『복무심득(服務心得)』, 『경제재정 급 사회문제(經濟財政 及 社會問題)』, 『조선사정(朝鮮事情)』이라는 8개 교과목이 모두 한 책에 들어 있다는 것이다.

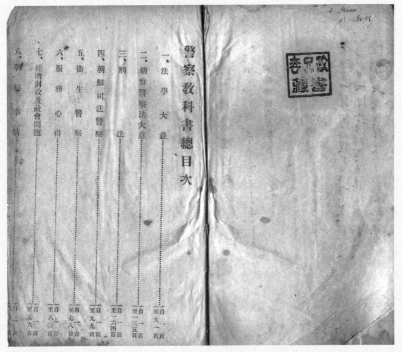

〈사진 42〉 **『경찰교과서』**(1922년)

본 교과서의 목차를 보면 다음과 같다.

과목	편	장
1. 법학대의	제1편 국가	제1장 국가의 의의
		제2장 국체 급及 정체
		제3장 통치권의 주체
		제4장 통치권의 객체
		제5장 입법
		제6장 사법
		제7장 행정
	제2편 법	제1장 법의 의의
		제2장 법의 분류
		제3장 법의 성립 급 소멸
		제4장 법의 효력
		제5장 법의 적용 급 해석
		제6장 법의 제재
	제3편 권리及의무	제1장 권리의 의의 급 종류
		제2장 국체급 급 정체
		제3장 권리의무의 객체
		제4장 권리의무의 득상변경 급 기원인得喪變更 及 其原因
		제5장 법률행위의 분류
		제6장 조건기한 급 기간
		제7장 시효
	법학대의 부록 (一) 친족법대의	
	법학대의 부록 (二) 조선의 행정조직대의	
2. 조선경찰법대의	제1편 총론	제1장 경찰의 의의
		제2장 경찰권의 근거급及한계
		제3장 경찰의 분류
		제4장 경찰의 조직
		제5장 경찰법규
		제6장 경찰처분
		제7장 경찰강제
	제2편 각론	제1장 보안경찰[21]

21 특수한 사람(유랑자 또는 구걸하는 자, 불량청소년, 정신병자, 가출옥인, 특수 주의인물, 외국인, 기타 공안을 해할 우려가 있는 자), 특수한 물건(총포화약류, 연화煙火, 인화물질, 원동기, 전기, 건축물, 유실물, 재해災害), 특수한 행위(출판, 신문지, 집회 결사 급 다중운동, 기부금 모집, 수렵, 기타 공공안전을 해할 우려가 있는 행위), 사행행위를 대상으로 한다.

과목	편	장
		제2장 풍속경찰
		제3장 교통경찰
		제4장 영업경찰
3. 형법	제1편 총론	제1장 형법의 의의
		제2장 형법의 효력
		제3장 범죄
		제4장 범죄의 양태樣態
		제5장 범죄의 종류
		제6장 범죄의 시時 급 장소
		제7장 형벌
		제8장 형법의 용어
	제2편 각론22	
	부附 경찰범처벌규칙	제1장 경찰범의 성질
		제2장 경찰범처벌규칙과 형법 총칙의 관계
		제3장 범죄
4. 조선사법경찰		제1장 사법경찰의 의의
		제2장 사법경찰의 근거
		제3장 재판소 급 검사국
		제4장 공소 급 공소권
		제5장 사법경찰기관
		제6장 서류작성
		제7장 수사
		제8장 사법경찰보조기관의 직무
	범죄즉결	제1장 범죄즉결의 의의
		제2장 즉결권한
		제3장 즉결수속
		제4장 언도후 처치

22 제1장 황실에 대한 죄, 제2장 내란에 관한 죄, 제3장 외환에 관한 죄, 제4장 국교에 관한 죄, 제5장 공무집행방해
죄, 제6장 도주죄, 제7장 범인은닉 급 증거인멸죄, 제8장 소요죄, 제9장 방화 급 실화죄, 제10장 일수(溢水) 급
수리에 관한 죄, 제11장 왕래방해죄, 제12장 주거침입죄. 제13장 비밀침범죄, 제14장 아편연(阿扁燃)에 관한
죄, 제15장 음료수에 대한 죄, 제16장 통화위조죄, 제17장 문서위조죄, 제18장 유가증권위조죄, 제19장 인장
위조죄, 제20장 위증죄, 제21장 무고죄, 제22장 외첩간음 급 중혼죄(猥褻姦淫及重婚罪), 제23장 도박 급 첨부
(賭博及籤富)에 관한 죄, 제24장 예배소 급 분묘에 관한 죄, 제25장 매직죄(賣職罪), 제26장 살인죄, 제27장
상해죄, 제28장 과실상해죄, 제29장 낙태죄, 제30장 유기죄(遺棄罪), 제31장 체포 급 감금죄, 제32장 협박죄,
제33장 약취 급 유인죄, 제34장 명예에 관한 죄, 제35장 신용 급 업무에 대한 죄, 제36장 절도 급 강도죄, 제37
장 사기 급 공갈죄, 제38장 횡령죄, 제39장 장물에 관한 죄, 제40장 파기 급 은닉죄(破棄及隱匿罪).

과목	편	장
5. 위생경찰	제1편 보건	제1장 음식물 급 음식기구취체
		제2장 의사 급 요속업자療屬業者 취체
		제3장 약품영업자취체
		제4장 묘지 화장장 재장 급 화장 취체墓地火葬場埋葬及火葬取締
	제2편 방역	제1장 전염병의 개념
		제2장 전염병의 예방심득
		제3장 전염병소독상의 심득
		제4장 교통차단 급 이리상 심득交通遮斷及離離上心得
		제5장 환자 급 사자 처치심득
		제6장 각종전염병예방심득
6. 복무심득		제1장 예식 급 칭호
		제2장 복장
		제3장 점검 급 휴대품 사용심득
		제4장 상벌
		제5장 복무상 원계願届
		제6장 근무법
		제7장 수지구내受持區內 관찰
		제8장 민중의 처우
		제9장 순찰
		제10장 호구조사
		제11장 영업감사
		제12장 경위 급 호위警衛及護衛
		제13장 비상경계심득
7. 경제재정 급 사회문제	제1편 경제	제1장 경제의 개념
		제2장 생산
		제3장 기업
		제4장 신용
		제5장 소득
	제2편 재정	제1장 재정의 개념
		제2장 세출
		제3장 세입
		제4장 공채
	제3편 사회문제	제1장 인구문제
		제2장 노동문제
		제3장 사회문제

과목	편	장
		제4장 사회주의류와 유사한 제사상諸思想
		제5장 사회개량주의(사회정책)
8. 조선사정		제1장 지지地誌
		제2장 교통
		제3장 교육
		제4장 역사의 개념
		제5장 풍속 습관
		제6장 종교 급 유사단체[23]
		제7장 교제交際[24]
		제8장 상업기관[25]
		제9장 미신

본 교과서는 교습과 신임 일본인경찰관(순사)을 위한 것으로 보인다. 그 이유는 『경제재정 급 사회문제』와 『조선사정』이라는 과목이 당시 경찰활동과 직접적인 관계가 없는 조선의 국내 실정을 기술하고 있기 때문이다. 이는 당시 문화정치라는 미명 하에, 3·1운동 이후 발산한 조선 민중의 반발을 방지하고, 조선총독부의 식민지정책을 적극 지원하기에 앞서 조선을 상세하게 이해하기 위한 목적으로 발간된 것으로 보인다.

〈사진 43〉
조선경찰관강습소 수업 장면

---

23 불교, 기독교, 천도교, 문묘(文廟), 서원.
24 존칭, 언어, 서간, 작법(作法), 방문급 급 응접.
25 시장, 숙옥(宿屋), 대금(貸金).

교과목 체계를 보면 '법학대의 – 조선경찰법대의 – 형법 – 조선사법경찰 – 위생경찰 – 복무심득 – 조선사정'으로, 실제 경찰활동에 필요한 과목인 『복무심득』은 그 편집순위에서도 가장 뒤에 있다. 분량도 다른 교과목인 『법학대의(91쪽)』, 『조선경찰법 대의(135쪽)』, 『형법(164쪽)』, 『조선사법경찰(99쪽)』에 비해 80쪽으로 적은 편이다.[26] 이는 당시의 경찰활동이 상당히 광범위한 데 따른 법규 과목의 학습 중요성 때문으로 보인다. 또한 보통경찰제의 확대개편으로 일본에서 순사를 충원하였는데, 이 순사들을 대개 경찰관 경력을 지녔기 때문에 생략했을 가능성도 많다. 따라서 당시 교육이 실무와 별관계가 없었다는 비판이 상당히 거셌다고 한다.[27]

---

26 『위생경찰』이 78쪽이다.
27 Christopher Liao, 1910~1920년대 조선총독부의 경찰교육, 서울대 대학원 석사논문(사학과), 2006, 52~53쪽.

제3장

전시경찰기

　일제는 1931년 만주사변을 일으키고 1937년 7월 7일 중일전쟁을 개시함으로 조선은 일본군의 병참기지로 전락하였다. 중일전쟁이 발발하기 전 부임한 미나미 지로南次郞 총독은 「산업통제령」을 공포하여, 군수공업을 중심으로 하는 전시경제를 확립하고, 중화학공업 발전과 군사수송을 위한 육운·해운·공수의 교통시설 및 통신시설 등을 확충하였다. 또한 「조선사상범 예방구금령」·「조선사상범 보호관찰령」 등도 발령하여, 고등경찰활동을 강화하였다.

　조선총독부는 1938년 「조선교육령」을 개정하여 내선일체內鮮一體 등 3대강령을 앞세워 조선학생의 황국신민화皇國臣民化를 유도하는 한편 조선어 과목 폐지, 조선어학회·진단학회震檀學會 해산, 한글신문 폐간, 신사참배神社參拜 및 창씨개명 강요 등 각종 정책을 강력하게 시행하였다.

　더욱이 1941년 태평양전쟁이 일어나면서 침략전쟁이 더욱 확대되기 시작하자, 새로운 국제정세에 대처하고, 조선 내부의 통치력을 극대화하기 위하여, 조선의 지배방침을 새롭게 강구하였다. 즉 국민총력운동을 철저히 하고, 황국신민화의 강화·적성敵性사상의 경계·국토방공의 준비 등 치안대책을 강화하였으며, 만주 개척정책에 따른 협력을 통하여 선만일여鮮滿一

如를 철저히 하고자 했다. 또한 생산력 확충 계획함으로써 전시식량 대책을 세웠으며, 주요광물 증산을 중심으로 하는 광공업의 진흥·물자동원계획·물가통제·국민저축의 장려 및 강화 등을 통해 전시경제체제를 강화시키고, 노무동원을 적극적으로 추진하였다.[1]

1943년 5월 징병제 실시가 확정되어, 1944년 8월부터 적용되었다. 이에 따라 조선의 수많은 젊은이들이 참전하게 되었다. 그와 같은 전방위적인 전시체제 속에서, 경찰은 공출과 징용·징병을 강요하는 부정적 이미지로 굳어지게 되었고, 조선인 개개인의 행동·언어·사상 등 일상사에도 이전보다 더욱 관여하면서, 식민지 지배권력을 관철시키는 역할을 충실히 하였다.

한편 일제강점기 경찰관 수는 1938년까지 평균 2만 명 내외였고, 1939년부터는 정원이 23,000여 명으로 늘어나 전시 동원 체제의 중추적인 역할을 지탱하고 있었다. 이러한 숫자는 전체 식민지관리 10만 명(면리원 포함)에서 약 20%를 차지한 것이다. 또한 1943년 당시 조선총독부와 소속관리의 수는 일본인 47,153명, 조선인 33,813명으로, 총 80,966명이었고, 지방 면리원 25,466명을 합치면 모두 106,432명의 관리가 근무하였는데, 당해 연도의 경찰관 수는 23,138명이었다. 따라서 경찰기관이 양적으로 일제강점기 통치기구의 핵심을 차지하고 있음을 알 수 있다.[2]

1   박경식, 「일제의 황민화정책」, 『한국사 14 : 식민지시기의 사회경제 1』, 한길사, 1994, 164쪽.
2   김민철, 「식민지 조선과 주민」, 『일제 식민지 지배의 구조와 성격』, 경인문화사, 2005, 216~217쪽. 김민철
     은 이어서 다음과 같이 기술하고 있다. "1943년 당시 조선총독부와 소속관리의 수는 일본인 47,153명, 조선
     인 33,813명으로 총 80,966명이었고, 지방 면리원 25,466명을 합치면 106,432명의 관리가 근무하였다.
     이 해의 경찰관 수는 23,138명이었다."

1937년 경무국은 조선인 사찰을 강화하고 외 국 간첩을 단속하기 위하여 수도를 포함한 경 기도와 소련·만주 국경의 함경북도에 외사경찰과를 두었다. 이 해부터 국 경수비대가 전장으로 이동해갔기 때문에 국경경찰[3]이 더욱 강화되기 시작 하였다. 국경지대 경찰관서에 1938년까지 3회에 걸쳐 경시 1명, 경부 2명, 경부보 42명, 순사 1,030명이 증파되었다. 다음해인 1939년에는 추가로 경부 2명, 경부보 6명, 순사 145명이 지원되었다. 그리고 강안工岸 일대의 경 찰서·순사주재소·출장소에 망루, 참호, 방공호 등이 설치되면서 기관총· 수류탄·탐조등을 비롯한 전투장비가 지급되었다.[4]

〈사진 44〉 **경찰의 방공·방화 훈련**

3   1931년 말 국경은 연장 1,505km, 폭은 강안으로부터 20km 내지 40km, 총 면적은 27,700여 km에 달 한다. 경찰서는 함경북도 11군에 19개, 함경남도 16군에 20개, 평안북도 19군에 24개가 설치되어 있었다. 또한 함경북도에 파출소·주재소·출장소 총 341개가, 함경남도에 주재소 217개가, 평안북도에 파출소·주재 소·출장소 총 1,319개가 있었다. 경찰관 수도 1931년 6월 함북 548명, 함남 308명, 평북 1,410명으로 총 2,266명이 배치되었다. 이계형·전병무, 『숫자로 본 식민지 조선』, 역사공간, 2014, 62~63쪽.
4   조선총독부, 『시정30년사』, 1940, 496~497쪽.

1939년부터는 조선총독부가 방공업무를 강화하기 위하여 경무국에 방호과를 설치하여, 기존 경무과에서 담당하던 소방과 수방水防업무를 전담하도록 하였다. 이와 함께 같은 해 7월 3일 「부령府令 제104호」에 의해 각 지역별로 경방단警防團이 조직되었다. 이 경방단은 종래 방호단의 소방조와 수방단을 통합한 것으로 경찰서의 지휘와 감독을 받았다. 당시 전국에 결성된 경방단수는 2,427개, 단원수는 20만여 명에 이르렀다.

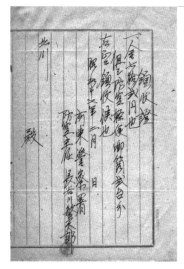

〈사진 45〉 **방공경비 간식대금 영수증**
(하동경찰서, 1942년)

제2절
적극적인 경제경찰활동

조선총독부는 1938년 11월 3일 「조선총독부 관제」를 개정하여, 경무국 경무과에 통제경제를 전담하는 경제경찰계를 설치하였다. 그 구성은 경시 1명, 경부 1명, 경부보 26명으로 이루어졌다. 이어 경기도 경찰부에 경제경찰계를 신설하였고, 기타의 지역에는 도의 보안과에 경제경찰관을 배치하여, 물가와 물자를 통제하였다. 이를 위해 전국의 경시 이하 경찰관 565명에게 경제경찰 업무를 담당하게 하였다.[5]

경제경찰의 사무내용을 보면 경제경찰 운영에 관한 기획, 유관 기관간의 연락 사무, 통제 제법령의 위반 검거에 관한 사무, 경제정보의 수집사무, 특수 물자배급에 관한 사무 등이었다. 특히 그 가운데 경제정보의 수집사무가 중요하였다. 이는 경제활동의 모든 부분을 조선총독부에서 통제해야

---

5   김상범, 일제말기 경제경찰의 설치와 그 활동, 서강대 대학원 석사논문(사학과), 1995, 5쪽.

했으므로, 원활한 운영을 위해서는 정확한 경제정보를 수집해야만 했기 때문이다. 경찰에서는 통제경제 하에서의 상공업자들의 동향, 군수산업과 민수산업과의 파행적 운영에 따른 부작용, 실업자 상황, 물자의 수급 불균형에 따른 물가상승 상황과 이에 따른 영향 등 광범위한 부문에 걸쳐 정보를 입수하고, 그 대책을 마련하였다.[6]

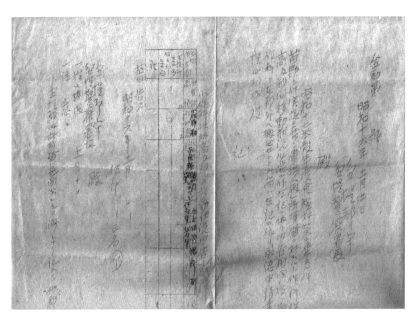

〈사진 47〉 **미곡생산 신고지시 문서**(김제경찰서, 1941년)

6   앞의 논문, 11~12쪽.

1943년 미곡연도(1942년 가을 이후)부터 미곡공출은 조선 전역에서 부락책임공출제 등에 따른 강제공출의 단계로 가면서 공출독려가 경제경찰의 소관 업무로 되었고, 자주 과도한 실력행사가 동반되었다.[7]

〈사진 48〉 **벼 공출통지서**(춘포경찰관주재소, 1942년)

〈사진 49-1〉 **면화공출명령서**(괴산경찰서, 1944년)**앞면**
〈사진 49-2〉 **면화공출명령서**(괴산경찰서, 1944년)**뒷면**

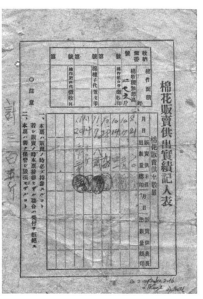

---

7   마쓰다 토시히코, 『일본의 조선식민지 지배와 경찰』, 경인문화사, 2020, 643~645쪽.

한편 1940년 2월 3일 「훈령 제5호」로 경무국 경무과에 소속되었던 경제경찰계를 경제경찰과로 승격시켜, 경무국은 경무과·방호과·경제경찰과·보안과·도서과·위생과, 부속기관인 조선경찰관강습소와 발파기술원양성소로 이루어졌다. 다시 1943년 12월에는 관제의 대개편에 따라 경무국의 소속부서가 경무과, 보안과(도서과를 흡수), 위생과, 경비과, 경제경찰과로 변경되었다.

제3절
일반경찰 활동의 변화

보안경찰활동에 와사瓦斯(가스), 고적유물, 불온문서, 축음기 레코드, 지폐유사증권, 선거운동 및 그 비용, 기부금 모집, 노동자모집, 형사자刑死者의 분묘·제사·초상 등이 추가되었다. 또한 풍속경찰에 경마와 승마투표가 들어갔다. 교통경찰역시 육상경찰, 수상경찰, 항만경찰, 선박경찰, 항공경찰, 국경경찰로 더욱세분화되었다. 상세한 내용에 관해서는 '자세히 보는 사료史料 – 교과서를통해 보는 전시경찰기 경찰교육'을 보길 바란다.

한편 일제강점기 동안 경찰부장과 경찰서장에 조선인을 등용하지 않는것은 불문율이었다. 그러나 1934년 4월 오영세[8]가 처음으로 충남 청양경찰서장에 임명되었다. 대개 경시가 되면 도경찰부의 과장이나 '경시 경찰서'의 서장을 맡았다.

---

8 1908년 9월 충청남도관찰도 대전경찰서 순사로 근무하다가 1910년 7월 통감부 순사보를 거쳐 1913년 12월 순사로 승진하였다. 이후 1917년 6월 경부로 승진하여 경남 거창경찰서(1919년)·충남경찰부 보안과(1930년) 및 고등경찰과(1933년)를 거친 후 청양경찰서장을 역임하였다. 그리고 1937년 충남 보령경찰서장으로 근무하다가 8월 경시로 진급하여 경남경찰부 경무과에서 근무하면서 경남 순사교습소장을 겸했다. 1922년 1월 훈8등 서보장, 1936년 영년 근속경찰관표창, 1937년 11월 훈7등 서보장을 받았다. 1939년 3월 경남 창녕군수로 부임한 후 1940년 2월 훈6등 서보장을 받았고, 1940년 7월 경남 김해군수, 1941년 5월 경남 진양(오늘날 진주)군수로 부임한 후 1943년 8월 퇴직하였다. 해방 후 1946년 2월 미군정청에 의해 충남경찰부장에 임명되었고, 같은 해 4월 퇴직하였다. 친일인명사전편찬위원회, 『친일인명사전 2』, 민족문제연구소, 2018, 540쪽.

〈사진 50〉 **경찰서 단체사진**

1943년 9월 윤종화[9]가 조선인 최초로 경성의 종로경찰서장으로, 1944년 11월 손석도[10]가 성동경찰서장으로 발령받기 전까지 조선인 경시는 모두 도경찰부로 배치되었다. 특히 조선인 경시의 보직은 특정과에 집중되었다. 조선인 경시에겐 보안과장과 순사교습소장이 주어졌다. 예외적으로 평안북도경찰부만 조선인 경시가 고등경찰과장에 임명되었다. 그리고 1944년 앞에 쓴 윤종화가 처음으로 조선인 경찰부장(황해도)에 등용되었다.[11]

9   1934년 3월 일본 규슈(九州)제국대학 법문학부 법과를 졸업한 후 같은 해 10월 일본 고등문관시험 행정과에 합격, 1937년 8월 경남 창녕군수로, 1939년 경남 진해군수로 근무하다가 1940년 7월 경시에 임명되어 함경남도경찰부 보안과장, 1942년 12월 경기도경찰부 보안과장을 거쳐 경성 종로경찰서장에 임명되었다. 해방 후 1945년 9월 소련군에 체포되어 1946년 9월 하바로프스코로 이송되었으며, 1949년 8월 반민특위 특별검찰부에 의해 소재불명으로 기소 중지되었다. 위의 책, 690~691쪽.

10 1934년 3월 경성제국대학 법문학부 법과를 졸업한 후 같은 해 10월 일본 고등문관시험 사법과에, 1935년 10월 행정과에 합격하였다. 1934년부터 전라남도 학무과 속 겸 전라남도경찰부 경부 등을 거쳐 1939년 전남 함평군수로 부임하였다. 1941년 3월 다시 경찰직으로 바꿔 황해도경찰부 보안과장 등을 거친 후 경성 성동경찰서장으로 해방 직전까지 재직하였다. 해방 후 1945년 9월부터 12월까지 경성 본정경찰서장을 지냈다. 위의 책, 307~308쪽.

11 장신, 「조선총독부의 경찰인사와 조선인 경찰」, 『역사문제 연구』 제22호, 역사문제연구소, 2009년 10월, 173~175쪽.

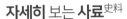

| 교과서를 통해 보는 전시경찰기 경찰교육 |

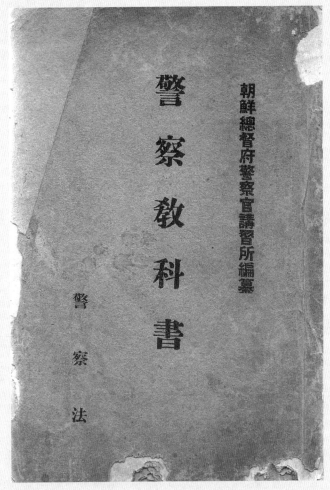

〈사진 51〉 **『경찰교과서-경찰법』**(1940년)

「조선경찰관강습소 규정」,[1]에 따르면, 1940년대 교과목은 강습과 본과[2]의 경우 『훈육』·『헌법』·
『행정법』 또는 『국제법』 중 택일·『경찰행정법 급(及) 위생행정』·『조선형사령』·『조선민사령』·『범
죄수사』 또는 『식민정책』 중 택일·『법의학 급(及) 범죄심리학』·『회계법』·『경제재정 급(及) 사회문
제』·『위생학 급(及) 전염병학』·『조선어 급(及) 국어(일본어)』·『경찰취체에 관한 공학 급(及) 화학』·
『경찰실무』·『병사』·『점검예식 급(及) 조련』·『무도』이다. 또한 교습과[3]의 교과목은 『훈육』, 『법학대
의』, 『경찰법』, 『형사법』, 『위생대의』, 『집달리 사무』, 『소방』, 『조선사정』, 『조선어』, 『경찰실무』, 『병
사』, 『점검예식 급(及) 조련』, 『무도』이다.

〈표 2〉 『경찰교과서-경찰법』(1940년) 목차

편	장
제1편 총론	제1장 경찰의 관념
	제2장 경찰의 조직
	제3장 경찰법규
	제4장 경찰처분
	제5장 경찰강제
	제6장 경찰행정의 감독
	제7장 행정
제2편 각론	제1장 보안경찰
	제2장 풍속경찰
	제3장 교통경찰
	제4장 영업경찰

이 교과서는 1922년에 발간된 교과서에 비해, 보안경찰에 와사(瓦斯)[4], 고적유물(古蹟遺物)[5], 불
온문서(不穩文書)[6], 축음기 레코드[7], 지폐유사증권(紙幣類似證券)[8], 선거운동(選擧運動) 및 그 비용[9],
기부금 모집[10], 노동자 모집[11], 형사자(刑死者)의 분묘제사초상(墳墓祭祀肖像)[12] 등의 내용이 추가되
었다. 또한 영업경찰에 기존 질옥(質屋), 고물상(古物商), 숙옥(宿屋), 탕옥(湯屋), 대서업(代書業)에다
신용고지업(信用告知業)[13]이 포함되었다.

1   「조선총독부 경찰관강습소 규정」은 1920년 12월 23일 훈령 제70호로 제정된 이후 1923년, 1930년 그리고 1931년에 개정된 후 해방 때까지 존속되었다.

2   입학 자격은 경부 또는 경부보, 중학교 또는 동등 이상의 학력자이면서 판임관으로 2년 이상 경찰사무에 종사한 건강한 자이다. 「조선총독부 경찰관강습소 규정」 제6조.

3   같은 규정 제6조.

4   와사(瓦斯, 가스)에 관한 내용은 1920년 6월 26일 부령 제90호 「와사사업 취체규칙(瓦斯事業 取締規則)」에 따른 가스 사업 절차, 공급 조건, 관련 위해 방지 등이다.

5   고유적물(古蹟遺物)에 대한 취체(取締)는 1933년 9월 제령(制令) 제9호 「조선 보물 고적 유물 명승 천연기념물 보존령(朝鮮 寶物 古蹟 遺物 名勝 天然記念物 保存令)」과 「동 시행규칙」(1933년 12월 부령 제136호)에 의한다.

6   불온문서(不穩文書)는 1936년 「불온문서 임시취체령(不穩文書 臨時取締令)」에 의하여 단속하도록 되어 있다.

7   축음기 레코드에 관한 취체는 1933년 5월 부령(府令) 제47호 「축음기 레코드 취체규칙」에 의한다.

8   지폐유사증권(紙幣類似證券)은 와사(瓦斯)의 내용과 유사하게 1918년 10월 부령 제1호 「지폐유사증권 취체(紙幣類似證券 取締)에 관한 건」과 1906년 8월 법률 제51호에 따른 발행절차, 금액, 위반시 처벌 등을 설명하고 있다.

9   1929년 9월 30일 부령 제83호 「조선 지방선거 취체규칙」에 따른 선거회(選擧會), 의원후보자 급 선거운동자(議員候補者 及 選擧運動者)의 계출(屆出)에 병행하는 선거운동 등을 설명하고 있다.

10 1933년 9월 8일 부령 제76호 「기부금모집 취체규칙」, 같은 해 내훈(内訓) 제10호 「기부금모집취체수속(寄附金募集取締手續)」을 설명하고 있다.

11 1918년 부령 제6호 「노동자모집취체규칙」을 설명하고 있다.

12 1920년 10월 부령 제160호 「형사자(刑死者)의 분묘제사(墳墓祭祀), 초상 등 취체(肖像 等 取締)에 관한 건(件)」을 설명하고 있다.

13 1911년 부령 제82호 「신용고지 취체규칙」을 설명하고 있다.

제3부

현대 경찰

제1장

미군정 경찰[1]

1 1919년 4월 11일 중국 상해에서 수립된 '대한민국 임시정부'에도 경찰조직이 있었다. 2018년 12월 대한민국 임시정부 경찰 연구팀이 경찰청에 제출한 「대한민국 임시정부 경찰활동의 의의와 그 계승·발전에 관한 연구 – 임시정부 경찰의 성립과 활동을 중심으로」라는 보고서에 의하면, 이와 같은 조직은 "대한민국 임시정부(이하 임정으로 기술)가 영토를 점령당한 상태에서 수립된 망명정부였기 때문에 여러 가지 제약 속에서 정부역할을 수행할 수밖에 없는 가운데 국민주권을 실현하고, 임시정부를 수호하며, 교민을 보호한다는 목적에서 이루어졌다"고 주장하였다. 그러나 임정의 경찰활동은 당초 임정이 정식정부가 아니었기 때문에 영토권이 결여되어 경찰권 발동을 위한 법적인 효력을 갖추지 못하고 있었고, 재판권이 망명지에 있었기 때문에 사법경찰권이 없는 문제도 갖고 있었다. 게다가 1926년 9월 27일 「임시정부 부서조직 규정」이 새롭게 시행되면서 내무부 산하 경무국은 크게 축소되었고, 10월 14일 이후 공보에서는 더 이상 경무국과 관련된 내용을 찾을 수가 없다. 그리고 임정이 1932년부터 1939년까지 항저우(1932)·전장(1935)·창사(1937)·광둥(1938)·류저우(1938)·치장(1939)으로 이동하면서 기존 경찰활동이 거의 중단된 공백기도 있었다. 물론 임정이 상해에 있었을 때는 교민단 의경대가 일제 밀정이나 친일파를 처단하였거나 상해 교민사회의 질서를 유지하는 등의 역할을 하였고, 이동 시기에는 요인에 대한 경호 등을 담당하였으며, 치장(1939)·충칭(1940)으로 이동한 후에는 광복군을 창설하고, 대일선전포고 등을 하는 과정에서 경위대가 청사경비 등을 한 활동이 있었으나 이와 같은 극소수의 경찰활동 만으로 '경찰활동의 일반화'를 할 수 없다고 판단된다. 그럼에도 불구하고 우리나라가 대한민국 임시정부의 법통을 잇고 있다고 「헌법」 전문에 명시되어 있으므로, 임정이 조직한 경찰에 관해 살펴본다.

1. 전기의 경찰조직

(1) 내무총장

1919년 9월의 통합헌법에 의하면 '내무총장은 헌정주비(憲政籌備) 의원선거, 지방자치, 경찰, 위생, 농상공무와 종교 자선에 관한 일절사무를 관장함'으로 명시되어 있어, 경찰의 최고 상급기관이다.

(2) 경무국

내무총장의 보좌기관으로, 내무부에 비서국·지방국·농상공국·경무국을 두었으며, 경무국의 소관업무는 행정경찰·고등경찰·도서출판 및 저작권·위생에 관한 사항으로 규정하고 있으나 사법경찰권 사항이 없다. 이는 임시정부 소재지가 프랑스 조계지 내에 있었고, 더 넓게는 중국정부에 있었기 때문으로 보인다. 초대 경무국장에는 김구(金九)가 취임하여 3년간 근무하였다. 한편 일제의 정보보고에 의하면, 천진에 경무분국이 개설되어 분국장과 직원 수명을 두어 경찰사무를 담당할 것이며, 분국장에 박세훈(朴世勳)이 추천되었다고 한다.

(3) 지방제도

통합정부가 수립된 1919년 12월 1일 「교령(敎令) 제2호」로 제정된 연통제(聯通制)에 의하면 전국 13도제가 그대로 유지되었고, 각 도의 지방장으로 독변(督辨)이 있었다. 독변의 보좌기구로 비서실·내무사·재무사·교통사·경무사(警務司)를 두었으며, 사정(司長)은 도참사로 임명하고, 그 밑에 장서(掌書), 경감(警監)·기수(技手)·통역이 있었다.

2. 후기의 경찰 조직

1944년 4월 「주일부주석제헌법(主一副主席制憲法)」이 시행된 후 5월 25일 정부조직이 개정되어, 행정부의 최고기관으로 행정연석회의를 두었다. 이 회의는 내무·외무·군무·법무·재무·문화·선전(宣傳)부로 구성되었다.

1945년 8월 초순 일제 전쟁지도부는 태평양전쟁의 대세가 이미 연합국 측으로 기울었음을 감지하였다. 조선총독부는 8월 10일부터 15일까지 종전 후 조선에 있는 일본인의 안정적인 귀환 대책을 수립하기 위해 여운형과 엔도 류사쿠遠藤柳作 정무총감 간에 교섭을 벌였다. 일제는 치안유지권을 이양하려는 자세로 협상을 시작했지만, 여운형은 이를 건국을 위한 절호의 기회로 인식해 실질적인 정권 이양으로 발전시켜 나가려고 했다.

8월 15일 천황은 항복 조서를 발표하였다. 해방을 맞이해 행정권을 인수한 여운형은 이날 오후 송진우와의 합작을 기대했지만 대한민국 임시정부를 봉대하려는 송진우의 태도 때문에 실패하고 말았다. 다음날 8월 16일 여운형·안재홍·정백 등은 공산주의자까지 포함한 건국준비위원회(건준)를 조직했다. 건준은 비록 송진우 등 일부 우파세력은 불참했지만 좌우연합적인 건국준비조직으로 출범하였다.

1945년 8월 17일 건준은 총무부·재무부·조직부를 두어 치안 유지뿐만 아니라 모든 행정 부문을 장악하려 했다. 지방에는 속속 지부가 결성되었고, 일부 지방은 건준의 통치 아래 놓이게 되었다. 이에 대해 엔도 류사쿠 정무총감은 사태가 일본이 의도했던 대로 진전되지 않음을 알고, 약속 위반이라고 주장하면서 건준의 기능을 치안유지로 제한할 것을 요구했다. 일

---

(1) 내무부장
내무부의 장(長)은 처음에는 총장으로 불렀다가, 홍운(洪雲) 국무령이 조직했을 때는 내무장이나 법무장으로 했고, 주석제 헌법에서 내무부장으로 개칭되었다. 이후 주일부주석제 헌법 제정으로 내무부장이 참모총장·검사원장 보다 상격(上格)으로 되었다. 「대한민국임시정부 잠행중앙관제(大韓民國臨時政府 暫行中央官制)」 제59조에 의해 내무부장은 헌정주비(憲政籌備), 의원선거, 지방시설, 교통, 농상공무, 종교, 진휼(賑恤), 구제 및 인민단체에 관한 사무와 경찰·위생에 관한 사무를 총괄하였다.
(2) 경무과 및 경위대
경무과는 내무부 소속으로 내무부장의 경찰사무를 보좌하는 종전의 경무국과 다름이 없었다(내무부는 총무과, 민정과, 경무과로 구성). 그 업무는 경찰에 관한 사무, 질서·기율에 관한 사항, 국무 또는 인구조사에 관한 사항, 징병 또는 징발에 관한 사항, 국내 정보 또는 적정모집에 관한 사항이다. 또한 경위대를 두었는데, 그 운영을 위해 「대한민국 임시정부 잠행중앙관제(大韓民國 臨時政府 暫行中央官制)」 제54조에 경위대 조례를 따로 둔다고 하였다. 이때 내무부장은 신익희(申翼熙)였고, 경무과장은 이지일(李志一)로, 경위대장도 겸하였다고 한다.

본의 조선군관구사령부 역시 만약 민간인들이 치안을 저해한다면 군이 단호한 조치를 취할 것이라고 경고했다.

8월 18일, 일본의 조선군관구사령부 보도부장 나가야 쇼사쿠長屋尚作는 "일본군은 엄연히 건재한다"면서 치안을 해칠 시에는 단호히 무력행사도 불사하겠다고 위협하였다. 또한 믿을 만한 사람들에게만 무기를 제공하겠다고 선언하기에 이르렀다. 이날 조선군관구사령관은 행정권 이양을 취소하겠다고 발표했으며, 신문사와 학교가 다시 일본 측에 접수되었다.

8월 20일, 일제경찰은 건준을 위시한 모든 단체를 해산시킬 것임을 경고했고, 이날 밤부터 무장한 일본군이 대오를 짓고 요소를 점거했다. 8월 19일자 「경성일보」에는 일본군 제17방면군의 경고문이 실리고, 8월 20일자에는 조선군관구사령부의 나가야 쇼사쿠 보도부장의 담화문과 엔도 류사쿠 정무총감의 호소문이, 8월 24일에는 또 다른 일본군의 경고문이 실렸다. 이들의 논리는 일본과 연합국 간의 회의에서 조선의 주권이 결정되므로, 그때까지의 주권은 일본에 있다는 것이었다.

8월 23일, 일본군 정보국은 시내에 전단을 뿌려 "일본군이 질서유지를 위해 활동할 테니 주민들은 만반의 협조를 해야만 하며, 일본군은 조선 내 일본 신민들의 생명과 재산을 보호하기 위한 결사적인 투쟁을 준비했다"고 위협했다. 그러나 이러한 시대착오적인 성명은 한국인들의 독립 열망을 꺾지 못했다. 오히려 많은 대중 행진이 일어났으며, 일제경찰은 행진을 제지하려고 애썼지만, 이를 제지하고 진압할 수는 없었다.

이와 같이 일제의 반동적이고 말기적인 저항이 지속되었지만, 건준의 기능 행사는 큰 차질 없이 진행되었다. 일부 지방의 경우 건준의 치안대가 거의 전권을 장악해 일본군은 영향력을 행사하지 못했다. 주요 도시(경성, 부산, 개성, 춘천)와 일본인 귀환의 거점인 항구도시(인천, 목포) 등은 일본군이 장악했으나 일본군은 일본인에게 직접적인 피해를 주지 않는 자율적인 정치 활동에는 제약을 가하지 않았다. 그러나 신문이나 중앙 행정기관은 여전히 일본군이 장악하고 있었으며, 일본군도 건재했으므로 조선인의 위기의식은 상존하고 있었다.

한편 일본 정부는 항복을 접수할 미국과 접촉을 시도해, 8월 20일 마닐라에 있던 태평양 미육군총사령부 사령관 맥아더Douglas MacArthur로부터 조선의 남북 분할점령 내용이 담긴 '일반명령 제1호'를 교부받았다. 이에 일본 정부는 8월 22일 조선총독부 정무총감에게 전보를 보내, 38선으로 무장해제 담당구역이 나눈다는 사실을 예고했다.

이때까지는 조선총독부나 일반 대중, 그 누구도 분할 점령 소식을 몰랐고, 함경북도 지방에 소련군이 진공했으므로 소련군이 서울은 물론 전 조선을 점령할 것이라고 예견되던 형편이었다. 그러나 미군 진주가 확인된 상황에서 조선총독부는 적어도 내부적으로는 건준에 대해 지원과 선언적 경고 포고라는 기존 기회주의적 양면작전에서 지원 철회로 방향을 전환하면서, 새로운 지배자인 미군과 접촉을 시도했다.

8월 22일 건준의 2차 조직개편 때는 안재홍이 추천한 우익 인사가 스스로 참여를 거부하는 한편 박헌영의 공산당 계열이 조직을 준비해 건준에 적극적으로 침투하기 시작했다. 이들은 미군 진주가 확정되자 건준 내의 유일한 우파세력이었던 중도 우파의 안재홍 계열을 흔들기 시작했다. 그리고 미군이 진주한다면 우익의 발언권이 커질 것이고, 우익은 기존 조직에 참여하기보다는 임시정부를 봉대할 것으로 예견되었다.

결국 건준에서는 안재홍 부위원장과 反박헌영 계인 장안파 조선공산당원 정백 등이 이 조직을 탈퇴하고 9월 4일에는 박헌영 계 인사들이 강화되는 3차 조직개편이 단행되었다. 이에 따라 좌익간의 대립 구도가 확실하게 설정되었다. 또한 건준이 발족할 당시 주도 세력이었던 여운형 중심의 중도 좌파는 시간이 갈수록 그 영향력이 약화되었다.

박헌영은 건준이 자신의 통제권 안에 들어오자 이를 모태로 '조선인민공화국(인공)'이라는 새로운 정부조직을 결성하고자 했다. 이 조직은 미군 진주가 임박함을 인지한 재건파 공산주의자들의 주도로 1945년 9월 6일 급조된 것이었다. 따라서 인공은 미군의 서울 진주에 앞서 사실상의 정부로서 자신의 위치를 합법화시키기 위해 선포한 '국가조직'이었다.

인공에서는 주석이 이승만으로 발표되었지만, 건준의 위원장인 여운형이 부주석으로, 부위원장 허헌이 국무총리로 각각 선출된 것을 비롯해, 건준 간부들이 중요한 부서를 맡았다. 이러한 급조에 대해 박헌영을 중심으로 한 인공 추진세력들은 혁명적 상황에 당면한 부득이한 조치라고 변명했다. 반면 좌익 내부에서조차 재건파를 제외한 세력들은 건준의 조직 체계를 무시하고 소집된 전국인민대표자대회가 대표성을 상실했다고 지적하면서, 인공 수립을 극좌적 오류라고 비판했다. 게다가 한반도에 진주한 미군은 물론 소련군 당국도 인공을 인정하지 않았다.

마침내 1945년 9월 9일 서울에 입성한 미군은 1946년 가을부터 한국인 관리들을 임용해 군정청 각 부서에서 행정의 책임을 맡게 하였고, 미군들은 자문역으로 눌러앉게 하였다. 1947년 2월에 안재홍이 민정장관으로 취임하고, 같은 해 5월 17일 군정청이 남조선 과도정부로 개칭되면서, 군정의 한국인화 정책이 일단 결실을 맺게 되었다.

미국의 한국 정치세력에 따른 정책은 다음 세 국면으로 나누어 그 특징을 살펴 볼 수 있다. 초기는 1945년으로 보수주의자들을 일방적으로 지원한 시기이다. 중기는 1946년 중반 좌우합작을 추진하여 중간파를 내세웠던 시기다. 마지막 후기는 미국이 우파를 선택할 수밖에 없었던 국면으로

1947년 10월 이후의 시기다.

이에 따라 미국과 국내 정치세력 간의 관계를 요약하면 다음과 같다. 미군은 진주 초기에 건준과 인공을 부인하면서 임시정부(이하 임정)의 활용 가능성을 모색했다. 그런데 이승만과 김구가 예상 외로 국내 정치세력을 포용하지 못하자 이에 실망한 미군정 당국은 한민당 세력을 후원하는 방향으로 가닥을 잡아나가기 시작했다. 1946년 5월 이후에는 여운형, 김규식의 좌우합작 국가건설운동을 지원하기도 했다. 그러다가 1947년 10월 이후에는 이승만과 한민당 세력이 추진했던 단독정부 수립운동을 후원하여, 1948년 8월 15일 대한민국 정부를 출범시켰다. 법적으로 1948년 정부 수립과 동시에 미군정은 종식되었다.

제1절
해방 직후 경찰권의 혼란

1945년 8월 15일 정오, 천황이 교전당사국이었던 미국·영국·중국 등에게 포츠담 공동선언을 수락하며, 무조건 항복을 한다는 발표를 하였다. 이로써 제2차 세계대전은 막을 내리고, 한반도는 북위 38도선을 경계로 미국과 소련에게 남북이 점령당하는 운명을 맞이하게 되었다. 38도선 이남에 대해서는 태평양미육군총사령부 총사령관 맥아더가 1945년 9월 7일 '조선 국민에게 고함'이라는 사령부「포고 제1호」를 발하여 미군정 실시를 선언하였다.

미 제24군단장인 하지John R. Hodge 중장은 9월 8일 재조선미군사령관으로서 97,000여 명의 병력과 함께 인천항에 상륙하였다. 다음날 9월 9일, 그는 조선총독부에서 총독 아베 노부유키阿部信行로부터 항복 문서를 받았다. 또한 그는 재조선미육군사령부군정청在朝鮮美陸軍司令部軍政廳(United States Army Military Government in Korea, USAMGIK, 미군정청)을 조직하고, 9월 12일 아놀드Archibald V.Arnold 육군소장을 미군정청 장관으로 임명하였다. 이어 미군당국은 9월 19일 이 기관명을 공식 확정한 후 9월 20일 군정청의 성격·임무·기구 및 국·과장급 인사를 발표함으로써 본격적인 군정을 시작하였다.

해방 직후 한국사회는 미군이 일제와 항복조인식을 하기 전까지 혼란한 가운데 해방사회가 유지되었다. 이런 가운데 한국인들은 해방 정국의 상황을 정리하기 위해 자발적으로 경찰조직을 정비해 나가기 시작했다.

1. 미군 진주 이전의 치안 활동

1) 건국치안대 조직

건국치안대는 1945년 8월 16일 여운형이 조직한 임시 경찰기구이다. 그는 이날 서울 휘문중학교 강당에 청년학생 2,000명을 모아 YMCA체육부 간사이며 유도사범인 장권張權을 대장으로 임명하여 이 조직을 발족하였다. 건국치안대는 지역별·직장별 치안대를 조직하고 주요 자재·기관·수원지 보호, 교통원활화 등에 힘썼으며, 9월 2일 건국준비위원회에 편입되었다.

그러나 전국적으로 같은 이름의 치안대가 조직되었고, 이 조직들은 건준 소속 여부를 떠나 갑자기 조직되었기 때문에 일본인의 상점·공장, 기타 재산 등을 강제로 접수하는 행위를 함으로써 해방 후 사회적 혼란의 원인이 되기도 하였다.

2) 경찰기관의 움직임

서울에서는 8월 16일 경기도경찰부[2] 형사과장인 최연崔燕 경시가 종로경찰서장이 되었다. 그는 종로경찰서를 중심으로 조선인 경찰관들을 규합하자는 취지에서 대조선경찰대를 조직하였고, 정식 정부가 수립될 때까지 중립을 엄수하고, 치안확보 사명에 충실하겠다는 내용의 결의를 발표했다. 이어 박경림 경부보를 서울 시내 각 서로 급파하여 경찰서장들에게 기존 일본인 경찰관들이 차지하고 있던 직위를 조선인 경찰관들에게 이양할 것을 요구하였다.[3] 그러나 점차 시간이 지남에 따라 일본인 경찰관들이 복귀하여 업무를 개시하였고, 실제로 조선인 경찰관들이 어느 정도 주도권을 확보할 수 있었는지는 알 수 없다.

본정(중부)경찰서에서는 8월 26일 18시 조선인 경찰관들이 자신들에게 무장을 할 수 없도록 한 조치에 반발하여, 서장 이하 일본인 경찰관 250여 명을 경찰서에서 추방하였다. 그리고 최명주 경부보를 비롯한 65명의 조선인 경찰관들이 조선인 경방단원들을 소집하여 자체경비를 하였다. 이에 일본인 경찰서장이 헌병대, 특경대, 기마대 등 수백 명의 병력을 동원하여 경찰서를 포위하자 경찰서를 넘겨주었다. 그 후 일본군 700여 명이 이 경찰서에 배치되었고, 조선인 경찰관 전원이 종로경찰서 등 각 서로 분산 배치되었다.

또한 경기도경찰부는 조선인 경찰관과 일본인 경찰관 간의 마찰을 우려하여 이들을 분리·배치하였다. 용산·본정·영등포경찰서에 일본인 경찰관들을 집결시키고, 나머지 7개 경찰서에 조선인 경찰관들을 배치한 뒤 조선인 경찰간부나 지방에서 상경한 조선인 군수를 서장에 임명하였다. 이는

---

2   당시 경기도경찰부에는 30개 경찰서, 257개 경찰관주재소, 126개 경찰관파출소, 8개 경찰관출장소가 있었다. 직원은 순사부장 이상 조선인 54명·일본인 235명, 조선인 순사 1,347명·일본인 순사 1,368명이었다. 수도관구경찰청,『해방 이후 수도경찰 발달사』, 1947, 93쪽.

3   앞의 책, 89~91쪽.

조선인 경찰관들의 마지막 인사발령이자 회유책이었으며, 하위 직급에서는 많은 승진이 있었다.

지방에서도 경찰조직이 개편되었다. 인천경찰서는 일제경찰 출신이 간부급에, 보안대 출신이 하위직에 임명되었다. 안성경찰서의 경우 8월 17일 군민이 경찰서 인도를 요구하였고, 그 후 건준 안성지부가 수차례 접수하고자 하였지만, 일본인 군인들로 개편된 경찰관 70여 명이 무장한 채 서를 장악하고 있었다. 그러나 진상돈 서장이 착임한 후 이들을 몰아냈고, 조선인 경찰관들을 임용했다. 양평경찰서는 해방 이후 경찰 사무가 정지 상태에 있다가 9월 13일 양평자위단에게 접수당한 뒤, 10월 8일 군정관의 파견으로 업무가 회복되었다. 그리고 옹진경찰서는 38선 이남임에도 소련군이 점령하자, 백낙영이 경찰서를 접수하고, 조선인 및 일본인 경찰관을 전부 축출하였으며, 치안대를 조직하여 치안을 맡았다.[4]

그 외 지역에서는 동리洞里 단위로 임의적으로 조직된 청년단체나 야경원, 치안대가 경찰관서를 접수할 것을 요구하였다. 시간이 지남에 따라 건준을 따르는 청년들로 구성된 단체가 치안을 담당하였으나, 조직이 완비되지 않았기 때문에 무질서와 혼란상태가 지속되었다.

2. 경찰에 대한 보복

미타 요시코三田芳子와 오사타 가나長田かな가 쓴 『조선 종전의 기록 자료편 제1권』을 통해 보면 먼저, 8월 16일부터 25일까지 전국적으로 경찰관서를 습격하거나 접수를 요구한 경우 149건, 조선인 경찰관을 폭행하거나 협박한 경우 111건, 일본인 경찰관을 폭행하거나 협박한 경우 66건이다. 또한 총기와 탄약이 약탈된 경우 41건, 군·면·기타 일반 관청을 습격하거

---

4 김재호, 「미군정기 경찰조직의 형성과정과 그 성격에 관한 연구 : 서울, 경기도지역을 중심으로」, 한국학중앙연구원 석사논문(정치 경제 전공), 1989년 12월, 51~52쪽.

나 파괴한 경우 86건, 조선 관리을 폭행·협박·약탈한 경우 109건이다.[5]

다음, 위 자료를 근거로 경찰관 보복사례를 보면 경기도에서 발생한 것만을 알 수 있다. 그 내용은 "① 용인경찰서의 송전지서에 근무한 순사는 우마차조합원 50여 명에게, 수지지서에 근무한 순사가 불량배 10여 명에게, 외사지서에 근무한 조선인 순사 1명과 일본인 순사부장 1명이 주민 50명에게 폭행을 당하였다. ② 가평경찰서에서도 북면 경찰관주재소 수석이 치안대원과 주민에게 인치되어 갇혔고, 설악면 경찰관주재소 순사도 유치留置되었으며, 청평 경찰관주재소 순사 역시 친일파라는 이유로 청년들에게 폭행당하여 도주하였다. ③ 장단경찰서 순사는 주민들에게 가택 수색을 당하였다. ④ 옹진경찰서 경제계에 근무한 순사부장은 해방 전에 사상범으로 검거되었던 자 수명에게 폭행을 당하였고, 교정경찰관주재소장인 순사부장도 면장과 부면장을 숨겼다는 이유로 주민에게 폭행당해 권총으로 해산을 명하다 도주하였다. ⑤ 8월 20일 서울 동대문경찰서 한 순사의 집에 전과 3범인 자가 해방 전에 가혹한 취조를 받았다는 이유로 침입하여 그를 구타하였고, 이를 주민이 막기도 하였다"[6] 등이다.

그러나 다른 지역에 관한 상세한 자료가 현재까지 발견되지 않아 추정하기는 어려우나, 일제강점기 경찰활동이 식민지 통치를 위한 최말단 권력으로 기능하여, 사회 각 방면에 걸쳐 주민에게 고통을 준 부분이 컸기 때문에 알려지지 않은 보복 사례가 상당히 많을 것으로 판단된다.

---

5   그 외 일본인에 대한 폭행·협박·약탈은 80건, 신사·봉안전에 대한 방화와 파괴는 136건이다. 三田芳子·長田かな, 『朝鮮終戰の記錄 資料篇 第1卷』, 巖南堂書店, 東京, 1979, 13～14쪽.
6   수도관구경찰청, 『해방 이후 수도경찰 발달사』, 1947, 101～103쪽.

1. 미군 진주와 충돌[7]

미군은 9월 12일부터 23일까지 제7사단의 3개 연대와 제24 군사지원단(ASCOM 24, 인천지역)이 중심이 되어, 서울 주변 50마일 둘레에 있는 개성·수원·춘천 등을 점령하였다. 9월 22일에는 4개 연대, 장교 727명, 사병 13,939명으로 구성된 제40사단이 인천으로 들어와 10월 15일까지 경남·북지역을 점령하였다. 또한 제7사단의 작전지역이 10월 10일까지 경기와 강원 전 지역으로 확대되었다. 이어 제6사단이 10월 25일까지 전라도 배치를 완료하였다. 끝으로 11월 10일 제6사단 20보병연대가 제주도에 도착하여, 남한 전체에 군사점령을 일단락 지었다. 그리고 서울·부산·전주에 각각 사단사령부를 설치하였고, 주요 시에는 연대본부를 두었으며, 예하 각 대대가 수개 군을 관할지역으로 담당하면서 관할지역내 시·읍에 소대·분대를 파견하였다.

그 과정에서 지방경찰이 각 지역의 정치지형에 따라 다양하게 재건되었으나 대체로 미군·군정경찰 대 지방인민위원회·치안대 사이에서 대립과 무력충돌을 거쳤다. 사례로 1945년 10월 15일 남원에서 미전술부대·군정경찰과 인민위원회 세력이 최초로 충돌한 사건이 있다. 이 사건은 도 단위에서 경찰조직을 일찍이 완료한 전라북도 경찰부가 인민위원회세력이 강했던 남원인민위원회를 시범적으로 해체하기로 결정하고, 실행하면서 저항한 인민위원회 산하 치안대원 70여 명의 무장을 해제시킨 것을 말한다. 경상북도 영덕군에서도 비슷한 일이 있었다. 이 지역주민들은 1945년 10월 군수와 경찰서장을 자체 선출하고, 군청과 경찰서를 접수한 후 보안대를 통해 치안을 유지하였다. 그러던 중 12월 26일 미군정 당국이 새로운 경찰서장을 임명하여, 경찰관 40여 명과 함께 경찰서 접수를 시도하였

---

7 류상영, 「미군정 국가기구의 창설과정과 성격」, 『한국사 17 : 분단구조의 정착 1』, 한길사, 1994, 190~195쪽.

으나, 보안대와의 무력 충돌로 인해 실패하였다. 이후 미전술부대의 지원으로 경찰서를 접수한 후 보안대를 해체하였고, 우익청년을 중심으로 경찰 80여 명을 새로이 충원하여 군정경찰 조직을 완료하였다.

2. 미군의 치안확보 시작

맥아더는 1945년 9월 7일 「포고 제1호」에 이어 「포고 제2호 범죄 또는 법규위반」을 선포하여 강력한 치안조지를 취할 것을 예고하였다. 「포고 제2호 범죄 또는 법규위반」의 내용은 다음과 같다.

> 점령군의 보전保全을 도모하고, 점령지역의 공중안전·질서의 안전을 기하기 위하여 (일본의) 항복 문서의 조항 또는 태평양미국육군최고지휘관의 권한 하에 발發한 포고·명령·지시를 위반한 자, 미국인과 기타 연합국인의 인명 또는 소유물 또는 보안保安을 해한 자, 공중치안 질서를 교란한 자, 정당한 행정을 방해한 자, 또는 연합군에 대하여 고의로 적대행위를 하는 자는 점령군 군율회의에서 유죄로 결정한 후 동 회의가 결정하는 대로 사형 또는 타 처벌에 처함

그리고 군정장관 아놀드A.V.Arnold 소장은 9월 14일 일본인 경무국장인 니시히로 다다오西廣忠雄를 파면하였다. 같은 날 그는 성명서를 발표하여 정치집단·귀환병단歸還兵團 또는 일반 시민단체의 경찰력 행사를 금지하고, 새로운 경찰권은 미군의 군정권에 있음을 명백히 하였다. 이로서 사회질서 확립은 군정경찰이 담당하게 되었다.

8　전체적인 색깔은 녹색으로 전면에 NP(Nationnal Police)라 쓰여 있으며, 그 밑에 흰색과 붉은 색의 띠가 둘러져 있다. 오른 쪽에는 경찰서 번호로 추측되는 '605'가 쓰여 있고, 왼 쪽에는 'DFP'가 쓰여 있다. '605'는 본 자료가 당시 전북 김제경찰서 경무계에 근무하였던 경찰관의 집에서 나왔기 때문에 김제경찰서의 고유 번호로 추정된다.

이와 같이 미군이 전국적으로 경찰권을 행사한 법적 근거는 다음과 같다.[9]

첫째, 1945년 9월 7일 태평양미육군총사령부의 「포고 제1호」의 1조에 명시된 "38도선 이남의 지역과 주민에 모든 행정권은 태평양 미육군 최고사령관의 권한 하에서 시행된다"는 것은 남한에 군정을 실시한다는 선언으로, 행정권에 경찰권이 포함되어 있다.

둘째, 같은 해 11월 2일 재조선 미육군군정청 「법령 제21호」에 "모든 법률 또는 조선 구정부가 법률적 효

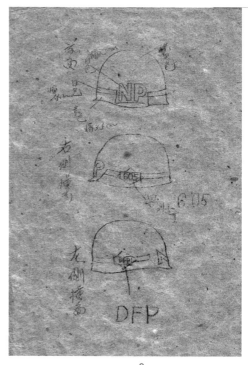

〈사진 52〉 **경찰헬멧 제작도**〈미군정기〉[8]

력이 있는 규칙, 명령, 고시 기타 문서로서 1945년 8월 9일 실행 중인 것은 그간에 폐지된 것을 제외하고 조선정부의 특수명령으로 폐지할 때까지 전부 존속한다"는 것은 종래 조선에 실시되고 있던 직명, 법률, 제령, 조선총독부령 등의 효력을 당분간 인용認容한다.

셋째, 이를 감안하여 군정장관의 특수한 명령 등을 통해 이를 폐지 또는 변경하지 않는 한 그 효력이 존속한다.

따라서 남한의 경찰활동은 군정에 의한 것이고, 이러한 군정은 태평양 미육군사령관의 명령에 의해 이루어진다는 것이다.

또한 9월 18일 집회·시위 허가제를 실시하였고, 9월 24일 법령 제1호

---

9   홍순봉, 『경찰법 대의』, 동아출판사, 1947, 15~17쪽.

「위생국 설치에 관한 건」을 발령하여 경무국의 위생과를 폐지하면서 동시에 위생국을 신설하여, 그 업무를 이관시켰다. 9월 23일에는 「법령 제3호」에 따라 일반시민의 무장을 해제하고, 대대로 물려받은 도검 등을 회수하였고, 이어 9월 29일에는 「법령 제5호」에 따라 일반시민의 무기·탄약·폭발물 등의 소지도 금지하면서, 소지가 허용된 자들은 일정 기간 내에 해당 물품들을 경찰관서에 보관시키도록 하였다.

그리고 1945년 10월 9일 군정청 「법령 제11호」를 공포하여, 일제강점기 대표적인 악법인 「정치범처죄법」(1919.4.15 제정), 「신사법」(1919.7.18 제정), 「치안유지법」(1925.5.8 제정), 「정치범보호관찰령」(1936.12.12 제정), 「예비검속법」(1941.5.15 제정)을 폐지하였다.

3. 경찰관 신규 모집

8월 15일부터 9월 9일까지 서울의 경우 경찰관의 출근율은 조선인 경찰관은 20%, 일본인 경찰관은 90%였다.[10] 이 가운데 조선인 경찰관들은 정치·사회적으로 혼란한 가운데 경찰서를 접수하여 자체적으로 치안을 확보하기 위해 노력하였으나 일본군이 건재한 이상 확실한 주도권을 잡기에는 역부족이었다. 지방에서도 미군이 진주하기 전까지 사회질서는 앞에 쓴 데로 건준 지부나 자치대, 치안대 등에 의해 자체적으로 유지되는 정도였다.

이에 따라 군정 당국은 새로이 경찰관을 모집할 수밖에 없었다. 그 방법은 9월 16일 모든 일본인 경찰관을 면직하고, 한국인 경찰관을 모집하는 것이었다. 인원은 5,000~6,000명으로, 여기에는 신규채용뿐만 아니라 재교육을 통한 기존 경찰관의 임용이 포함되어 있었다.[11] 구체적으로 조선경

---

10   수도관구경찰청,『해방 이후 수도경찰발달사』, 1947, 92~94쪽.
11   이현희, 『한국 경찰사』, 덕현각, 1979, 136쪽.

찰관강습소가 9월 16일부터 22일까지 경찰관 희망자를 받았다.[12] 그리고 제1차 한국경찰관 임명선서식이 9월 18일 17시 이 학교에서 A. F. 브렌드서테디 소령의 사회로 개최되어, 177명이 임용되었다. 제2차는 다음날 19일 16시에 거행되었다.[13]

하지만 그 과정에서 부자격자의 대거 입직이 이루어졌고, 계속된 신임교육 역시 단기 교육에 거쳐 신임경찰관의 법령지식 부족 등의 이유로 사회에서 경찰을 비난하는 소리가 커지게 되었다. 따라서 군정 당국은 1945년 10월부터 경찰관으로서 교양과 자질이 부족한 경찰관들을 내보내고, 경찰관 희망자를 재모집하여 신임교육을 실시하였다. 이와 함께 경찰관은 국민에게 군림하는 것이 아니라 봉사하는 것이며, 사회의 공복이 되어야 한다는 교양교육도 강화하였다.

그럼에도 불구하고, 고위직으로 올라갈수록 대부분 일제경찰 출신자들이 재임용되었다. 예컨대 수도관구경찰청 내 일제경찰 출신자들의 재임용 비율을 각 계급별로 보면, 총경·감찰관·경감급이 100%, 경위급이 75%, 경사급이 약 60%, 순경급이 약 2%였다. 또한 해방 직전

〈사진 53〉 **미군정기 경찰관 임명장**(1947년)

---

12 「매일신보」, 1945년 9월 16일.
13 「매일신보」, 1945년 9월 19일.

북한에서 경찰관으로 근무하다 주민의 보복과 비판을 피해 남하한 경찰관들이 많았는데, 그들 역시 군정청 북한출신 고위 관리들의 추천으로 대거 군정경찰에 흡수되었다.[14] 이처럼 군정 당국이 경찰을 재건하고, 발전시키고자 한 이유는 경찰이 조직력과 힘을 통해 인공과 지방의 인민위원회를 견제할 수 있으리라는 믿음과 당시 경찰 이외의 어떠한 강제기구가 없었기 때문이다.[15]

<table>
<tr><td>제3절
국립경찰 출범</td><td>1. 경무국기[16]
1) 경찰기관의 변화</td></tr>
</table>

미군정청은 1945년 10월 20일 조병옥을 경찰과장으로 임명하였으며, 이날을 오늘날 경찰청에서는 국립경찰이 출범한 날로 삼고 있다.[17] 경무국에는 관방·총무과·공안과·수사과·통신과를 두었다. 지방에는 각 도지사 밑에 기존 경찰부를 존속시켰고, 산하에 경무과·보안과·형사과·경제과·정보과·소방과(경기도)·위생과를 설치하여 본격적인 경찰업무를 시작하였다. 10월 29일 아서 S. 참페니Arthur S. Champeny 육군대령을 경찰감찰관으로 임명하여 조선경찰의 조직·임명·기타 활동에 관한 사항의 지속적

---

14 앞의 책, 207쪽.

15 이혜숙, 『미군정기 지배구조와 한국사회』, 선인, 2008, 151~152쪽.

16 여기에서 '기(期)'는 사전적 의미인 ① 일정한 기간씩 되풀이 되는 일이나 교육·훈련 따위의 과정을 헤아리는 단위 ② 어떤 기준에 따라 구분한 역사적 기간을 헤아리는 단위 (『동아 새국어사전』, 두산동아, 1999, 340쪽) 가운데 ①의 의미로 쓰였으며, 그 기준은 '경찰기관'이다. 앞서 기술한 '헌병경찰기', '보통경찰기', '전시경찰기'는 '경찰정책'의 변화에 의한 구분이다.

17 이상호는 「'경찰의 날'에 대한 역사적 고찰과 변경가능성에 대한 연구」(치안정책연구소 보고서 2012~03, 2012)에서 서주석의 논문 '한국의 국가체제 형성 과정 - 제1공화국 국가기구와 한국전쟁의 영향'(서울대 외교학과 박사논문)을 인용하면서, 미군정 자료에는 경무국이 새로이 창설되었다는 기록이 없고, 조병옥의 『나의 회고록』(1959)을 참고로 하여 "1945년 10월 21일은 군정 당국이 경무국을 창설한 날이 아니라 조선총독부로부터 경무국을 이양 받아 경무국장에 조병옥을 임명한 날, 즉 한국인으로 하여금 경찰권을 지휘하도록 한 날"이라고 하였다.

파악, 경무국의 내부 조사 등의 권한을 부여하였다. 그 다음 날 10월 30일 「법령 제20호」를 발령하여 경무국 내에 형사조사과를 신설하고, 종전 법무국에 있던 형사과 지문계를 이관하였다.

이와 함께 경찰의 장비도 변화되었다. 11월 8일 일제강점기에 시행되었던 경찰의 대검제도를 폐지하고, 대신 경찰봉을 휴대하도록 하였다. 이틀 뒤인 11월 10일 미군정 당국은 서울과 지방의 경찰서에 장총을 각각 100 정과 40정을 배부하여 치안을 확보하도록 하였다.[18] 11월 13일에는 재조선 미육군사령부 군정청은 「법령 제28호」를 발포하여 신설한 국방사령부가 경무국의 경비업무에 대해 감독과 지휘를 하게 하였다. 이후 경찰은 1946년 3월 29일 법령 제63호 「경무국의 국방사령부 감독 지휘 하에서의 이탈에 관한 건」이 제정될 때까지 군사경찰로서의 역할도 담당하였다.

그 후 12월 10일 「경찰관명·분장개정」에 따라 경무국 조직을 경무국장, 특별연구장교, 부국장, 경무과, 소방과, 인사과, 범죄조사과, 통신과, 용도과, 경리과로 개편하였다. 지방경찰부에는 차장과 감찰관을 신설하고, 기존 경제경찰과·경비과·도서과·위생과·보안과를 폐지하는 대신 소방과·인사과·범죄조사과·통신과·용도과·경리과를 신설하였다. 그리고 참페니 경찰감찰관은 12월 27일 아놀드 군정장관의 명령으로 「국립경찰의 조직에 관한 건」을 발표하였다. 이 발표의 주요 내용은 조선의 경찰제도가 국립경찰로, 경무국장이 전국경찰을 지휘·감독하며, 기존 도지사의 권한 하에 있었던 경찰행정권을 일부 분리시켜 경무국장에게 예산과 인사 등 중요한 권한을 부여하는 것이었다.

한편 서울의 경우 1945년 11월 경찰서장의 권한에 속하였던 즉결과 훈계방면의 처분권이 재판소로 이속되었다. 이에 따라 치안관제도가 신설되

---

18 수도관구경찰청, 『해방 이후 수도경찰발달사』, 1947, 121~122쪽.

어 서울 시내 각 경찰서에 치안관이 배치되었다.

2) 경찰업무 이관
(1) 경제업무

1945년 10월 24일 「법령 제17호」에 따라 경무국 경제경찰과를 폐지하였다. 그 후 경제 질서의 혼란과 폭리행위 등을 단속하기 위하여 1946년 5월 28일 법령 제90호 「경제통제에 관한 건」에 따라 경제경찰 사무를 일부 부활시켰다. 그러나 실제적인 업무는 물가행정청이 담당하였다.

(2) 위생업무

미군정청은 1945년 10월 27일 「법령 제18호」를 발령하여 경무국 방호과 전재민계戰災民係의 업무를 보건후생국(前위생국)으로 이관하였다. 11월 7일에는 「법령 제25호」에 따라 지방경찰부의 위생업무도 도道보건위생부로 이관하였다.

3) 새로운 교육 실시

군정 당국은 1945년 9월 13일 '조선경찰관강습소'를 개설改設하고, 청년 2,000명을 대상으로 신임 순경 교육을 실시하였다.[19] 그 후 11월 25일 학교명을 '조선 경찰학교'로 변경하고, 신임순경 교육을 중지하는 대신 각 도에서 선발된 경사 계급의 경찰관을 교육하였다.[20]

---

19 경찰전문학교, 『경찰교육사』, 1956, 43쪽.
20 앞의 책, 44쪽.

〈사진 54〉 **조선 경찰학교 수업증서**(1945.12.26 발행)

2. 경무부기

1) 직제 개편

(1) 경무부 신설

1946년 1월 16일 군정경軍政警 제23104호 「경무국 경무부에 관한 건」에 따라 경찰의 직제가 크게 변경되었다.

먼저, 경무국이 경무부로 승격되었다. 그 산하에 총무국(인사과, 경리과, 용도과)·공안국(기획과, 공안과, 경비과, 여자경찰과)·수사국(총무과, 정보과, 특무과, 감식과, 법의시험과)·교육국(교육과, 교양과)·통신국(유선과, 무선과)·감찰실이 설치되었고, 조선 경찰학교(국립경찰학교)[21]가 부속기관으로 되었다. 그러나 지방에는 종래 경찰부가 그대로 유지되어, 그 장長을 여전히 경찰부장으로 하였으며, 휘하에 경찰부차장과 총무·문서·공안·형사·교통·통신·소방과를 두었다.

---

21 이 학교는 1946년 2월 1일부터 같은 해 8월 15일까지 국립경찰학교로 개칭되었다.

다음, 계급을 기존 경무국장, 도道경찰부장, 경시, 경부, 경부보, 순사부장, 순사를 경무부장, 도道경찰부장, 도道경찰부 차장, 총경, 감찰관, 경감, 경위, 경사, 순경으로 변경하였다.

그리고 감찰활동을 강화하기 위해 경찰서 수가 7개 이상의 시에서는 경무감警務監을 두고, 그 계급을 7~10개 서를 관할하는 경우 총경, 3~6개 서를 관할하는 경우 감찰관, 2개 서 이하를 관할하는 경우 선임 경감이 담당하도록 되었다.

경무부 소속 각 도경찰부별 정원은 경기도 6,300명, 강원도 1,700명, 충청북도 1,800명, 충청남도 2,600명, 전라북도 2,800명, 전라남도 3,100명, 경상북도 3,300명, 경상남도 3,300명으로 총 24,900명이었다. 또한 그 비율을 순경 6명에 경사 1명, 경사 4명에 경위 1명, 경위 5명에 경감 1명, 경감 3명에 총경 1명, 총경의 수는 8명을 넘지 않도록 하고, 그 중 1명은 국립경찰학교장, 1명은 경성 경무감에 임명하였다.

〈사진 55〉 **최초 경찰관 흉장**

한편 3월 2일 경무부는 「법령 제56호」에 따라 종전 법무국 형사과 지문조사계의 업무를 인계받았다. 또한 4월 1일 서울에서는 모든 경찰관에게 새로운 경찰복이 지급되어 그간 입었던 일제경찰복이 폐지되었다. 이들 경찰관은 상의 왼쪽 가슴 부분에 무궁화와 소속·고유번호가 새겨진 흉장을 패용하였다.[22]

---

22 수도관구경찰청, 『해방 이후 수도경찰발달사』, 1947, 151쪽. 본문에 있는 흉장패용 내용과 다른 문헌자료로 다음 2개가 있다. ① 이현희의 『한국 경찰사』(1979)에서는 1946.1.29, 편금장(扁襟章), 완흉장(碗胸章), 표어장의 패용이 시행되었다고 기술되어 있다.(1979, 165쪽) ② 치안국의 『경찰 10년사』(1958)에는 1946.4.11, 「경찰관 신복제」가 제정되어 경찰표식을 전부 무궁화에 태극장으로 하고, 봉사와 질서`라는 표어장을 패용하였다고 되어 있다.(455~456쪽) 본서는 가장 연도가 빠른 『해방 이후 수도경찰발달사』의 기술 내용을 선택하였다.

| 최초 태극기 게양식 |

1945년 9월 8일 서울에서 최초로 발간된 『조선인민보』[1]는 당시 좌익을 대표하는 일간지로, 같은 해 11월 11일부터 홍증식이 발행인을 맡았고, 1946년 7월 1일부터 임화(林和)가 주필로 있었다. 이 신문의 1946년 1월 15일자 2면에 '군정청 뜰에 태극기가 펄펄'이라는 기사가 있다. 그 내용은 다음과 같다.

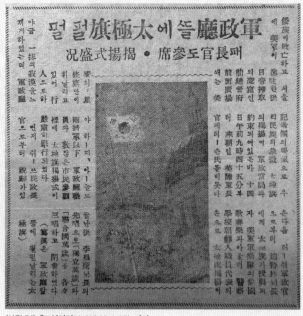

〈사진 56〉 『**조선인민보**』(1946.1.15) **기사**

---

1   이 신문은 1947년 9월 6일 폐간되었으며, 1995년 8월 25일 '한국신문 1백년' 전시회'에서 최초로 2장이 공개되었다.

14일 오전 9시 45분부터 내조(來朝)한 미육군장관 페터‑슨씨를 비롯한 하‑지, 아‑놀드 양 장군 이하, 군정직원과 수많은 시민 참관리에 태극기게양식이 엄숙히 거행되었다. 먼저 쉬‑쓰 민정장관으로부터 축사가 있은 다음 러‑취군정장관으로부터 조경무국장에게 태극기가 수여되자 미군악대의 애국가연주와 함께 경찰학교 조선인 직원대표의 손으로 태극기 게양이 끝난 후 이 농상국장[2]의 선창으로 '독립만세'와 '연합국만세'를 각각 삼창하고 폐회하였다.

이를 상세히 알기 위해 다른 신문을 찾아 본 결과, 『동아일보』도 같은 날 다음과 같은 기사를 게재하였다.

〈사진 57〉 『동아일보』(1946.1.15) 기사

---

2   다른 신문에서는 이훈구 박사라고 되어 있다.

「쉬－쓰」 민정장관의 축사가 있은 후 경찰학교 생도들에 의하야 미군의 유창한 주악에 마처 내외인사의 힘찬 박수, 환호리에 국기는 창공에 기운 조케 올랏다. 국기는 이화여대생들이 수를 놓아 만든 4폭의 태극기다.

또한 『자유신문』도 다음과 같은 기사를 내보냈다.

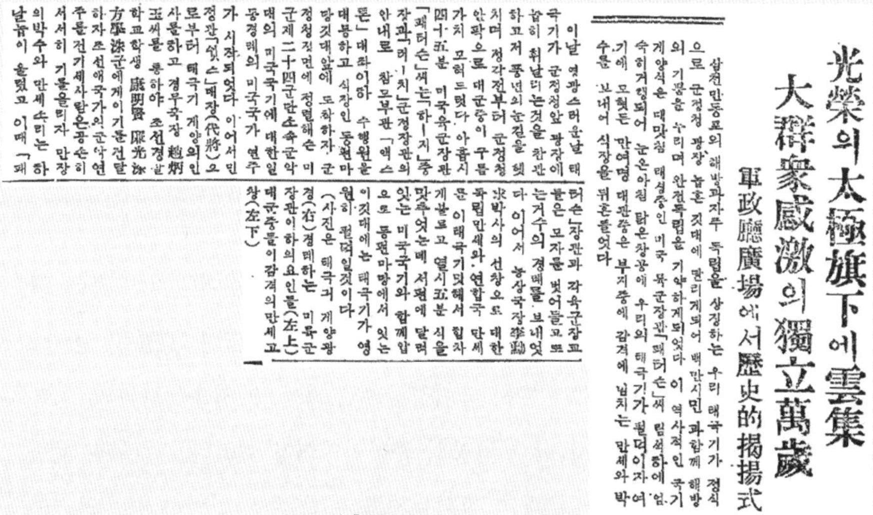

<사진 58> 『자유신문』 (1946.1.15) 기사

경찰학교 교육생 강명현, 염광수, 방학수군이 조선애국가의 연주와 함께 공손히 서서히 (태극)기를 올리니 만장의 박수와 만세소리는 하날(하늘) 놉이(높이) 울렸고 이때 「패터슨」장관과 각 육군장교들은 모자를 벗어들고 또는 거수의 경례를 보내엇다 (…중략…) 열시 10분 식을 맛추었는데 서편에 잇는 미국국기와 함께 압으로(앞으로) 동편 마당에 있는 이 깃대에는 태극기가 영원히 펄덕(럭)일 것이다.

따라서 우리나라에서 공식적으로 국가기관에 태극기가 게양된 날은 1946년 1월 14일로, 이 태극기는 당시 조선 경찰학교의 교육생 3명에게 올려졌다. 한편, 다음 날 1월 15일 경기도 태릉에 제1연대가 창설되는 것을 필두로 조선국방경비대가 조직되고, 이어 1946년 3월 29일 군정청의 국방사령부가 국내경비부로 바뀌게 되었다.

또한 1947년 9월 11일 경무부장이 각 관서장에게「경찰행정 운영개선에 관한 건」을 통첩하였다. 그 내용은 먼저, 각 관구경찰청장은 관구경찰평의회를 구성하는데, 위원은 도지사(위원장), 도의회의장, 지방 검찰청장, 경비대장, 미국인 및 행정고문(서울시는 시정 고문), 미국인 경찰고문, 관구경찰청장이었다. 다음, 회의 사항은 각종 치안에 관한 중요사항을 협의하고, 수시로 중요사항을 도지사(서울시장)에게 통보하며, 관구경찰청장이 권한을 수행할 수 있도록 지원과 협력을 하는 것이었다. 그리고 경찰서 단위의 구경찰위원회도 구성하는데, 위원은 군수, 군수와 경찰서장이 합의하여 선정한 지방 유력자로, 회의 사항은 경찰관의 풍기와 인권문제에 관한 정보교환과 의견 교환 등이었다.

그러나 관구경찰평의회는 도지사로부터 독립된 것이었기 때문에 일반 행정과 마찰이 있었다. 이를 해결하기 위하여 1947년 10월 11일~12일 '국립경찰의 제문제 – 특히 국립경찰과 도지사 및 서울시장과의 관계'라는 주제로 각 도지사 및 부처장의 공동협의회가 열렸다. 그 결과, 국립경찰제도는 그대로 존속하고, 질서유지를 위해 상호 협력하기로 의견의 일치를 보았다. 또한 이를 시행하기 위하여 경무부장 고문 매글린[William W. Maglin] 대령의 자문기관으로 국립경찰 참의원을 구성하고, 각 관구경찰청에는 관구경찰평의회를 두며, 각 도의 경찰서에는 구區경찰위원회를 설치하기로 하였다.

이 가운데 국립경찰 참의원에 관한 사항을 보면, 구성원으로 입법부 2명(각 도 입법의원의 의장이 대의원 중에서 선임)·사법부 2명(군정장관이 사법관 중에서 임명)·행정부 2명(한국인 민정장관이 부·처장 중에서 선임)·미국인 대표 2명(군정장관이 선임)·경무부장(당연직으로 참의參議가 되나 표결권은 없음)으로, 참의원장은 군정장관이 임명하도록 되어 있었다. 그 기능은 경찰정책 중 중요사항의 자문, 경무부장이 제재諸宰한 경찰정책 및 실시사항에 대한 승인, 경무부장이 추천한 총경 이상의 임면에 관한 승인, 경찰사문위원회警察査問委員會 결정에 따른 불복상고의 심의, 군정장관이 제재諸宰한 사항에 따른 심의 등이었다.

(2) 관구경찰청 신설

1946년 4월 11일 「국립경찰에 관한 건」의 따라 기존의 각 도경찰부가 관구경찰청으로 바뀌었고, 경찰서도 지명위주에서 미국식 구번호區番號로 개칭되었다.[23] 또한 계급과 직위가 경무총감警務總監(경무부장), 관구경찰청장, 관구경찰 부청장으로 변경되었다. 그리고 종전 경찰관주재소가 지서로 그 이름이 변경되면서 장長이 수석首席에서 주임으로 개칭되고, 과課 · 서署 · 계係의 계선조직 중 계에는 반班이 설치되었다. 그 후 5월 9일 직제 개정으로 과課 · 서署의 각 계係의 주임은 계장으로 되었고, 지서 주임의 명칭은 아무런 변화가 없었다.[24]

이에 따라 미군정청은 수도관구경찰청(서울특별시, 10구 경찰서),[25] 제1관구경찰청(경기도, 21구 경찰서),[26] 제2관구 경찰청(강원도, 12구 경찰서),[27] 제3

---

23 『경찰 10년사』(1958, 6쪽)는 1946년 4월 1일로 기술하고 있다. 그러나 이 책의 제4편 경찰일지에는 4월 11일로 되어 있고, 『한국 경찰사 II. 1948.8~1961.5)』(1973)와 『한국경찰 50년사』(1995)도 1946년 4월 11일로 기술하고 있다. 따라서 본 글에서는 4월 11일로 한다.

24 수도관구경찰청, 『해방 이후 수도경찰발달사』, 1947, 151쪽. 본문에 있는 '주재소 수석이 주임으로 개칭'된 내용은 『경찰 10년사』(1958, 456쪽)에도 있다. 그러나 ① 이현희의 『한국 경찰사』(1979, 165쪽)에서는 1946년 1월 16일 군정경(軍政警) 제23104호 「경무국 경무부에 관한 건」에 의해 경찰의 직제가 변경되면서 거의 동시에 '주재소를 지서로, 수석이 지서장으로 개칭'되었고, 1946.8.26, '지서장이 주임으로 변경'되었다고 기술되어 있다. 본서는 가장 연도가 빠른 『해방 이후 수도경찰발달사』의 기술 내용을 선택하였다.

25 제1구 경찰서(서대문), 제2구 경찰서(종로), 제3구 경찰서(창덕궁), 제4구 경찰서(동대문), 제5구 경찰서(성북), 제6구 경찰서(영등포), 제7구 경찰서(마포), 제8구 경찰서(용산), 제9구 경찰서(중구), 제10구 경찰서(성동).

26 제1구 경찰서(옹진), 제2구 경찰서(연백), 제3구 경찰서(개성), 제4구 경찰서(장단), 제5구 경찰서(파주), 제6구 경찰서(포천), 제7구 경찰서(가평), 제8구 경찰서(강화), 제9구 경찰서(양주), 제10구 경찰서(김포), 제

〈사진 59〉 **통지서**(엽서, 제12구〔마산〕경찰서)

관구경찰청(충청남도, 16구 경찰서),[28] 제4관구경찰청(충청북도, 10구 경찰서),[29] 제5관구경찰청(경상북도, 24구 경찰서),[30] 제6관구경찰청(전라북도, 14구 경찰서),[31] 제7관구경찰청(경상남도, 24구 경찰서),[32] 제8관구경찰청(전라남도, 24구 경찰서)[33]을 신설하였다.

11구 경찰서(인천), 제12구 경찰서(부평), 제13구 경찰서(안양), 제14구 경찰서(광주廣州), 제15구 경찰서(양평), 제16구 경찰서(수원), 제17구 경찰서(용인), 제18구 경찰서(이천), 제19구 경찰서(여주), 제20구 경찰서(평택), 제21구 경찰서(안성).

27 제1구 경찰서(춘천), 제2구 경찰서(홍천), 제3구 경찰서(강릉), 제4구 경찰서(횡성), 제5구 경찰서(평창), 제6구 경찰서(정선), 제7구 경찰서(삼척), 제8구 경찰서(원주), 제9구 경찰서(영월), 제10구 경찰서(울진), 제11구 경찰서(인제), 제12구 경찰서(주문진).

28 제1구 경찰서(서산), 제2구 경찰서(당진), 제3구 경찰서(온양), 제4구 경찰서(천안), 제5구 경찰서(홍성), 제6구 경찰서(예산), 제7구 경찰서(조치원), 제8구 경찰서(보령), 제9구 경찰서(청양), 제10구 경찰서(공주), 제11구 경찰서(서천), 제12구 경찰서(부여), 제13구 경찰서(강경), 제14구 경찰서(대전), 제15구 경찰서(태안), 제16구 경찰서(유성).

29 제1구 경찰서(진천), 제2구 경찰서(음성), 제3구 경찰서(충주), 제4구 경찰서(제천), 제5구 경찰서(단양), 제6구 경찰서(청주), 제7구 경찰서(괴산), 제8구 경찰서(보은), 제9구 경찰서(옥천), 제10구 경찰서(영동).

30 제1구 경찰서(문경), 제2구 경찰서(예천), 제3구 경찰서(영주), 제4구 경찰서(봉화), 제5구 경찰서(상주), 제6구 경찰서(의성), 제7구 경찰서(안동), 제8구 경찰서(영양), 제9구 경찰서(김천), 제10구 경찰서(선산), 제11구 경찰서(군위), 제12구 경찰서(청송), 제13구 경찰서(영덕), 제14구 경찰서(성주), 제15구 경찰서(칠곡), 제16구 경찰서(영천), 제17구 경찰서(포항), 제18구 경찰서(고령), 제19구 경찰서(대구), 제20구 경찰서(경산), 제21구 경찰서(경주), 제22구 경찰서(청도), 제23구 경찰서(울릉), 제24구 경찰서(남대구).

31 제1구 경찰서(군산), 제2구 경찰서(이리), 제3구 경찰서(금산), 제4구 경찰서(무주), 제5구 경찰서(김제), 제6구 경찰서(전주), 제7구 경찰서(진안), 제8구 경찰서(부안), 제9구 경찰서(정읍), 제10구 경찰서(임실), 제11구 경찰서(장수), 제12구 경찰서(고창), 제13구 경찰서(순창), 제14구 경찰서(남원).

32 제1구 경찰서(함양), 제2구 경찰서(거창), 제3구 경찰서(합천), 제4구 경찰서(창녕), 제5구 경찰서(밀양), 제6구 경찰서(양산), 제7구 경찰서(울산), 제8구 경찰서(산청), 제9구 경찰서(진주), 제10구 경찰서(의령), 제11구 경찰서(함안), 제12구 경찰서(마산), 제13구 경찰서(진해), 제14구 경찰서(김해), 제15구 경찰서(부산), 제16구 경찰서(북부산), 제17구 경찰서(수상水上), 제18구 경찰서(동래), 제19구 경찰서(하동), 제20구 경찰서(삼천포), 제21구 경찰서(고성), 제22구 경찰서(충무), 제23구 경찰서(거제), 제24구 경찰서(남해).

33 제1구 경찰서(영광), 제2구 경찰서(장성), 제3구 경찰서(담양), 제4구 경찰서(곡성), 제5구 경찰서(구례), 제

 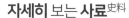
| 해방 후 경찰잡지『새벽종』과『경성警聲』 |

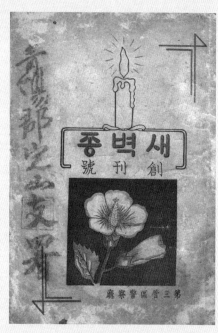

『새벽종』은 지방 경찰기관인 제3관구경찰청 (충남)이 발간하였다. 발간 시기는 발행기관인 '제 3관구경찰청'은 1946년 4월 11일 종래 경찰부 가 개칭된 이후의 명칭이고, 내용에 나온 「吳 경 찰부장 착임 훈시 요지」에서 오 경찰부장은 오영 세(吳榮世)로 재직기간이 1945년 8월 20일부터 1946년 3월 2일까지이며, 「국립경찰학교 수강 상황 급 감상」에 나온 '국립경찰학교'가 1946년 2월 1일부터 같은 해 8월 15일까지 존속한 점 등을 감안하면 1946년 4월 직후로 보인다. 이 러한 판단이 맞는다면 후술하는『경성(警聲)』보다 일찍 발간되었다고 볼 수 있다. 또한 이 잡지의 내 용 어느 곳에도 제호를 '새벽종'으로 정했다는 내 용이 없다. 단지 창간사에서 그 이유를 가늠할 수 있다. 다소 내용이 길지만 그대로 옮겨 본다.[1]

〈사진 60〉『새벽종』 창간호

世界(세계)의 暗雲(암운)은 개이고 亞細亞(아세아)의 東(동)이 터지며 朝鮮(조선)에는 날이 새엿
다. 解放(해방)과 自由(자유)를 告(고)하는 鷄鳴(계명)은 平和(평화)로운 無窮花(무궁화)꽃밧 槿
域(근역)에 외치고 其(기)의 우렁찬 曉鐘(효종)소리는 三千里江山(삼천리강산) 防防谷谷(방방곡
곡)에 울린다. 들어라! 希望(희망)의 새벽鐘(종)소리!

그러나 華麗(화려)한 半島沿岸(반도연안)을 덥치는 波濤(파도)는 너무나 높으고, 흐르는 溪流

---

1   당시 시대감을 살리기 위해 그대로 옮겼으며, 이해를 돕기 위하여 띄어쓰기를 하였다.

(계류)의 물결소리는 너무나 擾亂(요란)하다. 鄕土忠南(향토충남)의 건설! 치안의 확보 民主警察(민주경찰)의 樹立(수)!이란 偉大(위대)하고 神聖(신성)흔 使命(사명)은 우리 警察官(경찰관)의 双肩(쌍견)에 무겁게 지엿으며 洋洋(양양)한 前途(전도)에는 希望(희망)과 理想(이상)의 꽃이 피엿고, 地球(지구)는 무서운 速力(속력)으로 建設(건설)의 朝鮮(조선)을 실코 궁그럿다 궁그리자 希望(희망)과 理想(이상)의 彼岸(피안)으로!!

들어라 忠南警察(충남경찰)의 새벽鐘(종)소리를!!

이 글을 보면 독자는 새로운 시대를 여는 경찰의 벅찬 감동과 결심을 느낄 수 있을 것이다. 또한 어두운 시기의 경찰활동을 끝내고 새벽을 맞이하면서 새롭게 출발하자는 각오도 엿볼 수 있을 것이다. 따라서 제3관구경찰청(충남)은 이러한 해방의 기쁨과 시대적 변화를 종소리처럼 세상에 널리 알리자는 의미로 제호를 정한 것으로 판단된다.

『새벽종』은 소속 경찰관을 대상으로 한 기관장 훈시·국내외 정세·문예 등 다양한 내용을 담고 있다. 그러나 총 쪽수가 47쪽으로 한 눈에 봐도 급히 만든 것임을 알 수 있다. 그럼에도 불구하고, 이 책을 통해 해방 직후 큰 관심이 되었던 일제강점기 근무 경찰관의 존속 문제, 제식용어의 한글화 시도, 당시 판례 연구 등을 알 수 있으며, 특히 일제 식민지기에 태어나 자란 젊은이들이 경찰을 지원한 포부, 지휘부에서 원하는 신임경찰관의 모습, 그리고 각급 교육기관의 과정과 생활 등을 상세히 알 수 있다.

따라서 우리는 갑자기 찾아온 해방과 혼란, 그리고 이에 적응하려는 경찰의 모습을 『새벽종』 창간호에서 생생하게 볼 수 있다. 그리고 해방부터 한국전쟁시기까지 문헌자료가 절대적으로 부족한 현실에서 이 잡지는 당시 국가권력이 사회에 작용하는 최초 과정을 일부이지만 상세하게 보여주고 있다. 나아가 미군정기 사회가 향후 어떻게 변화되면서 한반도 분단의 장기적인 고착화로 이어졌는가를 알 수 있는 기초자료가 된다는 점에서 그 가치를 평가할 수 있다.

『경성(警聲)』은 제8관구(전남)경찰청이 창간한 잡지다. 현재까지 발견된 『경성』 가운데 가장 오래된 9월호를 보면, 간기가 없어 정확한 발행 일자를 알 수 없다. 이를 알기 위해 "제3회 각 관구경찰청장 회의가 1946년 7월 22일과 23일 양일간 경무부에서 개최되었다"는 기사와, 이날 있었던 경무부장·군정장관·마그린 대좌의 훈시, 제8관구경찰청 경찰과(警察課)의 백산학인(白山學人)'이 개설한 '국사강좌'의 내용이 「제3장 제1절 부여의 강흥(降興)」으로, 같은 과 소속인 '인암학인(仁庵學人)'의 「법학강좌」의 내용이 「제3절 법률질서와 사회」로 시작하고 있는 점 등을 감안하면, 창간월이 1946년 7월 또는 그 이전으로 추정할 수 있다.

이 책의 주요 내용을 보면, 경찰과(警察課)의 인마학인(仁魔學人)의 권두언을 시작으로, 공보계 고

철규의 「민족개념에 대한 소고」, 광주서 정영채의 「건국하 우리들의 방향」, 양회일의 「인민의 정치적 자각과 경찰관」이 있다. 이어 「조(趙)경무부장의 훈시요지」, 「군정장관 훈시요지」, 「마그린대좌(大佐) 훈시요지」 등이 있다. 그리고 편집부의 「새 경찰 건설 소기(小記)」와 J.D.S생(生)의 「고독」 등 시·소설·민요 등 문예 12편의 글이 실려 있다. 끝으로 「한글·국사·법학·상식·국사상식 몇 가지」라는 특별강좌와 편집부의 수사대의, 실화, 각과 소식, 편집후기가 실려 있다.

〈사진 61〉 『경성(警聲)』 9월호

한편 제주감찰청이 같은 이름의 잡지를 1947년 5월에 발간하였다. 이 책은 국판 크기 100쪽 내외로 제주읍 이도리 광문사(光文社)에서 발행하였다. 원래 같은 해 2월 15일 발간하기로 계획되었으나 5개월 늦게 발행되었다. 제주감찰청은 편집을 위해, 이영복(李永福)을 경위 촉탁으로 채용하여 업무를 맡겼다. 창간호 이후 다시 발행되지 않았고, 『민주경찰(民主警察)』이 발간되는 바람에 종간되었다.[2]

---

2   이문교, 『제주언론사』, 나남출판, 1997, 145~146쪽.

또한 1946년 8월 1일 제주도가 전라남도에서 분리되어, 제주도로 승격됨에 따라 제8관구경찰청 제22구경찰서(제주)가 제주경찰감찰서로 변경되었다. 제주경찰감찰서는 독립된 기관으로, 서장은 감찰관의 지위를 보유하되 일반 관구경찰청장과 대등한 위치에서 경찰업무를 수행하였다. 이후 1947년 3월 10일 제주경찰감찰서는 제주감찰청으로 승격되었다.

(3) 경무총감부 신설

미군정청은 1946년 9월 17일 각 관구경찰청의 활동을 더욱 조직적으로 감독하기 위하여 3개의 경무총감부를 신설하였다. 그 관할구역과 명칭은 제1경무총감부(제1·2관구 관할, 본부는 서울), 제2경무총감부(제3·6·8관구 관할, 본부는 전주), 제3경무총감부(제4·5·7관구 관할, 본부는 대구)이다.

경무총감은 경무부장이 임명하고 경무부장을 대리하여 예하 관구청의 경찰활동을 감독하였다. 그는 경무부 차장의 지휘명령에 따르되 경무부 차장과 동일한 직급과 봉급을 받았다. 그러나 경무총감은 경무부장의 명이 없는 한 일반경찰사무에 관한 권한이 없었다.

또한 경무총감부는 총경 1명, 감찰관 2명, 경감 3명, 경사 4명으로 이루어져 있었다. 이 기관의 운영은 그 소재지의 관구경찰청에서 담당하였다. 제1경무총감부는 수도관구경찰청이, 제2경무총감부는 제6관구경찰청이, 제3경무총감부는 제5관구경찰청이 담당하였다.

한편 1946년 9월 18일 「법령 제106호」로 서울특별자유시가 설치[34]됨

6구 경찰서(함평), 제7구 경찰서(나주), 제8구 경찰서(광주), 제9구 경찰서(화순), 제10구 경찰서(순천), 제11구 경찰서(광양), 제12구 경찰서(목포), 제13구 경찰서(영암), 제14구 경찰서(보성), 제15구 경찰서(여수), 제16구 경찰서(진도), 제17구 경찰서(해남), 제18구 경찰서(강진), 제19구 경찰서(장흥), 제20구 경찰서(고흥), 제21구 경찰서(완도), 제22구 경찰서(제주), 제23구 경찰서(무안), 제24구 경찰서(벌교).

34 1949년 11월 4일 「서울지방자치법」이 제정되면서 서울특별시로 변경되었다.

에 따라 경기도에서 서울이 분리되었다. 이에 따라 제1관구경찰청이 수도 관구경찰청으로 개칭되었고, 제1경무총감부가 수도관구경찰청과 제1·2 관구경찰청을 감독하게 되었다.

⑷ 중앙경찰위원회 설치

미군정청은 1947년 11월 25일 「법령 제157호」에 따라 중앙경찰위원회를 설치하였다. 이 위원회를 구성하는 위원은 총 7명으로, 위원들은 각 부처장 중 2명·심판관 1명·검찰관 1명·기타 2명이었으며, 모두 경찰관이 아니었다. 경무부장은 참여했으나 표결권이 없었다.

그 임무는 중요 치안정책의 수립, 경무부장이 회부한 경찰정책과 그 운영에 관한 심의 결정, 경찰의 처분행위에 관한 경찰 관리의 소환 및 신문, 경무부장이 추천한 5급 이상의 경찰관리 임면·이동에 관한 심의 및 결정, 경찰자문위원회 결정의 재심, 기타 경무부 소관으로 군정장관이 회부한 사항을 심의하는 것이었다.

 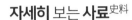
| 최초로 개최된 '경찰의 날' 기념식과 '국립경찰 가' 발표 |

1947년 10월 21일 09시 경찰전문학교 대강당에서 김구와 과도정부 요인들이 참석한 가운데 처음으로 '국립경찰 창립 제2주년 기념행사'가 거행되었다.[1]

〈사진 62-1〉 (왼쪽) **국립경찰 창설 기념행사 사진**(단상)　〈사진 62-2〉 (오른쪽) **사열**

또한 김구가 이를 기념하기 위하여 '국민의 경종(警鐘)이 되소서'라는 휘호를 주었으며, 그 휘호는 『민주경찰』 제4호에 게재되었다. 그리고 경무부는 같은 날 13시 창경궁 비원에서 '경찰가 발표회'를 가졌으며, 〈국립경찰 가〉 가사도 발표하였다.

1　경무부 교육국, 『민주경찰』 제4호, 1947년 10월 또는 11월 추정, 16~17쪽.

〈사진 63〉 **김구 휘호**

〈사진 64〉 **'경찰가 발표회'** 광경

〈사진 65〉 **〈국립경찰 가〉 가사**

그 가사는 다음과 같다.

무궁화 아름다운 삼천리 강산

고귀한 우리 겨레 살고 있는 곳

영광과 임무를 어깨에 메고

이 땅에 굳게 서다 민주경찰

자유의 향기높은 배달의 동산

奉公과(봉사와) 질서를 사랑하는 곳

민생에 명랑을 항상 베풀어

신념에 용감하다 민주경찰

힘차고 화려하다 빛나는 강토

人民에 모범되어 人民에 배워(나라와 겨레의 길잡이 되어)

이 몸과 이 마음을 다만 조국에

지성을 다하리라 민주경찰

※ 강조는 현재의 가사와 다른 부분이며, 괄호 안에 있는 글은 현재 경찰가 가사임

그런데, 일반적으로 경찰가는 이기완이 작사하고 현제명이 작곡한 것으로 알려져 있다. 현제명은 우리나라 최초의 오페라인 '춘향전'(1951년 6월)을 공연하였으며,[2] 조두남·채동선·김동진 등과 함께 유명한 가곡 작곡자였다.

그렇다면 '국립경찰 가'를 작사한 이기완은 누구일까?

〈사진 66〉 **공모결과 발표내용**

이를 살펴보면, 당시 경무부는 '경찰가' 제정을 위해 가사 공모를 하였다. 그 결과, 경무부가 1947년 9월 30일 제1위와 제2위 작사자를 선정하였는데, 바로 제2위를 차지한 이가 바로 서울시 신설동에 거주하는 이기완이었다.[3] 따라서 최종 선정과정에서 제1위가 채택되지 못하고, 제2위가 낙점되어 지금까지 불리고 있다.

---

2 현제명은 민족문제연구소의 『친일인명사전 3』에 올라가 있다.
3 앞의 책, 148쪽.

2) 경찰활동의 정비

(1) 조직 개편

경무부는 1946년 2월 1일 지방경찰학교를 신설하여 교육을 실시하였다.[35] 같은 해 2월 25일 각 도경찰부 보안과에 기마경찰대를 발족시켰다. 그리고 5월 15일 우리나라에서 처음으로 여자경찰관을 모집하였고, 7월 1일 경무부 공안국에 여자경찰과를 신설한 후 국립경찰학교에서 이들을 2개월간 교육을 실시한 후 7월 16일 임명하였다. 이어 1947년 2월 17일 수도관구경찰청에, 5월 23일 인천, 대구, 부산에도 여자경찰서를 설치하였고,

〈사진 67〉 **서울여자경찰서 근무 경찰관**

6월 21일 공문으로 여자경찰관에 관한 임무와 운영에 관한 방향을 제시하였다.

3월 5일에는 「경무부령 제2호」에 의해 운수부 소관 특별경찰인 운수경찰청을 국립경찰로 흡수하였다. 이에 따라 수도에 철도관구경찰청이 세워졌고, 그 산하에 제1구~제17구 철도경찰서를 두었다.[36] 이 기관의 임무는 철도상에서 발생하는 제반 범죄 예방, 철로·교량·터널·운송물·시설 및

---

35 치안국, 『경찰 10년사』, 1958, 5쪽.
36 제1구 철도경찰서(개성), 제2구 철도경찰서(서울), 제3구 철도경찰서(청량리), 제4구 철도경찰서(용산), 제5구 철도경찰서(영등포), 제6구 철도경찰서(인천), 제7구 철도경찰서(천안), 제8구 철도경찰서(안동), 제9구 철도경찰서(대전), 제10구 철도경찰서(김천), 제11구 철도경찰서(이리), 제12구 철도경찰서(대구), 제13구 철도경찰서(光州), 제14구 철도경찰서(순천), 제15구 철도경찰서(마산), 제16구 철도경찰서(부산), 제17구 철도경찰서(목포).

철도 장비 등에 관한 보호 등이었다.

〈사진 68〉 **철도경찰 흉장**[37]

다음날 3월 6일 「경찰공보실 설치의 건」을 발령하여 경무부에 경찰공보실을 설치하고, 점차적으로 각 관구경찰청에 공보실을 부설하도록 하였다. 그리고 3월 7일 수사국 산하에 법의실험연구소를 두어, 혈액·체액·모발 등의 분석 실험, 총포·탄환 등 시험 및 감정, 증거·기록사진, 위조문서 및 필적 감정 등을 담당하게 하였다.

그러나 관구경찰청이 발족된 이후 경찰조직의 내부에 문제가 발생하였다. 당시 각 관구경찰청의 편제가 구구하고 사무분장에 통일성이 결여되어 있었을 뿐 아니라 일부 관구에서는 임의로 기구를 개편하는 등 전국적으로 경찰조직이 통일되지 못하였다. 예를 들어 1947년 수도경찰청에서는 총무과와 공안과를 각각 경무과와 보안과로 임의로 개칭한 적이 있었다.[38] 그 이유는 경무부의 지휘부나 수도관구경찰청의 지휘부, 제1총감부의 총감 사이에 알력이 있었기 때문이었다. 이를 개선하기 위하여 1947년 4월

---

37 1949년 7월 25일 제정된 「경찰관복제」에 의해 기존 방패형 흉장에서 변경된 것이다. 일반 경찰도 동일하다.
38 치안국, 『한국 경찰사 I』, 1972, 956쪽.

경무부가 사무분장에 관한 통일 등을 지시하여, 편제에 없는 관구경찰청의 부과장제나 경찰서 부서장, 경찰서의 과제課制를 폐지하였다.[39]

또한 경무부는 경찰의 경비·사찰활동을 강화하였다. 먼저 11월 14일 수도관구경찰청에 특별순찰대를 설치하였다. 이 순찰대는 37명(경위 1명, 경사 2명[장총대장, 기총대장], 순경 30명[장총대원 18명, 기총대장 12명]·운전사 2명·통신사 2명)으로 이루어졌고, 대원들은 무전기를 장착한 트럭에 승차하여, 종로·서대문·용산 등 4개소를 중심으로 순찰과 경비를 담당하였다. 다음으로 12월 13일 경수청警搜總 제411호「관구경찰청에 사찰과 설치에 관한 건」에 따라 관구경찰청에 사찰과를, 각 구경찰서에는 사찰계를 설치하도록 하였다. 이 모든 것은 1948년에 실시 예정인 5·10총선거에 대비한 비합법단체의 활동과 불법행위 등을 방지하기 위한 것이었다.

그리고 1948년 2월 5일 경공警公 제395호「관구 경찰청 과명課名 통일에 관한 건」을 시달하여 새로운 과의 설치나 과명의 개칭은 최상급기관인 경무부만 할 수 있다는 것을 강조하였다. 즉 원칙적으로 총무과, 공안과, 사찰과(제주 감찰청 제외), 통신과, 여자경찰서(제1, 5, 7관구), 관구경찰학교, 경찰공보실 등 6과課 1교校 1실室로 두기로 하였다.

경무부는 같은 해 5월 5일「경무부 훈령 제26호」에 따라 경찰서 등급제도를 신설하여, 경찰서를 1급지와 2급지로 구분하였다. 1급지에는 감찰관을, 2급지에는 경감을 서장으로 임명했다. 이후 6월 10일에는「경인비警人秘 제166호」를 하달하여, 경무부의 부국장·부관방장·부실장·관구의 부과장·관구 경찰학교 부교장직을 모두 폐지함으로써, 경찰기구를 단순히 하고, 업무를 신속하게 처리하기 위한 조치를 취하였다.

---

39 앞의 책, 955쪽.

(2) 사찰활동 강화

해방 직후 경찰의 사찰활동은 '공안질서 유지를 문란케 하는 다중적 불법행위를 단속'[40]하고 '정당 및 사회단체 등의 시위행렬 및 집회허가에 관한 것[41]'을 담당하는 것으로 규정되었다. 이는 "국가의 존립에 대한 직접적인 위해를 방어하는 행정작용으로, 집회, 정치결사, 비밀결사 등을 감시하고 단속"[42]하는 일제강점기 '고등경찰'과 극히 유사한 경찰활동으로 볼 수 있다.

따라서 미군정 초기에 정치, 사회, 사상, 단체를 배경으로 하는 집회와 시위가 많이 발생하고, 이에 관한 중대 사건도 급증하자 1947년 8월 사찰에 관한 사건은 경무부 범죄정보과가 주로 취급하고, 종래 범죄정보과에서 담당하던 정치적 사찰이라는 업무가 정보사무라는 이름으로 수사국 총무과로 이관되어 사찰업무가 정규화되었다.

이후 기존 특무과[43]는 주로 독직범瀆職犯, 경제범, 사기, 횡령 등 일반 수사에 관한 사건을 담당하게 되었다. 다시 1947년 10월 「특무과 관장사무 규정」이 개정되어 경무부장 특명 사건과 중대한 일반 사건은 특무과가, 경미 사건은 관구경찰청이 담당하였다. 같은 해 12월 13일 「경수청警搜總 제411호」에 의해 관구경찰청에 사찰과가 설치되고, 분장 사무가 규정되었다. 이에 따라 수사과 업무 간에 마찰이 없어지면서 지방경찰 단위에서 사찰업무가 조직적으로 정비되었다.

---

40 「포고 제2호」(1945년 9월 7일), 『미군정 법령집』, 1쪽.
41 「군정법령 제55호 : 정당에 관한 규칙」(1946년 2월 23일), 위의 책, 48~51쪽.
42 장신, 「경찰제도의 확립과 식민지 국가권력의 일상 침투」, 『일제의 식민지배와 일상생활』, 혜안, 2004, 565쪽.
43 '특무과(Special Service Section)'는 1946년 1월 16일 경무부에 수사국이 신설되면서 신하 총무과에 '특무대'가 설치된 것이 시초이다. 같은 해 3월 '특무대'가 총무과에서 분리되면서 '특무과'로 정식 직제화 되었다. 주로 ① 경무부장 특명사건 ② 각 부처장이 의뢰한 사건 ③ 경무부장의 지시에 의한 각 관구경찰청이 취급한 사건의 재심사 ④ 군정청사 내에서 발생한 사건 ⑤ 기타 조선의 복지에 악영향을 미치는 중요사건 ⑤전국에 영향을 미치는 사건 등을 취급하였다. 김헌, 「특무과의 존재」, 『민주경찰』 제6호, 경무부 교육국, 1948, 73~74쪽.

| 미군정기 승진시험 문제 |

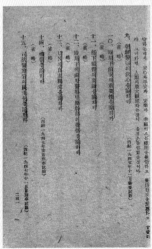

〈사진 69-1〉『경찰간부 승진시험 문답집』 표지

〈사진 69-2〉 목차1

〈사진 69-3〉 목차2

〈사진 69-4〉 본문

〈사진 69-5〉 판권지

이 책은 1947년 11월 20일 출간된 이후 1952년 2월 28일까지 총 4회 증보·발간된 것으로 경찰관을 위한 승진시험문제집이다. 현재 국립중앙도서관과 서울대 중앙도서관에 소장되어 있어 누구나 열람할 수 있다. 내용은 1945년 12월 처음 치러진 수도(首都)경사 승진시험을 비롯하여 1951년까지 출제된 모든 문제와 정답이다. 주요 시험 문제를 보면 다음과 같다.

———

1945년 12월 경사시험

조선경찰의 결심을 논(論)하라

1946년

결사(結社)의 의의(수도 경사, 『경찰법』)

집회의 의의를 설명하라(수도 경사, 『경찰법』)

주거침입죄를 설명하라(수도 경사, 『형법』)

재심(再審)의 의의를 설명하라(수도형사, 『형사소송법』)

다음 한글을 한자로 고치고 그 뜻을 간단히 설명하라(수도 경사, 일반상식)

사색당쟁 2. 언론계 3. 배은망덕 4. 반탁운동 5. 이순신

경찰관의 무기사용에 대하여 기(記)하라(수도 경위, 『경찰법』)

1947년

호구조사의 목적(여자경사, 『경찰법』)

조선경찰의 사명(경사, 작문)

관내 소재지에 화재가 발생한 때의 그 곳 지서장은 여하한 활동을 할 것인가? 그 요령을 설명하라(경위·경감. 『경찰법』)

최근 경찰관의 부주의에 의한 총기오발로 인하여 동료, 기타의 인명에게 중상(重傷)을 입히는 불상사고가 빈발함에 따라 서장으로서 일반부하에게 총기취급에 관한 주의를 목표로 하는 훈시안을 작성하라(경감, 『경찰법』)

다음에 관하여 아는 바를 쓰라(경감, 『경찰법』)

순열(巡閱)과 순시(巡視) 2. 경찰과 특별권력관계와의 구별 3. 사생활 불간섭의 원칙 4. 경찰관의 직무응원

교사범을 설명하라(경감, 『형법』)

형의 집행유예의 조건을 설명하라(『형법』)

수사(사법)경찰관의 (특별)수사처분을 설명하라(경감, 『형법』)

15세의 여아(女兒)가 미군정을 비방하는 벽신문(壁新聞)을 네거리 전신주에 붙였음을 발견하여 조사한 결과 담당 교원(敎員)의 지령에 의한 행위임이 판명되었다. 취체근거와 형사책임은 어떻게 되는가(경감, 『형법』)

경찰의 민주화를 논(論)함(작문, 경감)

1948년

파출소 순경이 야간순찰 중에 절도용의자가 장물인 듯한 물품을 운반하여 가는 것을 발견하고 곧 검문을 하기 위해 정지를 명하였더니 그 자는 일단 정지하였다. 순경이 그 자에게 접근하자, 그 자가 곤봉같은 것으로 순경을 얼굴을 가격하여 중상을 입히고 도주하였다. 그러나 순경은 휴대하였던 카-빙총을 발사하여 범인의 발 부분을 명중시키고, 추격하여 체포하여 파출소에 인도하였다. 취조 결과 그 자는 절도상습범으로 앞에 기술한데로 운반 중이던 물건도 역시 장물임으로 판명되었다. (경위, 『경찰법』)

　– 범인에게 어떠한 죄명이 성립되는가?
　– 순경의 행동은 정당한 행위인가?

민경일체(民警一體)를 논함(특대생)
민주경찰과 나(간부후보생)

───────

따라서 『경찰간부 승진시험 문답집』은 해방 후 경찰관의 채용과 승진과정을 알 수 있는 중요한 자료이다. 해방 직후 급히 채용된 경찰관들의 자질은 앞에 쓴 바와 같이 심각한 사회 문제가 되어 있

었다. 이에 대해 미군정청은 조선경찰관강습소를 개설(改設)하여 교육을 강화함으로 문제를 해결하려고 하였다. 그러나 가장 확실한 방법은 기존 경찰관 들을 모두 해고하고, 새로운 채용시험에 합격한 자들을 경찰교육기관에 입교시켜 정규교육을 받게 한 후 임용하는 것이었다.

그러려면, 미전술군 대부분이 헌병으로 병과를 전환하여, 이들이 그 기간 동안 모든 치안활동을 담당해야 했고, 각종 범죄자의 조서를 작성할 수 있도록 한국어도 배워야만 했다. 하지만 당시 우리 사회에는 적산가옥 인수와 각종 이권에 개입하는 모리배들의 책동 방지, 자유민주주의 체제유지를 위한 제반 문제 등 시급해 해결해야할 문제가 산적해 있었다. 게다가 일제강점기 경찰관 전력이 있는 많은 경찰관들이 간부진을 형성하고 있었고, 이들이 미군정청이 원하는 반공정신으로 무장해 있어 교체하기가 쉽지 않았다. 결국, 미군정청은 고육지책으로 시험을 통해 일제강점기 경찰관 전력이 있는 자들을 잔류시키기로 한 것으로 판단된다.

그렇지만 최초 치러진 경사 시험문제가 군정경찰관의 결심만을 묻는 아주 기초적인 것이었고,[1] 1946년부터 시행된 경위 이상의 간부급 경찰관 시험도 일제강점기 전력이 있는 경찰관들에게는 이미 해방 전에 습득했던 경찰 법령 지식이 합격하는데 유리하게 작용될 수 있었기 때문에 친일경찰을 청산하는데 큰 한계가 있었다. 그럼에도 불구하고, 해방 후 경사 이상의 경찰관들이 시험을 통해 승진되었다는 것은 분명한 사실이다. 시험절차, 응시 인원, 합격자 수 등을 밝혀주는 후속 연구가 필요하다.[2]

---

1 1945년 10월 서울에서 순경 제2기로 교육받은 강찬기는 조선 경찰학교 입학에 관해 (당시) 소문은 아무나 줄만 서면 들어온다고 했는데 꼭 그런 것도 아니었고, 면접시 '좌향좌 우향우 뒤로 돌아가'를 시켰고, 질문은 '경찰에 왜 들어오고 싶으냐?'였으며, 지원자들은 모두 '혼란한 사회이지만 나라를 위해서 들어 왔습니다'라고 대답하였다고 구술하였다. 김평일·이윤정·김승혜·원유만·김규화·신동재·임누리, 『구국경찰사1 – 편찬방향, 개관 그리고 자료』, 경찰청, 2016, 261쪽.
2 경찰자료가 가장 많이 있었던 기관은 경찰전문학교였다. 이 학교가 소장한 자료는 한국전쟁이 발발하기 전에 약 5만권이었으나 전쟁으로 완전히 소실되었다. 이를 해결하기 위하여 학교가 경찰간부로부터 1인 1권 이상의 기증운동을 전개하거나 공보원, 국방부, 기타 기관·출판사 등으로부터 적극적인 매입과 수증활동을 시행한 결과, 1956년 그 수가 약 2천 권이었으나(경찰전문학교, 『경찰교육사』, 1956, 81~82쪽) 현재까지 남아있는 것은 소수에 불과하다. 따라서 적극적인 발굴이 필요하다.

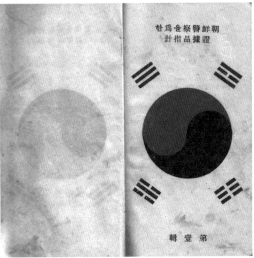

〈사진 70-1〉
『조선경찰을 위한 증거품 지침』
(1946년 초)[44]

〈사진 70-2〉 **내지**

〈사진 70-3〉 **본문**

(3) 수사경찰 정비

1945년 12월 27일 경무
국의 수사과는 군정청 명령
「경찰조직에 관한 건」에 따
라 형사과와 경제과를 통합

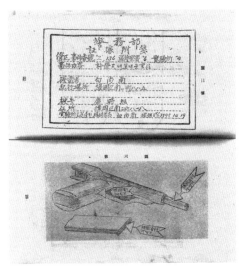

하면서 발족하였다. 이전에는 일제강점기 경무국 보안과가 관할하였고, 각
도경찰부에서는 산하 보안과(경기도는 형사과)가 이 업무를 담당하였다.

1946년 1월 16일 경무국이 경무부로 됨으로써 수사과는 국으로 승격
되어, 정보 업무까지 담당하게 되었다. 수사국에는 총무과·정보과·특무
과·감식과·법의학시험소가 설치되었고, 지방경찰부에서도 관구경찰청의

---

44   이 책은 1945년 12월 20일 미국 뉴욕주 경찰의 「증거품 지침」을 번역하였다고 기술되어 있다.

사찰과가 폐지되는 대신, 수사과에 통합되었다.

그리고 경찰서에서는 수사과에 서무계·강력계·경제계·지능계·특무계·사법계를 설치하였고, 수사계장 휘하에 정보반을 두었다. 그러나 며칠 지나지 않아 1월 24일 일부 기구가 다시 개편되어, 형사과는 수사과로, 사법계는 수사계로 개칭되었다.

3) 지속적인 경찰업무 이관
(1) 위생업무

1947년 5월 13일 법령 제83호 「공설욕장 및 음식점의 면허에 관한 건」에 따라, 목욕탕과 음식점의 허가권이 각 도의 보건후생부로 이관되었다. 그러나 공설욕장면허신청서에 영업소가 풍기를 상당히 보전할 수 있다는 경무부의 증명서를 첨부하게 하였다. 이와 함께 요리 또는 무주정음료 판매에 관하여도 요리사 또는 무주정음료 판매인은 경무부 또는 기타 소관 관청으로부터 부가적으로 혹은 개별적으로 면허를 얻도록 하였다.

(2) 검열과 출판 업무

1946년 4월 12일 법령 제68호 「활동사진의 취체」에 따르면 활동사진 (필름)의 검열 및 취체에 관한 업무가 공보부로 이관되었다. 이에 따라 종래 경찰이 갖고 있던 영화의 제작·배급 및 상영의 감독 취체에 관한 모든 업무가 이관되었다. 그러나 공연장의 질서 유지를 위한 임검臨檢은 여전히 경찰이 담당하였다.

같은 해 5월 29일에는 법령 제88호 「신문 또는 기타 정기간행물 허가에 관한 건」과 1947년 3월 20일 법령 제136호 「법령 88호 개정」에 따라 출판 관련 경찰업무가 상무부로 이관되었다가, 후에 공보부로 다시 이관되었다.

(3) 소방업무

경찰이 담당하던 소방업무는 1946년 4월 12일 법령 제66호「소방부 또는 소방위원회의 창설에 관한 건」에 따라 소방부가 창설됨으로써, 그 업무가 이관되었다.

(4) 기타 업무

1947년 12월 30일 법령 제158호「허가권의 이관 및 폐지에 관한 건」에 따라 총포·화약·저장貯藏, 흥신업·도선업·전당포업·고물영업·인쇄업, 자동차와 운전사 등에 관한 경무부의 허가 및 면허사항을 제외한 허가권을 서울시장 혹은 도지사로 이관하였다. 이와 함께 용달업·하차荷車·마차·제조장·운동기·노점 등에 관한 경무부의 허가권도 같은 법령 제5조에 따라 폐지하였다.

또한 당시 국민들이 가장 큰 관심이 많았던 양곡조달 부분에 관하여 군정 당국의 지시에 따라 경찰이 관여하였다. 그 과정에서 많은 문제가 일어났으며, 이는 미군정기에 발생하였던 중대한 사회불안의 요소들 가운데 하나가 되었다.

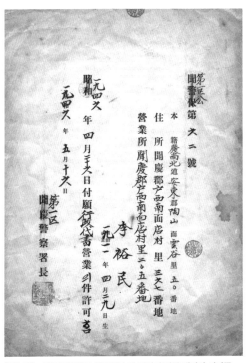

〈사진 71〉 **지방자치단체로 이관되기 전 경찰서 발급 대서업 허가증**
(문경경찰서, 1946년)

〈사진 72〉 **양곡조달 관련 제5구**(밀양 추정)**경찰서장 안내문**(1947년)[45]

　　한편 유엔한국임시위원단의 제1분과위원회는 1947년 3월 17일 법률, 경찰, 언론자유, 정치범 석방 등의 문제를 다룬 건의안을 군정청에 전달하였다. 이 건의안의 주요 내용은 평화적·합법적 수단에 따른 투표나 기권의 권리 보유, 경찰과 청년단체에 대한 조치문제, 정치범 석방 등을 강조한 것이다. 특히 유엔한국임시위원단은 무엇보다 경찰개혁을 요구하였다. 그 결과, 주민 동원 및 악선전 저지 등 근본적 개혁은 불가능하였지만, 1947년 11월 중앙경찰위원회가 설치되고, 1948년 사회·경제 활동 전반에 대한 인허가권이 일반 행정조직으로 이양되거나 폐지되어 권한의 축소가 이루어진 것 등 제도적·법적 수준에서는 중요한 조치가 이루어졌다.[46]

45　저자가 '밀양'으로 추정하는 이유는 이 안내문이 밀양에서 발견되었기 때문이다.
46　박찬표, 「대한민국의 수립」, 『한국사 52, 대한민국의 수립』, 국사편찬위원회, 2013, 400쪽.

4) 38선 경비 활동

1946년 중반부터 경무부와 경기도경찰부는 38선 인근 옹진·장단·포천 등을 중심으로 A단(본부는 연백군 배천으로 600명으로 구성)·B단(본부는 인제군 남부로 400명으로 구성) 등 1,000명을 배치했다. 38선을 중심으로 한 경찰병력은 1948년 말 경기도를 담당하는 제1관구 예하 10개 경찰서에 18개소의 경비거점이, 강원도를 담당하는 제2관구 예하 6개 경찰서에 10개소의 경비거점이 설치될 정도로 급성장하였다.[47]

또한 당시 경찰의 경비병력은 규모면에 있어 국방경비대보다 컸다. 조선국방경비대는 1946년 1월 15일 경기도 태릉에 제1연대를 창설하는 것을 시작으로, 같은 해 3월 29일 군정청 기구 정비에 따라 국방사령부가 국내경비부로 변경되었다. 이후 조선국방경비대는 1946년 말까지 각 도별로 9개 연대의 조직을 완료하였다.[48]

5) 수사권 변화

해방 직후 경찰은 「법무국 훈령 제1호」(1945.11.3), 「경무국장 통첩 제1호」(1945.12.18), 「검사에 대한 법무국 훈령 제3호」(1945.12.29)에 따른 독자적인 수사권을 갖게 되었고, 검사는 소추기관으로 수사에서 배제되었다. 그러나 일제강점기 경찰의 잔재청산 실패와 근본적인 개혁이 없는 통첩 등은 사회각층의 반발을 가져왔다.

이에 따라 「군정법령 제180호」(1948.3.31)와 「군정법령 제213호」(1948.8.2)가 공포되면서 검사에게 수사권·기소권·수사지휘권·재판의 집행지위권 등이 인정되었고, 검사동일체의 원칙도 확인되었다. 다만 1948

---

47 정병준, 『한국전쟁, 38선 충돌과 전쟁의 형성』, 돌베개, 2009, 154~155쪽.
48 안진, 『미군정기 억압기구 연구』, 새길 아카데미, 2009, 165쪽.

년 7월 12일 국회를 통과하고 7월 17일 서명·공포된 제헌「헌법」에는 영장청구권자의 지정과 관련된 조항이 없었다.

6) 교육 발전

미군정청은 1946년 2월 1일 '조선 경찰학교'를 '국립경찰학교'로,[49] 같은 해 8월 15일 다시 한 번 '국립 경찰전문학교'로 교명을 변경하고, 경무부장 직속으로 승격시켜 교육국장이 교장을 겸직하도록 하였다. 이 학교는 행정과, 전문과, 수사과로 나누어 교육하였다.[50]

이를 자세히 보면 먼저, 행정과는 제1부(구직舊職 경감)와 제2부(경위)로 나뉘어 운영되었다. 다음, 전문과는 신임경찰간부를 양성하기 위한 것으로 같은 해 6월 19일 개설되어 훗날 간부후보생 과정의 선구가 되었지만, 교육기간은 1개월이었고, 1947년 3월 15일 제4기까지 배출된 후 폐지되었다.[51] 1947년 9월 1일[52] 전문과가 본과로 변경되어 제1기생 293명이 입교하였다. 경찰청은 이 교육을 오늘날 제1기 경찰간부후보생 과정으로 삼고 있다.[53] 그리고, 수사과는 1946년 4월 5일부터 다음해 7월 30일까지 수사경찰의 대민태도 개선과 인권보호 등을 위하여 개설되었다.[54]

---

49 『대한 경찰연혁사』(치안국, 1954, 100쪽), 『경찰교육사』(경찰전문학교, 1956, 44~45쪽), 『경찰 10년사』(치안국, 1958, 97쪽)에서는 모두 '국립경찰학교'로 기술되어 있다. 그러나 『한국 경찰사 I』(치안국, 1972, 958쪽)에는 '조선국립경찰학교'라는 명칭이 나온다. 이는 '조선'이 '대한민국' 이전의 국호를 지칭하는 포괄적 의미로 사용되었기 때문으로 보인다.

50 치안국, 『한국 경찰사 II, 1948~1961.5』, 1973, 86쪽.

51 같은 책, 88쪽.

52 간부후보생 제1기 교육의 시작 일자는 『경찰교육사』(경찰전문학교, 1956, 51쪽)와 『경찰 10년사』(치안국, 1958, 99쪽)에 1947년 9월 1일로 나온다. 그러나 『한국 경찰사 I』(치안국, 1972, 90쪽)은 1947년 9월 30일로 기술되어 있다. 본서는 가장 먼저 나온 자료의 중요성을 감안하여 '9월 1일'로 기술한다.

53 치안국, 『한국 경찰사 II, 1948~1961.5』, 1973, 90쪽.

54 같은 책, 89쪽.

지방에서는 1946년 2월 1일 각 지방경찰부 산하에 도경찰학교를 개설[55]하였다. 각 학교는 교습과, 보습과, 강습과를 두었다. 교습과는 신임 순경 교육을, 보습과는 재래在來 및 특수한 경과의 경사와 순경의 재교육을, 강습과는 오늘날 말하는 전문 직무교육을 담당하였다.[56] 그리고 1946년 10월 경무부는 교육국의 분장사무였던 경찰관 교양사무를 지방에서 시행하기 위하여, 각 관구 경찰청 공안과에 교양계를 설치하였다. 다음해 1947년 7월 7일 수도경찰학교에서 여자경찰관 제1기 졸업식이 거행되었다.

〈사진 73〉 **수도경찰학교 여자경찰관 제1기 졸업기념 사진**

---

55 치안국, 『한국 경찰사 I』, 1972, 958쪽.
56 치안국, 『한국 경찰사 II, 1948.8~1961.5』, 1973, 86쪽.

한편 경무부의 교육국 연구과장인 홍순봉 총경은 1947년 1월 25일『경찰법 대의』[57]를 발간하였다. 그는 서문에서 이 책을 경찰전문학교 행정과 교육생을 대상을 한 강의초안을 정리하여 발간하였다고 밝히고 있다. 따라서 이 책을 통해 당시 교육생들이 어떠한 내용으로 수업을 하였는지 알 수 있다. 그 내용을 보면, 일제강점기『경찰법 대의』와 큰 차이가 없으며, 단지 미군정의 의의 등 군정 당국의 경찰지휘에 관한 근거 등을 제시하고 있다.[58] 따라서 해방 후 경찰교육 내용은 일제강점기 때와 크게 다르지 않은 것으로 판단된다. 다만, 정신교육에 관해서는 기관지『민주경찰』에 강조된 교육내용 등을 참조해 볼 때, 이전과는 크게 달랐다.

---

57 동아출판사가 인쇄하였으며, 총 96쪽이다.
58 위의 책, 15~19쪽.

| 교과서를 통해 보는 미군정기 경찰교육 |

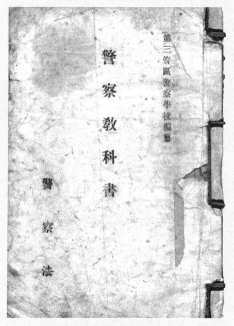

〈사진 74〉 **『제3관구경찰청 경찰교과서 - 경찰법』**

제3관구경찰청은 오늘날 충청남도 지방경찰청으로, 제3관구경찰학교는 1954년 3월 3일 경찰전문학교에 통합[1]되기까지 교습과 1,667명, 보습과 673명, 강습과 66명 총 2,406명을 교육하였다.[2]

본 교과서의 발간연도는 판권지가 없어 정확하게 알 수 없으나, 내용을 참조했을 때 1946년 10월 이후에 발간된 것으로 추정된다. 그 이유는 '경제경찰' 부분에 "1946년 9월 18일 「법령 제108호」로 기업허가에 관한 모든 것이 폐지되었다"는 내용이 있기 때문이다.

또한 해방 직후에 발간된 교과서이기 때문에 경찰조직에 관한 내용을 제외하고는, 장정은 물론 일제강점기 조선경찰관강습소가 발행한 교과서의 내용과 극히 유사하다.

제6관구경찰학교(오늘날 전라북도 지방경찰학교)가 발간한 『경찰교련필휴』는 경찰 제식 또는 사격훈련에 관한 자료로써 상당히 흥미롭다. 이 학교는 오늘날 전라북도 지방경찰학교로 1954년 3월 3일까지 교습과 1,098명·보습과 935명, 총 2,013명을 교육하였다.[3] 또한 이 책은 전주소재 호남문화사 프린트부가 철필로 인쇄하였다. 그 목

---

1   '국립경찰전문학교'는 1954년 3월 3일 대통령령 제875호에 의해 '경찰전문학교'로 변경되었다. 경찰종합학교, 『경찰종합학교 50년사 1945~1994』, 1994, 117쪽.

2   경찰전문학교, 『경찰교육사』, 1956, 46쪽.

3   앞의 책, 46쪽.

차를 보면 다음과 같다.

제1장 총칙

제2장 통칙

제3장 소총교련

제4장 사격

제5장 지휘관의 심득(心得)

이 교과서의 제2장 통칙에 있는 '제1절 구령법'을 살펴보면, 각 구령을 현구령, 왜어(倭語), 교정전 구령, 적용(방법)으로 구분하여 도표로 설명하고 있다. 특히 구령은 '앞으로 가'는 '前ヘ進メ', '우로 나란히'는 '右ヘ並ヘ', '쏘아'는

〈사진 75-1〉『**제6관구경찰학교 – 경찰교련필휴**』
(1947.11.1)

〈사진 75-2〉 **본문**

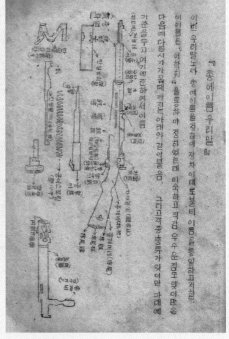

'射ㄱ' 등으로 일본어와 함께 기술되어 있다. 이렇게 일본어와 대조한 것은 당시 경찰관들이 일본어에 익숙하였기 때문으로 보인다. 또한 이 교과서의 마지막에 「총에 이름 우리말」이라는 장이 있다. 경찰 총기 용어를 우리말로 바꾼 것인데 그 예를 보면 M1소총의 부분을 기준으로 하여 겨늠쇄(가늠쇄), 겨늠자(가늠자), 겨눔구멍 등 순 우리말로 표기하였다. 이 용어들을 '(조선어)어학회'를 통하여 정하였다고 한다.[4]

제5관구경찰학교는 오늘날 경상북도 지방경찰학교로, 1954년 3월 3일까지 교습과 1,112명·보습과 9,655명, 총 10,767명을 교육하였다.[5] 본 교과서의 목차는 다음과 같다.

〈사진 76〉**『제5관구 경찰청 경찰법 대의』** (1947.11.5)

〈표 4〉**『제5관구 경찰청 경찰법 대의』**(1947.11.5 발행) **목차**

편	장
제1편 경찰법총론	제1장 경찰에 대한 개념
	제2장 경찰의 한계
	제3장 경찰작용
	제4장 경찰조직
	제5장 경찰강제
	제6장 경찰행정에 대한 관계

이 교과서는 『경찰법 대의』이기 때문에 『경찰법』 총론에 해당되며 그 내용은 앞에 쓴 제3관구 경찰학교의 내용과 유사하다. 경찰법 각론에 관한 내용은 별도의 『경찰법』이라는 교과서에서 다룬 것으로 보인다.

따라서 당시 지방경찰학교의 교과서에 비교 가능한 수가 적지만, 앞에 쓴 교과서들을 볼 때, 각 지방학교에서는 독자적으로 교과서를 발간한 것으로 판단된다.

---

4   제6관구 경찰학교, 『경찰교련필휘』, 1947, 19쪽.
5   경찰전문학교, 『경찰교육사』, 1956, 46쪽.

7) 경찰기관지『민주경찰民主警察』창간

『민주경찰』은 경무부 교육국이 1947년 6월 20일 발행한 월간지이다[59]. 매월 20일에 월간으로 발행한다고 예고했으나 당시 대부분의 월간지들이 그러했듯이『민주경찰』도 매월 발간되지는 못하였으며,[60] 제1호의 발행부수는 1천 부였으며, 제6호부터는 2천 부를 인쇄하였다.[61]

또한『민주경찰』은 경무부가 일제강점기 동안 형성되었던 경찰의 부정적인 모습을 벗어버리고, 건국 경찰로 새롭게 태어나기 위하여 발간한 것이었다. 이 잡지는 경찰관들에게 민주주의적 사고를 갖게 하고 국민에게 가까운 '민주경찰상民主警察像'을 확립하도록 유도하는 교양지였다.[62]

---

59 『한국 경찰사 II, 1948.8~1961.5』는 동 잡지가 "1947년 9월 21일 경찰전문학교의 주관 하에 출간"되었다고 기술하고 있으나(761쪽) 실물을 확인한 결과, 1947년 6월 20일 경무부 교육국이 발간하였다.

60 제2호는 1947년 8월 20일에 발간되었고 1950년대부터 4·5월 또는 7·8월 합병호가 나오는 경우가 가끔 있었다. 이윤정, 「해방 후 경찰잡지 개관 : 대표적 경찰잡지 '민주경찰'을 중심으로」, 『근대서지』 제7호, 2013년 12월, 180쪽.

61 경찰전문학교, 『경찰교육사』, 1956, 58쪽.

62 이윤정, 「해방 후 경찰잡지 개관 : 대표적 경찰잡지 '민주경찰'을 중심으로」, 『근대서지』 제7호, 2013년 7월, 181쪽.

『**민주경찰**民主警察』

〈사진 77〉『**민주경찰**』 제4호(1947년 11월)　　　　〈사진 78〉『**민주경찰**』 제9호(1948년 9월)

미군정기 경무부가 구상하였던 '민주경찰'이란 어떤 것일까? 『민주경찰』 창간호의 권두언에서 그 개념을 자세하게 알 수 있다.

「민주경찰」이란

一, 민주주의 정치이념에 적합한 - 민주주의 원리에 입각한 - 새 경찰을 의미하는 것이다.

「새경찰」이란

一, 때가 투석 투석 묻고 추하고 더러운 낡은 옷(舊衣)를 벗어버리고 복신 복신하고 따스하고 깨끗한 새 옷을 입은 정(淨)가라운 경찰을 가리킴이다.

다시 말하면

一, 탄압의 경찰 공포의 경찰 무정의 경찰 착취의 경찰 곧 제국주의적 전(前)세기적 전제 경찰을 벗어나서 자유와 인권을 보호하며 지도적이고 계몽적이고 건설적인 가장 친절하고도 온정이 넘치는 온정경찰

一, 건국과 민족의 평화생활을 방해하는 모든 비합법적 무질서 내지 소위 혁명적 파괴적 사회악을 탄압방지하기 위하여 희생적 봉공(奉公)의 정신을 견지(堅持)하고 용진(勇進)하는 신경찰

一, 공갈과 협박과 위혁(威嚇)의 총검을 버리고 영도(領導)와 편달(鞭撻)과 계몽(啓蒙)의 『경찰봉』을 높이 든 새 경찰

이러한 것을 표징(表徵)한 명사일 것이다.[1]

따라서 『민주경찰』에는 해방 후 지향하였던 건국경찰의 모습이 고스란히 담겨 있는 잡지라고 할 수 있으며, 이 책을 통해 미군정청이 지향한 건국경찰상(建國警察像)을 알 수 있다.

이 잡지에는 먼저 「경찰의 민주화」라는 권두언에 이어 조병옥 경무부장의 창간사, 경무부 고문관·헌병대좌 윌리암·에이츠·매그린의 창간 축사, 그리고 김구의 축사 「자주독립과 민주주의」가 실려 있다. 특히 김구는 지면을 통해 자주독립에 관한 강한 열망을 표하면서도 경찰에게 따끔한 충고를 마지않는다.

우리에게는 일본제국주의가 구사(驅使)하던 경찰이 있었을 뿐이다. 그러므로 그 당시의 경관(警官)은 조선을 멸시하며 조선인을 착취하던 전위(前衛)가 되었을 뿐이었다. 더구나 애국자를 지칭하여 강도, 살인, 방화, 범(犯)이라 하고 갖은 악형을 다 하였던 것이다. 과거의 상태가 이러하였으므로 현재의 경찰계에도 의식 무의식간에 일제의 잔재가 아직 약동(躍動)하고 있으며 협란(挾難) 모리배(謀利輩)의 출몰이 빈번한 것도 사실이다. 그러므로 현재에 있어서는 신경찰의 수립이 절대 필요한 것이다. 이 신경찰(新警察)이야말로 애국안민의 신경찰이 되어야 하겠다. 일제가 패주(敗走)한 후에 우리 경찰이 애국안민의 경찰이 되어야 할 것은 당연한 사실이지만 우리 국가가 완전한 독립을 획득하지 못한 이때에 있어서는 이것을 강조하는 것이 아직도 필요한 것이다. 그런데 경찰교육당국이 이에 중점을 둔 것은 감사하고도 축하할 만한 일이다.[2]

---

1   경무부 교육국, 『민주경찰』 창간호, 1947년 6월, 1쪽.
2   앞의 책, 6쪽.

『민주경찰』 창간호의 이하 목차는 다음과 같다.

수필

생업 안제안(文濟安)

민족의 비극 10.1폭동사건 진상

제1회 남조선경찰관 유도대회 화보

일문일답

고시조

격(激)

국립경찰전문학교 교가

경감·경위·경사 승진시험 문제

경무부훈령 제7, 8호(경찰특대생, 간부후보생제도)

경찰병원 설치 요령(要領)

위조지폐사건 공판기록(其一)

투고모집

편집후기

한편 『민주경찰』의 표지는 제1호부터 제6호까지 동일했으나 이후부터 별도의 표지화로 꾸며졌는데, 대부분 조능식(趙能植)이 담당하였다.

제2장

대한민국 경찰

　한반도는 1945년 8월 15일 해방 후 미국과 소련에게 점령되어, 양국의 합의 없이는 통일 국가를 수립하기 어려운 상황에 놓여있었다. 1945년 12월 16일부터 25일까지 소련의 모스크바에서 미국 대표 번스James F. Byrnes 국무장관, 소련 대표 몰로토프Vyacheslav Molotov 외무장관, 영국 대표 베빈 Ernest Bevin 외무장관이 모여 한국문제에 관해 토의하였다. 그 결과, 한국에 미소공동위원회를 설치하고, 일정기간 신탁통치에 관하여 협의한다는 사안이 결정되었다.

　이 모스크바 의정서를 자세히 보면 한국문제 결정 수순을 1단계 분할 점령, 2단계 미·소 사령부 대표자 회합, 3단계 공위 설치, 4단계 공위가 정당·사회단체와 협의 시작, 5단계 통일 임시정부 수립, 6단계 양군 철수, 7단계 공위가 임시정부와 정당·사회단체의 참여 하에 원조·신탁의 방책 작성, 8단계 원조·신탁의 방책을 4대국이 공동 심의, 9단계 미·소 양국정부가 탁치 방안 결정, 10단계 5년간 신탁통치 실시, 11단계 독립이었으나, 제4단계에서 좌초되었다.

　1946년 3월 20일 서울에서 열린 제1차 회담에서 소련 측은 임시정부 수립을 위한 한국 내 협의대상자의 선정기준으로, ① 3상회의의 결정을 지지할 것, ② 진실로 민주주의적이어야 할 것, ③ 장차 한국을 대對소련침략의 요새지로 만들려는 반소련 집단이나 인물이 아닐 것이라는 세 가지 조건을 제시하였다. 이에 대하여 미국 측은 한국인 대부분이 모스크바 결정을 원칙적으로 반대하기 때문에, 신탁통치에 반대한다고 하여 협의대상에서 제외하는 것은 부당하다고 대립하였다. 그 결과, 4월 17일 미소공동위원회는 협의대상이 될 정당과 단체는 모스크바 3국 외상회의의 결정에 지지를 약속하는 선언서에 서명해야 한다는 것을 주요 내용으로 하는 공동성명을 발표하였다. 그러나 이 선언서에 서명을 하는 것이 신탁통치를 받아들이겠다는 것을 뜻하는 것인지에 여부를 두고, 입장차이가 발생해 5월 6일 무기휴회에 들어가게 되었다.

이에 따라 미국은 모스크바 3국외상회담의 결정에 근거하여 소련과 협상하는 것이 어렵다고 판단하여, 한반도 정책을 재검토하기 시작했다. 미국은 남한에 한국인으로 구성된 강력하고 안정된 행정기구를 확립하고, 중간파를 중심으로 하는 정치세력을 육성하면서, 모스코바 합의의 내용을 관철시키고, 소련과의 협상에서 유리한 위치를 선점하고자 했다. 동시에 미군정청은 좌우합작과 과도 입법의원의 창설을 추진했다. 좌우합작은 극우와 극좌세력을 배제하고, 모스크바 협정을 지지하는 중간파를 중심으로 추진되었고, 과도 입법의원도 이들을 중심으로 구성되었다. 과도 입법의원은 1946년 10월 21일부터 31일 까지 민선의원 45명을 간접선거로 선출하고, 관선의원 45명은 하지Hodge J. R. 사령관이 임명하였다. 그 해 11월 4일 개원이 예정되었으나 좌우합작위원회가 선거의 부정과 친일인사의 등장 등을 지적하면서 서울과 강원도의 입법의원 선거가 무효로 처리되었다. 이로말미암아 재선거를 실시하여 12월 12일 중앙청에서 개원식을 거행하였다.

제1차 미소공동위원회가 실패로 끝난 후 1946년 6월 3일 이승만이 각

지를 순회하는 도중 정읍에서 "이제 우리는 무기 휴회된 공위가 재개될 기색이 보이지 않으며, 통일 정부를 고대하나 여의케 되지 않으니, 우리는 남방만이라도 임시정부, 혹은 위원회 같은 것을 조직하여 38선 이북에서 소련을 철퇴하도록 세계 공론에 호소하여야 될 것이다"라는 정치적 발언을 했다. 이후 이승만은 남한 단독정부 수립에 본격적으로 나섰고, 그해 12월부터 1947년 4월까지 미국에 건너가 남한 단독정부수립을 촉구하는 외교활동을 벌이고 돌아왔다.

이에 반해 1946년 7월 여운형과 김규식 중심의 중간파는 미국의 지원 아래 좌우합작운동을 전개하였다. 이들은 '좌우합작위원회'를 구성하여 ① 모스크바 3국외상회의 결정에 의해 좌우합작으로 임시정부를 수립할 것, ② 미소공동위원회 속개를 요청하는 공동성명 발표, ③ 몰수·유喬조건 몰수 등으로 농민에게 토지를 무상 분여하고 중요 산업을 국유화할 것, ④ 친일파·민족 반역자 처리 문제는 장차 구성될 입법기구에서 처리할 것, ⑤ 남북을 통하여 현 정권 하에 검거된 정치 운동자의 석방에 노력하고, 남북 좌우의 테러적 행동을 일체 제지하도록 노력할 것, ⑥ 입법기구의 권능과 구성 방법 및 운영 등은 본 합작위원회에서 작성하고 이를 적극 실행할 것, ⑦ 전국적으로 언론·집회·결사·출판 등의 자유가 보장되도록 노력할 것이라는 좌우합작 7원칙을 발표하였다. 그 후 이 운동은 김규식·여운형·안재홍 등 중도파 인사들이 주도하여 통일임시정부의 수립을 지향하면서 한동안 활기를 띠었으나, 좌우의 대립이 더욱 극심해지면서 중도파 인사들은 수차례 극우세력과 극좌세력으로부터 신변의 테러와 위협을 당하게 되었다. 이어 7월 19일에는 좌우합작 운동의 구심점이자, 중도파세력들의 중심 인물인 여운형이 암살되어, 좌우합작운동은 그 동력을 잃어가게 되었다.

1947년에 들어서면서, 국내외적으로 독립국가 수립 등 한국문제 처리가 지연되는데 따른 압력이 높아지자, 미국과 소련은 미소공동위원회의 재개를 위한 일련의 노력을 전개했다. 남한주둔 미군사령관 하지Hodge J. R. 중장과 북한주둔 소련군사령관 치스차코프Chistiakov I. 대장 사이의 서신, 그리고 미 국무장관 마샬Marshall G. C.과 소련 외상 몰로토프Molotov V. M. 간의 서신을 통한 장기간의 교섭 끝에 1947년 5월 21일 제2차 미소공동위원회가 서울에서 재개되었다.

미소공동위원회가 속개되자 국내 각 정치세력도 활발하게 움직였다. 좌익계와 중간파는 당연히 공동위원회에 적극 참여하였고, 한민당韓民黨 등 일부 우익 진영에서도 '통일정부 수립을 위하여 공동위원회 참가는 불가피하게 되었으며, 신탁문제는 임정수립 뒤 민족총의로 반대해야 한다'는 입장에서 공위참가를 결정하였다. 또한 반탁운동을 주도하던 김구의 한독당韓獨黨에서는 일부가 이탈하여 공동위원회 참가를 표명하여, 이승만과 김구의 추종세력을 제외한 거의 모든 정당·사회단체가 공위참가 청원서를 제출하기에 이르렀다.

제2차 미소공동위원회는 6월 25일 서울에서 남한의 정당 및 사회단체와 합동회의를 가졌으며, 또한 평양에 가서 6월 30일부터 며칠간 본회의를 개최한데 이어 7월 1일 북한의 정당 및 사회단체와 합동회의를 가졌다. 이와 같이 제2차 미소공동위원회가 진전을 보이는 것 같았으나, 다시 협의대상 문제를 둘러싸고 교착상태에 빠지게 되었다.

8월에 들어서면서, 소련 측은 '3국외상회의 결정고수'를, 미국 측은 '의사표시의 자유'를 주장하여 제1차 공동위원회의 쟁점으로 되돌아갔다. 게다가 8월 미군정청이 불법 파괴활동을 자행한다는 이유로 남로당 및 좌익계 인사들을 대대적으로 검거하면서, 그동안 어렵게 활동을 이어온 미소공동위원회가 더욱 악화된 상황을 맞이하게 되었다. 소련 측 대표 스티코프는 '모스크바 3상회의 결정과 공위업무를 지지해 온 남한의 좌익요인의 탄압은 공동위원회사업을 방해하는 처사'라고 강경하게 항의하였다. 이에 대하여 미국 측 대표 브라운Brown W. G.은 '남한 내정에 간섭하는 것'이라고 반박하며, 북한에 감금된 중요인사를 석방하라고 요구함으로써 양측의 대립은 더욱 심각해져갔다. 결국 1947년 여름 제2차 미소공동위원회는 실질적으로 결렬상태에 이르게 되었다.

미국은 이미 1947년 2월 미소공동위원회가 실패한다는 전제 하에 유엔으로 한국문제를 이관할 것을 내용으로 하는 정책문서를 마련한 바 있었다. 미국은 계획대로 제2차 미소공동위원회가 여운형의 사망과 미국과 소련 사이의 의견 대립으로 다시 공전에 빠진 7월 중순 이후 그들이 구상한 임시정부 수립 방안을 선전하면서, 미소공동위원회의 결렬 이후를 대비하는 데 힘을 기울였다. 미·소 공동위원회는 예상대로 10월 18일 미국 측 대표의 휴회 제의로 완전히 결렬되었고, 21일 소련 측은 북한으로 철수하였다. 이러한 미소공동위원회의 결렬은 분단국가 수립을 의미하였다.

당시 남북한에는 이미 상당한 정도로 단독정부 수립을 위한 준비가 이루어져 있었다. 미국은 남한 단독정부 수립을 위한 국제 환경을 조성하는 한편, 한국 내에 중앙토지행정처를 설치하는 등 정부 수립을 위한 여건을 부분적으로 조성해 나가고 있었다. 북한도 일찍이 토지개혁을 시행한 이후 단독정부 수립을 위한 준비 작업을 적극적으로 진행시키고 있었다.

결국 미소공동위원회가 결렬되자 미국은 한국문제를 유엔으로 이관시켰다. 이처럼 민족분단이 사실상 굳어가자 김구를 비롯한 민족주의자들은 분단을 저지하고, 통일정부를 수립하기 위한 운동을 적극적으로 전개하였다. 유엔총회는 소련의 반대에도 불구하고, 1947년 11월 미국 측의 제안을 그대로 받아들여, 유엔 한국임시위원단 감시 하에 인구 비례에 의한 남북한 총선거 실시를 결정했다. 그 결과, 1947년 12월 좌우합작위원회는 공식 해체되어 좌우합작이 실패로 끝나게 되었다. 그런데 유엔의 남북한 총선거가 소련의 거절로 북한 지역에서 시행이 불가능하자, 1948년 2월 유엔총회는 선거가 가능한 남한만이 선거를 실시할 것을 결정했다. 이에 김구, 김규식을 비롯한 많은 민족주의자들과 공산주의자들은 남한만의 총선거로 단독 정부가 수립되면 민족이 영구 분단된다고 주장하며 반대하였다.

그럼에도 불구하고, 1948년 5월 10일 남한에서 총선이 실시되어 198명의 제헌 의원이 선출되었다. 그 과정에서 지방의 각 부락마다 결성된 경찰의 보조치안단체의 '향토보위단'이 개입하기도 하였다.[1] 이후 제헌의회는 빠른 속도로 「헌법」을 심의하면서 국호를 정해야 했다. 헌법기초위원회에서는 '고려공화국'으로 하자는 의견이 많이 나왔고 '조선공화국'을 주장한 의원도 있었으나, '대한민국'이 다수였고 본회의에서도 대한민국으로 확정했다. 제헌국회가 제정한 「헌법」은 국무원이 의결권을 갖고 의원이 장관을 겸임하는 등 내각중심제 요소가 강했다. 그리고 7월 20일 이승만을 초대 대통령으로 선출하였고, 1948년 8월 15일 대한민국 정부가 수립되었다. 한편 북한에도 9월 9일 조선민주주의인민공화국이 수립되었다.

제1절
치안국기

1. 한국전쟁 이전

1) 경찰기관 변화

대한민국 정부는 행정부를 1948년 7월 17일 제정된 법률 제1호인 「정부조직법」 제14조에 따라 내무부·외무부·국방부·재무부·법무부·문교부·농림부·상공부·사회부·교통부·체신부로 구성하였다. 그리고 내무부

---

1   신병식, 「분단정부의 수립」, 『한국사 17 : 분단구조의 정착 1』, 한길사, 1994, 278쪽.

는 지방행정·선거·치안·소방·도로·교량·하천·수도·건축·통계에 관한 사무를 총괄하고, 이를 분장하기 위하여 산하에 지방국·치안국·토목국·통계국을 두었다.

그에 따라 기존 경무부는 9월 2일 「내무부 훈령」 제1호에 의해 내무부 산하의 치안국으로, 각 관구경찰청은 시도지사 소속의 경찰국으로 축소되었다. 이처럼 경찰조직이 격하된 데에는 미군정기 당시 일부 경찰관의 횡포에 따른 국민적 반감이 작용하였고, 경찰관련 예산과 인력·기구를 축소함으로써, 경찰의 권한을 약화시키려는 의도가 있었다.[2] 이후 11월 18일 대통령령 제33호 「남조선 과도정부 지방행정기구 인수에 관한 건」에 의해 서울시는 수도관구경찰청을, 그 외의 각도는 각 관구경찰청을 인수하였다.[3] 기존 제1·2·3경무총감부는 각 시도가 인계한다고 되어 있으나 후속 조치가 없는 점을 감안할 때 자연스럽게 폐지된 것으로 판단된다. 11월 24일 치안국의 조직이 대통령령 제18호 「내무부직제」에 따라 경무과(경찰조직, 지방 경찰기관의 명칭·위치·구역의 변경, 경찰관·소방관의 복무교양 및 통계, 승진시험, 경찰공보, 예산·경리, 동원경찰관의 양곡 조달 등), 보안과(풍속경찰, 교통경찰, 총포·화약류 업무, 부녀 및 노약자 보호, 녹화사업), 경제과, 사찰과, 수사지도과, 감식과, 통신과, 여자경찰과, 소방과의 9개과로 구성되었고, 각 과장은 경무관 또는 기정技正 중에서 임명되었다.

2   경우장학회, 『국립경찰 50년사(일반편)』, 1995, 80쪽.
3   이에 대해 『서울경찰사』(서울경찰청, 2017)에는 1948년 12월 30일 서울시경찰국으로 명칭이 바뀌었다고 기술되어 있다.(845쪽) 그 이유는 이현희의 『한국 경찰사』(1979)에 나온 "1948년 12월 30일경 수도경찰청 사정으로 사무인계가 이루어졌다"(209쪽)는 내용을 참조하였기 때문으로 보인다.

〈사진 79-1〉 **제14구**(성주)**경찰서 가천지서 주임의 사신**(私信, 1949.1.20)[4]

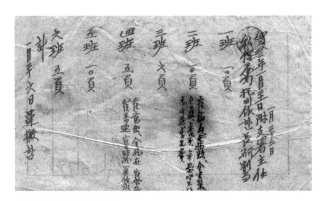

〈사진 79-2〉 **마을주민 회람표**

또한 1949년 1월 18일 4·3사건으로 인한 사회적 혼란을 막기 위해, 기존 제주·남제주경찰서 외에 모슬포경찰서·성산포경찰서가 신설되었다. 이어 2월 23일 대통령령 제58호에 의해 기존 관구경찰청의 명칭이 각 지

---

4   마을 주민에게 지서의 난방을 위해 땔감 지원을 요청하는 내용이다.

방경찰국으로 변경되었고, 경찰서명도 번호제에서 원지명原地名제로 환원되었다. 같은 날 서울의 창덕궁경찰서이 폐지되는 대신 경무대경찰서가 설치되었다. 계속 4월 22일 대통령령 제75호로 치안국 내에 철도경찰대가 설치되었고, 5월 17일 인천 수상경찰서·동인천경찰서·삼척경찰서가 신설되었다. 8월 15일에는 여수·순천·수원·영일·김천경찰서의 청사가 이전되면서 관할구역이 조정되었고, 9월 3일 달성경찰서가 남대구경찰서로 개칭되었다. 그리고 10월 11일 경기도 고양경찰서가 신설되는 한편, 북한 유격대의 공격으로 소실된 백천경찰서 청사가 12월 10일 연백군 은천면에서 곡면으로 이전되었다.

〈사진 80〉 **경찰병원 퇴원증**(1950.11.1)

1950년 3월 18일 치안국의 직제가 다시 변경되어, 국내局內에 경무과·보안과·사찰과·수사과·감식과·통신과를 두었으며, 지방경찰국에서도 이에 준하여 개편되었다.

또한 1946년 경찰관보건진료소 설립을 시작으로, 1949년 10월 18일 경찰병원이 개원하였다.[5] 그 후 1950년 12월 26일 「경찰병원 직제」를 공포하여 국립병원의 면모를 갖추었다.

---

5   경찰병원은 1970년 6월 서울특별시 성동구 홍익동으로 이전하여 인원과 시설을 확충하였으며, 1991년 1월 현 위치인 송파구 송이로 123으로 이전하여 500병상 규모로 확대하였다. 1991년 7월 경찰청 발족에 따라 내무부에서 경찰청 소속으로 이관되었다.

2) 수사경찰 정비

종래 경무부에서 행해진 사찰활동을 치안국에 신설된 사찰과가 담당하였다. 이후 1948년 11월 4일 대통령령 제18호로 내무부 직제가 개편되어 사찰과가 민정사찰과 외사경찰에 관한 사항을 분장하게 되었다. 이로써 사찰의 범위가 외국인 및 상사 단체 등으로 확대되었다. 그리고 한국전쟁이 발발한 후 1950년 11월 4일 다시 내무부 직제가 개정되어 기존 민정사찰과 외사경찰에 관한 것 외에 특명에 의한 사찰 사항이 추가되어 활동이 극대화되었다.

지방에서도 1948년 11월 경찰국장 산하에 경무과, 보안과, 경비과, 수사과, 사찰과, 소방과가 설치되었고, 일선경찰서에서는 사찰계가 신설되었다.

3) 경비경찰활동

1947년 8월 미군정청이 남로당을 비롯한 좌익세력에 강력하게 대처하였고, 남로당도 전술을 무장투쟁으로 바꿔 이에 강경하게 대응하였다. 1948년부터 좌익세력은 유격대를 조직하고, 빨치산 활동을 시작하였다. 주로 남로당원 가운데서 군사경험이 있거나 여순사건 때 지하로 들어가 활동하던 사람들이 유격대를 이끌었고, 그 수는 대체적으로 한 개 군에 50~100명 정도로 이루어져 있었다. 조직은 남로당의 체계에 따라 도당에 도사령부가 설치되었고, 사령관은 도당위원장이 겸했다. 그리고 각 지구 블럭에는 유격대지구사령부가, 그 이하에는 지역 유격대를 두는 3단계로 되어 있었다. 이에 대해 당시 미군정 당국은 각 지방경찰국에 특별경비대를 두어 경비업무를 수행하였다.

대한민국이 건국된 후 치안국은 10월 각 처에서 준동하는 유격대에 적극 대응하기 위해 비상경비총사령부를, 각 도의 경찰국에는 도 비상경비사령

〈사진 81〉 **태극기를 일제 99식 소총에 건 경찰관**

부를 설치하여, 일원화된 지휘 조직을 통해 유격대를 강력하게 진압하였다. 강원도의 경우 사령관으로 경찰국장이, 작전 참모로 보안과장이 임명되었다. 강원경찰국은 1949년 9월 2일 특별기동대도 조직하여 유격대를 진압하는데 전력을 다하였다.

1949년 가을에 접어들면서 유격대들의 강력한 무장투쟁으로 전라도와 경상도, 그리고 강원도의 일부 산악지방은 '낮에는 대한민국, 밤에는 인민공화국'으로 불릴 정도로 대한민국의 통치권에서 벗어나 있었다. 이들 유격대는 산악은 물론 관공서나 군부대, 경찰서가 위치한 읍소재지 등으로 활동영역을 넓혀가면서 대담하게 공격을 감행하였다. 이러한 공격은 당시 9월 공세 또는 아성공격牙城攻擊으로 불렸다. 그러나 유격대들의 공세는 국군과 경찰의 강력한 진압작전에 의해 겨울을 지나면서 약화되어갔다. 그 결과, 유격대원의 사망자수가 1949년 여름까지 매월 평균 300~400명에서 9월 이후에는 급격히 증가하여, 800여 명에서 1,000여 명까지 달했다.[6]

한편 미군정기 경무부는 38선 경비를 위해 1946년 11월 25일 제11구

6 박명림, 「제1공화국의 수립과 위기」, 『한국사 17 : 분단구조의 정착 1』, 한길사, 1994, 328쪽.

제3부 ― 현대 경찰

(인제) 경찰서를 신설하고, 청사를 홍천군 두촌면 백은리에 두고 홍천 관내 38선 지경면地境面을 분할하여 경비하게 하였다. 이어 1948년 6월 1일 주문진읍에 제12구(주문진)경찰서를 신설하여 관내 해안경비에 임하게 하였다. 그 후 대한민국 정부가 수립되고, 12월 미군이 38선 지역에서 철수하자 이 지역에 지·파출소 경비소를 증설하면서, 경찰관 1,200명을 증원하였고, 지서주임을 경위로

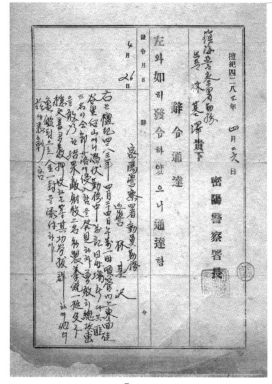

〈사진 82〉 **사령통달**(1950.4.26)[7]

임명하여 경계업무를 강화하였다.[8] 그러나 38선에서의 남북한 간의 무력충돌은 1949년 3월 중순에 접어들면서 소규모에서 대대 규모의 수준으로까지 격화되었다.[9]

---

7 내용은 1950년 4월 24일 13시 잠복근무 중 무장공비를 발견, 사격하여 2명을 사살하고 사제권총 1정. 불온문서 다수를 노획한 진해경찰서 소속 경찰관에게 금일봉을 수여하면서 이를 표창한다는 것이다.
8 경찰청, 『국립경찰 50년사(일반편)』, 1995, 112쪽.
9 국방부 군사편찬연구소, 『6·25전쟁사 1, 전쟁의 배경과 원인』, 국방부, 2004, 498쪽.

4) 경찰 통신시설 정비

일제강점기 경찰통신은 유선망으로 이루어진 경비전화였다. 이는 일제가 우리나라에 설치하였던 모든 통신망이 통치 수단적 성격을 띠고 있어, 일반통신과 경비통신을 별도로 구분하지 않고 동일하게 취급되었기 때문이다. 따라서 경찰고유의 통신망은 비교적 충분하지 못했다. 그러나 1945년 12월 최초로 경무국과 제8관구(전라남도)경찰청 간에 경비무선 통신시설이 준공되어 새로운 무선통신망이 개통되었다.

이후 수도관구경찰청은 제1관구(경기도)경찰청과 관하 각 경찰서를 연결하는 새로운 통신망이 필요하였다. 그에 따라 중앙전신전화국을 통해 일제가 남기고 간 낡은 교환기와 기타 자재를 수리하여, 1946년 10월 서울과 인천 간 6회선 가공나선선로架空裸線線路 39,905m, 총연장 478,860m에 달하는 경비전화 노선을 완성하였다.

대한민국정부 수립 이후에도 경비통신의 발전을 위한 여건은 마련되지 못하였으나, 각종 사회불안 상황으로 인하여 더욱 긴박하게 경비통신망이 필요하였다. 그 결과, 시설확장이 이루어져 38선 경비를 위한 경비전화 시설이 설치되었고, 제주도를 일주하는 가공선로 120여 km 등도 이루어졌다. 한국전쟁 직전에는 충청남도의 경우 통신사 36명, 발전기술자 7명을 비롯한 무선통신요원 50명이 있었고, 송신기 14대·수신기 21대·발전기 13대·이동무전기 15개 등의 통신장비가 있었다.

2. 한국전쟁기 경찰활동

1) 전투경찰활동

1950년 6월 10일 치안국의 비상경비사령부는 38선 접경의 경기도와 강원도 일대에 비상경비태세를 강화하여 만일의 사태에 대비하도록 하였다. 그러나 6월 25일 새벽 서쪽의 옹진반도로부터 개성, 동두천, 포천, 그리고 동쪽의 주문진에 이르는 38선 전역에서 북한군의 공격이 개시되었다. 화력에 있어 열세에 있던 38선 일대의 국군과 경찰부대는 고전을 면치 못하였다. 개성 철도경찰대원이 전원 전사하였고, 국군과 경찰은 개성·춘천·강릉지구 등에서 방어전을 계속하며 남으로 후퇴하였다.

국군의 작전에 따라 6월 27일 한강이북의 경찰대가 한강 이남으로 후퇴하고 치안국도 일단 수원으로 후퇴하였다. 그 후 유엔군의 한국 파병이 확실하다는 소식에 의해 이날 17시경 치안국 및 서울시경찰국은 다시 서울로 복귀하였다. 그러나 전세가 악화일로에 있어 6월 28일 02시 정부가 수도에서 철수함에 따라 치안국도 함께 하였다. 이날 아침 경찰대의 대부분은 한강을 도하하여 수원의 집결지로 이동하였다. 부득이 서울에 잔류하게 된 동대문경찰서 소속 직원들은 전사 또는 체포, 은신하였거나 개별적으로 탈출할 수밖에 없었다.

철수한 경찰병력은 비상경비사령부에 의해 즉시 각 지방경찰국별로 재편성되어 유엔군이 오기까지 지연작전을 계속하였다. 특히 국군의 주병력이 경남북지역으로 이동함에 따라 충남북과 전북 지역에서는 경찰이 전적으로 방어에 임하였다. 7월 13일 미8군사령관인 워커Harris Walton Walker 중장이 국내에 도착하고, 다음 날 14일 한국군의 지휘권이 유엔군사령관에게 이양되었으나 이날 금강 방어선이 돌파되어 치안국은 육군본부와 함께 대구로 철수하였다.

치안국은 7월 27일 대구지구 방어작전 군경연석회의를 개최하여 방어계획을 수립하고, 전투작전 수립에 주력하였다. 다음날 28일 대구 팔공산지구에, 29일에는 경산·청도지구에 병력을 배치하였다. 31일에는 진주가 북한군에게 함락되자 총사령부는 대구방어에 제1대대(경기병력)와 제2대대(혼성 병력)를, 현풍지구방어에 제3대대(경기 병력)를, 팔공산지구 방어에 제5대대(경기 병력)를, 고령지구 방어에 제6대대(충남 병력)와 제7대대(서울 병력)를 배치시켰으며, 경남 함안군에 경찰전투지휘소를 설치하고, 경남경찰 일부와 전북경찰 4,000여 명을 유엔군과 함께 공동작전을 수행하게 하였다.

8월 6일 경찰은 국군의 작전에 따라 각 시도경찰국 단위로 전투지역을 설정하여 낙동강 연안에 배치되어 경비를 담당하였다. 8일에는 워커중장의 명령에 따라 경찰이 대구방어에 관한 실질적인 책임을 맡게 되었다. 따라서 경북경찰국은 이날 16시를 기해 이 지역에서 전력을 다하였다. 그러나 이틀 후인 8월 10일 오전 북한군의 일부 병력이 낙동강을 도하하여 비파산에 잠입하여 집결하였다. 또한 북한군의 주력부대가 영천을 침공한 후 운문산에 침투하여 대구의 후면을 위협하였다. 결국 대구 시내에서 성주방면에서 발사한 북한군의 장거리 포탄이 떨어지자, 주민들이 일시에 피난을 서두르는 등 혼란이 전개되었다. 이처럼 전황이 유엔군에 불리하게 돌아가자 국방부와 미8군사령부도 부산으로 철수하기로 결정하였다. 그러나 경찰은 부산 철수를 받아들일 수 없다며, 워커사령관을 설득하여, 전투경찰 1만여 명으로 대구를 사수하였다.

9월 15일 맥아더Douglas MacArthur의 인천 상륙작전이 성공하였다. 이에 낙동강 전선의 병력이 총반격작전을 개시하여, 9월 28일 서울을 수복하고 같은 달 말에는 38선 이남을 거의 회복하였다. 이 때 경찰은 각 전선에서 군진격작전을 함께 하였다. 9월 20일 영일경찰서가 제1차로 복구되고, 23일 칠곡경찰서 및 의성경찰서가 차례로 복위하였다. 24일 경인지구 치안확보에 만전을 기하기 위해 파견할 선발대가 02시 인천에 상륙하여 진격하였으며, 뒤이어 치안국의 일부 조직도 10월 4일 서울로 돌아왔다. 이를 전후하여 충남경찰국은 9월 30일, 서울·경기·전북경찰국과 철도본대는 10월 1일, 전남경찰국은 10월 3일, 강원경찰국은 10월 4일 각각 완전히 수복하였다.

그 후 경찰은 유엔군의 총반격 작전으로 인해 퇴로를 잃은 북한군 패잔병과 좌익세력을 진압하면서 후방지역의 치안확보를 담당해 나갔다. 또한 치안국 비상경비총사령부에서는 경찰대의 실지진주계획失地進駐計劃에 의해 강원도 북부에 강원경찰 일부, 황해도에 제201대대, 평안남도에 제202·203대대, 함경남도에 제205대대를 편성하여 진격케 하였다. 그러나 이 작전은 1950년 10월 말 중공군이 개입하여 실현되지 못하였고, 제201·202대대는 철로기동부대로, 제203·204대대는 지리산지구 전투경찰대로 개편되었다. 중공군의 강력한 공세로 국군과 경찰이 전면 후퇴작전을 단행하여 37도선까지 철수하자, 9·28 서울 수복 시 패주하였던 태백산·지리산지구에 있던 북한군 패잔병과 좌익 세력이 조직을 재결합하고, 후방치안을 교란하기 시작하였다.

| 한국전쟁 초기 전북지역 빨치산의 형성[1] |

전라북도경찰국이 수복된 후 처음으로 관내 전투 및 치안상황을 취합, 정리한 내부문서인 『1950년 11월 관내상황』은 경무, 보안, 경비, 사찰, 수사, 통신 등 각 소관별로 긴급하고 중요한 사항이 기록된 철필본이다. 이 자료를 참조하여 한국전쟁 초기 전북지역 빨치산의 형성과정을 보기로 한다.

〈사진 83〉 『**1950년 11월 관내상황**』

---

1   상세한 내용은 다음 논문을 참조하길 바란다. 이윤정, 「한국전쟁 초기 전북지역 빨치산의 형성과 경찰 작전」,
     『한국연구』 제4집, 한국연구원, 2020년 6월.

1950년 9월 15일 인천상륙작전이 성공한 후 북상하지 못한 전북지역의 북한군과 좌익세력은 일단 전략적으로 빨치산 활동을 하기 좋은 조건을 가진 김제군의 모악산으로 집결하였다. 그리고 10월 초 가장 큰 규모인 약 1,500명 또는 약 2,500명이 모악산 인근에 있는 김제군의 금산 지서를 공격하는 등 각종 경찰관서는 물론 면사무소, 금융조합을 전소시키는 등 마을에도 큰 피해를 입히기도 하였다. 이를 표로 보면 다음과 같다.

〈표 5〉 **경찰관 및 주민과 북한군 및 좌익세력의 피해표**(1950년 10월 3일~11월 11일)

일자	지역	경찰관서	인적 피해(명)		
			경찰관	주민	북한군 및 좌익세력
10월 3일	정읍	태인지서	-	8 피살	-
5일	정읍	경찰서	-	8 피살	7 사살
6일	김제	금산지서	-	8 피살	-
8일	임실	삼계, 은암, 신덕, 청웅지서	-	1 피살	-
	금산	경찰서	전사 5	10 피살	-
9일	순창	경찰서	-	-	-
10일	정읍	신태인지서	5 전사	7 피살	-
11일	전주	구이지서	-	4 피살	-
12일	정읍	경찰서, 주호지서	-	11 주민, 향방단원 피살	-
13일	김제	금구지서	-	-	-
14일	임실	경찰서	-	-	2 사살
15일	진안	주호지서	-	-	4 사살
	정읍	장승출장소	-	-	4 사살
16일	장수	반암지서	-	-	-
19일	임실	오수지서	2 전사 5 중상	-	12 사살 2 생포
22일	전주	용진지서	-	-	-
	진안	장승출장소	부상 3	-	41 사살 12 생포
23일	장수	천천지서	전사 2	-	
	정읍	태인지서	전사 2 중경상 2	-	22 사살 16 생포
24일	임실	강진지서	-	-	
25일		전사 2 중상 11	-	2 사살	
25일	진안	주천	-	-	-

일자	지역	경찰관서	인적 피해(명)		
			경찰관	주민	북한군 및 좌익세력
26일	이리	황화지서	-	2 전사 1 중상 1 경상 (자위대원)	-
27일	전주	고산지서	-	-	-
29일	김제	금산지서	전사 4 부상 3	-	-
30일	진안	용담지서	중상 2	1 전사 (청방장교)	14 사살
11월 1일		-	-	10 사살	
1일	김제	금산지서	-	-	10 사살
4일	전주	고산지서	-	-	-
8일	전주	구이지서	-	-	-
	임실	관촌지서	1 경상	-	4 사살
	부안	주산지서	-	2 전사 1 부상 (치안대원)	3사살
10일	부안	보안지서	-	-	-
		상서지서	-	-	3 사살
	전주	고산지서	8 경찰관 피해	12 義警 피해	25 사살

※『1950년 11월 관내상황』, 71~76쪽.

위 표를 분석하면 북한군과 좌익세력이 경찰과 국군이 전력을 강화하면서 방어체제를 구축하자 10월 20일 전후로 무주의 덕유산과 진안의 운장산 산악지대로 이동, 재산활동을 시작한 것으로 보인다. 그 후 빨치산의 일부가 다시 11월 초 부안군의 해안 산간지대로 이동한 것으로 추정된다.

이후 전북지역 빨치산들은 같은 해 8월경 대둔산을 거쳐 11월 말 다시 지리산, 태백산, 신불산 등으로 이동하였다. 1951년 3월 백선엽야전사령부의 강력한 진압작전으로 많은 사상자를 내고 분산하여, 1952년 7월 지리산으로 은신하였다. 그리고 1953년 5월 창설된 빨치산 전담 경찰진압부대인 서남지구전투경찰대가 작전을 개시할 때 전북도당 빨치산은 지리산에 거점지를 두고 있었다.

이에 치안국은 1950년 12월 제200·207대대로 태백산지구 전투경찰대를, 제203·205대대로 지리산지구 전투경찰대를 각각 편성하고 사령부를 영주와 남원에 설치하였다. 태백산지구 전투경찰대는 다음해 초 북한군의 이른바 1월 공세가 있었을 때 보현산, 팔공산부근까지 근접한 후방침투부대인 북한군 제10사단을 격퇴하기 위해 국군과 함께 작전을 수행하였으며, 무계전투·길안지서 공방전·황학산 포위작전 등에도 함께 하였다.

지리산지구 전투경찰대 관내에서는 당시 노동당 전북도당 및 경남도당 등이 기반이 되어 패잔병과 좌익세력을 규합하고 있었다. 그중 전북도당 휘하의 빨치산은 회문산에 반거(蟠居)하여 임실·남원·순창 등지에 산재해 있는 각 군 빨치산부대를 지휘하여 주로 보급투쟁을 전개하고 있었다. 경남도당 휘하의 빨

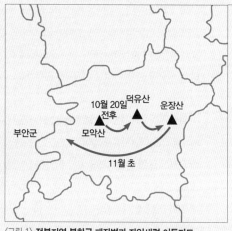

〈그림 1〉 **전북지역 북한군 패잔병과 좌익세력 이동지도**

치산도 광양군 백운산에 근거지를 두고 광양·순천·곡성·구례군의 일부 빨치산부대를 지휘하여 활동하고 있었다. 또한 경남도당과 북한군 제2병단이 인솔하는 빨치산은 지리산을 중심으로 함양·산청·진주·하동 빨치산부대를 지휘하고 있었고, 북한군 제572부대장 직속의 '한두산부대', 가와산

〈사진 84〉 **태백산지구 전투경찰대 본부**

부대', '백두산부대', '청천강부대' 등도 진안군 운장산 일대에 본거지를 진안군 빨치산부대를 지휘하고 있었다. 이들 빨치산은 총 병력이 22,000여 명에 이른 가운데 1950년 12월 중순 북상할 목적으로 덕유산에 총집결하였다. 그 후 중공군의 개입과 진격에 힘을 얻어 같은 달 하순경 조직을 강화하고, 국군과 경찰, 그리고 관공서를 공격하였으며, 물자공급 등을 위하여 주민들에게 큰 피해를 주고 있었다.

치안국은 1951년 1월 중공군의 제1차 공세부터 3월 15일 제2차 서울 수복 시까지 전투경찰부대를 32개 대대로 편성하여 피난민의 호송조치, 주요 보급로 경비, 빨치산 진압 임무 등을 수행하였다. 또한 북진계획에 따라 1950년 12월 철로경비로 전용된 제201·202대대를 다시 제206·208·209대대로 재편성하여, 기존 철로경비와 함께 빨치산 진압의 임무도 부여하였다. 그 후 1951년 5월 다시 제201·202대대로 편성된 철도기동부대사령부를 설치하여, 전투물자 운송에 중요한 철로의 경비를 담당하도록 하였다.

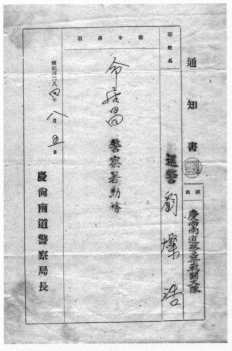

〈사진 85〉 **발령통지서**(1951.8.5)

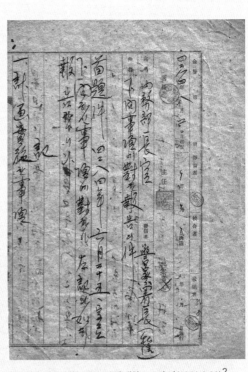

〈사진 86〉 **하문사항**(下問事項)**에 대한 보고의 건**(1951.8.20)[2]

2   경찰서장이 내무부장관에게 경찰관 전투의식 고취에 관한 사항을 보고한 문서다.

그러한 가운데 전세는 유엔군에게 유리하게 전개되어 갔지만 후방에서는 태백산과 지리산지구를 중심으로 빨치산의 활동은 계속되고 있었다. 이에 치안국 비상경비사령부는 1951년 3월부터 8월까지 3차에 거친 강력한 진압작전을 전개하였다.[3]

이와 같은 경찰의 대대적인 진압작전이 전개되는 동안 국군도 지리산 일대의 빨치산을 진압하기 위해 남원에 백선엽 야전전투사령부를 설치하였다. 그리고 같은 해 12월 1일 빨치산의 주요 활동 지역인 전남, 경북의 금릉군·고령군, 경남의 진양·산청·하동·함양·거창·합천 지역 등에 비상계엄령을 선포하고 본격적인 작전을 개시하였다.

〈사진 87〉 **지리산지구 전방지휘소**

치안국은 국군과 함께 지리산지구 및 태백산지구의 전투사령부를 위시한 각 도의 전투경찰대와 비상계엄지구 내의 모든 경찰관을 동원하여 지속적으로 작전을 수행하였다. 그리고 1952년 12월 1일 각 전투경찰대를 효과적으로 지휘하기 위해 남원에 치안국 연락사무소를 설치하고, 경무관을

---

3   제1차 잔비진압작전(1951.3.1~4.10)의 결과는 사살·포로·귀순자 수는 542,707명, 노획 총포는 8,475 정이었고, 제2차 잔비진압작전(1951.4.15~5.25)의 결과는 사살·포로·귀순자는 8,670명, 노획 총포는 1,817정이었다. 그리고 제3차 잔비진압작전(1951.7.15~8.25)의 결과는 사살·포로·귀순 4,260명, 노획 총포 1,520정이었다. 이후 1952년 1월부터 1952년 12월까지 교전회수는 3,827회로 전과는 사살 7,647 명, 포로 2,026명, 귀순 1,149명, 노획무기 소총 4,929정, 중화기 183정, 수류탄 1,188개였고, 피해는 전사 473명, 부상 474명, 납치 42명, 실종 43명이었다. 1953년 1월부터 1953년 12월까지 교전회수는 1,489회로 전과는 사살 1,489명, 포로 1,190명, 귀순 409명, 노획무기는 소총 1,488정, 중화기 41정이었고, 피해는 전사 209명, 부상 194명, 납치 7명, 실종 29명이었다.

상주하게 하여 모든 경찰작전을 총괄하도록 하였다.

이어 1953년 4월 6일 정부는 전북의 남원·장수·임실·순창, 전남의 순천·승주(1995년 순천시와 통합)·광양·곡성·구례, 경남의 함양·거창·산청·하동 등 1개시 12개 군의 경찰행정과 지역 내 전투임무를 관장하는 「서남지구전투경찰대 사령부 설치법」을 성안(成案)하였다. 이 법률이 4월 8일 국회에서 법률 제282호로 통과되자 치안국은 해 5월 1일 서남지구전투경찰대(서전경)를 발대하고, 사령부를 남원에 설치하였다. 또한 대통령령 제789호 「서남지구 전투경찰대 직제」 제12조에 따라, 경찰관이 되기를 희망하는 민간인들은 이 사령부에 직접 지원할 수 있었고, 이들은 합격한 후 서전경 전투훈련소에서 교육을 수료하면, 지방경찰학교를 졸업한 것과 동등하게 순경으로 임용되었다.

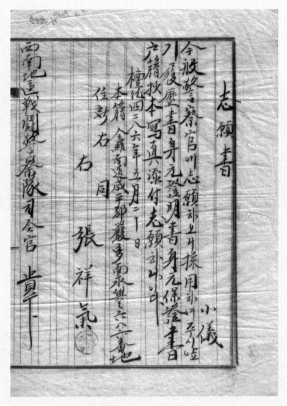

〈사진 88〉 **서남지구 전투경찰대 지원서**(1953.5.20)

2) 전시 경찰행정

치안국은 무엇보다 강력한 전시경찰 체제로 돌입하기 위하여 1950년 7월 12일 대통령 긴급명령 제8호로 「경찰관 특별징계령」을 발령하였다. 다음으로 직제를 조정하여 1950년 7월 27일 부국장직을 신설하여, 치안국장 유고 시 이에 대처하도록 하였다. 그리고 1950년 8월 10일 대통령령 제380호 「내무부직제중 개정의 건」에 따라 사찰과와 수사과가 통합되어 정보수사과로 개편되었고, 교육과가 신설되었다. 이로써 치안국의 소속과가 경무과·교육과·보안과·정보수사과·감식과·통신과·보급과로 확대되면서, 전방위적인 전시 총력체제를 구축하였다.

이후 9월 28일 서울이 수복되자 전국의 경찰기관은 부역자 검거에 착수하였다. 그 결과, 검거인원 153,825명, 자수자 397,090명으로 총 550,915명을 검거·처리하였다. 이들 중 1,448명은 북한군, 28명은 중공군, 9,979명은 빨치산, 7,661명은 노동당원으로 총 인원 19,116명을 제외한 나머지 531,799명(96%)은 북한군의 강압으로 부득이하게 부역을 한 자들이었다.[10]

또한 1952년 8월 25일 대통령령 제680호로 경찰서 직제가 제정되어 1급 경찰서장은 총경, 2급 경찰서장은 경감으로 임명되었다. 그 후 12월 26일 대통령령 제730호 「경찰서의 등급구분에 관한 건」에 따라, 서울에서는 서대문·종로·경무대·동대문·마포·성북·영등포·용산·중부·성동·서울여자경찰서가, 경기도에서는 인천·동인천·인천 수상·개성·수원·안성·옹진·양주·부평경찰서 등 69개 경찰서가 1급경찰서로 지정되었다.

이와 함께 치안국은 병사행정도 담당하였다. 원래 병사업무는 한국전쟁 발발 전까지 국방부에서 담당하였다. 그러나 전쟁발발로 국방부가 징병업

---

10 경우장학회, 『국립경찰 50년사(일반편)』, 1995, 190쪽.

무의 효율성을 높이고, 효과적으로 제2국민병을 소집하기 위하여 내무부 지방국에 병적정리를, 치안국에 징병사무 집행 및 기피자 단속 등의 업무를 하도록 의뢰하여 시행되었다.

〈사진 89〉 **DP**(탈영병) **체포에 관한 건**(김제경찰서, 1953년 6월)　〈사진 90〉 **징병 DP자 명단**(김제경찰서)

특히 일선 경찰서는 관내 탈영병을 적극적으로 체포하고, 시·도·읍·면의 행정기관은 관할지역에 거주하고 있는 탈영병의 소재를 이반里班에 이르기까지 파악하여 경찰서에 신고하였다. 이러한 활동은 본질적인 경찰업무가 아니었으나 당시 전시체제 하에서 군의 역할이 극대화된 상황에서 치안국 차원에서 거부하기는 어려웠을 것으로 보인다. 하지만 제2국민병 소집과 마찬가지로 편의주의적 전시 군법무행정이었다.[11]

11　이윤정, 「한국전쟁기 지역사회와 경찰활동 : 전라북도 김제군을 사례로」, 성신여대 대학원 박사논문(사학과), 2018년 2월, 155쪽.

3) 전시 수사활동

앞에 쓴 데로 사찰과와 수사과가 정보수사과로 통합되면서 정보수사과의 임무는 민정사찰, 외사경찰, 범죄수사의 지도 및 내무부 장관의 특명에 따른 사찰과 범죄 수사였다. 이처럼 전황에 따라 직접 전투 활동을 수행하였으며, 9·18 수복, 1·4후퇴 등을 거쳐 전선이 38선상에서 교착되자 비로소 후방지역의 수사 활동으로 환원되었다.

수사경찰은 1953년 6월 정전협정이 체결될 무렵 대통령령 제804호 「내무부 직제 개정」으로 수사정보과에서 독립하여 수사과로 되었다. 이 때 수사과는 방범계(지도반, 방범반), 수사계(형사반, 마약반), 물자계(경제반, 금융반, 조사반)으로 이루어졌다. 1953년에는 수사계(서무반, 취조반, 감사반), 물자계(양곡반, 교역반, 특무반), 강력계(1반, 2반), 지능계(1반, 2반)로 확대되었다.

한편 당시 범죄 발생과 검거 건수는 1950년 발생 48,014건, 검거 33,878건으로 검거비율이 70.55%였으나 1951년에는 그 2배에 가까운 발생 87,241건, 검거 82,299건으로 검거비율이 94.33%였다. 1952년에는 1950년도의 2.5배에 달하는 발생 120,120건, 검거 113,666건으로 검거비율이 94.62%였다.[12]

12　경우장학회, 『국립경찰 50년사(일반편)』, 1995, 189쪽.

4) 전시 경찰교육

치안국은 한국전쟁이 발발하자 1950년 7월 5일 대전에 '전시경찰교육대'를 설치하여, 전시교육을 실시하였다. 그 후 정부가 대구로 이전하자 국립경찰전문학교를 대구시에 있는 경북특별경찰대 청사로 그 본부를 이전하였다. 이곳에서 '전투경찰대 편성사령부'로 개편하고, 8개 전투경찰대대를 편성하여, 중화기 교육 등 긴급 군사교육을 실시하였다.[13]

〈사진 91〉 **전시 전투교육 장면**

또한 전시상황이었기 때문에 군 위탁교육이 이루어졌다. 예를 들면, 1951년 경사와 경위 각각 10명이 육군정보학교에, 1952년 경위 79명이 육군보병학교에, 경사 40명이 육군정보학교에 위탁교육을 받는 등 4년 동안 총 397명이 군에서 교육을 받고 경찰관들에게 전수교육을 실시하였다.[14] 이와 함께 학도 606명과 대한청년단원 330명에게 군사교육도 실시하였다.[15]

---

13 치안국 경무과, 「6·25 동란이 경찰교육에 미친 영향 – 주로 경전을 중심으로」, 『민주경찰』 제35호(1953년 7월), 14쪽.
14 경찰전문학교, 『경찰교육사』, 1956, 70~74쪽.
15 치안국 경무과, 「6·25 동란이 경찰교육에 미친 영향 – 주로 경전을 중심으로」, 『민주경찰』 제35호(1953년 7

〈사진 92〉 **전시 전라북도경찰학교 수료증**

1950년 9월 28일 서울 수복 후 경찰전문학교가 복귀하였지만, 교사가
전소되고, 경찰참고관만 남아 있자 교사로 조선 전기공업고등학교 일부
를 사용하였다. 그 후 중공군의 참전으로 인하여 정부가 다시 부산으로 이
전하자, 1950년 12월 28일 부산 관수동에 있던 경남경찰학교에 본부를,
영도 동삼국민학교에 제1분교를, 동래 금사국민학교에 제2분교를 설치하
여 전시교육을 실시하였다. 이어 서울 환도 후인 1953년 7월 16일 중앙고
등학교 별관 일부를 경찰전문학교 교사로 사용하였다. 그리고 다음 해인
1954년 2월 25일부터 경찰참고관에서 교육을 실시하였다.

월), 14쪽.

| 교과서를 통해 보는 전시戰時 경찰교육 |

〈사진 93-1〉『**경상북도 지방경찰학교 경찰점검규칙 · 경찰예법**』(1952.6.17)

　이 교과서가 철필 인쇄로 된 것임을 볼 때 당시 어려운 국가재정 상황을 알 수 있다. 크기는 가로 170mm, 세로 130mm, 총 22쪽으로 정상적인 교과서로 보기 힘들 수 있지만, 판권지에 '경상북도경찰학교 교무계 제공'으로 되어 있어 전시 교과서로 볼 수 있다. 따라서 이 책을 보면 전쟁 중에도 지방경찰학교에서 교육이 여전히 이루어졌음을 알 수 있다.

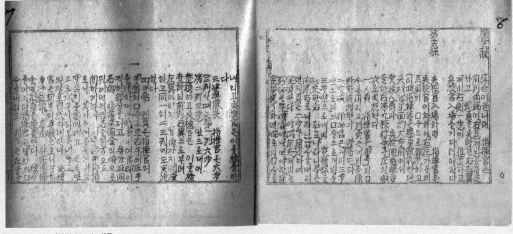

〈사진 93-2〉 내용

〈사진 93-3〉 판권지

그 후 1953년 1월은 한국 경찰사에 있어 통일된 경찰교과서가 출간된 중요한 해이다. 교과서의 종류는 『헌법』, 『법제대의』, 『행정법』, 『형법』, 『경찰법』, 『사법경찰』, 『범죄감식학 대의』, 『경찰복무』라는 8개 과목으로 이루어져 있다. 이에 대해 치안국은 통일된 교과서의 '서(序)'에서 다음과 같이 기술하고 있다.

8.15광복 이후 신출발한 국립경찰은 국가의 모든 제도와 법령이 민주주의의 토대에 입각한 기본원칙에 조차 민주경찰의 확립을 목표로 한 경찰관의 육성을 급선무로 하고 이것을 실천 구현하는 단계로 중앙에 경찰전문학교 지방에 경찰학교를 각각 설치하고 각 급경찰관의 교육을 계속적으로 실시하여 왔으나 초창기에 일정(一定)한 교과서의 제정이 없음으로 인하여 경찰교육의 실효를 거양함에 중대한 지장이 있음을 통감하고 단기 4282년(1949년) 11월 28일 내무부훈령 제22호로써 경찰교과서편찬위원회 직제를 제정하고 위원회구성을 준비 중 돌여(突如) 6·25동란의 발생으로 인하여 그 계획이 좌절되었든 바 본년(1952년) 3월 31일 동 직제에 의하여 주로 법조계 및 실무가로 구성된 완전한 위원회를 설치하고 우선 신임경찰관의 교육에 긴급 필요한 헌법, 법제대의, 행정법, 형법, 경찰법, 사법경찰, 범죄감식학 대의,

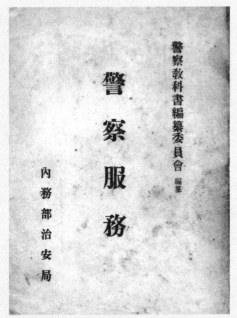

〈사진 94〉『**경찰교과서-경찰복무**』(1953.1.1)

경찰복무 등 8과목의 편찬에 착수하여 동년 7월 상순 이래 「사법경찰」을 위시로 수차편찬(遂次編纂)이 완료되었음으로 최종적으로 각(各) 기계(斯界) 권위의 감수를 빌어 동년 11월부터 15일부터 상재(上梓)를 전개되어 여기에 다년의 현안이 비로소 일부의 해결을 보게 된 것이다.

그렇다면 통일된 경찰교과서가 어느 정도 교육에 활용되었는지 알아보기로 한다. 1954년도 경위 및 미교육자의 재교육과정인 별과 교육과목과 시간을 보면, 총 447시간(3개월)

중 보통학과(윤리, 국어, 국사, 영어, 경제학)은 72시간(16.1%), 법률학과(헌법, 행정법, 형법, 형사소송법, 국제공법, 민법총칙) 99시간(22.1%), 군사학과(일반군사학, 전술학, 병기학, 화생학) 54시간(12.1%), 경찰학과(경찰법, 행정실무, 사법실무, 법의학, 지문학) 72시간(16.1%), 술과(구급법, 교련, 유도, 점검예식, 자동차학) 141시간[1](31.6%), 기타(특별훈련) 9시간(2%)이다. 따라서 통일된 교과서 과목의 비중이 술과와 군사학과가 합친 것 보다 적다. 그 이유는 당시 경찰관들이 빨치산과의 전투를 계속하는 상황[2] 하에서 이들 학과가 더욱 중요한 과목으로 여겨졌기 때문으로 판단된다.

1　자동차학이 96시간으로 술과 시간의 68%를 차지하고 있다. 경찰종합학교,『경찰종합학교 50년사 1945~1994』, 1994, 255쪽.
2　앞의 책, 254쪽.

3. 한국전쟁 후 경찰활동

1) 치안국의 직제개편

먼저, 1953년 7월 6일 대통령령 제804호 「내무부직제 중 개정의 건」에 따라 치안국 직제가 개편되었다. 기존 교육과가 폐지되어 경무과에 통합되었고, 경비과가 보안과에서 독립하였으며, 정보수사과가 특수정보과와 수사과로 분리되었다.[16] 다음 해인 1954년 5월 10일 부국장제가 폐지되었고, 이어 1955년 2월 17일 보급과의 업무가 경비과로 이관되었으며, 수사과는 수사지도과로 개편되었다. 이때 감식과도 폐지되면서 그 업무가 신설된 과학수사연구실로 이관되었다. 따라서 치안국의 직제는 평시체제인 경무과, 보안과, 경비과, 수사지도과, 특수정보과, 통신과로 재정비되었다.

다음, 시도경찰국에서는 경무과, 보안과, 경비과, 수사과, 사찰과, 통신과, 소방과(서울, 경상남도)를 두었으나 제주도는 제1·2과만 있었다. 또한 서울시경찰국장은 이사관이, 그 외 경찰국장은 경무관이 임명되었고, 각 과장은 총경 또는 경감이, 각 반별 책임자는 경위가 배치되었다. 그리고 1957년 7월 서울·부산·대구·인천에 있던 여자경찰서가 관할구역의 중첩 등의 이유로 폐지되었고, 청량리·부전釜田·서부산·달성경찰서가 신설되었으며, 제주도의 모슬포·성산포, 강원도의 장성경찰서가 폐지되었다.

그리고, 1956년 12월 전국에 1급 경찰서 69개, 2급 경찰서 97개로 총 166개의 경찰서가 있었다. 1급 경찰서는 경무계·경리계·보안계·경비계·수사계·사찰계·통신계로, 2급 경찰서는 경무계·보안계·경비계·수사계·사찰계로 조직되었다. 계급을 보면 1급 경찰서장에는 총경이, 2급 경

---

16 따라서 치안국은 경무과(경무계, 인사계, 교육계, 감찰계, 경리계, 원호계, 공보계, 상무계, 병사계), 보안과(보안계, 총포·화약계, 위생계, 소방계, 여경계), 경비과(작전계, 전투정보계, 총기계, 방공계), 특수정보과(제1계〔서무·사찰·특수반〕, 제2계〔정치반·사회반·문화반〕, 제3계〔일본반·구미반·중국반〕, 중앙분실), 수사과(방범반, 수사계, 물자계), 통신과(감리계, 유선계, 무선계, 통신계), 감식과(지문계, 법의계, 이화학계), 보급과(피복계, 양곡계, 차량계)로 이루어졌다.

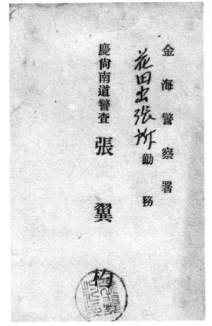
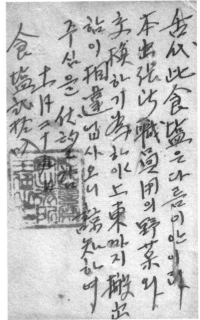

〈사진 95-1〉 **김해경찰서 화전출장소장 명함 앞면** 〈사진 95-2〉 **뒷면**[17]

찰서장에는 경감이, 각 경찰서의 계장은 경감 또는 경위가 임명되었다. 또한 지역경찰기관으로 1,444개 지서, 487개 파출소, 36개 출장소가 있었다. 파출소와 지서의 장은 경위 또는 경사가 임명되었고, 출장소에는 경사 또는 순경이 배치되었다.

소방서 역시 같은 해 기준으로 1급소방서 13개, 2급소방서 11개로 총 24개가 있었으며 각 소방서에는 총무계와 방호계가 있었다.[18]

---

17 '(보급품을) 출장소 직원용 야채와 교환하기 위해 상동(上東)까지 반출하니 양해해 달라'는 내용이다.
18 치안국, 『경찰 10년사』, 1958, 40~41쪽.

| 문경경찰서 앨범을 통해 본 한국전쟁 후 경찰활동 |

〈사진 96-1〉 앨범 표지

이 경찰서 앨범은 1954년 문경경찰서가 제작한 것으로 당시 지방에 소재한 일선경찰서의 활동을 상세하게 보여주고 있다. 앨범의 소유자는 첫 장에 난(蘭)을 그린 후 '사진첩'이라고 붓으로 썼으며, 마지막 장에는 '영원히 경찰을 기념하며, 20살 청춘(靑春)의 젊은 시절'이라고 끝을 맺고 있다. 이를 감안하면 그는 당시 20살에 문경경찰서에서 근무한 것으로 판단된다. 또한 앨범에 실려 있는 경찰관들의 사진을 보면 대부분 상당히 젊은 층이다. 그 이유는 『경찰통계연보(警察統計年報)』 창간호(1954)에 실려 있는 '전국경찰관 계급별 연령표'에서 알 수 있다.

이 표를 보면 21세부터 30세까지 연령이 전체의 64.7%를 차지하고 있다. 반면에 40세 이상은 2.7%로 대부분 젊은 층으로 이루어져 있다. 이는 한국전쟁으로 많은 전투 병력이 필요한 가운데 젊은이들이 군에 입대하는 대신 경찰에 투신한 경우가 많았기 때문으로 보인다.

나이 \ 계급	순경	경사	경위	경감	총경	경무관	총계	비율(%) 세부연령	연령대
21~25세	7,615	439	45	-	-	-	8,099	15.9	64.7
26~30세	20,183	3,568	939	65	4	-	24,759	48.8	
31~35세	8,805	2,654	1,156	199	46	5	12,865	25.3	32.7
36~40세	1,514	1,069	922	196	59	4	3,764	7.4	
41~45세	121	264	405	145	55	3	993	2.0	2.6
46~50세	17	60	64	43	24	8	216	0.5	
50세 이상	4	7	14	7	1	2	35	0.1	0.1
총계	38,259	8,061	3,545	655	189	22	50,731	100	100

또한 앨범에 나온 사진 가운데 경찰관이 야포를 운용하고 있는 것과 경찰관들이 한국전쟁 시 북한군으로부터 노획한 무기로 무장하고 훈련하고 있는 것이 주목된다. 이는 한국전쟁이 정전되었다 하더라도 지리산을 중심으로 서남지구전투경찰대가 빨치산 진압작전을 수행하고 있었고, 그 외의 지역에서도 빨치산과의 산발적인 전투가 계속되고 있어 경비경찰활동이 여전히 중요시 되고 있음을 보여준다.

그리고 경찰서 내근직원이나 파출소·지서·출장소에서 근무하는 직원들의 단체사진에는 대부분

〈사진 96-2〉 **앨범 첫 장**

---

1 『경찰통계연보(警察統計年報)』(치안국, 1954)의 60쪽을 참조하여 재작성하였으며, 세부연령의 비율은 원문 그대로 인용하였다.

가족이 함께 있다. 그 이유는 한국전쟁 시 많은 경찰 가족이 피해를 입은 것에 따른 경찰관들의 위기의식이 그대로 남아 있었기 때문으로 생각된다.

〈사진 96-3〉 **문경경찰서 전경**

〈사진 96-4〉 **문경경찰서장**[2]

2   문익환 경감이 1954.4.2~1954.12.4 간 재임하였다.

〈사진 96-5〉 서원署員 야유회

〈사진 96-6〉 통신반 근무 모습

〈사진 96-7〉 전화교환원

제3부 — 현대 경찰

〈사진 96-8〉 검열 장면

〈사진 96-9〉 호계지서 직원 단체사진[3]

〈사진 96-10〉 경찰서 내근 직원 단체사진

〈사진 96-11〉 **전술 훈련**[4]

3   당시 문경경찰서 경비계에 근무하였던 김상태는 다음과 같이 증언하였다. "뱃나들(오늘날 문경시 호계면 우로2
     리 배나들길 건너편)이 맞네요. 1년에 한 번씩 뱃사공이 뱃삯을 받으러 다녔습니다. 시내에 있는 백양사진관으
     로 기억을 하는데, 그 사진사가 와서 촬영을 하였고, 연출은 사진사가 했는지 지서의 직원들이 했는지 그것까지
     는 모르겠습니다. 호계 사람들은 뱃나들의 뱃길이 도로와 같은 개념으로 생각하고 있었으므로, 배 위에서 사진
     을 찍는 것이 어쩌면 자연스러운 것이라고 생각했나 봅니다." (2020.6.18. 구술채록).
4   위에서 인용한 김상태는 다음과 같이 증언하였다. "문경경찰서 전투부대 훈련은 경찰서 마당, 시내에 있는 돈달
     산, 산북면 김용사 뒤의 운달산, 동로면 천주봉에서 하였습니다. 이 사진은 산북면 김용사 입구 좌측 들머리(솔
     숲)에서 김여생 경비과장의 지휘 하에 훈련하는 장면입니다. 훈련은 한번에 1~2개 분대가 참여했습니다. (1개
     분대 7~10명) 훈련은 한나절 하고 쉬는 식이었는데, 밥은 절에서 절밥을 얻어 먹었습니다. 본서 내근 근무자
     들도 한 달에 10일만 근무를 하였고, 나머지 날에는 모두 공비토벌을 위해 출동하였습니다. 농암면, 가은읍, 산
     북면, 동로면 등지로 나갔지요. 힘들었습니다. 그런데 경찰관을 하지 않으면 먹고 살 방법이 없어서 힘들어도 참
     고 했지요." (위 구술채록일).

〈사진 96-12〉 **작전 회의**

〈사진 96-13〉 **소련제 데그챠레프기관총 사수**

〈사진 96-14〉 **야포를 운용하는 경찰관**[5]

---

5   이 포는 소련제 122mm 곡사포로, 중량 3,450kg, 사정거리 11,800m, 발사속도 분당 5~6발이었다. 이
    와 같은 성능은 국군의 155mm 포와 대등하였다. 위에서 인용한 김상태는 다음과 같이 증언하였다. "최석채
    서장님이 가은읍에서 쏴본 적이 있고, 공비토벌 시 사용했던 적도 있습니다. 사용법이 간단합니다. 그런데 너무
    커서 산악지대 공비토벌에는 맞지 않아 경찰서 앞마당에 전시하였다가 나중에 군에서 전쟁당시 노획한 무기를
    일괄 회수해 갈 때 가져갔습니다."(위 구술채록일) 구술에 나온 최석채 서장의 재임기간이 1950년 9월 21일
    ~1951년 4월 24일이므로, 이 포는 문경경찰서 경비계에서 운용되었다고 판단된다.

〈사진 96-15〉 **위장 모습**

〈사진 96-16〉 **휴식 장면**

〈사진 96-17〉 **부대 이동**

〈사진 96-18〉 **박격포 사격**

〈사진 96-19〉 **중기관총 사격**

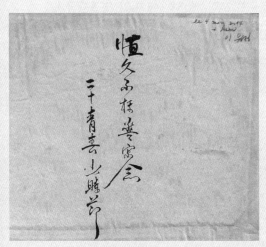

〈사진 96-20〉 **앨범 마지막 장**

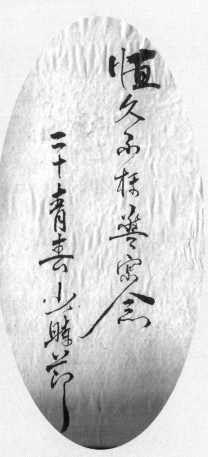

〈사진 96-21〉 **글씨 확대**

2) 직속 기구의 변화

1953년 7월 6일 대통령령 제804호 「내무부직제 중 개정의 건」에 따라 철도경찰대가 해대(解隊)되었다. 이는 한국전쟁으로 급속히 증가하였던 경찰관 인원을 줄이고, 또한 경비업무에 있어 일반경찰과 철도만을 관할구역으로 경비하는 업무한계의 불분명성을 해결하여, 지휘권의 혼선을 막기 위한 치안국의 결정에 따른 것이다. 같은 해 12월 14일 대통령령 제844호로 「해양경찰대 편성령」이 공포되었다. 이에 따라 해양경찰대는 해군으로부터 경비함정으로 AMC 6척을 인수하고, 기술요원으로 해군 예비역 장병 79명을 경찰관으로 임명하여 12월 23일 부산에서 발대식을 거행하였다. 그러나 1955년 2월 7일 법률 제3호 「정부조직법 개정」에 따라 그 업무가 해양경찰대에서 상공부 해무청으로 이관되었다.

다음 해인 1954년 10월 2일 「내무부 훈령 제63호」에 따라 경찰항공대가 창설되었다. 경비행기 세스나-180 3대를 '독립호', '무궁화호', '자유호'라는 명명식을 거행한 후 본격적인 항공경찰활동에 들어갔다.

그리고 1955년 7월 1일 서남지구전투경찰대가 해대(解隊)되었다. 하지만 여전히 빨치산의 활동이 계속 이어지고 있어 그 대비책으로 6월 20일 법률 제358호로 「경찰직무응원법」이 제정되었다. 이 법률의 제4조에 따라 경찰기동대가 설치되었다. 경찰기동대는 전라남도 남원에 그 본부를 두고, 이 부대에 근무하기를 희망한 서남지구전투경찰대원 510명과 각 도로부터 전입된 2,263명으로 이루어진 예하 3개 연대로 편성되었다. 제1연대는 남원·왕상(王峠), 제2연대는 곡성, 제3연대는 부평에 배치되었다. 또한 임무는 잔존해 있는 빨치산 진압은 물론 「경찰직무응원법」에 규정된 긴급사태 및 도발 사건이 발생했을 때 이를 진압하는 것 등이었다.

| 『**경찰신조**警察新潮』와 김창열 화가 |

『경찰신조』는 1954년 11월 경찰전문학교가 『수험신조(受驗新潮)』로 창간하였고, 다음해 1955
년 1월부터 제호를 『경찰신조(警察新潮)』로 변경한 경찰잡지이다. 『민주경찰』이 주로 경찰관의 폭
넓은 교양과 실무능력을 배양하기 위한 것이었다면, 이 잡지는 주로 승진시험에 대비하기 위한 것이
었다. 내용은 크게 경찰논단, 교양강좌(국사, 헌법, 행정법, 형사소송법, 경제학, 논문, 한글, 영어), 수사실
화, 실무강의(행정경찰 실무, 실무와 법리, 비교실무 – 미국과 한국경찰), 범죄수사, 학생 수료 논문, 특별강
좌(신민법 해설, 국제법 개설), 문예란 등으로 구성되었다.

〈사진 97〉『**수험신조**』 창간호(1954년 11월)　　　〈사진 98〉『**경찰신조**』 제1호(1955년 1월)

이 잡지의 표지화는 한국 현대미술사에서 앵포르멜(Informel) 화풍을 추구했던 중요한 인물의 하나인 김창열이 담당했다. 그는 1950년 11월 경찰관으로 입직한 후 제주도 등에서 근무하면서 1953년 7월 15일 정부환도와 함께 경찰전문학교가 복귀되자 경찰전문학교 도서관에서 근무하였다. 여기서 1962년 12월 퇴직할 때까지 근무하면서 경찰전문학교에서 발간되는 각종 서적의 표지화와 컷을 그렸다.[1]

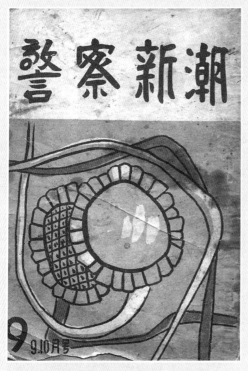

〈사진 99〉『**경찰신조**』 **제9호**(1955년 9월)

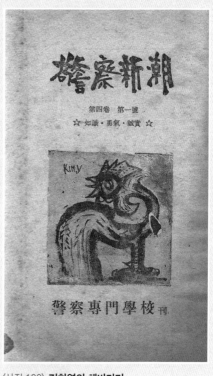

〈사진 100〉 **김창열의 해바라기**
(제18호, 1957년 1·2월)

또한 김창열은 재직하면서 1955년 제4회 국전에서 '해바라기'라는 제명으로 입선한 적이 있었으나 이때의 도판은 아직 발견되지 않았다. 제9호(1955년 9월)의 표지화와 제18호(1957년 1·2월)에 게재된 사진을 통해 그 작품을 유추할 수 있다.

그리고 당대 작가들의 작품과 비슷한 것도 있었는데, 특히 김환기나 박수근 풍으로 보이는 작품

1   그는 2021년 1월 5일 작고하였다.

〈사진 101〉『**경찰신조**』 **제28호**(1958년 1월)   〈사진 102〉『**경찰신조**』 **제47호**(1959년 8월)

도 있었다. 그가 제주도에서 근무하던 시절에 이러한 작가들과 교류했던 것으로 보인다.

　한편 『경찰신조』는 제56호(1960년 5월)가 마지막 호수이며, 1961년 5 · 16 군사정변 이후 『민

주경찰』이 폐간될 당시 함께 종간된 것으로 보인다.

3) 경찰관 감원

한국전쟁이 정전되고,[19] 경찰의 전투 활동이 후방의 빨치산 진압으로 전환되면서 경찰관의 감원문제가 대두되었다. 이는 전쟁발발로 인해 경찰관의 수가 1950년 48,010명에서 1951년과 1952년 63,427명으로 크게 증가되어, 국가재정에 큰 부담이 되었기 때문이다. 따라서 정부는 이를 해결하기 위하여 대대적으로 국가·지방직 일반직 공무원과 함께 경찰관을 감원하게 되었다.[20]

정부의 감원기준은 '각 부처는 원칙적으로 예산정원의 35%를 감원하나 국방부와 법원은 제외한다. 교육공무원은 원칙적으로 초등학교 교원은 제외하고, 중학교는 20%, 고등학교 이상은 10%를 감원한다. 노무직원은 일률적으로 20%, 각 특별회계공무원 중 사무직원은 교육공무원과 같이 행하고, 기타 현업직원은 원칙적으로 25%를 감원한다'는 등이었다. 이에 따라 감원 대상자는 국가·지방직 일반공무원의 경우 만 25세 미만의 징집대상자(기술요원은 제외), 휴직중인 자, 이미 징계처분을 받은 자, 근무태만한 자, 직무에 성실하지 않은 자 등으로 하였다. 경찰에서는 경사·순경은 1953년 9월 15일자로 만40세 이상자, 경감·경위는 만45세 이상인 자, 총경 이상

---

19 한국전쟁으로 인한 사상자 수는 중국군과 유엔군을 제외할 때, 한국인의 경우 130만 명의 사망자를 포함하여, 400만 명에 이른다. 당시 남북한 인구가 약 3,000만 명이었음을 고려할 때, 7명당 1명이 전쟁으로 사망하거나 부상당했음을 의미하는 것이다. 한국전쟁은 이처럼 엄청난 인명피해를 냈을 뿐 아니라 남북한의 사회·경제적 기반을 철저히 파괴하였다. 남한의 경우 산업시설의 파괴는 대부분 전선이 38도선 부근에서 고착되었던 1951년 6월 이전에 이루어졌다. 1951년 8월 현재 금속공업 26%, 기계공업 35%, 방직공업 64%, 화학공업 33% 등 전체 제조업의 42%가 파괴된 것으로 기록되고 있다. 광업에서는 석탄공업, 제조업에서는 섬유산업의 피해가 가장 컸으며, 화학공업·요업·기계공업 등의 손실이 있었다. 전력부문에서는 전쟁 초기에 남한의 발전능력의 약 80%를 잃었다. 전쟁피해 총액으로 보면, 총 피해액이 4,123억 환이었는데, 그중 민간가옥이 39.1%, 민간산업부문이 20.2%, 교육부문이 20.0%를 차지하고 있다. 한편 국민 총 생산률은 1949년에 9.7%, 1950년에 15.1%, 1951년에 6.1%, 1952년에 8.0%, 1953년에 25.7%로 나타나고 있다. 한지수, 「지배이데올로기의 형성과 변화과정」, 『한국사 20 : 자주·민주·통일을 향하여 2』, 한길사, 1994, 345~346쪽.

20 경우장학회, 『국립경찰 50년사』, 1995, 237쪽.

은 만50세 이상인 자로 결정되었다. 그들에게는 퇴직금조로 봉급과 양곡 2개월분이 지급되었다.[21]

그 결과, 감원은 3차에 걸쳐 진행되었다. 제1차는 1953년 9월 15일 총 13,256명이, 제2차는 1956년 28,050명이 대상자가 되었다. 이로서 총 정원의 17%가 감소하여, 경찰관의 수가 39,037명으로 되었다. 그리고 제3차로 1959년 약 6,000명이 감원되었다. 그 결과, 경찰관 정원이 1952년 63,427명에서 1959년 33,035명으로 약 47%가 감소하였다. 다시 이 정원은 1961년 29,835명으로 조정되었다.[22]

---

21 치안국, 『경찰 10년사』, 1958, 58~60쪽.
22 경우장학회, 『국립경찰 50년사』, 1995, 237~240쪽.

| '고마운 순경'과 '민주경찰행진곡' |

〈사진 103〉 『**민주경찰**』 제39호(1954년 4월)

현재까지 알려진 경찰 노래를 보면 먼저 공식 행사에 빠짐없이 연주되고 불리어 지는 '국립경찰 가'가 있다. 이 '국립경찰 가'는 이기완이 작사하고 현재명이 작곡하였다. 또한 전투경찰대가'도 있다. 이 노래는 김석야가 작사하고 박준석이 작곡하고, 1970년 11월 13일 전투경찰대 창설과 함께 제정된 것으로 보이나 역시 이에 관한 자료가 없으며 실제 활용도도 낮은 편이다.

2010년 이전 시민과 함께 하는 행사에서 자주 연주되었던 노래는 김병길이 작사하고 장인표가 1999년에 작곡한 '포돌이 송'이었다. 이 '포돌이 송'은 활기찬 동요풍의 곡으로 언제든지 약자에게 도움을 주는 친근한 경찰의 이미지를 그대로 담고 있다. 따라서 현재까지 알려진 경찰노래는 앞에 쓴 3개로 알려져 있다.[1]

---

1 이 외에 경찰전문학교(현 경찰인재개발원의 전신) 교가 등이 있으나 전국 단위의 경찰노래가 아니므로 논외로 하였다. 단 경찰전문학교 교가의 최초 가사가 오늘날의 것과 많이 다르므로,「민주경찰」 제4호(1947년 10월 또는 11월 발간)」 134쪽에 실린 '(신)국립경찰전문학교 교가'의 가사를 인용한다.

1. 세기에 아츰해에 날리는 깃발
   반만년 역사실은 태극이로다
   애국에 넘쳐나는 거룩한 정신
   단결로 직히련다 우리의 나라

이런 가운데 최근 『민주경찰』 제39호에 게재된 '고마운 순경'과 '민주경찰행진곡'이 발굴되었다.

1. 고마운 순경

〈사진 104〉 **〈고마운 순경〉 악보**

2. 동방의 숨은 도덕 키워가려면
　　겨레를 밧드려는 공복(公僕)뿐이다
　　대의(大義)에 빛내이자 우리의 망상(望想)
　　동족애는 겸양(謙讓)이로다

　(후렴) 잊지마라 동지여 한맘 한길로
　　　　닥아서 빛내이자 민주의 경찰

그 가사를 보면 다음과 같다.

1. 길 걸을 때나 잠 잘 때나 공부할 때나

   언제든지 우리들을 보호합니다

2. 착한 아이 되라고 지도해주고

   길 잃은 아이 도와 집 찾아주는

3. 무거운 짐 옮겨주는 고마운 어른

   우리 마을 지켜주는 친절한 순경

(후렴) 고마우신 순경아저씨 어린이의 벗

   우리들은 순경아저씨가 참말 좋와요

또한 본 노래의 작사자는 박화목, 작곡자는 윤용하이다.

박화목(朴和穆, 1924~2005)은 호가 은종(銀鐘)으로, 황해도 황주(黃州)에서 태어나 만주에서 성
장하였다. 평양신학교 예과와 하얼빈 영어학원에서 수학한 후 1952년 봉천신학교와 한신대학교
소속 선교신학대학원을 졸업하였다. 1941년 월간 어린이 잡지 『아이생활』에 동시 '피라미드'를 발
표하면서 등단하였다. 이후 기독교 신앙을 아동문학에 투영하여 구원과 동심의 세계를 서정적 필체
로 그려내며 한국 아동문학에 큰 기여를 하였다. 그는 1957년 첫 시집인 『초롱불』을 출간한 후 『그
대 내 마음의 창가에 서서』, 『꽃 이파리가 된 나비』, 『시인과 산양』 등 16권의 시집과 동시집을 발간
하였다. 그 외에도 수필집 『그 추억의 길목에서』 · 『보리밭』과 동화집 『아기별과 개똥벌레』 · 『인형의
눈물』을 남겼으며, 1995년에는 『아동문학개론』을 저술하여 한국 아동문학의 이론을 정립하였다.
또한 가곡 '보리밭'과 동요 '과수원길' 등을 작사하였다.[2]

윤용하(尹龍河, 1922~1965)는 황해도 은율에서 출생하여, 만주 봉천보통학교를 졸업하였다. 독
실한 카톨릭 교도의 집안에서 성장하여 어렸을 때부터 교회를 통해 음악을 접하였다. 그는 정규 음
악교육을 받은 적은 없으며, 봉천방송국 관현악단의 지휘자 일본인 가네코로부터 틈틈이 작곡 · 화
성학 등을 배웠고, 그 외 독학과 개인적인 음악적 경험으로 합창곡 · 동요곡 등을 작곡하였다. 1943
년 만주 신경으로 가서 김동진, 김대현 등과 함께 활발한 음악활동을 펼쳤다. 해방 후 귀국하여 박

---

2   한국사전연구사, 『국어국문학자료사전』, 1998, 1177~1178쪽.

태현, 한갑수, 이흥렬 등과 함께 '한국 음악가협회'를 발족하여 한국전쟁 발발 이전까지 활동하였다. 그 후 '전시 작곡가협회'를 조직하여 종군 작곡가로서 최전방을 순회하면서 많은 군가를 만들었다. 정부가 환도한 뒤에는 한국 작곡가협회 사무국장 등을 지냈다. 주요 작품으로 가곡 '보리밭 (1952)' · '도라지꽃(1956)', 교성곡 '조국의 영광', 교향곡 '개선' · '한가윗달' 등이 있고, 그밖에 미완성 오페라로 '견우직녀', '플룻 독주곡' · '병사의 꿈', 교향적 서곡 '농촌풍경' 등이 있다.[3]

2. 민주경찰행진곡

〈사진 105〉 **〈민주경찰행진곡〉 악보**

그 가사는 다음과 같다.

---

3   한국예술종합학교, 『한국작곡가사전 I』, 1995, 290~295쪽.

1. 독수리 날개 펴 지키는 무궁화

　빛나는 휘장에 줄기찬 그 용맹

　내 겨레 생명과 질서를 확보해

　물불을 가리랴 밤낮을 싸운다

2. 비바람 눈보라 휘몰아 쳐와도

　나라에 바친 몸 용기는 끓는다

　언제나 민중을 위하야 살려는

　이 보람 이 명예 지니고 나간다

(후렴) 우리가 서는 곳 안전이 따르고

　　　우리가 가는 곳 어데나 밝아라

본 노래의 작사자는 양명문, 작곡자는 김동진이다.

양명문(楊明文, 1913~1985)은 평양에서 태어나 1942년 일본 도쿄센슈대학(東京專修大學) 법학부를 졸업하였으며, 1944년까지 동경에 머무르면서 문학창작을 연구하였다. 해방 후 북한에 머물러 있다가 1·4후퇴 때 월남하였다. 1951년 육군종군 작가단원으로 참여하였다. 1955년부터 1958년까지 서울대학교 문리과대학, 수도의과대학 등에서 시론과 문예 사조를 강의하였고, 1966년 이후에는 국제대학 국어국문학과 교수로 재직하였다. 1957년 한국에서 열린 국제펜클럽 제29차 세계작가회의에 한국대표단의 일원으로 참석하기도 하였다. 그의 작품에 나타난 시정신은 주로 언어의 기교미를 배척하고, 분출되는 감정과 생각을 그대로 직선적으로 표현하는 것이었다. 또한 자연과 생활에 관조의 경지를 보이는 작품과 민족정신을 바탕으로 한 현실참여적인 작품이 특징이다. 시집으로는 『화수원(1940)』, 『송가(1947)』, 『화성인(1955)』, 『푸른 전설(1959)』, 『이목구비(1965)』, 『묵시묵(默示默, 1973)』 등이 있다.[4]

김동진(金東振, 1913~2009)은 평남 안주 출생으로 1936년 평양 숭실전문학교를 졸업하였다. 1929년부터 1936년까지 숭실전문학교 음악교사였던 말스베리(Malsbary)에게 바이올린, 화성학, 작곡법을 배웠다. 그 후 일본으로 건너가 일본고등음악학교 기악과로 진학하여 바이올린을 전공하고, 1938년 졸업한 뒤 만주 신경교향악단에 입단하여, 바이올린 연주와 작곡을 담당하였다. 1953년 서라벌예대 교수를 거쳐 1974년에는 경희대 음대학장을 지냈다. 주요 작품으로 가곡 '봄이 오

4　한국사전연구사, 『국어국문학자료사전』, 1998, 1892쪽.

면(1931)'·'가고파(1933)'·'파초(1934)'·'내마음(1940)'·'조국찬가(1951)', 관현악곡 '양산가 (1943)'·'조국찬가(1943)', 가극 '심청전(1978)', '춘향전(1993)' 등이 있다.[5]

3. 당시 사회적 배경

'고마운 순경'과 '민주경찰행진곡'이 게재된 때는 한국전쟁 이후 사회적 혼란이 지속되던 시기 였다. 먼저 전쟁으로 인한 인명 피해를 정부 통계로 보면, 민간인 피해는 학살 128,936명, 사 망 244,663명, 납치 84,532명, 행방불명 303,212명, 의용군 40만 명으로 총 1,161,343명 이었다.[6] 그리고 군인·군속·경찰관의 피해는 전사 231,787명, 실종·납치 51,632명으로 총 283,419명이었다.[7]

또한 1951년 8월 현재 한국정부가 미국 원조당국과 합동으로 소요 원조규모의 산정을 위해 전쟁 피해상황을 조사한 결과에 따르면, 제조업의 경우 건물 피해액이 약 5,100만 달러, 시설이 6,381만 5,000달러, 기타 원료·제품 등이 44만 1,000달러로 총 1억 1,526만 달러의 전쟁피해 를 입은 것으로 나타났다.[8]

이와 같은 전쟁의 피해는 수많은 국민들을 고통에 빠지게 하였다. 한국전쟁으로 인하여 거의 모 든 산업시설이 파괴된 상황에서 미국의 원조는 필수적이었다. 하지만 미국의 원조는 단순히 구호적 인 성격의 것으로 국민경제의 발전을 위한 기반 조성보다는 당장의 안정과 수습에 역점을 둔 것이었 다. 이는 미국 원조의 내용 중 PL480에 따른 잉여 농산물로 대변되는 소비재가 원조의 80% 이상 을 차지한데서 입증된다.[9]

게다가 한국전쟁을 거치면서 한국사회는 미증유의 지역간·계층간 인구이동을 경험하였다. 농촌 에서는 농촌희생적인 자본축적 방식으로 인해 잠재실업이 증가했으며, 도시에서도 제대군인이 늘 어나면서 빈민이 형성되었다.[10] 한국산업은행 조사부에 따르면 실업자 수는 1952년 126만 명, 1954년 132만 명에 달했다. 이 시기의 다른 자료를 보면 1955년 2월 10일 현재 완전 실업자 수 는 200만 명에 달하고 그 밖에 반실업자, 유랑농민, 파산한 도시소시민이 1,000만 명 이상이었던 것으로 되어 있다.[11]

---

5   한국예술종합학교, 『한국작곡가사전 I』, 1995, 93~98쪽.
6   와다 하루끼, 『한국전쟁』, 창비, 2009, 327쪽.
7   김광동 외, 『한국 현대사 이해』, 경덕출판사, 2007, 162쪽.
8   앞의 책, 162~163쪽.
9   김인걸, 『한국 현대사 강의』, 1998, 돌베개, 192쪽.
10 앞의 책.
11 장상환, 「한국전쟁과 경제구조의 변화」, 『한국전쟁과 사회구조의 변화』, 백산서당, 1999, 176쪽.

특히 농촌에서는 농가 호당 부채 규모가 현저하게 늘어났다. 즉 1951년에 1,066환이던 농가부채가 1953년에는 그 3.8배인 4,036환으로, 다시 1957년에는 46,200환으로 4년 동안에 무려 11.4배로 늘어나고 있다. 그간의 물가상승을 감안하더라도, 이는 상상을 초월하는 엄청남 폭증이라 할 수 있다.[12] 또한 농민층의 내부구성의 변화를 보면 여전히 빈농층이 70%로 가장 많았다. 그들은 생계비의 부족분을 날품팔이에 의존하여 보충해야 했으며, 그 가족의 일부는 머슴살이를 하기도 하였다. 그래도 모자란 부분을 부채로 져야 했던 빈농들은 봄만 되면 생계를 유지할 곡식이 바닥나서 초근목피에 의존하는 농가가 많았다.[13]

4. '고마운 순경'과 '민주경찰행진곡' 발표

치안국은 이와 같이 국민들이 한국전쟁으로 인하여 극도의 어려움을 겪고 있자 언제나 국민과 함께 하면서 도움을 주는 경찰관의 이미지를 전파하기 위하여, '고마운 순경'을 지어 1954년 어린이날을 한 달 앞두고 공개한 것으로 보인다. 그리고 동요가 발표된 후 서울시경찰국은 같은 해 10월 22일 제9회 경찰의 날 기념 어린이 음악회를 개최하였고, 그 자리에서 어린이들이 이 노래를 합창하였다.[14]

그리고 앞에 쓴 바와 같이 대규모의 경찰관 감원이 1953년 9월 15일 처음 시행되었다. 그림에도 불구하고 당시 경찰은 계속 빨치산 진압에 집중하고 있었

〈사진 106〉 〈고마운 순경〉의 이미지

다. 따라서 치안국은 내부의 조직 안정과 경찰관의 사기 충전에 기여하기 위하여, '민주경찰행진곡'을 만들어 각종 대내외 행사에 이 곡을 활용한 것으로 추정된다.

---

12   이대근, 『해방후 – 1950년대의 경제』, 삼성경제연구소, 2002, 452~453쪽.
13   한국역사연구회, 『한국 현대사 2』, 풀빛, 1993, 170~171쪽.
14   치안국 경무과, 『민주경찰』 제45호, 1954년 11월, 3쪽.

4) 경찰관련 법령 제정
(1) 「경찰관직무집행법」 제정

1953년 12월 24일 법률 제299호로 「경찰관직무집행법」이 제정되었다. 이 법은 경찰관의 검문·검색 및 연행의 권한, 묵비권의 보장, 가영치 물건의 영치 기간 30일, 주취자나 길을 잃은 아이 등은 경찰관서에서 24시간 이내 보호, 화재·교통사고 등이 발생하였을 때의 긴급조치와 치료 명령, 직권을 남용한 자에 대한 6개월 이상의 금고형 또는 징역형 등을 주 내용으로 하였다.

(2) 「경범죄처벌법」 제정

1954년 4월 1일 법률 제316호로 「경범죄처벌법」이 제정되었다. 이로써 1912년 3월에 제정된 일제강점기의 「경찰법처벌규칙」이 폐지되었다. 또한 종래 87개 항목의 경범죄가 45개로 축소되었다. 그러나 '관공서의 독촉을 받으면서도 굴뚝의 개조, 수선 등 기타 상당한 조치를 하지 않은 자를 처벌한다' 등 일제강점기에 명시되었던 항목은 그대로 존속되었다.

(3) 「형사소송법」 제정

1954년 9월 23일 「형사소송법」이 제정되었다. 이 법은 미국식 형사소송체계를 대폭 도입하였으나 수사구조만은 일본식 검사주재체제를 유지하였다. 제정 당시 수사와 공소권 분리의 필요성은 공감되었지만 장기적인 과제로 넘겼다.

5) 경찰교육 변화

1954년 3월 3일 대통령령 제875호「경찰전문학교 직제」가 공포되어 지방의 경찰학교가 폐지되었다. 그리고 보통과를 신설하여, 교육생에 따라 본과·보통과·특과로 나누어 교육을 실시하였다. 본과는 제1부(경위 임용교육), 제2부(현직 경사로 경위 승진후보자), 제3부 (현직 경위), 제4부(현직 경감 이상), 제5부(현직 소방사 이상)로 나누어져 있었다. 보통과는 제1부(신임 순경), 제2부(현직 순경 및 경사), 제3부(소방원 및 소방사보)로 구분되었다. 특과는 특수 업무에 종사하거나 장래 특수 업무를 담당할 경찰관을 대상으로 하였다.[23]

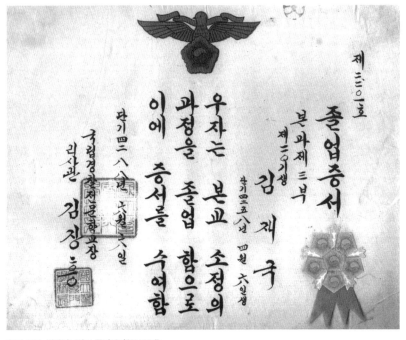

〈사진 107〉 **경찰전문학교 졸업증서**(1955년)

---

23   치안국,「한국 경찰사 Ⅱ, 1948.8~1961.5」, 1973, 725~726쪽.

경찰전문학교는 같은 해 2월 25일 인천시 부평동 구舊박문여자중학교로 교사를 이전하여,[24] 간부후보생, 신임순경, 직무교육을 담당하였다. 그리고 1959년 2월 경찰전문학교 서울 분교가 종로구 내자동에 설치되었다. 이후 1961년 1월 지방경찰학교가 부활하여 서울(소재지는 경찰종합학교, 경기도·강원도 담당), 제1분교(소재지는 대전, 충청남·북도 담당), 제2분교(소재지는 부산, 경상남·북도 담당), 제3분교(소재지는 광주, 전라남·북도, 제주도 담당)로 이루어졌다.[25]

---

24 경찰전문학교, 『경찰교육사』, 1956, 79쪽.
25 경찰종합학교의 직원 수는 113명·교육생 수는 830명, 제1분교의 직원 수는 26명·교육생 수는 170명, 제2분교의 직원 수는 49명·교육생 수는 500명, 제3분교의 직원 수는 71명·교육생 수는 800명이었다. 치안국, 『한국 경찰사 II, 1948.8~1961.5』, 1973, 735쪽.

| 『**민주경찰**民主警察』**과 문학** |

〈사진 108〉『**민주경찰**』 제55호(1955년 9월)

『민주경찰』에는 당시 유명한 문학인들이 많이 등장하고 있어 눈길을 끈다. 구체적으로 살펴보면, 1947년 6월 창간호 이후 1948년 1월의 신년호에 이르기까지 초반에는 이들의 글이 눈에 띄지 않는다. 물론 경찰전문학교장이었던 함대훈이나 박종화, 설의식 등의 경우는 특별하다고 하겠다. 그러나 창간 1주년 기념호인 제9호(1948년 7월)를 보면, 윤곤강과 서정태의 시작품이 실렸으며, 최태응의 소설과 유치진·정비석의 수필도 실렸다.

이후 시인으로는 서정주(제13호, 발행일 확인 불가능), 이하윤(제15호, 1949년 5월) 등이 있는데, 특히 제17호(발행일 확인 불가능)에는 유명한 김영랑의 '독을 차고'가 실려 있다. 산문으로는 김동인(발행일 확인 불가능)과 제15호(1949년 5월) 그리고 최정희(제14·16호, 연도 확인 불가능)가 눈에 띄며, 유치진·정비석·계용묵 등의 수필도 들어 있다.

문학사적으로 모더니즘 운동 가운데 후반기 동인들의 활동이 눈에 띄는 시기였던 만큼 『민주경찰』에도 김수영, 임호권, 박인환 등의 글이 실린 것도 특기할 만한 일이다.[1] 특히 2015년 박인환의 시 '환영(幻影)의 사람'이 『민주경찰』 제60호(1956년 2월)에서 발굴되었고, '서적(書籍)과 풍경(風

---

1   이윤정, 「해방 후 경찰잡지 개관 – 대표적 경찰잡지 '민주경찰'을 중심으로」, 『근대서지』 제7호, 2013, 187~188쪽.

景)'과 '가을의 유혹(誘惑)'도 각각 제32호(1953년 4월)와 제43호(1954년 9월)에 발표되었다.[2]

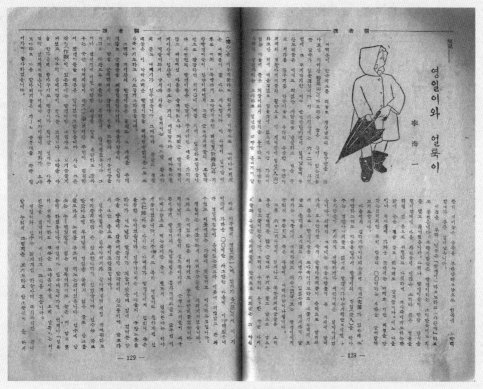

〈사진 109〉 이해일(李海一)의 단편소설 「영일이와 얼룩이」 (제55호, 1955년 9월)

또한 경찰관이나 그 가족도 독자투고란을 통하여 많은 문학작품을 게재하였다. 그 중에는 작품성이 상당히 뛰어난 것이 많으며, 이를 통해 당시 경찰관의 높은 문화수준을 알 수 있다.

---

2   엄동섭·염철, 『박인환 문학전집 1』, 소명출판, 2015, 22~26쪽.

4. 4월 혁명과 경찰중립화 시도

4월 혁명 이후 출범한 제2공화국은 이미 장면정권 출범과정에서부터 다음과 같은 취약한 요인들에 둘러싸여 있었다.[26]

첫째, 제2공화국은 정권을 유지하는 데 권력기반이 매우 불안정하였다. 즉 장면 정권이 의회 내 안정 세력을 확보하지 못하였다는 것이다. 장면은 총리인준 표결 시 민주당 신파와 일부 무소속의 지지만 얻어, 재적과반수를 겨우 넘어섰을 정도로 의회 내 지지기반이 약하였다. 따라서 장면 정권은 항시 도각 당할 처지에 있었고, 이 때문에 의회 내 반대세력과의 마찰이 심각하였다. 또한 의원내각제를 채택한 관계로 그 운영이 미숙할 경우, 대통령과 국무총리, 의회와 행정부 또는 국가기구 간에 심각한 마찰을 초래할 소지를 안고 있었다.

둘째, 제2공화국은 자신의 능력으로 국가를 감당하기 어려운 부담을 떠맡고 있었다. 이것은 구체제를 온존시킨 과도정부의 유산인데, 여기에 장면 정권이 자신의 정통성을 4월 혁명의 계승자로 내세움으로써 더욱 가중되고 있었다.

1) 4월 혁명

1952년 부산정치파동, 1954년 4사5입에 의한 개헌에 이어, 1958년 국회의원 선거에서 민주당은 79석을, 자유당은 126석을 획득하였다. 그러나 인구 5만 이상의 도시에서 자유당은 13명만 당선된 것에 비해, 민주당은 43명이나 당선되었다. 이는 자유당에 대한 도시인들의 누적된 불만이 2·28 대구와 3·15 마산 등의 지방도시에서 파급되어 서울에서 폭발하였던 4월 혁명에서 잘 나타나고 있다. 4월 혁명은 1950년대의 정치적, 경제

---

26   유재일, 「제2공화국의 사회갈등과 정치변동」, 『한국사 17 : 분단구조의 정착 1』, 한길사, 1994, 439쪽.

적 그리고 사회적 요인들에 의해서 야기된 결과로써, 당시의 국민들이 가지고 있었던 기대와 현실상황 간의 괴리감에서 오는 상대적인 박탈감과 분노로 발생된 것이었다.[27]

1960년 3월 15일 정부통령 선거에서 곳곳에서 대리투표가 공공연히 저질러졌다. 일부 지방에서 사전투표가 발각되었고, 3인조 투표가 각지에서 행하여졌다. 선거결과 이승만은 유효투표수의 88.7%에 해당하는 963만여 표로, 부통령의 경우 79%에 해당하는 833만여 표로, 장면은 184만여 표로 발표되었다. 이에 따라 마산 시민·학생의 항쟁이 여러 날에 걸쳐 대규모로 격렬하게 일어났으며, 이는 그간 정부의 반민주주의 행태에 불만과 분노가 쌓여 왔었기 때문이었다.

그 후 일어난 4월 혁명은 1960년 2월 28일 대구지역 고등학생들의 시위로부터 시작되었다. 장면 후보의 유세연설에 학생들이 참여하는 것을 막기 위해 일요일인 2월 28일 학기 말 시험을 보도록 한 학교 당국의 처사에 반발하여, 학생들은 교문을 뛰쳐나가 도청에서 시위를 벌였다. 2·28 학생시위를 시작으로 시위는 서울, 대전, 수원 등 전국으로 확대되었다. 4월 11일 마산 중앙부두 앞바다에 김주열의 시체가 머리와 눈에 최루탄이 박힌 참혹한 모습으로 떠올랐다. 이날 오후 6시경 3만 명이 시위에 나섰다. 3일간의 마산항쟁에 이어 진주, 하동, 창녕 등에 이어 부산, 진해 등의 지역으로 시위가 확산되었다.[28]

4월 18일 고대생 3천여 명은 국회의사당 앞에서 질서정연한 시위를 마치고 귀가하던 중 청계천 4가 부근에서 반공청년단 종로구단 특별단부 소속 40여 명의 깡패들에게 기습을 받고 피를 흘리며 쓰러졌다. 다음날 아침

27 김성주·강석승, 『4월 학생민주혁명』, 지식과교양, 2013, 73쪽.
28 이은진, 「3.15 마산의거의 지역적 기원과 전개」, 『4월 혁명과 한국민주주의』, 선인, 2010, 151~168쪽.

에 깡패들에게 얻어맞고 쓰러진 학생들의 충격적인 사진을 담은 신문기사
가 보도되자 학생과 시민들은 분노했다. 이 사건을 계기로 4월 혁명이 폭
발적으로 일어났다. 이어 4월 25일 학생들의 시위에 자극받은 대학교수들
은 서울대에서 시국선언문을 발표하고 "학생의 피에 보답하라"고 쓴 플래
카드를 들고 가두시위를 벌였다. 대학교수단의 시위는 꺼져가는 4월 혁명
의 불길을 다시 당기는 계기가 되었다.[29]

〈사진 110-1〉 **한 시민이 만든 '4월 혁명' 신문 스크랩 1**

〈사진 110-2〉 **한 시민이 만든 '4월 혁명' 신문 스크랩 2**

4월 혁명으로 중상을 당해 1960년 7월 19일까지 사망한 희생자를 보면 같은 해 3~4월 시위에서 사망한 사람은 모두 185명이다. 이중 남자가 173명, 여자가 12명이다. 나이별로 보면 19세까지가 81명, 20~29세가 81명으로, 29세 이하가 대다수이며 특히 10대가 많은 것이 눈에 띤다. 30~39세는 10명, 40~49세는 6명, 50세 이상은 나이를 알 수 없다. 이 중 초중고 생이 54명이나 되고, 전문대생과 대학생은 22명이었다.

4월 혁명의 주도세력은 명실상부하게 시위의 촉발자이자 조직자이며, 이념의 창출자인 학생세력이었다. 이들은 최초의 한글세대이자 미국식 민주주의 이념을 배운 첫 세대로서, 당시로 봐서는 학습을 통해서 얻은 사상·이념과 그것과 괴리되는 현실의 모순을 가장 첨예하게 느낀 세력이었으며, 관제데모나 각종 학생활동 등의 집단적인 활동을 통해 조직적인 시위를 전개할 수 있는 물리적인 힘을 가진 사회집단이었다. 그러나 혁명세력으로서 학생집단은 대안적인 정치세력이 될 수 없다는 점으로 인해, 변혁 후의 정치사회를 재조직할 수 있는 역량을 결여하고 있었다. 따라서 학생들로 하여금 촉발되고 지도된 4월 혁명은 필연적으로 지성 지배집단을 전면적으로 해체시키고, 새로운 세력을 등장시키는 데는 한계가 있었다.[30]

29 오유석, 「서울에서의 4월 혁명」, 『4월 혁명과 한국민주주의』, 선인, 2010, 195~208쪽.
30 김동춘, 「4월 혁명」, 『한국사 18 : 분단구조의 정착 2』, 한길사, 1994, 317~318쪽.

 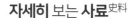
| 한 경찰관의 『교양수부』와 『참고자료집』[1] |

1960년 4월 혁명이 촉발된 원인의 하나인 경찰의 정치 개입은 금산경찰서의 한 경찰관이 1955년 5월 19일부터 1956년 7월 22일까지 기록한 『교양수부』와 참고자료인 『교양자료집』을 통해 알 수 있다. 본 자료가 작성된 때는 이승만의 영구 집권을 위한 발췌개헌안이 가결된 헌정 유린 사태와 사사오입 개헌파동의 결과로 야기된 정족수 미달에 따른 위헌적인 개헌 등으로 정치·사회 등 각 방면으로 반이승만 정서가 심각하게 고조되어 가던 중이었다.

그 결과, 조봉암, 장건상 등이 혁신정당인 진보당을 창당하고, 이승만 정권에 정면 도전하던 시기로, 정부통령선거와 지방선거를 앞두고 있던 때였다. 이와 국가 중대사를 앞두고 금산경찰서는 '사찰실무'와 지방선거에 관한 교양을 집중적으로 실시하였다.

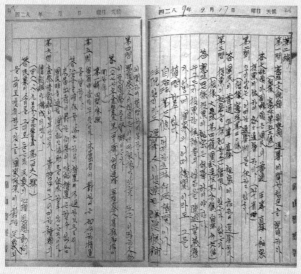

〈사진 111〉
『교양수부』
(1956.2.17)

---

1   상세한 내용은 다음 논문을 참조하길 바란다. 이윤정, 「금산경찰서 한 경찰관의 '교양수부'와 '교양자료집' (1955~56년)을 통해 본 사찰 활동」, 『한국근현대사 연구』 제93집, 한국근현대사학회, 2020년 6월.

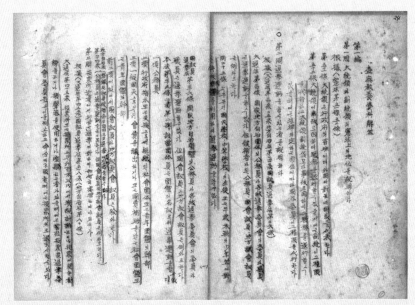

〈사진 112-1〉『**교양자료집**』(제1편)

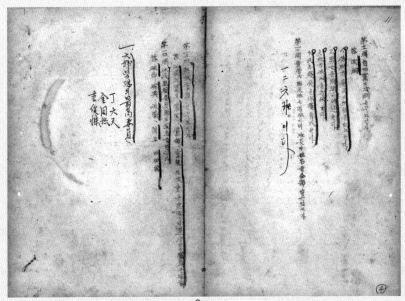

〈사진 112-2〉『**교양자료집**』 **사진**(제4편 11문 ~15문)[2]

2   오른쪽에 금산군 국민반의 수와 왼쪽에 대한노총의 최고위원 이름이 수기로 기록되어 있다.

본 자료에 나와 있는 사찰 활동의 비중은 정보, 사찰, 외사, 출판 순이다. 다시 '정보'는 정치 부분이, '사찰'은 주민 부분이 많았고, '외사'는 상대적으로 그리 많지 않았으며, '출판' 역시 그 비중이 상당히 낮았다. 또한 일반 경찰활동에 비해 사찰 활동이 우월적이었고, 관내 '사찰정보망'의 구축도 주민과 외국인을 가리지 않고 세밀하게 구축되었다. 그 결과, 1955년 금산군의 전체 주민 가운데 빨치산 전력이 있는 주민을 '생포, 자수와 귀순, 부역자'로 구분하였고, 이들을 "사찰전과자"로 명명하여 관리하고 있었다. 또한 사찰 감시대상으로 '특수 요시찰인'과 '보통 요시찰인'으로 구분하였다. 그러나 사찰 활동은 구체적인 법적 근거가 없는 가운데 일반 경찰작용법에 근거해 일반 경찰활동과 아무런 차별성이 없이 자연스럽고 일상적으로 이루어졌으며, 집회에 관한 사찰도 미군정기 때 하달된 경무부의 통첩을 그대로 이어받아 적용하였다.

사찰 실무에 있어 정보 수집은 당시 '선거 정보'에 관한 것이 가장 많았고, 금산경찰서는 공식적으로 분명하게 선거 개입을 부정하고 있었다. 그러나 단순한 선거정보 수집활동이 아닌 선거 결과까지 예상하였고, 이를 전북경찰국 사찰과에 보고한 것으로 추론할 수 있다. 다음으로 가장 많은 비중을 차지한 것은 '정당 정보'이다. 이 가운데 자유당에 관해서는 다른 야당에 비해 상당히 우호적이며 상세하게 기술하고 있었다. 야당에 대해서는 진보당과 조선민주당에 관해 간단한 내용만 있는 점을 볼 때 관심도가 크게 낮은 것으로 보인다. 지방의회의 선거에 관해서도 결과를 자세하게 파악하고 있었고, 이와 같은 정보수집활동은 전국의 모든 경찰서에서 동일하게 행해진 것으로 판단된다.

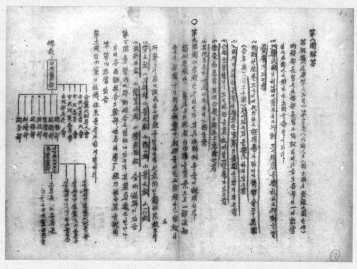

〈사진 112-3〉
『교양자료집』3
(제5편 제8문 ~ 제11문)

---

3   왼쪽에 자유당의 중앙당부와 서울특별시당·도당의 조직을 표로 설명하고 있다.

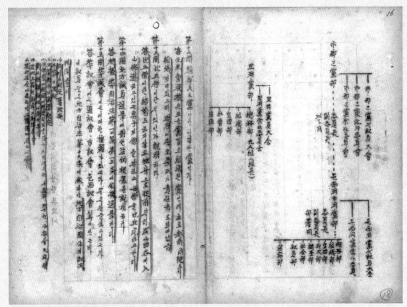

〈사진 112-4〉『교양자료집』(제5편 제8문 ~ 제11문 - 연속)[4]

이와 함께 금산경찰서는 신원조사를 통한 사상조사도 주관적으로 행하였고, 주민들을 반공을 국시로 하는 국가시책에 순응하도록 지도하기 위하여 결성한 민중조직을 통해 이승만의 사상을 그대로 전달하였고, 그 근저에는 극우반공사상이 깊숙이 자리 잡고 있었다. 다만 노동·사회·종교정보 수집은 그리 많지 않았으나 단순히 종친회 모임도 사찰대상임을 알 수 있다. 그리고 당시 사찰 활동의 범위는 지방 언론까지 확대되었고, 종교마저 이승만의 숭배사상과 연계되고 있었다는 것을 알 수 있다.

따라서 금산경찰서의 사찰 활동은 외형적으로 선거에 경찰활동의 중립적인 태도를 보여주지만 실제로는 이승만 정권에 대한 무조건적인 충성과 자유당과의 밀접한 연관성을 갖고 있었다. 또한 당시 경찰조직이 치안국 – 지방경찰국 – 경찰서로 연계되는 중앙집권적인 경찰제도에 근거한 것임을 감안할 때 전국의 다른 경찰서에서도 같은 사찰 활동이 행해졌다고 추론할 수 있다.

---

4   오른쪽에 자유당의 시·군·구당부, 읍면동·시당부, 이당(里洞)당부의 조직을 표로 설명하고 있다.

2) 경찰숙정

4월 혁명 후 출범한 장면내각은 3·15 부정선거의 책임자를 처벌하고 3·12 마산 발포사건에 대한 책임을 묻기로 하였다. 장면 정권의 '공무원정리요강'에 따르면, 1960년 10월까지 해임 대상은 3·15 정부통령 선거 당시의 군수, 경찰서장, 교육감 등으로 그 수가 1,500여 명이었다. 현석호 내무부장관은 10월 10일 2·4 파동[31] 때 무술경찰관이었던 자·경무대 경찰서에서 부당 진급된 자·민원대상자 1,500명을 파면하겠다고 발표하였다.[32] 또한 같은 해 12월 제정된 「반민주행위자 공민권제한법」에 의해 1960년 4월 26일 이전에 국민의 기본권을 유린하거나 민주주의의 원칙을 파괴한 행위를 한 경찰관에게 선거권과 피선거권을 제한하려고 하였다.

그 결과, 9월 1일에서 11월 사이에 강제 면직된 경찰관은 치안국의 관리자급 18명, 총경 115명, 경감 265명, 경위 678명, 1,276명, 순경 2,169명이었다. 이와 함께 대학 출신 430명을 포함한 2,000명의 경찰을 신규 채용하였으며, 11 하순에는 경찰 외부에서 20명을 받아들여 총경으로 임명하였다.[33] 하지만 「반민주행위자 공민권제한법」은 법조계와 정치계에서 이 법은 '소급입법으로 국민의 참정권을 제한하는 것은 위헌'이라는 논란이 많았고, 1961년 5·16 군사정변이 일어나는 바람에 제대로 시행되지 못하였다. 게다가 1962년 3월 제정된 「정치활동정화법」에 의해 이 법이 폐지되어 당초 파면된 고위경찰관들에게 공민권을 제한한다는 제재를 가하지는 못하였다.

---

31 1958년 12월 24일 국회에서 경위권(警衛權)을 발동하여 여당 단독으로 신국가보안법을 통과시킨 사건을 말하며, '보안법 파동'이라고 말한다.
32 앞의 책, 198쪽. 그러나 이에 대한 결과는 알 수 없다.
33 민주화운동기념사업회·한국민주주의연구소, 『한국 민주화운동사 I』, 돌베개, 2008, 197~198쪽.

3) 경찰중립화 시도의 좌절[34]

1960년 5월 24일 개원한 제4대 국회는 '경찰중립화 법안 기초특별위원회'를 구성하여 경찰중립화 법안을 기초한 후 공청회를 개최하였다. 여기서 논의된 초점은 ① 경찰의 관리 문제 ② 경찰의 주체 문제, 즉 경찰을 국립경찰로 단일화 하거나 아니면 국립경찰과 자치경찰로 이원화 하는가 하는 문제 ③ 경찰관의 자격문제 ④ 범죄수사의 주체 문제 등이었다.

그 과정에서 ① 경찰의 관리 문제는 선진국과 마찬가지로 민주적인 위원회를 두어 관리하는 방식을 도입하면 될 것이며, 이를 위해 행정권 수반소속하에 공안위원회를 두어 경찰집행기관을 관리토록 한다는 데는 이견이 없었다. 문제가 된 것은 ② 경찰의 주체를 국립경찰로 일원화 하거나 아니면 국립경찰과 자치경찰로 이원화 하는 가였다. 국립경찰로 일원화 하자는 측은 우리나라와 같이 국토가 좁은 나라에서 자치경찰을 두면 경찰력이 약화되어 자칫 치안

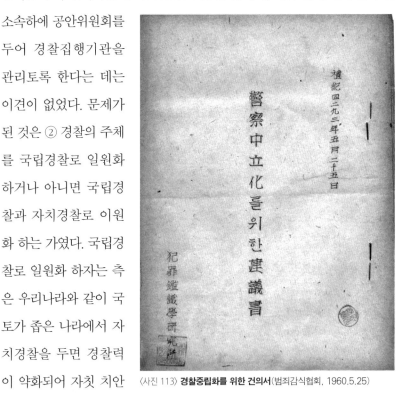

〈사진 113〉 **경찰중립화를 위한 건의서**(범죄감식협회, 1960.5.25)

유지가 어렵다는 것이 이유였다. 이에 반해 이원화를 주장하는 측은 지방자

---

34 박범래, 『한국 경찰사』, 경찰대학, 1988, 309~311쪽을 참조하여 재작성 하였다.

치 행정은 민주정치의 근간이며, 이는 자치경찰에 의해 실현된다는 것이 이유였다. ③ 경찰관의 자격문제에 대해서는 엄격한 규제를 두어 경위 또는 경감은 대학졸업자로 하고, 총경은 고등고시 합격자로 하자는 의견이 많았다. ④ 범죄수사의 주체에 관해서는 현행법대로 검사로 하여금 범죄수사의 주체로 하자는 의견이 많았으며, 한편에서는 그 주체를 경찰관으로 하여 수사 책임을 명확히 하고 수사의 능률을 올리게 하자는 의견도 있었다.

이와 같은 여론을 종합하여 기초한 경찰중립화 법안이 같은 해 6월 7일 민의원의 법제사법위원회를 통과하였다. 법안의 주요 내용은 ① 경찰의 관리 문제에 대해 국무총리 소속하에 중앙공안위원회를 두고, 구성은 국무위원을 위원장으로 한 5명의 위원으로 하여 경찰기관을 관리하며, 지방에는 도공안위원회를 두어 지방 경찰기관을 관리하도록 하고 ③ 경찰관의 자격문제에 대해 경사는 고등학교 졸업자로, 경위·경감은 대학졸업자로, 총경·경무관은 고등고시 합격자로 임용하되 총경의 20%는 내부 승진자로 한다는 것 등이었다.[35]

그리고 같은 해 6월 15일 국회를 통과한 「헌법」의 제75조에 '경찰의 중립을 보장하기에 필요한 기구에 관하여 규정을 두어야 한다'고 명시되었고, 또한 1960년 7월 1일 개정된 「정부조직법」의 제13조에서도 '경찰의 중립을 보장하기 위하여 공안위원회를 둔다(1항)'고 명문화되어 경찰중립화가 법적으로 보장되었다. 그러나 이러한 「헌법」과 법률의 명문에도 불구하고, 1960년 7월 25일 제4대 국회가 자진 해산함에 따라 이 법안이 폐기되고 말았다. 게다가 다음해 5·16 군사정변이 일어나 다시 논의할 수 있는 정치·사회적 여건이 조성되지 못해 결국 경찰중립화의 시도는 좌절되었다.

---

35 인용한 책에서 ② 경찰의 주체를 일원화로 하거나 또는 이원화로 하는 가에 관한 자료는 찾지 못하였다.

5. 5·16 군사정변 이후 경찰 변화

1) 5·16 군사정변

1961년 5월 16일 박정희를 중심으로 한 군부세력이 반공, 친미, 구악 일소, 경제 재건을 명분으로 정변을 일으켜 정권을 장악하였다. 이에 가담한 군인들은 「헌법」의 효력을 중단시키고, 국가재건최고회의를 구성하여 제3공화국이 출범하기 전까지 정치·경제·사회·문화 등 모든 분야에 깊숙이 관여하였다. 정변 초기 국가재건최고회의는 집회·시위·결사를 금지하고, 국회 및 지방의회를 해산시켰으며, 구호·학술·종교단체 이외의 모든 정당 사회단체에게 활동금지 명령을 내려 15개 정당과 238개의 여타 단체를 해산시켰다. 또한 언론출판에 대한 사전검열 지침을 발표하였고,[36] 중앙·지방의 일간신문 830여 종, 주간신문·통신사·출판기관 370여 종에 폐쇄령을 내렸으며, 언론인을 대량 검거·투옥하였다.[37]

5·16 군사정변의 추진세력 중 가장 결집력이 강했던 육사 8기생은 대한민국 정부 수립 후 처음 육군사관학교에 들어온 사람들로, 선배 장성들처럼 중국군·일본군·만주군으로 구별되는 것이 아니라, 한국군 장교로서 군 생활을 시작한 사람들이었다. 또한 육군본부에서 정보업무를 담당하면서 정치적인 변동에 민감하게 반응할 수 있는 사람들이었다. 따라서 이들은 4월 혁명 직후 개혁적인 분위기 속에서 부패하고 무능한 구세대 장성들을 숙정한다는 명분으로, 군 내부에서 있기 힘든 집단행동을 벌인 것이었다.[38]

---

36 그 항목은 적에게 이로운 사항, 군사혁명위원회의 제 목적에 위반하는 사항, 반혁명적 선동선전을 목적으로 하는 사항, 치안유지에 유해한 사항, 국민여론 및 감정을 저해하는 사항, 군의 사기를 저하시키는 사항, 기밀에 저촉하는 사항, 허위 및 왜곡된 사항, 그 외 지시사항으로 총 9개였다.

37 한지수, 「지배이데올로기의 형성과 변화과정」, 『한국사 20 : 자주·민주·통일을 향하여 2』, 한길사, 1994, 356쪽.

38 홍석률, 「5·16 쿠데타의 원인과 한미관계」, 『역사학보』 제168집, 역사학회, 2000, 63~64쪽.

이들은 무력으로 정변을 성공시킨 후 반공을 구호로 내걸고, 경제 재건과 정치 안정 및 사회 개혁을 강조하면서 대통령 중심제와 단원제 국회를 주요 내용으로 하는 「헌법」 개정안을 마련하여, 이를 국민 투표에 부쳐 확정하였다. 또한 민주공화당을 창당하여 정변의 주역인 박정희가 대통령 후보로 출마하였다. 1963년 10월 15일 실시된 제5대 대통령선거에서 박정희가 야당 후보였던 윤보선을 15만표 차로 제치고, 당선되면서 제3공화국이 탄생하였다.

2) 경찰조직 변화
(1) 직제 개편

5·16 군사정변이 발생하고 난 후 치안국의 조직은 경무과, 보안과, 경비과, 수사지도과, 정보과, 통신과로 이루어진 기존 6개과에서 기획심사과와 소방과가 신설되어 8개과로 되었다. 경무과는 경찰관·소방관의 복무, 인사, 교육훈련, 감찰, 회계, 보급, 공보 등을, 기획심사과는 경찰기획, 조직, 법제, 통계, 사무 개선, 예산 결산 및 경찰행정 사무 감사 등을, 보안과는 생활안전활동, 풍속경찰, 교통경찰, 총포·화약류, 노약자 및 요구호자 등 보호 등을, 경비과는 경호, 경비, 전투경찰, 경찰차량, 무기·탄약, 해상 경비 등을, 소방과는 민방공, 수난구조, 화재예방 등을, 수사지도과는 사법경찰의 지도, 범죄정보 수집, 수사지도, 지문감식 등을, 정보과는 대공사찰, 외사경찰, 사찰정보 수집 및 분석 등을 분장하였다.

〈사진 114〉 **제17회 경찰의 날 기념식**(1962.10.21, 효창운동장)

그리고 시도경찰국은 1961년 7월 19일과 10월 31일 두 차례에 걸친 직제개정으로 종전 경비과와 통신과를 경비통신과로 개편되었다. 같은 해 11월 14일 다시 정보과가 신설되어 경무과, 보안과, 경비통신과, 수사과, 정보과로 조직되었다. 이어 1962년 11월 21일 부산시경찰국이 경남경찰국에서 독립하여 발족되었다. 또한 외사역량을 강화하기 위해 1966년 7월 11일 대통령령 제2602호에 따라 치안국·서울시경찰국·부산시경찰국에 외사과가, 그 외 경찰국의 정보과에 외사계가 설치되었다.

이와 함께 치안국은 1966년 말부터 북한의 대남 무력공세가 강화되자 1967년 9월 1일 각 시도에 전투경찰대를 발족하고, 지방경찰국에 소방과와 통신과를 신설하였다. 또한 대간첩작전 역량을 강화하기 위한 목적으로 1971년 3월 20일 「전투경찰대 시행령」이 공포되어, 그 해에 1,552명의 전투경찰대원을 확보하고, 37개 전경대에 일반경찰관 1,552명을 충원하였다. 이어 1972년 6월 14일 전북·전남·경남경찰국에 작전 2계와 경찰 레이더운용대를 설치하여 해안선 경비에 주력하였다.

한편 1955년 2월 7일 치안국에서 상공부 해무청으로 소속이 변경되었고, 명칭도 해안경비대로 변경된 해양경찰대가 1962년 4월 3일 법률 제1048호 「해양경찰대 설치법」에 의해 다시 치안국 소속으로 환원되었다.

그리고 1969년 9월 20일 해양경찰대에 정보수사과가 신설되어 밀수 등 해상범죄 단속을 강화하였다. 1972년 5월 16일 치안국은 해양경찰대 기지를 지구해양경찰대로 개칭하고, 같은 해 6월 2일 지구해양경찰대에 경무과·경비과·경비통신과·정보수사과를 설치하였다.

(2) 경찰행정 변화

전국 경찰서의 직제가 1961년 7월 18일 각령 제50호에 따라 보안과가 보안계와 교통계로 구분되었다. 이로써 보안계는 호구조사, 풍속, 총포·화약류 단속, 노약자·요구호자 보호, 청소년 보호 등을, 교통계는 교통업무를 전담하도록 되었다.

또한 중앙경찰의 기관지였던 『민주경찰』은 1960년 4월 혁명 이후 경찰의 민주화 추진에 앞장서는 글을 많이 실어 경찰관의 의식 변화를 유도하고 있었다. 그러나 1961년 5·16 군사정변 직후 치안국장으로 임명된 조흥만 육군준장이 경찰관에게 보내는 경고문이 게재되는 등 이전과 다른 강압적인 내용이 실렸고, 결국 제호가 『경찰警察』로 변경되어 발행되었다.[39]

1963년 5월 19일 「내치보內治保 2033~3059호」에 따라 방범위원회가 조직되어 운영되었다. 이로써 주민자치적인 범죄 예방활동이 제도적으로 이루어졌다. 1972년에는 종전 각 동洞단위로 구성되었던 방범위원회를 각 지·파출소 단위로 개편되고, 경찰서 단위로 방범위원회가 조직되었다. 그리고 1973년에는 지역경찰관서가 방범대원에 대한 근무감독을 하고, 자체 방범위원회에서 방범비의 징수와 지출을 담당하였다.

---

39 치안국, 『한국 경찰사 I』, 1972, 761쪽.

〈사진 115〉 **전형적인 지서장 모습**(거제경찰서 신현지서장, 1970년대 초)

이와 함께 치안국은 1963년 9월 외무부를 통해 인터폴 사무총국과 연락을 취하여 가입에 필요한 자료를 수집하였다. 이어 1964년 4월 정식으로 인터폴 가입 신청을 하였다. 그 후 같은 해 9월 30일부터 10월 7일까지 베네주엘라의 카라카스에서 개최된 인터폴 제33차 회의에서 만장일치로 한국의 가입이 승인되어 인터폴 정회원이 되었다.

1966년 7월 12일 '경찰윤리헌장'이 제정되어 선포되었다. 이는 치안국이 경찰관 개개인이 냉철한 이성과 투철한 사명감을 가지고 불법·불의에 과감히 대처하며, 항상 청렴·검소한 생활 자세를 가지고, 오직 양심에 따라 행동한다는 윤리강령을 정한 것이다. 또한 이 헌장은 경찰의 부정적인 과거사를 정리하고, 민주경찰을 지향하는 새로운 출발을 의미하는 것으로 경찰기관이 각종 행사를 개최할 때마다 낭독되었다.

그리고 1968년 11월 16일 대통령령 제3639호에 따라 치안국의 보안과에 속했던 교통계가 교통과로 독립되었다. 같은 해 12월 17일 서울시경찰국 경찰학교에서 고속도로경찰대 발대식이 거행되었다. 당시 조직은 69명의 대원과 세단 7대·사이카 21대로 구성되었고, 다음해 12월 10일 대전지구대, 12월 29일에 대구지구대가 설치되었다. 1970년 2월 25일 치안국은 국내局치에 통제본부를 설치하면서, 고속도로순찰대의 관리를 각 시도경찰국으로 분산·관리하도록 하였다.

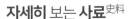

| 5·16 군사정변 이후 경찰서 회의 장면

〈사진 116-1〉 **1963년 고양경찰서 회의장면**

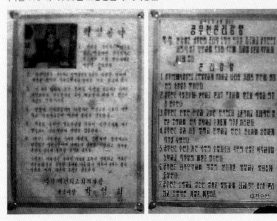

〈사진 116-2〉
'혁명공약'과 '공무원 윤리강령'

먼저 가운데 벽에 '국가재건최고위원장' 명의의 '혁명공약'과 '공무원 윤리강령'이 붙어져 있다.

〈사진 116-3〉 **표어**

맨 위 태극기 바로 옆에 '국민과 호흡을 같이 하자'라는 표어가 부착되어 있다.

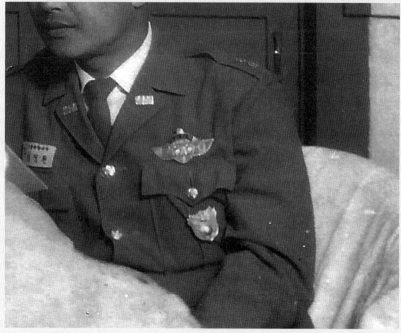

〈사진 116-4〉 **경찰서장**

바로 가장 오른쪽에 경찰서장[1]이 보인다. 그는 흉장에 무궁화 2개가 있는 것을 볼 때 경감 경찰서장이다. 또한 오늘날 경찰서장이 패용하는 지휘관장은 오른쪽에 위치하나, 이 사진에서는 왼쪽에 있다.

---

1   양정환 경감으로 제17대 고양경찰서장이며, 1963.5.2~1964.4.24 간 재임하였다.

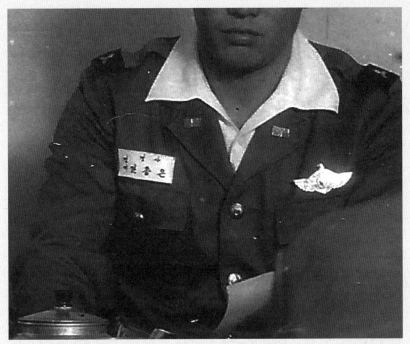

〈사진 116-5〉 **경찰장과 이름표**

　상의 옷깃에 있는 경찰장은 왼쪽에는 '경기', 오른 쪽에는 '경찰'이라는 글씨가 양각되어 있다. 오른 쪽 가슴에 이름표가 있으며, 계급·소속·이름이 쓰여 있다.

(3) 국토건설단 운영

국토건설단은 원래 1961년 장면총리가 실직자 구제를 목적으로 이들을 건설 사업에 동원하기 위해 '국토건설본부'라는 명칭으로 창설된 것이다. 그러나 5·16 군사정변 후 군부가 만 28세 이상의 병역미필자에게 실제 병역을 대신할 수 있도록 대상자를 변경하고, '국토건설단'으로 개칭하였다. 이후 1961년 12월 법률 제77호 「국토건설단 설치법」에 따라 1962년 3월 15일부터 14,000여 명의 건설단원을 소집하여 이들을 국토건설사업에 투입하였다.

조직은 경제기획원 산하 국토건설청에 설치되어, 지단支團·분단分團 등으로 편성되었고, 예비역장교 3,000명이 기간요원으로 감독하였다. 제1지단은 경상남도 남강댐 건설을 위한 총연장 16km의 도로공사, 제2지단은 강원도 양구·화천 간 11km의 도로공사, 제3지단은 강원도 정선선 철도공사, 제4지단은 경상북도 영주 경북선 선로공사에 투입되었다. 그러나, 운영과정에서 강압적인 군대식 규율 적용, 노동시간의 과도한 초과, 책임량 완수에 따른 부상자 속출 등 많은 문제가 발생하여 같은 해 11월 30일 정부방침에 따라 건설단이 해체되었으며, 「국토건설단 설치법」도 같은 해 12월 17일 폐기되었다.

하지만 국토건설단이 사회정화 차원에서 다시 조직되어, 강원도경찰국이 1969년 4월 21일 전국에서 검거된 폭력배 1,555명·치기배 245명 등 총 1,800명을 인계하였다. 이들은 태백·홍천 등의 전술도로 개설 및 확장 공사, 춘천 소양강 다목적댐 건설로 인한 양구지역의 이설 도로공사 등에 투입되었다. 공사는 연장 87,307km의 도로 공사장에 6개 지구로 분할하여 운영되었다. 그 결과, 중장비와 전문기술사를 요하는 공구를 제외하고, 목표량의 87.5%가 달성되었고, 건설단이 같은 해 10월 2일 해단되었다.

(4) 경찰교육기관 변화

① 일반 행정기구로 전환

1961년 5·16 군사정변 직후 「각령閣令 제50호」에 의해 경찰전문학교 장을 이사관에서 교관으로, 교수를 부교관으로, 서무과장은 행정사무관으로, 기타 과장은 조교관으로 하였다. 기구는 학교장, 서무과, 교무과, 훈련과, 교재과, 교수과로 하였다.

교육은 초등교육반, 보통교육반, 고등교육반, 특수교육반으로 구분되었다. 초등교육반은 신임과 보수과정으로 다시 나누어지고, 신임순경의 교육기간은 12주, 현직 순경과 경사는 4주(초등보수반)였다. 보통교육반은 신임경위(간부후보생, 52주), 현직 경위(8주)를 대상으로 하였다. 고등교육반은 총경과 경감 교육과정으로 8주간 실시되었다. 특수교육반은 경무, 보안, 수사, 정보, 경비, 체육, 소방 등 경과별로 2~4주간 실시되었다.[2]

1962년 2월 경찰전문학교장이 경무관으로 임명되었고, 지방경찰학교 직제가 개정되었다. 이에 따라 서울경찰국을 비롯한 지방경찰국에서는 지방경찰학교가 개설되어 조직으로 서무과, 교육과, 교수과가 설치되었다. 그리고 1964년 경찰전문학교장을 다시 치안부이사관으로 승격하고, 경무관이 임명되는 부교장제를 신설하였다. 이후 1967년 경찰전문학교의 서울 분교가 병설되었다.

② (구)경찰대학 승격 및 경찰종합학교 부설

1972년 2월 22일 경찰전문학교가 '경찰대학'으로 승격되었다. 이 '경찰대학'은 현재 충청남도 아산에 있는 4년제 대학이 아니며, 한국 경찰사에서는 '구舊경찰대학'이라 부른다. 기구로 학장, 부학장, 서무과, 교무과, 교

---

2   경찰종합학교, 『경찰종합학교 50년사 1945~1994』, 1994, 279~280쪽.

수부(교양학과, 경찰학과, 기술학과), 기타 분교·형사학교·교통학교·소방학교가 있었다.

구舊경찰대학은 교육과정을 신임교육(간부후보생, 순경, 경사), 기본교육(경위, 경감, 경정, 총경), 직무교육(행정보통[교관·교통·민방공], 행정초등[경호·교통], 형사초등[조사전문·범죄감식], 형사보통[화재감식], 정보, 통신초등)으로 더욱 세분화하였다.[3] 교육기간은 간부후보생(52주)을 제외하고 신임순경과정이 7~16주[4], 직무과정이 2~8주였다.

또한 1975년 5월 30일 구舊경찰대학 부설 종합학교(지방경찰학교와 교통·형사·형사·소방학교를 통합)가 신설되었다. 교육과정은 신임교육(순경·미이수, 소방, 의무전경), 직무교육(외사실무, 교통실무, 정보실무, 범죄감식 등)으로 이루어졌다.[5] 그리고 1975년 12월 24일 부속 종합학교를 경찰종합학교로 개칭하고, 1979년 12월 28일 4년제 「경찰대학 설치법」이 공포되자 1982년 1월 1일 경찰대학과 경찰종합학교가 분리되었다.

(5) 경찰복제 개선

1970년 3월 19일 대통령령 제4753호에 의해 기존 하절기 긴소매의 제복을 반소매 성하복으로 개선되었다. 또한 경감 이상인 경우 모자챙에 무궁화 잎을 수놓아 2급지 경찰서장 보직에 따른 지휘관의 위상을 높였다. 이와 함께 제복을 예복과 근무복으로 구별하였다.

---

3   앞의 책, 285~286쪽.
4   일반 순경 16주, 여경 순경 8주이다. 앞의 책, 286쪽.
5   앞의 책, 296~297쪽.

2) 「형사소송법」 개정

1961년 9월 1일 「형사소송법」이 개정되어 검사의 독점적 영장청구권이 신설되었다. 이로써 형사사법기관 내 일원적 지배구조가 확립되었다. 또한 검사의 유치장 감찰제도도 시행되었다. 그 후 1962년 12월 26일 제5차 개헌으로 검사의 영장청구권이 「헌법」에 명시됨으로써 검사가 헌법차원으로 격상되었다. 하지만 당시 입법자료 등에서 이에 관한 논의의 흔적을 찾을 수 없다.

1972년 12월 27일 시행된 유신헌법에서 '검사의 신청'이 '검사의 요구'로 자구가 변하여, 검사의 전속적 영장청구권이 강화되었다. 제5공화국 「헌법」(1980)에서는 이를 다시 '검사의 신청'으로 개정하였다. 현행 「헌법」(1987.10.29 전부개정)에서는 신체의 자유에 대한 기본권 규정의 손질이 필요하다는 치열한 격론이 있었음에도 불구하고, '적법한 절차에 따라 검사의 신청에 의하여(「헌법」 제12조 3항)' 정도의 자구 수정에 그쳤다.

제2절
치안본부기

1972년 10월 17일 유신헌법의 선포로 전국에 비상계엄이 선포되었다. 11월 21일 국민투표로 유신헌법이 통과되었고, 이 「헌법」에 명시된 '통일주체국민회의'에서 박정희가 대통령으로 선출되었다. 이어 12월 27일 대통령 취임식이 거행되면서 유신체제가 출범하였다. 그 후 우리나라는 반민주주의 국가체제를 유지하려는 정치권과 인권 존중과 사회민주화를 요구하는 국민 간에 발생하는 사회적 갈등의 급류 속에 휘말리게 되었다.

이에 따라 경찰은 정치·경제·사회·문화 등 각 분야에서 발생한 시위 등에 적극 대처하는 한편 무장공비 침투 등에 따른 국가 수호라는 책무를 수행하는 과정에서 큰 부담을 갖게 되었다. 특히 1975년 5월 13일 선포된 「긴급조치 제9호」[6]로 사회전반에 민주주의적 절차가 대부분 무시되어, 학원의 자유·언론의 자유·어용교수의 퇴진 등 민주주의적 질서를 회복하려는 움직임이 전방위적으로 강력하게 밀어 닥치고 있었다. 또한 민청학련의 조직화가 그러하였듯이 당시 대부분의 대학 간의 연합운동은 대부분 교회가 매개가 되었다. 교회가 학생운동 세력의 연대의 장으로써 기능을 발휘할 수 있었던 이유는 지속적으로 모일 수 있는 장소가 되었고, 기독교계 지성인들의 지도와 재정후원을 받을 수 있었으며, 이들이 이데올로기적 보호막의 기능을 할 수 있었기 때문이었다.[7] 유신체제부터 1980년대 까지 이와 같은 민주주의를 지키려는 이들과 이에 반하는 세력 간에 당시 경찰활동은 보수적인 조직문화와 엄격한 지휘체제 등으로 인해 친정부적인 성향을 보이고 말았다.

　1979년 10월 26일 박정희 대통령이 피살되자 정치적 공백상태가 도래하여 갈등과 분열, 극도의 사회적 혼란이 야기되었다. 1980년 5월 18일 전국에 비상계엄이 선포된 후 광주에서 민주화운동이 일어났다. 5·18 민주화운 동은 신군부가 10·26 사건 이후 일시적으로 조성된 정치적 공백과 교착상황을 비상계엄 확대 실시로 돌파하면서 정치를 전면 재편하기 위하여 모든 물리적 방식을 동원할 준비를 갖추고 있던 상황에서 시작되었다.

6　'긴급조치'란 유신헌법 제53조에 명시된 행정명령으로 '천재지변 또는 중대한 재정경제상의 위기에 처하거나 국가의 안전보장 또는 공공의 안녕질서가 중대한 위협을 받거나 받을 우려가 있어 신속한 조치를 취할 필요가 있다고 판단되는 경우에 대통령이 내정·외교·국방·경제·재정·사법 등 국정 전반에 걸쳐서 내리는 특별한 조치'를 말한다. 유신체제 하에서는 1974년 1월 8일 일체의 「헌법」 개정 논의를 금지하는 내용의 긴급조치 1호와 2호를 시작으로, 1974년 4월 3일 소위 민청학련사건을 빌미로 긴급조치 4호가 선포된 데 이어, 1975년 4월 8일 그간 가속화된 유신철폐운동에 대처하여 고대 휴교령 및 군대투입을 내용으로 하는 긴급조치 7호, 그리고 1975년 5월 13일 유신헌법의 부정·반대·왜곡·비방·개정 및 폐기의 주장이나 청원·선동 또는 이를 보도하는 행위를 일절 금지하고 위반자는 영장 없이 체포한다는 긴급조치 9호가 선포되었다.

7　김동춘, 「1960, 70년대의 사회운동」, 『한국사 19 : 자주·민주·통일을 향하여 1』, 한길사, 1994, 308쪽.

그 출발은 1980년 '서울의 봄' 기간 중에 볼 수 있었던 학생들의 시위였다. 그러나 계엄사령부의 폭력적인 대응이 그와 같은 시위를 이전과는 전혀 다른 형태의 대중정치투쟁, 즉 항쟁으로 만들어버렸다. 계엄군의 과잉진압에도 불구하고 5월 19일 시위가 재개되어, 18일의 상황이 확대·재현되었고, 5월 27일 새벽, 신군부는 계엄군을 광주에 재진입시켜 시민군을 일방적으로 진압함으로써 5·18 민주화운동을 물리적으로 종결지었다.[8] 그 결과, 5·18 진상규명운동에서 출발한 독재정권 타도투쟁과 반미운동은 새로운 민중회복운동으로 승화되어 끊임없이 추구된 변혁운동으로 발전, 유신체제동안 지속되었던 폭력적 독재정권의 종식을 가져온 6월항쟁의 승리를 이끌어 낸 원동력으로 작용하였다.[9]

그 후 사회는 1987년 5월 18일 박종철 고문살인 사건이 은폐·조작되었다는 사실이 언론에 보도되면서 더욱 혼란스러웠다. 이어 개최된 6·10 대회는 전국 22개 지역에서 약 30여만 명이 참가하는 대규모 투쟁으로 발전했다. 대체로 학생과 민주단체가 주도하였지만 시민들의 자발적인 참여가 이루어졌고, 투쟁양상도 대단히 격렬했다. 이는 명동성당 농성투쟁과 연세대생 이한열의 최루탄 피격 사망으로 인해 증폭된 국민들의 분노였던 것이다.[10] 결국 '6·29 선언'이 발표됨으로써 정국이 새로운 국면으로 접어들게 되었다. 같은 해 10월 27일 여야 합의에 따라 「헌법」 개정을 위한 국민투표가 실시되었고, 12월 16일 제13대 대통령 선거가 실시되었다. 이어 1981년 3월 3일 전두환이 제12대 대통령에 취임함으로써 제5공화국이 출범하였다.

1987년 6월 정치적으로 4·13 호헌조치에 반대하는 6·10대회가 있었

---

8   고성국, 「1980년대의 정치사」, 『한국사 19 : 자주·민주·통일을 향하여 1』, 한길사, 1994, 134~137쪽.

9   김영택, 『5월 18일, 광주』, 역사공간, 2011, 704쪽.

10   유기홍, 「1980년대의 민족민주운동」, 『한국사 19 : 자주·민주·통일을 향하여』, 한길사, 1994, 80~81쪽.

고, 노태우 대선후보의 6·29 선언으로 다시 「헌법」 개정을 위한 절차에 들어갔다. 또한 계속 누적된 노사갈등이 일시에 폭발하여 많은 노사분규가 발생하는 등 사회경제적 혼란도 극심하였다. 그럼에도 개정 「헌법」에 따라 1987년 12월 16일 대통령선거가 실시되어 1988년 2월 25일 노태우가 대통령으로 취임하면서 제6공화국이 탄생하였다.[11]

1. 조직 개편

1974년 8월 15일 광복절 기념식장에서 문세광의 저격으로 육영수 여사가 사망하자 정부는 경찰의 업무 가운데 하나인 경호의 중요성을 인식하게 되었다. 또한 전반적으로 경찰활동을 강화하기 위하여 정부 주도 하에 1974년 12월 24일 「정부조직법」이 개정되었다. 그 결과, 내무부 치안국이 치안본부로 개편되면서 치안본부장이 차관급으로, 지방경찰국장의 직급이 경무관에서 치안감으로 격상되었다. 이는 대한민국정부 수립이후 경찰조직의 인원·기능·임무 등을 볼 때, 치안국장의 직위가 타 부처에 비해 너무 낮아 이를 시정하는 조치였다. 그러나 치안본부는 여전히 내무부 산하기관으로 남아있었기 때문에 중앙경찰 및 지방경찰은 내무부 및 시도지사의 보조기관이었으며, 독립기관으로의 지위를 갖지 못하였다.

다만 같은 해 12월 24일 치안본구 기구 개편에서 제1·2·3부장을 종래 경무관에서 치안감으로 승격하여 오늘날 경찰청의 국장 계급과 같이 하였다. 직속기관인 (구)경찰대학, 해양경찰대, 국립과학수사연구소, 경찰병원은 아무런 변화가 없었다. 1981년 7월 1일 치안본부에 제4부를 설치하여, 정보 1·2·3과와 대공과를 두었고, 치안본부장을 보좌하는 치안감사담당

---

11 정관용, 「1960, 70년대 정치구조와 유신체제」, 『한국사 19 : 자주·민주·통일을 향하여 1』, 한길사, 1994, 327쪽.

관을 신설하여 조사과, 감사과, 전경감찰과를 관장하게 하였다. 이로써 치안본부는 4부 1담당관실 1소所 18개과 80개계로 증편되었다.

그 후 1975년 7월 23일 「정부조직법 개정」(법률 제2772호)과 같은 해 8월 26일 「내무부 직제 개정」(대통령령 제7760호)으로 민방위 본부가 발족하면서 산하 소방국이 신설되어, 종래 소방업무가 치안본부 소방과에서 분리되었다. 이어 부서 개편이 계속 이어지다가 1986년 10월 27일 치안본부의 직제에 있는 계장인 총경은 과장으로, 과장인 경무관은 부장으로, 부장인 경무관은 조정관(대외 명칭은 차장)으로 직위가 격상되었다. 또한 서울시경찰국장 및 해양경찰대장의 계급도 치안정감으로 되었다. 그리고 1987년 2월 27일 대통령령 제12080호에 의해 인천직할시경찰국이 신설되었다.

1991년 7월 23일 치안본부가 경찰청으로 변경되기 전 직제는 치안기획관(기획담당관, 예산담당관, 연구발전담당관), 치안감사관(감찰담당관, 감사담당관), 제1조정관(통신관리관, 경무부, 인사교육부), 제2조정관(교통지도부, 경비부), 제3조정관(보안부, 수사부, 강력부), 제4조정관(정보1부, 정보2부), 제5조정관(대공1부, 대공2부, 대공3부, 외사관리관)으로 이루어져 있었고, 부속기관은 변함이 없었다.

2. 경찰행정 변화

치안본부가 출범한 후 가장 큰 변화는 민생치안을 위해 현장 경찰력을 강화한 것이다. 치안본부는 1989년 1월 29일 치안관계회의에서 '경찰력 증강 3개년 계획(1989~1991)'을 수립하였다.[12] 그러나 이 계획은 예산 및

---

12 1989년 9,958명, 1990년 10,145명, 1991년 10,144명 총 30,247명을 증원하기로 하였다. 증원 내역을 보면 경찰서 신설요원 5,800명, 지.파출소 신설요원 2,782명, 지.파출소 적정인원(2교대 인력확보) 8,771명, 112순찰차 운용요원 3,352명, 수사경찰 4,275명, 교통경찰 3,615명, 보안경찰 369명, 외사경찰 542명, 기타 741명이었다.

정원의 미확보로 본래의 목표대로 추진하지는 못하였다. 그럼에도 경찰관 모집인원과 횟수가 크게 증가하여 많은 경찰관을 신규 채용하는 성과를 거두었다.[13]

제5공화국 정부는 민주주의 토착화, 사회복지의 건설, 정의사회의 구현, 교육혁신과 문화창달을 국정지표로 제시하였으나 정치 및 사회 상황은 각종 민주화를 요구하는 시위 등으로 극히 혼란하였다. 특히 5공화국 후반에 들어 시위의 악순환은 끊이지 않았고, 집단사태의 양상도 폭력성이 가중되었다. 이는 공공건물에 대한 기습점거 농성사태로 변하여 경찰력이 주요시설에 상주하는 것이 일상화되었을 뿐 아니라 노사 간의 대립에도 개입하였다. 그에 따라 경찰력은 크게 증가하였고,[14] 일선경찰관의 부족한 경찰활동을 지원하기 위하여 전투경찰순경이 생활안전 업무와 교통관리 업무의 일부를 담당할 수 있도록 1980년 12월 22일 「전투경찰대설치법」이 개정되었다.

또한 치안본부는 1982년 제24회 올림픽 대회가 서울로 유치되자 대테러 전담부대인 경찰특공대를 창설하였다. 이어 1984년 6월 본부 내와 올림픽 대회 경기가 개최되는 서울 등 시도경찰국에 '올림픽 기획단'을 구성하고, 10월 '올림픽 경비대'를 창설하였다. 그 후 1988년 5월 '올림픽 경비대'를 흡수한 '88 경비대'를 창설하여 서울을 비롯한 각 지방의 경기장과 숙소, 문화행사와 국제회의 관련시설 등의 경비활동을 전담하도록 하였다.

이와 함께 치안 보조역량도 강화되었다. 정부는 용역경비체제의 도입을 위해 「용역경비업법」(1976.12.17, 법률 2946호)을 제정·시행하여, 1,700여

---

13 1989년 6,978명(26회), 1990년 9,696명(32회), 1991년 8,151명(34회)으로 3년간 총 24,825명(92회)이다.

14 1980년 당시 56,003명이 1987년 66,169명으로 증가하였고, 전·의경을 포함하면 131,561명으로 1980년 보다 52,362명이 증가하였다.

개 업체 7만여 경비원이 확충되었고, 청원경찰의 배치가 확대되었다. 청원경찰의 주임무는 시설경비, 수송경비, 간첩침투 대비 무장경계, 출입자 통제, 방범·방재 등이었다. 또한 1976년 12월 31일 보행자의 안전보호, 통행방법의 지도, 주정차 단속과 주차 방법의 지도업무를 효과적으로 수행하기 위해 교통 순시원제도가 신설되었다.

1982년 「전투경찰대 설치법」이 개정되어 의무경찰제도가 실시되었다. 이어 「경찰공무원 임용령」(1983.4.20, 대통령령 제11106호)과 「동 시행규칙」(1983.5.8, 내무부령 제395호)의 개정으로 특기에 따른 인사관리제도가 정비되었다. 주요 내용은 경위 이상 경무관 이하 경찰관의 직무분야에 따라 일반특기 및 전문특기를 부여하고, 전문특기자는 계급정년을 연장할 수 있게 하는 것이었다. 물론 당시에도 경과警科제도는 활용되고 있었으나 통신·항공·해양·운전 등 특수경과 이외에는 전문화 분류가 되어 있지 않았다. 따라서 일반경과의 전문요원 양성이 불가능하고, 경위 이하의 경찰관에게만 적용되어 그 실효성이 미흡하였기 때문에 경과제도를 개선한 것이었다.[15]

1984년 5월 30일 치안본부의 독립청사 기공식이 전매청 자리였던 서울시 서대문구 통일로 97에서 거행되었고, 청사가 1986년 10월 21일 준공되었다. 이로써 치안본부 청사가 기존 정부서울청사 15층과 의주로 별관으로 나누어져 있던 것이 통합되어 보다 효과적으로 경찰정책을 기획하고 시행할 수 있게 되었다.

1990년 11월 13일 서울시경찰국에 범죄신고 즉각 대응체제인

---

15 주요 내용은 일반경과·전투경과·특수경과를 일반경과와 특수경과로 분류하고, 치안감 이하의 경찰관을 대상으로 하였다(1987년 12월 31일 총경이하로 개정). 일정한 요건을 갖춘 경위 이상 경무관 이하의 경찰관에게 그 경과별 직무분야에 따라 일반특기는 기획·감사·경무·방범·형사·수사·교통·경비·작전·정보·보안·외사 특기이며, 전문특기는 형사·조사·감식·정보 관리·정보 분석·보안수사 공작·보안수사 신문·외사 및 기술전문(통신, 항공, 해양) 특기로 분류하였다.

C3Command Control & Commnication 제도가 시행되었다. C3제도는 범죄신고 전화 112를 경찰지령실의 컴퓨터에 연결해, 범죄현장과 가장 가까운 곳을 순찰하는 경찰차량에 무전으로 연락하여, 즉시 출동하는 제도이다. 이를 위해 서울시경찰국은 지령실에서 새로 발족한 112전담 순찰차와 기존 25개 형사기동대·방범순찰대, 563개 파출소를 연결하는 무선망을 신설하고, 무전기 1,044대를 추가 지급하는 한편 지령실에 컴퓨터 16대를 설치하였다.

한편 경찰교육기관에서도 큰 변화가 있었다. 1975년 5월 30일 대통령령 제7642호에 따라 경찰종합학교가 서울 및 각 지방경찰학교를 통합하였다. 또한 (구)경찰대학 승격 당시에 설치하였던 형사학교·교통학교·소방학교도 모두 직무과정으로 흡수하여 부설 종합학교로 개편하였다. 이어 (구)경찰대학 서울분교(서대문구 홍제동 소재)는 학교의 시설확충 제1단계 계획이 완료된 1976년 8월 폐쇄되었다. 1977년에는 특수교육기관이었던 해양경찰대 교육대도 폐지되어 경찰종합학교 직무과정으로 흡수되었다. 그리고 경찰간부의 질적 수준 등을 위하여 1981년 경찰대학을 신설하고, 신임순경과 의무경찰전담 교육기관으로 1987년 중앙경찰학교를 신설하여 경찰교육을 전문화하였다.

3. 경찰중립화 선언과 성과

1979년 10·26 사건 이후 각계에서는 제5공화국의 「헌법」 제정을 위한 논의가 한창이었다. 이 때 치안본부는 1980년 4월 경찰중립화를 위한 「헌법」 상 명문규정의 명문화, 경찰의 독자적 수사권을 위한 관련 법규의 제정 등을 주요 내용으로 하는 '대국회 자료'를 배포하는 등 경찰중립화를 실현하기 위하여 많은 노력을 하였다. 이러한 시도는 제5공화국 민간 교수측 헌법개정안에 '공안유지와 범죄수사의 공정성 및 정치적 중립성을 보장하기 위하여 대통령 소속하에 공안위원회를 둔다(제89조 1항)' 등의 내용이 포함되는 등 결실이 있었으나, 당시 신군부의 소극적인 태도로 실현되지 못하였다.

1987년 1월 14일 박종철이 치안본부 남영동 대공분실에서 조사를 받던 중 고문·폭행으로 인해 사망한 사건이 발생하였다. 당초 치안본부는 단순 쇼크사로 발표하였으나, 물고문이라는 심증을 굳힌 부검의剖檢醫의 증언으로 사건 발생 5일 만인 19일 물고문 사실을 공식적으로 시인하고, 관련 경찰관들을 구속하였다. 이에 대해 신민당은 정부와 여당에 대하여 대대적인 공세를 개시하였으며, 재야단체들도 규탄성명을 발표하고 진상규명을 요구하며 농성에 들어가는 한편, 각계인사 9천 명으로 구성된 '박종철군 국민추도회' 등을 주도하였다. 이로 인해 정국은 고문정권규탄 및 민주화 투쟁의 소용돌이에 휘말려들었다.

이 사건을 계기로 경찰대학 졸업생들 사이에서는 당시 시국의 중대성을 감안하여 경찰의 중립화를 저해하는 문제점과 나아갈 방향을 어떤 식으로든 표명해야 한다는 중론이 있었다. 1월 29일 새벽 졸업생 제1, 2, 3, 4기를 중심으로 '경찰중립화에 대한 우리의 견해'를 발표하였다. 주요 내용은 ① 진정한 민주화의 실현을 위해서는 경찰의 정치적 중립이 선행되어야 하고, ② 경찰의 정치적 중립은 결코 정치적 타협의 대상이 될 수 없으며, ③ 경찰의 정치적 중립은 국민이 모든 국민이 함께 풀어가야 할 과제라는 것을 천명하였다.[16]

그 결과, 민주당이 1988년 10월 24일 경찰중립화를 위한 「경찰법」안을 최초로 발의한 후, 같은 해 11월 25일 평민당이, 1989년 5월 10일에는 공화당이 각각 독자법안을 발의하였으며, 1989년 11월 30일 3개 야당의 합

---

16 김성수·이운주·박기남·박영대·강욱·김석범·성홍재·백창현, 『한국 경찰사』, 경찰대학, 2014, 264쪽.

의에 의한 법안이 성안되었다. 주요 내용은 ① 최상급 경찰기관으로 국무총리 산하에 합의제 국가기관인 국가경찰위원회를 설치하고, ② 위원 중 4명은 국회에서 선출하고, 3명은 국무총리가 제청하여 대통령이 임명하여 위원회의 정치적 중립을 도모하며, ③ 위원회는 경찰의 제도·운영·예산 등에 관한 권한과 경찰청장 임명권을 갖고, 경찰청의 관리·운영에 민주적 감독을 유도하고, ④ 특별시장 및 직할시장, 도지사 소속으로 수도 및 지방 경찰위원회를 두어 경찰청 관할 하에 수도 및 자치경찰본부를 관리토록 하는 일부 지방경찰제도를 도입한다는 것 등이었다.

그러나 정부여당의 「경찰법」안에 의하면, 기본적으로 경찰의 정치적 중립을 위한 독립적인 경찰청 설치에는 동의하지만 ① 경찰직무의 특수성과 우리나라의 특수한 안보상황 하에서 최상급 경찰기관으로 합의제 경찰위원회는 적합하지 않아 독임제 경찰위원회를 유지할 수밖에 없고, 다만 경찰행정을 신중하게 수행하기 위하여 내무부 소속으로 심의·의결기구인 경찰위원회를 두도록 하여 독임제와 위원회의 장점을 절충하고, ② 대통령 중심제에서 헌법기관이 아닌 경찰위원회 위원의 국회 선출은 적당하지 않고, 오히려 정치권의 핵심인 국회의 관여를 초래하여 경찰의 정치적 중립이 저해되므로, 전위원의 대통령 임명이 불가피 하며, ③ 경찰업무의 고도의 전문성, 기술성, 막대한 예산, 지휘체제의 문제 등 우리나라의 실정으로 자치경찰의 도입은 검토할 수 없고, 단지 일반 지방행정과의 조정을 위하여 치안행정위원회를 설치하도록 한다는 것 등이었다. 결국 「경찰법」은 정부와 여당안대로 1991년 5월 31일 국회를 통과하여 7월 31일 시행되었다.

1. 「경찰법 제정」과 조직 개편

정부는 1991년 5월 31일 법률 제4369호로 전문 6장 24조와 부칙으로 구성된 「경찰법」을 제정하고, 같은 해 7월 31일 시행하였다. 이 법에는 경찰의 임무가 '국민의 생명·신체 및 재산의 보호, 범죄의 예방·진압 및 수사, 치안 정보의 수집, 교통의 단속 기타 공공의 안녕과 질서의 유지'로 규정되고, 경찰은 직무를 수행함에 있어서 「헌법」과 법률에 따라 국민의 자유와 권리를 존중하고, 국민 전체의 봉사자로서 공정 중립을 지켜야 하며, 부여된 권한을 남용하여서는 안 된다고 명문화되었다.

같은 날 시행된 「경찰청과 그 소속기관 등 직제」(대통령령 제13431호)에 따라, 중앙에서는 기존 내무부장관의 보조기관이었던 치안본부를 내무부 소속 하에 독립된 외청으로 개편하고, 지방은 시도지사의 보조기관이었던 경찰국을 지방경찰청으로 각각 개편하여 경찰의 지휘체계를 일원화하였다.[17] 또한 내무부에 경찰행정에 관한 주요 사안과 인권보호에 관한 사항 등을 심의·의결하여 경찰 운영의 민주성과 공정성을 확보하는 경찰위원회를 두었다. 지방에서도 지역특성에 맞는 치안행정이 이루어질 수 있도록 시도지사 소속의 치안행정위원회가 신설되었다. 그리고 경찰병원, 경찰대학, 경찰종합학교, 중앙경찰학교[18]는 경찰청 소속기관으로 변경되었으나 국립과학수사연구소는 내무부장관 소속으로 되었다. 해양경찰대도 여전히 경찰청 소속으로 되었으나 기관명이 '해양경찰청'으로 변경되었다. 이에 따라 기존 지구 해양경찰대는 해양경찰서로, 지대는 해양경찰지서로 개칭

---

17 경찰청의 기획·조정·통제기능을 강화하기 위하여 종래 5조정관 16부 46과에서 1차장 4관 7국 5심의관 9담당관 41과로, 서울지방청에서는 5부 14과에서 1차장 7부 2담당관 17과 7직할대로, 지방경찰청장은 경무관~치안정감으로 임명하였다.

18 1987년 9월 18일 충북 충주시 수안보면 수회리 138에 교사를 준공하여 개교하였으며, 신임 순경 또는 경력 경쟁시험을 합격한 자를 대상으로 교육하는 기관이다.

되었다. 이후 해양경찰청은 1996년 8월 8일 해양수산부 소속으로 변경되면서 외청으로 독립하였다.

한편 경찰대학은 1985년 졸업생부터 법학사 또는 행정학사를 수여하다가 2020년부터 경찰학사를 복수학위로 수여하였다. 그 후 2017년 5월 치안대학원을 개원하여 석·박사과정을 개설하였고, 2019년부터 경찰인재개발원으로부터 간부후보생 과정을 이관 받아 운영하고 있다. 경찰종합학교는 2009년 11월 25일 교사를 충남 아산시 무궁화로 111로 이전하면서 교명을 '경찰교육원'으로, 다시 2018년 3월 30일 '경찰인재개발원'으로 변경하였다. 또한 2007년 3월 30일 경찰수사연수원은 개원한 후 교사를 2013년 10월 29일 경찰인재개발원 바로 옆으로 이전하였다.

2. 현장 경찰의 변화

2000년 당시 전국의 파출소 2,914개 소 중 약 40%에 해당하는 1,166개소에 근무하는 경찰관들은 24시간 격일근무제로 인하여 열악한 근무여건 속에 있었다. 경찰청은 이를 개선하여 근무 경찰관의 사기를 진작시키고 대국민 치안서비스의 질적 향상을 위하여 2001년 4월 1일 파출소 3교대제를 전면 실시하였다.

2003년 경찰청은 광역화되고 있는 범죄에 강력하게 대처하기 위해 순찰지구대를 창설하였다. 순찰지구대는 기존 3~5개의 파출소의 인력과 장비를 1개의 파출소에 집중시켜 순찰 기능을 강화한 것이다. 그 과정을 보면 4월 18일부터 19일까지 순찰지구대 창설을 위한 워크숍을 실시한 후, 6월 한 달 동안 전국 14개 지방경찰청 40개 경찰서를 대상으로 시범운영하였다. 8월 1일 기본형(도시형), 농촌형, 특수파출소 등 3가지 유형의 지구대 편제를 전국적으로 확대·예비 운영에 들어갔다. 이어 조직은 대장 1명(일근), 사무소장 3명(3교대로 1소장은 경무·장비·통신, 기타 2·3소장의 담당업무에 속하지 않은 업무를 담당하며 지구대장 유고시 업무대행, 2소장은 방범·수사·형사업무, 3소장은 경비·교통·정보·보안·외사업무를 담당), 관리요원(일근으로 관서운영 경비 전담, 근무실적 취합 및 관리·보고, 기타 통계자료 분석 등 서무업무를 담당), 순찰요원(3교대로 권역 내 순찰 및 거점근무·신고출동, 제사범 단속 등 기존 외근업무 수행, 치안센터에 1~2시간마다 거점근무·출동대기 및 주변순찰 실시), 민원담당관(경찰민원의 접수 및 처리, 지역주민을 위한 봉사활동, 타 기관 협조 및 협력방범활동, 치안모니터링 활동 등)으로 구성되어 있었다.[19] 한편 기존파출소는 치안센터로 전환하였다.

그 후 2004년 7월부터 정부차원에서 주40시간 근무제[20]가 단계적으로 시행되었다. 그러나 경찰업무 특성상 대상자는 파출소·교통사고조사·기동대·상황실 등에서 근무하는 경찰관을 제외한 내근부서에 속한 직원이었다. 따라서 경찰청은 휴무 토요일인 경우 경찰청·직속기관·지방경찰청의 과·계단위로 당번 근무자를 지정하여 근무토록 하였고, 경찰서에서는 기능별로 지정된 업무처리 담당자가 자가에서 대기하면서 긴급 상황 발생 시 즉응토록 하였다. 2004년 12월까지 월 1회 시범실시 및 월 2회 휴무를 실시한 결과, 운영상 문제점이나 휴무 토요일의 치안공백 등은 나타나지 않았다. 이에 따라 2005년 7월부터 일반 행정기관과 함께 주40시간 근무제가 전면 시행되었다.

---

19 석청호, 순찰지구대 운영에 관한 연구 - 순찰활동의 효과성을 중심으로, 동국대 대학원 박사논문(경찰학), 2004, 95쪽.

20 정부는 1998년 2월부터 주5일 근무제를 추진하기 시작한 후 2000년 5월 노사정위원회에서 근로시간단축특별위원회를 구성하였다. 2002년 9월 입법안을 마련해, 같은 해 10월 국회에 제출하였으나, 노사 간의 의견 접근이 이루어지지 않아 최종 합의에는 실패하였다. 그러다 2003년 8월 국회 환경노동위원회와 법제사법위원회의 의결을 거쳐 기존 「근로기준법」을 개정해 같은 해 9월 15일 공포하고, 2004년 7월부터 단계적으로 시행에 들어갔다.

3. 승진제도 개선과 대우공무원제도

경찰청은 종래 승진제도가 심사, 시험, 특별승진으로 이루어져 있던 것을 1991년 「경찰공무원법」 개정을 통해 순경이 8년 동안 결격 사유[21]없이 근무한 경우 근무성적을 평가하여 경장으로 승진시키는 근속승진제도를 시행하였다. 이어 1994년 경장 또한 9년을 결격 사유 없이 근무한 경우 마찬가지로 근무성적을 평가하여 경사로 승진시켰다. 1998년에는 근속승진 소요연수를 순경은 7년, 경찰은 8년으로 단축하였다. 그리고 2000년 가중된 업무로 인하여 시험이나 심사승진을 준비하지 못한 경사를 위하여 우수경사승진제를 도입하였다. 대상은 경사근속 11년 이상인 자 가운데 형사, 조사, 교통사고 조사요원 등 대민접점부서에서 3년 이상 근무하면서 근무평정 결과 승진대상명부의 5배수 이내 등에 포함되는 자로, 매년 경위승진 선발인원 배정 시 심사인원의 약 10%를 배정하였다.

2006년 3월 경사에서 8년간 결격 사유 없이 근무한 경우 근무성적을 평가하여 경위로 근속 승진하는 제도가 신설되면서 기존 순경과 경장의 최저 근무연수가 각각 6년과 7년으로 단축되었다.[22] 그로부터 6년 뒤, 2012년 2월 5일 많은 경위들이 희망하던 경감근속승진이 이루어졌다. 경감근속제도는 12년 이상 근무하면서 결격 사유가 없는 자를 대상으로 근무성적을 평가, 승진시키는 것이다. 그러나 문제도 있었다. 먼저 근무성적 평가를 통해 소속 경찰기관의 대상자 30%만 승진이 되었다. 다음, 퇴직 임박 3년인 자를 3년 동안 우선 승진시키는 특례가 있었다. 그리고 젊은 경위 입직자들이 고속으로 승진하지 않도록 경력 평정점에 경위 경력 100%, 경사 이하

---

21 승진 임용의 제한으로 징계의결요구, 징계처분, 직위해제, 휴직, 시보임용기간 중에 있는 자, 징계처분의 집행이 종료된 날로부터 정직의 경우 18개월·감봉의 경우 12개월·견책의 경우 6개월을 경과하지 않은 자, 신체 조건상 상위직 직무수행 부적격자 등이다.

22 2012년 2월 최저 근무연수가 순경은 5년, 경장은 6년, 경사는 7년 6개월 으로, 2017년 9월 다시 순경은 4년, 경장은 5년, 경사는 6년 6개월로 단축되었다.

경력 30%를 반영하도록 하였다.[23] 이후 많은 경위들의 개선 요구에 따라 2017년 9월 경감 근속대상자의 최저 근무연수가 10년으로 단축되었다.

2008년 12월 3일 「경찰공무원 승진임용 규정」이 개정되어 다음해 1월 3일 대우공무원제도가 시행되었다. 대우공무원제도는 경찰관의 사기진작 및 일반직 공무원의 형평성 유지를 위하여 경위 이하 경찰관이 승진소요 최저연수가 경과되고, 해당 계급에서 5년 이상 근무하였으며, 근무실적이 우수한 경우 대우공무원으로 선발하여 대우공무원 수당을 지급하는 것이다. 이후 2011년 11월 22일 동 규정이 개정되어 총경 계급까지 확대되었다. 경감 이하는 5년 이하, 경정과 총경은 7년 이상인 경우 그 대상이 되었다. 이에 따라 예산 확보를 위하여 대우공무원 수당이 종래 월급의 4.8%에서 4.1%로 축소되었다. 이 제도는 만성적인 승진적체에 따른 사기저하를 해결하기 위한 것이었으나 단순히 인사기록카드에만 그 내용이 기록된 것 외는 본인이 담당한 업무 및 직위 등은 아무런 변화가 없었기 때문에 큰 효과는 없었다.

4. 「형사소송법」 개정

수사구조 개혁은 해방 후부터 현재까지 계속 이어지는 경찰과 검찰간의 문제이다. 우리나라의 수사구조는 해방 후 '규문주의적 검찰사법'으로 평가되는 일제 「형사소송법」이 그대로 계수되어 왔다. 이에 대하여 1954년 「형사소송법」 제정 당시 수사와 소추를 분리하는 미국식 수사구조를 도입하여야 한다는 의견이 있었으나 일제경찰의 잔존 이유로 유보되었다. 이후

---

23 경감근속 승진자명부는 근무성적 평정점(50점)과 경력 평정점(50점)으로 계산하며, 이 가운데 근무성적은 1년 내 50%, 2년 내 30%, 3년 내 20%이다. 계산식은 다음과 같다. ① 근무성적 평정점은 (최근 1년 이내 근무성적평정점×50/100)＋(최근 1년 전 2년 이내 근무성적평정점×30/100)＋(최근 2년 전 3년 이내 근무성적평정점×20/100) ② 경력 평정점은 (경위 경력 월 수＋(경사 이하 경력 월 수×30/100)}×0.148이다.

경찰의 독자적 수사권 인정 필요성이 제기되어 '국민의 정부'에서 논의가 시작되어 지속적으로 추진되지 못하고, '참여정부'때 대통령 공약과제로 수사구조개혁이 본격 추진되었으나 역시 결실을 맺지 못하였다.

이후 2009년부터 검찰개혁 공론화와 수사구조개혁 논의가 본격적으로 이루어져 오다가 2010년 말 국회 사법제도개혁특별위원회의 조정으로 경찰·검찰 간에 「형사소송법」 개정안 협상이 시작되었다. 그 결과, 2011년 6월 20일 「형사소송법」 일부 개정안의 협상 최종문안이 합의되었다. 이 법안은 같은 해 6월 30일 14시, 국회 본회의에서 재석 의원 200명 가운데 찬성 175명, 반대 10명, 기권 15명으로 통과하였다. 「형사소송법」 개정안의 내용을 보면, 법 제196조 제2항에 '사법경찰관은 범죄의 혐의가 있다고 인식하는 때에는 범인, 범죄사실과 증거에 관하여 수사를 개시·진행하여야 한다'는 내용으로 경찰의 수사개시권을 명문화하였다. 하지만 이 조항은 사실 기존 관행을 인정한 것이었다. 이미 같은 조 제1항에 '(전략) 모든 수사에 관하여 검사의 지휘를 받는다'고 되어 있고, 곧 이어 제3항에도 '사법경찰관리는 검사의 지휘가 있는 때에는 이에 따라야 한다'고 되어 있어, 경찰에 비록 수사개시권이 있더라도 모든 수사에 걸쳐 검사 지휘를 따라야 하기 때문에, 완전한 독자적 수사권을 확보하였다고 볼 수 없었다.

이에 대해 경찰은 「형사소송법」 제96조 제3항에서 검사의 지휘에 관한 구체적 사항은 대통령령인 「검사의 사법경찰관리에 대한 수사지휘 및 사법경찰관리의 수사 준칙에 관한 규정」에 정한다는 조문을 근거로 검찰 측과 이 규칙의 개정 협상에 나섰으나, 서로의 의견 차이로 합의에 이르지 못하였다. 경찰과 검찰 간에 의견차이가 좁혀지지 않자 국무총리실에서 강제 조정안을 내놓게 되었고, 결국 이 규정이 조정안대로 대통령령 제23436호(2011.12.30)로 시행되었다.

그 결과, 이 규칙 제2조가 '검사는 사법경찰관을 존중하고 법률에 따라 사법경찰관리의 모든 수사를 적정하게 지휘한다'고 되어 있어, 경찰에 대한 검사의 수사지휘가 더욱 공고히 되었다. 물론 긴급체포를 할 때 검사에 대한 승인건의는 유지하되, 긴급체포한 피의자를 석방할 때는 검사의 사전지휘를 받지 않아도 되었지만, 영장을 통해 체포된 피의자를 석방할 때는 검사지휘가 명시되어 있기 때문에 피의자 석방 지연의 우려는 해소되지 않았다. 이를 해결하기 위하여 영장을 재신청할 때 사유 보고의무를 폐지하고, 신청서에 사유를 기재하는 것으로 갈음하였다. 또한 「형사소송법」에 규정된 체포·구속 장소 감찰은 유지되었으나, 수사사무 점검 및 지도는 폐지되었고, 체포·구속에 관련되지 않은 서류는 열람 및 제출하지 않도록 변경되었다. 그 외 검사가 야간·휴일 등 부재한 경우 사건 처리가 지체되는 것을 막기 위해 검사의 신속한 수사지휘를 의무화하는 조항이 신설되었고, 수사지휘 기한 준수 및 수사기일 연장지휘 건의도 규정되었다. 이에 대해 수사형사 15,000명이 '수사를 할 수 없다'며 수사경과를 반납하고, 포기 의사를 표명하기도 하였다.[24] 따라서 규칙이 시행된 초기에 검찰과의 해석 차이 등으로 인해, 진정·내사지휘 거부에 따른 충돌 등 일부 갈등이 있었으나, 경찰과 검찰간의 수사협의회 등을 통하여 문제를 해결하였다.

이후 2017년 5월 출범한 문재인 정부 하에서 같은 해 6월 21일 경·검 수사권 조정 합의문이 발표되었다. 주요 내용은 ① 모든 사건에 대한 경찰의 1차적 수사권을 인정하는 대신 ② 검사에게 보완수사요구권 및 해당 경찰관에 대한 직무배제 또는 징계요구권을 부여하고, ③ 경찰의 1차 수사종 결권을 인정하되 ④ 불기소 의견 사건 불송치시 불송치결정문·사건 기록 등본을 검찰에 통지하는 과정에서 검사가 불송치 결정이 위법·부당하다

---

24 『동아일보』, 수사권조정 항의 표시. 경찰들 집결해 수갑 반납, 2011년 11월 25일.

고 판단한 경우 재수사 요청이 가능하다는 등이다.

5. 자치경찰제 개편

2003년 출범한 참여정부는 제주도를 국제자유도시로 발전시키기 위하여 국무총리실 산하에 '제주특별자치도 지원특별위원회'를 구성하였다. 2003년 7월 자치경찰제 도입을 포함한 지방분권 로드맵을 확정하였다. 그리고 2004년 1월 16일 「지방분권특별법」이 제정되어 자치경찰제 도입이 의무화되었다. 이는 종래 학술적·정책적 논의 수준에 머물러 왔던 자치경찰제 도입 논제가 정부수립이후 최초로 정부입법안으로 완성되어 국회의 심의 대상이 되었다는 점에서 큰 의의가 있었다.

이어 정부는 2004년 11월 15일 행정자치부 장관 소속으로 '자치경찰제 실무추진단'을 구성하였다. 다음해 5월 20일 정부의 '정부혁신지방분권위원회'는 '제주특별자치도 기본구상'에서 '제주특별자치경찰제'를 도입할 것을 밝혔다. 이에 따라 정부와 제주도는 관련 입법을 추진하여, 2006년 7월 1일 「제주특별자치도 설치 및 국제자유도시 조성을 위한 특별법」이 시행되었다. 이 법은 제주특별자치도에 자치경찰단을, 행정시에 자치경찰대를 각각 설치하고, 임명권자를 제주특별자치도지사로 규정하였다. 그후 제주특별자치도에 자치경찰단을 설치하는 후속 절차는 순조롭게 진행되어, 같은 해 7월 자치경찰단(18명)과 자치경찰대(109명)이 구성되었고, 7명으로 이루어진 자치경찰인사위원회도 마련되었다. 또한 다음달 8월에는 11명으로 구성된 치안행정위원회가 설치되어, 국가경찰과 사무분장협약을 체결함으로써 국가경찰기구와의 유기적인 협력체계도 구축되었다. 그결과, 2007년 2월 28일 정식으로 '제주특별자치도 자치경찰단'이 발대식을 갖고 출범하였다.

2017년 3월 10일 박근혜 대통령이 파면되어 같은 해 5월 9일 궐위선거가 치러져 문재인이 제19대 대통령으로 당선되었다. 문재인 정부는 기존 제주자치경찰의 사무와 권한을 강화한 모델을 전제로 하는 '광역단위 자치경찰 전국확대'를 정부 100대 과제로 확정하였다. 이후 경찰청이 구성한 경찰개혁위원회 자치분과위원회는 지방분권과 지방행정 – 치안행정의 연계성을 강화하는 이원화 모형을 도출하여 경찰청에 권고하였다.

그 결과, 2020년 7월 31일 경찰청·청와대·더불어민주당은 ① 자치경찰조직은 별도로 신설하지 않고 시·도경찰청과 경찰서에서 국가경찰사무와 자치경찰사무를 구분하여 운영하며, ② 현행 경찰조직 체계를 유지한 채 자치경찰사무에 대해서는 시·도지사 소속 시·도 자치경찰위원회가 시·도경찰청장을 지휘·감독하며, ③ 자치경찰사무를 수행하는 경찰관은 생활안전, 교통, 여성·아동·노약자, 지역행사 경비 및 이와 밀접한 수사사무를 담당하는 한편, ④ 경찰관의 신분은 국가직으로 하고, 자치경찰 사무를 수행하는 경찰관은 국가와 시·도지사간 협의를 통하여 인사를 진행하기로 하는 등의 협의 결과를 도출하였다. 그 배경은 경찰 지휘권 분산을 통해 수사권 개혁에 따른 경찰의 비대화 우려를 해소할 수 있고, 현행 경찰조직 체계의 큰 변화 없이 소요비용을 최소화할 수 있으며, 국가 – 자치경찰 조직 분리에 따른 치안력 약화에 대한 부담도 해소될 수 있다는 것이다. 또한 기존 제주도의 자치경찰제는 새로운 자치경찰제에 흡수되는 것이었다. 이에 대해 현장경찰관들은 '한지붕 두가족'이라는 비유와 함께 국가경찰이 지방자치단체의 경찰관련 업무를 억지로 떠안게 되거나 공무원 신분이 국가직이 아닌 지방직으로 강제로 전환될 우려를 표명하기도 하였다. 2020년 10월 현재 후속 절차가 진행 중이다. 다만 운영 과정에서 '시·도 자치경찰위원회'가 경찰력의 통제와 감독역할을 수행하면서 얼마나 다양한 주민이 참

여하여 지역 치안의 문제를 함께 결정할 수 있는 구조인지, 위원회의 심의·
의결 사항에 어떠한 내용을 담을 것인지 등 그 실질적인 면이 중요하다.[25]
그 후 같은 해 7월 30일 당·정·청 협의에 의해 그간 논의되었던 자치경찰
제를 위한 이원화 모형 대신에 별도로 조직을 신설하지 않는 방안이 채택
되었다. 이에 따라 국가경찰사무는 경찰청장, 자치경찰사무는 시·도위원
회, 수사사무는 국가수사본부장이 시·도경찰청장을 지휘·감독하도록 지
휘권이 분산되었다. 다만 제주자치경찰단은 존치되어 시위원회가 제주경
찰청과 자치경찰을 지휘하고, 세종특별자치시의 경우도 위원장과 상임위
원은 비상임이 가능한 가운데 세종경찰청이 사무를 처리하도록 하였다.

6. 해양경찰청의 해체와 부활

2014년 4월 15일 인천 연안여객터미널을 출발하여 제주로 향하던 여
객선 세월호가 다음 날 아침 전남 진도군 병풍도 앞 인근 해상에서 침몰해
수백 명의 사상자를 낸 대형 참사가 발생하였다. 이 사고로 탑승객 476명
가운데 172명만이 구조됐고, 사망자 295명, 실종자 9명이 발생하였다. 특
히 희생자 대부분은 수학여행을 떠난 안산 단원고 2학년 학생들이어서 전
국민은 큰 충격을 받았고, 깊은 침통을 느꼈다. 사건의 원인은 급격한 변침
變針(선박 진행 방향을 변경) 등으로 추정되는 것으로 좌현부터 침몰이 시작됐
으나 엉뚱한 교신으로 인한 골든타임 지연, 선장과 선원들의 무책임한 대
처, 해경과 정부의 상황 파악 미숙 등 총체적 부실에 따른 것이었다.

정부는 다시 이러한 참사가 발생하지 않도록 하기 위하여 2014년 12월
19일 「정부조직법」 개정안을 공포하여, '해양경찰청'을 '국민안전처'의 '해
양경비안전본부'로 변경하였다. 따라서 기존 2관 4국 체제에서 3국(해양경

---

25   김학관, 시·도 경찰위원회 도입방안에 관한 연구, 숭실대 대학원 박사논문(법학과), 2020, 153쪽.

비안전국·해양오염방제국·해양장비기술국) 체제로 축소하였다. 또한 인원도 본부 정원을 258명으로 하여, 종래 해경 본청의 인원 426명보다 39% 감소시켰고, 소속 인원 200명도 해경의 정보수사권 일부 이관에 따라 경찰청 소속으로 변경시켰다. 따라서 해경안전본부·지방본부·해경안전서 등 본부 산하 총정원은 8,812명이 되었다. 조직은 서해지방청이 서해본부(여수·완도·목포·군산서)와 중부본부(보령·태안·평택·인천)로 나뉘면서 지방본부가 1개 늘어났다. 나머지 지방본부로 동해본부(속초·동해·포항), 남해본부(울산·부산·창원·통영), 제주본부(제주·서귀포)로 지방조직은 동해·서해·남해·제주 등 4개 지방청에서 5개 지방본부로 개편되었다. 이와 함께 17개 해양경찰서는 명칭이 해양경비안전서로 바뀌었다.

경찰청은 종래 해경의 수사·정보·보안·외사 기능을 넘겨받아 경찰청 본청에 지능범죄수사 2과를, 인천·부산·전남·강원·제주 등 5개 지방경찰청과 일선 16개 경찰서에 수사2과를 신설했다. 신설된 부서들은 해경이 담당해 온 수사 중 선용금(선원이 미리 받는 보수) 편취, 밀수, 불량 수산물 유통, 어촌계금 횡령 및 국고보조금 편취, 수협 직원의 비리, 면세유 부정 수급 등 육상 사건을 담당하게 되었다. 또한 2014년 12월 20일 해경에서 온 200명의 인력을 경찰청과 지방경찰청, 일선 경찰서에 배치했다. 그러나 2017년 7월 '해양경비안전본부'는 다시 '해양경찰청'으로 명칭이 변경되면서 해양수산부 소속으로 환원되었다. 조직은 본청(청장, 차장, 2관 5국, 25과 [담당관·센터 포함]), 중부해양경찰청 등 5개 지방해양경찰청, 군산해양경찰서 등 19개 해양경찰서, 해양경찰교육원, 중앙해양특수구조단 그리고 해양경찰정비창으로 구성되었다.

7. 경찰개혁위원회 활동과 직장협의회 출범

경찰청은 2017년 6월 16일 '경찰개혁위원회'를 출범하여 산하에 인권보호·수사개혁·자치경찰 분과위원회를 구성하였다. 이후 경찰대학 개혁·정보경찰 개혁 소위원회 등이 추가되었다. 이 개혁위원회는 2018년 6월 15일 해단할 때까지 총 30건의 권고안을 발표하였다.

주요 권고안으로 ① 감찰권 남용방지와 징계양정 형평성 및 징계절차 공정성 제고 등을 위한 감찰활동 개혁 권고(2018년 1월 23일), ② 의무경찰의 인권보호 정책 수립과 건강 및 복무여건 관리 개선 등을 위한 의무경찰 인권보호 권고(2018년 2월 2일), ③ 성평등 조직문화 조성과 관련 현장 대응 개선 등을 위한 권고(2018년 3월 9일), ④ 성매매 피해여성에 관한 패러다임 전환과 성매매 피해자 보호 등을 위한 권고(2018년 3월 9일), ⑤ 정보국 조직 개편과 경찰 정보활동의 법적 근거 마련 그리고 정보활동 통제 강화 등을 위한 권고(2018년 4월 27일), ⑥ 집회·시위 과정에서 공무수행 중 통상적으로 발생할 수 있는 피해는 국가 예산으로 처리하는 것을 원칙으로 하며, 단순 집시법 위반·불법행위가 충분히 입증되지 않은 자 등 민사상 책임을 묻지 않거나 집회 주최자(단체)에 대해서는 직접적 인과 관계 특정 여부를 살펴, 이에 따른 전향적 조치 등을 주요 내용으로 하는 집회·시위 관련 국가원고소송에 관한 권고(2018년 5월 11일), ⑦ 보안경찰의 정치관여 금지에 대한 규정 및 처벌조항 제정 등을 내용으로 하는 보안경찰활동 개혁 권고(2018년 6월 8일), ⑧ 수사종결 전 공보 금지 등 경찰 수사공보제도 개선 권고(2018년 6월 8일), ⑨ 경찰행정학과 경력경쟁채용 인원은 전체 채용 인원의 3%로 제한하는 등을 내용으로 하는 경찰행정학과 경력경쟁채용 개선 권고(2018년 6월 8일), ⑩ 기존 경찰대학 신입생 인원을 100명에서 50명으로 줄이고, 일반대·재직경찰관 편입학 허용 등을 내용으로 하는 경찰대학

개혁 권고(2018년 6월 8일) 등이 있다.

이와 같은 권고는 그간 일부 경찰권 행사과정에서의 권한 남용과 시민의 권리를 과도하게 제한하거나 법집행 등의 공정성 논란 등으로 국민의 신뢰수준이 높지 않은 현실[26]에 따른 것이었다. 그러나 경찰개혁위원회가 경찰이 범죄와 수사, 일반 정보를 수집·관리하는 과정에서 인권 침해 소지가 있는지 면밀히 점검하려는 취지에서 범죄첩보분석시스템CIAS[27]과 형사사법정보시스템KICS,[28] 경찰견문관리시스템PORMS[29] 등의 열람을 요구한 것에 논란이 있었다. 즉 현장 경찰관들은 시스템을 소개하고 운영 원리를 설명하는 건 가능하지만 민간인에게 수사나 범죄 첩보 등 보관된 내용까지 공개하는 건 현행법 위반이라는 것이다.[30]

한편 「공무원 직장협의회법」이 2019년 12월 10일 개정되어 경감이하 경찰공무원의 공무원 직장협의회 가입이 허용되었다. 직장협의회는 공무원의 근무환경 개선, 업무능률 향상 및 고충 처리 등을 목적으로 설립·운영하는 것으로 공무원노동조합과 병존 및 병행이 가능한 것이다. 경찰청의 경우 총경 이상 기관에서 설립할 수 있으나 복수 또는 협의회간 연합회를 둘 수 없도록 되어 있다. 또한 지휘·감독, 인사, 예산·경리·물품출납, 비서, 기밀, 보안·경비 기타 협의회와 유사한 업무에 종사하는 경찰관은 가입이 금지되며, 그 범위는 기관장과 협의회간 협의 후 지정하도록 되어있다. 동 법의 시행령이 2020년 5월 19일 개정되고, 같은 해 6월 11일 시행되면서 이날 충주경찰서 직장협의회가 처음으로 출범하였다.

---

26 경찰청, 「경찰개혁위원회 활동을 통한 '국민을 위한 경찰개혁' 추진」, 『20109 경찰백서』, 2020, 16쪽.
27 경찰청 과학수사센터가 운영하는 전자정보시스템으로 수사첩보 작성부터 배당까지 전 과정을 관리한다.
28 경찰을 비롯해 법무부 법원 검찰이 공동으로 사건 관련 정보를 열람·활용하는 전자정보시스템으로 각 기관의 수사·기소·재판·집행 관련 문서 열람이 가능하다.
29 경찰이 관리하는 전자 정보보고 시스템으로 경찰이 수집하는 각종 정보를 입력, 관리한다.
30 『동아일보』, 범죄첩보 – 수사정보 보겠다는 민간 '경찰개혁위', 2017년 8월 15일.

8. 「경찰법」과 「국정원법」 개정

2020년 12월 9일 「경찰법」 개정안이 국회를 통과, 국가수사본부장직이 신설되어 필요시 개방직 치안정감으로 임용되며, 2년 임기가 종료될 시 당연 퇴직하도록 하였다. 그 임무는 국가경찰·자치경찰을 포함한 수사를 총괄하여 시도경찰청장·경찰서장 및 수사부서 소속 공무원을 지휘·감독하는 것이다.

또한 「경찰관직무집행법」과 「경찰법」에 나온 정보활동의 범위를 명확히 하고, 수권규정도 신설하여 기존 '치안정보'를 '공공안녕에 대한 위험의 예방과 대응을 위한 정보'로 대체, 정보활동의 범위를 명확히 규정하였다. 즉임무 규정에 수반되는 '공공안녕 위험'의 예시로 '범죄'·'재난'·'공공갈등'을 규정하고, 구체적 범위는 대통령령에 위임하도록 하였다. 특히 정보경찰의 정치관여를 막기 위하여 공무원의 정치관여를 금지한 「국가공무원법」제65조 보다 더 포괄적인 조항을 신설하고, 형량도 「국가공무원법」상 '3년'에서 '5년 이하 징역·자격정지'로 상향하도록 형사처벌을 강화하였다.

그리고 같은 해 12월 13일 「국정원법」 개정안이 국회를 통과, 국정원의 (대공)수사권을 폐지하여 정보기관 본래의 역할에 충실하도록 하였다. 이를 위해 정보기관의 수사권 남용 및 인권침해 방지를 위해 수사권을 폐지하되, 3년간 시행을 유예하고,[31] 국내정보 수집의 근거가 되었던 '국내 보안정보', '대공', '대정부 전복' 등 불명확한 개념을 삭제하여 국정원의 직무 범위를 명확히 하였다. 또한 정보·수사기관 간에 원활하게 정보를 공유하기위해 안보수사와 관련된 정보 공조체계를 구축하면서 상호 협력한다는 의무 조항도 신설하였다.

31 　부칙 제3조, 2024.1.1 부터 시행한다.

결 론

경찰활동의 형성 　　구석기시대에는 인류가 아직 농사를 지을 줄
몰라, 손쉽게 음식물을 구할 수 있는 열매 따
기·뿌리 캐기 등의 방법으로 살았으며, 생활 근거지는 채집이나 사냥이 쉬
운 곳으로 공동 소유였다. 이들은 자신들을 맹수로부터 보호하며, 효과적
으로 사냥하기 위해 무리지어 살게 되었다.

　신석기시대로 들어오면서 그들은 정착하여 농경생활을 하였고, 사회의
기본적인 구성단위는 씨족이었다. 씨족사회에서는 씨족장을 중심으로 사
냥·고기잡이·채집 등을 함께 하였고, 외부로부터 오는 각종 위협을 대비
하기 위한 무사집단도 생겨났다. 또한 각각 폐쇄적인 독립사회를 이루고
있는 가운데 중요한 일은 씨족 모임을 통해 결정하였고, 점차 큰 집단인 부
족을 형성하기 시작하였다.

　씨족이 부족단위로 확대됨에 따라, 사회는 점차 조직화되고 정비되었
다. 철기가 본격적으로 생산되면서 철기로 된 예리하고 단단한 무기류와
농기구 등이 보급되자 사회 변화가 촉진되었다. 그 중 철제 농기구로 인해
농경지가 확대되면서 생산력이 급증하였으며, 잉여 생산물이 생기면서 점
차 계급도 발생하여, 지배와 피지배계급으로 나누어졌다. 지배계급은 범죄
자에 대한 형벌을 통하여 사회질서를 유지하여 나갔다.

요하 유역 남만주와 한반도 서부지방에 흩어져 살던 여러 부족들은 대동강 유역의 부족을 선두로 차차 소국가들을 형성해 나갔다. 이들 소국가는 혼인관계 등을 맺거나 통합되어 더 큰 규모로 변화하였고, 농경생활과 제정일치의 사회생활을 하였다. 고대국가의 형성과 발전은 바로 생산력과 군사력에 기초한 소국 자체의 확대·증폭과정을 말하는데, 이때 중심부 소국에 의한 주변부 소국의 통합이라는 양적 변화는 국가로 이행하는 질적인 전환을 수반하였다.

최초의 왕조로 세워진 고조선에 있었던 범금팔조(팔조금법)는 사형제도, 노비의 존재, 사적 사유의 보장, 가족제도의 발달, 그리고 범금을 어겼을 때 처벌을 집행하는 국가권력의 실체가 존재했음을 보여준다. 한사군 설치 이후 범금조항이 60여 개로 늘어난 정황은, 고조선 멸망 후에 사회분화가 더욱 진전되었음을 의미한다. 또한 서기 3세기 초 연燕이 장수 진개秦開를 보내어 고조선을 침략하였을 때, 고조선이 반격하여 연의 동부 영토를 확보하였고, 비왕장裨王長이 한사漢使 섭하涉何를 패수변浿水邊까지 호송한 사실을 보면 고조선은 강력한 군사조직을 보유하고 있었고, 그 임무는 방어임무와 호위업무였음을 알 수 있다.

고조선이 항복한 후 설치된 이른바 낙랑樂浪, 진번眞番, 임둔臨屯, 현도玄菟라고 불린 한사군에서는 군郡의 경우 문관격인 태수太守나 무관격인 도위都尉가 있었고, 그 밑에 각각 속관屬官인 승丞이 있었다. 변군邊軍에는 병마兵馬를 담당한 장리長吏가 있었고, 변현邊縣의 장한위障塞尉에는 위尉·유요游徼·정장亭長이 각 현·향·정에서 도둑질을 한 자 등을 체포하는 일을 담당하였다. 또한 인구가 20만인 경우 효렴孝廉이 군사업무를 담당하면서 도적에 대비한 활동을 하였다. 현縣에는 규모에 따라 영令과 장長을 두었고, 그 밑에 장리長吏인 승과 위尉, 소리少吏인 두식斗食과 좌리佐史를 같이 두어 지방행정을 보좌하고, 도적을 잡아 가두는 일을 담당케 하였다. 오늘날 읍·면에 해당하는 향鄕에는 교화를 담당한 삼로三老, 청송聽訟, 색부嗇夫, 유요가 있었고, 이 가운데 유요는 순찰을 담당하였다. 그리고 이하 지역인 정亭에는 정장亭長을 두어 도둑을 잡게 하였고, 이里에는 이괴里魁, 십什, 오伍가 말단 행정을 담당하였다.

부여는 지역 내 읍락을 다스리기 위해 대·소군장을 그 수장으로 하는 계서적·누층적 편제과정을 거쳐 성립한 국가이다. 대·소 군장들은 세력기반의 강약에 따라 '대가'와 '소가'로 편제되었다. 이에 따라 왕 밑에 6축畜으로 관명官名을 붙인 마가馬加·우가牛加·저가猪加·구가狗加 등 귀족층과 대사大使, 대사자大使者·사자使者 등 계선상 실무책임자가 있었다. 사회구조는 병농일치제로 추측되고, 사유재산제 및 일부일처제가 확립되었다는 것을 알 수 있다. 또한 당시 법속을 보면 모반에 대하여 각별히 엄격하였으며, 연좌제도 실시하였음을 알 수 있다. 나아가 제천행사 때인 영고迎鼓 때에는 형사 재판을 행하거나 수인囚人을 석방하는 등 형사정책적인 배려를 한 것도 보인다. 그리고 형사처수제와 같은 친족상속법적인 규범, 왕위계승에 관한 규범 등 많은 법규범과 법관행이 미분화된 상태로 혼재되어 있었을 것으로 추정된다.

고구려는 성읍국가 중 가장 우세한 비류국沸流國을 합병한 고구려가 연맹왕국을 구성한 국가다. 강력한 군사력과 지도층의 견고함으로 인해 1세기 태조왕 때 고대국가를 형성하게 되었다. 본래 고구려를 이룩한 중심세력인 5부족 중 소노부의 적통대인適統大人이나 왕비족인 절노부는 왕실 종족의 상가相加와 함께 특별한 계층을 이룰 수 있었다. 또한 수상 격으로 연맹장의 보좌역인 패자沛者, 왕족이외의 가장 유력한 부족장인 대로對盧, 가신인 사자使者, 조의皂衣, 선인先人, 주부主簿, 우대優臺, 승丞 등이 있었다. 당시의 국가조직 가운데 경찰활동과 관련된 부분을 알아내는 것은 매우 어려운 일이다. 다만 절도자에게 12배의 배상을 과하였고, 범죄자가 있으면 제가諸加가 평의評議하여 사형에 처하고, 그 가족을 노비로 삼았다는 기사에서 형률제도를 알 수 있다.

이와 함께 강원도 북부와 함흥평야에 위치한 동예와 옥저에는 왕이 없었고, 각 마을에는 거수渠帥가 있었다. 또한 동예에는 경계가 설정되어 있었고, 이를 침범하는 경우 노비奴婢나 우마牛馬 등으로 배상하는 '책화責禍'가 있었다. 또한 살인자는 사형에 처했고, 도둑이 적었으며, 사회질서를 유지하는 방법이 고구려와 같았다. 한편 삼한은 여러 정치체의 복합체로 지배체제가 국가수준에는 이르지 못했지만, 국가와 유사한 통치형태였음을 예상할 수 있다. 큰 마을에는 천신을 주재하는 제사장을 두어 '천군天君'이라 하고, 작은 마을에서는 '소도蘇塗'라는 '천군'이 주관하는 지역이 있었다. '소도'는 신성神聖 지역이므로, 죄인이 이곳으로 도망하더라도 잡아갈 수 없었다. 이와 같은 제천의례는 부족사회의 유제인 귀신에 대한 제장을 청산하지 못한 것으로, 삼한은 국가를 이룬 단계로 볼 수 없고, 과도단계인 수장사회 단계로 볼 수 있다.

철기문화의 전파를 계기로 성장한 소국들 가운데 우세한 집단의 족장은 왕이 되면서 연맹왕국을 형성하였고, 왕은 내부 지배력을 강화하면서 다른 집단에 대한 영향력을 확대시켜 나갔다. 이러한 지배력은 주변 지역의 활발한 정복 활동으로 전개되었으며, 왕권 강화로 이어졌다. 그와 같은 고대국가는 중앙집권국가의 모습으로 완성되었다. 이어 활발한 정복 활동, 왕권 강화, 율령 반포, 관제 정비 등을 통하여 이전과는 다르게 통치체제를 확립시켜 나갔다.

고구려는 고대국가의 형성을 본 이후 꾸준히 외민족과의 항쟁을 거치면서 국가체제를 정비하였다. 5세기 장수왕長壽王 때 정치, 경제, 군사 등 국가 조직을 완비하고 전성기를 맞이하였다. 관료체제는 과거 부족국가의 전통이 완전히 사라지지는 않았지만, 과거의 복수로 이루어진 체제가 아닌 단일체제였다. 이 체제하에서 대대로·태대형·울절·태대사자·조의두대형은 국가의 중요사무를 담당했으므로, 군사경찰권을 가진 것으로 보인다. 기외畿外를 5부로 나눈 지방에서는 각부에 참좌분간參佐分幹과 무관인 대모달大模達, 말객末客 등이 지방행정을 담당하였고, 이들이 지방 군사경찰권을 행사한 것으로 보인다. 특히『자치통감資治通鑑』에 기술된 "고구려는 요수 서쪽에 라邏를 두어 요수를 건너는 사람을 경계하고 살폈다"는 부분에서 최초로 '경찰警察'이라는 용어를 발견할 수 있다. 그러나 이 '경찰警察'은 오늘날 경찰을 의미하는 것이 아니라 단지 '경계하고 살피는 활동'을 말한다. 또한『삼국사기』「고구려 본기」에 쓰인 '무려라'라는 국경지역에 위치한 기관이 나온다. 여기에 나온 무려武厲는 요서 서쪽에 있던 성읍을 말하며, 라邏는 국경을 경비하기 위한 부대 또는 기관으로 추론된다.

백제는 고이왕 때 육좌평六佐平을 두어 각기 직무를 나누어 맡게 하고, 16품의 관등을 제정하였다. 이 중 위사좌평衛士佐平은 숙위宿衛를, 조정좌평朝廷佐平은 형옥刑獄을, 병관좌평兵官佐平은 군무軍務와 국방을 관장하였다. 또한 16품의 관등 중 12품 문독文督과 13품 무독武督은 관직명에 있는 '독督'자字가 감독·독찰督察의 의미를 갖는다고 하면, 우리나라 최초로 문·무의 구별을 나타내주는 관직이다. 사비시대의 중앙관제 가운데 법부法部는 예의 또는 의장관계를, 사군부司軍部는 병마관계를, 점구부點口部는 호구 파악 및 노동력 징발 업무를 담당하였다. 이와 함께 위사좌평은 궁이나 국도國都의 경비를 담당하는 숙위병宿衛兵을 지휘하는 최고의 군사지휘관으로서 많은 부대를 거느렸고, 같은 1품인 병관좌평도 지방의 상비군마常備軍馬를 관장하던 고위직 무관이었다. 그리고 형사사법체제도 정비되어 관인수재죄를 범한 자와 절도한 자는 장물의 3배를 배상하여야 함과 동시에 종신토록 관직에 나갈 수 없었다. 내란죄·외환죄를 범한 자, 전투에서 후퇴한 자, 살인범, 간음을 한 유부녀도 엄격한 형사처벌을 받았다.

신라가 중앙집권적인 국가로 체제를 갖추게 된 때는 6세기 초이다. 520년(법흥왕 7년) 율령이 반포된 것은 성읍국가 혹은 연맹왕국을 합병·연합하여 귀족국가를 완성한 것을 의미한다. 이 시기에 설치된 병부兵部가 신라의 영토 확장에 중추적인 역할을 맡았다. 중앙의 관부 중 집사부, 병부, 사정부, 이방부 등이 군사경찰 사무를 담당하였다. 진흥왕 대에 들어와 정복활동이 보다 본격적으로 진행되면서, 중앙군단으로서 가장 핵심이 된 것은 대당大幢이었다. 대당은 지방에 배치된 상주정上州停·신주정新州停·비열홀정比列忽停·하서정河西停·하주정下州停과 더불어 6정으로 불렸다. 이외에 왕도에 두어진 군단으로 귀당貴幢·낭당郎幢·삼천당三千幢 등의 부대가 있었다.

한편 3세기 중엽 낙동강 중류 및 하류지역에 있던 부족국가 중 하나는 구야국으로, 아도·여도·피도·오도·유수·유천·신천·오천·신귀라는 작은 부족사회 9개로 이루어진 작은 나라였다. 이 부족사회는 점차 시간이 지남에 따라 주변의 작은 부족사회들을 합쳤고, 김해에 도읍을 정한 후에는 본가야 또는 금관가야라고 불러오던 것을 가락국으로 정하였다. 가락국을 중심으로 뭉친 부족연맹은 대가야, 소가야, 아라가야, 성산가야, 고령가야로 다시 분화되었다. 이들 부족연맹의 관제 및 법속 등은 현재까지 전해진 사료史料가 없어 당시의 군사경찰 활동을 알 수 없다. 단지 대가야의 경우 부제部制가 존재하였지만 이 부제는 당시 대가야가 중앙에서 지방관을 파견하여 지방을 통치할 만큼, 중앙집권력을 형성하지 못하였기 때문에 지방통치조직을 의미하는 것은 아니다.

그 후 신라는 당과 군사동맹을 맺어 660년 백제를, 668년 고구려를 멸망시킨 후 귀족을 중심으로 관료체계를 정비하였다. 중앙행정관부에 있어 부部와 부府의 구분을 명확히 하면서, 병부령과 같은 중앙 최고의 관직자가 왕실의 원당願堂인 칠사성전의 책임자를 겸직함으로써, 왕권과 귀족간의 관계를 원만하게 하였다. 병부령은 관등이 가장 높았고, 재상과 사신私臣을 겸할 수 있는 상신上臣이었다. 또한 신라는 확대된 영토를 통치하기 위하여 685년(신문왕 5년) 전국을 9주州로 나누고, 소경小京을 두어 지방조직도 정비하였다. 그러나 전국 군현의 명칭을 고치는 등 지방제도의 완비는 통일 후 80여 년이 흐른 뒤에 비로소 이룩되었다. 주州는 오늘날의 도道에 해당하며 그 밑에 군郡·현縣이 있었다. 주는 총관摠管이, 군은 태수太守가, 현은 영令이 관할하였다. 또한 소경에는 사신仕臣이 행정업무를 담당하였다.

고구려가 멸망한 뒤 요동지방에서는 주로 고구려 유민의 반항으로, 당은 보장왕을 요동도독으로 삼고, 조선왕으로 봉하였다. 그리고 앞서 당으로 데려간 28,000여 호와 함께 요동으로 와서 안집安集시켰으며, 이런 가운데 북만주에서 689년 대조영이 발해를 건국하였다. 발해의 관제는 당의 영향을 받아 왕 밑에 3성6부제로 구성되었고, 중앙특별관청으로 중정대라는 감찰기관이 있었다. 군사경찰 활동은 병부인 지부가 담당하였고, 사법업무는 형부인 예부가 처리하였다.

신라는 8세기말 경부터 골품제의 동요와 귀족 간의 정쟁으로 인하여 국력이 쇠퇴하기 시작하였다. 지방 각지에서 도적이 횡행하고 흉년마저 들어, 백성의 생활은 더욱 어려워졌다. 게다가 지방호족이 봉기하였고 그 와중에 완산完山에서 후백제가, 송악松岳에서 후고구려가 세워졌다. 후고구려의 경우 궁예가 국호를 마진摩震으로 한 후 수도를 철원으로 정한 뒤에 다시 국호를 태봉泰封으로 변경하였다. 이와 함께 행정기관으로 최고 의사결정기구인 광평성廣評省을 중심으로, 병부·대룡부·수춘부 등 9관등의 관제를 두어, 호족세력이 국사를 처리하였다. 이 기간 중 신라는 국가로서의 기능을 완전히 수행할 수 없어, 군사경찰 활동도 그 역할을 다하지 못했을 것으로 보인다. 후백제 역시 혼란한 정치·사회상황으로 인하여 군사활동이 오늘날 경찰활동을 대체하였을 것으로 추정된다.

고려시대 군사경찰

고려시대의 군사적 성격이 강한 기관들은 여전히 이전시대와 마찬가지로 경찰기관의 역할을 수행하였다. 이러한 기관들은 왕권 보호와 치안유지治安維持를 겸하면서 상호 보완하면서 확대·증가하였다. 국왕이나 무인집정인을 중심으로 점차 세분화·전문화된 군사기관들은 점차적으로 정치경찰의 역할을 하도록 변해갔고, 결국 이 가운데 순군만호부는 고려 후기 중추적인 권력기관으로 기능하게 되었다.

고려 전기 순군부循軍部는 최고 통수권자인 국왕의 명령을 받들어, 호족 휘하군대의 발병發兵과 지방군사력에 대한 순행·감독을 수행한 기관이다. 이중 가장 중요한 업무는 발병 업무였다. 그러나 순군부는 성종 대 후에는 기관명이 보이지 않는다. 이유는 그동안 군적작성이나 광군光軍조직을 통해 지방호족 휘하의 군사력이 중앙정부에 의해 장악되었고, 또한 시위군侍衛軍의 강화 등으로 중앙의 개국공신이나 무장武將들이 가졌던 군사적인 권한이 박탈되어 병권이 중앙으로 집중되었기 때문이다. 따라서 종래 순군부가 담당하던 순행·감독의 기능이 불필요하게 되었다. 그 결과 순행을 의미하는 '순循'자가 없어지고, '군부軍部'가 되어 군사지휘를 위한 협의기구로 기능하였다.

내군內軍 역시 국초 주로 내궁에서 국왕시위·군 감찰 등 임무를 수행한 친위군이었다. 특히 광종 대 개혁이 추진되면서, 이 기관은 국왕의 사병적인 성격이 강한 시위군의 역할을 하면서 동시에 도성의 치안업무를 담당하는 등 권한이 확대되었다. 그러나 성종 대 6위체제가 완성되는 등 군사제도가 정비되자 위위사衛尉寺로 개칭되면서, 시위군侍衛軍의 의물儀物·기계機械 등을 관장하는 기관으로 크게 축소되었다.

그 후 순검군巡檢軍이 내군 후속 기관으로 창설되었다. 이 기관은 야간에 개성 내 치안유지 활동을 담당하였고, 지방에도 설치되었다. 인종 대 이후 귀족세력의 분화·분열, 지역세력 간의 갈등 심화, 거란·여진과의 전쟁 등으로 점차적으로 정치 상황이 악화됨에 따라 기존 임무보다 변란 방지 등의 정치적인 역할이 더 중요하게 되었다. 1167년(의종 21년)에는 국왕에게만 충성하는 내순검군內巡檢軍이 창설되어 야간 순찰활동을 통한 도성의 치안유지 뿐만 아니라 국왕의 최측근 경호부대로써의 임무도 수행하였다. 1170년(의종 24년) 무신정변이 발생하였을 때 가장 강력한 무장조직은 순검군이었다. 그 후 순검군은 도성 내를 순찰하고 범죄를 예방하고, 치안을 확보하는 본연의 임무보다 정적을 제거하고, 정권의 안정을 도모하는 정치적 성격이 강한 기관으로 기능하기 시작하였다.

그렇지만 순검군 만이 국왕 호위·궁궐 수비·치안 등을 담당하지 않았다. 수도 개성을 중심으로 궁궐과 도성을 수비하면서 치안도 담당한 부대로 금오위金吾衛가 있다. 금오위는 6위六衛중의 하나로 비순위備巡衛라고도 칭하였다. 이 기관을 구성하는 간수군看守軍은 개경의 일정한 장소에서 주로 창고를, 위숙군圍宿軍은 각종 문門에, 검점군檢點軍은 주요 시가의 요지에서 수위守衛하였다. 이와 함께 국왕으로부터 직접 명을 받는 금군禁軍이 있다. 이들 기관은 숙위를 담당한 견룡군牽龍軍(용호군龍虎軍), 또한 의전을 담당한 공학군控鶴軍(응양군鷹揚軍)·중금中禁(중금군中禁軍·중금반中禁班)과 도지都知, 그리고 호종을 담당한 백갑白甲(백갑군白甲軍·백갑대白甲隊·백갑장白甲杖) 등이 있었다. 이와 함께 금군은 아니지만 왕명 출납을 담당한 중추원中樞院도 국왕을 숙위宿衛하는 기관이었다.

기타 기관으로 가구소街衢所가 있다. 이 기관은 수도 개성에서 도적이나 죄인을 잡아 치죄하는 일을 담당하였다. 병부兵部, 형부刑部, 어사대御史臺, 중추원中樞院 등의 중앙 행정기관 역시 군사경찰 활동 업무의 일부를 맡아 하였다. 그 중에서 병부는 무관의 선발, 일반 군사업무, 국왕에 대한 의장儀仗과 보위保衛 업무, 교통행정·공문서·관원들의 왕복을 위한 역참 사무 등을 중요 업무로 하였다. 또한 형부刑部는 법률·소송 등의 업무를 담당하였으며, 소속 관원으로 율律을 집행하고, 영令을 시행하는 율관律官이, 소속 기관으로 전옥서典獄署와 경시서京市署를 두었다. 그리고 고려 초기에 사헌대司憲臺라 칭해지다 성종 대에 명칭이 변경된 어사대御史臺는 백관의 비위와 불법을 탄핵하고, 여러 관서의 근태를 감찰하면서 당시 정치나 시책 등의 잘잘못을 논하였으며, 백성의 풍속도 단속하여 바로잡았다. 이 기관은 수도 개성과 각 지방 창고소재지에 배치된 금화원禁火員의 근무상태도 수시로 확인하였다. 금화원禁火員은 수도 개성과 각 지방 창고소재지에서 방화업무를 한 관원이다.

지방의 군사 활동은 성종 때 지방 주목州牧이 설치되기까지 거의 자치적으로 운영되었다. 당시 지방 행정조직은 직명이나 향직鄕職의 품계가 중앙의 것을 그대로 사용하였다. 그러다가 983년(성종 2년) 12주목州牧이 설치되어, 지방행정의 통제가 강화되었다. 이로써 주·현의 향직단체의 장인 당대등은 호장戶長으로, 대등은 부호장副戶長으로 개칭되고, 낭중을 호정戶正으로, 집사를 사史로 되는 등 격이 낮춰지면서, 지방행정의 중앙집권화가 이록되었다. 이와 함께 군사업무를 담당하던 병부가 사병司兵으로 개칭되어, 중앙의 관서명과 구분되면서, 주·목사의 감독과 통제를 받음으로서 중앙에 예속되었다.

이와 함께 지방행정구획인 5도의 장관인 안찰사按察使는 1276년(충렬왕 2년) 안렴사安廉使로 관직명이 바뀌고, 다시 제찰사堤察使로 개칭되었지만 이후 안렴사로 환원되었다. 그 임무는 도내의 주현을 순안巡按하면서 수령의 현부賢否를 살펴 출척黜陟하고, 민생의 어려움을 살핀 후 대책을 세우며, 형옥刑獄 업무에 대한 감찰을 하고, 조부의 수납에 관여하며, 군사를 지휘하는 것 등이었다. 그러나 이 관직은 대부분 5품 내지 6품으로 수령보다 품계가 낮았다. 따라서 고려 후기 1388년(창왕 원년) 도관찰출척사都觀察黜陟使로 승격되면서 재추宰樞로 임명되거나, 1389년(공양왕 원년) 경력사經歷司가 설치되어 권한이 강화되기도 하였다.

특히 현위縣尉는 군사적 성격이 강한 최하급 지방 행정기관장이다. 문종대에 7품 이상인 영令 1인과 8품인 위尉 1인을 두었다는 기록이 있으며, 현縣에 파견된 영令 1인과 위尉 1인은 관리의 품질品秩에 있어서 장將 1인7품 이상과 부장副將 1인(8품 이상)을 두었다는 '진鎭'과 같다고 볼 수 있다. 따라서 현위는 다른 군사기관장과 마찬가지로 치안 임무를 부수적으로 수행하였을 것이다. 이 관직은 1256년(고종 43년)에 폐지된 기록이 있으나 모든 직이 폐지되었는지는 알 수 없다. 하지만 고려 후기 삼별초가 지방까지 치안을 담당하면서, 점차 그 기능이 무력해지자 유명무실화된 것으로 보인다.

또한 지방에서 지역별로 교통 연락의 임무를 주로 담당하는 역참驛站에서 근무한 순관巡官이 있다. 업무는 공문의 전달, 관물의 압송 및 출장 관원의 편의 제공 등으로, 역리驛吏, 역정驛丁 및 역마驛馬가 배치되었다. 이 가운데 군사정보의 전달이 중요했기 때문에 병부兵部에 속해 있었다.

고려 후기의 대표적인 군사기관으로 삼별초三別抄가 있으며, 여기에는 신의군神義軍·좌별초左別抄·우별초右別抄가 포함되었다. 삼별초는 처음에는 포도捕盜와 금폭禁暴을 중요 임무로 갖고 있었다. 이때의 금제 대상이 된 도盜는 당시 조정에 항거하여 각지에서 일어난 백성들도 그 속에 포함되었던 것으로 보인다. 그 후 삼별초는 도성의 수비와 친위대로서의 임무를 수행하였고, 외적과 싸우는 군사 활동도 전개하였다. 특히 삼별초는 1270년(원종 11년) 출륙환도出陸還都를 불복하고 개성정부와 몽골에 함께 대항하면서, 남방지역에서 크게 세력을 펼쳤으나 1년여 만에 제주에서 평정되고 말았다. 이러한 군대로서의 역할과 군사경찰의 임무는 고려 후기 종래 군이 유명무실해져 제구실을 다하지 못한 결과에 따른 것이다.

고려 조정이 1277년(충렬왕 3년) 개성으로 환도한 후 정치적 안정이 이루어지고, 몽골군이 점차 물러가자 개성의 순찰활동·치안유지를 위한 조직이 정비되었다. 몽골은 개성의 치안유지를 기존 순검군이 담당하는 것을 원하지 않았다. 따라서 몽골의 주도로 새로운 도성 치안기구인 순마소巡馬所가 창설되었다. 이 기관은 흔히 순군巡軍이라 하면서, 시위군侍衛軍 및 방수군防戍軍으로서의 역할, 옥의 운영 및 신문, 일반 소송사건에의 개입 등 막강한 권력을 행사하였다. 그러나 이전의 순검군과는 다른 점이 있었다. 먼저 왜적이 남부 해안지대를 침범하여 노략질을 하자, 홀치忽赤 등과 함께 순마소에서 군사를 선발하여, 왜적의 침입이 빈번한 경상도와 전라도를 수비하여, 방수군防戍軍으로서의 역할을 하였다. 다음으로 순군은 범죄자들을 투옥할 수 있는 자체의 옥獄인 순군옥巡軍獄(순마옥巡馬獄)을 두고 있었다. 순군옥에는 일반 형사범만이 아니라 관리를 비롯하여 정치적 사건에 관련된 사람들도 투옥되었고, 더 나아가 순마소가 이들을 신문할 수 있게 되었다. 따라서 순마소는 고려 조정의 중추적인 권력기관으로 자리 잡게 되었다. 이

기관이 1300년(충렬왕 26년) 순군만호부巡軍萬戶府로 개칭되었고, 다시 1369년(공민왕 18년) 사평순위부司平巡衛府로 명칭이 바뀌었다. 순군만호부는 고려 후기 정치적 상황이 불안정한 상태에서 실질적 무장력을 가진 가운데 도성의 치안을 유지하고, 국왕을 호위하며, 사법기능까지 집중되자, 도성의 치안유지라는 본래의 임무보다 중요한 정치적 사건을 처리하는 핵심 무력기관으로 기능하였다.

그리고 특수 군사경찰기관으로 먼저 도방都房이 있다. 도방은 무신집권기 집권가의 경호를 위해 창설된 사설 무력조직이다. 원래 이 조직은 사병들의 숙소를 가리키는 것이었으나 후에 시위대의 명칭으로 사용되었다. 이후 사적인 경호에서 벗어나 질서유지 등 치안 임무를 수행하고, 국가 비상시 출동하는 군사조직으로까지 발전하였다. 다음으로 친원왕실親元王室을 경호하기 위해 설치된 홀치忽赤가 있다. 충렬왕이 원나라에서 돌아와 즉위하면서, 그와 함께 원나라에서 있었던 문벌 있는 집안의 자제들을 번番을 나누어, 궁 안에서 숙위宿衛하게 한 것이 시초이다. 점차 시간이 지남에 따라 홀치는 업무가 확대되어 도성을 순찰하면서 검문 등의 활동도 하게 되었고, 부방赴防까지 하게 되었다. 그러나 왕실을 배경으로 무력을 행사하던 홀치는 지방에서도 위세가 상당하였으며, 때로는 관폐와 민폐가 되었다.

한편 고려시대 형사법은 초기에는 당의 정치체제를 수용하였기에 법률도 당률을 수용하여야만 했다. 성종 대에 고려의 형벌체계를 정비하다가, 얼마 지나지 않아 거란의 2차 침입(1010년)이 있었다. 이후 개성으로 환도한 현종은 기존 고려율과 당률에 송률을 더하여 법률을 재정비하였다. 그후 고려는 몽골과의 40년에 걸친 전쟁의 결과, 원의 지배에 들어가게 되었다. 이로서 정치만이 아니라 경제·사회·문화 등 분야에 걸쳐 원의 영향을 받게 되었다. 따라서 원률을 수용하여 새로운 고려율로 창출한 것인가에 대한 논의가 벌어졌으나, 고려가 원의 지배를 벗어날 때까지 결론이 나지 못하였다.

또한 관인범죄에 관해 전기에는 관인범죄자는 당률의 오형제五刑制에 입각하여 처벌되었다. 그렇지만 사소하거나 경미한 잘못으로 보이는 행위는 명확한 징계는 하되, 반성하여 재기할 수 있는 기회를 주었다. 이에 반하여 사직社稷의 모위謀危나 모반대역謀叛大逆 등 중죄에 해당되는 것은 고려 특유의 수조지분급제와 연계시켜 엄하게 처벌하였다. 후기에는 사회적 파장이 큰 경우 무조건 중벌에 처하는 경향이 날로 확산되었다. 그 과정에서 이성계의 위화도 회군이 있었고, 이후 급진 사대부들에 의하여 형법체계에 관한 개혁이 시도되었으나 왕조교체 등 혼란한 정국상황으로 인하여 행형개혁은 조선시대로 이어지게 되었다.

이와 함께 지방의 사법행정을 보면 전기에는 주체가 외관外官으로, 성종 대 지방제도가 정비되자 외관은 조세, 군사, 산업 등 국가행정 전반과 함께 사법업무도 관장하였다. 문종 대부터 예종 대까지 삼심제가 실시되었고, 경외관사에서 송사를 결정하는 처리기간도 규정되었다. 또한 국문이나 재판을 할 때에는 반드시 복수의 관원이 모여 운영하는 합심제가 창안되었으나 중앙과 지방 관리의 자질은 천차만별이었다. 후기에는 사전문제의 동요로 인해 전지田地와 노비소송이 급증하여 사법업무가 폭증하였다. 고려 조정이 개선방안으로, 임지의 수령과 안렴사가 반드시 먼저 지방의 재판을 처리하고, 함부로 경관京官으로 옮겨 재판하지 못하도록 사법제도를 강화하였다. 하지만 효과는 미미하였고, 고려 말기의 개혁파 사류로 전승되었다.

경찰활동의 발전

조선시대는 건국 후 수도를 한양으로 천도하고, 유교를 정치·교육의 근본이념으로 삼으며 관료 제도를 정비해 나갔다. 국초 태종은 왕권을 강화하면서 사병을 혁파하였고, 최고의 행정기관인 의정부를 설치하였으며, 왕실의 외척과 공신의 세력을 크게 약화시켜 정치를 안정시켰다. 지방에서는 8도체제 아래 대부분의 군현에 중앙에서 수령이 파견됨으로써 강력한 중앙집권체제가 갖추어졌다.

경찰활동은 이전 시대에 비해 더욱 전문적으로 변화되었으며, 비로소 '군사경찰 활동'이 아닌 '치안경찰활동'으로 전환되었다. 대표적인 기관으로 포도청捕盜廳을 들 수 있다. 이 기관은 한성과 경기 일부지역에서 도적의 포획, 죄인의 검거와 심문, 화재 예방 등을 위해 순찰을 중심으로 임무를 수행하였다. 설치 배경은 15세기 말 당시 사회경제적으로 사적소유의 발달로 국가가 새로운 단계에 접어들게 된 것과 관련이 있다. 가장 대표적인 것으로 삼림과 늪 등이 사유화되어 조선에서도 자본주의 사회로의 변화를 들 수 있다. 이러한 변화는 토지소유를 둘러싼 사회·경제적 모순을 심화시켰고, 농민층이 이탈하였으며, 이로 인해 도적이 경향 각지에서 횡행橫行하여 사회문제로 이어졌다. 조정은 이를 해결하기 위하여 1471년(성종 2년) 2월 「포도사목捕盜事目」을 정하고, 5월 포도장捕盜將을 임명하여 포도捕盜에 노력하였다. 그러나 임시기구로써 운영된 포도장들이 때로는 권력을 남용하는 작폐를 유발하였다. 이에 따라 조정은 도적이 적어져 사회가 안정되면 포도장을 없애고, 다시 도적이 성행하면 임명하는 일을 반복하였다. 그 후 조정은 포도기관을 강화하기 위하여 1481년(성종 12년) 좌우포도장을 두고, 한성부 각처와 경기도 일대를 관할하게 하였다. 하지만 여전히 종전과 같이 포도장들이 무고한 백성을 함부로 구속하는 등 폐단이 많아 폐지와 복설을 반복하다가, 1541년(중종 36년)에 포도장을 책임자로 하는 포도청을 상설하고, 그 직제를 완성하였다. 하지만 포도청만 한성의 순라업무를 전담하지 않았다. 임진왜란 전에는 의용순금사, 의금부, 삼군진무소, 그리고 오위五衛가 도성을 경비하면서 순라업무도 담당하였다. 임진왜란 후에는 중앙의 군영이 도성의 수비체제인 5군영체제로 전환되면서, 훈련도감·금위영·어영청 등이 중심이 되어 이전과 마찬가지로 한성의 경비와 순라를 담당하였다. 또한 종宗·사社·묘廟·궁宮 등 중요한 곳과 각 궁방宮房, 전곡아문錢穀衙門과 가로街路에도 경수소가 설치되어 방범업무를 분담하였다.

물론 조선이 건국된 직후에는 고려의 순군만호부를 계승한 의용순금사義勇巡禁司가 포도청의 기능을 담당하였다. 이 기관은 1402년(태종 2년) 순위부巡衛府로, 다음해 의용순금사로 개칭되었고, 1409년(태종 9년) 충무순금사忠武巡禁司와 함께 서로 교대하면서 순작·감순監巡의 업무를 맡았다. 이후 1414년(태종 14년) 의금부義禁府로 개칭되어 사법기관으로 변화되었다. 순청도 도성都城의 행순行巡, 금화禁火, 전루傳漏 등을 담당하면서 순라를 담당하였다. 이 기관은 조선 초기에 설치되어 모두 기병인 순군巡軍으로 이루어져 있었으며, 1894년(고종 31년) 혁파되었다. 그리고 조선 말기 경순국警巡局(순경부巡警部)이 1883년(고종 20년) 박영효의 건의에 의하여 짧은 기간 한성부에 설치되어, 도성 내에서 순작巡綽을 하였다. 그 외 기관으로, 화재를 예방하기 위하여 설치된 금화도감禁火都監(수성금화사修城禁火司)과 시전市廛·도량형·물가 등 업무를 관장한 경시서京市署(평시서平市署)가 있다. 또한 한성부 내 소나무 도벌盜伐 등을 단속한 사산참군四山參軍(참군參軍)이 있다.

이와 함께 오늘날 사법·감찰·정보활동에 해당하는 업무를 담당한 기관도 더욱 세밀하게 변하였다. 먼저, 의금부義禁府는 1414년(태종 14년) 의용순금사가 개칭된 것으로, 점차적으로 왕권의 확립, 강상죄綱常罪·반역 사건 등 중범죄와 추국 등을 담당하게 되었다. 이 기관은 왕권의 확립과 유지를 해치는 일체의 반란 및 음모, 난언亂言이나 요언妖言을 한 자를 냉혹하게 응징하였다. 또한 양반관료의 범죄와 강상죄綱常罪를 전담해 치죄하였고, 국왕의 교지를 받들어 추국推鞫하였으며, 신문고를 주관해 실질적인 삼심기관三審機關의 역할을 하였다. 그 외에 외국 공관의 감시, 밀무역사범의 단속, 외국인의 무례한 행위, 외국인의 범죄, 죄인의 몰수재산 처리 등 광범위한 업무를 담당하였다. 이어 1894년(고종 31년) 갑오개혁으로 의금시義禁司로 개칭되면서 법무아문에 소속되었고, 같은 해 12월 법무아문 권설재판소法務衙門 權設裁判所로 변하면서, 지방 재판을 제외한 법무아문의 재판 일체를 관할하였다. 다음, 사헌부司憲府 감찰監察은 관리의 비위 규찰·의례 행사 때의 의전 감독 등 감찰 실무를 담당하였으며, 전중어사殿中御史라 불렸다. 이들은 관직자를 감찰하기 위해 일종의 각거벌各擧罰이라고 할 수 있는 서죄書罪의 권한을 갖고 있었다. 또한 문관·무관·음관이 모두 조하朝賀할 때나 동가動駕 때에는 백관이 자리할 위차를 정돈하는 일을 하였고, 제향祭享 때는 제감祭監이 되었다. 그리고 암행어사暗行御史는 왕명을 받고 비밀리에 지방을 순행하면서, 수령의 선정과 악정을 물론 백성들의 제반사를 파악하여, 그 자리에서 판결하고 국왕에게 보고한 관리를 말한다. 태조~태종 대는 수령의 권한을 강화하고 중앙집권적인 체제를 정비하던 시기로, 이들은 수령보다 토호 등 지방세력의 불법을 집중적으로 규찰하였다. 반면, 세종~단종 대는 「부민고소금지법部民告訴禁止法」의 시행과 더불어 수령의 권한이 확대되고, 집권체제가 정비되면서 수령의 무능과 비리를 적발하는 것이 추가되었다. 그 후 지속적으로 파견되면서 지방제도의 정비와 왕권강화정책의 일환으로, 이 제도가 더욱 보완되면서 발전되었다.

하지만 한 국가의 최고 권력자 또는 그 가족을 측근에서 지키는 경호활동은 이전시대와 큰 차이가 없었다. 먼저, 국초 국왕을 호위하고, 궁궐을 수비하는 금군禁軍의 역할을 내금위절제사內禁衛節制使가 지휘하는 정예부대가 담당하였다. 그 뒤 국가의 기틀이 잡히고 왕권이 강화되면서 1407년(태종 7년) 10월 정식으로 내금위內禁衛가 설치되었고, 이 기관은 내시위內侍衛와 함께 국왕의 측근에서 입직入直·숙위宿衛를 담당하였다. 다음, 겸사복兼司僕도 금군禁軍의 하나로, 국왕의 신변 보호와 왕궁 호위 및 친병 양성 등의 임무를 수행하였다. 이 기관은 국왕을 위한 시립侍立·배종陪從(배호陪扈)·의장儀仗 및 왕궁 호위를 위한 입직立直·수문守門과 부방赴防·포도捕盜·포호捕虎·어마御馬 점검과 사육·조습調習·무비武備·친병親兵 양성 등 많은 업무를 담당하였다. 그리고 우림위羽林衛는 무재武才가 특출한 서얼로 구성된 금군이다. 다만 지위가 겸사복이나 내금위보다는 낮았지만, 그래도 갑사甲士보다 상위에 위치하였다. 또한 국왕을 위한 호위기관이 아닌 것으로 세자익위사世子翊衛司와 세손위종사世孫衛從司가 있다. 먼저, 세자익위사世子翊衛司는 왕세자를 모시고, 호위하는 임무를 맡았던 기관으로 계방桂坊이라고도 한다. 조선 건국 초에는 세자관속世子官屬이 설치되어 세자에 대한 강학講學과 시위侍衛를 함께 관장하였다. 다음, 세손위종사世孫衛從司가 있으며, 왕세손王世孫을 대상으로 하였다. 구성원들은 세자익위사의 경우와 마찬가지로 국왕 자손을 가까이 보도輔導하기 위해, 덕행과 경술經術이 중시되었다.

이어 지방경찰 활동의 중추적인 역할을 담당한 한성부와 경관京官·지방관外官 등을 보면 다음과 같은 특징이 있다. 먼저, 한성부는 수도 한성의 행정업무를 담당한 기관으로, 삼법사三法司 중의 하나이다. 그러나 일반 행정 외에 금화禁火, 검시檢屍 등 다양한 업무를 수행하였다. 또한 민사소송과 분쟁에 대한 재판을 담당하는 사송아문詞訟衙門이자 죄수를 직권으로 체포하여 구금할 수 있는 직수아문直囚衙門이었다. 1413년(태종 13년)부터 형사 사건을 처리할 때 죄수를 수감하여 칼과 쇠사슬과 같은 형구를 착용하게 하거나 고문을 가할 수 있게 되었다. 1427년(세종 9년)에는 형조가 맡았던 검시업무도 인계하여 주요 업무로 되었다. 다음, 지방 행정기관으로 국왕을 대리하여 일도一道의 정치·군사를 총관하고, 수령을 지휘·감독한 경관으로 관찰사觀察使(감사監司)가 있다. 그 권한과 기능을 보면, 도내의 모든 창고에 보관된 관곡官穀을 감독하고, 도민의 민생안정과 유이민流移民의 안집, 조사·공부貢賦의 수송, 농상農桑·수리·재식栽植, 도내의 인재양성과 지방 교육 및 교화업무 등을 담당하면서 형옥과 관련된 사법문제를 처리하였다. 또한 군정軍政에 관해서는 왕명과 중앙정부의 지시를 받아 품계稟啓하거나 협의·처리하였다. 이어, 지방관인 수령首領은 조선 초기에는 일반 행정뿐만 아니라 지방의 군사권도 장악하고 있었기 때문에 반드시 문무겸비자가 선임되었다. 고급 외직이 대부분 경관직을 겸대兼帶하였고, 중소군현에는 부사서도府使胥徒 출신이 많이 임명되었다. 그러나 을사사화(1545)를 계기로 척족정치戚族政治가 시작되자 집권세력이 하급수령직을 매관賣官대상으로 간주하여 각종 민폐를 유발하였다. 이와는 별도로 지방에는 토포사討捕使(겸임토포사兼任討捕使)이라는 특수 관직이 있다. 이 관직은 조선 후기 조정이 도적 등을 수색, 체포하기 위하여 지방수령이나 진영장鎭營將에게 겸임시킨 임시직을 말한다. 1638년(인조 16년) 정식으로 제도화되어 전국에 확대 실시되었다. 그 후 현종 대에 수령이 겸직하던 토포사 직임을 진영장이 겸임하도록 하여, 날로 증가하는 도둑을 잡도록 하였다. 진영장은 1627년(인조 5년) 각 도의 지방군대를 관할하기 위하여 설치한 진영鎭營의 정3품 당상직 장관將官으로, 영장營將·진장鎭將이라고도 불렀다. 하지만 진영장의 대부분은 수령들이 겸직하였고, 이에 따라 보통 '겸임토포사'로 호칭되었다. 그리고 각 도의 역참驛站을 관리하던 외관인 찰방이 있다. 이 관직은 역리驛吏를 포함한 역민의 관리, 역마 보급, 사신 접대 등을 총괄하는 역정驛政의 최고 책임자였다. 또한 북방지역에서는 유사시 합배合排를 순행하면서, 부방赴防도 수행하였다. 그렇지만 휘하에 있는 역리驛吏는 심한 차별대우를 받으면서, 직역과 함께 거주지에 얽매여 있었다. 역리들은 조선 후기까지 동족부락을 형성하여 거주했는데, 이곳은 천민의 대표적인 거주지이기도 하였다.

한편 사법경찰司法警察 활동을 보면, 한성에서는 좌우 포도대장이 병조 예하에서 어느 정도 독립되어 임무를 수행하였으나, 지방에서는 관찰사가 수령을 지휘하여 그 활동을 지휘·감독하였다. 그런데 영장營將이 수령보다 높은 위차位次에 있을 경우 영장이 군감軍監, 집행執行 등에게 사무를 분장시켜 수령을 지휘할 수 있었다. 이 경우 수령은 다시 토포討捕, 병방兵房 등을 통하여 소임을 완수하였다. 작은 고을에서는 토포, 병방 등 하위직이 수령의 경찰권을 단독으로 행사하기도 하였다. 또한 사법경찰관리를 국초에는 사법경찰관리를 '포도捕盜'라고 하다가 조선 후기에 '순교巡校'로 변칭되었다. 그러나 지방마다 '수교首校, 수순교首巡校, 수별순교首巡校, 순교장巡校長, 별순교別巡交, 장교將校, 토포討捕, 도토포都討捕, 포교捕校, 행수行首, 포사砲士, 병무兵務' 등 명칭이 달랐다. 이 가운데 수별순교와 별순교는 오늘날 사복을 입은 사법경찰관리로, 포사砲士는 도내의 유지有志들이 둔 자치조직원의 일원으로 보인다. 또한 수사경찰搜査警察 활동도 범죄가 발생하면 먼저 그 지역을 관할하고 있는 최고 관직자에게 보고하였다. 지방인 경우 최고 관직자가 다시 진영장이나 지방관수령에게 수사를 지시하였다. 최하위 기관에서 수사를 맡은 포도, 포교 등은 동탐詗探, 동찰詗察, 기동譏詗, 기찰譏察이라는 범죄내사를 하면서 변언邊言이라는 은어를 사용하였다. 수사를 위한 단서에는 당연히 주민의 신고도 포함되었다. 그런데 미풍양속 유지라는 측면에서 신고는 제한이 있었다. 자손·처첩妻妾·노비가 부모·가장家長·주인의 범죄사실을 신고한 때에는 모반죄 이외에는 신고자를 교살하는 등 극형에 처하기도 하였다. 또한 노奴의 처, 비婢의 부夫가 가장을 밀고했을 경우에도 장杖 100대를 가한 후 고도孤島 등으로 유형流刑을 받게 하였다.

그리고 기타 경찰활동으로 오늘날 경찰용어로 사용하지 않는 '풍기경찰'이 있다. 이 업무는 기생·창기, 투전·골패·마전馬田·토전討錢 등을 단속하는 것이었다. 태종 대에는 미신행위를 엄금하고, 한성에 거주하는 무녀들을 모아 교외로 퇴출하였다. 그 외 '영업경찰'로 주막·객주·여각旅閣·도선장渡船場 등을 담당하였고, '위생경찰'로 혜민서가 의약과 서민을 구료救療하는 임무를, 활인서가 도성 내 병인을 구료하는 업무를 관장하였다.

근대경찰의탄생
───────────────

1894년부터 시작된 갑오개혁은 한국 경찰사에 있어 가장 중요한 시점이 된다. 비록 외세에 의한 개혁이었지만 처음으로 경찰활동을 위한 작용법인 「행정경찰장정」이 제정되면서 오늘날 의미하는 '경찰警察'이란 용어가 처음 등장하였고, 행정경찰의 목적이 '백성에게 닥친 모든 위험을 방지하고 평안한 생활을 영위하도록 하는 것'으로 규정되었다. 또한 최초의 경찰조직법인 「경무청 관제」도 제정되어 군과 경찰이 분리되어, 종래 무관경찰제에서 문관경찰제로 전환되었다. 이로써 한국사에서 근대경찰제도가 시행되었다.

경무청警務廳은 갑오개혁으로 신설된 근대경찰기관이다. 1894년 7월 14일 군국기무처가 「경무청 관제」 제정을 결의한 후 신관제가 시행되면서 창설되었다. 소속은 한성부가 아닌 내무아문內務衙門에 소속되었고, 그 장長인 경무사警務使의 품계가 정2품으로 승격되었다. 이는 갑오개혁 이전의 포도대장이 종2품이었던 것에서 비해서 승품陞品된 것이었다. 경무청의 업무는 장場·시市·제조소·교당教堂·강당·도장道場·연예·유희소遊戲所·휘장徽章·장식葬式·도박·선박·하안河岸·도로·교량·철도·전선·차마·건축·산야·어획·인명상이人命傷痍·군집群集·훤훤(소란)·화총포嘩銃砲·화약·발화물·도검·수재·화재·표파선漂破船·유실물·매장물埋藏物·전염병 예방·소독·검역·종두·식물·의약·가축·도장屠場(도살장)·묘지·기타 위생에 관계되는 사무, 죄인체포, 증거물 수집, 미아, 결사·집회, 신문·잡지·도서·기타 판인判印 등으로 광범위한 사무였고, 기존 전옥서 업무도 인수하였다. 또한 경무청은 한성5부(중부中部·동부東部·서부西部·남부南部·북부北部)에 경찰지서警察支署를 설치하였다. 이는 오늘날 경찰서의 효시로 서장은 법률·규칙·명령에 따라 관내의 경찰사무를 담당하면서 수시로 관내를 순시하였다. 총순은 매일 아침 순검의 복장 점검과 직무교양을 하고, 입직 총순은 주야간에 관내를 순시하였다. 순검은 내·외근으로 나누어져 내근 순검은 문서처리·회계업무 등을 하고, 외근 순검은 행순行巡 등의 업무를 담당하였다.

그러나 당시 신분제도가 불식拂拭되지 않아 경무청 소속 관리가 피의자를 신문할 경우 대상자가 칙임관勅任官·주임관奏任官이면 직접 문초問招하지 못하여 그 집사자執事者를 대신으로 하여 신문하였다. 이에 반해 판임관判任官 이하의 사족士族이나 평민에게는 직접 신문할 수 있었다. 또한 일반 경찰 활동에 있어서도 경무청 소속 관리는 외국인을 처결할 수 있는 권한이 없었고, 인가 호수와 거주인을 축호逐戶하며 파악하는 과정에서도 양반과 부딪치는 일이 발생하기도 하였다. 게다가 군인이 속한 기관과 경무청 간에도 서로 우위를 선점하기 위한 다툼마저 발생하였다. 이는 근대경찰제도가 처음 시행되는 과정에서 발생한 법적인 미비 또는 양반층을 비롯한 주민이 갖고 있는 근대경찰관에 대한 인식 부족 등에 따른 것이었다.

대한제국 경찰

1894년 10월 12일 대한제국이 건국된 후 경무청에서는 큰 변동이 없었으나 1900년 6월 경부警部의 신설은 한국사에서 처음으로 경찰기관이 독립하였으며, 경무청의 관할지역이 전국으로 확대되어 독자적인 행정을 실시하였다는데 큰 의의가 있다. 그러나 경부대신은 의정부에서 토론과 표결을 행사하는 찬정贊政으로 권한이 강력하였고, 각종 이권에 개입하기 쉬웠기 때문에 그 자리가 정권쟁탈을 위한 방편으로 이용되어 대부분 재직기간이 상당히 짧았다. 또한 존속 기간도 1년 8개월로 길지 않았다. 다만 한성부에 경무분서가 증설되었고, 국경지역인 함경북도에 변계경무서邊界警務署가 신설되었으며, 황궁 내외의 경비와 수위守衛를 담당하는 경위원警衛院이 설치되었던 점 등을 감안하면, 계속 경찰기관들은 분화되어 발전하고 있었다.

1902년 2월 내부內部 소속으로 환원된 경무청은 이전과 달리 한성부만이 아닌 전국 경찰과 감옥 사무를 관장하게 되었으나 1905년 2월 다시 관할지역이 한성으로 축소되어, 수도경찰로 환원되었다. 또한 관할 경무5서장警務五署長은 경무관으로 임명되어 경찰사무를 총괄하였다. 유고 시 수석총순이 직무대행을 하였고, 순검은 내근과 외근으로 구분하여 직무를 수행하였다. 같은 해 5월 기존 내부內部에 있던 경무청 산하기관인 경무국을 독립시켰고, 업무는 행정경찰과 고등경찰, 각 항시장과 지방경찰 사무, 도서출판, 감옥 등이었다. 이에 따라 경무청의 관할지역이 전국에서 한성으로 축소되어, 수도경찰기관으로 환원되었다. 그 후 1907년 7월 경무청은 일본의 동경경시청과 같이 경시청警視廳으로 변경되었다. 경시청의 장長인 경무사도 경시총감警視總監으로 개칭되었다. 이와 함께 전국의 모든 경무서가 경찰서로, 분파소分派所가 순사주재소巡査駐在所로 개칭되는 등 일본식으로 변화되었다. 경찰서는 대체적으로 그 도道의 정치·행정의 중심지로서 일본이 대한제국을 지배하기 위해 장악해야 할 필요가 있는 지역이거나 개항장과 같이 과거부터 일본인들의 이익으로 잔존되어 있어, 이를 보호해야 할 필요가 있는 지역에 설치되었다.

1908년 7월 각 도에 내무부內務部와 경찰부警察部가 신설되었다. 이에 따라 내무부는 지방행정 사무, 구휼 및 자선, 향제享祭, 종교 및 사사祠社, 토목, 지적 및 토지 수용, 교육 학예, 권업勸業, 외국인에 관한 사무 등을 담당하였다. 또한 경찰부는 경찰, 위생, 민적, 이민移民 등에 관한 사무를 담당하였다. 경찰부장은 경시로 임명되어, 관찰사를 보좌하면서 휘하 경찰서장을 지휘하게 되었다. 한편 경찰교육기관은 1906년 2월 한성에 '경무학교'가 신설되었고, 지방에서는 7월 각 관찰부나 각 부府에 교습소가 설치되었다.

1910년 5월 일본에서 무단파의 대표로 알려진 육군대신인 데라우치 마사타케寺內正毅가 3대 통감으로 부임한 후 대한제국의 경찰권 침탈을 위한 교섭이 진행되었다. 그 주요 안은 경무청과 경시청을 폐지하는 대신 그 사무를 경무총감부가 담당하고, 도경찰부장에 그 도를 관할하는 헌병대장이 임명되며, 경찰서 또는 순사주재소가 없는 곳에서는 헌병대 또는 분견소分遣所가 그 사무를 집행하는 것 등이었다. 그 결과, 6월 각의에서 조회가 아닌 각서형식으로 조인되어, 7월 내부內部 업무에 경찰사무가 삭제되고, 직제에도 소속 기관인 경시청·경찰부 및 경찰서 이하 관서·경찰관직 등이 폐지됨으로써 대한제국의 경찰권이 상실되었다.

일제강점기

암울한 일제강점기가 시작되면서 경찰은 식민지통치를 효과적으로 관철시키기 위한 중추적 역할을 충실히 수행해 갔다. 경찰은 조선에 거주하는 모든 이들의 삶의 영역에 대부분 관여하면서, 그 생명과 재산을 보호하기 보다는 감시하고 통제하는 권력기구로 기능하였다. 이러한 조선인에 대한 일제경찰의 폭력과 강압은 오늘날 남아있는 경찰에 대한 부정적 이미지로 굳어지게 되었다.

헌병경찰기에는 경찰 최고기관으로 경무총감부가 있었으며, 그 장長을 경무총장으로 하였다. 경무총장은 헌병사령관이 겸직하였으며, 부령部令을 발發할 수 있었다. 각 도에는 경무부를 두었다. 경무부장이 그 장長으로 도내의 경찰사무와 관내 경찰서를 관장하였으며, 이 역시 헌병대장이 겸직하였다. 또한 도내에는 종전과 같이 경시 또는 경부가 장이 되는 경찰서와 경찰서 직무를 수행하는 헌병분대가 있었다. 각 기관에는 순사, 순사보, 헌병보조원이 근무하였으며, 이중 헌병보조원은 각 지방에 배치되어 헌병을 도와 의병을 진압하는 등 일제경찰의 앞잡이로 협력하였다.

경찰활동은 먼저, 행정경찰로 고등경찰, 보안경찰, 교통경찰, 풍속경찰, 영업경찰, 산업경찰, 위생경찰로 세분화되었다. 다음, 사법경찰로 경무총장, 경무부장, 경시, 경부 및 헌병장교, 준사관, 하사로 된 사법경찰관이 벌금 이상의 형에 해당하는 현행범과 준현행범을 신속하게 처리해야 할 경우, 사건 발생지의 관할 검사에게 통지하여 현장에 임검할 수 있는 가예심제도가 시행되었다. 이와 같은 경찰활동은 해방 때까지 큰 변화 없이 계속되었다. 그리고 법령으로 경찰이 언제라도 자의적인 판단에 따라 벌금·태형·구류를 가할 수 있는 근거인 「범죄즉결례犯罪卽決例」, 조선인의 일상생활과 관련된 「경찰범 처벌규칙警察犯 處罰規則」, 범죄수사에 관한 「조선형사령朝鮮刑事令」, 조선인에게만 차별적으로 적용된 악법인 「조선태형령朝鮮笞刑令」

이 있었으며, 이 가운데「조선태형령」이 1919년 3월 폐지되었다.

1919년 3·1운동을 계기로 조선총독부는 조직을 개편하여 이른바 '문화정치'를 시행하였다. 이에 따라 경무총감부 대신 경무국이 중앙 경찰기관으로 되어 보통경찰제를 실시하였다. 그동안 헌병이 담당하였던 경찰사무는 경찰로 이관되었으나 헌병사령부와 상호 보완적인 경찰활동은 계속 이어졌다. 지방에서는 도道의 내국內局인 제3부로 되었으나 얼마 지나지 않아 경찰부로 개칭되었으며, 산하에 경무국과 마찬가지로 경무과·고등경찰과·보안과·위생과를 두었다. 그리고 경부와 순사 사이에 경부보라는 계급이 추가되고 순사보가 폐지되었다. 당시 부군府郡에서는 일본인이 다수 거주하였고, 면에는 조선인이 거주하였기 때문에 조선인에 대한 통치는 최말단 경찰기관인 경찰관주재소를 통해 이루어졌다. 이러한 가운데 이들 지역 경찰관서에 인력이 대폭 증원되어 현장 경찰력이 더욱 강화되었다. 게다가 일제가 반정부·반체제운동을 막기 위해 제정하여 시행한「치안유지법」은 사회주의 운동세력 등에게 결정적인 위협이 되었고,「폭력행위 등 처벌에 관한 법률」또한 집단적인 소작쟁의, 도로부역·화전정리 등에 반대하는 대중적 시위투쟁은 벌인 조선인들에게 그대로 적용되어 처벌되었다.

1937년 7월 일제가 중일전쟁을 개시함으로 기존 '보통경찰제'가 '전시경찰제'로 전환되었다. 이 시기에 조선인 등에 대한 사찰을 강화하고 외국 간첩 등을 단속하기 위하여 외사경찰과가 설치되었으며, 국경경찰도 더욱 강화되었다. 또한 전시 통제경제에 따른 경제경찰활동이 강화되어 상공업자들의 동향, 군수산업과 민수산업과의 파행적 운영에 따른 부작용 등 광범위한 부문에 걸쳐 정보를 입수하고 이에 대한 대책을 마련하였다. 특히 각종 공출에 경찰이 적극 개입하여 조선인들에게 사회경제적으로 큰 고통을 주기도 하였다.

현대경찰

미군정기

　1945년 8월 15일 해방이 되었으나 한반도는 미소양군의 진주로 분단되었다. 새로운 국가의 권력을 장악하려는 세력은 경찰을 통해 각종 충돌을 해결하려고 했다. 그 과정에서 현대 한국사의 불행한 사건들이 계속 발생하였으며 경찰은 여기에서 자유로울 수 없었다.

　미군정청은 1945년 10월 20일 조병옥을 경찰과장으로 임명하였으며, 이날을 오늘날 경찰청은 국립경찰이 출범한 날로 삼고 있다. 경무국에는 관방, 총무과, 공안과, 수사과, 통신과를 두었다. 지방에는 각 도지사 밑에 기존 경찰부를 존속시켰고, 그 산하에 경무과, 보안과, 형사과, 경제과, 정보과, 소방과(경기도), 위생과를 설치하여 본격적인 경찰업무를 시작하였다. 이어 1946년 1월 16일 군정경軍政警 제23104호「경무국 경무부에 관한 건」에 의해 경찰의 직제가 크게 변경되었다. 먼저, 경무국이 경무부로 승격되었다. 그 산하에 총무국(인사과, 경리과, 용도과)·공안국(기획과, 공안과, 경비과, 여자경찰과)·수사국(총무과, 정보과, 특무과, 감식과, 법의시험과)·교육국(교육과, 교양과)·통신국(유선과, 무선과)·감찰실이 설치되었고, 국립경찰학교가 부속기관으로 되었다. 그러나 지방에는 종래 경찰부가 유지되어, 그 장長을 여전히 경찰부장으로 하였으며, 휘하에 경찰부차장을 두고 총무·문서·공안·형사·교통·통신·소방과를 두었다. 다음, 계급을 기존 경무국장·도道경찰부장·경시·경부·경부보·순사부장·순사를 경무부장·도道경찰부장·도道경찰부 차장·총경·감찰관·경감·경위·경사·순경으로 변경하였다. 또한 감찰활동을 강화하기 위해 경찰서 수가 7개 이상의 시에서는 경무감警務監직을 두고, 그 계급을 7~10개서를 관할하는 경우 총경, 3~6개서를 관할하는 경우 감찰관, 2개서 이하를 관할하는 경우 선임 경감이 담당하도록 되었다.

그리고 1946년 4월 기존의 각 도경찰부가 관구경찰청으로 바뀌었고, 경찰서도 지명위주에서 구번호區番號로 개칭되었다. 또한 계급과 직위가 경무부장(경무총감警務總監), 관구경찰청장, 관구경찰 부청장으로 변경되었다. 같은 해 1946년 9월 각 관구경찰청의 활동을 더욱 조직적으로 감독하기 위하여 3개의 경무총감부를 신설하였다.

한편 미군정기 초기에는 경찰에 독자적인 수사권이 부여됐고 검사는 소추기관으로 수사에서 배제되었다. 그러나 일제강점기 경찰의 잔재 청산 실패와 근본적인 개혁이 없는 통첩 등은 사회각층의 반발을 가져왔다. 이에 따라 1948년 초 검사에게 수사권·기소권·수사지휘권·재판의 집행지위권 등이 인정되었고 검사동일체의 원칙도 확인되었다. 그러나 경찰도 사법경찰관에 의한 영장청구는 가능하였다.

대한민국

1948년 8월 15일 대한민국 정부가 수립된 후 내무부 산하에 치안국이 설치되었다. 치안국은 1948년 9월 종래 경무총감부와 감찰서를 폐지하고, 계급을 경무관·총경·경감·경위·경사·순경으로 하였으며, 감찰관을 직제에서 삭제하였다. 1949년 2월에는 관구경찰청이 폐지되어 경찰서명과 함께 원지명原地名으로 환원되었고, 각 시도경찰국이 신설되어 시장 또는 도지사의 보조기관이 되었다.

그 과정에서 남한에서는 찬탁운동과 1946년 가을의 총파업을 시작으로 좌익세력의 파업·태업, 10월사건 그리고 1948년 제주 4·3사건 등으로 인해 사회가 극도로 혼란하였다. 게다가 1950년 6월 25일 한국전쟁마저 발발하자 치안국은 즉시 전시경찰체제로 전환하고, 전방위적인 전투경찰활동을 수행하였다. 9·28 서울수복 이후 치안국은 실지진주계획失地進駐計劃

수립한 후 각 전선에서 진격작전을 수행하였고, 수복된 지역에서는 부역자 검거에 착수하였으며, 전국적으로 전시법무행정의 하나인 병사행정도 담당하였다. 또한 패주하였던 태백산·지리산지구에 있던 북한군 패잔병과 좌익 세력이 조직을 재결합하고, 후방치안을 교란하기 시작하자 북한군 패잔병과 좌익세력을 진압하면서 후방지역의 치안확보를 담당해 나갔다. 그리고 1951년 3월부터 8월까지 치안국 비상경비사령부는 3차에 거친 강력한 진압작전을 전개하였고, 이어 1953년 5월부터 서남지구전투경찰대를 창설하여 1955년 6월까지 후방에서 활동하던 빨치산을 진압하였다.

1960년 4월 혁명 후 제4대 국회가 경찰중립화 법안을 기초하여 민의원의 법제사법위원회를 통과시켰다. 또한 새로 제정되는 「헌법」에 경찰의 중립을 보장하는 기구 설치에 관한 조항이 명시되었고, 개정된 「정부조직법」에서도 경찰의 중립을 보장하기 위한 공안위원회 신설이 명문화 되면서 경찰중립화가 법제적으로 보장되었다. 그러나 7월 제4대 국회가 자진 해산함에 따라 이 법안이 폐지되고 말았다. 게다가 5·16 군사정변이 일어나 모든 행정권이 중지됨으로 인해 경찰 중립화의 시도는 좌절되었다. 5·16 군사정변 이후 직제개편으로, 보안과가 보안계와 교통계가 분리되었다. 이로써 호구조사, 풍속, 총포·화약류 단속, 노약자·요구호자 보호, 청소년 보호 등은 보안계에서, 교통계는 교통업무를 하도록 조정되었다.

1974년 12월 25일 정부는 전반적으로 경찰력을 강화하기 위하여 치안국을 치안본부로 개편하였다. 이는 대한민국정부 수립이후 경찰조직의 인원·기능·임무 등을 볼 때, 치안국장의 직위가 타 부처에 비해 너무 낮아이를 시정하는 조치였다. 그러나 치안본부는 여전히 내무부 산하기관으로 남아있었기 때문에 독립기관으로의 지위를 갖지 못하였다. 다만 치안본부가 출범한 후 가장 큰 변화는 민생치안을 위해 현장 경찰력을 강화한 것이다. 1979년 10·26 사건 이후 출범한 제5공화국 정부는 민주주의 토착화, 사회복지의 건설, 정의사회의 구현, 교육혁신과 문화 창달을 국정지표로 제시하였으나 실제로는 정치 및 사회 상황은 각종 민주화를 요구하는 시위 등으로 극히 혼란하였다. 이에 따라 경찰력이 주요시설에 상주하는 것이 일상화되었을 뿐 아니라 노사간의 대립에 경찰이 적극 개입하게 되었다.

치안본부는 제5공화국의 헌법제정을 위한 논의과정에서 경찰중립화를 위해 헌법상의 명문규정의 명문화, 경찰의 독자적 수사권을 위한 관련 법규의 제정 등을 주장하였으나 당시 신군부의 소극적인 태도로 실현되지 못하였다. 그 후 1987년 1월 박종철 고문치사사건으로 정국이 고문정권 규탄 및 민주화 투쟁의 소용돌이에 휘말려들었다. 이 사건을 계기로 경찰대학 제1·2·3·4기 졸업생들이 중심이 되어 같은 달에 '경찰중립화에 대한 우리의 견해'를 발표하여 진정한 민주화의 실현을 위해서는 경찰의 정치적 중립이 선행되어야 하고 이는 정치적 타협의 대상이 될 수 없다고 선언하였다. 그 결과, 여·야당의 합의에 의해 경찰중립화를 위한 「경찰법」안이 발의되었으나, 정부와 여당의 안이 국회를 통과하여 오늘날 경찰청이 출범하였다.

이에 따라 1991년 7월 경찰청이 외청으로 출범하고, 지방경찰국을 지방경찰청으로 개편하여 지휘체계를 일원화 하였다. 해양경찰대는 기관명이 '해양경찰청'으로 변경되어 경찰청 소속으로 남아 있었으나 국립과학수사연구소는 내무부 소속으로 되었다. 부속기관인 경찰병원, 경찰대학, 경찰종합학교, 중앙경찰학교는 변함이 없었다. 이후 해양경찰청은 1996년 8월 8일 해양수산부 소속으로 변경되면서 외청으로 독립하였다. 그 후 경찰청은 2001년 4월 종래 24시간 격일제 근무로 인한 경찰관의 열악한 근무여건을 개선하기 위하여 파출소 3교대제를 전면 실시하였다. 또한 2003년 전국적으로 광역화되고 있는 범죄에 강력하게 대처하기 위하여 기존 3~5 개의 파출소의 인력과 장비를 1개의 파출소에 집중시킨 순찰지구대를 창설하였다. 그리고 2005년 7월 경찰기관의 주40시간 근무제가 전면 시행되었고, 1991년부터 시행하던 순경에서 경장까지 대상이었던 근속승진제도가 점차적으로 확대되어 1994년 경장에서 경사로, 2006년 경사에서 경위로, 2012년 경위에서 경감으로까지 그 범위가 확대되었으며, 2008년 12월 대우공무원제가 시행되는 등 경찰행정 분야에서 일부 발전이 있었다.

2003년부터 논의되었던 자치경찰제도는 2007년 2월 제주특별자치도에 자치경찰단이 발대식을 갖고 출범함으로 결실을 맺었다. 그 후 2020년 7월 현재 자치경찰조직은 별도로 신설하지 않고, 자치경찰사무에 대해서는 시·도지사 소속 시·도 자치경찰위원회가 시·도경찰청장을 지휘·감독하며, 자치경찰사무는 생활안전, 교통, 여성·아동·노약자, 지역행사 경비 및 이와 밀접한 수사사무를 담당하도록 개편되었다. 그러나 2014년 4월 발생한 비극적인 세월호 참사사건으로 해양경찰청이 국민안전처 소속의 해양경비안전본부로 바뀌었다. 이에 따라 경찰청은 종래 해경이 담당해온 일부 수사업무 등을 인계 받았다. 그러나 2017년 7월 다시 해양경찰청으로 환원되었다. 또한 같은 해 경찰청은 6월 '경찰개혁위원회'를 출범하여 산하에 인권보호·수사개혁·자치경찰 분과위원회를 구성하고 분과별로 권고안을 발표하였다. 그리고 2019년 12월 「공무원 직장협의회법」이 제정됨에 따라 제한적으로 경감이하 경찰공무원의 공무원 직장협의회 가입이 허용되어, 그 결과 2020년 6월 충주경찰서 직장협의회가 처음으로 출범하였다.

이와 함께 2020년 12월 9일 「경찰법」 개정안이 국회를 통과, 국가수사본부장직이 신설되었고, 그 임무는 국가경찰·자치경찰을 포함한 수사를 총괄하여 시도경찰청장·경찰서장 및 수사부서 소속 공무원을 지휘·감독하는 것이다. 또한 「경찰관직무집행법」과 「경찰법」에 나온 정보활동의 범위를 명확화하고, 수권규정도 신설하였다. 이와 함께 같은 해 12월 13일 「국정원법」 개정안이 국회를 통과, 국정원의 (대공)수사권을 폐지하여 정보기관 본래의 역할에 충실하도록 하였다. 이를 위해 정보·수사기관 간에 원활하게 정보를 공유하기 위해 안보수사와 관련된 정보 공조체계를 구축하도록 하였다.

한편 해방 후 '규문주의적 검찰사법'으로 평가되는 일제 형사소송법이 그대로 계수되어 오던 중 1954년 「형사소송법」 제정 당시 수사와 소추를 분리하는 미국식 수사구조를 도입하여야 한다는 의견이 있었다. 그러나 당시 일제경찰의 잔존이유로 유보되어 오늘날 까지 경찰과 검찰간의 문제인 '수사구조 개혁'이 남아 있다. 이 문제를 해결하기 위하여 '국민의 정부'에서 논의가 시작되었지만 답보상태에 있었으며, 다시 '참여정부' 때 본격적으로 논의되었다. 그럼에도 결실을 맺지 못하다가 2009년부터 검찰개혁 공론화와 수사구조개혁 논의가 본격적으로 이루어져, 2011년 7월 「형사소송법」이 일부 개정되어 2012년 1월 1일부터 시행되었다. 하지만 개정 「형사소송법」은 경찰에 대한 검사의 수사지휘가 더욱 공고히 하는 것으로 변한 것이었다. 이후 2020년 1월 13일 검찰의 독점적인 권력이던 수사지휘권을 폐지하고 검찰의 직접 수사 범위도 축소하는 한편, 경찰에게는 1차 수사 종결권을 부여하고, 검찰·경찰 간 관계를 기존의 복종 관계가 아닌 상호 협력관계로 설정하는 등의 내용을 담은 경검 수사권 조정법안이 국회를 통과하였다.

이상을 고찰해 볼 때, 선사시대에는 인류가 속한 사회 내 질서를 유지하는 '질서유지 활동秩序維持 活動'과 외부로부터 오는 각종 위험을 막아내는 전반적인 '집단보호 활동集團保護 活動'을 오늘날 '경찰활동警察活動'으로 볼 수 있다. 그리고 고대국가가 형성되면서 중앙집권적인 체제가 구축되고 국가권력이 분화되었지만, 여전히 경찰활동은 일반행정, 사법행정, 군사행정이 혼합된 구조 속에서 이루어졌다.

이러한 경찰활동은 고려시대를 거쳐 조선시대의 갑오개혁까지 '국가보위國家保衛', '권력유지權力維持', '치안治安'으로 발전하면서 서로 혼재되어 갔다. 그리고 이를 담당한 기관들은 당시 시대상時代像에 따라 국왕, 군대, 중앙·지방 행정기관, 지방자치기관 등으로 다양하게 나타났다.

이를 저자는 '군사경찰軍事警察', '정치경찰政治警察', '치안경찰治安警察'로 표현한다. 그 이유는 다음과 같다.

첫째, '군사경찰軍事警察'은 경군일치警軍一致의 제도로, 일정한 지역에서 외부로부터의 침입을 막아 국가를 수호하면서 해당 지역의 질서유지 활동도 병행하였기 때문이다.

둘째, '정치경찰政治警察'은 국왕 또는 절대 권력자에 대한 반反체제적 정치활동 및 사상 등을 단속·탄압하거나 절대권력 또는 절대군주체제의 유지 등을 목적으로 행한 모든 활동이기 때문이다. 물론 국왕 자신과 측근을 위한 호위扈衛·護衛·숙위宿衛·시위侍衛·배종陪從·호종護從 등 군사경찰 활동과 중복되며, 각급 기관·관직자 또는 백성에 대한 사찰査察과 감찰監察 등도 이에 포함된다.

셋째, '치안경찰治安警察'은 사회의 질서유지 또는 평온을 위한 순작巡綽·감순監巡·포도捕盜·금폭禁暴·금란禁亂·행순行巡(순행巡行)·금화禁火·순라巡邏 등 일반통치권에 근거한 모든 활동을 의미하기 때문이다.

그리고 1894년 「행정경찰장정」과 「경무청 관제」의 제정으로 경찰활동을 위한 작용법과 조직법이 마련된 이후 일본경찰의 영향을 받으며 형성되었다. 식민지기 동안 경찰은 일제 식민지통치를 효과적으로 관철시키고, 조선인들을 억압하기 위한 수단으로 전락轉落된 채 유지되었다.

해방 이후에도 한국 경찰은 여러 정치적 조류로부터 자유로울 수 없었다. 해방 직후 남한에 주둔한 미군은 한국사회에 자유민주주의 체제를 빠르게 정착시키고자 하였고, 경찰조직은 분출하는 다양한 목소리들을 반영하지 못한 채, 관제 도구화되었다. 게다가 1950년 한국전쟁의 발발로 남한에서는 국가수호를 위한 전투경찰활동이 전개되었고, 정전이후 이어진 분단체제 하에서는 냉전체제 하에서 발현된 남한 사회의 극단적 반공주의에 입각하여 국민들을 통제하는데 적극 활용되기도 하였다.

하지만, 경찰당국은 물론 사회 각계각층에서는 새로운 경찰상警察像 정립을 위한 노력을 멈추지 않았고, 그간 꾸준히 지속되었던 민주화 운동의 결실로 오늘날의 경찰이 정립될 수 있었다. 이러한 모든 변화 과정은 한국사의 일부로 기록될 것이다.

참고 문헌

사료(史料)

『경국대전(經國大典)』

『고려사(高麗史)』

『고려사 절요(高麗史 節要)』

『고종실록(高宗實錄)』

『사기(史記)』

『삼국사기(三國史記)』

『삼국지(三國志)』

『세조실록(世祖實錄)』

『육전조례(六典條例)』

『전률통보(典律通補)』

『한서(漢書)』

한국사

선사시대

김원룡,『한국 고고학연구』, 일지사, 1992.

김정배,『한국고대사 입문 1 한국문화의 기원과 국가형성』, 신서원, 2010.

김철준,『한국고대사 연구』, 서울대 출판부, 1990.

이기백,『한국사 신론』, 일조각, 2005.

이융조,『한국 선사문화의 연구』, 평민사, 1980.

윤내현·박성수·이현희 공저,『새로운 한국사』, 삼광출판사, 1998.

조태섭,『한국사 통론』, 삼영사, 1990.

고대국가의 형성

김원룡, 『한국 고고학연구』, 일지사, 1992.

권오영, 「삼한사회 '國'의 구성에 대한 고찰」, 『삼한의 사회와 문화』, 한국고대사연구회, 신서원, 1995.

노태돈, 『단군과 고조선사』, 사계절, 2001.

박경철, 「부여사의 전개와 지배구조」, 『한국사 2: 원시사회에서 고대사회로 2』, 한길사, 1994.

서영수, 「위만조선의 형성과정과 국가적 성격」, 『고조선과 부여의 제문제』, 한국 고대사연구회, 신서원, 1996.

송호정, 「고조선의 지배체제와 사회성격」, 『한국사 1: 원시사회에서 고대사회로 2』, 한길사, 1994.

조법종, 「삼한사회의 형성과 발전」, 『한국사 2: 원시사회에서 고대사회로 2』, 한길사, 1994.

이기백 · 이기동, 『한국사 강좌 I』, 일조각, 1983.

최광식, 『고대한국의 국가와 제사』, 한길사, 1995.

한국역사연구회, 『한국역사입문 1』, 풀빛, 1995.

한영우, 『다시 찾는 우리역사』, 경세원, 2001.

고대국가의 발전

노중국, 「대가야의 정치 · 사회구조」, 『가야사연구 – 대가야의 정치와 문화』, 한국고대사연구회, 1995.

_____, 『백제정치사 연구 – 국가형성과 지배체제의 변천을 중심으로』, 일조각, 1994.

박시형 저 송기호 해제, 『발해사』, 이론과실천, 1989.

_____, 「삼국의 통치체제」, 『한국사 3 : 고대사회에서 중세사회로 1』, 한길사, 1994.

신형식, 『신라사』, 이화여대 출판부, 1985.

_____, 『통일신라연구』, 삼지원, 1990.

신호철, 『후백제 견훤정권 연구』, 일조각, 1993.

주보돈, 「남북국시대의 지배체제와 정치」, 『한국사 3 : 고대사회에서 중세사회로 1』, 한길사, 1994.

최근영, 『통일신라시대의 지방세력 연구』, 신서원, 1993.

남북국시대

박시형 저 · 송기호 해제, 『발해사』, 이론과실천, 1989.

신형식, 『통일신라연구』, 삼지원, 1990.

신호철, 『후백제 견훤정권 연구』, 일조각, 1993.

주보돈, 「남북국시대의 지배체제와 정치」, 『한국사 3 : 고대사회에서 중세사회로 1』, 한길사, 1994.

최근영, 『통일신라시대의 지방세력 연구』, 신서원, 1993.

고려시대

김갑동, 「고려 전기 정치체제의 성립과 구조」, 『한국사 5 : 중세사회의 성립 1』, 한길사, 1994.

김갑동, 「고려시대의 호장」, 『한국사학보』 제5집, 고려사학회, 1998.

김경숙, 「고려 초의 순군부」, 『한국중세사 연구』 제12권, 한국중세사학회, 2002.

김낙진, 「고려 초기의 내군과 금군」, 『역사학보』 제176집, 역사학회, 2002.

김은경, 「고려시대 공문서의 전달체계와 지방행정운영」, 『한국사 연구』 제122집, 한국사연구회, 2003.

김운태, 『고려 정치제도와 관료제』, 박영사, 2005.

권영국, 「고려 전기 군정·군령기구의 정비」, 『역사와 현실』 제73호, 한국역사연구회, 2009.

_____, 「고려 초기 병부의 기능과 지위」, 『사학연구』 제88호, 한국사학회, 2007.

_____, 「고려 초 순군부의 설치와 기능의 변화」, 『한국사 연구』 제135호, 한국사연구회, 2006.

류주희, 「고려 전기 중추원의 설치와 그 성격」, 『역사와 현실』 제72호, 한국역사연구회, 2009.

박용운, 『고려시대사』, 일지사, 2005.

_____, 『고려시대 중추원 연구』, 고려대 민족문화연구원, 2001.

_____, 「고려시대의 어사대」, 『감사제도의 역사와 교훈』, 감사원, 1998.

박용운 외, 『고려시대사의 길잡이』, 일지사, 2009.

박진훈, 「고려시대 개경 치안기구의 기능과 변천」, 『고려시대의 형법과 형정』, 국사편찬위원회, 2002.

송인주, 『고려시대 친위군 연구』, 일조각, 2007,

전경숙, 「고려 초의 순군부」, 『한국중세사 연구』 제12호, 한국중세사학회, 2002.

정영현, 「고려 전기 무직체계의 성립」, 『한국사론』 19권, 서울대 국사학과, 1988.

최선종, 「고려 충렬왕 대의 홀치」, 전남대 교육학석사(역사), 1992.

원영환, 「조선시대 한성부연구 - 행정·치안·방위를 중심으로」, 성균관대 박사(사학과), 1985.

윤훈표, 「고려시대 관인범죄와 행형 운영과 그 변화」, 『고려시대의 형법과 형정』, 국사편찬위원회, 2002.

이강한, 「고려 후기 만호부(萬戶府)의 '지역단위적' 성격 검토」, 『역사와 현실』 제100호, 한국역사연구회, 2016.

이권배, 「무신정권집권기의 사병집단 - 도방과 마별초를 중심으로」, 고려대 교육대학원(역사학), 1988.

이기백, 「귀족적 정치기구의 성립」, 『한국사 5』, 국사편찬위원회, 1975.

_____, 『고려시대 중추원 연구』, 고려대 민족문화연구원, 2001.

_____, 「고려경군고(高麗京軍考)」, 『고려병제사 연구』, 일조각, 1968.

이병도, 『한국사 중세편』, 을유문화사, 1961.

이수건, 『조선시대 지방행정사』, 민음사, 1989.

이종훈, 「고려시대 체제변화와 중국율의 수용」, 『고려시대의 형법과 형정』, 국사편찬위원회, 2002.

이미숙, 「고려시대 율관의 소임에 관한 일고찰」, 『한국사상과 문화』 제54집, 한국사상문화학회, 2010.

이영균, 「현행 보석제도의 개선 방안」, 고려대 석사(법학), 2010.

임선빈, 「조선 초기 외관제도의 운영구조와 특징 – 동반(東班) 외관직을 중심으로」, 『한국행정학회 하계학술발표 논문집』, 2005.

임용한, 「고려 후기 수령의 사법권 및 행형범위의 확대와 그 성격」, 『고려시대의 형법과 형정』, 국사편찬위원회, 2002.

채웅석, 「고려시대 향촌지배질서와 신분제」, 『한국사 6 : 중세사회의 성립 2』, 한길사, 1994.

한영철, 「태봉말 고려 초 순군부의 정치적 성격」, 서강대 석사(사학과), 1996.

조선시대

고동환, 『조선시대 서울도시사』, 태학사, 2007.

_____, 「조선 후기 한성부 행정편제의 변화 – 방·리·동계의 변동을 중심으로」, 『서울학 연구』 제11호, 서울학연구소, 1998.

권기중, 『조선시대 향리와 지방사회』, 경인문화사, 1994.

김무진, 「조선 전기 촌락사회의 구조와 농민」, 『한국사 8 : 중세사회의 성립 2』, 한길사, 1994.

김순남, 「조선 성종 대 어사의 파견과 지방통제」, 『역사학보』 제192집, 역사학회, 2006.

김종수, 『조선 후기 중앙군제 연구 – 훈련도감의 설립과 사회변동』, 혜안, 2003.

민현구, 『조선 초기의 군사제도와 정치』, 한국연구원, 1983.

서일교, 『조선왕조 형사제도의 연구』, 한국법령편찬회, 1968.

심재우, 『조선 후기 국가권력과 범죄 통제 : 심리록』, 태학사, 2009.

서울특별시 시사편찬위원회, 『서울 2천년사 14 : 조선시대 한성부의 역할』, 2013.

장경호, 「갑오개혁 이후 한성부 순검의 역할과 실무(1895~1897)」, 『한국근현대사 연구』 제91집, 한국근현대사학회, 2019.

조지만, 『조선시대의 형사법 – 대명률과 국전』, 경인문화사, 2007.

앙드레 슈미드, 『제국 그 사이의 한국』, 휴머니스트, 2007.

유승희, 「조선 초기 한성부의 화재발생과 금화도감의 운영」, 『서울학 연구』 제19호, 서울학연구소, 2001.

원영환, 「조선시대 한성부연구 – 행정·치안·방위를 중심으로」, 성균관대 박사(사학과), 1985.

이수건, 『조선시대 지방행정사』, 민음사, 1989.

이존희, 「조선 전기 지방행정제도의 정비」, 『한국사 7 : 중세사회의 성립 1』, 한길사, 1994.

이토 순스케(伊藤俊介), 「갑오개혁기 경찰기구 연구」, 경희대 대학원 박사(사학과), 2010.

임병준, 「암행어사의 운영 성과와 한계」, 『법사학연구』 제24호, 한국법사학회, 2001.

임선빈, 「조선 초기 외관제도의 운영구조와 특징 – 동반(東班) 외관직을 중심으로」, 『한국행정학회 하계학술발표논문집』, 2005.

오종록, 「조선시기의 관료제도 및 그 운영의 특성 – 부정부패의 구조적 원인과 관련하여」, 『한국사 연구』 제130호, 한국사연구회, 2005.

_____, 「조선시대 정치·사회의 성격과 의사소통」, 『역사비평』 제89호, 역사문제연구소, 2009.

_____, 「조선 전기 경아전과 중앙행정」, 『고려 – 조선 전기 중인연구』, 신서원, 2001.

_____, 「조선 후기 수도방위체제에 대한 일고찰 – 오위영의 삼수병제와 수성전」, 『사총』 제33권, 고려대 역사연구소, 1988.

윤훈표, 『여말초기 군제개혁연구』, 혜안, 2000.

서일교, 『조선왕조 형사제도의 연구』, 한국법령편찬회, 1968.

차인배, 「조선 후기 포도청의 치안활동의 특성 연구 – 공간배치와 기찰구역을 중심으로」, 『사학연 구』 제100호, 한국사학회, 2010.

천병학, 「이조경찰 운영의 실제 – 공인된 노비제도 및 형벌의 등차등을 들어서」, 『경찰』 추계호, 치 안국 경무과, 1966.

한충희, 『조선 초기 관직과 정치』, 계명대 출판부, 2008.

Christopher Liao, 「1910~1920년대 조선총독부의 경찰교육」, 서울대 대학원 석사(사학과), 2006.

대한제국

『경찰학·주해 형법연구(영인본)』, 일조각, 2014.

강창석, 『조선 통감부 연구』, 국학자료원, 1995.

_____, 『조선 통감부 연구 2』, 국학자료원, 2013.

김효전, 「구한말 경찰의 이론과 실제」, 『대학원논문집』, 동아대, 2001년.

_____, 『법관양성소와 근대한국』, 소명출판, 2014.

김정민, 「구한말 경찰복 연구」, 이화여대 대학원 석사(의류학과), 2011.

국사편찬위원회, 『한국사 42, 대한제국』, 탐구당, 2013.

도면회, 『한국 근대형사재판제도사』, 푸른역사, 2014.

박만규, 「보호국체제의 성립과 통감정치」, 『한국사 14 : 근대민족의 형성 1』, 한길사, 1994.

박선희, 「대한제국기 의례반차도의 경찰제복 고증」, 단국대 석사(전통의상학과), 2019.

장경호, 「갑오개혁 이후 한성부 순검의 역할과 실무 활동(1895~1897)」, 『한국근현대사 연구』 제91 집, 한국근현대사학회, 2019.

이토 순스케(伊藤俊介), 「갑오개혁기 경찰기구 연구」, 경희대 대학원 박사(사학과), 2010.

차문섭, 『조선시대 군사관계 연구』, 단국대 출판부, 1996.

하강진, 「진주 남강 절벽의 바위글씨로 읽는 근대 인물의 사회문화사」, 『근대서지』 제8호, 근대서지 학회, 2013.

Christopher Liao, 「1910~1920년대 조선총독부의 경찰교육」, 서울대 대학원 석사(사학과), 2006.

일제 강점기

강동진, 『일제의 한국침략정책사』, 한길사, 1985.

강만길, 『한국근대사』, 창작과비평사, 1985.

김낙년, 「일본제국주의 식민지 지배의 특질」, 『한국사 13 : 식민지시기의 사회경제 2』, 한길사, 1994.

김도형, 「농민항쟁과 의병전쟁」, 『한국사 12 : 근대민족의 형성 2』, 한길사, 1994.

김민철, 「식민지 조선의 경찰과 주민」, 『일제 식민지 지배의 구조와 성격』, 경인문화사, 2005.

_____, 「일제 식민지배하 조선경찰사 연구」, 경희대 대학원 석사(사학과), 1994.

김상범, 「일제말기 경제경찰의 설치와 그 활동」, 서강대 대학원 석사(사학과), 1995.

김정은, 「1920~30년대 경찰조직의 재편 - 내용과 논리」, 『역사와 현실』 제39호, 한국역사연구회, 2001년 3월.

김용덕, 「헌병경찰제도의 성립」, 『한국제도사 연구』, 일조각, 1983.

김운태, 「무단통치의 확립」, 『한국사 47, 일제의 무단통치와 3·1운동』, 국사편찬위원회, 2013.

김창록, 「제령에 관한 연구」, 『한국 근현대의 법사와 법사상』, 민속원, 2008.

노무라 미치오(野村美千代), 「조선총독부와 일본 근대경찰복 연구」, 한국학중앙연구원 박사(한국학), 2014.

류상진, 「일제의 보통경찰제 실시 이후 경찰인력 양성기구 개편」, 건국대 대학원 석사(사학과), 2010.

마쓰다 토시히코(松田利彦), 『일본의 조선식민지 지배와 경찰』, 경인문화사, 2020.

박경식, 「일제의 황민화정책」, 『한국사 14 : 식민지시기의 사회경제 1』, 한길사, 1994.

박윤재, 「한말·일제 초 방역법규의 반포와 방역체계의 형성」, 『일제의 식민지배와 일상생활』, 혜안, 2004.

박찬승·고석규 공역, 『무안보첩』, 목포문화원, 2002.

서영희, 『일제침략과 대한제국의 종말』, 역사비평사, 2012.

송규진·변은진·김윤희·김승은, 『통계로 본 한국근현대사』, 아연출판부, 2014.

신주백, 『일제의 강점과 주선주둔 일본군(1919~1937년)』, 경인문화사, 2005.

지수걸, 「일제하 농민운동」, 『한국사 15 : 민족해방운동의 전개 1』, 한길사, 1994.

장신, 「조선총독부의 경찰인사와 조선인 경찰」, 『역사문제 연구』 제22호, 역사문제연구소, 2009년 10월.

_____, 「경찰제도의 확립과 식민지 국가권력의 일상 침투」, 『일제의 식민지배와 일상생활』, 혜안, 2004.

조선총독부, 『시정 30년사』, 1940.

조선총독부 경무총감부 보안과, 『사법경찰법규류집』, 1912.

안용식, 「일제하 한국인 경찰 연구」, 『현대사회와 행정』 제18집, 한국국정관리학회, 2008.

이계형 · 전병무, 『숫자로 본 식민지 조선』, 역사공간, 2014.

이선근, 『대한국사 6』, 신태양사, 1976.

이승일, 『조선총독부 법제정책』, 역사비평사, 2008.

염복규, 「1910년대 일제의 태형제도 시행과 운용」, 『역사와 현실』 제53권, 한국역사연구회, 2004.

이용식, 「일제강점기 조선인 경찰의 인식과 처우에 관한 연구」, 한국외대 대학원 석사(사학과), 2015.

이윤정, 「근현대 경찰교과서의 변천」, 『근대서지』 제8호, 근대서지학회, 2014년 1월.

임대식, 「사회주의운동과 조선공산당」, 『한국사 15 : 민족해방운동의 전개 1』, 한길사, 1994.

이태일, 「식민지 통치기구의 정비와 운용」, 『일제의 한국 식민통치』, 정음사, 1985.

이철우, 「일제지배의 법적 구조」, 『일제식민지 시기의 통치체제 형성』, 혜안, 2006.

최경준, 「식민지 근대성 - 일제시대 경찰을 통한 근대성과 식민지 국가 특성 연구」, 서울대 대학원 석사(외교학과), 2003.

친일인명사전편찬위원회, 『친일인명사전』, 민족문제연구소, 2018.

Christopher Liao, 「1910~1920년대 조선총독부의 경찰교육」, 서울대 대학원 석사(사학과), 2006.

Michael D. Shin, 「'문화정치' 시기의 문화정책, 1919~1925」, 『일제식민지 시기의 통치체제 형성』, 혜안, 2006.

미군정기

강혜경, 「한국경찰의 형성과 성격 1945~1953년」, 숙명여대 대학원 박사(사학과), 2002.

김재호, 「미군정기 경찰조직의 형성과정과 그 성격에 관한 연구: 서울, 경기도지역을 중심으로」, 한국학중앙연구원 석사(정치 · 경제 전공), 1989.

김평일 · 이윤정 · 김승혜 · 원유만 · 김규화 · 신동재 · 임누리, 『구국경찰사 1 – 편찬방향, 개관 그리고 자료』, 경찰청, 2016.

류상영, 「미군정 국가기구의 창설과정과 성격」, 『한국사 17 : 분단구조의 정착 1』, 한길사, 1994.

박찬표, 「대한민국의 수립」, 『한국사 52, 대한민국의 수립』, 국사편찬위원회, 2013.

신병식, 「분단정부의 수립」, 『한국사 17 : 분단구조의 정착 1』, 한길사, 1994.

정병준, 『한국전쟁, 38선 충돌과 전쟁의 형성』, 돌베개, 2009.

안진, 『미군정기 억압기구 연구』, 새길아카데미, 2009.

이문교, 『제주언론사』, 나남출판, 1997.

이윤정, 「광복 후부터 1960년까지 경찰잡지의 변화」, 『사료(史料)를 통해 경찰을 다시 보다(도록)』, 경찰청, 2015.

_____, 「금산경찰서 한 경찰관의 '교양수부'와 '교양자료집'(1955~56년)을 통해 본 사찰 활동」, 『한국근현대사 연구』 제93집, 한국근현대사학회, 2020년 6월.

_____, 「한국전쟁 초기 전북지역 빨치산의 형성과 경찰 작전」, 『한국연구』 제4집, 한국연구원,

2020년 6월.

_____, 「해방 후 경찰잡지 개관 : 대표적 경찰잡지 '민주경찰'을 중심으로」, 『근대서지』 제7호, 근대
서지학회, 2013년 7월.

대한민국

고성국, 「1980년대의 정치사」, 『한국사 19 : 자주·민주·통일을 향하여 1』, 한길사, 1994.

김동춘, 「4월 혁명」, 『한국사 18 : 분단구조의 정착 2』, 한길사, 1994.

_____, 「1960, 70년대의 사회운동」, 『한국사 19 : 자주·민주·통일을 향하여 1』, 한길사, 1994.

김성주·강석승, 『4월 학생민주혁명』, 지식과교양, 2013.

김영택, 『5월 18일, 광주』, 역사공간, 2011.

김학관, 「시·도 경찰위원회 도입방안에 관한 연구」, 숭실대 대학원 박사(법학과), 2020.

국방부 군사편찬연구소, 『6·25전쟁사 1, 전쟁의 배경과 원인』, 국방부, 2004.

민주화운동기념사업회·한국민주주의연구소, 『한국 민주화운동사 I』, 돌베개, 2008.

박명림, 「제1공화국의 수립과 위기」, 『한국사 17 : 분단구조의 정착 1』, 한길사, 1994.

『동아 새국어사전』, 두산동아, 1999.

석청호, 「순찰지구대 운영에 관한 연구 – 순찰활동의 효과성을 중심으로」, 동국대 대학원 박사(경찰
학), 2004.

중앙경찰학교, 『중앙경찰학교 20년사 1987~2007』, 2007.

엄동섭·염철, 『박인환 문학전집 1』, 소명출판, 2015.

이윤정, 「한국전쟁기 지역사회와 경찰활동 : 전라북도 김제군을 사례로」, 성신여대 대학원 박사(사
학과), 2018.

이은진, 「3·15 마산의거의 지역적 기원과 전개」, 『4월 혁명과 한국민주주의』, 선인, 2010.

이혜숙, 『미군정기 지배구조와 한국사회』, 선인, 2008.

오유석, 「서울에서의 4월 혁명」, 『4월 혁명과 한국민주주의』, 선인, 2010.

유기홍, 「1980년대의 민족민주운동」, 『한국사 19 : 자주·민주·통일을 향하여』, 한길사, 1994.

유재일, 「제2공화국의 사회갈등과 정치변동」, 『한국사 17 : 분단구조의 정착 1』, 한길사, 1994.

치안국, 『경찰통계연보(警察統計年報)』, 1954.

한국사전연구사, 『국어국문학자료사전』, 1998.

한국예술종합학교, 『한국작곡가사전 I』, 1995.

한지수, 「지배이데올로기의 형성과 변화과정」, 『한국사 20 : 자주·민주·통일을 향하여 2』, 한길사,
1994.

홍석률, 「5·16 쿠데타의 원인과 한미관계」, 『역사학보』 제168집, 역사학회, 2000년 12월.

홍순봉, 『경찰법 대의』, 동아출판사, 1947.

한국 경찰사

경우장학회,『국립경찰 50년사(일반편)』, 1995.

경찰전문학교,『경찰교육사』, 1956.

경찰청,『한국 경찰사 IV 1979.10~1993.2』, 1994.

＿＿＿,『한국 경찰사 V 1993.3~2005.12』, 2006.

＿＿＿,『한국 경찰사 VI, 2005.3~2014.12』, 2015.

김성수 · 이운주 · 박기남 · 박영대 · 강욱 · 김석범 · 성홍재 · 백창현,『한국 경찰사』, 경찰대학, 2014.

박범래,『한국 경찰사』, 경찰대학, 1988.

이현희,『한국 경찰사』, 덕현각, 1979.

수도관구경찰청,『해방 이후 수도경찰발달사』, 1947.

치안국,『경찰 10년사』, 1958.

＿＿＿,『대한 경찰연혁사』, 1954.

＿＿＿,『한국 경찰사 I』, 1972.

＿＿＿,『한국 경찰사 II』, 1948~1961.5, 1973.

치안본부,『한국 경찰사 III』, 1961.5~1979.10, 1985.

현규병,『한국 경찰제도사』, 경찰전문학교, 1955.

경찰잡지

『경찰(警察)』,『경찰신조(警察新潮)』,『민주경찰(民主警察)』.

사진 목록

표 · 그림 목록

찾아보기